2판 영유아의
사회정서발달과 교육

Guiding Children's Social Development and Learning: Theory and Skills,
8th Edition

Marjorie J. Kostelnik
Anne K. Soderman
Alice Phipps Whiren
Michelle Rupiper
Kara Murphy Gregory

ISBN-13: 978-89-363-1691-4

Cengage Learning Korea Ltd.
14F YTN Newsquare 76 Sangamsan-ro
Mapo-gu Seoul 03926 Korea
Tel: (82) 2 330 7000
Fax: (82) 2 330 7001

Cengage Learning is a leading provider of customized learning solutions with office locations around the globe, including Singapore, the United Kingdom, Australia, Mexico, Brazil, and Japan.
Locate your local office at: **www.cengage.com**

Cengage Learning products are represented in Canada by Nelson Education, Ltd.

To learn more about Cengage Learning Solutions, visit **www.cengageasia.com**

Printed in Korea
Print Number: 03   Print Year: 2022

2판 영유아의 사회정서발달과 교육

GUIDING CHILDREN'S SOCIAL DEVELOPMENT & LEARNING, 8th EDITION

Marjorie J. Kostelnik · Anne K. Soderman · Alice Phipps Whiren
Michelle L. Rupiper · Kara Murphy Gregory 지음
박경자 · 김송이 · 신나리 · 권연희 · 김지현 옮김

CENGAGE

교문사

Andover • Melbourne • Mexico City • Stamford, CT • Toronto • Hong Kong • New Delhi • Seoul • Singapore • Tokyo

저자 서문

우리는 마우스를 한 번 클릭해서 수백 명의 '친구'에게 접속할 수 있고 문자나 다른 사회적 매체를 통해 전 세계 사람들의 삶에 접근할 수 있는 빠르게 변화하는 사회적 환경에서 살고 있다. 기술은 분명히 우리가 다른 사람들과 연결되는 방법에 혁신을 가져왔다. 그러나 여전히 사람들은 충족감을 느끼기 위해 가까운 인간관계를 필요로 하고 있다. 또한 사회적 유능성의 어떤 요소는 삶에서의 궁극적인 성공을 위해 여전히 숙달해야 한다. 어린 영유아들과 전문가로서 일하기를 원하는 사람들은 이 점에서 일반인들과 차이가 있어야 한다.

어린이들은 매일 지역사회의 프로그램과 학교에서 또래와 성인들과 상호작용하며 자신과 주변 사람들에 대해 중요한 사회적, 정서적 학습을 한다. 아이들에게 성인이 무엇을 말하고 어떻게 행동하는지는 아이들에게 큰 영향을 미치고, 우리가 완전히 알지는 못하지만 좋은 방식이든 나쁜 방식이든 아이들의 모습을 형성해 간다. 교사로서 아이들을 가르칠 때에도 아이들은 아동 발달, 가족생활, 사회적 학습과 우리 자신에 대해 우리에게 알려준다. Guiding children's social development and learning: Theory and skills, 8판은 독자가 이런 학습을 할 수 있는 기회를 줄 것이다.

교사들은 아이들에게 정서적 지원과 지도를 해주는 일차적인 역할을 한다. 여기에는 아이들이 자신에 대해 긍정적인 감정을 갖는 것, 다른 사람들과 효과적으로 상호작용할 수 있도록 능력을 키우는 것, 사회적으로 받아들여 질 수 있는 방식으로 행동하는 것을 배우는 것이 포함된다. 아이들이 부모나 교사를 위로와 격려를 주는 동시에 행동을 지도해주는 사람으로 인식할 때 이러한 학습이 더 잘 이루어진다. 교사가 이러한 역할을 얼마나 잘 수행하는지는 아동 발달을 얼마나 잘 이해하고 있는지, 아동과 긍정적인 관계를 형성하는 능력, 그리고 행동 지도에 관한 원리들을 알고 있는 정도에 영향을 받는다. 발달과 행동적 지식과 교육의 실제가 통합적으로 잘 섞여있으면 교사가 아동의 사회적 발달에 대해 얼마나 신경을 쓰고 어떻게 반응하는지에 영향을 미친다.

우리는 전적으로 직관에 의해 아이들과 상호작용을 하는 교사와 학생들을 자주 보아왔다. 이들은 분명하거나 포괄적인 원칙 없이 '생각나는 대로' 반응한다. 이런 사람들은 아이들을 지도하는 것을 '남을 방해하지 않기'와 같은 단기간의 목표를 만족시키기 위해 무분별하게 사용하는 일련의 요령으로 생각한다. 이들은 아이들에게 만족 지연을 가르치는 것과 같은 장기적인 목표를 달성하기 위한 의도적인, 또는 통합적인 전략을 가지고 있지 않다. 관계 형성과 행동지도와 관련된 일반적인 원칙에 대한 지식은 있지만 이러한 원칙을 체계적이고 일관된 행동 계획으로 통합시키지 못하는 교사도 있다. 이보다 더 실망스러운 것은 훈련의 부족으로 인해 아동이 사회화 과정에서 보여주는 정상적인 행동을 비정상적이거나 악의적인 것으로 생각하는 교사들이다. 이들은 자신의 행동이 아동과의 상호작용에 미치는 영향을 인식하지 못하여, 아이들이 자신의 기대에 미치지 못하면 그 상황에 적절하게 가르치기보다는 비난을 한다. 이 책은 이러한 잘못된 점들을 바로잡기 위해 쓰였다. 저자들의 목표는 현장의 교사들이 경험하는 좌절과 어림짐작을 줄이고 교육기관에서 아이들이 사회화되는 조건들을 개선하는 것이다. 이를 위해 우리는 기초가 되는 아동과 성인 행동에 대한 최근 연구들의 군건한 토대를 제공하였다. 우리는 이러한 연구를 실생활에 사용할 수 있도록 해석해주고, 효과가 있는 기술로 연결해주고, 아이들의 사회성 발달과 학습을 효과적으로 지원해줄 수 있도록 학생들에게 지식과 교수 방법을 적용할 수 있도록 도와주고자 하였다.

개정판의 새로운 점

이 책의 8판은 광범위하게 새롭게 개정되었다. 각 장의 주요한 변화는 다음과 같다.
- 이전의 참고문헌 중 1/3 이상이 2006년에서 2014년 사이의 최근 연구에 기반을 둔 자료로 대치되었다.
- 몇 개 주가 시행하고 있는 기준의 예가 논의되고 있는 개념을 설명해주기 위해 제시되었다. 이를 위해 다양한 주가 소개되었고 전국적인 유아 교육의 기준점을 강조하였다.
- 각 장에서 몇 개의 Note가 제시되었고, 여기에서 교재를 통해 더 자세히 다룰 내용들에 대한 간단한 요약 자료나 예를 제시해주었다.

이 책의 특징

- 1장에서 아동의 사회적 행동을 지도하기 위한 네 단계를 설명하는 사회적 지원 피라미드를 소개하였다. 이 피라미드는 각 장에서 다시 제시되어, 그 장에서 제시된 기술들이 사회적 지원과 중재의 전반적인 프로그램 안에 어떻게 적용될 수 있을지를 보여주고 있다.
- 연구를 비춰주는 이론과 실제를 연결하기 위해 그리고 독자들이 연구들이 실제적인 교실 환경에서의 적용에 어떻게 해석될 수 있는지를 보여주기 위해 다양한 분야에서 연구와 실제를 인용하였다.
- 학생들의 학습을 위한 분명한 목표를 제시하였다.
- 제시된 기술과 방법에 대해 최신의, 연구에 기초한 근거를 제시하였다.
- 핵심 내용을 설명하기 위해 많은 실생활에서의 예를 제시하였다.
- 각 장에서 제시된 내용과 연관 있는 기술들을 어떻게 적용할 수 있을지에 대해 단계적인 설명을 제시하였다.
- 각 기술을 학습하는 데 관련 있는 전형적인 함정들과 이를 어떻게 회피할 수 있을지를 설명하였다.
- 사회적 유능성과 학업적 성공 간의 강한 연관을 제시하였다.
- 각 장에서 특별한 요구를 가진 아동들을 제시하였고, 교사들이 특별한 요구를 가진 아이들과 함께할 때 각 자료들을 어떻게 적용할 수 있을지에 대한 예와 지침을 제시하였다.
- 다른 아이들과 성인들에게 도전이 되는, 다루기 힘든 아이들을 어떻게 효과적으로 다룰 수 있을지에 대한 예를 제시하였다.
- 교재에서 진정한 '아이의 목소리'를 들려주는 방법의 하나로 아이들의 그림을 포함하였다.

이 책의 제시 방법

이 책의 각 장은 아이들의 사회성 발달과 학습을 도와주기 위해 아동의 사회성 발달의 전체적인 그림과 교사들이 교실에서 사용하는 교육의 실제를 보여주고 있다. 저자들은 자아존중감, 공격성, 의사결정, 규칙과 결과와 같은 전통적인 주제뿐 아니라, 영유아 의사소통, 자기 규제, 탄력성, 우정, 친사회적 행동, 또래 괴롭힘 예방, 긍정적 행동 지원과 같은 최근의 주제들도 다루었다. 각 장은 심리학, 생리학, 교육학, 의학, 사회학, 가족 소비자학, 실내 디자인학과 같은 다양한 학문 영역의 연구 결과들을 통합하여 심도 있는 문헌 고찰을 실시하였다. 각 장의 순서도 신중하게 고려하여 단순한 개념과 기술을 복잡한 기술보다 먼저 제시하였고, 관계 향상과 사회적 기술을 확장시키는 전략에 대한 내용은 행동 관리와 집중적인 개입에 대한 내용보다 앞에 제시하여 앞에 제시된 내용이 다음에 제시되는 것의 기초가 되도록 하였다.

이 책은 출생부터 12세까지 아동의 사회성 발달을 다루고 있는데, 출생부터 8세까지 아동을 특히 강조하고 있다. 이는 이 연령대가 모든 사회화가 일어나는 기초가 형성되는 시기이기 때문이다. 여기에 제시된 기술들은 특히 이 연령대의 아이들에게 적합한 인지적 구조와 사회적 능력을 고려하여 고안되었다. 아동은 가족, 지역사회, 국가, 그리고 세계 속에서 생활하고 발달하기 때문에 자신을 둘러싼 사람과 사건에 의해 지속적으로 영향을 받고 또 이들에게 영향을 미치기도 한다. 따라서 이 책에서는 역동적이고, 계속해서 변화하는 맥락 속에서 아동도 역동적이고 계속 변화하는 존재로 보는 생태학적 관점을 취하였다. 우리의 경험에 비추어 보면 학생들은 어떻게 해야 하는지 그 절차에 대해 분명하고, 간결한 지시가 주어졌을 때 전문가적 행동을 가장 잘 배운다. 절차에 대해 정의하고, 예를 제시해주고, 그것을 사용하는 데 필요한 이론적 근거를 제시해주는 것이 필요하지만 이것만으로는 충분하지 않다. 그러므로 이 책의 접근 방법은 각 장의 내용과 관련된 연구에 기초한 전략들을 학생들에게 알려주는 것이다. 그리고 이러한 전략들은 일련의 구체적이고 관찰 가능한 기술로 나누어서 학생들이 수행할 수 있게 하였다. 우리는 구체적인 단계들을 직접적인 방법으로 세분화하였다. 이러한 단도직입적인 방식은 변화를 주거나 창의적으로 사용할 여지가 없는 것이 아니라, 일단 기술을 학습하면 자신의 요구, 성격, 상호작용 방식, 상황에 따라 그 기술을 내면화하고 수정할 수 있을 것으로 기대한다.

또한 기술을 정확하게 사용하기 위해서는 사용할 수 있는 전체 대안들 중에서 주어진 상황에 가장 적합한 대안을 선택해야 한다. 따라서 특정 기술을 언제 사용하고 언제 사용하면 안 되는지를 아는 것이 그것을 사용하는 방법을 아는 것만큼 중요하다. 이러한 이유에서 이러한 문제들을 각 장의 본문과 마지막의 피해야 할 함정 부분에서 모두 다루었다. 그리고 다양한 연령의 아이들과 다양한 능력 수준을 가진 아이들에게 어떻게 기술을 적용할 수 있을지에 대한 지침을 제공하였다.

이 책을 사용하는 학생들에게

이 책은 학생들이 교사로서 아동의 사회성 발달과 학습을 지도하는 데 필요한 지식과 기술의 기초를 형성할 수 있도록 도움을 줄 것이다. 이 책이 아이 및 가족과 상호작용하는 데 있어 교사로서 자신감을 키우고, 현장에 대한 열정을 가지는 데 도움이 되기를 희망한다. 이 책이 교사로서 알아야 하는 모든 것을 수록하고 있지는 않지만, 아동에 대한 전문가가 되기 위해 필요한 안전의 기저가 될 수는 있을 것이다. 학생들은 이 책을 통해 수년이 걸려야 알 수 있는 중요한 정보와 방법들을 배우게 될 것이다.

이 책의 저자들은 아이들과 함께 하고, 연구하고, 학생들에게 가르치는 경험이 많다. 따라서 저자들은 아동의 사회성 발달과 관련하여 학생들이 중요하게 생각하는 주제들에 대해 잘 알고 있어, 그러한 주제들에 초점을 맞추었다. 또한 학생들이 궁금해 하는 질문들과 현장에서 이 교재를 적용할 때 접할 수 있는 어려움들을 예상하여 각 장에서 적합한 곳에서 이 주제들에 대해 언급하고자 노력하였다.

교재 사용 시 유용한 조언

1. 교재의 각 장을 주의해서 한 번 이상 읽는다. 처음에는 관련된 주제를 개략적으로 이해하기 위해 읽고, 두 번째는 제시된 발달의 과정에 주의를 기울이면서 읽는다. 교사의 행동과 관련된 주요 개념들을 알고, 각각의 기술과 관련된 실제 절차들에 집중해서 읽는다.
2. 책의 여백에 메모를 하고, 기억하고 싶은 사항은 밑줄을 긋는다.
3. 단순히 용어를 암기하는 것을 넘어서, 공부하고 있는 개념을 실제 아이의 행동에서 어떻게 알 수 있을지, 그리고 이러한 지식을 아이와의 상호작용에 어떻게 적용할지에 초점을 맞춘다.
4. 질문을 하고, 동료 교사와 경험을 공유한다. 그리고 학급 토의 시간과 역할 놀이 연습에 적극적으로 참여한다.
5. 학습한 것을 아이들에게 시도해본다. 현장 실습 중이거나, 자원 봉사를 하고 있다면 그런 기회를 적극적으로 활용한다. 기술을 잘 알지 못하고 잘 할 수 있을지 자신할 수 없다고 해서 배운 기술을 시도해보는 것을 주저해서는 안 된다. 어색하거나 실수를 하더라도 계속해서 시도해보고, 그 상황에서 어떻게 해야 할지 적어 놓는다. 잘하지 못한 것 뿐 아니라 성공한 것, 그리고 향상된 것에도 초점을 맞춘다.

감사한 분들

저자들은 다음의 분들에게 감사를 표한다. Pennsylvania 주립대학 명예교수인 Louise F. Guerney, Commonwealth University of Virginia의 Steven J. Danish는 이 책에 제시된 철학과 기술에 관한 정보의 창의적 원천이 되신 분들이다. Michigan 주립대학의 학생이며 주교사였고 공저자였던 Laura C. Stein, 이 책의 여러 번에 걸친 이전 판을 개발하는 데 우리와 함께 했던 Kara Murphy Gregory 는 뛰어난 통찰력과 우리의 생각이 책으로 생생하게 표현되도록 해주었다. 또한 Gregory의 자녀들의 그림들이 이 책의 많은 장을 아름답게 장식해주었다. 아래의 많은 분들이 이 책의 내용을 검토하고 많은 가치 있는 평가를 제시해주었다.

Southwestern Community College, Sylva의 Linda Aiken; Brookhaven College의 Johnny Castro; J. Sargeant Reynolds Community College의 Stephanie Daniel; Three Rivers Community College의 Jennifer DeFrance; Florida Gulf Coast University의 Elizabeth Elliott; Cerro Coso Community College의 Lisa Fuller; University of Texas at San Antonio의 Monica Garcia; Southern Utah University의 Rea Gubler; Des Moines Area Community College의 Delora J. Hade; NHTI; Concord's Community College의 Gale Hall; Collin County Community College의 Sharon Hirscht; Vance Granville Community College의 Jennifer Johnson; J. Sargeant Reynolds Community College의 Mary Larue; Texas Woman's University의 Elizabeth McCarroll; University of Tennessee at Chattanooga의 Linda Rivers; Texas A&M University-Corpus Christi의 Jana Sanders; Michigan State University Child Development Laboratory의 Grace Spalding; Columbia University의 Kathy Lynn Sullivan; Daytona State College의 Cathy Twyman; Southern Michigan College의 Christina Wake.

마지막으로 수년에 걸쳐서 우리와 함께 하며 열성과 열정으로 우리에게 활기를 주었던 많은 학생들에게 감사한다. 또한 유년기를 우리와 함께 했던 수백 명의 어린이들에게 감사한다. 이들이 있어 우리는 이 책을 계속할 수 있는 통찰력과 동기를 얻을 수 있었음에 이 책을 이들에게 바친다.

역자 서문

이 책은 Kostelnik, Soderman, Whiren, Rupiper, Gregory 교수가 공동으로 집필한 Guiding children's social development & learning: Theory and skills, 8th ed. Cengage Learning(2015)을 번역한 것이다. 역자는 1988년 이 책이 처음 출판되었을 때부터 20년 이상 대학과 대학원에서 유아 사회성 발달과 지도를 위한 과목의 교재로 사용해 왔다.

이 책은 우리나라 학생들을 위한 번역판에 대한 요구로 인해 4판을 번역하여 2005년에《유아를 위한 사회 정서 지도》로 출간하였다. 그 후 원저가 주기적으로 개정되면서 번역본도 개정될 필요성이 있어 2008년에 개정된 6판을 번역하여 개정판을 출간하였다. 이때 원저의 제목에서 'social development & learning'으로 학습 부분이 강조되었고, 교육 현장에서 영아를 위한 지도에 적용될 수 있는 점을 고려하여《영유아의 사회정서발달과 교육》으로 책 제목을 수정하였다. 개정된 8판에 최근 연구의 결과들을 반영하여 각 장의 구성에서 변화가 있고, 특히 6장 '아동기 스트레스' 부분이 '아동기 탄력성'으로 그 내용이 확대되었다.

이 책은 유아의 사회성 발달에 있어 발달적 특성과 관련된 연구들을 제시하고 발달에 적합한 지도 방법을 제시해주어, 영유아의 사회·정서적 발달에 적합한 교육을 제공해줄 수 있는 좋은 지침서가 되고 있다. 따라서《영유아의 사회정서발달과 교육》은 대학과 대학원에서 아동학, 유아교육학, 보육학을 전공하는 예비 교사들을 위한 교재로서뿐 아니라 유아교육 현장에서 영유아의 사회, 정서적 발달과 지도에 좋은 교재가 될 수 있을 것이다. 특히 최근 인성 교육이 강조되고 있는 우리나라 교육 현장에서 참고할 수 있는 문헌이 많지 않은 현실에서 이 책이 인성 교육, 생활 지도에 관심이 있는 교사들에게도 유용한 자료가 될 수 있을 것이다.

옮긴이들은 이 책을 번역하는 데 있어 몇 가지 원칙을 정하였다. 가장 중요한 원칙은 가능한 한 원 저서에 충실하게 번역하고자 한 것이었다. 그럼에도 불구하고 원 저서 7장의 The nature of play and social competence 부분은 대부분의 대학에서 놀이와 관련된 별도의 과목이 개설되고 있다는 점에서, 14장 Fostering healthy attitudes about sexuality and diversity 부분은 현재 한국의 교육 상황을 고려한 내용의 적절성과 한 학기 강의 분량을 고려하여 번역에서 제외하였다. 또한 본문에 나오는 아이나 교사의 이름과 외국 아이의 사진은 우리나라 아이와 교사의 이름과 사진으로 대치하였다. 이는 한국에서도 흔히 볼 수 있는 상황임에도 외국 이름과 사진 속 인물로 인한 이질감을 피하기 위해서이다. 원저에 포함된 많은 아름다운 아이들의 사진이 번역서에 포함되지 못한 점이 아쉽다. 그리고 원 저서에는 각 장의 뒷부분에 핵심 용어, 토의 주제와 현장 숙제, 그리고 이번 판에 포함된 digital download가 제시되어 있는데, 이 부분 또한 책의 분량과 내용의 한국적 타당성 등을 고려하여 본 번역서에서는 포함하지 않았다.

마지막으로 이 책은 다섯 명이 함께 번역하였는데, 공동 작업에서 생길 수 있는 개인별 글쓰기 양식과 용어 등의 차이를 가능한 한 줄이고 번역의 완성도를 높이기 위해 옮긴이들이 각자 분담하여 일차적인 번역을 한 후 공동 번역자들이 적어도 1회 이상 모든 장을 읽고 수정하였다. 따라서 이 책의 번역에 대한 모든 책임과 공은 다섯 명의 옮긴이들이 동등하게 가진다.

이번 개정판의 번역 작업에는 원 저의 저자들이 재직하고 있는 미시간 주립대학에서 저자들과 같이 공부하고 연구한 신나리 교수가 번역자로 같이 참여하게 되었다. 이 책이 쓰인 교육적 맥락을 가장 잘 이해하고 있는 신나리 교수의 합류로 본 번역서가 더 충실한 번역이 될 수 있었을 것으로 기대한다. 《영유아의 사회정서발달과 교육》이 출간된 이후, 동료 교수들과 학생, 현장 교사들이 이 책이 대학 강의실이나 교육 현장, 그리고 교사 교육을 위해 좋은 교재가 되고 있다는 말을 전해주었다. 이 책이 옮긴이들에게 좋은 지침서가 되어 준 것과 같이 이번 개정판도 최근 인성 교육과 지도가 강조되는 최근의 한국 상황에서 영유아의 사회, 정서 발달의 이해에 기초한 인성지도와 생활지도에 유용하게 사용될 수 있기를 기원한다.

2017년 8월
옮긴이들을 대표하여 박경자

차 례

CHAPTER 1

영유아의 사회적 유능성 증진

영유아의 사회적 유능성 증진

• 사회적 유능성을 정의하고 사회적 유능성이 영유아에 미치는 영향을 설명한다.
• 아동 발달이 사회적 유능성에 미치는 영향을 기술한다.
• 사회적 유능성을 성취하는 데 있어 학습의 영향을 설명한다.
• 아동이 사회적으로 발달하는 맥락을 파악한다.
• 아동의 사회적 유능성을 지원해주는 교사의 역할을 안다.
• 발달적으로 적합한 교육의 실제가 어떻게 사회적 유능성 발달을 지원해주는지 논의해본다.

아동은 사회적 존재로서 행복하고 만족스러운 삶을 살기 위해 다른 사람들과 긍정적인 관계를 가져야 한다. 가족생활, 또래와 보내는 시간, 학교생활, 놀이 등과 같이 우리에게 중요한 매일매일의 삶에는 모두 인간관계가 포함되어 있다. 우리는 태어나는 순간부터 일생 동안 다른 사람과 관계를 맺으며 살아가게 된다. 사회적 상호작용을 통해 우리가 누구인지, 이 세계가 어떻게 움직이는지에 대해 알게 되고, 사회적 기술이 발달하고, 사회의 기대와 가치를 알게 된다. 학습은 일생 동안 계속되는 과정이지만, 아동기의 사회적 경험은 이후에 맺게 될 모든 관계의 기초가 된다.

사회적 환경은 복잡하다. 사회에서 성공적으로 살아가기 위해서는 알아야 할 것도 많고 할 줄 알아야 하는 것도 많다. 사람을 만나서 인사를 나누는 간단한 행동을 예로 들어보자. 사람들에게 효과적으로 인사하기 위해서는 다양한 각본과 어떤 행동을 다른 사람들이 우호적이라고 생각하는지 알아야 한다. 상대방을 얼마나 잘 아는지, 상대방과 자신의 지위, 시간, 장소, 문화에 따라 어떤 행동이 적절하고 적절하지 않은지도 판단할 수 있어야 한다. 예를 들어, 친구를 만났을 때와 처음 만나는 사람에게 하는 인사는 다르다. 또한 어떤 사람을 축구 경기장에서 만났을 때와 장례식장에서 만났을 때 인사하는 방식이 다를 것이다. 이런 것들이 성인에게는 상식적인 것이지만 아이들에게는 새로운 세상이며, 우리가 당연하게 여기는 많은 사회적 이해와 행동을 배워나간다.

어린이집이나 초등학교 교실에서 아이와 함께 있다고 상상해보자. 다음은 6세 아동 준홍, 다희, 수정이의 예이다.

준홍이는 자기 주변에 있는 사람과 사물에 강하게 반응하는 활발한 아이이다. 상상력이 풍부하고, 어떻게 놀지에 대해 많은 생각을 가지고 있다. 자신이 생각한 대로 놀기 위해 준홍이는 다른 아이들에게 무슨 말을 하고 어떻게 해야 할지 말해준다. 또래들이 다른 놀이를 하자고 하거나 다른 방법으로 놀자고 하면, 준홍이는 이들의 말을 듣지 않고 자신의 뜻대로 하기 위해 소리를 지른다. 다른 아이들이 준홍이가 가지고 있는 장난감을 사용해도 되냐고 물으면, 준홍이는 보통 "안 돼"라고 대답한다. 그래도 계속 달라고 하면, 준홍이는 또래들을 밀어버리거나 때린다.

다희는 조용하고 거의 잘못된 행동을 하지 않는 아이이다. 다희는 보통 다른 아이들과 어울리지 않으며, 한 가지 활동을 하다가 다른 활동으로 옮겨 다닌다. 다른 사람이 말을 걸어오면 반응은 하지만, 자신이 주도해서 또래나 교사와 사회적 상호작용을 하는 일은 거의 없다. 다희는 친구라고 말할 수 있는 아이가 없고, 다른 아이들도 다희를 좋은 친구라고 생각하지 않는다. 아이들이 다희를 적극적으로 거부하는 것은 아니지만, 무시하고 자신들의 활동에 거의 참여시키지 않는다. 다희는 대부분 교실에서 혼자 논다.

수정이는 다른 아이들에게 관심이 많으며, 종종 또래에게 같이 놀자고 한다. 또래들이 제안한 게임이나 놀이에 기꺼이 참여하지만, 자신의 생각이 분명하고 그것을 표현하기도 한다. 수정이는 나누기를 잘하는 편이고, 놀이를 지속시키기 위한 방법을 찾아낼 줄도 안다. 기분이 좋을 때도 있고 나쁠 때도 있지만, 대체로 좋은 편이다. 다른 아이들은 수정이를 좋은 놀이친구로 생각하고, 교실에 수정이가 없으면 곧 알아차린다.

이 세 명의 아동은 다양한 사회적 행동을 보이고 있다. 이 중 준홍이와 다희는 별로 바람직하지 않은 상호작용 유형을 보이는데, 이런 유형의 상호작용을 계속하게 되면 나중에 사회적으로 성공할 수 있는 가능성이 적다(Goleman, 2011). 반면에 수정이는 긍정적인 미래를 예측하게 하는 사회적 기술을 가지고 있다.

교사는 준홍이와 다희가 다른 사람들과 더 잘 어울릴 수 있는 방법을 발달시키도록, 그리고 수정이가 자신의 기술을 확장시키도록 지원할 수 있다. 이렇게 함으로써 교사는 아동의 **사회적 유능성** 발달에 기여한다. 사회적 유능성을 증진시켜주기 위해서 교사는 사회적 유능성이 무엇인지 그리고 사회적으로 유능한 아동은 어떤 행동을 하는지 알아야 한다.

1. 사회적 유능성

사회적 유능성은 목표를 달성하고 다른 사람들과 효과적으로 상호작용하기 위해 아동이 알아야 하는 지식과 기술이다(Davidson, Welsh, & Bierman, 2006; Rose-Krasnor & Denham, 2009). 블록 놀이에서 서로 블록을 갖겠다고 다투는 친구들 간에 문제를 해결하기 위해 아이들은 문제를 인식하는 인지적 기술과 개인적인 요구를 표현하기 위한 언어적 기술, 함께 문제를 해결하기 위한 전략을 만들어가기 위한 사회적 기술을 사용해야 한다. 블록을 서로 갖겠다고 싸우려는 충동을 억제하기 위해서는 정서적 자기 조절을 해야 하고 다른 아이가 어떻게 느낄지 알아야 한다.

- 사회적 가치 받아들이기
- 개인적인 정체감 발달시키기
- 정서 지능 계발하기
- 대인 관계 기술 습득하기
- 사회적 기대에 맞게 자기 조절하기
- 계획하고, 조직하고, 결정하기
- 문화적 유능성 발달시키기

이런 지식과 기술은 그림 1−1에 더 자세하게 제시되어 있는데, 사회적 유능성은 자신 및 다른 사람들과 관련된 광범위한 가치, 태도, 지식, 기술을 포함한다. **사회적 유능성의 정의**는 사회마다 다르다. 사회에 따라 어떤 가치가 더 많이 또는 덜 강조될 수 있으며(예: 협동심 대 독립심), 같은 가치가 다른 행동으로 표현되기도 한다(예: 존중한다는 것을 나타내는 말과 행동). 그렇지만 그림 1−1에 제시된 여러 행동들은 대부분의 사회에서 공통적으로 중요하다고 여겨진다.

미국을 포함한 많은 사회에서는 아동이 무책임하기보다는 책임감이 있을 때, 적대적이기보다는 우호적일 때, 반항적이기보다는 협동적일 때, 목적이 없는 것보다는 목적이 있을 때, 충동적이기보다는 자기 조절을 잘 할 때 사회적으로 더 유능하다고 본다(Denham, Bassett, & Wyatt, 2008; Hastings et al., 2006). 이런 관점에서 볼 때 친구가 기분 나빠하는 것을 알아차리고 달래주려고 하는 아이가 그 사실을 알아차리지 못하고 그냥 지나치는 아이보다, 어떤 생각이 들면 바로 말해 버리는 아이보다는 방해하지 않고 기다리는 아이가 사회적으로 더 유능하다. 또한 게임에서 자기 차례가 되었을 때 이유를 말로 설명하여 친구를 설득하는 아이가 물리적인 힘을 사용하거나 우는 소리를 내는 아이보다 사회적으로 더 유능하다. McClellan과 Katz(2001)는 사회적으로 유능한 아동의 일반적인 특성을 Note 1−1과 같이 제시하였는데, 이는 사회적 유능성이 아이들의 특성과 행동으로 어떻게 나타나는지를 보여준다.

사회적으로 유능한 아동의 행동을 설명할 때 '대체로', '자주', '때때로'와 같은 표현을 사용하였

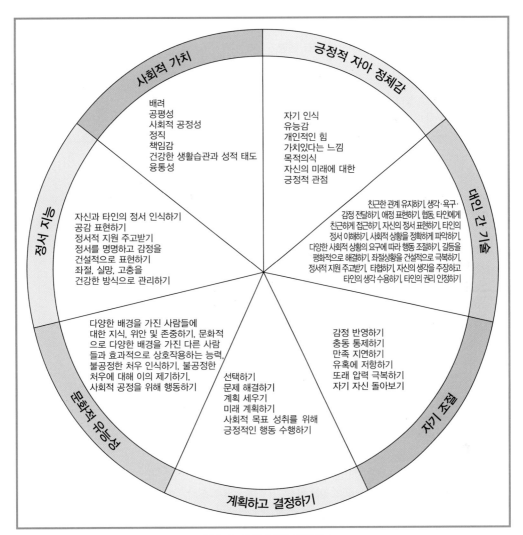

그림 1-1 사회적 유능성의 요소

는데, 어떤 아이도 항상 기분이 좋거나, 항상 적절한 방식으로 자신의 권리를 주장하여 성공하지는 않는다. "어떤 아이라도 때로는 사회적으로 어려움을 겪는다… 대부분의 아이들에게 이런 사건은 오래가지 않고 새로운 기술을 배우고 연습해보는 기회가 된다(Hastings et al., 2006, p.4)." 이런 기회를 잘 활용하는 아이들은 (적대적이 되거나 포기하기보다는) 사회적 상호작용에서나 개인적인 목표를 효과적으로 달성하는 데 있어 점점 성공하게 된다.

사회적으로 유능한 아동에게서 관찰되는 행동

개인적인 속성

1. 대체로 기분이 좋다.
2. 교사에게 지나치게 의존하지 않는다.
3. 대체로 교육기관에 자발적으로 온다.
4. 대체로 좌절을 적절히 극복한다.
5. 다른 사람에게 공감할 수 있는 능력을 보인다.
6. 한두 명의 또래와 긍정적인 관계를 형성하여 진심으로 배려하고, 이들이 결석하면 보고싶어 한다.
7. 유머를 이해하는 능력을 보인다.
8. 심하게 외로워하지 않는다.

사회적 기술

1. 대체로 다른 사람에게 긍정적으로 다가간다.
2. 자신이 바라는 것과 좋아하는 것을 분명하게 표현하고, 자신의 행동이나 입장에 대한 이유를 제시한다.
3. 자신의 권리와 요구를 적절하게 주장한다.
4. 자신을 괴롭히는 또래에게 쉽게 위협받지 않는다.
5. 욕구불만과 분노를 효과적으로 표현하고, 논쟁을 증폭시키거나 다른 사람에게 해를 입히지 않는다.
6. 놀이나 작업이 진행되고 있는 집단에 다가가서 참여할 수 있다.
7. 진행 중인 대화나 활동에 참여해서 적절하게 기여할 수 있다.
8. 차례를 잘 지킨다.
9. 다른 사람들에게 관심을 보이고, 정보를 교환하고, 적절하게 정보를 요청할 수 있다.
10. 다른 사람들과 적절하게 협상하고 타협할 수 있다.
11. 부적절하게 주의를 끌거나 다른 사람들의 놀이나 일을 방해하지 않는다.
12. 다른 나라에서 온 또래나 성인을 수용하고 함께 즐긴다.
13. 미소 짓기, 손 흔들기, 끄덕이기와 같은 몸짓으로 다른 아이들과 비언어적으로 상호작용한다.

또래관계

1. 다른 아이들에게 거부되거나 무시되기보다 대체로 수용된다.
2. 때때로 다른 아이들이 놀이, 우정, 작업을 함께하자고 청한다.
3. 다른 아이들이 친구라고 부르고 같이 놀이나 만들기를 하자고 한다.

출처: McClellan & Katz(2001).

1.1 사회적 유능성의 이점

" … 성인기 적응을 가장 잘 예측하는 아동기의 요인은 지능지수도 학교 성적도 아닌, 다른 아이들과 잘 어울리는 정도이다. 일반적으로 다른 아이들이 좋아하지 않거나, 공격적이고 방해하는 아이, 다른 사람들과 친밀한 관계를 유지하지 못하는 아이는 … 심각한 '위험' 상태에 놓여 있다."

– Willard Hartup(아동 연구가)

사회적 유능성은 아동이 자신에 대해서 어떻게 느끼는지, 다른 사람들이 이 아동을 어떻게 지각하는지에 있어 큰 차이를 가져온다. 선행 연구들에 의하면, 사회적으로 유능한 아동은 그렇지 못한 아이들보다 더 행복하다. 이들은 다른 사람들과 상호작용할 때 더 성공적이며, 인기가 많고, 삶에 대한 만족도 더 크다. 아동의 사회적 관계는 학업 성취와도 관계가 있어서, 긍정적인 사회적 관계를 맺는

그림 1-2 **사회적 유능성은 학업적 성공에 기여한다**

아이가 학교에서 더 성공한다(Epstein, 2009). 이는 Note 1-2에 제시하였다.

이러한 긍정적인 결과로 인해 사회적으로 유능한 아동은 자기 자신을 세상을 변화시킬 수 있는 가치 있는 존재로 인식하는 경향이 있다. 다른 사람들도 이들을 좋은 동료, 유능한 사회 구성원으

NOTE 1-2

학습은 사회적 과정이다

초기 학령기의 학업 성공은 사회적, 정서적 기술에 기반을 둔다. 다른 아이와 잘 지내기가 어렵고 정서 통제가 안되며, 충동적이고, 대안이 무엇인지, 어떻게 계획을 실행해야 하는지, 도움을 어떻게 청할지 모른다면, 아동은 읽기를 배우고, 더하기를 하거나 과학 문제를 풀 수 없다.

높은 사회적·정서적 기술을 가진 학생들은 다음과 같은 모습을 보인다.

- 더 높은 학업 동기
- 학교에 대해 더 긍정적인 태도
- 거의 결석하지 않음
- 수업 시간에 더 많이 참여함
- 수학 과목에서 더 높은 성취
- 언어를 더 잘 사용함
- 사회 과목에서 더 높은 성취
- 높은 성적
- 정학이 거의 없음
- 고등학교 중퇴 비율 낮음

출처: Zins, Bloodworth, Weissberg & Walberg(2004); Ladd(2008).

로 지각한다. 그러나 사회적으로 유능하지 않은 아동은 이와 다르다. 긍정적인 사회적 관계를 형성하고 유지할 수 없는 아동은 아주 어릴 때부터 분노와 외로움을 자주 경험한다. 이들은 또래에게 거부되고, 자아존중감이 낮으며, 낮은 학업 성취를 보인다(Miles & Stipek, 2006). 사회적으로 유능하지 못한 아동은 성장해서도 이런 유형의 문제행동을 지속할 위험이 크다(Ladd, 2008).

아동이 얼마나 사회적으로 유능하게 될 것인가는 아동 발달과 아동기의 학습, 그리고 아동이 살아가는 맥락과 같은 여러 요인에 의해 영향을 받는다. 교사는 사회적 유능성을 성취해가는 아이를 지원해주기 위해 이런 모든 요인들을 알아야 한다.

2. 발달과 사회적 유능성

아동은 성장하면서 사회적 능력을 증가시켜주는 발달적 변화가 서서히 일어난다. 이런 변화는 모든 아이들에게 공통적으로 일어나고, 비슷한 연령의 아이들에게 전형적인 특성들인 발달 원리에 따라 발생한다(Copple & Bredekamp, 2009). 아동의 사회성 발달이 복잡한 과정이기 때문에 발달 원리는 각 아동의 독특한 특성을 이해하는 교사나 부모의 지원이 필요하다는 것을 상기시켜준다.

2.1 발달의 상호연관성

사회성, 정서, 인지, 언어, 신체를 포함하는 다양한 발달 영역들은 서로 관련이 있고 함께 발달한다. 발달의 어느 영역이 다른 영역보다 더 중요하지 않고, 어느 영역도 다른 영역과 무관하지 않다. 이러한 원리는 아동이 친구를 사귀려고 할 때에도 적용할 수 있다. 또래와 관계를 맺는 능력은 전반적인 발달상의 기술과 이해에 영향을 받는다.

- 사회성: 게임의 규칙 협상하기, 차례 기다리기, 먼저 할 사람 정하기
- 정서: 다른 아이에게 접근하기 위해 자신감 가지기, 또래가 같이 놀자고 했을 때 긍정적으로 반응하기, 다른 아이에게 공감 표현하기
- 인지: 다른 아이의 이름 기억하기, 갈등을 해결하기 위해 대안 찾아내기, 주어진 사회적 상황에 적절한 각본 알기
- 언어: 말로 다른 아이에게 인사하거나 게임방법 설명하기, 또래에게 질문을 받았을 때 적절한 말로 반응하기
- 신체: 새로 놀이에 참여하는 친구를 위한 자리 만들기, 비디오 게임이나 잡기놀이에 필요한 운동기술 갖추기

모든 발달이 상호 연관되어 있다는 발달 원리를 이해하면 아동이 습득해야 하는 사회적 행동의 복잡성을 더 잘 이해할 수 있다. 또한 교사가 하루 일과에서 언제 아동의 사회성 발달을 지도할 수 있는지를 알게 해준다. 이러한 기회는 아동이 소꿉 영역에서 놀 때, 블록 영역에서 규칙을 의논할 때, 과학실험을 한 단계씩 진행할 때, 집단으로 수학 문제를 풀 때 생길 수도 있다. 또한 실내나 실외, 점심 먹는 식탁, 체육관, 버스 안, 견학 중 혹은 가정 방문 중에 일어날 수도 있다. 사회성 발달은 언제나 그리고 아이가 가는 어느 곳에서나 일어난다.

2.2 사회성의 단계적 발달

다음에 제시한 자기 인식과 관련된 발달의 이정표들이 아동기에 어떤 순서로 발달하는지 생각해보자.
- 아동은 다른 아이와의 비교를 통해 자신을 정의한다.
  (예: 나는 영희보다 자전거를 잘 탄다. 나는 태호보다 키가 작다.)
- 아동은 자신의 성격 특성에 기초하여 자신을 정의한다.
  (예: 나는 정직하다. 나는 같이 놀면 재미있다.)
- 아동은 자신의 외모에 기초하여 자신을 정의한다.
  (예: 나는 남자다. 나는 키가 크다.)

이 예에서 보는 바와 같이 이정표들은 **발달의 단계적 원리**를 보여준다. 사회성 발달은 단계적으로 진행되며, 비교적 예측이 가능하다. 연구자들은 사회성 발달과 사회적 유능성의 다양한 측면과 관련된 행동이나 이해 발달의 전형적인 순서를 제시하였다(Berk, 2013). 예를 들어, 아동의 자아개념은 여러 해에 걸쳐 발달한다. 취학 전 유아는 자신에 대한 정의에 있어 일차적으로 신체적 특성에 초점을 맞추는데, 성장하면서 다른 사람과의 비교가 포함된다. 아동이 자신의 성격을 구성하는 내적인 특성을 인식하게 되는 것은 8, 9세가 되어야 가능하다. 아동이 각 단계에 머무는 시간이 다르고 때로는 단계를 건너뛰기도 하지만, 자기 인식은 누구에게나 대체로 동일한 순서로 발달한다.
자기 조절, 감정 이입, 친사회적 행동, 도덕적 이해, 친구에 대한 생각과 같은 **사회적 유능성**의 여러 측면에는 발달하는 순서가 있다. 교사가 이러한 순서에 대해 알면, 아동이 발달하면서 무엇을 먼저 하고, 두 번째, 세 번째로 무엇을 하게 되는지에 대한 통찰력을 가질 수 있다. 또한 각각의 아이에게 합리적인 기대를 가질 수 있고, 아동의 발달 수준을 논리적으로 확장하기 위해 어떤 이해와 행동이 필요한지를 결정할 수 있다. 예를 들어, 3, 4세 유아가 신체적 특성으로 자신을 특징 짓는다는 사실을 알면 유아의 자기 인식을 도와주기 위해 자기 초상화나 신체 그리기와 같은 활동을 계획할 것이다. 자기에 대한 신체적 감각이 잘 형성된 초등학교 저학년 아동의 경우에는 정직함이나 좋은 친구되기와 같이 아이들이 가치 있게 여기는 개인적인 특성들에 관해 이야기하거나 써

보도록 할 것이다.

2.3 발달 속도의 개인차

> 지혜와 주현이는 둘 다 네 살이다. 지혜는 9개월 때 걷기 시작했고, 두 살 때 완전한 문장으로 자신의 감정을 나타낼 수 있었다. 지혜는 자신이 원하는 놀잇감을 얻기 위해 순서를 기다리거나 인기 있는 장난감을 사용하기 위한 순서를 계획하는 등의 다양한 전략을 가지고 있다. 주현이는 14개월이 되어서야 걷기 시작했고, 세 살 정도에 다단어 문장을 사용하기 시작했다. 주현이는 원하는 것이 있으면 그것을 가지고 있는 아이에게 자신이 다음번에 가질 수 있는지 물어보거나, 교사에게 그것과 같은 것을 찾아달라고 요청한다. 지혜와 주현이는 많은 점에서 서로 비슷하지만 서로 다르기도 하다. 두 아동은 모두 전형적인 방식으로 발달하고 있다.

지혜와 주현이가 보여주듯이, 모든 아동은 자신의 고유한 시간표에 따라 발달하며, 어떤 아이들도 정확하게 같지는 않다. 발달이 순서에 따라 일어난다는 원리가 여전히 적용되지만, 각 단계를 거쳐 가는 속도는 개인마다 다르다. 지혜와 주현이 둘 다 전형적인 발달을 보이지만, 발달의 시기는 서로 다르다.

발달 속도의 개인차 원리에 기초하여 같은 연령의 아동도 사회적 능력의 범위가 다양할 것이라는 예측을 할 수 있다. 어떤 기술을 막 배우기 시작한 아동이 있는가 하면, 훨씬 더 잘하는 아이들도 있다. 이러한 다양성은 좋다, 나쁘다의 문제가 아니라, 아동의 사회성 발달에서의 전형적인 차이일 뿐이다. 아동의 사회성 발달 속도가 다르다는 것을 이해하면 교사나 부모가 아동의 행동에 더 많은 참을성을 갖고 현실적인 기대를 갖게 된다.

2.4 사회성 발달의 최적 시기

> 아동기에는 미래가 들어오도록 문이 열리는 특별한 순간들이 있다. — Graham Greene(소설가)

인간의 삶에서 어떤 시기는 앞으로의 발달을 위한 기초가 된다(Brophy-Herb, Schiffman, & Fitzgerald, 2007). 이 시기 동안 아동은 새로운 것을 알게 되고 기술을 습득할 준비를 한다. 만약 이 시기에 발달을 증진시키는 데 필요한 경험을 하지 못하면, 이후에 기술이나 능력을 습득하기가 훨씬 더 어려워진다. 이것이 **최적 발달의 원리**이다.

출생부터 12세까지 아동은 사회적 학습자가 되려고 동기화되어 있다. 이들은 관계 맺기를 원하고, 사회적으로 참여하고 싶어 한다. 또한 부정적 행동 패턴이 이미 굳어져서 변할 수 없는 정도도 아니다. 이러한 이유로 아동기는 사회적 유능성과 관련된 기본적인 태도와 행동을 발달시키기에 최적의 시기이다. 사회적 유능성은 다음과 같은 행동과 태도를 포함한다.

- 신뢰감
- 자기 인식과 자아존중감
- 대인 간 의사소통 기술
- 친사회적 태도와 행동
- 우호적인 성향과 기술
- 문제 해결 전략
- 대처 기술
- 실행 기능(의사결정하기, 조직하기, 미리 계획하기)
- 자기 조절

이러한 발달 과제가 무시된다면, 아동은 청년기와 성인기에 사회적으로 유능해지기 어렵다. 최적 발달 시기의 원리는 출생하는 순간부터 아동 중기까지 아동의 사회성 발달에 초점을 맞추어야 한다는 것을 강조한다.

2.5 사회성 발달의 누적 효과와 지연 효과

가끔씩 일어나면 아동의 발달에 미치는 영향이 적은 경험도 오랜 시간에 걸쳐 빈번하게 일어나면 긍정적이거나 부정적인 영향을 미칠 수 있다(Katz & Chard, 2000). 이것이 **누적 효과의 원리**이다. 예를 들어, 한두 번 비판의 대상이 되는 것은 자존감에 영구적인 해를 미치지 않지만, 계속해서 비난을 받는 아이는 열등감과 비관적인 생각을 갖게 될 것이다(Seligman, 2007). 마찬가지로 아동과 한 번 이야기를 나누었다고 해서 아이에게 지속적인 영향을 미치지는 못한다. 그러나 양육자가 아이와 논리적으로 대화하는 습관을 가지고 있다면, 아동도 점차 스스로 논리적으로 생각하게 될 것이다.

누적 효과와 더불어 발달의 결과는 지연될 수도 있다. 즉, 초기의 어떤 경험들은 훨씬 나중이 되어서야 아동의 발달에 영향을 준다. 예를 들어, 아동의 자기 조절은 오랜 시간에 걸쳐 발달한다. 발달이 지연되는 특성으로 인해 교사나 부모는 어렸을 때 아이와 논리적인 대화를 나누는 노력이 과연 긍정적인 결과로 이어질지에 대해 의문을 갖게 된다. 그러나 연구 결과들에 따르면, 양육자가 아이의 견해도 고려하면서 자신의 생각을 지속적으로 설명하면, 아동은 지속적인 감독이 없더라도 궁극적으로 자신의 행동을 더 잘 되돌아보게 된다(Shaffer & Kipp, 2013). 아동이 스스로 논리적으로 사고할 수 있게 하려면 이러한 전략을 오랜 시간 사용해야 한다.

누적 효과와 **지연 효과의 원리**를 알면, 교사는 아동의 사회성 발달을 지도하는 데 있어 장기적인 관점을 가질 수 있다. 따라서 어떤 방법이 장기적인 목표에 위배된다면 지금 당장은 빠른 해결책이라 할지라도 선택하지 않을 것이다. 예를 들어, 아이가 말을 듣지 않을 때 "안 돼"라고 말하는 것이 더 빠르지만, 아이가 자기 조절을 발달시키기를 원한다면 아이의 행동에 대해 이야기를 나누어야 한다. 이렇게 하면, 논리적인 이유를 설명하는 것의 누적 효과와 지연 효과를 통해 아동의 사회적 유능성 발달에 기여하게 된다.

발달은 아동의 사회적 유능성에 있어 중요한 역할을 한다. 발달의 제 원리를 이해하면 아동의 행동에 대한 해석과, 교사로서의 교수 방법에 긍정적인 영향을 미치게 된다.

3. 학습과 사회적 유능성

> 협동심, 관대함, 충성심, 정직과 같은 것은 타고나는 것이 아니라, 부모나 다른 성인, 형이나 언니와 같은 연장자로부터 아동에게 전수된다.
> — Urie Bronfenbrenner(인간생태학자)

우리가 아동에게 전수하는 사회적인 학습에는 다른 사람과 부딪쳤을 때 "미안합니다"라고 하는 것과 횡단보도로 길을 건너는 것, 친구와 나누면서 기쁨을 얻는 것 등이 있다. 우리는 말과 행동을 통해 이런 교훈들을 전달하는데, 아이들이 이를 얼마나 잘 배우는가는 다음과 같은 원리에 달려 있다.

3.1 적극적인 학습자로서의 아동

다음과 같은 중국 속담을 생각해보자.

> 들은 것은 잊어버리고,
> 본 것은 기억하고,
> 직접 해본 것은 이해한다.

이 속담은 아동은 행위자라는 아동기 학습의 핵심적인 진리를 나타내고 있다. 아동은 다른 사람이 자신에게 정보를 채워주기를 소극적으로 기다리지 않는다. 아동은 적극적인 신체와 정신을 가지고 있어서, 어디에 가든 사회적 경험을 이해하기 위해 활용한다. 아동은 관찰하고, 물체를 조작하고, 다른 사람들과 상호작용함으로써 사회적 경험을 한다(Copple & Bredekamp, 2009). 이런 경험을 통해 아동은 사회적 세계의 이치에 대해서 가설을 형성한다. 예를 들면, 우혁이는 "미안하지만"이라고 말하면, 승진이가 자기에게 가위를 줄 거라고 생각한다. 때로는 이런 생각이 맞아서 승진이는 "그래"라고 말한다. 그러나 때로는 자신이 믿었던 것과는 다른 결과를 경험하기도 하는데, 승진이는 가위가 필요하기 때문에 "싫어"라고 말하기도 한다. 어떤 일이 일어나는가를 관찰해보고, 실험해보고, 다시 생각해보면서, 아동은 점차 자신의 생각을 변화시켜 나간다. 그래서 우혁이는 '가위를 사용하려면 기다려야 하지만, 다음은 내 차례야'라고 생각하게 된다. 수백 번의 이런 경험을 통해 아동은 어떤 행동 양식을 따라야 하는지, 그리고 어떤 방법을 사용해야 할지에 대한 생각을 구성하게 된다(Piaget, 1962; Vygotsky, 1978).

아동은 **적극적인 학습자**이기 때문에 사회적 세계를 직접적으로 경험할 수 있는 기회를 많이 필요로 한다. 예를 들어, 아동은 나누기에 대해 듣거나 말하기만 하는 것보다는 일상생활에서 다른 사람들과 나누는 연습을 할 때 더 잘할 수 있게 된다. 간식 나눠 먹기, 두 사람이 함께 컴퓨터 사용하기, 놀이에 한 명을 더 끼워주기는 아동이 스스로 혹은 교사의 도움으로 해결할 수 있는 현실적인 문제들이다. 사회성 학습을 위한 이런 자연스러운 기회들은 아동이 목적을 달성하기 위해 새로운 전략을 학습하도록 동기화되는 교수 기회가 된다. 한창 줄넘기 놀이가 진행되고 있는 집단에 한 아이가 들어가기를 원할 때 이것이 전형적인 교수 기회가 될 수 있다. 교사는 또래들이 하고 있는 놀이에 참여하고 싶을 때 어떻게 말해야 하는지 아동이 생각해보도록 도와줄 수 있다. 이와 같은 현장에서의 작은 교훈은 아동이 새로운 기술을 연습해보고, 자신이 사용한 방법에 대한 반응을 얻을 수 있는 기회를 갖게 되기 때문에 효과가 크다. 아동의 사회성 발달을 지도할 때 교사는 이러한 **교수 기회**를 찾아서 잘 활용해야 한다.

3.2 아동의 다양한 학습방식

모든 아동이 적극적인 학습자이지만, 아동마다 사회적인 정보를 지각하고 행동하고 이해하는 방법은 다양하다. 아동은 자신이 좋아하는 **학습방식**과 일치하는 학습기회가 주어질 때 가장 잘 배울 수 있다. 각 아동에게 어떤 학습방식이 가장 적합한지를 알기 위해 교사는 사회성 교육을 할 때 다양한 방식을 사용하는 것이 좋다. 예를 들어, 아동이 돕는 것을 배우기를 원하면 다음과 같은 방식을 사용할 수 있다.

- 스스로 학급의 일을 해보거나 돕기를 잘하는 사람에 대한 책을 읽어준다.
- 과제를 하기 위해 다른 아동과 상호작용한다.
- 실제로 해보기 전에 돕기 행동을 연습해본다.
- 자신이 관찰했거나 실제로 했던 돕기 행동에 대해 이야기를 나눈다.
- 도와주기에 대한 노래를 부르거나 노래를 만들어본다.
- 자신이 보았거나 들어보았던 도움 행동을 떠올려본다.

대부분의 아동은 자신이 좋아하는 학습방식과 일치하는 경험에서 중요한 정보를 얻으면서 이런 경험들을 통합한다. 교사는 아동의 사회성 발달을 지도할 때 서로 다른 학습방식에 대해 민감해야 하고, 이런 학습 방법들을 활용하는 전략을 사용해야 한다.

3.3 도전과 숙달을 통한 사회적 유능성의 발달

아동은 완전히 습득하지는 못했지만 거의 이해한 것을 학습하고, 혼자 하기는 힘들지만 거의 해낼 수 있는 것들을 시도해보는 도전을 즐긴다. 이는 아동의 현재 능력보다 약간 높은 수준의 개념과 기술에 도전해보고, 그것을 유능하게 성취할 때까지 해보는 것이 아동에게 유익하다는 것을 의미한다(Bodrova & Leong, 2007). 선행 연구들에 따르면, 학습 동기를 유지하기 위해 아동은 학습 과제를 성공적으로 해낼 수 있어야 한다. 과제에 압도당하면 실패하게 되고 이런 실패가 일상적이 되어버리면 대부분의 아동은 시도하는 것 자체를 그만두게 된다(Copple & Bredekamp, 2009). 따라서 긍정적인 사회성 학습은 아동이 자극받고 성공할 수 있다고 생각할 때 가장 잘 일어난다. 교사는 사회적 상황들을 지켜보고, 더 많은 것을 이해하도록 아동에게 도전하고, 아동이 새로운 사회적 기술을 시도할 때 지원해주고, 더 성공적인 방식을 찾아가도록 도와주는 역할을 해야 한다. 때로는 또래가 대신 도와줄 수도 있다. 아동이 유능해지면 교사는 점차 개입을 줄여서 아동 스스로 숙달할 수 있는 기회를 주어야 한다.

이러한 **도전과 숙달**의 과정은 간식을 더 먹고 싶지만 어떻게 해야 하는지를 모르는 두 살짜리 지혜의 예에서 볼 수 있다. 교사나 유능한 또래가 그 장면에서 가르쳐주는 것이 지혜의 학습을 촉진할 수 있다. 또래에게 과자그릇을 건네 달라고 하는 간단한 말을 알려주는 것도 하나의 방법이 된다. 이때 교사가 너무 복잡하거나 추상적인 말을 사용하면, 지혜는 배울 수 없다. 지혜가 익숙한 말보다 조금 더 발전된 말을 제시하면 지혜는 새로운 말을 받아들일 수 있다. 지혜가 한 번의 경험으로 새로운 말을 학습하지는 못하더라도 이러한 상호작용은 다양한 상황에서 새로운 말을 시도해보도록 자극해주고, 다른 사람의 도움 없이도 숙달될 때까지 연습해보도록 해준다. 이러한 과정을 통해 지혜는 더 높은 사회성 학습의 단계로 나아간다.

3.4 사회성 학습을 위한 시간

> 삶에는 단순히 속도를 높이는 것보다 더 중요한 것이 있다.
>
> — Mahatma Gandhi(정치적·정신적 지도자)

사회성 학습은 점진적인 과정이다. 아동은 사회적인 존재로 태어나지만, 사회적으로 유능한 상태로 태어나는 것은 아니다. 또한 성숙한 수준의 유능성을 빠르게 습득하지도 못한다(Shaffer &

Kipp, 2013). 어린이집이나 유치원에 갈 때, 심지어 초등학교 5학년이 되어도 아직 사회적으로 유능하지 않다. 유아기와 초등학년 시기에 아이들은 대부분의 시간을 사회적 생각을 탐색해보고, 다양한 방법을 실험해보고, 사회적 세계에서 어떤 것이 효과가 있고 어떤 것이 효과가 없는지를 찾으면서 보낸다. 이러한 사회성 발달은 서두른다고 이루어지는 것이 아니며, 어린 아동이 개념과 기술을 완벽하게 습득하기 위해서는 사회적 상호작용을 할 수 있는 수많은 기회가 필요하다. 모든 아동이 사회적 기술을 발달시키기 위해 시간과 지도를 필요로 하지만, 어떤 아동은 좀 더 많은 도움을 필요로 한다.

유아교육 전문가로서 교사는 아동이 사회적 기술을 발달시킬 시간과 기회를 가지는지를 살펴볼 책임이 있다. 또한 아동이 새로운 기술을 연습할 때 교사는 인내심을 가지고 지원해주어야 한다. 이러한 학습은 유아교육기관을 포함하여 다양한 맥락에서 이루어진다. 그러나 교사 혼자서만 아이들을 사회화시키는 것은 아니고, 많은 사람들이 이 과정에 포함된다. 따라서 교사는 아동이 사회적 유능성을 획득해가는 모든 환경을 고려해야 한다.

4. 사회적 환경

아동은 집, 조부모 댁, 어린이집, 학교, 놀이터, 또래집단, 교회, 이웃 동네 등에서 사회적 유능성과 관련된 생각과 행동을 하게 된다. 이런 환경들에서 일어난 일들은 아동에게 다양한 방식으로 영향을 미쳐 결과적으로 아동의 사회적 유능성 수준에 영향을 미치게 된다. 따라서 아동의 사회성 발달을 효과적으로 지도하기 위해서는 이런 **사회적 영향**이 합쳐져서 아동의 삶에 어떠한 영향을 미치는지를 살펴보아야 한다(Arnett, 2008).

가장 가까운 사회적 환경은 집이나 학교와 같이 얼굴을 맞대는 상황에서 아이들과 직접적으로 상호작용하는 사람, 교재 교구, 활동, 대인관계이다. 이런 환경에서 아이들은 사람과 사물과의 상호작용을 통해 사회적 경험을 하게 된다. 이 중에서도 생의 초기에 아이들에게 특히 중요하게 영향을 미치는 것은 가족, 또래 집단, 유아교육기관이다.

4.1 가족

세계 어느 곳에서나 **가족**은 아동의 신체적 욕구를 충족시켜주고, 아동을 양육하고 사회화시키는 일차적인 책임을 지닌다(Turnbull, Turnbull, Erwin & Soodak, 2006). 가족 구성원은 아동과 오랜 시간 지속되는 애착을 형성하고, 과거를 연결해주고 미래에 대한 비전을 제시한다(Gonzalez-Mena & Eyer, 2011). 부모, 조부모, 고모나 삼촌, 형제, 자매는 아이의 첫 번째 선생님이다. 이들은 아이에게 최초의 사회적 관계, 행동과 역할에 대한 모델, 가치관과 신념의 참조 체계, 지적인 자극을 제공해준다. 아동이 타인, 교육, 일, 사회에 대해 가지는 초기의 태도는 가족에서 생긴다. 이러한 기능은 직접적, 간접적인 가르침을 통해 건설적인, 때로는 파괴적인 방식으로 성공할 수도 있고 아닐 수도 있는 방식으로 행해진다. 어떤 행동과 선택을 하는지를 통해 가족은 아동에게 자신이 살고 있는 사회가 갖고 있고 받아들이는 행동 방식, 관점, 신념, 생각을 전달하는 주도적인 역할을 한다. 그러나 점차 아이들의 사회적 세계는 가족이나 확대 가족의 범위를 벗어나 확장된다.

4.2 또래집단

아동은 유아교육기관이나 학교, 그리고 이웃에서 또래들과 상호작용하면서 상당히 많은 사회적 학습을 경험한다. 아동은 **또래관계**에서 동등한 지위를 가진 사람들 사이에서 일어나는 상호성과 공정성의 개념을 배우게 된다. 또래 간에 일어나는 사회적 협상, 토론, 갈등으로 인해 아이는 다른 사람의 생각, 감정, 동기와 의도를 이해하게 된다. 그리고 이런 이해를 통해 아이는 자신이 한 행동의 결과가 자신과 다른 사람에게 어떤 영향을 미치는지에 대해 생각할 수 있게 된다(Doll, Zucker & Brehm, 2004). 아동은 **또래집단**의 반응을 통해 자신의 행동이 적절했는지를 평가하게 되고, 그에 따라 행동을 조정하게 된다(Santrock, 2012). 그 결과 또래관계는 사회인지(예: 사회적 현상에 대한 사고)와 사회적 행동을 위한 결정적인 맥락을 제공한다. 그러한 사고와 행동은 때로는 부정적이고 때로는 긍정적인 사회적 결과를 낳게 된다. 이러한 과정은 어린이 야구단에서 삼진을 당할 때마다 '세상이 끝난 것'처럼 행동하는 일곱 살 현수의 예에서 살펴볼 수 있다. 처음에 또래들은 아무 말도 하지 않았지만, 현수의 이 같은 행동이 몇 번 반복되자, 친구들은 그만하라고 하며 아기처럼 행동한다고 불평하였다. 현수는 점차 자신이 타석에서 잘못하였더라도 크게 소리 지르지 않게 되었다. 현수는 다른 친구들에게 수용되기를 원하였고 친구들이 자기가 화를 내는 것보다 삼진아웃되는 것을 더 잘 참는다는 것을 알게 되었다.

4.3 교사

교사도 아동의 사회적 유능성을 촉진시키는 데 결정적인 역할을 한다(Ladd, 2008; Wentzel & Looney, 2008). 교사는 다음과 같은 다양한 사회적 행동에 참여함으로써 아동의 사회적 유능성에 영향을 준다.

- 아동과 사회적 관계를 형성한다.
- 아동에게 가치에 대해 말한다.
- 아동을 가르친다.
- 사회적 행동과 태도의 모델이 된다.
- 아동이 적절한 지식과 기술을 연습할 수 있는 활동들을 계획한다.

- 물리적 환경을 계획한다.
- 일과를 구성한다.
- 아동과 규칙에 대해 이야기한다.
- 긍정적 또는 올바른 결과를 행하도록 하여 아동이 사회적 기대에 순응하도록 돕는다.

사회적, 정서적 유능성은 최적의 발달을 위해서 필수적이다. Head Start Child Outcomes Framework은 영유아기의 사회적, 정서적 발달은 이후 학교에서의 학업적 성취와 미래의 사회적, 행동적 어려움을 방지하는 데 결정적으로 중요하다고 주장하였다(Bierman et al., 2008). 사회적 유능성은 주 정부가 지원하는 유아기 프로그램과 초등 교육 프로그램에서 지정한 공식적인 학습

표 1-1 **사회적 유능성과 관련된 유아기, 아동기 학습 기준**

주	수준	사회적 기대	이정표/학습 결과
조지아	4~5세	유아는 자기 통제 능력을 발달시킨다. 유아는 자신감과 긍정적인 자기 인식을 발달시킨다.	• 교실에서 지켜야 할 규칙과 일상적 일과를 만드는 것을 돕는다. • 배우는 환경 안에서 규칙과 일과에 따른다. • 교실 내 물건을 목적있게, 소중히 사용한다. • 적절한 몸짓, 행위, 언어를 통해 감정을 표현한다. • 개인적 정보에 관한 지식을 갖고 있다. • 자신이 독특한 개인임을 알고 다른 사람들의 독특성도 알게 된다. • 자신의 능력 범위 안에서 자신감을 갖고 성취에 대해 자긍심을 표현한다. • 개인적인 선호를 갖게 된다.
아리조나	3~5세	유아는 자신과 타인의 권리와 물건을 인정한다.	• 다른 사람의 물건을 사용하기 전에 허락을 구한다. • 자신과 타인의 권리를 방어한다. • 예의바른 말과 행동을 한다. • 놀이실 치우기에 참여한다.
일리노이	초등학교 저학년 초등학교 고학년	아동은 매일의 학업적, 사회적 상황을 책임있게 다루기 위해 의사 결정 기술을 적용한다.	• 학교에서 자신이 할 수 있는 결정의 범위를 안다. • 학급 또래들과 상호작용할 때 긍정적인 선택을 한다. • 체계적인 의사 결정의 단계를 알고 적용한다. • 대안적인 해결책을 생각하고 다양한 학업적, 사회적 상황에서 그 결과를 평가해본다.
뉴저지	취학 전	아동은 자기 주도성을 보인다.	• 다양한 흥미 영역에서 독자적으로 선택하고 계획한다. • 자조 기술을 보인다(예: 치우기, 주스 따르기, 비누로 손 씻기, 자기 물건 치우기 등). • 최소한의 교사 지시로 교실에서의 일과와 활동, 한 활동에서 다른 활동으로 전이를 잘 따른다.

출처: Arizona Department of Education(2005); Georgia Department of Early Care and Learning(2011); Illinois State Board of Education(2009); State of New Jersey Department of Education(2009).

의 기준에서도 다루어진다. 이러한 기준들은 그 프로그램에서 아동이 무엇을 알아야 하고, 무엇을 해야 하는지 제시해주고 있다. 각 주마다 그 주의 기준이 있지만 모든 주에서 어떤 방식으로든 사회적 유능성을 강조하고 있으며, 표 1—1에 그 예가 제시되어 있다.

4.4 문화적 맥락

가족, 또래, 교사는 **문화적 맥락** 내에서 아이들과 상호작용한다. 따라서 아이들은 매일 이들의 문화에 영향을 받는다. 문화는 집단의 사람들이 공통적으로 갖고 있는 가치, 신념, 법률, 전통이다. 개인들은 다음과 같은 행동을 함으로써 어떤 가치나 전통, 신념들을 공유하고 있다.
- 같은 언어를 사용한다.
- 공통의 역사적 경험을 가지고 있다.
- 같은 조상을 갖고 있다.
- 종교가 같다.

NOTE 1-3

문화적 다양성

사람들은 다음 사항에 대하여 신념, 가치, 행동에서 다양하다.

- 다른 사람과 관계를 맺는 방법
- 시간과 개인적인 공간에 대한 생각
- 바람직한 성격 특성
- 인간이 기본적으로 선한지 또는 악한지에 대한 견해
- 존중을 나타내는 방법
- 아는 사람, 새로 만난 사람들과 상호작용하는 방법
- 옷 입는법
- 무엇을 언제 먹는지
- 긍정적인 감정과 부정적인 감정을 표현하는 방식
- 애정, 분노, 저항 및 다른 부정적 감정을 표현하기에 적절한 때, 방법, 대상
- 공유할 수 있는 것과 공유하는 정도
- 신체적 접촉의 방식
- 직접적으로 말할 수 있는 것과 없는 것
- 예배 방식
- 생의 전환기와 축하할 일에 대해 반응하는 방법

출처: Cole & Tan(2008); Copple & Bredekamp(2009); Rogoff et al.(2008); Rothbaum & Trommsdorff(2008).

- 같은 장소에 산다.
- 같은 세대라고 생각한다.
- 같은 사회적, 경제적 계층에 속한다.

사회적 가치와 신념은 사회마다 다르며 같은 사회 내에서도 다양한 하위 문화에 따라 달라진다. 전형적인 집단 간 차이의 몇 가지 예는 Note 1-3에서 볼 수 있다.

이런 신념들은 한 세대에서 다음 세대로 전해진다. 아동은 직접적인 가르침에 의해서 명백하게, 그리고 주변에 있는 사람들의 행동을 통해 암묵적으로 그 사회의 신념을 배우게 된다(Copple & Bredekamp, 2009). 집단마다 사회적 주제에 접근하는 방식이 다르기 때문에 아이들은 서로 다른 것을 배우게 된다. 예를 들어, 어떤 사회에서는 경쟁을 좋은 것으로 여기지만, 다른 사회에서는 협동에 더 높은 가치를 둔다. 어떤 집단에서는 시간이 한정된 자원이므로 낭비하면 안된다고 여기지만, 다른 사회에서는 시간이 유동적이라고 여겨 압박을 덜 받는다. 이러한 신념과 가치는 아동을 어떻게 양육해야 하는지, 무엇을 배워야 하는지, 어떤 행동과 태도가 사회적 유능성을 나타내는지에 영향을 준다(Berns, 2012).

4.5 사회적 환경 간의 연결

여러 환경들은 아이들이 어떻게 발달하고 배우는지에 영향을 미친다. 이런 요인들이 서로 상호작용하고 서로에게 영향을 주기 때문에 유아교사들은 아이들, 가족, 동료들과 함께 할 때 다음에 제시한 것들을 기억하는 것이 도움이 된다.

유아교육기관은 아동의 사회적 유능성 발달을 증진시키는 데 있어 가족을 대신하는 것이 아니라 보완해주는 역할을 한다

유아 교사와 가족은 유아의 사회화 과정에서 동반자이다. 이런 동반자 관계는 교사가 가족과 서로 존중하는 관계를 맺을 때, 그리고 가족은 교사가 배우고 도움을 얻을 수 있는 통찰력을 갖고 있다는 것을 인정할 때 강화된다.

여러 요인들이 아동의 사회적 행동에 영향을 미친다

철수가 다른 아이를 때렸다면, 철수는 배가 고플 수도, 아플 수도, 게임에 어떻게 들어가야 하는지 모를 수도 있다. 어떤 사람이 목표를 달성하기 위해 신체적인 힘을 쓰는 것을 보고 따라했을 수도 있다. 그 외의 다른 방법을 몰랐을 수도 있다. 이런 것들과 다른 요인들을 모두 고려할 수 있는 능력이 교사가 철수에게 어떻게 효과적으로 반응하는 지에 영향을 준다.

아동의 사회적 유능성은 가족과 교사 등 아이의 삶에 중요한 환경들 간에 의사소통이 잘 될 때 발달한다

의사소통이 잘 이루어지면 부모와 교사가 아이에 대해 더 잘 이해할 수 있고 대처 방식에 대해 의견을 조정할 수 있어 아이는 가정과 교육기관에서 비슷한 기대와 행동 양식을 경험하게 되어 도움이 된다. 반대로 의사소통이 잘 이루어지지 않으면 교사와 부모는 정확한 정보가 없거나 서로의 목적을 모르는 상태에서 자신의 방식을 고수하게 되어, 아이의 발달에 도움이 되지 못한다. 이것이 아이의 삶에서 중요한 사람들과 관련된 정보를 주고받고, 아이의 사회적 경험에 대한 상대방의 견해를 듣는 등 의견 교환을 하는 것이 중요한 이유이다.

유아교육기관은 유아가 다른 사회적 맥락에서 경험한 부정적 경험을 일부 완화해줄 수 있다

폭우와 태풍으로 마을이 재난을 당해 많은 건물이 파괴되고, 교통 수단이 중단되고, 전기가 끊겨 일상적인 삶이 몇 주간 중단된 경우를 예로 들어보자. 지역사회 주민들이 주변 생활환경을 재건하기 위해 노력하는 동안, 교사들은 아이들이 적절한 교육을 받을 수 있도록 신속하게 유아교육 기관을 복구하고 프로그램을 실시하였다. 교사들은 아이들이 안전감과 안정을 느낄 수 있도록 안전한 환경에서 일상적인 일과들을 제공해줌으로써 아이들이 지역사회에서 경험한 혼란과 대비되었다.

유아 교사들은 여러 가지 방법으로 사회적 체계에서 아이들이 경험할 수 있는 부정적인 상황의 영향을 줄여줄 수 있는데, 이러한 예를 표 1—2에 제시하였다.

표 1—2 **사회적 체계의 압력을 줄여줄 수 있는 유아교육기관의 대응방법**

아동·가족의 경험	교사의 대응
거부	수용
소외되었다는 느낌	지지, 연결
이혼, 죽음, 변화하는 가족 관계로 인한 불안감	지속적인 관계 유지, 가족에게 관련된 정보 제공
혼란스러운 환경	예측할 수 있는 상황과 일과 계획
두려움, 분노, 수치심	안전함, 공감, 수용
스트레스와 압력	차분하고 기다려 주는 상호작용, 탐색하고 생각할 수 있는 시간 제공, 스트레스에 효과적으로 대처하고 다루는 방법 제시
빈곤	인적 자원과 학습 기회에 접할 수 있는 기회 제공
집이 없음	교실에서의 안전, 안정, 소속감 제공
가정, 지역사회, 대중 매체에서의 폭력	비폭력적인 교실, 갈등 해결을 위한 평화적 방법 제시
학대나 유기	보호, 배려, 애정
편견과 차별	공평한 대우, 긍정적인 자아 정체감의 발달 지원, 반편견적인 행동에 대한 이해

5. 사회적 유능성 증진을 위한 교사의 역할

유아교육기관에 취업하기 위한 면접에서 면접관이 "왜 어린이와 함께 지내고 싶은지?"라고 묻는다면 어떻게 대답할 것인가? 이 질문에 대한 답에는 궁극적으로 아동의 삶을 긍정적으로 향상시키고 싶다는 것이 포함될 것이다. 이러한 긍정적 향상을 가장 크게 체감할 수 있는 영역이 바로 사회성·정서 영역이다. 교사는 매일매일 자신이 담당하는 아이들을 어떻게 지원해주고 지도할 것인가에 관해 수많은 판단을 내려야 한다. 이것은 어려운 과제로서 교사는 다음과 같은 고민을 하게 된다.

- 우는 아기를 안아주어야 할까, 아니면 그냥 울게 두어야 할까?
- 다른 사람들을 깨무는 아이를 어떻게 해야 할까?
- 아이에게 나누기 행동을 기대하는 것은 언제쯤이 적절한가?
- 아동이 서로의 의견 차이를 해결하는 방법을 어떻게 배우는가?
- 아동이 성적인 학대를 받았다고 의심될 때 어디에 도움을 청해야 하는가?

이러한 문제를 어떻게 해결하는지에 따라 아동과 가족에게 도움이 될 수도 아닐 수도 있다. 어떤 행동들은 오히려 해가 될 수도 있다. 교사의 행동은 아동의 자아 가치감을 강화해줄 수도 있고 감소시킬 수도 있다. 또한 아동의 대인관계 능력을 증진시켜줄 수도 있고, 다른 사람과 효과적으로 상호작용하는 방법을 모르는 채로 지내게 할 수도 있다. 교사의 반응은 아동의 자기 조절 발달을 도와줄 수 있고 방해할 수도 있다.

위와 같은 상황에서 하나의 정답은 없지만, 교사가 하는 말과 행동은 아동의 삶에 실제적으로 영향을 준다. 그렇다면 효과적인 반응을 하기 위해 어떤 자원들을 활용할 것인가? 교사는 아동과의 과거 경험, 예전에 읽었던 정보, 동료들의 충고 그리고 무엇이 가장 좋은가에 대한 직관력 등을 활용할 수 있다. 실제로 이런 자원들은 가치 있는 통찰력을 제공해줄 수 있다. 그러나 어느 것도 그 상황에서 진정한 전문가로서 행동하도록 하기에는 충분하지 않다. 따라서 교사는 일상적인 경험을 통해 얻어진 것보다는 훨씬 더 넓은 범위의 지식과 기술들을 가져야 한다. 영유아나 초등학교 교사로서 타고난 재능이 있다고 하더라도 지식과 기술은 필요하다. 아동의 사회성 발달을 지도하는 데 도움이 되는 성격적인 특성과 선행 경험들을 가지고 있는 사람도 있지만, 전문가가 되려면 추가적인 지식과 능력을 보완하여야 한다.

5.1 사회적 유능성을 증진시키는 전문가

아동과 효과적으로 상호작용하기 위해 필요한 특성은 다음과 같다.
- 인내심
- 배려하기

- 존중
- 개방적인 태도
- 유머 있고 재미있음

어떤 사람은 이런 자질을 갖고 있지만 그것만으로 전문가가 되는 것은 아니다. 교사, 상담가, 집단 리더, 사회사업가, 아동전문가 등 그 사람을 전문가로 차별화해주는 다섯 가지 특성이 있는데, 전문적인 지식, 능력의 발휘, 형식화된 교육 실제의 기준, 평생교육, 윤리적 행동 강령 준수 등이 그 것이다.

전문적인 지식

전문가는 일반인들보다 훨씬 많은 지식을 가지고 있어야 한다. 이러한 지식은 읽기, 생각하기, 관찰, 경험을 통해 전문가들이 습득한 이론과 연구에서 얻어지며, 아동 행동을 이해하는 데 도움을 주는 용어, 사실, 원리, 개념들을 포함한다. 또한 **전문적인 지식**은 효과적인 또는 도움이 되지 않는 중재 방법을 알게 해준다. 관련 지식을 습득하기 위해서는 지속적인 교육과 전문적인 훈련을 받아야 한다(Horowitz, Darling-Hammond, & Bransford, 2005; Ryan & Cooper, 2013). 미국사범대학협회(American Association of Colleges of Teacher Education: AACTE), 국제유아교육협회(Association of Childhood Education International: ACEI), 전미유아교육협회(National Association for the Education of Young Children: NAEYC)에서 아동과 관련된 **전문가 훈련**에 필요한 기준들을 제시하고 있다. 이 협회들은 지식 기반으로 일반 학문(인문학, 수학, 공학, 사회과학, 생물학, 물리학, 예술, 의학, 체육 등), 아동발달, 교수법과 학습, 교과과정 개발과 실행, 가족과 지역사회 관계, 측정 및 문서화와 평가, 적절한 지도하의 현장 경험을 제시하고 있다.

능력의 발휘

전문가가 아마추어와 구별되는 또 다른 점은 해당 분야에서 **능력을 발휘**해야 한다는 것이다. 능력에 대한 가장 공식적인 증거는 자치단체나 국가가 마련한 기준에 의해 발행하는 자격증이다. 이보다 덜 공식적인 조건은 전문가가 되려는 사람들이 시험을 치르고, 필요한 과목을 이수하고, 현장실습이나 교육 현장에서 효율적인 교수의 실제를 발휘하는 것이다. 이런 과정들은 자격 있는 전문가 집단의 지도하에 진행되어야 한다.

능력을 어떻게 평가하는가와 상관없이, 전문가가 되는 기준은 단순히 지식을 암기하여 시험을 잘 치르는 것을 넘어서 지식의 기반을 효과적인 교육의 실제나 기술로 전환시킬 줄 아는 것이다. 기술은 관찰 가능한 행동들로 구성되며 함께 사용될 때 어떤 전략을 숙달했다는 것을 보여준다. 이 기술들은 관찰·학습·평가될 수 있다(Gazda, Balzer, Childers & Nealy, 2005). 예를 들어, 다양한 상황에서 아동의 정서를 명명해주는 것은 아동의 정서 발달을 돕는 효과적인 방법이다

(Denham, Bassett & Wyatt, 2008). 이를 위해서 교사는 정서와 관련된 광범위한 어휘를 사용하고, 아동의 기분을 정확하게 해석하고, 중립적으로 이야기하고, 어떤 전략을 사용하기에 가장 좋은 시기와 장소를 결정해야 한다. 이러한 행위는 위에서 언급한 기술의 정의와 부합된다.

첫째, 이 행위들은 모두 관찰 가능하다. 사람들이 감정과 관련된 다양한 단어를 사용하는 정도와 이 말이 객관적인지 여부는 보고 들을 수 있다. 둘째, 어휘가 부족하다면, 감정과 관련된 더 많은 단어들을 배울 수 있다. 아동에 대하여 판단하는 방식으로 말을 했다면 좀 더 객관적이 되도록 배울 수 있다. 셋째, 자격을 갖춘 관찰자는 그 사람이 사용하는 기술을 평가하고 더 잘 할 수 있도록 피드백을 줄 수 있다.

개인이 다양한 방법들을 정확하게 사용할 때만 기술을 발휘했다고 할 수 있다. 이런 목표를 달성하기 위해서는 시간과 노력이 필요하다. 이해하기에 간단하고 쉽게 배울 수 있는 기술이 있는 반면, 좀 더 복잡하고 어려운 기술도 있다. **기술**을 **습득**하기 위해서는 무엇을, 왜, 어떻게 해야 하는지 알아야 한다. 이 모든 것을 안다고 해도, 적절한 상황에서 그런 전략을 사용할 수 있어야 진정으로 이 기술들을 숙달했다고 할 수 있다.

교육 실제의 기준

전문가는 그 분야에서 일반적으로 수용되는 실제적 기준에 준하여 임무를 수행해야 한다 (Business Roundtable, 2004). 이런 기준은 연구 결과와 전문가 간의 토론을 통해 설정되고, 정부 수준의 규제와 전문 분야 내 자기 점검을 통해 강화된다. 유아교육 분야에서는 아동의 사회, 정서, 인지, 언어, 신체 발달을 지원해주고 도와주는 교육의 실제들이 제시되어 왔다. 여기에는 아동의 행복을 보장해줄 수 있는 건강과 안전, 아동과 교사 간에 개인적 상호작용을 자주 할 수 있는 교사 대 아동 비율, 아동 발달과 교육에 대한 교육 과정 수료, 아동이 교사와 신뢰하는 관계를 맺을 수 있도록 해주는 교사진의 안정적인 근무, 아동의 발달 수준과 흥미에 따른 적절한 프로그램의 제공 등이 포함된다(NAEYC, 2009). 이런 기준들을 만족시키기 위해 노력하는 교사는 자신이 담당하는 아동에게 양질의 프로그램을 제공하게 된다. 이런 기준에서 벗어나면 아동에게 해로운 영향을 미치며, 전문가로서 바람직하지 않은 것으로 평가된다. 해당 분야에서 통용되는 **전문적인 기준**은 교사가 자신의 수행과 아동과 가족에게 제공되는 서비스의 전반적인 질을 평가해보는 잣대가 된다.

교사 재교육

전문가들은 해당 분야에서 요구하는 기준에 부합하기 위해 지속적으로 **재교육**에 참여해야 한다 (NAEYC, 2009). 교사는 워크숍에 참석하고, 동료들과 토론하고, 전문가로 이루어진 학회나 협회에 참여하고, 전문 학술지를 읽고, 보수 교육을 받음으로써 최근의 지식과 기술을 계속해서 연마해야 한다. 교사는 교육을 자신이 전문가로서 활동하는 동안 계속되는 평생의 과정으로 간주해야 한다.

윤리 강령 준수

모든 전문직에는 그 직업에 종사하는 구성원들이 따라야 하는 행동을 제시한 **윤리 강령**이 있다. 이 강령은 전문적인 가치에 관한 내용뿐 아니라 선한 것과 악한 것, 옳은 것과 그른 것, 적절한 것과 적절하지 못한 전문가적 행동을 구별할 수 있는 행동 기준을 담고 있다(Ryan & Cooper, 2013). 윤리 강령은 개인이 가지고 있는 개별적 도덕관을 보완하여 전문가적 관점을 갖도록 한다.

강한 도덕적 성향을 갖는 것이 전문가로서의 발달에 중요한 자질이기는 하지만, 전문가적인 관점에서 옳은 것과 그른 것을 구별하기 위해서는 개인적인 판단 이상이 요구된다(Feeney, 2010). 전문가는 해당 분야에서 합의된 윤리적 기준을 알아야 한다. 전문가 집단은 그 분야의 사람들이 공식적으로 인정하는 **윤리적 행동 강령**을 채택해야 한다.

윤리 강령은 다양한 환경에서 각 행동의 적절성에 대해 판단할 수 있는 기준과 의사 결정의 지침을 제공해준다. 윤리 강령은 다른 사람들과 윤리적인 문제에 대해 이야기할 수 있는 도구를 제시해주고 주위에 아무도 없더라도 동료들의 집단적 지혜를 정할 수 있게 해준다.

위에서 언급한 전문가의 다섯 가지 요소가 "다른 사람들을 깨무는 아동을 어떻게 해야 할까?"라는 질문에 답할 때 어떻게 영향을 미치는지 살펴보자. 각 요소들과 관련해서 전문가로서 무슨 생각을 하고, 무엇을 알아야 하고, 무엇을 할지의 예가 표 1-3에 제시되어 있다. 표에서 볼 수 있

표 1-3 **전문가적 요소: '또래를 깨무는 아동'의 경우**

전문가적 요소	생각할 것, 알아야 할 것, 해야 할 것
전문적인 지식	• 아동의 연령에 따른 특성 알기 • 아동이 깨무는 이유에 관한 이론적인 근거 알기 • 아동의 깨무는 행동을 줄이기 위한 다양한 방법에 관해 연구하기
능력의 발휘	• 관심 바꾸기, 대치, 논리적 결과와 긴장 감소 방법 등을 사용해서 깨무는 아동 중재하기 • 혼잣말, 자기주장의 방법을 통해 피해자의 욕구 알리기 • 공격성을 줄이기 위해 갈등 중재 전략 사용하기 • 옆에서 지켜보는 아동에게 예방과 자기주장 전략 사용하기 • 깨무는 아동과 피해 아동의 가족에게 효과적인 의사소통 기술 보여주기
교육 실제의 기준	• 자격증을 받기 위한 요건 알기 • 교육청이나 관련 전문기관에서 승인하는 인증 절차와 과정 알기 • 가정 탁아를 위한 인증 기준 알기 • 유아교육기관에서 발달적으로 적합한 교육의 실제 알기 • 교육자격증을 발급받기 위해 필요한 교육청의 기준 알기 • 아동 발달에 대한 준전문가 인증 기준 알기 • 각 교육기관의 훈육정책 알기
평생 교육	• 정서 조절에 관한 최신 정보 학습하기 • 깨무는 것에 관한 최근 연구 결과 알기
윤리 강령	• 아동과 가족에 대한 안전, 비밀 유지, 책임과 관련된 윤리 지침을 알고 그에 따라 행동하기

듯이 전문가는 아동의 사회성 발달을 도와주기 위해 필요한 지식과 기술, 기준을 많이 알고 있다. 이런 전문적인 배경을 가지고 있는 교사는 아동의 사회적 유능성을 증진시키는 방향으로 교육한다(Gestwicki, 2011). 이런 교육 방법들은 발달적으로 적합한 것이다.

6. 발달적으로 적합한 교육의 실제와 사회적 유능성

발달적으로 적합한 교육의 실제는 전문가로서의 직업의식과 아동을 위한 양질의 교육 프로그램과 관계가 있다(Horowitz, et al., 2005). 발달적으로 적합한 교육을 실시하려면 다음과 같은 정보에 기초하여 결정을 내려야 한다(Copple & Bredekamp, 2009).
- 모든 아동의 발달과 학습에 대한 이해
- 개별 아이가 갖고 있는 장점, 욕구, 흥미에 대한 지식
- 아이들이 살고 있는 사회적, 문화적 맥락에 대한 이해

이러한 세 가지 기준은 아동의 사회성 발달을 지도하는 교사의 방법이 연령에 적합하고, 개별 아동에게 적절하며, 사회·문화적으로 적합하다는 것을 알 수 있게 해준다.

6.1 연령에 적합한 교육의 실제

> 재혁이는 세 살이고 다인이는 열 살이다. 둘 다 게임을 하고 싶어 한다. 이 두 아동에게 같은 게임을 제시할 것인가? 이들이 게임하는 방법을 똑같이 이해하고 게임 기술도 같은 수준이라고 생각하는가?

아동 발달에 대해 알고 있으면 아동이 가지고 있는 지식과 능력이 연령에 따라 차이가 있다는 것을 알기 때문에 이런 질문에 대해 분명히 아니라고 대답할 것이다. 즉, 재혁이와 다인이를 위해 재미있고 이들이 할 수 있는 게임을 고를 때, 게임이 **연령에 적절**한지를 고려해야 한다. 예를 들면, 블록을 쌓고 쓰러뜨리는 단순한 놀이가 재혁이에게는 재미있겠지만, 다인이는 금세 싫증을 낼 것이다. 반대로 다인이는 실외에서 또래와 신체 게임을 즐겁게 하지만, 재혁이에게 이 게임은 너무 어려울 것이다. 재혁이와 다인이의 운동 능력과 인지적 이해, 언어 능력과 사회적 기술(기다리고, 규칙에 따르고, 차례를 지키고, 다른 사람들의 요구를 수용하고 서로 나누는 것 등)에 대해 교사는 알고 있는 지식을 반영하여 이들에게 적절한 게임을 골라줘야 한다. 생물학적 연령이 아동의 사고와 능력에 대한 확실한 지표는 아니지만 유용한 지표인 것은 분명하다. 연령은 서로 다른 시기에

아동에게 무엇이 안전하고, 재미있고, 성취 가능하고, 도전이 되는지에 대해 합리적인 가정을 세우게 한다(Copple & Bredekamp, 2009). 아동의 사회적 유능성은 연령에 의해 영향을 받고, 서로 다른 연령대의 아동은 이해와 기술의 수준이 서로 다르다.

6.2 개별 아동에게 적합한 교육의 실제

아이들이 농장을 방문하였다. 원식이는 울타리로 뛰어가서 "말아, 이리와!" 하고 소리 지른다. 미희는 이 크고 털투성이의 동물에게 얼마나 떨어져 있어야 하는지를 잘 몰라서 뒤로 물러선다. 창수는 교사와 함께 울타리 쪽으로 다가간다. 창수는 교사 옆에서 말을 쳐다보는 것을 즐거워한다.

이처럼 세 명의 아동은 서로 다른 반응을 보였다. 이들은 모두 교사로부터의 개별적인 반응을 필요로 한다.

모든 아동은 부모로부터 수만 가지 유전자를 물려받는 독특한 존재이다. 아이들은 자신만의 목소리, 지문, 입술 모양과 발 모양, 독특한 냄새를 가지고 있다. 뇌의 크기, 모양, 기능도 아이들마다 다르다. 아동의 기질도 태어날 때부터 너무 분명해서 가족들은 "너는 아기 때부터 그랬어"라고 말한다. 이런 생물학적 차이에 경험적 요인이 더해져서 아이들은 서로 다르게 성장한다. 모든 아동은 사회적 유능성에 영향을 미치는 경험과 이해를 가지고 있다. 집단 경험이 별로 없는 아이는 태어나서부터 집단 양육을 받아왔던 아이와는 다른 요구와 장점을 가지고 교육기관에 온다. 마찬가지로 특정 게임을 집에서 해본 아이는 한 번도 해본 적이 없는 아이보다 그 게임의 규칙을 더 잘 설명할 수 있을 것이다. 아동이 한 경험의 종류, 습득한 경험의 양, 경험의 질적 측면, 그 결과들이 모두 합해져서 각 아이에게 다른 결과를 초래한다.

아이들을 개별적인 존재로 간주하면, 교육 내용과 방법을 이에 따라 적절하게 적용하여 아이들 간에 존재하는 차이에 따라 반응하게 된다(Copple & Bredekamp, 2009). 아동이 농장을 방문한 예에서, **개별 아동에게 적합한 교육 원리**가 적용될 수 있다. 한 교사는 원식이와 함께 울타리로 가서 말을 보면서 기뻐하고, 원식이가 울타리 사이로 손을 내밀어 말을 쓰다듬어 주고 싶어 하는 충동을 조절하도록 도와준다. 다른 교사는 멀찌감치 서서 말들을 쳐다보는 미희와 창수에게 정서적인 지원을 제공해준다. 이러한 개별적인 반응은 서로 다른 아동의 반응과 요구를 고려한 것이다. 모든 아이들에게 멀리 떨어져서 말을 보라고 한다면 원식이는 가까이서 말을 관찰해보는 기회를 갖지 못하게 되며, 모두 울타리 가까이에 있으라고 하면 미희와 창수는 두려움을 느끼게 될 것이다. 이러한 상황에서 모든 아동을 똑같이 대하는 것은 부적절한 것이다. 개별 아동에게 적절한 교육 실제라는 원리는 아동을 공정하게 대하기 위해서 이들을 개별적으로 대하고, 때로는 이들의 욕구에 따라 다르게 대해야 한다는 것을 의미한다.

6.3 사회·문화적으로 적합한 교육의 실제

아동의 사회적 유능성 발달을 효과적으로 지지해주기 위해서는 연령과 개별성을 고려해야 할 뿐만 아니라, 이들을 가족, 지역 사회, 문화의 맥락에서 봐야 한다. 다음과 같은 상황이 여러분의 교실에서 일어났다고 생각해보자.

> 김 선생님은 극놀이 영역에서 두 명의 아이가 인형을 가지고 다투고 있는 것을 보았다. 교사는 두 아이를 조심스럽게 떼어놓고 다툼에 대해 이야기를 하였다. 준희가 바닥을 내려다본다. 교사는 "준희야, 선생님 말을 잘 들어야지. 선생님이 말할 때는 선생님을 쳐다보는 거야"라고 하였다. 준희는 계속해서 바닥만 내려다본다. 교사는 준희의 턱을 올리면서 선생님이 말할 때는 선생님의 눈을 쳐다보라고 한다.
>
> 최 선생님은 블록 영역에서 장난감 때문에 두 아이가 싸우는 것을 보았다. 교사는 두 아이를 조심스럽게 떼어놓고 아이들과 이 다툼에 대해 이야기하였다. 재민이는 바닥을 내려다보고 있다. 교사는 계속해서 이야기하였다. 마침내 두 아이가 하나씩 사용할 수 있는 다른 장난감을 찾아보기로 합의하였다.

위의 예에서 교사는 교실에서 일어나는 전형적인 다툼의 맥락에서 아이들이 서로의 차이를 해결하도록 도와주고자 하였다. 두 교사 모두 아동의 문제 해결을 도와주기 위해 논리적인 근거를 기초로 설명하였다. 이것이 유아교육 분야에서 받아들여지고 있는 기준이다. 그러나 김 선생님은 주의를 기울이고 있음을 나타내기 위해 준희에게 자신을 쳐다보라고 하였지만, 최 선생님은 재민이에게 이러한 요구를 하지 않았다. 최 선생님은 사회·문화적으로 적절한 교육의 실제를 사용하고 있는 반면에, 김 선생님은 그렇지 않다. 김 선생님은 모르고 있지만, 최 선생님은 준희와 재민이의 가정에서는 아이가 어른 앞에서, 특히 야단맞을 때 눈을 아래로 향하라고 배워왔으며, 그렇게 하지 않으면 존경하지 않음을 의미한다고 배웠다는 것을 알고 있다(Trawick-Smith, 2013).

김 선생님은 자신도 모르는 사이에 준희의 사회적 맥락을 무시한 것이다. 김 선생님은 자랄 때 다른 사람이 말할 때는 잘 듣고 있다는 것을 나타내기 위해 눈을 쳐다보라고 배웠기 때문에 이 아이도 그럴 거라고 생각했지만, 이는 잘못된 것이다.

아동이 살고 있는 문화적인 맥락을 무시하면, 아이가 가정에서 가져오는 풍부한 배경들을 잃게 된다(Arnett, 2008). 이를 피하기 위해서 교사는 자신이 맡고 있는 아이들을 둘러싼 사회적 맥락에 대해 알아야 한다. 교사가 아동과 그 가족을 인정하며 관심 있다는 것을 보여주는 방식으로 상

그림 1-3 교사와 긍정적인 관계를 맺고 있는 아동이 사회적으로 더 유능하다

호작용하면, 이들이 무엇을 의미있게 여기고 존중하는지에 대해 더 많이 알게 된다. 또한 아동의 사회성 발달에 대해 가족이 가지는 기대와 아동의 가정에서 어떤 일이 일어나는지에 대해서도 알게 된다. 이런 이해가 기초가 되면 아동의 행동과 정서, 요구를 정확하고 존중해주는 방식으로 해석할 수 있다.

발달적으로 적합한 교육 실제의 중요성을 염두에 두면서, 아동의 사회성 발달을 도와주는 기초적인 단계들을 살펴보자.

7. 사회성 발달과 학습 지도를 위한 틀

아이들이 사회적 유능성을 증진시키도록 도와줄 수 있는 방법은 백 가지도 넘는다. 이중 어떤 방

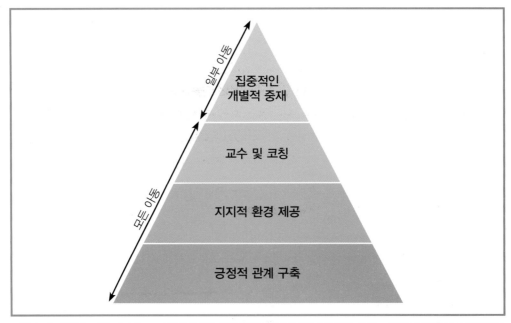

그림 1-4 사회적 지원 피라미드: 아동의 사회적 발달과 행동을 지도해주기 위한 단계 – 아동의 삶에 차이 가져오기

출처: Fox, Dunlap, Hemmeter, Joseph & Strain(2003).

법을 택할 것인지? 언제 어떻게 해야 하는지 어떻게 알 수 있을지? 어디에서 시작할지?

우리는 시작점을 찾기 위해 또는 거기에서 어떻게 나아가야 할지에 대해 직감이나 추측에 의존하지 않아도 된다. 효과적인 교사들은 한명 한명의 아이들과 긍정적이고, 따뜻한 관계를 발달시키고, 자극을 주면서도 지원적인 학습 환경을 제공해주고, 의도적으로 아이들에게 사회적 기술을 가르치고 이런 기술들을 어떻게 사용할지 지시해주고, 필요하면 집중적인 개별화된 중재를 제공해준다. 이러한 단계들은 어떻게 아이들의 사회적 유능성을 가장 잘 지도해줄 수 있는지에 대한 발달적 진보를 보여준다. 이러한 단계는 그림 1–4에 제시되어 있는데, 이는 **사회적 지원 피라미드**라고 한다. 이것은 특수 교육자들이 개발한 학습 피라미드 모델을 아이들의 사회성 발달과 학습을 지원해주기 위해 일부 변형한 것이다(Fox et al., 2009). 사회적 지원 피라미드는 아이들의 사회성 발달과 학습을 지도하는 데 있어 효과적인 방법이다.

7.1 긍정적인 관계 형성

> 아이들은 교사가 자신을 하나의 사람으로 대하고 자신이 배우는 것과 발달해 가는 기술에 대해 진심으로 관심을 갖고 있다고 느낄 때 피어날 수 있다.   – Eliason and Jenkins (유아 교사)

아이들의 사회적 유능성을 증진시켜주기 위해 가장 중요한 첫 번째 단계는 아이들과 배려해주는 관계를 형성하는 것이다(Hemmeter, Ostrosky, & Fox, 2006). 긍정적인 관계는 다른 모든 중재가 형성될 수 있는 기초가 되고 따라서 사회적 지원 피라미드에서 가장 넓은 단계이다. 아이들은 심리적으로 안전하고, 안정되었다고 느낄 때 가장 잘 배우고 잘 자란다(Goleman, 2011). 안정감은 성인과 지속적으로 신뢰할 수 있는 관계를 가질 때 느낄 수 있다. 실수를 저질러도 괜찮고 배우고자 하는 노력이 지원된다는 것을 아는 아이는 자신의 감정을 어떻게 말로 표현해야 하는지, 어떻게 기다리고, 다른 아이들을 어떻게 친절하게 대하는지와 같은 새로운 것을 배우는 데 더 개방적이다. 반면, 겁에 질려 있고 의심스러운 아동은 이런 학습을 잘 받아들이지 못한다. 거부되거나 서투르다고 느끼는 아이들도 마찬가지이다. 성인들과 따뜻하고 수용적인 관계를 경험한 아이들은 시간이 지나면서 사회적 능력과 긍정적인 행동 적응이 증가하게 된다(Denham, Bassett, & Wyatt, 2008). 이러한 관계를 경험하지 못한 아이들은 문제 행동을 더 많이 보이고, 좌절에 대한 참을성이 없고, 또래들과 잘 지내는 사회적 기술이 부족하다.

7.2 지지적인 환경 제공

사회적 지원 피라미드의 두 번째 단계는 **지지적인 물리적, 언어적 환경**을 만드는 것이다. 물리적 환경은 강력한 힘이 있어, 우리가 어떻게 느끼고 무엇을 하는 지에 영향을 미치고, 다른 사람들과 어떻게 상호작용하는지를 결정해주고, 목표를 달성하는 데 얼마나 성공할 수 있을지에도 차이를 가져온다(Weinstein, Romano, & Mignano, 2010). 이는 누구에게나 해당되지만 특히 어린 아이들에게는 중요하다. 아이들의 사회적 행동은 색깔, 빛, 자료, 교실 배치, 소리, 일과와 같은 환경적 요소들에 영향을 받는다. 유아교육기관의 환경이 잘 준비되어 있으면 아이들이 편안하게 상호작용할 수 있고, 사회적으로 수용될 수 있는 방식으로 행동하게 해주고, 자기 통제와 관련된 기술들을 연습해 볼 수 있는 기회를 제공해준다(Kostelnik & Grady, 2009).

성인들이 아이들에게 어떻게 말하는지, 아이들이 말하는 것을 얼마나 잘 듣는지, 비언어적 의사소통과 언어적 의사소통이 일치되는지, 아이들의 사회적 이해를 확장시켜주기 위해 언어를 어느 정도 사용하는지는 아이들의 사회적 행동에 많은 영향을 준다. 가르치는 것과 학습에 있어 처신과 말투는 성인들이 선택하는 단어만큼이나 아주 중요하다(Nabobo-Baba & Tiko, 2009). 이와 비슷하게 단어는 아이들의 안녕감과 자신감을 다치게 하거나, 위안을 주거나, 지원해주거나 떨어뜨릴 수도 있다. 사회적 지원 피라미드의 이 단계에 적합한 비언어적, 언어적 전략은 유아의 자기 인식과 언어, 그리고 의사소통 발달을 증진해준다.

7.3 가르치기와 코칭

아이들은 사회적 세계를 잘 헤쳐 나갈 수 있게 태어나지 않았다. 다른 사람들과 잘 지내고 사회에서 성공적으로 가능하기 위해 필요한 사회적, 정서적 기술들은 시간이 지나면서 점진적으로 발달하고 배워야 한다. 교사의 역할은 어린 아이들에게 구체적인 기술을 가르치고, 사회적 이해를 돕기 위해 이런 기술들을 효과적으로 사용하는 법을 코치해주는 것이다. 따라서 사회적 지원 피라미드의 세 번째 단계는 아이들의 기술 학습과 사회적 발달을 증진시켜주는 것이다. 성인의 교수 실제는 아이들의 사회적, 정서적 전략의 범주를 확장해주고, 아이들이 바람직한 행동은 유지하고 적절하지 못한 행동들은 좀 더 수용될 수 있는 대안으로 바꾸도록 도와준다. 아이들에게 "걸어 다니자, 뛰지 말고"라고 상기시켜주거나, 아이들이 언어적 갈등을 해결해가도록 지도해주는 것은 **교수와 코칭**의 한 예이다(Epstein, 2007). 이런 상황에서 교사들은 부적절한 행동에 대해 단순히 제한하거나 벌을 주기보다는 바람직한 행동의 기준을 습득하도록 도와준다. 전형적인 교수와 코칭 전략은 이야기 나누기, 모델이 되기, 그 자리에서 지시하기, 방향 돌려주기, 상기시켜주기, 강화해주기, 행동의 결과를 시행하기, 후속 조치하기 등이다. 이런 방법들은 모든 아이들에게 언제라도 도움이 된다. 그러나 어떤 방법을 사용할지, 어떻게 사용할지, 언제 사용할지, 어떻게 변화를 줄지는 아이가 누구인지와 그때의 상황에 따라 달라질 수 있다.

7.4 집중적인 개별적 중재

대부분의 아이들은 사회적 지원 피라미드의 처음 세 단계에서 사용하는 방법들을 통해 사회적 유능성을 상당히 발달시킬 수 있다. 앞에서 제시한 방법들은 유아기 시기 동안 지속적으로 그리고 적절하게 적용되고 있고, 대부분의 아이들은 또래나 교사들과 긍정적으로 (완전하게는 아니지만) 상호작용할 수 있는 기본적인 기술들을 가지고 유치원에 입학하게 된다(그림 1-5 참조). 이런 초기의 기술은 초등학교에서 사회적 기술 발달에 강력한 기초가 된다.

그러나 일부의 아이들은 (약 3~15%) 1, 2, 3 단계에 반응하지 않는 도전적인 행동을 지속적으로 보인다. 이런 아이들은 문제 행동을 해결하고 새로운 기술을 습득하도록 부가적으로 집중적인 중재가 필요하다(Hemmer, Ostrosky, & Fox, 2006; Kaiser & Rasminsky, 2012). 전문가 팀과 가족이 흔히 이 단계의 중재를 함께 개발하고 다양한 사회적 환경에서 이를 시행한다. 이러한 중재는 사회적 지원 피라미드의 맨 위에 있는데, 이는 이 단계가 좀 더 예방적인 방법들이 적용된 후, 그리고 적은 수의 아이들에게만 적용되기 때문이다.

어느 누구도 그림 1-4에 제시된 단계들을 똑같은 방식으로 진행하지는 않고, 한 번에 한 단계에만 집중하지도 않는다. 교사들은 사회적 지원 피라미드의 각 요소들을 언제, 그리고 어떻게 사용할지를 이해하고 각 단계에 맞는 교수 실제를 효과적으로 시행할 수 있다.

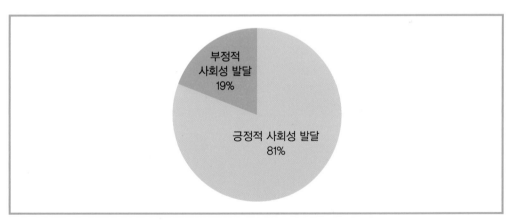

그림 1-5 유치원 입학 시 또래와의 상호작용에서 긍정적인 사회적 행동을 보이는 유아 비율

SUMMARY

사회적 유능성은 사회가 적절하다고 여기는 방식으로 개인적인 목표를 달성할 수 있는 개인의 능력이다. 사회적 유능성은 생애 초기에 발달하기 시작하며 발달과 학습의 결과로 습득된다.

아이들은 서로 연결되어 있는 사회적 환경의 연결망 속에서 사회적 유능성을 습득한다. 이런 체계들이 어떻게 연결되어 아이들의 삶에 영향을 주는지를 고려하는 것이 맥락적 관점이다. 이런 관점을 가지면 아이를 전체적으로 파악할 수 있고, 다양한 체계들이 아이의 삶에 어떤 영향을 미치는지 이해할 수 있고, 아이들의 삶에 핵심적인 사람들과 성공적으로 의사소통할 수 있게 해준다. 가장 기본적으로 영향을 미치는 것은 가족인데, 아이가 자라면서 또래 집단, 어린이집이나 유치원과 같은 가정 밖의 환경의 역할도 점점 커진다. 이러한 환경에 노출되면서 아이들은 유아 교사들과 만나게 된다. 전문가는 전문적인 지식, 능력의 발휘, 교육 실제에서의 기준, 재교육과 윤리 강령이라는 다섯 가지 요소를 준수하고, 이것은 비전문가와 구분되는 특성이다.

유아 교사들은 사회적 지원 피라미드를 교육의 실제에 사용한다. 이 피라미드는 아이들과 긍정적인 관계 형성하기, 지지적인 환경 만들기, 가르치고 코칭하기, 필요 시 집중적인 개별적 중재에 이르는 네 가지 중재 단계로 구성되어 있다. 이 사회적 지원 피라미드에 제시된 방법들을 효과적으로 수행할 수 있게 되면 유아 교사로서 아이들의 삶에 긍정적인 영향을 줄 준비가 된 것이다.

CHAPTER 2

영아와의
관계 형성

CHAPTER 2

영아와의 관계 형성

학 습 목 표

- 성인-영유아 간 긍정적인 관계 형성에 영향을 미치는 주요 요인을 안다.
- 관계 형성에 있어 애착의 역할을 이해한다.
- 관계 형성에 영향을 미치는 영유아의 신호를 인식한다.
- 영유아가 개별화와 분리를 통해 '온전한 개인'이 되는 방법을 이해한다.
- 영유아의 의사소통 기술이 사회적 유능성에 미치는 영향을 알아본다.
- 영유아의 초기 또래관계 발달을 알아본다.
- 초보적 자기조절능력이 영유아의 사회적 학습에 기여하는 역할을 이해한다.
- 영유아와의 관계를 증진하기 위한 전략을 살펴본다.
- 영유아 가족과의 상호작용 시 피해야 할 함정을 안다.

영아가 최적으로 발달하기 위해서는 한 명 이상의 성인과 형성하는 돌봄의 관계가 중요하다 (Raikes & Edwards, 2009). 보통 부모가 영아와 강력한 관계를 형성하는 첫 번째 성인이지만, 영유아는 점차 다른 가족구성원, 친구, 교사 등과 친밀한 관계를 형성하고, 이러한 관계는 영유아에게 학습과 발달을 가능하게 하는 안전한 맥락이 된다. 영유아는 주변 환경을 자유롭게 탐색하고, 자신을 돌보아주고, 보호하며, 지도하는 부모나 교사를 신뢰하며(Thompson & Goodman, 2009), 이러한 맥락 내에서 영유아는 정서, 사회, 인지적으로 풍부해진다(Laible & Thompson, 2008).

영아는 자신을 돌봐주는 교사에게 안정감과 애정을 추구하는데, 이는 교사에게 즐거움과 막중한 책임을 지니게 한다. 교사가 아동에게 어떻게 접근하며, 무엇을 알리고, 어떻게 반응하느냐는 영아의 신뢰감 및 사회적 유능성 발달을 촉진하거나 손상시킬 수 있다. 긍정적인 영향을 미치기 위해 교사는 다음의 내용을 이해해야 한다.

- 영유아와의 관계 형성에 중요한 영향을 미치는 교사의 자질
- 생후 첫 3년간 나타나는 영유아의 능력이 교사나 다른 사람과의 관계에 영향을 주는 방법
- 교사가 이해한 것을 발달적으로 적합한 실제로 바꾸는 방법

1. 성인-아동 간 긍정적인 관계 형성의 필수 요인

온정, 수용, 진정성, 공감, 존중의 다섯 가지 주요 요인은 영유아와의 긍정적 관계 형성에 영향을 미치는데, 이는 그림 2-1에 제시되어 있다. 이 다섯 가지 요소를 기억하기 용이하도록 영문 표기의 첫 글자를 따서 WAGER라고 하였다.

W=온정, A=수용, G=진정성, E=공감, R=존중

1.1 온정

영유아에게 관심을 보이는 것, 친근하게 대하는 것, 반응해주는 것은 모두 **온정**의 측면이다. 교사는 미소를 짓고, 부드럽게 토닥여주고, 밝은 목소리 톤으로 이야기하고, 주의를 기울이고 있으며 이해하고 있다는 것을 보여주는 언어적 행동을 통해 영아가 편안함을 느끼고, 지지받으며 귀중하다고 느끼게 할 수 있다. 교사는 영아가 어젯밤에 있었던 일을 이야기할 때 아이의 눈높이로 자세를 낮추고, 미소를 지으며, 부드럽게 끄덕여주면서 영아에게 온정을 보여줄 수 있다.

1.2 수용

영유아를 **수용**한다는 것은 무조건적으로 영유아를 가치 있다고 여기는 것이다. 영유아의 개별 특성, 가족 배경이나 행동과 상관없이 영유아를 돌보는 것을 말한다(Remland, 2009). 교사나 부모는 영유아가 기분이 좋고, 미소 짓고, 즐거울 때 뿐 아니라 더럽고, 냄새나고 시끄러울 때에도 잘

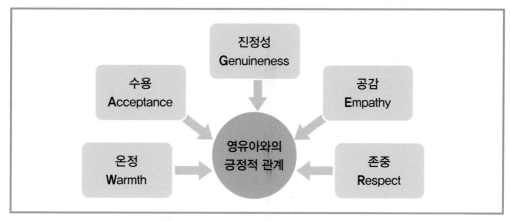

그림 2-1 **WAGER를 통해 긍정적 관계 형성하기**

보살펴줌으로써 영유아에 대한 수용을 나타낸다. 교사나 부모는 영유아를 '어떤 경우에도' 수용하여야 하며, 모든 영유아는 시간을 들이고 관심과 애정을 쏟을 만하다(Egan, 2010).

하지만 수용이 파괴적이거나 타인을 해치는 행동을 포함하는 영유아의 모든 행동을 용서하라는 것은 아니다. 영유아가 좀 더 적절하게 행동하도록 지도하면서 동시에 영유아를 수용한다는 것을 전할 수 있다. 예를 들어, 실외 모래놀이터에서 서로에게 모래를 던지는데, 한 아이는 즐거워하지만 다른 한 명은 화가 나 있는 모습을 보았다면, 교사는 두 아이에게 빨리 다가가서 각 아이의 정서를 인정하는 의사소통을 통해 수용하는 동시에 모래를 던지는 것은 안전의 이유로 절대 안 된다는 것을 분명하게 말하고, 대신 영유아가 모래를 파면서 놀이하도록 할 수 있다.

1.3 진정성

진정성은 긍정적인 교사-영유아 관계에 있어 중요한데, 진정성 있는 양육자는 영유아에게 솔직하다. 영유아에게 진실된 말을 하고, 합리적이며, 격려해주는 말을 하며, 각 영유아에게 그리고 상황에 따라 개별화된 반응을 한다. '지금 당장' 엄마가 왔으면 하는 유진이의 바램을 충분히 이해하지만, 엄마는 점심을 먹고 난 다음에 온다는 사실을 설명할 때, 교사는 진정성을 보여줄 수 있다. 한동안 유진이를 달래주고 미술 영역으로 가서 유진이가 크레파스를 사용하기 시작할 때까지 함께 있어줄 수 있다.

1.4 공감

공감은 보살핌을 가장 잘 보여주는 요소이다(Carkhuff, 2012). 공감은 다른 사람이 자신과 다른 관점을 가졌다 하더라도 이를 인정하고 존중하는 행동이다. 공감하는 사람은 그 사람과 비슷한 감정을 경험함으로써 다른 사람의 정서 상태에 반응한다. 그래서 공감은 감정에 대한 정서적 과정뿐 아니라 이를 검토하고 이해하는 인지적 과정도 포함된다. 이러한 생각은 '다른 사람의 입장이 되어 본다'라든지 '다른 사람의 눈으로 본다'와 같은 말에 잘 표현되어 있다. 현우가 미끄러져 넘어졌을 때 김 교사는 많이 아프겠다는 표정을 지으며 "어머! 정말 세게 넘어졌구나. 진짜 아프겠다. 내가 도와줄게"라며 진심으로 반응한다.

1.5 존중

존중은 모든 영유아가 배우고 유능하게 행동할 수 있다고 믿는 것이다. 영유아가 스스로 생각하도록 하고, 결정하고, 해결책을 찾고, 생각을 이야기하도록 하는 것은 영유아를 존중하는 것이다(Morrison, 2009). 교사가 영유아에게 어떻게 생각하고 느껴야 하는지를 말하며 영유아의 관점을

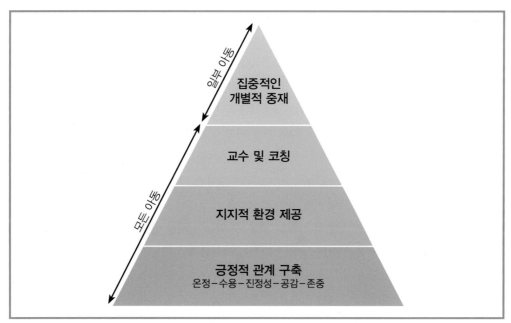

그림 2-2 사회적 지원 피라미드: 긍정적 관계 형성하기

출처: National Scientific Council on the Developing Child(2004).

무시하고, 성장하고 배울 수 있는 참된 기회를 주지 않는다면, 영유아는 존중받지 못한다고 느낄 것이다. 교사가 영유아의 연령, 성, 문화, 사회경제적 배경으로 인해 배울 수 없다고 생각할 때 영유아를 존중하지 않게 된다. 박 교사는 민우가 부츠를 신을 때 인내심을 가지고 기다려주었다. 민우에게 빨리하라고 하지 않고 교사가 대신 해주지도 않았다. 민우가 마침내 부츠를 다 신었을 때 박 교사는 미소를 지으며 끄덕여주었다. 민우는 혼자서 부츠를 신었다는 자신의 성취를 기뻐하였다.

교사나 부모가 온정, 수용, 진정성, 공감, 존중으로 영유아와 상호작용할 때, 이들은 부모나 교사가 자신을 좋아하고, 함께 생활하는 것을 즐기며, 자신의 노력과 성취를 기뻐한다고 느낀다. 교사의 이러한 행동은 교실에서 안락한 정서적 분위기와 함께 1장에서 배운 사회적 지원 피라미드의 기초가 된다. 그림 2-2는 이 다섯 가지 요소가 어떻게 관계 구축 과정의 기초를 이루는지를 보여준다. 교사가 영유아의 사회성 발달을 지도하기 위해 배운 모든 것은 이러한 기초에 근거한다. 영유아는 부모나 교사와 애착관계를 형성하면서 점차 더 발달한다.

2. 관계의 토대로서의 애착

애착은 영아와 양육자 간에 긍정적 관계를 이룰 때 형성된다(Thompson, 2006). 일반적으로 영아는 일관되고 반응적으로 양육하는 어머니와 애착을 형성한다. 그러나 영아의 신호에 반응적이고 영아의 요구를 정규적으로 충족시켜주는 사람이라면 애착 대상은 아버지, 조부모, 혹은 형제가 될 수도 있다. 우리는 이러한 사람을 주 양육자라고 부르며, 애착 대상은 가족 외의 양육자일 수도 있다. 애착 대상이 여럿일 수도 있으나, 반드시 한 명이라도 애착 대상은 있어야 한다. 초기 애착 행동은 영아에게 음식과 안락함을 제공하고 보호해주는 양육자를 자기 곁에 있도록 한다(Hinde, 2006). 민감한 양육자는 영아가 자신의 흥미, 감정, 바램을 표현하는 모든 방식을 관찰하고 반응한다. 이 같은 양육자의 행동은 영아에게 미소, 손 뻗기, 안아달라고 하는 것과 같은 상호적 애착 행동을 하도록 하고(Copple & Bredekamp, 2009), 또한 영아의 애착 행동은 충족된다. 따라서 애착은 영유아와 성인 모두 보상을 받는 양방향적 과정이다.

유아교육기관에서 영유아는 밀접한 관계를 맺을 수 있는 신뢰할 만한 사람이 필요하다. 일관성 있는 양육자와 안정된 관계를 형성한 영아는 자신이 애착관계를 형성하고 사랑을 받을 만하다는 자신에 대한 신뢰감과 더불어 자신의 욕구를 충족시켜줄 누군가가 있다는 믿음을 형성한다(Riley et al., 2008). 영아는 '관계' 개념을 발달시키고, 앞으로 다른 성인 및 또래와의 관계에 대한 기대를 형성한다(Ziv, Oppenheim, & Sagi-Schwartz, 2004). 이에 영아와 애착을 형성한 성인은 영아가 주변을 탐색하고 타인에게 다가갈 수 있게 하는 안전 기지가 된다.

애착은 민감한 양육을 통해 유지된다. 보살피는 행동뿐 아니라 영아가 편안하고, 잘 먹고, 잘 쉬는지 아니면 지루해하는지를 빨리 결정하여 적절하게 행동해야 한다. 영아의 욕구를 충족시키는 상호작용 및 조용하고 예측 가능한 방식으로 반응하는 것을 통해 성인은 영아가 세상에 대한 긍정적 자아개념을 발달시키도록 할 수 있다.

그림 2-3 영아의 욕구에 반응적인 양육자의 영아는 환경은 예측가능하며 양육자는 신뢰할 수 있다는 것을 배운다

유아교육기관의 교사는 자신과 영아와의 애착뿐 아니라 적절한 행동의 모델링을 보여주고 정보를 제공하여 부모와 영유아 간의 애착을 형성하도록 도와주어야 한다. 교사는 영유아의 발달에 대한 정보를 부모와 공유하여 가족이 영유아의 행동에 대해 적합한 기대를 가지고 영유아의 발달 과정을 이해하도록 돕는다. 영유아의 일상 경험을 가족에게 알려주어 영유아의 경험 세계를 이해하도록 한다. 교사와 부모가 영유아에게 일상적으로 일어나는 일에 대해 이야기 나누면 부모는 영아와 좀 더 안정적으로 연계된다고 느낀다 (Riley et al., 2008).

애착은 저절로 발생하지 않는다. 교사와 영유아 간에 보이는 행동이 애착 과정에 영향을 미치는데, Note 2-1에 요약되어 있다. Note 2-1에서 강조하는 모든 애착 행동은 영유아를 둘러싼 외부 환경뿐 아니라 자신의 내적 상태에 대

유아교육기관에서 영유아와 긴밀한 관계를 형성하는 방법

교사는 교실에서 모든 영유아와 긴밀한 관계를 형성하고 있는지 자신의 행동을 반성해보아야 한다. 교사의 다음의 질문을 통해 자기 평가를 할 수 있다.

- 교사는 모든 영유아와 눈을 자주 맞추는가?
- 교사는 영유아를 보면 얼굴에 생기가 나는가?
- 교사는 영유아에 맞추어 반응을 하는가?
- 교사가 가까이 있거나 안아주면 영유아가 편안해하는가?
- 교사가 있으면 영유아가 진정되는가?
- 교사가 가까이 있을 때 영유아가 놀이를 잘 하는가?
- 영유아가 확인하기 위해 교사를 힐끔 쳐다보는가?

출처: Riley 등(2008)에서 인용.

한 영유아의 반응을 교사가 관찰하고 아는 것에 달려있다. 영유아는 항상 자신이 어떻게 느끼는지에 대한 신호를 보낸다. 이러한 신호를 얼마나 잘 읽는지가 영유아와의 애착을 발달시키고 사회성 발달을 돕는 교사의 능력에 영향을 준다.

교사는 각 영유아의 반응을 조심스럽게 살피고 영유아의 욕구에 맞추어 행동해야 한다. 영유아는 자신의 욕구를 알려준다. 영아는 기질, 행동 상태, 울음, 신체 움직임을 통해 자신을 관찰하는 부모나 교사에게 중요한 신호를 보낸다.

3. 영유아가 보내는 신호 읽기

부모나 교사는 영아가 행동에 주의를 기울이고 영아의 요구에 맞추어 자신의 행동을 조정해야 한다. 영유아는 항상 자신이 무엇을 원하는지 신호를 보낸다. 기질, 행동 상태, 울음, 신체 동작을 통해서 영유아는 부모나 교사에게 중요한 단서를 제공한다.

3.1 기질이 사회적 관계에 미치는 영향

영아는 모두 다르다. 모든 영아는 기질을 가지고 태어나는데, 이는 유전의 영향을 받으며 전 생애 동안 발달에 영향을 미친다(Bate & Pettit, 2008; Rothbart & Bates, 2006). **기질**은 영아의 자극

에 대한 반응 강도, 자극에 주의를 기울이는 정도, 운동 활동 수준, 생리적 규칙성 및 정서적 자기
조절 측면에서 타고난 개인차를 의미한다(Rothbart & Bates, 2006). 기질 차이로 인해 영아는 겁
이 많거나 없을 수 있고, 수줍거나 적극적이고 호기심이 많거나, 쉽게 흥분하거나 느릴 수 있고, 먹
고 잠자는 일상적 리듬이 규칙적이거나 불규칙적일 수도 있으며, 잘 달래지거나 진정하기 어려울
수 있다. 이 같은 타고난 특성은 영유아가 세상에 대한 관점을 형성하는 데 영향을 미친다(Caspi
& Shiner, 2006). 영유아의 기질 차이는 다른 사람이 이들에게 반응하는 방식 및 사회적으로 함께
상호작용할지에 영향을 미친다. 예를 들어 영아가 가지고 있는 어떤 기질 특성은 양육자를 힘들게
하며, 양육자와 영아 간 사회적 경험의 질에도 영향을 미친다(Coplan, Bowker, & Cooper, 2003).
그러나 양육자를 가장 힘들게 하는 기질이더라도 긍정적 측면을 지니고 있는데, 예를 들어 매우
활동적이고 강렬한 기질을 지닌 현우는 호기심을 가지고 활발하게 환경을 탐색한다. 현우는 다른
기질의 영아보다 세상을 배우고 다른 사람과 상호작용할 기회를 많이 가진다(더 많은 기질 특성은
표 2-1에 제시). 영아의 기질 특성이 양육자를 힘들게 할 수 있지만 이 기질의 강점을 인식한다면
영아에게 반응할 때 균형을 유지하고 잘 조절할 수 있다(Wittmer, 2008). 따라서 긍정적으로 상호
작용하기 위해 영유아의 개별적 기질 차이를 인식하고 수용해야 한다.

아동발달 전문가들이 제시하는 기질 유형 세 가지는 아동 행동의 자연스러운 방식을 이해하는
데 유용하다(Berk, 2013; Thomas & Chess, 1986). 순한 아동(약 40%의 아동)은 일반적으로 행복
하고, 우호적이며, 예측 가능하고, 적응적이다. 반응이 느린 아동(약 15%의 아동)은 정서적으로 약
하게 반응하며, 계획된 활동은 예측 가능하지만 새로운 상황에서는 주저한다. 반복하여 경험한 후
에야 새로운 사람이나 상황에 참여한다. 까다로운 아동(약 10%의 아동)은 크게 그리고 오래 웃거
나 짜증을 많이 낸다. 강한 정서와 불규칙적인 수면이 이 유형의 특징이며, 예측할 수 없고 화를
잘 내고 매우 활동적이다. 나머지 아동(약 35%의 아동)은 이 세 가지 기질 유형 중 하나에 속하지
는 않지만, 모든 유형의 복합적 특징을 보인다. 부모나 교사가 영유아의 기질에 따른 자신의 반응
에 아주 세심하게 주의를 기울이지 않는다면, 자신도 모르게 까다로운 기질의 영아에게 더 많이
반응하는 것처럼 영아의 기질에 따라 다르게 반응할 수 있다.

예를 들어, 다음의 두 영아는 기질에서 눈에 띄게 차이가 나며, 이러한 행동이 양육자에게 다른
반응을 유발시킨다.

현우는 천천히 움직이고, 다른 아이들이 무엇을 하고 있는지 쳐다본다. 좀처럼 우는 일이 없
고, 잠에서 깨어도 오랫동안 혼자 침대에서 논다. 반면에 경호는 매 순간 산만하거나 시끄럽
고, 방의 여기저기를 돌아다니며, 항상 걸리적거린다. 또한 오랫동안 심하게 자주 울며, 잠에서
깨어 침대에서 놀지 않는다. 이 두 아이 모두 8개월이다. 교사는 현우와 상호작용은 덜 하지

만 만족스럽고, 심심하기도 하지만 편안하다. 교사는 경호 때문에 자주 화가 나지만, 더 많은 주의를 기울인다. 경호가 가만히 있는 유일한 시간은 교사가 놀아줄 때이다. 교사는 자신이 현우는 가만히 놔두고 자주 경호를 쫓아다닌다는 것을 인식하고는, 현우를 규칙적으로 살피고 함께 놀이하려고 한다.

양육자와 영아 간에 상호작용 유형이 생기고 이것은 습관화된다. 관계를 맺는 두 사람이 모두 감정, 느낌, 정서를 다루는 성격 특성을 가지고 있기 때문에 성인과 영유아 간의 적합도가 중요하다. 비활동적이고 사교적이지 않은 현우와 같은 영아가 충동적이고 참을성 없고 빠른 반응을 기대하는 양육자와 상호작용하면서 하는 경험은 느긋하고 영아의 반응을 기다려주는 인내심 있는 양육자와 상호작용하는 경험과 매우 다를 것이다.

영아와 양육자 간 기질과 기대의 적합도 및 영아의 전반적 생활환경은 기질 그 자체보다 영아의 발달에 더 중요하다. 까다로운 기질을 가진 영아도 양육자가 편안하고, 영아에 대한 양육자의 기대가 분명하고, 연령에 적합하며, 영아에게 민감하고 반응적이라면, 행복하고 성공적인 삶을 살 수 있다. 이를 위해 양육자는 영유아의 행동 상태로 알 수 있는 부가적 단서를 읽는 것과 같이 영유아의 욕구를 효과적으로 충족시켜야 한다.

표 2-1 **기질의 강점과 어려움**

기질 특성	강점	어려움
긍정적 정서: 협조적, 행복한 미소, 기분 좋음	• 성인 및 또래와의 사회적 상호작용을 즐거워함	• 낯선 이에게 잘 다가가 위험할 수 있음 • 모든 상황을 너무 쉽게 신뢰할 수 있음
짜증: 떼쓰기, 불행함, 쉽게 좌절됨, 까다로움, 분노	• 욕구가 주목받고 충족됨	• 사회적 상호작용과 타인에 대한 공감능력 발달을 위해 더 많은 도움 및 '다른 말로 바꿔주는 것'이 필요함
두려움: 새로운 상황에 적응하기 어려움	• 양육자의 주변에 머물러 있어서 양육자로부터 많은 언어와 지지를 경험함	• 도전하기 위해서는 재확인과 도움이 필요함 • 전이 시 더 많은 시간과 지지를 필요로 함
높은 활동성	• 환경 내 더 다양한 자극(사물과 사람)을 경험함	• 활동을 끝마치기 위해 집중하도록 도와주어야 함 • 안전을 위해 더 긴밀한 관리감독 및 정교한 한계가 필요함
높은 주의집중/지속성	• 오랜 시간 활동에 집중함	• 더 넓은 환경을 탐색하거나 새로운 기회를 시도할 때 격려해주어야 함
예측 가능한 행동유형	• 리듬과 일상을 즐기고 이것을 배우거나 따르기 쉬움	• 아동의 기대와 다른 일상이나 유형을 만날 경우 도움을 필요로 함

3.2 행동 상태

영아가 항상 같은 식으로 행동하지는 않는다. 어떨 때는 활동적이지만, 때로는 조용하게 잠에서 깨어있을 때도 있고, 졸려하거나 울기도 한다. 이러한 다양한 **행동 상태**는 영아가 세상을 인식하고 다른 사람에게 반응하는 방식에 영향을 준다. 예를 들어 졸리거나 심하게 우는 영아는 쳐다보고 놀이할 준비가 된 영아보다 짝짜꿍 놀이에 덜 참여할 것이다. 조용히 깨어있는 영아가 조용한 목소리와 부드러운 접촉을 즐길 수는 있지만, 완전히 잠에서 깬 영아에게나 적합한 활발한 놀이는 적합하지 않다. 신생아는 행동 상태가 빠르고 불규칙적으로 변한다. 그러나 2개월 또는 3개월경 영아의 행동 상태는 점차 규칙적으로 변화하여 영아는 자신의 리듬을 만들며 행동이 예측 가능하게 된다. 영아가 성장함에 따라 각 상태의 지속시간이 달라진다. 예를 들어 출생 시 깨어있는 시간의 10% 정도가 조용한 각성 상태이던 것이 3개월경 50%, 6개월경 80% 정도가 된다(Lock & Zukow-

표 2-2 **영아의 행동 상태와 적절한 성인의 반응**

행동 상태	영아의 얼굴 표정	영아의 행동	성인의 반응
규칙적인 수면	• 눈을 감고 움직이지 않음 • 편안한 얼굴	• 거의 움직이지 않음 • 엄지가락은 펴고 다른 손가락은 약간 구부림	• 방해하지 않기
불규칙적인 수면	• 눈이 감겨 있음 • 때로 눈동자가 빠르게 움직임 • 미소 짓거나 찡그림	• 미세한 움직임	• 방해하지 않기
간헐적 수면	• 규칙적 수면과 불규칙적 수면을 왔다 갔다 함	• 영아가 느리게 움직이거나 간헐적으로 깜짝 놀람	• 방해하지 않기
졸린 상태	• 눈을 깜빡이거나 반쯤 뜨고 있음 • 눈이 풀리고 흐릿함	• 불규칙적인 수면보다 움직임이 적음 • 힘없이 손을 펴고 있음 • 손가락을 펴고 있음	• 자고 난 뒤 안아서 일으키기 • 깨어있다가 졸려하면 방해하지 않기
조용히 깨어있기	• 눈에 생기가 있고 완전히 뜨고 있음 • 편안한 얼굴 • 초점 있는 눈	• 약간의 활동 • 손과 손가락을 펴고 있음 • 팔꿈치가 구부러져 있음 • 응시하기	• 영아에게 말 걸기 • 사물 제시하기 • 영아 상태 살펴보기
깨어서 활동하기	• 흥분된 얼굴 • 조용히 깨어있는 상태보다 눈의 초점 맞추기가 어려움	• 팔다리와 몸 움직임 • 옹알이를 하거나 시끄러운 소리를 냄	• 영아와 상호작용하기 • 이야기하기, 노래하기, 놀이하기 • 기본적인 보살핌 제공하기
울음	• 상기된 얼굴 • 찡그린 얼굴 • 눈을 반쯤 혹은 완전히 뜨고 있음	• 왕성한 활동 • 우는 목소리 • 주목을 꽉 쥐기	• 즉시 안아 올리기 • 영아를 달래기 • 불편함의 원인을 알아보기

Goldring, 2013). 이러한 영아의 상태를 빨리 인식하고 영아의 전형적인 행동 양식을 파악할 때 양육자는 가장 효과적인 반응과 반응 시간을 선택할 수 있다. 아기가 보내는 신호는 다른 사람과 함께 있고자 하거나 또는 떨어지고 싶다는 것을 나타낸다(Martin & Berke, 2007). 영아의 단서를 잘 읽으면 조화로운 관계를 형성할 수 있다. 이처럼 조화롭게 일치하는 양육을 민감한 양육이라고 한다. 표 2–2에 영아의 각 행동 상태에 맞추어 반응하는 데 필요한 성인의 행동 방향을 제시하였다.

울음

울음은 영아가 양육자에게 자신의 요구를 알리는 초기 의사소통 수단의 하나로, 양육자를 영아 가까이로 오게 한다. 생후 3~4개월 영아의 울음은 생리적 특성으로 배고픔, 소화의 문제나 고통과 관련된 것이다. 그러다 울음은 점차 심리적이 되어 두려움, 과다자극, 지루함, 화 또는 항의를 나타낸다(Kovach & Da Ros-Voseles, 2008). 4개월 정도 된 아기는 잠자리가 불편해서 울 수도 있다. 6개월이 지나면 장난감에 손이 닿지 않아서 화가 나서 울기도 한다. 9~15개월 사이 영아의 울음은 몸짓을 동반하는데, 불만의 원인을 알아서 보살펴주면 보통 영아는 진정하고 울음을 멈춘다.

영아의 울음은 일반적인 칭얼거림에서 강한 두려움, 분노, 고통 등 다양하고(Gustafson, Wood & Green, 2000), 배고픔, 젖은 기저귀, 졸음과 같은 불편함의 원인이 해결되지 않으면 시간이 지날수록 더 심하게 운다. 영아가 울면 양육자는 왜 우는지 원인을 찾기 위해서 영아에 대한 지식, 청각적 단서, 상황적인 맥락을 사용해야 한다.

고통으로 인한 울음은 길고, 찢어지는 듯한 울음 뒤에 한동안 잠잠했다가 흐느끼는 형태로 나타난다. 이러한 울음은 무엇인가 잘못되었다는 결정적 신호로(Gustafson, Wood, & Green, 2000), 대화를 나눌 때의 목소리와는 차이가 많아서 양육자의 주의를 쉽게 끌 수 있다. 부모나 교사는 처음에 영아의 울음을 잘 구분하지 못하기도 하지만, 대부분 시간이 지나면서 관심을 끌기 위한 울음과 화, 분노, 고통으로 인한 울음을 구분할 수 있게 된다.

양육자가 반응을 보일 때 영아는 울음 조절하기를 배운다. 영아는 양육자가 즉각적으로 자신에게 와서 달래주고 먹여주고 기저귀를 갈아주고 관심을 줄 것임을 알게 된다. 생후 6개월 동안 영아의 울음을 무시하는 것은 울음의 지속시간이나 빈도를 줄이는 데 효과적이지 않다. 일반적으로 영아의 울음이 길어질수록 달래기가 어려워지고 시간도 오래 걸린다. 영아의 각 행동 상태는 양육자에게 다양한 반응을 일으키는데, 영아가 울면서 신체적인 욕구를 나타낼 때 양육자가 하는 전형적인 행동은 달래주는 것이다.

달래기

우는 아이를 달래는 가장 효과적인 방법은 아동을 들어서 어깨 위로 안는 것이다. 다섯 가지 S로 알려진, 속싸개로 단단히 감싸기, 옆으로 안기, 쉿 소리내기, 위아래로 흔들기, 빨기는 울음을 달래는 데 유용하다(Karp, 2012)(Note 2–2 참조).

영아의 감각을 지속적으로 자극하면서 달랠 때 영아는 조용해진다. 우는 아기를 단단히 감싸서 들어 올려 안고 걷거나 가만히 흔들면서 자장가를 불러주는 것 모두 가능한 해결책이다. 좀 더 큰 영아는 자신에게 친숙한 달래기 방법을 선호한다. 교사는 영아가 진정하기 위해 개별적으로 선호하는 방법에 대해 가족과 함께 이야기를 나누어야 한다. 반응적인 양육자의 영아는 생후 초기에 최소한으로 우는 경향이 있는데, 이러한 영아는 이후 다른 형태의 의사소통에서도 효과적이다(Bell & Ainsworth, 1972).

때로 아무런 이유 없이 울기도 하는데, 이때는 평소 영아를 달래기에 효과적인 방법이 아무 소용이 없다. 이는 배앓이 때문으로, 생후 첫 3주 동안 일어나며, 2개월경 증가하다가 4개월경 정상적 수준으로 급속히 감소한다(Barr &

그림 2-4 영아가 울 때 달래주는 가장 효과적인 방법은 어깨 위로 안아주는 것이다

Gunnar, 2000). 배앓이를 하는 영아는 적어도 일주일에 3일 동안 하루에 3시간 이상 반복적인 울음을 보이는데, 하루 중 예상되는 시간에 울지만 그렇지 않을 때는 잘 먹고 건강하게 지낸다.

교사나 부모는 우는 영아 특히 배앓이를 하는 아이를 달래지 못해서 심한 스트레스를 받을 수 있으며, 영아는 교사나 부모가 보이는 스트레스로 인해 더 당황할 수 있다. 이 경우 가능하다면 다른 성인이 영아를 데리고 나가고 원래 영아를 돌보던 양육자는 휴식을 취하는 것이 좋다. 울음의 원인과 관계없이 양육자가 영아를 달래고자 노력할 때, 영아는 자신이 보내는 스트레스 신호에 양육자가 예측 가능하게 반응한다는 것을 알게 된다. 이는 생애 초기 영아가 신뢰감을 발달시키도록 한다.

NOTE 2-2

다섯 가지 S로 달래기

교사는 교실에서 모든 영유아와 긴밀한 관계를 형성하고 있는지 자신의 행동을 반성해보아야 한다. 교사의 다음의 질문을 통해 자기 평가를 할 수 있다.

- 감싸기(swaddle): 아기를 부드러운 담요로 단단하게 감싸기. 감싸는 것처럼 옆구리 아래로 팔을 넣고 아기를 단단히 덮어주기
- 옆으로 안기(side or stomach position for holding): 팔을 아기의 배 뒤쪽으로 하여 옆으로 아기를 놓기
- 부드럽게 흔들기(swing or sway): 아기를 옆으로가 아닌 머리에서 발끝 방향으로 부드럽게 움직이기
- 쉿 소리내기(shush): 계속 반복하여 쉬~쉿 소리내기(자궁 안에서의 소리와 유사함)
- 빨기(sucking): 영아가 빨 수 있는 것을 주어 차츰 스스로 진정할 수 있게 하기

3.3 움직임과 사회적 상호작용

영아는 몸을 움직여 참여하고 싶거나 안하고 싶다는 자신의 욕구를 표현한다. 말을 할 수 있게 된 뒤에도 영아는 움직임으로 단서를 보내는데, 영아는 머리, 팔, 어깨를 조절할 수 있게 되면서 사회적 상호작용을 조정할 수 있게 된다.

신생아는 아주 잠시 머리를 들다가 곧바로 떨어뜨린다. 1개월 뒤 목을 가눌 수 있고, 3개월경 영아는 양육자와 의사소통을 하기 위해 머리를 돌리거나 쳐다볼 수 있다. 엄마와 얼굴을 마주보고 엄마를 똑바로 응시하는 영아는 상호작용에 참여하고 있는 것이다. 영아가 머리를 약간 돌린다면 엄마와의 접촉은 지속하고자 하지만 지금의 놀이가 너무 빠르거나 느리다는 의미이다. 영아가 머리를 완전히 돌리고 시선을 낮추면 상호작용은 완전히 끝난 것이다(Beebe & Stern, 1977; March of Dimes, 2003). 상호작용이 지나치게 자극적이어서 감당하기 어려우면 영아는 자거나, 울거나, 멍하게 된다.

3개월 된 영아는 방을 돌아다니는 사람을 눈으로 쫓을 수 있다. 영아는 사람을 오랫동안 응시하고, 점차 다른 사람을 바라보기에 더 좋은 위치로 자세를 바꿀 수 있다. 양육자는 이러한 영아의 행동을 대화나 놀이를 하자고 하는 것으로 인식해야 한다. 영아의 머리 위치, 응시, 얼굴 표정과 이러한 행동이 양육자에게 주는 의미를 표 2-3에 제시하였다.

영아가 6~10개월경에 일단 앉을 수 있게 되면, 눈과 손의 협응 기술이 더 발달하고 이에 따라 사물에 대한 흥미가 증가한다. 그리고 어떤 사물을 쳐다보기 위해 양육자에게 등을 돌리기도 하는데, 이는 양육자에 대한 거부가 아니라 성인과 신뢰하는 관계를 맺음으로써 가능해진 환경 탐색을 하는 것이다. 이와 비슷한 시기에 영아는 기어 다닐 수 있게 되고 이 방 저 방으로 양육자를 쫓아다니게 된다.

표 2-3 **영아의 시선과 양육자에게 주는 사회적 의미**

자세와 얼굴표정	전형적 의미
진지하게 마주보기	완전하게 몰입, 집중함
미소 지으며 마주보기	즐거움, 흥미로움
머리를 약간 돌림	흥미는 있지만 상호작용이 너무 빠르거나 느림
머리를 완전히 돌림	흥미가 없으므로 잠시 멈출 것
머리를 아래로 낮춤	그만하기
머리를 빨리 돌림	어떤 것을 싫어함
시선을 돌리고 머리를 비스듬하게 듦 약간 머리를 돌림	그만두거나 방법을 바꾸기
머리를 낮추면서 몸이 늘어짐	과도한 자극으로 전의를 상실함

이동성이 증가하면서 영아의 사회적 범위는 점차 넓어지고 안전하지 않은 사물과 환경을 만날 기회도 많아지고, 세상을 탐색할 기회도 많아진다. 영아는 자신을 안전하게 지켜주면서도 무언가를 학습하도록 격려해주는 일관되고 민감한 지도를 필요로 한다. 교사나 부모와 상호작용하면서 영유아는 세상에 대한 이해의 발판을 마련하게 된다.

4. 개별화와 사회화 지지하기

영아는 전 생애를 통해 두 개의 관련되지만 구분되는 과정 즉, 개별적 존재로서 자신이 누구인지를 이해하는 과정과 자신을 사회적 세계에 맞추는 방식을 알아내는 과정에 몰입한다. 이러한 과정을 개별화와 사회화라고 부른다. **개별화**(individuation)는 자아나 개인적인 정체성이 발달하고, 사회 질서 내에서 개인의 위치를 획득하는 과정이다. 개별화를 통해 영아에게 나타나기 시작하는 지각, 기억, 인지, 정서 능력이 성격 또는 자아정체성으로 통합된다. 개별화는 인간관계의 사회적 맥락 내에서 일어나고 영아기부터 시작한다. **사회화**(socialization)는 집단과 협력하고, 사회에 맞추어 행동을 조절하고, 타인과 잘 지내는 능력을 포함하는 과정이다. 개별화와 사회화는 시간이 지나면서 점진적으로 일어나는 과정으로 삶의 성공적 적응을 위해 절대적으로 필요하다.

4.1 영아기

신생아는 모든 감각 능력을 동원하여 사람에게 주의를 기울이고 조화를 이루려 하는 능력을 보인다. 깨어있을 때 단순히 입을 벌리는 것과 같은 성인의 행위를 모방하고, 성인이 아기를 따라하면 또다시 입을 벌림으로써 반응하는 방식으로 상호작용을 지속한다. 영아가 부모에게 안길 때 폭 안기고, 부모와 서로 신호를 주고받고, 좋아하는 사람이 달래줄 때 빨리 진정하고, 다른 사람의 신호에 따라 반응하는 등의 초기 사회적 참여는 자아인식의 초보적 신호이다. 상대방에 따르는 **대응적인 행동**(contingent behavior)이란 몸짓, 얼굴 표정, 신체적 접촉, 놀이, 목소리 등을 사용하여 서로 간에 주고받는 일종의 대화이다. 예를 들어 민수가 팔을 움직이자, 엄마가 따라서 팔을 움직이고, 민수가 입을 벌리자 엄마가 미소를 지으며 민수를 모방한다. 양육자가 영아를 모방함으로써 영아의 모방 과정을 자아와 타인에 대해 배우는 호혜적 상호작용의 단계가 되도록 도와줄 수 있다 (Rochat, 2012).

영아는 점차 자신과 타인에 대한 이해를 요구하는 양육자와의 상호적 관계(주고-받기)를 더 많이 하고, 이전 경험에서 더 많은 것을 기억하고, 6개월경 긍정적인 사회적 행동을 학습한다. 일상적인 보살핌과 양육자-영아 간 예상 가능한 면대면 상호작용을 통해 영아는 사회적 기대를 가지게 되고, 양육자의 신속한 반응을 통해 영아는 자신과 타인 행동 간의 관련성을 더 잘 알게 된다. 만약 양육자가 어떤 이유에서건 평소의 전형적인 반응이 아니고 반응하는 시간이 달라진다면 영아는 슬퍼하거나 화를 내고 우울해진다.

8개월 정도 된 영아는 자신뿐 아니라 다른 사람도 무언가를 할 수 있다는 것을 이해한다. 예를 들어, 상자를 잡을 수 없을 때 영아는 곧 도움을 받을 수 있다는 기대를 가지고 양육자의 손을 잡아당긴다. 영아는 영향을 받는 사람과 사물을 알게 되고 그 과정을 이해하면서 '누구에게 무엇을 하라고 해야 하는지'를 깨닫는다.

1세경의 영아는 기저귀를 갈 때 다리를 들어 올리는 등 양육자에게 협력할 수 있다. 영아는 사람들 간의 미묘한 차이를 알기 시작하고, 사람들의 감정이나 성향이 드러나는 기질 특성을 이해하기 시작한다. 그리고 성인의 행동에 영향을 미치기 위해 분명한 의도를 가지고 행동한다. 사회인지의 기초는 양육자와 영아가 서로에게 조화롭게 반응하는 친밀한 일과가 반복되면서 형성된다(Raikes & Edwards, 2009). 이 과정에서 정기적이고 잦은 접촉은 필수적이며, 그렇지 않으면 사회적 기대는 보상받지 못한다. 영아는 부모와 교사처럼 두세 명의 양육자에게 적응할 수 있지만, 하루에 여러 명 혹은 일주일마다 다른 양육자와 접촉하게 되면 이러한 사회적 유대감 형성을 포기한다. 집단 양육에서 영아는 안정적으로 자신을 돌보는 교사에게 기대감을 발달시킨다. 그러나 양육자가 자꾸 바뀔 때 영아는 다른 성인에게 무엇을 기대해야 할지를 알지 못하고, 예측 가능하지 않기 때문에 불안정감을 느끼게 된다.

4.2 걸음마기

걸음마기 영아는 개인으로서 자기되기를 연습하고, 자기 의지를 가지며, 자율성을 발달시킨다. 기고 걸을 수 있게 되면서 영아는 바라는 것을 성취하게 하는 새로운 방식들을 실험한다. 이 시기 동안 양육자에게 끈기와 인내가 필요한데, 영아가 못 넘어가게 둘러둔 보호대를 올라가거나 선반 위에 숨겨 두었던 물건을 가지려고 기어 올라가기 때문이다. 또한 영아가 무언가를 하고 성취하기에 충분한 정도로 신체적인 자기 조절력이 발달하면서 자기 의지가 표출된다. 자기 신체를 통제할 수 있을 때 걸음마기 영아는 자신의 뜻대로 행동할 수 있다고 느낀다. 하지만 자기 움직임을 통제할 수 있는 기회를 갖지 못한다면 걸음마기 영아는 자신이 그렇게 할 수 있는 능력이 있는지 의심하게 된다.

생후 1년 반경 걸음마기 영아는 자신이 보는 자아와 다른 사람이 알고 있는 자아를 반영하는 객관적인 자기 인식을 발달시킨다. 그래서 의식적이고 자기반영적인 행동이 가능해진다. '내 것'에 대한 주장과 인칭대명사의 사용은 이러한 능력을 나타낸다. "나는 OO하고 싶어요"라는 말은 걸음마기 영아가 자신이 경험한 생각과 감정에 관해 생각할 수 있다는 것을 보여준다. 더불어 이 시기에는 타인도 자신과 똑같이 생각한다고 믿는 매우 초보적인 방식으로 타인의 사고에 대해 생각한다(Thompson, 2006). 예를 들어 유진이는 거미를 무서워하는데, 걸음마기 영아식 사고에 의하면 모든 사람은 거미류에 대한 두려움을 가지고 있어야만 하므로 거미가 사라질 때까지 모든 사람은 의자 위에 올라가 있어야 한다.

4.3 개별화 및 사회화 결과에서의 개인차

건강한 신뢰감을 발달시키는 것은 개별화 과정의 핵심이다(Erikson, 1963). 세상에 대한 감각적 느낌이 대체로 유쾌하다면 영아는 신뢰감을 발달시키고, 감각적 자극이 불쾌하면 불신감 또는 세상은 위험한 곳이라는 느낌을 발달시키게 된다. 영아는 기저귀가 뽀송뽀송하고, 따뜻하고, 잘 먹고, 안아주고, 잘 놀아주는 즐거움처럼, 배고픔, 더부룩함, 젖은 기저귀, 춥거나 너무 더운 것의 불편함을 경험한다. 신뢰감과 불신감은 연속선상의 양극단에 있으며, 영아는 어느 정도의 양쪽 측면을 필요로 한다.

완전한 신뢰감은 완전한 불신감만큼이나 부적응적이다. 완전히 신뢰하는 영아는 누군가가 항상 보살펴 줄 것이라는 부적절한 기대 때문에 빨리 달리는 자동차와 같이 세상에 실제로 있는 위험을 모를 수 있다. 다른 한편으로 완전히 불신하는 영아는 고통과 위험만이 예상되기 때문에 세상과 상호작용할 수 없을 것이다.

가장 이상적으로는 영아가 이 연속선상에서 신뢰감 쪽에 위치하여 탐색의 위험을 감수하고 좌절을 인내하며 만족 지연하기를 배우는 것이다. 이러한 영아는 대부분 세상이 안전하고 편안할 거라고 예상하며, 세상에 대해 희망적인 관점을 갖는다. 신뢰감은 양육자와의 의사소통을 통해서 획득된다. 영아의 행동과 양육자 반응 간의 상호작용은 영아의 적응 정도를 결정하는 데 중요한 정서적 유대감, 안전감, 자신감의 기초가 된다.

사회화와 개별화 과정을 통해 나타나는 또 다른 결과는 영아의 자아개념이다. 양육자가 주위에 있고 반응적이며 사랑을 준다면, 영아는 스스로를 매력적이고 가치 있으며 사랑스럽다고 생각한다. 그러나 양육자에게 접근하기 어렵고 반응적이지 않거나 사랑을 주지 않으면, 영아는 스스로를 혐오스럽고 가치 없거나 사랑스럽지 않다고 생각한다. 양육자가 애정과 거부를 표현하는 방식에 따라 애정과 편안함에 대한 영아의 욕구 충족 정도는 달라진다(Thompson, 2006).

개별적 존재이자 집단의 한 구성원이 되는 과정은 영아기에 시작할지라도 실제로 끝이 없다. 한 문화의 구성원으로 사회화되기 위해 개인은 계속해서 자신이 누구이고 어떻게 세상에 적응할 것인지에 대한 질문에 답을 찾는다. 이런 의미에서 영아 및 걸음마기 영아에게 가장 어려운 과제 중 하나는 사회적 상황에서 다른 사람과 부모 및 애착 대상자를 구분하는 것이다.

4.4 양육자와의 분리

분리불안은 강도와 지속시간뿐 아니라 발생하는 연령에서도 차이가 있다. 이는 새로운 상황에서 모르는 사람과 있는 불확실성으로, 8~9개월경에 발생하여 13~15개월경에 절정에 이른다(Martin & Berke, 2007). 낯가림이 심한 영아를 낯선 양육자에게 처음 소개하는 것은 모든 사람에게 스트레스를 주는 상황이 될 수 있다. 영아는 울거나 부모를 붙잡는 등 여러 가지 스트레스 신호를 보이며 분리불안을 보여준다. 이는 불행한 영

그림 2-5 **영유아는 양육자와의 분리에 대해 두려움을 표현한다**

아를 안고 있는 부모나 보는 사람에게 매우 끔찍한 일이다. 하지만 영아가 이렇게 하기까지 성취한 발달을 고려한다면 정말 대단한 일이다.

단 몇 개월 전만해도 영아는 자신이 개별적 존재라는 것을 알지 못하였다. 점차 영아는 자신의 행위가 반응을 이끌 수 있다는 것을 깨달으면서, 6개월경 자신을 부모(또는 주 양육자)와 분리된 존재로 인식하였다. 8~9개월경에야 영아는 대상을 시야에서 볼 수 없더라도 여전히 존재한다는 것을 깨닫는다. 따라서 부모나 주 양육자가 영아를 떠날 때, 영아는 자신이 불행하며 이 상황을 바꾸고자 하고 안전하고 아는 사람과 함께 있고 싶다는 것을 보여준다. 전문가의 역할은 시간이 지나면 예상한 대로 돌아올 부모(또는 다른 중요한 사람)와 자신의 욕구를 충족시켜줄 친절하고 민감하게 보살펴주는 사람이 있는 안전한 장소, 이 두 가지 모두를 가질 수 있다는 것을 영아가 학습하도록 새로운 상황에 적응하도록 돕는 것이다.

유아교육전문가는 부모에게 가정에서 유아교육기관으로의 전이 시 영아에게 도움 되는 행동을 시범보이거나 추천할 수 있다(Deiner, 2009). 먼저 새로운 장소에서 부모와 함께 있으면서 영아와 교사가 친숙해지도록 하여 분리불안을 다룰 수 있다. 영아가 교사에게 친숙해지도록 한 다음, 곧 떠날 것이라고 영아에게 설명한다. 교사가 영아와 함께 있을 때 부모는 떠난다. 몇몇 영아는 울거나 부모를 쫓아오기 시작한다. 이 때 교사는 가능한 한 빨리 영아를 위로해주고 안심시켜주며, 영아가 탐색하고 놀 수 있도록 한다. 거짓말을 하거나 속이기, 부모가 살짝 나가는 것, 소리 지르는 영아를 부모 품에서 잡아떼기와 같은 방법은 가능한 피해야 하는데, 영아가 이 끔찍하고 두려운 경험을 교사와 연관시킬 수 있기 때문이다. 이는 부모, 양육자, 새로운 환경에 대한 영아의 신뢰를 배신하는 행위가 된다.

교사가 해야 할 또 하나의 중요한 역할은 분리 과정에서 가족을 돕는 것이다. 다른 기관으로의 전이 시 안정되는 데 며칠 밖에 걸리지 않는 영유아도 있지만, 과거 경험 및 기질에 따라 몇 주, 또는 몇 달이 걸리는 영유아도 있다. 또는 어느 날 갑자기 영유아가 분리불안을 보이는 경우도 있다.

이는 영유아 내 변화(인지), 가족 내 변화(동생의 출생이나 죽음), 환경의 변화(이사)로 인해 일어날 수 있다. 영유아 및 가족에 대해 온정, 수용, 진정성, 공감, 존중을 보일 때 관여된 모든 사람과의 관계를 강화할 수 있다. 부모나 교사가 이해, 온정, 민감성으로 분리불안을 다룬다면, 영아는 새로운 상황에서 편안하게 진정될 것이다. 미리 지속적으로 시행되는 헤어지는 일상경험 만들기(표 2-4 참조)는 모두에게 유용할 것이다.

'헤어짐'에 대한 일상적 경험이 지속해서 시행될수록, 분리는 더 빨리 일어난다. 분리의 성공 및 새로운 상황에서 영유아가 안정되는 데 걸리는 시간은 이때의 경험이 온정적이고 일관성 있게 실시되었는지 뿐만 아니라 영아의 기질에 좌우된다. 비록 처음에 부모나 교사가 이러한 일상을 만들고 시행하는 데는 많은 시간이 걸리겠지만, 궁극적으로는 모두에게 특히 영아에게 이로울 것이다.

영아는 하원 시 부모가 왔을 때 울음을 보일 수도 있다. 하루 종일 즐겁고 잘 놀이하던 영아가 부모를 보고는 울어버릴 수 있다. 이 역시 속상한 부모에게 설명해야만 하는 중요한 신호이다. 이는 영아가 부모와의 애착이 강해서 하루 종일 함께 잘 버티고 있었지만 엄마나 아빠와 집에 갈 시간이 되자 안도감을 표현하는 것을 의미한다. 부모는 자녀의 분리 행동에 대한 이 같은 해석을 받아들여야 한다. 교사는 영아가 새로운 상황에 잘 적응하고 분리할 때의 적절한 행동을 부모에게

표 2-4 가족과의 분리 도와주기: '헤어짐'에 대한 일상적 경험 만들기

기관에 가기 전	• 부모는 영유아에게 "엄마(또는 아빠)는 오늘 일하러 갈 거야. 너는 어린이집/유치원에 가고"라고 확신에 찬 목소리로 하루의 일과를 알려준다. 이때 교사는 부모에게 애매하지 않고 긍정적이고 확신에 찬 어조로 말하는 것이 중요한 이유를 알게 한다.
기관에서	• 영유아와 부모님이 기관에 왔을 때 환영해주며, 온정, 수용, 진정성, 공감 및 존중으로 대한다. 부모와 함께 영유아의 전이를 도와주는데, 이는 영유아의 겉옷을 걸어주거나, 가방을 자리에 정리하는 것을 포함한다. 부모에게 영유아와 함께 교실까지 오도록 한다.
교실에서	• 영유아가 좋아할 것 같은 흥미로운 활동을 보여준다(영아의 경우 부드럽게 안아서 놀잇감이 있는 곳으로 데려간다; 걸음마기 영아의 경우 어디에 있는지 방향을 알려주거나 손을 잡고 놀잇감이 있는 곳으로 함께 한다). 영유아가 바로 활동에 참여한다면 부모로부터 교사로 전이가 되었다는 의미이다. 몇몇 영유아는 부모의 품에 더 있고자 할 것이며, 활동에 참여할 때까지 교사에게 전이된 것은 아니다. 교사가 어떻게 할지에 대한 단서를 영유아에게서 찾아야 한다. • 헤어짐의 순간에 영유아가 전이를 도와주는 애착물건(좋아하는 장난감이나 담요)을 가지고 있도록 한다. 영유아에게 부모가 떠날 것임을 상기시키고, 부모에게는 얼마나 영유아를 사랑하는지와 엄마나 아빠가 돌아온다는 것을 말하게 한다. 점심식사 후 혹은 바깥놀이 후와 같이 돌아오는 시간에 대해 구체적으로 말하도록 한다. 영유아가 활동에 참여할 때 이별은 짧아야 한다. 오랫동안 헤어짐을 하는 것은 영유아가 안정감을 느끼는 데 도움이 되지 않는다. 부모에게 긍정적이고 신뢰할 수 있는 미소를 보이며 떠나도록 하는데, 이는 여기가 영유아의 욕구가 충족될 수 있는 안전한 곳이라는 메시지를 아이에게 전달한다. • 교사는 슬픈 영유아를 민감하게 진정시켜주도록 한다. 이들을 안아주거나 직접 데리고 온다. 따뜻하게 쓰다듬어주고 말해준다. 부모의 사랑과 부모가 돌아올 것임을 상기시켜주고, 영유아를 흥미롭게 해줄 활동에 계속하여 참여하도록 한다. • 영유아와의 분리과정을 공유하기 위해 한 시간 이내에 부모에게 전화한다.

알려주고 도와줌으로써 아동, 부모 및 교사 간의 신뢰를 형성하게 된다.

개별화 과정이 똑같이 나타나는 영아는 없다. 기질, 부모 및 다른 양육자와의 일상적 관계, 여러 가지 즐겁고 불쾌한 경험으로 인해 신뢰감 정도, 애착의 질, 자아개념은 달라진다. 세상에 대한 의사소통 양식은 영유아가 누구이며, 어떻게 될 것인지에 매우 중요한 의미를 지닌다.

5. 영아의 의사소통 유능성 발달시키기

5.1 의사소통 시작하기

영아는 선천적으로 언어를 배울 준비가 되어 있다. 이들은 양육자와 사회적 상호작용을 하기 위해 제한된 신호를 보낼 수 있는데, 신생아가 즐거운 소리를 내면 양육자는 좋아하며 반응한다. 영아가 오랫동안 부모의 눈을 응시하면, 부모는 마치 아기가 그 말을 이해하는 것처럼 말하고, 아기가 말할 차례라는 듯이 잠시 멈추기도 한다. 영아는 말하는 사람을 향해 머리를 돌리고, 양육자의 목소리를 듣고 진정되는데, 부모의 목소리를 더 좋아한다(Gleason & Ratner, 2012). 이런 과정을 통해 영아는 비언어적 신호를 보내고 목소리 높낮이를 달리하고 차례를 주고받는 것과 같은 언어적 의사소통의 기초를 배운다.

아직 말을 못하는 영아에게 교사나 부모가 하는 말은 거의 모두가 사회적인 연결을 위한 것이다. 이때 멜로디가 중요한데, 목소리 톤이 올라갔다 내려갔다 하는 것은 애정과 사랑스러운 수긍을 나타내며, 짧고 단음적인 소리는 "안 돼", "조심해", "만지지 마"의 의미를 전달한다. 영아를 진정시키거나 달래기 위해서는 부드럽게 속삭인다. 이러한 유형은 모든 문화권에서 유사하다(Otto, 2009).

생후 1~3개월 사이의 영아는 말이나 미소, 웃음에 반응하여 까르르 소리를 내며, 유도하면 말과 비슷한 소리를 내기도 한다. 영아가 조용히 깨어있는 상태가 길어지면서 사람과 의사소통하는 기회도 늘어난다. 양육자는 이 시기 영아에게 이야기할 때, "우유 먹을 때가 되었네"와 같이 종종 주변 환경에 있는 사물에 대해 말한다. 3~7개월 사이의 영아는 성인들이 하는 말의 억양에 따라 다르게 반응한다.

8개월경의 영아는 "바바바", "마마마"와 같은 단순한 소리를 반복하고, 성인의 소리를 흉내 내려고 한다. 대부분의 옹알이 연습은 영아가 혼자 있거나 낮잠 자기 전후 쉴 때 하지만, 더 큰 아동이나 성인이 자신에게 이야기할 때도 옹알거린다. 영아가 옹알이를 하면 양육자는 영아와 대화를 하게 된다. 영아가 혼자 하는 옹알이는 양육자와 대화할 때 '말하는 것'과는 그 소리가 다르다. 영아는 공동 활동을 하면서 얼굴을 마주보며 주고받는 식의 말하기 유형을 연습해야 한다(Kovach & Da Ros-Voseles, 2008). 영아가 단어를 말하기 훨씬 이전에도 이런 대화식의 상호작용을 통해 양육자와 영아는 서로에게 영향을 준다(Zero to Three, 2008).

의사소통 기술은 6개월 이후부터 증가하는데, 영아는 까꿍 놀이와 같은 단순한 게임에 즐거워하고, 실망하였을 때는 화가 나서 울고, 우려가 될 때는 눈을 돌리고, 눈썹을 찌푸리고, 굳은 표정을 보인다. 양육자는 영아의 감정을 이해할 수 있는 단서를 더 많이 가지게 된다. 따라서 양육자와 영아 간의 정규적인 접촉, 상대방에 대한 세밀한 관찰, 효과적인 의사소통을 하기 위한 시간과 의지에 따라 영아-양육자 간의 사회적 상호작용은 달라진다. 생후 첫 3년 동안의 사회적 상호작용에서 영아가 차지하는 부분이 증가하긴 하지만 대부분 양육자의 책임이라고 할 수 있다.

꽤 어린 영아도 양육자의 얼굴 표정을 읽고 해독하고 해석할 수 있다(Thompson & Lagattuta, 2008). 영아는 시간이 지나면서 몸짓을 더 잘 이해하고 사용한다(Fogel, 1993). 영아는 주고받기식 상호작용에서 다소 제한적이지만 조절을 하고 자신을 향한 의사소통에 표현적으로 반응한다. 영아는 점차 사회적 참여의 패턴을 학습한다(Burgoon, Guerrero, & Floyd, 2010).

6개월경 영아는 양육자와 공통된 대상에 초점을 맞추며 상호작용한다. 양육자는 사물에 대해 의사소통하면서 해당 사물을 가리키거나 보여준다. 영아가 어떤 장난감에 관심이 있으면 그것에 집중하기 위해 양육자에게 등을 돌리기도 하는데, 이 행동은 양육자를 싫어해서가 아니라 영아가 동시에 여러 가지에 집중할 수 없기 때문이다.

9~15개월경 영아는 의도적으로 양육자의 행동에 영향을 주는 의사소통 능력을 발달시킨다(Carpenter, Nagell, & Tomasello, 1998). 영아가 먼저 **공유된 주의집중**을 한다. 가장 대표적인 예로 아기가 장난감을 쳐다본 다음 양육자도 그 장난감을 쳐다보는지 보기 위해 양육자의 얼굴을 쳐다보는 것이다. 소리를 내며 원하는 대상을 가리키는 것과 같은 **의사소통적 몸짓**을 하면서 어떤 대상을 빠르게 요구한다는 것을 나타내거나 '이것 참 재미있네'라는 식으로 표현한다. 무엇이든 간에 영아는 양육자가 자신의 제안에 분명하게 반응하는지를 알아보기 위해 확인한다. 또한 양육자가 다른 곳을 쳐다보고 있다는 것을 알게 되면 자기도 같은 곳을 바라보는 것과 같은 **시선 따라 응시하기**를 한다. 12개월이 되면 영아는 양육자가 가리키는 곳을 볼 수 있다. 영아는 양육자가 적절히 반응하지 않을 때 의사소통을 계속하고자 노력하며, 자신의 몸짓을 수정하거나 정교화하기도 한다. 예를 들어, 탁자 위에 있는 귀걸이를 가지려고 손을 폈다 오므렸다 하다가 점점 크게 "어, 어!"하고 소리를 내던 영아는 이런 몸짓이 성공하지 못하자 귀걸이를 가리키면서 "으어어~" 하며 소리를 길게 낸다.

생후 1년경 영아는 특정 정서를 조절하기 위한 다른 방법을 발달시키는데, 즉각적으로 반응하는 대신 반응하기 전에 새로운 상황을 평가해본다. 상황을 평가하는 한 가지 방법이 **사회적 참조**이다. 영아는 양육자의 얼굴 표정과 목소리 톤을 읽기 위하여 의사소통 능력을 사용한다. 양육자가 새로운 상황에서 편안한 자세와 무난하거나 미소 짓는 얼굴을 보이면, 영아는 주변을 탐색한다. 반면에 양육자가 안절부절못하거나 화난 것 같으면, 영아는 경계한다(Laible & Thompson, 2008). 사회적 참조는 아동기까지 지속되어 익숙하지 않거나 예상하지 못한 상황에서 어떻게 행동할지를 결정할 때 다른 아동과 성인으로부터 정서적 단서를 찾는다.

　영아는 어떤 것을 원할 때 몸짓이나 쳐다보기, 소리내기를 통해 양육자에게 자신의 의도를 전달하기도 한다. 대부분의 양육자는 아기가 팔을 위로 올리면 안아달라는 것임을 금방 알아차린다. 좀 더 큰 영아와 걸음마기 영아는 주의를 끌기 위해 울음 이외의 다양한 소리를 내고, 이는 점차 단어로 발달한다. 13개월경 상징적 의사소통 능력이 발달하면서 걸음마기 영아와 양육자는 상호작용방식이 확대되고 이들 간 상호작용 패턴은 점차 의례적이게 된다.

　모방 학습 역시 이 시기에 시작되는데, 걸음마기 영아는 양육자나 다른 영유아가 자신이 하는 행동을 모방하는 것을 알아차린다. 이들은 놀이를 계속하기 전에 자신을 모방하는 사람을 쳐다보고 미소를 보낸다. 가장놀이의 초기 형태는 영아가 시·공간적으로 떨어진 모방을 하는 예이다(영아가 세수하는 것을 흉내 내며 놀이하는 것). 영아는 다른 사람의 감정도 모방해서, 자신에게 중요한 성인과 유사한 방식으로 기쁨, 관심, 분노, 두려움을 표현한다.

5.2 발달하는 영아기 의사소통 능력

단어

18~24개월경의 영아는 언어 이해 및 사용이 폭발한다. 2세 말경 사회적 파트너로 역할을 하며, 다른 사람의 행동에 영향을 줄 단어를 가지고 의도적으로 의사소통할 수 있다. 영아는 수용 언어와 표현 언어의 사용을 배우는데, **수용 언어**는 "아주 똑똑하구나!"와 같이 자신에게 향하는 말을 영아가 듣는 것이고, **표현 언어**는 "아니, 내거야!"와 같이 자신이 말하는 것이다.

　출생 시부터 영유아는 구어를 접하면서, 점차 자신이 들은 것과 자신이 말할 수 있는 것을 자아개념으로 적극적으로 통합시킨다(Martin & Berke, 2007). 영아는 단어를 이루는 소리, 단어의 의미, 단어의 사용규칙, 사회적 상황에 맞추어 말하는 여러 가지 방식에 대해 배운다(Byrnes & Wasik, 2009; Genishi & Dyson, 2009). 옹알이에서 (주로 명사와 이름인) 한 단어, 두 단어에서 완전한 문장으로 발달하는 것은 쉽지 않다. 영유아의 주변 환경 내 사람들의 지속적인 지지와 피드백이 필요하다. 의사소통 및 사회적 상호작용의 민감기는 첫 3년 이내이며, 대화를 위해 영유아와 의사소통할 성인을 필요로 한다(National Scientific Council on the Developing Child, 2007).

신호

영아가 숟가락으로 먹기 시작할 때 많은 가족은 수화와 같은 신호를 사용하기 시작한다. 부모는 "조금 더" 또는 "끝"과 같은 신호를 가르친다. 이는 영아가 좀 더 구체적으로 의사소통하도록 하고, 자율성을 증진시키고, 식사시간 스트레스를 줄일 수 있게 한다. 영아는 말을 하기 전에 50~100가지 신호를 사용할 수 있다. 일반적으로 전문가들은 이러한 전략이 매우 유용함을 발견하였는데, 양육자가 신호를 잘 사용한다면 영아에게 양육자는 두 가지 언어를 지닌 이중 언어자인 것처럼 여겨진다.

교실에 실제로 이중 언어학습자가 있을 수 있다. 그들은 두 개 언어로 어휘를 학습하기 때문에 하나의 언어만을 배울 때보다 다소 시간이 걸릴 수도 있다(Otto, 2009). 교사는 교실 내 모든 사람이 쉽게 의사소통할 수 있도록 가능한 빨리 의자, 화장실과 같은 공통 사물과 씻는다, 놓다와 같은 단어를 익히도록 도와주어야 한다.

영아는 구어에서 처음에 말한 것보다 더 많은 것을 이해한다(Byrnes & Wasik, 2009). 의미를 명료히 할 수 있기 위해 단어를 연결하는 것은 매우 중요하다. 아동이 모국어로 유능하게 의사소통할 때 제2언어를 배우는 것이 더 용이하다. 아동이 처음 구어를 이해할 수 있을 때와 말할 수 있을 때 간의 연결 수단으로 수화와 같은 주요 신호(온다, 치우다, 그만하다, 화장실, 휴식 등)를 사용할 수 있다.

5.3 영아의 의사소통 능력 향상을 돕는 상호작용하기

영아는 양육자와의 상호작용을 통해 의사소통 기술을 배운다. 매일의 상호작용에서 단어와 몸짓의 사회문화적 의미를 배운다(Genishi & Dyson, 2009). 민감하고 효과적인 양육자는 영아가 사회적 사건에 참여하는 방법과 상호작용을 그만두고 싶다고 표현하는 방법을 알게 된다. 영아의 상태, 응시, 공간적 위치, 자세, 성인과의 거리를 관찰해보면, 영아와 사회적 활동을 시작할지 말아야 할지를 알 수 있다. 피곤해하거나 다른 것을 하는 영아에게 사회적 상호작용을 하려 하면 영아는 울거나 화를 낼 것이다. 이는 걸음마기 영아에게도 마찬가지이며, 지친 영유아는 의사소통하기 쉽지 않으므로 영유아가 보내는 단서에 주의하여야 한다.

최상의 발달을 위해 영아에게 제공하는 언어는 영아가 하는 일과 의미 있게 연관되어야 한다. 영아에게 평소에 일상적으로 일어나는 것에 대해 이야기해주면, 영아는 더 많이 소리를 내게 된다. 주고받는 대화, 자장가나 노래, 하고 있는 일에 대해 말하는 것이 모두 효과적이다. 다른 성인이나 방에 있는 다른 사람에게 하는 말은 아무 효과가 없다. 걸음마기 영아에게 노래, 말로 하는 장난, 다른 영아에 대한 이야기는 이들에게 의미 있는 단어로 둘러싸여 있게 하는 좋은 방법이다.

단어와 몸짓은 영아가 단어를 사용하기 오래전부터 영아에게 의미를 지닌다. 따라서 양육자가 영아에게 어떤 사건을 어떻게 해석하는지 뿐만 아니라 영아의 감정을 명명해주면, 영아에게 적절한 사회적 반응에 대한 단서를 제공해주는 동시에 적절한 단어를 제시해주는 것이 된다. "우리 아가가 삼촌을 몰랐구나? 조금 무서웠지. 이리 와서 엄마랑 같이 삼촌에게 이야기해볼까?"라고 달래는 목소리로 말하고 행동하면, 영아를 진정시키면서 무슨 일이 일어났는지 설명해주게 된다.

언어 발달 초기에 영아는 단어를 과일반화하여 사용하는데, 예를 들어, '아빠'는 모든 남성에게 구분 없이 사용한다. 그러나 양육자가 사물과 행위의 정확한 이름을 사용하면, 영아도 곧 정확한 단어를 배우게 된다(Gleason & Ratner, 2012). '아빠빠'는 중요한 한 사람인 아빠에게만, '할비'는 할아버지에게만 사용하게 될 것이다. 때로 영아는 소리내기가 어려운 언어는 필요한 소리를 획득할 때까지 보통 좀 더 쉬운 소리로 대체하여 말한다. 양육자가 사물, 행위, 위치, 사람에 대해 정확한 단어를 사용하면, 영아도 2세가 끝날 무렵에는 정확한 단어를 사용할 수 있다.

6. 영아기 친구관계

성인은 영아가 친구관계를 형성하지 않는다고 생각할 수도 있지만, 많은 영아가 집단 양육을 통해 또래 상호작용을 경험한다. 영아는 연령이 비슷한 또래를 선호하는 듯 보인다(Ross, Vickar, & Perlman, 2012). 영아는 가족으로부터 다른 사람을 대하는 사회적 양식과 성향을 습득한다. 전형적인 초기 또래 행동은 표 2-5에 요약되어 있다.

　　영아는 낯선 아이가 접근해 오면 두려움보다는 흥미를 보인다. 낯선 또래를 만났을 때 다른 사람과의 이전 경험이 도움이 된다. 영아는 친숙한 또래와 더 많이 그리고 더 복잡한 상호작용을 시도하지만, 한 번에 한 명 이상의 영아와 복잡한 놀이를 하지는 못한다. 간혹 놀잇감을 또래에게 주고 다시 받거나 말을 하기도 하지만, 영아가 하는 놀이는 대체로 가만히 쳐다보거나 모방하는 행동이다.

　　집단 양육을 받는 걸음마기 영아는 또래와 사회적 상호작용을 시작하기 위해 매우 다양한 방법으로 관계를 맺고자 시도한다. 이들은 멀리 떨어져 서로 쳐다보거나, 가까이 와서 또래를 만지거나 말을 건다. 이러한 행위는 종종 성공적이지 않을 때도 있지만, 양육자의 도움으로 함께 할 수 있다. 때로 걸음마기 영아는 좋아하는 사물이나 사람이 보이면 재빨리 모이는데, 그 사람에게 가까이 가거나 사물을 차지하기 위하여 서로 뒤엉키며 넘어지기도 한다. 이 같은 집단적인 접근은 '무리 짓기'인데, 이러한 사회적 상호작용은 대부분 성공하지 못한다.

　　놀잇감은 걸음마기 영아를 매료시켜 함께 모이도록 하지만, 다른 아이에게 주의를 기울이지 못하게 하기도 한다. 걸음마기 영아는 보통 친밀하게 접근을 시작하지만, 상호작용을 지속하는 것은 어렵다. 15~20개월의 걸음마기 영아는 더 많이 미소 짓고 웃으면서, 차례대로 하기, 반복하기, 모방하기를 할 수 있다. 걸음마기 영아가 성장하면서 또래와의 상호작용이 길어지고, 의도와 목적을 공유할 수 있게 되면서 놀이 영역이 넓어진다. 이들은 점차 함께하고 공유하기와 같이 사회적으로 기대되는 활동에 더 잘 참여하게 된다. 공유하기가 가능하기 위해선 영아는 일정 시간 동안 다른 사람에게 놀잇감을 주어야 하

그림 2-6　걸음마기 영아는 다른 영아와 함께 하는 것을 즐긴다

며 다시 돌려받을 것이라는 기초적 이해를 할 수 있어야 한다. 이는 간단한 인지적 성취는 아니지만, 매우 친밀한 영아 간에서 나타난다(Wittmer, 2008).

6.1 친구

많은 부모와 교사는 영아도 우정을 형성할 수 있는지에 대해 알고자 한다. 서로 만나서 쳐다보는 영아는 서로를 보살피는 애정을 지니며, 그래서 이는 우정이다. 영유아는 서로를 찾고 안 보일 때 친구를 그리워한다(Howes, 2000). 다시 만났을 때 서로 안아주고 미소 짓는다(Wittmer, 2008). 이러한 친구관계는 시간이 지나도 지속되며, 돕기, 친밀성, 충성심, 공유, 상호 간 함께 활동하기의 요소를 지닌다(Whaley & Rubenstein, 1994). 뛰기와 잡기놀이, 소리나 동작 따라 하기 같은 활동은 많이 웃게 하고, 걸음마기 영아는 반복해서 놀이한다(Wittmer, 2012). 일단 우정이 형성되면 지속되고, 어떤 걸음마기 영아는 2명 이상의 친구가 있다(Ross, Vickar, & Perlman, 2012). 이러한 친밀한 관계는 공감과 친사회적 행동을 연습하기에 최적이며, 걸음마기 영아의 공감하기는 울고 있는 친구를 안아주거나 울음을 멈추려고 장난감을 주는 것과 같이 위로할 때 알 수 있다(Wittmer,

표 2-5 **영아기의 또래관계**

월령(개월)	영아의 행동
0~2	• 또래가 울면 따라 울기 • 친숙한 영아를 뚫어지게 쳐다보기
2~6	• 서로 만져보기
6~9	• 미소 짓기 • 목소리 내기 • 접근하기와 따라가기 • 쳐다보기
9~12	• 놀잇감 주고받기 • 쫓아가기, 까꿍놀이, 손 흔들기와 같은 간단한 게임하기
12~15	• 소리를 서로 주고받기 • 놀잇감에 대한 갈등 • 사회적 모방 • 영아 집단에서 '무리 짓기'가 일어날 수 있음
15~24	• 초기 단어가 나타남 • 타인 모방하기 • 술래잡기나 주고받기와 같은 상호적 역할을 함 • 타인이 자신을 모방하는 것을 앎
24~36	• 놀이에 대하여 대화하기 • 폭넓은 놀이가 나타남

2008).

부모나 교사는 언어, 표정, 사물이나 기회 제
공을 통해 걸음마기 영아의 또래 및 우정 관계
를 격려할 수 있다. 영유아의 행동, 의도 및 정
서를 말로 표현해주어 이들의 상호작용 행동을
더 잘 이해하도록 할 수 있다. 양육자가 다른
영아와의 상호작용을 지지하는 것은 사회적 기
술을 연습하는 좋은 시작점이 된다.

가장 친한 상호작용을 하는 친구들 간에도
간단한 장난감 다툼으로 인한 갈등은 있다. 11

그림 2-7 매우 어린 아동이라도 상호작용할 기회가
많을 때 또래와 친밀한 관계를 형성한다

~12개월 영아는 다툼을 보이던 장난감에 관심이 줄어들고 또래가 흥미로워 하는 물건으로 다시
관심을 돌린다. 18~30개월경 영유아는 19개월경 나타나는 '소유권'에 대한 생각에 따라 자신의 것
이라고 주장하거나 철회할 수 있다(Ross, Vickar, & Perlman, 2012).

다른 사람과의 관계에 대한 영아의 시도는 부모나 교사의 보살핌과 지도로 더 성공적일 수 있으
며, 어릴 때부터 보이는 영아의 우정과 또래관계는 자기 조절이 발달하기 시작하기 때문에 가능하다.

7. 자기조절력 발달시키기

자기조절력은 상황과 사건에 맞추어 생각, 의도, 감정, 행동을 의도적으로 조정하고 다루는 능력이
다(Thompson, 2006, p.33). 이는 요구에 직접 자신의 감정, 생각, 반응을 적응시키는 사람의 능력
을 포함한다(Calkins & Williford, 2009). 자기조절력은 오랜 시간에 걸쳐 발달하지만, 영아기부터
발달하기 시작한다.

3개월경 영아가 자신의 욕구를 충족시키기 위해 울음 대신 말을 시작하는데, 이것이 자기조절
의 시작이다(Field, 2007). 영아가 스트레스 상황에 있을 때, 손가락이나 담요를 빨고, 머리를 돌리
는 것은 영아가 스트레스 상황을 다루고자 하는 시도이다. 혼자 잠을 자는 영아 역시 초보적 자기
조절력을 보여주는 것이다. 부모나 교사가 영아의 욕구를 지속적으로 충족시키고, 예상 가능하고,
평화로운 일상을 보낼 때, 영아는 초보적 수준의 자기조절력을 성취한다.

이동이 가능한 영아가 기저귀 갈 때 집중하여 가만히 있거나, 손에 닿지 않는 장난감을 얻고자
하는 문제를 해결하는 것도 영아가 자기조절력을 보여주는 예이다. 부모나 교사는 다음 단계에 무
엇이 일어날 것인지 하나하나 말해주고, 개입하기 전에 혼자서 발달적으로 적합하게 문제를 해결
하도록 함으로써 영아의 자기조절력 발달을 도와줄 수 있다(Elliot & Gonzalez-Mena, 2011).

초기 자기조절력의 다른 예는 배변 훈련 시 나타난다. 걷고 말하기 시작하고 방광과 직장의 근

그림 2-8　걸음마기 영아는 자신의 신체 기능 조절하기에 성공적일 때 스스로에 대해 기뻐한다

육 통제가 가능해지면서 영아는 배변 조절이 가능해진다. 영아는 배변을 통제하는 것에 큰 자부심을 느낀다. 부모나 교사가 힘겨루기를 최소화하고, 조용하고 간단한 지시를 할 때, 영아의 자율성은 획득된다. Note 2-4에 간단한 지침을 제시하였다.

자기조절력은 궁극적으로 여러 영역에서 삶의 목적이 되지만, 이는 매우 복잡한 과정으로 각 영유아는 최소한으로 조절하는 정도에서 자신이 더 많이 책임지는 연속 과정을 경험하게 된다. 영유아가 금지사항을 다루기 위해서는 양육자의 도움이 필요하다(Elliot & Gonzalez-Mena, 2011). 자기조절력을 증진시키는 최상의 길은 **공유된 조절**(shared-regulation)로 시작하는 것이다. 이는 부모나 교사가 어떤 사건을 다루는 데 있어서의 책임의 일부를 공유하거나 영유아가 성공적으로 다룰 수 있는 정도로 과제를 나누는 것이다. 공유된 조절은 영유아로 하여금 앞으로 독립적이 되도록 가르치는 단계에서 성공감을 느끼게 도와준다(Bath, 2008).

화장실 사용은 공유된 조절을 도와주는 좋은 예시가 된다. 예를 들어, 처음에 영아가 부모나 교사에게 "화장실 가고 싶어"라고 말하면 바지 벗기를 도와줄 수 있다. 이후에 영아가 바지를 혼자서 벗을 수 있게 되면 부모나 교사는 뒤처리하는 것을 도와줄 수 있다. 마지막으로 영유아가 이 모든 단계를 혼자서 할 수 있게 된다. 어떤 과제를 영유아가 혼자 할 수 있는 단계로 구분하는 것은 좌

영유아와 공유된 조절로 도와주기 위한 전략

- 예상 가능한 평온한 일과 제공하기
- 움직이는 영아에게 말을 걸어 물건을 지적하여 영아가 주의를 기울일 수 있게 돕기
- 영아가 (장난감을 손으로 뻗어서 잡는 것과 같은) 자신의 문제를 해결하는 과정에서 각 단계마다 어떻게 되고 있는지 말해주면서 해결하도록 격려하기
- 지시하기, 영아의 행동을 언급하기, 영아의 시도를 격려하기 위해 짧고 간단한 문장 사용하기
- (혼자 먹기, 혼자 화장실 가기)와 같은 어려운 과제는 걸음마기 영아가 점차 성공할 수 있도록 성공적으로 다룰 수 있는 부분으로 나누어 제시하기
- 걸음마기 영아가 좌절하여 통제력을 잃을 때(분노 폭발) 차분하고 지지하는 태도로 있기
- 과한 반응이나 과한 통제를 하지 않기. 대신 온정, 수용, 진정성, 공감, 존중(WAGER) 기술을 사용하기
- 영아가 사회적 상호작용을 배우고 연습할 수 있도록 충분한 놀이 시간을 제공하기

배변 훈련을 도와주는 지침서

1. 교사는 배변 훈련을 계획할 때, 부모 및 다른 양육자와 함께 한다. 목표는 교육기관에서 무엇을 해야 하고 어떻게 해야 하는지에 대해 영아에게 일관된 단서를 제공하는 것이다. 목소리는 차분하고 일어난 일에 초점을 두도록 한다. 배변과 관련하여 가정에서 사용하는 단어를 찾아서 처음에는 그 단어를 사용하도록 한다.

2. 배변 시 직접 사용할 준비물은 모두 마련해 두고, 항상 걸음마기 영아와 함께 있도록 한다.

3. 기저귀를 가는 동안 배변 훈련과 관련된 다음의 단계나 실제를 포함하여 시작한다.
   - 기저귀를 갈고 나서 영아의 손 씻기
   - 기저귀를 보여주며 어떤 일이 일어났는지 설명하기
   - (다리 들고 있기, 기저귀 갈이대로 올라가기 등) 가능한 많은 일에 영아가 참여하도록 하기

4. 영아가 기저귀를 완전히 치우기 전에 10~15분 정도 화장실로 데리고 간다. 이때 예민한 주의와 관찰이 필요하다. 대부분의 걸음마기 영아에게 기저귀 치우기 절차는 규칙적이다. 1회용 장갑을 끼고 위생처리 기준을 따르도록 한다.

5. 각 단계에서 물리적 도움을 주고 말로 설명해준다. 걸음마기 영아에게 반복적으로 설명하여 다음의 단계를 이해하도록 가르친다.
   - 영아는 옷을 느슨하게 하고, 기저귀를 풀거나 팬티형 기저귀를 내린다.
   - 영아는 변기 의자에 앉으며, 나중에 남아는 소변기를 사용할 수 있다. 교사는 앉아서나 서서 변기 주변에 흘리지 않고 정확하게 조준하도록 알려준다.
   - 영아는 몇 분간 변기에 앉아 있을 수 있는데, 이때 교사는 영아와 대화를 지속한다.
   - 영아는 휴지를 필요한 만큼 자르고 접은 뒤 혼자서 뒤를 닦게 된다. 교사는 시범을 보이고 필요하다면 영아를 다시 닦아준다. 일반적으로 가장 마지막 단계의 학습이다.
   - 영아는 변기에서 일어나 옷을 여민다. 깨끗하고 마른 옷이 필요할 수도 있다.
   - 영아는 변기의 물을 내린다.
   - 손을 씻고 닦는다.

6. 교사는 놀이하기 위해 돌아온 영아를 도와준다.

7. 교사는 사용된 모든 공간을 위생적으로 치운다. 이때 남아가 소변기에 잘못 조준했을 수도 있으므로 화장실 벽과 바닥을 모두 포함하여 치우도록 한다. 필요하면 변기에 있는 찌꺼기를 치우고 세탁을 위해 젖은 옷을 비닐 백에 넣는다. 일회용 장갑을 벗고 기저귀나 팬티형 기저귀를 접어서 뚜껑이 있는 휴지통에 넣는다.

8. 비누로 손을 씻는다.

9. 걸음마기 영아가 변기에서의 배변을 대부분 성공한 경우 부모에게 말하여 팬티형 기저귀를 배변 훈련 팬티나 속옷으로 바꾸도록 전달한다.

10. 영아가 배변 훈련을 성공하여 속옷으로 갈아입는 것을 가족과 함께 축하한다.

절을 감소시키고 영유아로 하여금 통제감을 느끼게 하고 성공경험을 하도록 한다.

'분노 폭발'은 걸음마기 영아가 통제감 상실의 감정을 신체적으로 보여주는 것이다. 독립과 의존을 동시에 하고자 하는 자신의 욕구와 싸우면서 걸음마기 영아는 바닥에 눕는 것으로 자신의 좌

절감을 표현한다. 분노 폭발을 보이는 영아를 수용하고 자기조절력을 다시 회복하도록 도와주는 것은 자율성의 욕구를 증진시킬 수 있다. 통제감을 회복한 다음에 부모와 교사는 영유아가 목적을 성취할 수 있는 대안적 전략을 제시한다.

인지능력의 발달로 걸음마기 영아가 사회적 문제 해결 능력이 더 발달하면서 사회적 기술도 증가한다. 모방하기, 계획하기, 앞으로의 사건에 대한 기대 형성하기가 가능해지고, 눈에 보이지 않더라도 존재한다는 것을 기억한다(Martin & Berke, 2007). 영유아는 호기심이 많아지고, 주의집중하고, 문제를 해결하고, 좌절에도 견디게 된다(Petersen, 2012). 영유아는 인과 관계를 학습하고 사회적 경험을 이해하는 능력이 증가한다. 연습과 반복이 가능해지면서 학습한 것을 확실히 기억할 수 있다. 이러한 기억은 회상되고 새로운 정보로 인해 바뀌면서 사회적 문제 해결을 위한 강력한 신경 회로를 형성하게 된다(Bauer, 2009). 사회적 경험이 많을수록 영유아의 이 같은 능력은 향상된다.

잘 돌보아주고, 반응적이며, 민감한 교사의 도움과 지지를 통해 영유아는 자신의 연령과 경험에 맞는 자기조절력, 인지적 기술 및 의사소통 기술을 발달시킨다(Petersen, 2012). 이러한 능력은 학습자로서 장기적 성공과 관련된다.

영아와 긍정적 사회 관계를 향상시키는 기술

기본적인 보살핌을 신속하게 제공하기

1. 영아가 도움을 청할 때 즉각적으로 반응한다

생후 6개월 이전의 영아가 울 때는 아기를 안아주고 무엇을 요구하는지 살펴보아야 한다. 6개월이 지난 영아는 기다리는 능력이 증가하고 기다리는 동안 양육자의 말이나 양육자가 주의를 기울이고 있다는 다른 신호에 반응할 수 있긴 하지만, 그렇게 오래 기다리지는 못한다. 수유, 기저귀 갈기, 낮잠 자기와 같은 일상적인 일과에서 1세 미만의 영아를 너무 오래 기다리게 해서는 안 된다.

2. 영아의 신호에 규칙적인 유형으로 반응한다

영아기는 안아주기, 말하기, 달래기, 기저귀 갈아주기, 먹이기의 개별 유형을 발달시키는 시기이므로, 어떤 영아에게 적합한 방식이 다른 영아에게는 아닐 수 있다. 개별적으로 맞추어야 한다.

3. 영아의 일과에 대하여 부모와 의논한다

교사가 가정에서 보이는 수면, 놀이, 식습관에 대한 영아의 개별 유형을 알면 부적절한 스트레스를 피할 수 있다. 부모가 영아에게 양육 일과를 제공하는 방식은 그 가족의 문화에 따라 다양하다. 가정에서 사용하는 양육 일과에 대해서 교사는 주의 깊게 경청하고, 기관에서도 되도록이면 부모의 방식에 맞추어 보살핌을 제공하도록 한다.

4. 영아를 부드럽지만 확고하게 다루고, 영아를 움직여 교사의 얼굴이나 다른 흥미로운 장면을 볼 수 있도록 한다

영아를 안고 걸을 때에는 영아의 머리를 교사의 어깨 위로 하여 주변을 볼 수 있게 해준다. 수유할 때는 팔로 받쳐서 교사의 얼굴을 볼 수 있게 한다. 조금 큰 영아는 등을 받쳐서 양육자의 옆으로 하고 안아주어, 영아가 몸을 떼어낼 때 뒤로 떨어지지 않도록 한다. 생후 1년쯤 되면 안아서 옮기는 것을 싫어하는 영아도 있는데, 양육자가 이 영아를 안아서 옮겨야 할 경우 몸 쪽으로 가까이 확실하게 안고, 팔로 아이의 팔과 다리를 감싸 안아 저항하는 과정에서 영아가 성인을 차지 않도록 해야 한다. 안았을 때 영아는 안전하고 안정적이어야 하며, 떨어뜨리거나 너무 꽉 조이거나 불편하지 않아야 한다.

5. 영아를 감각적으로 편안하도록 한다

- 젖은 기저귀와 옷은 신속하게 갈아준다. 종이 기저귀에 여러 번 소변을 본 영아는 발진이 생겨 아프다.
- 영아를 트림시킬 때 부드럽게 두드려준다. 세게 때릴 필요는 없다.

- 필요할 때마다 영아를 씻겨준다.
- 기회가 될 때마다 영아를 쓰다듬어 준다. 애정 어린 접촉은 영아를 기분 좋게 한다. 등을 문지르거나 쓰다듬는 것도 영아를 진정시키는 데 효과적이다.

6. 영아가 혼자 움직이기 시작할 때 환경을 안전하고 위생적으로 관리해야 한다

위험으로부터 영아를 보호해야 한다. 영아가 기거나 걷기 시작하면, 영아에게 못하게 하거나 한정된 공간에만 있도록 하기보다는 주변 공간을 질서정연하고, 안전하고, 깨끗하게 유지해야 한다. 깨지기 쉬운 것을 치우고, 바닥에는 아무것도 없도록 하고, 선반이나 서랍은 고정시키며, 계단에는 안전문을 설치한다.

영아의 개별적인 요구 인식하기

1. 영아에 대한 정보를 얻기 위해 모든 감각을 사용한다

자신이 담당하고 있는 모든 영아를 규칙적으로 살펴보아야 한다. 졸음, 활동 수준, 놀잇감에 대한 관심, 사회적 참여의 기회, 안전에 위험이 될 수 있는 신호를 찾는다. 울음뿐 아니라 영아가 내는 소리에도 귀를 기울인다.

2. 영아의 의미 있는 행동에 대해 시간과 날짜를 기록한다

영아와의 경험에 대한 교사의 생각을 기록하기보다 상황을 구체적으로 기술하고 교사와 영아가 어떻게 행동하였는지를 적는다.

3. 영아와 있었던 일을 해석하기 위해 영아의 전형적인 발달 특성과 행동에 대한 지식을 활용한다

일반적인 영아 발달 및 각 개별 영아의 발달 특징에 대해 아는 것을 모두 이용한다.

4. 교사는 자신이 돌보는 모든 영아의 기질과 경험을 고려한다

떼쓰는 영아뿐 아니라 매우 조용한 영아에게도 적절한 자극을 제공한다. 조용한 영아와 있는 것이 더 편안하더라도, 다른 영아의 빈번한 울음을 무시하지 말아야 한다. 자신이 돌보는 모든 영아에게 주의를 기울인다.

5. 영아가 성장함에 따라 변화하는 욕구에 보조를 맞춘다

생후 첫해 동안 영아의 능력과 관심은 급속히 변화하여, 영아에게 조금 전까지도 적절했던 반응이 이제는 아닐 수도 있다. 영아가 보내는 신호를 잘 관찰하고 이에 맞추어 적응하도록 한다.

6. 영유아가 좀 더 크면 스스로 자신을 돌보는 행동을 하도록 격려한다

'낮은 세면대'를 두어 물을 틀 수 있게 한다. 걸음마기 영아에게 자기 주스를 컵에 따라 보게 하고, 접시에서 과자를 골라보게 하며, 선반에서 장난감을 선택하게 한다.

7. 새로운 기술과 능력을 관찰하면 곧 부모에게 알려준다

교사는 부모에게 자녀가 매일 성취한 것을 알 수 있도록 한다. 하지만 이때 영아 발달의 큰 이정표를 즉각 보고하지는 않도록 유의하여야 한다. 대신 부모에게 영아 발달의 큰 이정표를 '유념하여 볼 수 있도록' 주의를 주어, 부모가 이를 '발견'하고 교사에게 말하도록 하여 질투심을 피한다.

영아와 효과적으로 의사소통하기

1. 영아가 보낸 신호의 의미를 정확히 파악하여 발달 수준에 맞게 반응한다

영아의 행동 상태, 얼굴 표정과 소리내기와 같은 비언어적 단서, 몸짓과 말, 상황 맥락, 영유아의 전형적인 행동은 개별 영아에게 적절한 반응을 정하는 데 유용하다.

2. 연령과 상관없이 모든 영아에게 말한다

영아에게 말하는 것은 절대 쓸데없는 일이 아니다. 영아와 이야기할 때에는 얼굴을 마주보고 눈을 마주친 다음, 짧고 간단한 문장이나 어구를 사용한다. 개별 영아의 능력과 연령에 따라 교사는 좀 더 복잡하게 말할 수 있다. 영아에게는 약간 높은 음의 목소리로 모음을 강조하고, 영아가 반응할 시간을 준다. 일단 영아에게 말을 건네면, 영아는 연령에 따라 미소, 웃음, 옹알이, 주의 기울이기 등으로 반응할 것이다. 성인과 대화할 때와 마찬가지로 영아가 반응하도록 기다려주고, 좀 더 큰 영아에게는 교사의 말에 단어나 몸짓으로 반응할 시간을 충분히 준다.

3. 일상적인 양육을 하는 동안 교사가 하고 있는 일, 보는 것, 듣는 것에 대해 영아에게 묘사해 준다

구체적인 어휘와 단순한 문법, 그리고 짧은 문장으로 이야기한다. 천천히 그리고 분명하게 말한다 (Otto, 2009). 다음은 3개월 된 영아와 교사의 상호작용 사례이다.

> 유나가 울자 교사가 다가간다. "유나야, 배고프니? 선생님이 지금 우유를 데우고 있어"(아기를 안아들고 기저귀 가는 장소로 걸어갔다) "오줌 쌌을 것 같은데… 맞구나"(유나는 울음을 멈추고 교사의 손을 쳐다보는 것 같다) "이제 유나를 자리에 눕히고… 기저귀를 풀고… 젖은 기저귀는 치울 게요~…"(유나가 몸을 흔들고 팔을 움직이자, 교사는 미소 지으며 유나의 얼굴을 바라본다) 교사는 기저귀를 다 갈 때까지 무엇을 하고 있는지 유나에게 이야기하며, 유나를 세면대 근처에 있는 아기 의자에 앉히고 자신의 손을 씻는다.

4. 영아가 몇 초 동안 눈을 돌리고 고개를 떨어뜨리거나 울음을 보인다면 상호작용의 속도를 늦추거나 그만둔다

영아에게 자극이 너무 많아서 이럴 수 있다. 잠이 들거나 눈을 감는 것은 영아가 상호작용을 멈추기 위한 또 다른 방법이다. 좀 더 큰 영아는 이럴 경우 기거나 걸어서 다른 곳으로 간다.

5. 영아의 몸짓에 언어로 반응한다

영아가 과자를 가리키면 "과자?"라고 말하거나, 주스를 마신 후 컵을 쿵쿵 부딪치면 "다 마셨구나!"라고 영아가 하는 행동을 말로 표현해준다. 음악이 나올 때 재훈이가 몸을 위아래로 흔들면, 웃으면서 "이야, 재훈이가 춤추고 있구나!"라고 말한다. 간단하고, 짧고, 직접적인 말이 가장 적절하다.

6. 교사는 어떤 행동을 하기 전에 무엇을 할지 영유아에게 말하고 몇 초간 기다린다

가능하면 영유아가 자신을 보살피는 데 참여할 수 있도록 한다. 교사가 영아를 안기 전에 "이제 안아줄게"라고 알려주고 영아가 교사에게 손을 뻗고 다가올 수 있도록 시간을 준다. 빨리, 비인간적으로 행동하여 영아를 사회적 존재가 아닌 대상으로 취급해서는 안 된다.

7. 영아의 말을 반복하고 확장시켜준다

첫돌쯤에 영아는 첫 단어를 말하기 시작한다. 이때 영아가 한 말을 뜻이 통하게 다시 말해준다. 예를 들어, "엄마!"라고 소리치는 아이에게 교사는 "엄마는 일하러 가셨어"라고 반응해준다. 때때로 영아의 말은 가족이 아닌 다른 사람은 쉽게 알아듣지 못하므로, 아이가 자주 사용하는 말은 부모에게 물어본다. "치치"가 자동차를, "쪄"는 "저기 좀 봐"를 의미할 수 있다. 이런 경우 "자동차를 갖고 싶니?" 또는 "자동차"와 같은 말로 반응해준다.

8. 영아의 한 단어 말하기가 지닌 의미를 해석하기 위해 상황맥락을 사용한다

의사소통 시 영아의 의도에 적절히 반응하려면 영아를 잘 관찰하여야 한다. 사용한 단어의 의도를 반복하는 것은 영아가 할 수 있는 것보다 더 많은 어휘의 의미를 알게 돕는다. 영아가 사용하던 옛날 단어와 함께 교사가 새로운 단어를 짝지어 말하는 것은 영아의 언어 이해 및 어휘 성장을 도와준다.

9. 교사의 생각을 소리내어 크게 말한다.

교사가 생각하는 것과 영아가 생각할 수 있는 것을 소리내어 영아에게 이야기한다. 교사나 다른 사람의 행동의 이유를 영아에게 말하고, 정서, 사고, 생각, 의도를 묘사하여 말한다. 예를 들어 김 교사가 그림을 그릴 때, 선생님은 "나는 나를 닮은 커다란 머리를 그릴 거예요. 내 머리 옆으로 위에서부터 긴 머리카락이 많으니까 이제 나는 곱슬곱슬한 머리를 그릴 거예요"와 같이 소리내어 말한다.

탐색과 학습 격려하기

1. 영아가 놀잇감과 교사와의 상호작용을 통해 환경을 탐색할 수 있도록 격려한다

영아에게 교사의 머리, 피부, 옷을 만지며 신체를 탐색할 수 있게 한다. 영아의 발달 수준에 맞으면서 흥미를 가지고 도전할 수 있는 놀잇감과 물건을 제공한다. 계속하여 자극이 되도록 새로운 놀잇감을 추가하고 놀잇감으로 바꿔주고 정리하여, 영아의 흥미를 지속하도록 한다. 이때 영아가 당황할 수 있으므로 한 번에 모든 놀잇감을 바꿔서는 안 된다.

2. 교사는 놀잇감을 제공해주고 놀이하는 방법을 보여주어 영아가 놀잇감을 가지고 놀도록 유도한다

영아와 '까꿍놀이', '찾기', '표정 따라하기'와 같은 상호작용 게임을 한다. 영아의 리듬과 속도에 맞추며, 영아의 활동을 방해하지 않도록 한다.

3. 성공할 때마다 칭찬해준다

상자 뒤로 굴러간 놀잇감을 발견하는 것은 8개월 된 영아에게는 중요한 성취이며, 1세 영아에게 숟가락으로 접시 위의 음식을 떠서 입에 넣는 것은 대단한 일이다. 처음으로 앉고, 기고, 걷는 것은 영아에게 있어 주의집중, 노력, 연습의 결과이다. 따라서 교사가 영아의 성공을 자랑스러워한다는 것을 영아가 알 수 있도록 같이 웃고, 안아주고, 말해준다. 영아가 새로운 것을 할 수 있게 되어서 교사가 기쁘다는 것을 영아에게 표현한다.

4. 놀이하는 동안 영아 옆에서 탐색을 격려한다

자거나 다른 일과에 참여하지 않는 영아는 놀 수 있어야 한다. 영아가 놀잇감 있는 곳으로 가려 하면 교사는 영아 가까이에 있어야 한다. 영아가 어떤 활동에 참여하자마자 교사가 다른 곳으로 가거나, 새로운 환경에 친숙해질 기회도 주지 않고 낯선 환경이나 낯선 사람과 혼자 있게 해서는 안 된다. 소심한 영아에게는 세상이 두렵고 위험한 장소가 될 수 있기에 참을성 있게 지지해주어야 한다.

5. 교사는 영아와 놀이하고, 집단생활 시 잘 조직하여 유희실에 한 번에 한 명 이상의 교사가 있어 걸음마기 영아와 상호작용하도록 한다

영아가 놀 수 있는 무언가를 가지고 있는 교사는 매우 매력적이다. 장난감 놀이를 지원해줄 수 있는 힌트는 다음과 같다.

영아와의 장난감 놀이를 위한 힌트

- 5~6개월경 영아는 장난감에 집중하기 위해 사람에게 등을 돌린다.
- 12개월경 영아에게 가장 좋은 장난감은 다른 사람이 가진 장난감이다.
- 성인과 놀이할 때 상자 안이나 선반 위로 장난감을 치우는 것은 매우 재미있으며, 이것을 모두 다시 와르르 쏟아 붓는 놀이를 지속시킬 수 있다.
- 걸음마기 영아가 같은 장난감을 원할 때 유사한 것보다 똑같은 장난감 두 개를 가지고 있어야 한다.
- 다른 사람에게 장난감을 주고 다시 가져오는 것은 초기 사회적 놀이로 몇 초간 지속될 수 있다.

영아가 교사의 요구를 따르도록 지도하기

1. 영아에게 요구할 때에는 간단하고, 일반적인 단어를 사용한다

영아에게는 "이리로 와", "여길 봐", "보여줘"와 같이 간단하게 말한다. 8~10개월 된 영아는 이런 간단한 요구를 이해하고 따를 수 있다. 성인이 적절한 맥락에서 사용하면 영아는 말할 수 있는 시기보다 더 일찍부터 수화와 같은 신호 단어를 모방할 수 있다. 평상시 톤으로 편안하고 따뜻한 말을 대화하는 식으로 요구하거나 제안하면, 영아가 좀 더 잘 따를 것이다. 거친 목소리를 사용하거나 신체적으로 강압하는 것은 비효과적일 뿐 아니라 영아가 두려움을 느끼고 회피하게 만든다.

2. 영아에게 해야 할 것을 보여준다

영아가 했으면 하는 행위를 교사가 직접 보여주고, 동시에 말로 설명한다. 예를 들어, 영아가 정리함에 놀잇감을 넣기를 원한다면, 바닥에 앉아서 놀잇감을 집어 들어 상자에 넣고, 다른 놀잇감을 아이에게 주고, 상자를 가리키며 놀잇감을 넣으라고 말한다.

3. 제안이나 요구를 반복한다

영아는 지시나 시범을 자주 보여주고, 부드러운 목소리로 요구할 때 잘 따른다. 3세 미만의 걸음마기 영아는 하고 있던 행위를 스스로 멈출 수는 없지만, 몇 분간 기다려주고 요구사항을 반복해주면 잘 따른다. 때때로 걸음마기 영아는 무엇을 하라고 하면 "싫어"라고 반응한다. 이럴 때는 잠시 기다리거나 다시 요구한다. 이러한 자기주장은 반항이 아니며, 많은 영아가 몇 분 후에는 즐거이 따를 것이다. 성급해 하거나 서두르지 않아야 한다. 모든 영아는 많은 반복이 필요하며, 특별한 도움이 필요한 영아는 더 많은 시간이 필요하다.

4. 대안적인 행동이나 물건을 주면서 영아의 주의를 분산시킨다

영아의 주의를 끄는 것이 첫 번째 단계이다. 대체물을 제시하거나 흥미 있을 만한 것을 가리키면서 영아의 주의를 끈다. 간단한 대체물을 제공해주면 영아는 다른 것을 얻기 위해 가지고 있던 것을 포기할 수 있다. 영아의 주의를 끌고, 적절하지 않은 행위나 사물로부터 주의를 분산시키고, 무엇을 해야 할지 제안하고, 어떻게 할지를 보여준다. 이렇게 하면 영아와 힘겨루기를 피하고 영아가 교사의 말을 따르게 될 것이다. 언어적으로 요구하거나 아이의 손에서 물건을 뺏는 것은 아이를 화만 나게 할 뿐 효과적이지 않다.

5. 안전의 위험이 있을 때에는 지시를 따르지 않는 영아를 안아서 옮겨야 한다

안전과 관계된다면 결코 행동을 늦추어서는 안 된다. 영아의 흥미를 다른 곳으로 돌리면서 동시에 간단하고, 확고하며, 우호적으로 이동시키는 것이 적절하고 효과적인 방법이다. 이동시킬 때에는 "혼자서 바깥에 있는 것은 안전하지 않아" 또는 "화장실이 아니라 바깥에 있는 목욕통에서만 물장난을 할 수 있어"와 같이 조용한 목소리로 설명해주고, 영아가 다른 탐색 경험을 하도록 도와주어야 한다.

6. 걸음마기 영아에게 성취할 수 있는 간단한 선택 과제를 제시한다

"빨간 컵으로 할까 파란 컵으로 할까?", "신발부터 신을까 점퍼부터 입을까?"

영아가 또래 관계를 맺도록 지원해주기

1. 영아가 편안하고 깨어있을 때 또래와 사회적 경험을 할 수 있도록 한다

짧은 시간동안 가까이에서 서로 볼 수 있는 방식으로 영아를 앉힌다. 기어 다니는 영아에게 같은 장소에서 사물을 탐색할 기회를 제공해준다.

2. 영아가 다함께 놀이하기에 충분한 공간과 놀잇감을 제공한다

걸음마기 영아는 빨리 멈출 수 없고 균형을 잘 잡지 못하므로, 고의가 아니라도 다른 영아에게 넘어질 수 있다. 그래서 다른 영아를 방해하지 않도록 충분한 공간을 제공해주어야 한다. 또한 똑같은 놀잇감을 두 개 이상 제공해주면 놀잇감에 대한 분쟁을 최소화시키고 사회적 놀이를 증가시킬 수 있다. 3세 미만의 영유아가 놀잇감을 같이 쓰는 것은 비현실적이다. 걸음마기 영아는 자기 목표에 따라 행동하며 다른 사람도 목적을 가지고 있다는 것을 이해하지 못한다. 영아들 간에 일어나는 대인 간 스트레스를 줄이는 양육자의 재빠른 행동은 영아가 더욱 긍정적인 관계를 발달시키도록 돕는다.

3. 또래 간 놀이를 확장시킬 수 있는 간단한 행위나 단어를 보여준다

한 가지 방법은 놀이를 같이 하고자 하는 영아의 비언어적 시도를 다른 영아에게 설명해주는 '영아 대신 말해주기'이다. 예를 들어, "우영이가 반죽을 가리키면, 네 옆에서 밀가루 반죽을 하고 싶다는 말이야"라고 설명해준다. 수미가 인형을 들고 소꿉놀이 영역으로 걸어가며 현우를 쳐다보고 있을 때, 교사는 "현우야, 음식을 준비하고 있구나. 내 생각에 수미의 아기가 배고픈 것 같은데, 아기가 먹을 것을 만들 수 있겠니?"라고 말한다. 현우는 영아용 의자를 식탁으로 가져왔고, 수미가 영아용 의자에 인형을 앉히자 음식을 준비하였다. 교사는 면밀하게 관찰하고 영아의 바람과 의도를 말로 표현해줌으로써 사회적 상호작용이 시작되고 몇 분간 유지될 수 있도록 해주었다.

두 번째 전략은 영아 간 서로를 모방하도록 격려하는 것으로 "유미가 트럭을 미는 것을 보렴. 너도 여기 트럭을 밀어 볼까?"와 같이 영아가 차례로 서로의 행동을 해보도록 한다.

4. 사회적 상호작용에 대한 책을 읽는다

그림책을 보고 읽을 때 책에서 사회적 사건에 대해 이야기하고, 이를 영유아의 개인적 경험과 관련짓는다. "현진아, 이 책의 남자 친구도 너와 지원이가 조금 전 바깥 놀이터에서 한 것처럼 그네타면서 놀고 있네"와 같이 책 속의 인물이 경험하는 사건과 영유아의 실생활 사건을 비교한다.

5. 교실 사진이나 영유아의 사진으로 책을 만든다

영유아의 사진을 찍고, 그 사진을 책에 붙이고 이 책을 사회적 상호작용에 대해 이야기를 나누거나 교실 내 친구 이름을 연습하거나, 정서를 확인하는 데 사용한다.

6. 영유아가 서로의 이름을 알도록 돕는다

정확한 발음으로 모든 영유아의 이름을 말한다. 이름을 넣어 노래를 부르거나, 이름을 연습할 수 있는 간단한 게임을 한다. 교실 내 영유아가 서로의 이름을 알 때 서로를 '친구'라고 부를 수 있다. 영유아는 또래를 친구라고 부르고, 스스로 친구가 있다는 정체성을 가질 것이다.

영아와 상호작용할 수 있도록 준비하기

무엇을 해야 하고 어떻게 할지를 알고 있더라도, 불가피하게 즉각적인 반응을 못할 때가 있다. 교사는 시간과 에너지의 한계를 경험하기도 할 것이다. 양육자가 민감하게 반응해준 영아는 교사에 대해 기대를 갖고, 유능감을 갖고, 자신의 행위와 결과를 연관짓게 된다. 언제든지 상호작용할 수 있다는 것이 항상 옆에 있다는 것과 같은 의미는 아니다.

1. 영아가 자고 있거나 다른 교사가 영아와 상호작용할 수 있을 때에만 일상적인 업무를 한다

영아에게 주의를 잘 기울일 수 없게 하는 업무를 하는 경우 영아가 교사를 필요로 할 때 즉각적으로 반응할 수 없다.

2. 성인끼리의 대화 빈도나 시간을 제한한다

교사는 영아에게 집중해야 한다. 영아와 함께 있을 때는 전화나 문자는 제한하도록 한다. 교실에서 개인적인 통화를 해서는 안 되며, 교사가 통화할 시간이 많다고 생각하는 사람에게 나중에 연락할 것이라고 말한다. 성인 간의 대화는 짧게 하고 영유아와 관련된 주제로만 한정하도록 한다.

3. 교사는 영아를 껴안아주거나 무릎 위에 앉히거나 기쁨을 함께 할 준비가 되어 있다는 것을 알린다

방 건너편에서 미소를 보내고, 문 밖으로 달려오도록 팔을 활짝 벌리고, 영아가 새로운 성취를 했을 때 박수를 쳐준다. 영아가 과제를 마치고 교사를 쳐다볼 때 고개를 끄덕여주고, 달리기를 한 후에는 교사의 무릎에서 쉴 수 있게 해준다. 이 모든 행위는 영아에게 교사가 자신들을 위해 있다는 것을 알게 한다. 교사는 전적으로 영아를 위해 존재한다는 것을 보여준다.

영아의 가족 지원하기

1. 부모가 영아에 대해 말하는 모든 것에 귀 기울여 듣는다

출생부터 계속해서 아이를 키워온 부모는 자녀에 대하여 많은 것을 알고 있다. 부모는 지금 아이가 무엇을 할 수 있는지, 이 아이의 발달에 대하여 다른 전문가가 뭐라고 이야기했으며, 아이가 얼마나 잘 자고 먹는지, 아이의 행동에 변화가 있는지에 대하여 말해줄 수 있다.

2. 다른 교사를 위해 관련 정보를 기록한다

부모에게 영아가 밤에 잠을 잘 못 잤다거나 가족 내에 문제가 생겨서 영아가 집에서 평온하게 있지 못했다는 말을 들었다면, 교사는 자신이 퇴근 후에 이 아이를 돌봐줄 다른 교사를 위해 이 정보를 기록해둔다. 사적인 정보는 알아야 될 필요가 있는 사람에게만 말해야 하고 공공연하게 소문내서는 안 된다.

3. 부모가 자녀를 교사에게 맡길 때 느끼는 감정을 표현할 기회를 준다

거의 모든 부모는 영아를 가정 밖에서 양육하는 것에 대하여 걱정을 하고, 두 가지 상반된 감정을 느낀다. 다소 걱정스러운 얼굴을 하면서 7개월 된 아들을 어린이집에 데리고 온 엄마는 아이를 맡기면서 "아이가 어디가 좀 불편한가 봐요"라고 하였다. 교사는 경호를 쳐다보고 미소 짓는다. 경호는 엄마에게 손을 뻗으며 훌쩍였다. 엄마도 금방이라도 울 것 같아 보였다. 교사가 경호가 어떻게 지내는지 알려주겠다고 하자 엄마는 문으로 서둘러 나가면서 "경호, 안녕!"하고 말하였다. 엄마는 차로 와서 잠시 않았다가, 교실 창문 뒤로 와서 살짝 들여다보았다. 경호는 여전히 흐느끼기는 하지만 크게 울지는 않았다. 엄마는 주저하다가 차로 돌아가 어린이집을 떠났다. 교사는 45분 정도 있다가 직장에 있는 어머니에게 전화를 걸어 "어머니가 떠난 후 바로 경호가 잘 놀았어요. 방금 공을 굴리고 웃었어요"라고 말했다. 경호 엄마는 "나는 일을 해야 해요. 그렇지만 선생님도 알다시피 어렵군요"라고 말하면서 한숨을 쉬었다. 교사는 "그래요. 대부분의 어머님들이 힘들어하시지요. 아이와 있고 싶기도 하고 동시에 나가서 일하고 싶어 하기도 하세요"라고 대답하였다. 어머니는 "정말 그래요!"라고 답하였다.

4. 주기적으로 아이에 대해 부모에게 물어봄으로써 부모가 걱정하고 있는 행동에 대해 교사에게 질문할 수 있게 한다

"최근에 영이에게 어떤 변화가 있나요?", "준아를 보살피는 데 가장 어려운 점은 무엇인가요?", "현수가 집에서 가장 좋아하는 놀이는 무엇인가요?", "수영이의 발달과 관련하여 궁금하신 점이 있나요?"와 같은 간단한 질문을 한다.

5. 영유아에 대한 관찰에 기초하여 부모에게 정확한 발달 정보를 제공한다

부모에게 전형적으로 발달하는 행동을 알려준다. 영유아와 떨어져 있는 부모는 발달상의 지표와 일상적 사건들에 대하여 듣고 싶어 한다. 필요하다면 교사는 관찰된 비전형적인 행동에 대하여 부모에게 알려주어서 적절한 중재를 찾도록 한다. 이것은 떼쓰기나 불안해하는 것처럼 간단한 것일 수도 있다. 또는 더 심각할 수도 있는데, 5~7개월에도 영아가 옹알이를 전혀 하지 않고 다른 영아를 놀라게 하는 정도의 소리에 거의 반응하지 않는다면, 부모에게 알려주어야 한다. 영아가 듣는 것에 어려움이 있다면 의사에게 보여야 한다. 이러한 행동은 귀가 감염되었거나 다른 문제로 인한 것일 수 있다. 교사의 책임은 부모에게 이러한 관찰 결과를 알리고 자격이 있는 사람이 이 아이를 검사해보도록 추천하는 것이다.

6. 가족의 문화와 언어를 존중한다

가족 구성원 중 한국어를 말할 수 있는 사람이 아무도 없다면 통역할 수 있는 사람을 찾는다. 가족이 사용하는 영유아의 이름을 정확한 발음으로 불러주도록 한다. 가족의 행동을 이해할 수 있도록 도와줄 책을 참조한다. 또한 문화 집단 내 개인차는 문화 집단 간 차만큼 다양하다는 것을 명심하도록 한다.

7. 가족 구성원의 양육 신념과 실제에 대해 함께 확인한다

가족과 영유아를 돕기 위해 가정과 기관 간 문화적 연계가 필요하다(Day & Parlakian, 2004). 아기를 얼마나 안아주어야 하는지와 같이 일상적인 일에 대한 기본적인 신념과 기대는 문화적으로 다르다. 예를 들어 한국의 어머니는 보통의 미국 어머니보다 생후 1년 간 아기를 더 많이 안아주거나 데리고 다닌다. 보통의 미국 어머니가 보이는 온정과 보살핌 정도는 한국 어머니에게 차갑고 무관심해 보일 수 있다. 언제 배변 훈련을 시작할 것인지, 언제 스스로 먹도록 할 것인지, 언제부터 놀잇감을 치우도록 할 것인지, 정서적 자기 통제를 보여야 하는지에 있어 문화적으로 차이가 있다. 교사는 자신이 무엇을 하고자 하는지와 기관과 가정 간의 문화적 차이에 적응하고자 하는 이유를 설명한다.

8. 영아 발달과 부모 역할뿐 아니라 지역 사회의 자원에 대한 정보도 알아야 한다

지역 사회의 여러 기관에서 부모에게 유용한 자료를 무료나 아주 싼 값에 제공하고 있다. 서점의 어린이 코너에는 많은 책들이 소개되어 있고, 인터넷에는 건강이나 육아에 관한 자료들이 많이 올라와 있다.

◆ 영아의 울음을 무시하라는 말을 믿는 것

'울게 놔두면 저절로 그친다', '울면 폐가 커진다', 또는 '아이가 울 때마다 안아주면 버릇 나빠진다'와 같은 말은 사실이 아니다. 영아가 계속해서 우는 것은 울음이 고통, 배고픔, 불편함을 알리는 유일한 신호이기 때문이다. 6개월 미만의 영아는 버릇이 나빠지지 않는다(Santrock, 2006). 영아에게 빠르고 반응적이고 민감한 보살핌을 제공해주면, 말에 잘 따르고, 협력적이며, 유능한 영아가 될 것이다.

◆ 두 살 미만 영아의 행동을 의도적이라고 여기는 것

영아는 교사를 괴롭히기 위해 우는 것이 아니라 뭔가 불편하기 때문에 운다. 교사나 부모를 성가시게 하기 위해서가 아니라 환경을 탐색하고자 할 뿐이다. 영아는 양육자를 귀찮게 하는 계획을 세울 만큼의 지적 능력이 없다. 생후 6개월 이후 자신의 행동이 양육자에게 미치는 영향을 알게 된 다음에야 영아의 의도적 행동이 시작된다. 이 시기의 영아는 시행착오를 통해 인과 관계를 알게 되기 때문에 영아가 울거나 소리치는 것에는 반응하지 말고, 교사의 주의를 끌기 위해서는 다른 방법을 사용해야 한다는 것을 알게 한다.

◆ 영아에게 도덕적 특성을 부여하는 것

어떤 영아는 돌보기 쉽지만, 돌보기 힘든 영아도 있다. 그러나 이러한 영아가 '착하거나' '나쁜' 것은 아니다. 때로 성인은 자신의 감정을 아이에게 투사한다. 아기들은 저마다 독특한 기질을 가지고 태어나지만 이는 자신이 선택한 것은 아니다. 영아의 실제 행동과 유능성에 중점을 두어야 하며, '착한 아이—나쁜 아이'의 틀은 피해야 한다.

◆ 매력적이고 귀엽고 반응적인 영아에게만 주의하는 것

모든 영아에게 주의를 기울인다. 반응이 느리거나 귀엽지 않은 영아도 합리적이고 적절하게 보살펴야 한다. 수동적이고, 별로 요구하지 않는 영아도 깨어서 15분 이상을 혼자 남겨두면 안 된다. 아무것도 안 해도 만족하는 것처럼 보일지라도 영아가 탐색하고 사회화하도록 격려해준다.

◆ 말 못하는 영아와는 의사소통할 수 없다고 가정하는 것

의사소통은 메시지를 주고받을 수 있는 언어적·비언어적 행동을 모두 포함한다. 모든 사람이 같은 언어를 공유한다면 말하기는 보편적으로 이해할 수 있다. 영아는 언어가 발달하기 오래전부터 정보를 보내고 받을 능력을 가지고 있다. 수화는 주로 비언어적 및 언어적 의사소통 간 차이를 연계하는 데 유용하다.

◆ 발달이 정상적이지 않다는 단서를 무시하고, 부모의 걱정을 고려하지 않는 것

"크면 괜찮아진다"라는 말은 전혀 도움이 안 된다. 영유아는 특별한 중재 없이도 발이나 몸이 커지지만, 언어, 인지, 운동 및 사회성 발달은 문제를 개선하기 위해 양육자의 행동 적응이 필요하다. 때로는 단순한 적응만으로는 충분하지 않고 전문가의 집중적인 중재를 필요로 한다. 부모에게 자신의 걱정은 어떤 것이라도 사소하지 않으므로 부모의 관심은 존중되어야 한다. 교사가 부모의 걱정을 중요하지 않게 여긴다면, 부모는 더 이상 표현하지 않을 것이다.

◆ 영아 행동이나 발달에 관한 중요한 정보를 별생각 없이 또는 성급하게 말하는 것

교사는 부모가 당황하는 것을 보려 하지 않거나 혹은 너무 바빠서 부모와 효과적으로 상호작용할 시간을 충분히 갖지 못할 수도 있다. 그렇다고 부모에게 스트레스가 될 수 있는 말을 빨리 또는 대수롭지 않게 말하는 것은 피해야 한다. 교사가 "연우가 오늘 별로 안 좋았어요. 네 명이나 이빨 자국이 날 정도로 물었어요"라고만 말하고 다른 일을 하러 딴 곳으로 간다면, 부모가 어떻게 느낄지 생각해보라. 이보다는 부모에게 15분 뒤에는 시간이 괜찮으니 기다려 달라고 말하거나, 나중에 부모와 이야기할 약속을 잡거나 전화를 언제하면 좋을지 시간을 정해야 한다. "경호와 태현이가 오늘 블록을 가지고 같이 놀았어요"라든지 "어머님이 재형이 편에 보낸 책을 다른 아이들도 정말로 좋아했어요"와 같이 긍정적인 의사소통은 간략하게 할 수 있다.

◆ 모든 가족이 비슷하다고 취급하는 것

각각의 영아가 모두 다르듯이, 각 가족은 문화나 사용하는 언어뿐 아니라 구성원, 경제적 자원, 종교, 교육이 다양하다. 가족과의 관계를 발달시키려면 영아와 관계를 맺을 때와 마찬가지로 똑같이 개인차에 민감하여야 한다. 가족의 양육 실제에 대해 섣부른 판단을 해서는 안 된다. 문화적으로 다른 것이지 옳지 않다고 할 수는 없다. 부모가 관심 없을 것이라고 생각하지 않도록 한다. 아이디어를 듣고, 배우고, 공유하기 위해서는 시간이 걸린다.

SUMMARY

영아는 가족 맥락 안에서 삶을 시작한다. 가족과의 상호작용뿐 아니라 교사나 또래와의 의미 있는 긍정적 관계를 통해 자신의 삶에 대해 배운다. 부모나 교사가 온정, 수용, 진정성, 공감 및 존중(WAGER)을 바탕으로 영아와 긍정적 관계를 형성할 때 영아의 사회적 유능성은 증진한다.

이러한 측면에서 부모나 교사가 영아와 매일 상호작용하는 것은 이들에게 안전감과 안정감을 느끼게 하여 세상을 탐색하고 배우게 한다. 영아와 양육자 간 애착은 양육자가 영아의 신호를 읽고 신속하게 반응하는 민감한 양육으로 이루어진다. 영아의 애착 형성을 위해서는 일어날 경험에 대한 일관성과 예측 가능성을 필요로 한다. 이는 주로 어머니와 일어나지만, 유아교육기관의 교사와의 관계에서도 형성된다.

영아는 일반적으로 행동의 강도 및 발생 빈도를 포함하는 기질을 가지고 태어나며, 이는 영아에 대한 성인의 반응에 영향을 준다. 영아의 행동 상태는 성장함에 따라 조용히 깨어있는 상태가 늘어나고 잠자는 시간이 줄어드는 등 생의 첫 몇 달 간 급속하게 변한다. 울음은 영아에게 보살핌이 필요하다는 명백한 신호이며, 시간이 지나면서 변화하고 달래주면 줄어든다. 영아는 의사소통의 의미로 몸짓과 신체적 움직임을 사용한다.

개별화 과정을 통해 영아는 3세경 자신을 분리된 존재로 인식한다. 점차 영아는 자신에 대한 사회적 인식을 발달시키고 다른 사람이 자신과 같은 목적을 가질 수 있다는 것을 이해하기 시작한다. 생후 2, 3년 안에 영유아는 점차 사회화되어 독립적으로 행동한다. 좋아하는 성인과의 격려는 항상 어렵지만, 부모와 영아를 지지하는 안내지침을 제공하도록 한다.

영아는 생물학적으로 여러 전략 중 처다보기, 발화, 공동 주의, 몸짓으로 생후 첫해동안 성인과 상호작용한다. 성인은 영아의 언어를 수정하고, 영아의 신호에 반응하면서 적절한 자극과 연습을 제공한다.

영아가 집단생활을 할수록, 또래 특히 동일 연령 친구에게 더 많은 관심을 보인다. 최초 반응은 관심을 가지는 것이며, 비록 걸음마기 영아가 정규적으로 만나는 또래에게 우정을 유지할 수는 있지만 영아의 상호작용 기술은 부모나 교사의 지원을 통해 천천히 발달한다.

영아는 6개월경부터 양육자가 가까이 오는 소리를 들으면 울음을 조절한다. 양육자는 일찍부터 예상가능한 일과를 제공하고 영아에게 주의를 집중하거나, 간략한 지시를 제공하고, 배변 훈련과 같은 어려운 과제를 가르치는 것과 같은 다양한 전략으로 영아의 행동을 지지하거나 함께 조절한다.

몇몇 영유아는 생애 초기부터 어려움을 지니며, 이들의 발달을 돕기 위해서는 교사의 협력뿐 아니라 전문가의 중재를 필요로 한다. 유아교육전문가는 먼저 발달이 비정상적이라는 것을 인식할 수 있으며, 가족이 진단과 중재를 위해 전문가에게 의뢰하도록 할 책임을 지닌다.

영아의 개별화 과정을 지원할 수 있는, 민감하고 반응적인 교사가 되게 하는 기술이 제시되었고, 이를 통해 교사가 영아 가까이 있고, 환경을 탐색하고, 정체성을 확립하고, 교사 및 다른 아이와 사회적 관계를 맺을 수 있는 체계를 만들 수 있다. 부모와 의사소통하는 기본적 기술은 교사와 가정 간에 연속성과 이해를 도와줄 수 있다.

교사는 이러한 기술을 사용하여 영아들 간의 개인차를 인지하고, 이들의 요구를 빠르게 지각하고, 신호를 정확히 해석하고, 적절한 대안 행동을 선택할 수 있다. 부모나 교사가 영아를 보살피면서 사회적 상호작용을 하고 일련의 의사소통 기술을 사용하는 것은 영아의 사회적 유능성 발달을 도와준다.

CHAPTER 3

비언어적
의사소통을 통한
긍정적 관계
형성

비언어적 의사소통을 통한 긍정적 관계 형성

말을 하건 하지 않건 간에 사람들은 비언어적 단서를 통해 계속적으로 서로 메시지를 주고받는다. **비언어적 의사소통**은 말을 하지 않고 보내거나 받는 모든 메시지를 의미한다(Matsumoto, Frank, & Hwang, 2013). 비언어적 행동은 몸의 움직임, 몸의 방향, 자세, 신체적 접촉, 얼굴 표정을 말하며, 목소리의 높낮이나 세기, 말의 속도와 지속시간, 억양, 말할 때의 쉼, 말의 많고 적음 등과 같은 준언어적 행동이나 목소리로 구성된다(Gazda et al., 2006; Matsumoto, Frank, & Hwang, 2013). 단어로 분명하게 정의되는 구어와 달리, 비언어적 행동은 상황의 맥락과 상호작용의 흐름에서 의미를 찾아야 하기 때문에 분명하지 않을 수 있다. 그래서 같은 행동이더라도 맥락에 따라 다른 의미를 가질 수 있다. 사람들은 대부분의 상호작용에서 다양한 정보와 감정을 전달하고 해석하기 위해 비언어적 신호를 사용한다(Doherty-Sneddon, 2004). 비언어적 의사소통은 일상적 의사소통의 주요한 매체이다(Remland, 2009).

비언어적 의사소통을 감독하고 조절하고 통제하는 능력은 상호작용의 흐름과 결과에 영향을 미치고, 나아가 대인관계의 효율성에 기여한다(Riggio, 2006). 성인과 아동 모두 정확하고 효과적으로 의사소통하기 위해 비언어적 신호에 주의를 기울여야 하는데, 특히 영아기부터 시작해서 성인기까지 비언어적 의사소통은 세상과 자신을 연결시켜주기 때문이다(Butterfield, Martin, & Prairie, 2004). 본 장에서는 이러한 대인 간 유대를 돈독하게 하기 위해 양육자가 아동과 상호작용할 때 온정, 수용, 진정성, 공감, 존중을 비언어적으로 어떻게 보여주어야 하는지를 다루고자 한다.

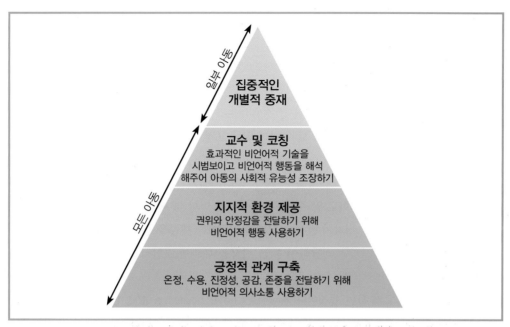

그림 3-1 사회적 지원 피라미드: 비언어적 의사소통을 통해 긍정적 관계 형성하기

또한 권위와 안정감을 전달하기 위해 비언어적 의사소통을 사용하는 방식과, 아동이 타인의 비언어적 의사소통을 정확하게 해석하고 스스로 긍정적인 비언어적 기술을 학습할 수 있도록 돕는 방법을 살펴볼 것이다. 이는 그림 3-1의 사회적 지원 피라미드의 1, 2, 3단계에 속한다.

1. 비언어적 의사소통의 기능

비언어적인 지원 전략을 잘 수행하기 위해서 먼저 비언어적 의사소통의 역할을 이해해야 한다. 비언어적 행동은 우리의 의사소통에서 다음과 같은 역할을 한다(Knapp, Hall, & Horgan, 2013).

- 전반적인 생각을 대신한다: 악수나 고개 끄덕이기, 손 흔들기와 같은 몸짓들은 **상징**으로 사용된다. 이러한 몸짓들은 말로 표현될 수도 있지만, 그 자체로 효율적이고 의미 있는 신호이다. 그래서 손을 내미는 것은 존중이나 친밀함의 상징으로 해석될 수 있고, 미소는 환영, 계속 하던 것을 해도 된다는 허락, 격려의 의미로 사용된다.
- 언어적 의사소통을 향상시킨다: 어린 아이들, 특히 어휘수가 제한되어 있는 아이들은 대부분 자신이 하는 말을 보완하기 위해 **설명하는 몸짓**을 사용한다(Doherty-Sneddon, 2004). 세 살 된 유아는 장난감이 보관되어 있는 곳을 손으로 가리키지만, 좀 더 큰 유아는 장난감이 선반 제일 밑에 있다고 말로 설명한다. 또한 세 살 된 유아는 상자의 크기와 모양을 나타내기 위해

공중에 그림을 그리고 상자를 옮기면서 팔을 아래로 떨어뜨리는 몸짓을 통해 그 상자가 무겁다는 것을 표현한다.

- 정서를 공유한다: 비언어적 단서 없이 말하는 것만으로는 그 의미의 깊이를 전달할 수 없다. 보통 정서적이거나 평가적인 내용은 비언어적으로 전달되고, 언어적인 방법보다는 비언어적인 방식으로 더 정확하게 전달된다. 대인 간 상호작용에서 사람들은 기쁨, 놀람, 행복, 분노, 흥미, 혐오, 슬픔, 두려움과 같은 감정은 말과 함께 얼굴 표정, 몸짓과 같은 비언어적 행동들을 수반할 때 더 완전하게 표현된다.

- 사회적 상호작용을 조절한다: 대화를 할 때 차례를 바꿀 시기를 아는 것은 눈 맞춤, 목소리의 높낮이, 신체 위치 등의 변화로 알 수 있다. 사람들은 말할 때 손짓으로 "네가 알다시피"와 같은 메시지를 표시하거나, 청자의 반응에 고개를 끄덕이는 행동을 통해 "네가 나를 이해한다는 것을 알아"와 같은 메시지를 전달하여 듣는 사람을 대화에 포함시킨다(Burgoon, Guerrero, & Floyd, 2010). 또한 이마를 톡톡 치는 것과 같은 몸짓은 상대방의 이름이 생각이 나지 않을 때처럼 정보를 얻고자 하는 몸짓이다(Bavelas, Chovil, Coates, & Roe, 1995).

- 메시지를 어떻게 이해해야 하는지에 관한 정보를 제공한다: 비언어적 단서는 메시지 그 자체에 관한 의사소통을 하는 **상위의사소통**의 기능을 한다. 예를 들어, '난 그저 농담을 하고 있을 뿐이야' 혹은 '심각하게 말하는 거야'를 나타내는 얼굴 표정은 전체 메시지를 어떻게 해석해야 하는지에 대한 단서를 제공한다.

- 정체성과 지위를 분명하게 해준다: 이것은 인상의 형성 및 관리 과정으로 불리는데, 옷차림, 자세, 목소리 톤, 얼굴 표정, 몸짓 등은 다른 사람에게 그 사람의 사회적 지위, 기질, 성향, 성격 특성에 관한 정보를 제공한다. 예를 들어 간식시간에 자리다툼을 하는 아동을 급하게 중재하는 상황에서 교사가 떨리고 급한 목소리로 아동과 이야기를 나눈다면, 아동은 이러한 교사의 비언어적 태도를 통해 중재자로서 교사의 지위 및 교사의 상황 통제능력에 대해 부정적인 인식을 하게 될 것이다. 반면, 교사가 마음을 가라앉히고 목소리 톤을 낮추어 천천히 말한다면, 아동은 교사가 말하는 내용에 더 많이 집중하게 될 것이다.

- 자신의 감정이나 생각을 숨기게 한다: 비언어적 단서를 자신의 진심을 암시하는 방법으로 사용하는 것을 배운 아동은 잘못이 드러났을 때 순진하게 놀라는 듯한 얼굴을 할 수도 있다. 보통 "누구요, 저요?"와 같은 표정은 말로 부인하는 것과는 달리 거짓말로 여겨지지 않는다. 이런 표정을 지으려면 그 상황에서 불안한 감정을 억누를 수 있어야 한다. 이와 유사하게 나이가 좀 든 아동들은 진심으로 기쁘지 않지만 예의바르게 미소를 짓기도 한다.

- 속이기 위해 사용한다: 비언어적 단서는 제안하기에 가장 적합한 수단이기도 하다. 비언어적 단서는 모호하여 잘못 해석될 수 있기 때문에, 나중에 부인할 수 있는 여지가 많다. 성인의 경우 사회적으로 불편한 상황에서 비언어적 단서를 고의로 사용할 수도 있는데, 이렇게 가장하기 위해서는 그 상황에서 편한 것처럼 행동할 수 있어야 한다. 아동이 어떤 상황에서 사회적

으로 적절하다고 생각되는 방식으로 의도적으로 행동할 때, 이들의 감정이 실제로 변화된다는 연구 결과들이 보고되고 있다(Saarni & Weber, 1999). 이러한 전형적인 상황은 박람회에서 전시를 하거나 공연할 때, 또는 교실에서 선생님의 질문에 대답할 때에 일어난다.

비언어적인 행동을 성공적으로 사용하고 해석하는 능력은 개개인의 사회적 기술 발달과 관련된다. 비언어적인 기술을 많이 가지고 있는 것은 사회적 성공과 심리적 행복감을 위해서 중요하다(Riggio, 2006). 또래들은 다른 사람의 비언어적 행동을 이해하는 데 유능한 아동을 더 민감하다고 인식하며, 놀이 동료로 선호한다(Doherty-Sneddon, 2004). 또한 아동은 비언어적 행동을 효과적으로 사용하는 교사나 부모를 신뢰할 수 있고 진실하다고 생각한다. 아동의 비언어적 신호에 민감해지면, 적극적으로 관찰하는 기술이 향상되고 나아가 정확하게 해석하는 능력도 발달된다(Matsumoto, Frank, & Hwang, 2013).

2. 비언어적 의사소통의 전달 통로

의사소통의 전달 통로는 비언어적 의사소통의 양식이나 유형 중의 하나이다. 예를 들어, 목소리 톤, 자세와 공간에서의 위치는 모두 비언어적 의사소통의 양식이다. 각각의 비언어적 의사소통의 전달 통로는 독립적으로 기능할 수 있으며, 전달된 언어적 메시지와 일치할 수도 있고 그렇지 않을 수도 있다. 일반적인 상황에서 비언어적 메시지는 의식적으로 통제되지 않는다. 예를 들어, 누군가를 뚫어져라 쳐다보는 사람은 고의적으로 다른 사람을 무시하는 것일 수도 있고, 딴 생각을 하고 있거나 지겨워서 그럴 수도 있다. 집단 내에서 상호작용하는 사람들 간의 관계는 비언어적 단서를 관찰함으로써 더 예민한 수준에서 파악할 수 있다. 보통 집단 구성원들의 신체 방향, 머리의 기울기, 팔의 자세를 통해서 누가 리더인지 알 수 있다. 운동장 한쪽에 모여 있는 어린이들 중에서 리더가 누구인지는 이들이 상호작용하는 것을 관찰함으로써 알 수 있다. 예를 들어, 한 어린이가 머리를 비스듬하게 들어 올리고 다른 아동들을 보고 있고 그 집단에 속한 다른 아이들이 그 아동을 쳐다보고 그 아동의 몸짓에 대한 반응으로 고개를 끄덕인다면, 대화가 들리지 않더라도 이 아이가 관심의 초점이라는 것을 쉽게 알 수 있다.

다음에는 교사가 의도적으로 아동에게 메시지를 주고받는 능력과 관련된 비언어적 행동을 제시하였다.

2.1 공간에서의 위치

아동은 7세 정도가 될 때까지 친구나 지인들과의 상호작용에서 다양한 거리에 노출된다. 이 과정에서 아동은 자신이 속한 문화에서의 성인의 기준을 반영한다. 어린 아동이 성인이나 더 나이 많은 아동에게 가까이 다가가는 것은 일반적으로 허용된다. 남자와 여자 모두 남자보다는 여자에게 더 가까이 다가가고, 어린 아동과 노인도 다른 사람에게 더 가까이 다가간다. 특히 비공식적인 상황에서 친한 사람들은 서로 편안하게 가까이 다가갈 수 있다. 사람들은 다른 사람이 비우호적으로 다가올 때, 친숙하지 않은 상황일 때, 다가오는 사람이 남자일 때 물러서는 경향이 있다(Knapp, Hall, & Horgan, 2013). 따라서 새로운 장소에 들어오는 아동이 처음에 약간 뒤로 물러서 있는 것은 놀라운 일이 아니다.

신체의 중심에서 시작되는 **개인 공간**은 특정한 경계를 갖는다. 다른 사람과의 상호작용에 있어 편안한 거리는 친밀한 경우 0~45cm, 일상적인 상호작용이나 개인적인 접촉의 경우에는 45cm~1.2m, 사회적인 접촉이나 상담을 하는 경우에는 1.2~3m, 그리고 공적인 상호작용의 경우에는 3m 이상이다(Knapp, Hall, & Horgan, 2013; Krannich & Krannich, 2001; Matsumoto & Hwang, 2013a). 이러한 거리는 연령, 성, 문화, 상호작용하는 장면, 정서적 분위기 등에 의해 달라진다. 개인 공간의 또 다른 특성은 신체 부위나 신체 기능과 관련된 경계로 기술된다는 점이다(Machotka & Spiegel, 1982). 아동은 자신의 개인 공간을 위반하는 것을 위협적으로 여기기 때문에 영유아 교사는 이러한 개인 공간의 '규칙'에 주의를 기울여야 한다. 그림 3-2에는 내적 공간, 인접 공간, 축 공간, 말초 공간을 제시하였다.

내적 공간은 신체 내부와 피부 사이의 영역으로, 모든 공간 중에서 가장 친밀하고 개인적인 곳이다. 입, 귀, 콧구멍, 항문, 질, 요도와 같은 신체의 개방된 부분은 모두 내적 공간으로 접근할 수 있는 통로이다. 또한 피부가 상처로 인해서 찢어졌거나 주사바늘이 삽입되었을 때에도 내적 공간으로 들어갈 수 있다.

인접 공간은 신체와 신체를 덮고 있는 옷, 머리카락이나 장신구 사이의 영역이다. 얼굴과 같이 가려져 있지 않은 신체 부분은 물리적으로는 아니지만 심리적으로 제한되는 곳이다. 그저 알고 지내는 사람들은 옷으로 덮여 있지 않더라도 서로의 팔, 다리, 얼굴과 같은 부분을 만지지는 않는다. 그러나 손처럼 옷으로 덮여 있지 않은 인접 공간은 팔짱을 낀다든지 고개를 돌려버리는 것과 같이 거부하는 표시를 하지 않는 한 만질 수 있다. 일반적으로 사람들이 악수를 하거나 가벼운 포옹을 할 때와 같이 그렇게 하도록 허락받았을 때에만 신체 부분 중 옷으로 덮여 있는 곳이나 피부를 만질 수 있다는 것을 의미한다. 소파에서 책을 읽고 있는 교사의 바로 옆에 앉아 있는 아동은 인접 공간 내에 있는 것이다.

축 공간은 팔과 다리를 모든 방향으로 완전히 뻗었을 때 포함되는 영역이다. 팔짱을 끼거나 다리를 포개는 것과 달리 팔을 벌린다는 것은 축 공간으로 들어오라는 신호이다. 아동이 교사가 앉아 있는 작은 탁자 근처에 앉아 있다면 아동은 교사의 축 공간 내에 있는 것이다.

말초 공간은 축의 경계와 바깥 경계 사이의 공간으로 눈이나 귀로 감지할 수 있는 공간이다. 말초 공간 내에는 우리가 인식할 수 있는 세상이 존재한다. 실외 놀이터에서 서로 뛰어다니며 장난치는 남아는 교사의 말초 공간 내에 있는 것이다. 또한 식당이나 체육관에서 활동에 참여하고 있을 때에도 아동들은 교사의 말초 공간 내에 있는 것이다.

교사는 다음 세 가지 이유에서 대인 간 공간이 의미하는 규칙을 이해하여야 한다. 첫째, 개인 공간의 침입은 부정적 감정을 유발한다(Hall, 2002; Knapp, Hall, & Horgan, 2013). 이러한 부정적 감정은 혼잡한 복도나 엘리베이터에 있을 때 느끼는 것과 같은 가벼운 불쾌감일 수도 있다. 이러한 상황에서 성인은 서로 접촉을 하지 않도록 주의하지만, 아이들은 찌르거나 떠밀면서 다른 아이의 축 공간과 인접 공간을 모두 침입할 수 있다. 아동들은 자신의 인접 공간이 침입 당했다고 지각할 때, 스스로를 방어하거나 그 사람이나 상황을 피하려 한다. 예를 들어, 아이들을 좁은 공간에서 한 줄로 서게 했을 때, 불가피하게 자신에게 접촉한 다른 아이를 밀고 줄에서 벗어나거나, 이러한 경험을 공격적으로 해석하여 교사에게 도움을 요청할 수 있다. 심지어 어린 아이들은 성인이 자신의 머리카락을 건드리면 다른 곳으로 가버리기도 한다. 허락 없이 누군가가 내적 공간으로 들어올 때에는 분노와 폭력적인 저항이 나타나기도 한다. 의사나 간호사의 경우도 환자가 자신의 내적 공간에 들어가도 된다는 특별한 역할이 있다는 것을 인정하지 않으면 심한 저항을 받을 수 있다. 사람들은 가장 친밀한 동료, 가장 좋아하는 사람만이 자신의 공간으로 들어오기를 바란다. 이런 이유로 아이들은 아플 때 엄마나 자신이 좋아하는 양육자가 자신을 돌봐주기를 원한다. 내적 공간에서 배출된 것(배설물과 구토물)도 역시 친밀한 것으로 여겨진다.

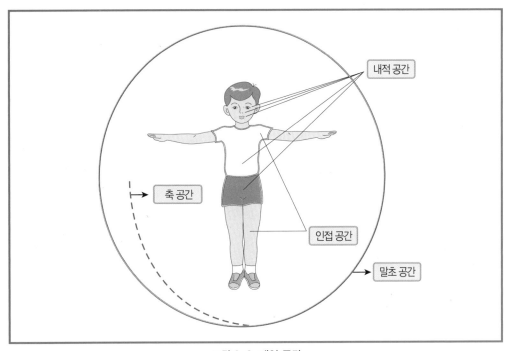

그림 3-2 개인 공간

개인 공간의 규칙을 이해해야 하는 두 번째 이유는 의사소통하는 사람들 간의 거리가 멀어질수록 상대방이 보내는 메시지는 나에 대한 이야기가 아니라고 여기기 때문이다. 예를 들어, 일곱 살인 상희는 운동장에서 진흙 웅덩이에 있는 물을 신발로 휘젓고 있었다. 상희는 멀리서 자기를 쳐다보면서 머리를 흔들며 "하지 마!"라고 외치는 선생님을 보았다. 상희는 자기 주변에 다른 아이들도 많이 있다는 것을 알고는 선생님의 신호를 무시하였다. 그러나 교사가 자기 가까이 와서 물에서 놀려면 신발보다는 막대기를 사용하는 것이 어떻겠냐고 했을 때, 상희는 그 메시지가 자신을 향한 것이었다는 것을 알고 선생님의 말에 기꺼이 따랐다. 메시지의 힘이나 잠재력은 거리가 가까울수록 더 커지며, 거리가 멀어질수록 약해지고 일반적인 것이 된다.

개인 공간의 개념을 이해해야 하는 세 번째 이유는 "얼마나 가까운 것이 충분하게 가까운 것인가"에 대한 개념이 문화에 따라 다르기 때문이다. 교사는 자신의 기대와 다르기 때문에 아동들의 행동의 의미를 오해할 수 있다. 비록 비언어적 의사소통의 모든 전달 통로에서 문화적 차이가 존재하지만, 이러한 대인 간 거리에서 문화 차이는 가장 분명하게 드러난다. 예를 들어 아주 가까이서 얼굴을 마주 보고 서 있는 어떤 아이가 예상한 것보다 약간 더 큰 목소리로 말하고 눈 맞춤도 더 오래 하고 있다면, 아랍계 남아에게는 이것이 전형적인 행동이지만, 유럽계 교사는 이러한 행동을 무례하거나 공격적이라고 생각할 수 있다. 또한 가까이에 서서 대화를 하지만 눈을 덜 마주치고 조용한 목소리로 말하는 아동은 아시아에서는 예의바르다고 인식되지만, 유럽계 교사에게는 의존적인 아이로 여겨질 수 있다.

2.2 신체 동작

사람들은 정지 상태로 있지 않고, 다른 사람을 향해서 가까이 가거나 멀어진다. 누군가의 축 공간으로 접근할 때 상대방이 그대로 서 있을 수도 있고 손이나 팔을 벌려서 받아들일 수도 있다. 또는 서로가 다가감으로써 접근이 강화되기도 한다. 그러나 조금 멀어진다든지, 다가오는 사람을 그냥 피한다든지, 팔을 포개어서 축 공간을 폐쇄시킨다든지 하는 방법으로 거부할 수도 있다. 이러한 모든 신호는 이 사람이 상호작용에서 얼마나 수용되는지 판단하는 데 중요한 단서가 된다. 예를 들어 상대방을 잡는 것이 아동들에게는 접촉을 시도하는 한 가지 방법이 될 수 있다. "너랑 같이 있고 싶어"라는 의미를 전달하기 위해 누군가를 껴안거나 손을 잡을 수 있다. 뒤에서 껴안는 것은 접촉이 환영받는다는 분명한 신호이다. 상호성이 없고 또래가 움직이지 않고 가만히 있다는 것은 그 접촉을 원하지 않는다는 신호이다. 아니면 그 사람을 뿌리치고 떨쳐 버리거나 밀어버림으로써 벗어날 수도 있다. 김 선생님이 상혁이의 손을 잡으려 할 때, 상혁이가 아무 말도 없이 약간 몸을 옆으로 돌리고 손을 빼는 것도 이러한 예이다.

친숙하지 않은 성인끼리 만날 때 자신을 알리고 받아들인다는 의미의 동작은 악수, 인사, 혹은 다른 형식적인 소개와 같이 의식화되어 있다. 그러나 종종 교사는 아동이 집단으로 있을 때에 무례하게 대할 수 있다. 아동의 입장에서 보면 잘 모르는 교사가 줄을 서게 하기 위해서 자신을 떠밀거나, 머리를 토닥거리고 뺨을 쥐거나, 턱을 가볍게 치는 것일 수 있다. 이때 아동은 이러한 행위를 인접 공간을 침입하는 적대적인 것으로 해석하고, 할 수 있는 한 접촉을 피하려 할 것이다. 이럴 때에는 아이와 얼굴을 마주보며 다가가서 이들의 주의를 끄는 언어적 수단을 사용하는 것이 더 나은 방법이다.

상호작용이 끝났다는 가장 간단한 신호는 두 사람이 동시에 걸어가는 것이다. 한 아동은 다가가는데 다른 아동이 물러난다면 교사는 다가가서 지원해주어야 한다. 예를 들어 5세 여아 민서는 항상 경은이 옆에 있기를 좋아한다. 경은이는 가끔 민서와 놀긴 하지만 대부분 민서를 피해 언어 영역으로 가서 자신이 좋아하는 다른 아이들 옆에 앉곤 한다. 민서가 따라가면 경은이는 다시 다른 영역으로 이동한다. 민서는 보통 교사가 근처에 있을 때에는 경은이와의 분리를 받아들인다. 아주 가끔 경은이는 민서를 밀치기도 한다. 또래와 떨어지기 싫어하는 아동은 천천히 떨어지거나 뒤돌아서 가만히 서 있기도 하고, 아니면 얼굴 표정이나 자세로 떨어지기 싫음을 표현하기도 한다. 가끔 강제로 떨어지게 하면 급하게 물러서기도 한다. 교사는 민서가 경은이의 신호를 이해하고 같이 놀이할 다른 아동을 찾을 수 있도록 그 상황을 설명해주며 달래주어야 한다.

2.3 신체 방향

다른 사람이 앞에 있을 때 신체 정면의 위치는 의미 있는 정보를 제공한다. 얼굴을 마주보는 위치는 가장 직접적인 신체 방향으로, 인사, 위로하기, 싸움, 친밀한 대화에서 사용되는 위치이다. 이러한 위치를 피하는 것은 보통 회피나 무언가를 숨기고자 하는 욕구를 나타낸다. 다른 사람의 등을 보고 있는 것은 차례대로 앞으로 따라 가거나 쫓아가고 있는 것이다. 옆으로 서 있는 위치는 동료애, 협력, 혹은 단합을 나타낸다. 서로 등지고 있는 위치는 단순한 분리가 아닌 유리로, 적대감이나 적대적인 상황에 대한 방어를 표현한다. 몸을 약간 돌리는 것은 보통 한 위치에서 다른 위치로 바꾸는 것이지만, 관심이 없거나 불신, 혹은 분리가 임박했음을 나타내기도 한다.

상호작용하고 있는 사람의 몸이 어디를 향하고 있는가는 수직적 차원의 의미도 내포한다. 남보다 위에 있다는 것 자체가 시각적인 것과 그것의 의미를 내포하고 있다. 더 높은 위치나 제일 위에 있는 것은 지위, 권위, 권력을 나타내며, 낮은 위치는 무능력, 겸손, 부하 같은 태도 등을 나타낸다. 일반적으로 교사는 몸집이 크고 권력이 있으며 아동은 작고 나약하다. 그래서 교사와 아동 간의 수직 공간을 줄이려는 움직임은 중요한 메시지를 전달하려 한다는 것을 나타낸다. 보통 영유아에게 높이를 맞추려면 영유아의 높이에 맞춰 쪼그리고 앉거나 얼굴을 마주보는 위치가 되도록 영유아를 들어 올리는 방법을 사용할 수 있다. 성인 간에 높이의 차이는 키 차이에 따라 나타나기 때문에 성인 간 높이를 맞추는 것은 앉는 것으로 가능해진다. 앉는 것은 호의나 협력적으로 상호작용하려는 의도를 나타낸다.

신체 방향은 또 다른 차원의 의미도 내포하고 있다. 다른 사람에게 기대는 것은 흥미나 관심을 나타내며, 거리를 두고 멀어지는 것은 거리감, 불쾌함, 혹은 관심 없음을 나타낸다. 다른 사람이 개인의 축 공간을 둘러싸는 것과 같은 포함하기는 포옹처럼 정서적으로 긍정적인 경험이거나 다툼처럼 부정적인 것일 수 있다. 교사는 아동에게 애정을 표시하거나 위로해 줄 때, 혹은 아동이 자신이나 다른 사람에게 해를 끼치지 못하도록 하기 위해서 교사의 몸을 사용할 때 이러한 포함하기를 사용할 수 있다.

2.4 몸짓

손, 팔, 몸의 움직임인 몸짓은 말을 할 때 수반되는 것으로, 생선이 얼마나 큰지 보여주기 위해서 손을 벌리는 것과 같이 단어를 설명하기 위해서, 주먹으로 탁자를 치는 것처럼 자신의 말을 강조하기 위해서, 그리고 잃어버린 장난감 트럭이 어디에 있는지를 가리키는 것처럼 말을 대체하기 위해서 사용될 수 있다. 몸짓은 주먹을 쥔 손에서 중지를 올리는 것과 같이 욕을 할 때, 혹은 포옹처럼 애정의 표시로 사용될 수도 있다. 몸짓은 또한 말의 내용과 듣는 사람에 대한 말하는 사람의 태도를 전달한다(Feyereisen & deLannoy, 1991; Janssen, Schöllhorn et al., 2008). 비언어적 의사소통의 다른 측면들과 달리, 몸짓은 신중한 생각이나 생각하는 과정을 표현한다. 숫자를 세는 동안 지적하는 것과 같은 행동은 과업의 정확성을 증가시킨다. 또한 계속 손가락으로 톡톡 치면서 기억나는 목록을 열거할 때처럼 몸짓은 기억을 향상시키기 위해서도 사용된다(Matsumoto & Hwang, 2013a).

대부분의 몸짓은 몸짓을 하는 사람의 축 공간 내에서 발생하며, 말을 전혀 안 하고도 할 수 있다. 몸짓이 일반적으로 구어와 함께 학습되긴 하지만, 유아는 사용할 단어를 알지 못할 때 흔히 이를 설명하는 몸짓을 사용한다. 우유가 마시고 싶을 때 컵을 가리키는 것처럼 아기는 몸짓을 통해서 의도적으로 메시지를 전달한다. 이와 유사하게 유아도 몸짓에 의존하며, 아동기를 거치면서 몸짓 사용은 점차 효율적이 된다. 초등학교 고학년도 상대가 들을 수도 있고 볼 수도 있을 경우 지시를 하기 위해 몸짓을 더 효율적으로 사용한다(Doherty-Sneedon, 2004). 몸짓은 말하는 사람이 열정적일 때, 듣는 사람들이 이해한다고 인식할 때, 그리고 대화를 지배하고자 할 때 더 자주 사용한다. 3세 유아도 자신이 사용하는 몸짓보다 더 많은 몸짓을 이해할 수 있으며, 5세가 되면 몸짓을 사용하는 데 매우 유능해진다(Knapp, Hall, & Horgan, 2013).

몸짓이 언어적 메시지와 다른 의미를 전달할 때 의사소통에 문제가 발생한다(O'Hair & Ropo, 1994). 때로 고의적으로 행해지기도 하지만 이러한 문제들은 서로 다른 문화 패턴의 결과로 발생한다. 사회적 지위가 낮은 사람들은 사회적 지위가 높은 사람들에 비해 몸짓을 더 활발하게 사용한다. 또한 일반적으로 사용하는 몸짓의 양은 인종 간에 분명한 차이가 존재해서 아시아인들은 유럽인이나 아프리카인들보다 몸짓 사용이 더 적고 미묘하다. 또한 더 널리 사용되고 이해되는 몸짓이 있고 똑같은 몸짓이 특정 나라에서는 다른 의미로 사용되기도 한다. 그래서 다문화 가정의 아동이 있는 경우에 각 가정에서 몸짓의 의미가 다를 수 있음을 이해할 필요가 있다.

2.5 신체 접촉

그림 3-3 신체 접촉은 개인적 관심을 형성하는 중요한 수단이다

신체 접촉이 일어나는 상황은 가장 친밀하고 사랑스러운 경험이거나, 반대로 가장 적대적이고 화가 나고 상처를 주는 경험일 것이다. 중립적 정서 상황에서는 신체 접촉이 거의 일어나지 않는다.

피부는 의사소통을 전달하면서 동시에 받아들이는 곳이다. 신체 접촉은 온정뿐 아니라(Gartrell, 2012), 다른 정서적 메시지도 전달할 수 있는데, 애정, 두려움, 분리감, 분노, 유쾌함과 관련된 감정은 신체 접촉만으로도 전달될 수 있다. 부드러운 어루만짐, 포옹, 쓰다듬는 것, 애정 어린 토닥거림은 양육이나 건강한 발달과 관련된다(Hansen, 2007). 손가락으로 유아의 팔 위를 걸어 올라가는 게임이나 입으로 배를 간지럼 태우는 것은 장난스러운 신체 접촉이다. 찰싹 때리거나 발로 차고, 꼬집고, 찌르는 것과 같은 신체 접촉은 적대적인 것으로 여겨진다.

신체 접촉은 다른 아이를 때리려 하는 아이의 손을 잡는 것처럼 타인을 통제하거나 영향을 끼치기 위해 사용되기도 한다. 어깨를 부드럽게 두드림으로써 아이의 주의를 끈다든지 교사의 옷을 잡아당김으로써 교사의 주의를 끌려고 하는 예에서 볼 수 있듯이 신체 접촉은 덜 강압적으로도 사용될 수 있다. 신체 접촉은 의사소통에서 개입 수준이나 대인 간 반응성의 정도를 나타내기도 한다. 교사와 아동 모두 이러한 방식으로 신체 접촉을 사용한다(Knapp, Hall, & Horgan, 2013). 신체 접촉은 순응과도 관련되어서 어떤 것을 하라고 요청하면서 신체 접촉을 할 때 사람들은 그것을 할 가능성이 더 높다(Matsumoto & Hwang, 2013a).

얼마나 많이 접촉하는지와 신체의 어떤 부분을 접촉하는지, 그리고 접촉의 강도 이 세 가지 요소가 촉각적인 의사소통의 특성에 영향을 준다(McCornack, 2012). 사람들은 그냥 알고 지내는 사람보다는 친구나 가족과 더 많은 신체 접촉을 하며, 자신보다 나이가 많은 사람보다는 또래나 어린 사람과 더 많은 신체 접촉을 한다(Hall, 1996). 신체 접촉은 덜 형식적인 상황에서 자주 일어나는데, 사회적 지위가 높은 사람은 더 편안하고 애정 어린 방법을 사용하는 반면, 낮은 지위의 사람은 악수처럼 더 형식적인 방법을 사용하여 신체 접촉을 한다(Hall, 1996). 아동은 우호적인 관계를 형성하고, 사회적 거리를 줄이고, 친밀함의 수준을 표현하기 위해 서로 간에 신체 접촉을 한다

(Hansen, 2007).

신체 접촉을 하기 위해 접근하는 것은 연령, 관계, 성에 의해서 영향을 받는다. 영아는 기저귀를 갈고 음식을 먹이는 등 광범위하게 양육자의 보살핌을 받아야 한다. 그러나 영아가 성장하면 무릎 사이의 피부를 직접 만지는 것은 금기시된다. 성인이 되면 부모와 동성 친구의 경우 피부를 직접 만지는 것은 대부분 손, 팔, 목, 얼굴로 제한된다. 엄마와 친한 친척이 다른 사람보다 아이와 더 많이 접촉하지만, 아동과 관계를 맺은 교사도 아동을 만지거나 아동이 교사를 만질 수 있다.

공적 장소에서 아동의 옷을 입은 신체 부분을 만지는 것은 양육자의 성에 관계없이 가능하다. 예를 들어, 오름대에 올라갈 수 있도록 아동을 들어 올리는 것, 가벼운 사고로 아파하는 아동을 팔로 감싸는 것, 혹은 상처를 닦아주는 것은 아동이나 성인의 연령과 성에 상관없이 가능한 행동이다. 남성은 여성보다 등을 탁 치고 악수를 하는 것과 같이 손으로 하는 접촉을 더 많이 시도하지만, 접촉할 수 있는 신체 부위는 더 제한되어 있다(Richmond, McCroskey, & Hickson, 2011). 여성은 아이나 다른 성인과 더 자주 신체 접촉을 주고받는다(Hall, 2006). 6세 이하 유아의 경우에 신체 접촉 행동은 일반적이지만 아동기 후기부터 점차 감소하며, 청소년기경에는 성에 따른 차이를 보인다.

신체 접촉의 방식은 생후 첫 3년 동안 정체성 형성의 주요 양식일 수 있으며, 신체 접촉은 만족스러운 대인 관계 발달을 위해 필수적이다(Hansen, 2007; Sansone, 2004). 또한 건강한 신체 발달뿐 아니라 사회적 유능성 발달에 있어서도 신체 접촉은 중요하다(Hansen, 2007). 따라서 양육자와의 적절한 신체 접촉은 특히 6세 이하의 유아에게 있어서는 매우 중요하다. 신체 접촉은 개인적인 관심을 형성하는 중요한 수단이다. 누군가와 친밀해지는 것은 강한 정서적 유대를 맺을 뿐 아니라, 접촉을 할 만큼 충분히 가깝다는 것을 의미한다.

신체 접촉은 관습적 상호작용(악수하기)과 놀이(술래잡기), 애정 표현(포옹), 과제와 관련된 기능(상처가 난 무릎을 깨끗이 하기)을 표현하는 것에 덧붙여서 통제의 기능(거리를 무단 횡단하는 아동의 손을 꽉 잡기)으로도 사용된다. 양육자와 아동 간의 신체 접촉이 대부분 일반적이긴 하지만, 접촉의 양과 빈도뿐 아니라 누가 누구를 만지느냐와 같은 규칙은 문화마다 다르다. 성인과 아동 모두 타인을 얼마나 만지고 타인이 자신을 만졌을 때 편안한 정도는 개인마다 차이가 있다.

2.6 얼굴 표정

얼굴 표정은 신체 언어 중 가장 분명하게 보이며, 특히 정서와 관련된 정보를 가장 많이 전달한다(Matsumoto & Hwang, 2013b). 대화를 할 때 화자는 정보와 감정을 전달하기 위해서 말 속에 얼굴 표정과 몸짓을 통합하여 사용한다(Bavelas & Chovil, 2006). 얼굴 표정은 의식적으로 통제하기가 쉽고, 그래서 남을 속이기 위해서 사용될 수도 있다. 보통 얼굴 표정은 언어적 메시지를 보충하고 완성해주는 역할을 하며, 화자와 청자 모두에게 이점이 있다(Fridlund & Russell, 2006).

얼굴 표정은 여러 차원의 의미 전달이 가능한데, 얼굴은 유쾌하고 불쾌한 표정을 통해서 평가적인 판단, 환경에 대한 흥미의 정도, 그 상황의 참여 강도를 전달한다. 얼굴이 행복감, 놀람, 두려움, 분노, 슬픔, 혐오, 경멸 그리고 흥미와 같은 구체적인 정서를 분명하게 전달할 수 있긴 하지만, 얼굴 표정은 금방 변하고 여러 정서가 복합적으로 표현될 수도 있다. 표현 정도의 차이이긴 하지만 어린 영유아는 아동이나 성인보다 얼굴 표정으로 자신의 정서를 표현하는 데 더 자유롭다. 성인은 얼굴 표정을 더 많이 통제하고, 때로는 미묘한 얼굴 표정을 사용해서 자신의 얼굴 표정을 제한하기도 한다.

아동은 영아기 초기부터 얼굴 표정으로 자신의 정서를 표현한다. 입을 삐죽 내미는 것은 불쾌한 감정의 표현이며, 혀를 내미는 것은 서구 문화에서는 모욕의 표현이다. 아이들이 좋지 않은 냄새를 맡았을 때에 코를 찡그리고, 새롭거나 다른 음식을 맛볼 때에 싫은 표정을 짓는 것도 쉽게 이해되는 얼굴 표정이다. 놀란 다음에 바로 나타나는 흥미나 분노처럼 미묘한 표정은 때로 알아차리기 어렵다.

일반적으로 아주 어린 유아도 타인의 얼굴 표정을 정확하게 이해한다. 그러나 또래들은 얼굴 표정이 상황에 맞지 않는 놀이 동료를 거부하는 경향이 있다(Doherty-Sneddon, 2004). 언제 웃어야 할지, 언제 심각한 표정을 지어야 하는지 등을 잘 모르는 아동은 상황에 맞게 표정을 짓도록 지도해야 한다.

미소

미소는 아주 초기에 획득되는 얼굴 표정 중의 하나이다. 단순한 미소, 활짝 웃기, 싱긋 웃기는 모두 다른 의미를 나타내고 다른 근육을 사용한다. 눈가에 주름이 잡힐 정도로 크게 미소 지으면 그 사람은 즐겁거나 매우 기쁜 상태이다. 히죽 웃는 것은 장난치는 것과 관련되며, 즐거움을 나타낸다. 사회적 미소라고 불리는 단순한 미소는 약간의 기쁨, 환영, 상황을 완화시키려는 표시이며, 다른 사람의 공격을 피하거나 혹은 순종을 나타내기 위해서 사용되기도 한다. 지위가 낮은 사람이 이러한 표정을 짓는 것은 지위가 높은 사람을 회유하기 위한 것이다(LaFrance & Hecht, 1999). 다른 표정이 없는 단순한 미소는 불쾌하거나 받아들일 수 없는 감정을 숨기기 위해 사용되기 때문에 **가장된 미소**라고 불린다(Key, 1975). 가장된 미소는 종종 '그린 얼굴, 석고 바른 얼굴'과 같다고 표현하며, 얼굴의 근육이 움직이지 않는 특성을 지닌다.

성인이 가장된 미소나 습관적인 미소와 함께 부정적인 언어를 함께 사용하면 아동에게 좋지 않은 영향을 끼칠 수 있다. 이러한 정직하지 못한 미소에는 애정과 감정이 결핍되어 있다. 가장된 얼굴이나 무표정한 얼굴을 하는 것은 아동과의 의사소통을 더 어렵게 만든다. 아동과 함께 있을 때 짓는 이러한 무표정한 얼굴은 흥미 부족, 관심 부족, 혹은 거짓으로 해석될 수 있으며, 의사소통을 심각하게 방해할 수 있다. 교사가 정서와 일치되지 않는 얼굴 표정을 지을 때 아동은 혼란스러워진다(O'Hair & Friedrich, 2001). 그러나 아동과 교사 모두 진심이 느껴지는 미소에는 미소로 답하며, 우호적이고 관심을 보이는 얼굴 표정에는 긍정적으로 반응한다(Knapp, Hall, & Horgan, 2013).

미소의 문화적 의미는 다양하다. 예를 들어 서구 사회의 아동들은 일반적으로 다른 사람을 환영할 때 미소 짓지만, 일본 아동들은 과장되지 않는 침착한 표정으로 환영한다. 미소 사용에 있어 이러한 문화적 차이는 아동이 더 큰 사회 맥락에서 상호작용하면서 수정된다.

교사는 아동의 얼굴 표정을 해석할 때 뿐 아니라 전하고자 하는 메시지를 강조하기 위해서 표정을 지을 때 신중해야 한다. 예를 들어, 어떤 사람이 빙판 길에서 미끄러져 넘어진 것을 보고 아이가 웃는 경우가 있는데, 이는 누군가가 다쳐서 즐겁기 때문이 아니라 팔과 다리 동작이 특이하다고 인식했기 때문일 수 있다.

눈 맞춤

그림 3-4 영유아와 양육자 간의 눈 맞춤은 친밀한 의사소통 방법 중의 하나이다

누군가를 응시하는 것은 지배, 권력, 공격성과 관련되며, 애착, 양육과도 관련된다(Matsumoto, 2006). 두 사람 간의 눈 맞춤은 특별한 의사소통으로, 의사소통하는 사람 간 거리가 떨어져 있을 때에도 상호작용을 더 친밀하게 한다. 눈을 고정시키거나 오랫동안 응시하는 것은 좀 더 친밀한 의사소통 방법이다. 영아와 양육자가 오랫동안 쳐다보는 것은 정상적인 의사소통이지만, 나이가 더 많은 아동과 어른이 오랫동안 눈을 고정하고 쳐다보고 있는 것은 노려보는 것이 되고 적대감이나 공격성으로 해석될 수 있다. 힐끗 보는 것 또한 서로를 잘 알고 있는 사람들 간에 의미를 전달한다. 서로 눈을 맞추는 것은 "너 이렇게 웃기는 일 본 적 있니?"에서 "가자!"에 이르기까지 많은 것을 의미할 수 있다.

또한 눈길을 피하는 것은 보통의 대화에서 차례를 바꾸고자 할 때 사용되기도 한다. 서구 사회에서 사람들은 말할 때보다 듣고 있을 때 더 많이 쳐다본다(Krannich & Krannich 2001). 말을 하는 사람은 말을 끝마칠 때가 되면 잠시 다른 곳을 쳐다보고 다시 상대방을 응시하는데, 이 때 화자는 청자가 자신을 쳐다보기를 기대한다. 이러한 패턴은 아프리카 문화에서는 반대로 나타나서(Fehr & Exline, 1987), 서로 상호작용할 때 흑인은 백인보다 화자를 덜 응시한다. 일본이나 푸에르토리코 사람들은 존중을 나타내기 위해 아래를 쳐다본다(Johnson, 1998).

아동이 눈 맞춤을 통해 래포를 형성하는 규칙을 위반할 때 교사는 그 아동이 다른 문화의 규칙을 지키고 있다는 것을 모르고 화를 낼 때가 있다. 교사는 가족 간에도 그리고 지역에 따라 이러한 차이가 있음을 이해해야 한다.

2.7 준언어

준언어(paraliguistics)는 문장 내에서 정규적인 단어로 사용되지는 않지만 사람들이 의미를 전달하기 위해 내는 소리 혹은 화자가 어떤 것을 말하는 방식이다. 준언어는 청자가 화자의 말의 내용을 더 잘 이해할 수 있도록 추가적인 의미를 제공해주며, 내용을 효과적으로 전달해주는 기능을 한다. 준언어적 행동의 일부 유형들이 표 3–1에 제시되어 있다.

모든 사람이 내는 **단어나 말이 아닌 소리**도 비언어적인 의사소통의 기능을 한다. 기침, 헛기침, 재채기, 침 뱉기, 트림, 이 사이로 공기 빨아들이기, 딸꾹질, 침 삼키기, 목메는 소리, 하품, 한숨짓기 등과 같은 행위는 생리적 적응 기제로 사용될 수도 있지만, 정서를 표현하기 위해서 사용될 수도 있다. 예를 들어, 목이 메어서 하는 것이 아닌 기침은 긴장, 불안, 비판, 의심, 놀람, 주의 기울이기, 혹은 자신이 거짓말을 하고 있다는 인식 등을 전달한다. "어허(싫어)", "어어(경고)", "음(긍정)", "으

표 3–1 준언어적 행동과 예

행동 유형	예	의미
비언어적 소리	• 기침	• 생리적 요구나 긴장, 놀람, 의심
비언어적 소리/상징	• 어, 음	• 싫음
말의 리듬	• 강조와 중지 • 자음의 연장	• 강세를 준 단어를 강조함 • 극적인 효과, 두려움
말의 빠르기	• 매우 빠른 말 • 느린 말	• 흥분이나 긴급함 • 강조나 주저함
청자가 한 말의 리듬	• "네, 엄마" "맞아" 등과 같은 구의 반복	• 화자가 의미하는 바를 확인, 동의
주저함	• 음, 아 • 화자가 평소 더듬지 않는데도 자음을 반복함	• 화자가 자신의 생각을 정리하기 위해 말하는 중간에 채워 넣음 • 흥분
강도	• 말의 크기와 강도: 크고 강하게 • 더 부드럽고, 덜 강하게	• 강도를 높이는 것은 주로 기쁨, 공포, 분노와 같은 매우 강한 느낌(감정)을 의미함 • 속삭임은 주로 비밀이나 사적인 대화를 의미함
침묵	• 움직임이거나 소리내지 않음, 직접적인 눈맞춤 • 소리를 내지 않음	• 도발, 반항 • 예의바르게 행동함. 자신이나 타인이 당황하지 않도록 함 • 강조하려는 단어의 앞이나 뒤에서 사용함
음조와 억양	• 높은 음조, 가볍거나 강한 억양 • 중간 억양, 중간 음조 • 평상시보다 음조와 억양이 불안정함 • 낮은 음조와 억양	• 공포 • 절제됨, 단호함 • 예측 불가능함 • 달래려 하거나 명령하려 하는 것일 수 있음

으으음(좋아!)", "쉿(여기 봐)", "윽(불쾌함)"과 같은 친숙한 소리가 말을 대신하는 상징으로 사용되기도 한다.

메시지에서 대부분의 정서적인 내용은 말과 동시에 표현되는 리듬, 강세, 음량, 음의 높낮이, 어조 등과 같은 음성의 특성으로 전달된다. 또한 억양은 문장의 종결, 감탄, 혹은 의문을 나타내기 위해 사용되며, 대화의 순서를 바꾸는 지표가 되기도 한다.

말의 **리듬**은 단어에 주는 강세, 말하는 동안 소리의 길이 그리고 쉼으로 이루어진다. 문장의 각 부분에 주어지는 강세는 의미를 나타낸다. 예를 들어, 다음 문장에서 서로 다른 단어가 강조될 때, 그 단어의 의미가 달라진다. "<u>현식이는</u> 재민이와 책을 같이 보고 있어"는 재민이와 상호작용하고 있는 사람이 어느 누구도 아닌 현식이임을 의미한다. 그러나 "현식이는 재민이와 같이 <u>책을</u> 보고 있어"에서는 책이 초점이다. 단어를 길게 발음하는 것은 위협을 하거나 극적인 효과를 노리기 위한 것이다. "빨리이이이"는 심각하고, 긴급하고, 서둘러야 하는 것을 의미한다. 교사가 아이들에게 동화를 읽어줄 때에는 극적인 효과를 위해 모음을 길게 발음하기도 한다. 일상적 대화에서 모음의 길이를 달리하여 발음하는 것은 단순히 대화 패턴을 반영하기도 한다. 리듬의 또 다른 측면은 추임새처럼 대인 간에 일어나는 동시적인 상호작용이다. 한 사람이 말할 때, 대화 상대는 그 말에 맞춰서 "맞아", "그래", 혹은 "으흠"과 같은 소리를 낼 수 있다. 이것은 방해하거나 끼어드는 것이 아니라, 말하는 사람의 의미에 동조하는 것이다. 고개를 끄덕이는 것과 같은 몸짓이 함께 사용될 수 있다.

아동은 말의 **빠르기**를 빠르게 또는 느리게 하고, 전체적인 리듬을 부드럽게 하거나 갑작스럽게 바꿀 수 있다. 말하는 타이밍은 지역이나 문화에 따라 달라서 문장과 문장 사이에 더 오래 쉬는 사람도 있다(Remland, 2009). 교사는 말의 속도를 아동의 연령과 경험에 맞게 변화시켜야 한다. 예를 들어 2세 영아와 다문화 아동은 빠른 성인의 말을 알아듣기 힘들어 한다. 또한 교사는 아동이 생각을 끝까지 할 수 있도록 많은 시간을 주어야 하고, 이들 대신 문장을 완결하려 하거나 중간에 끼어들면 안 된다. 너무 빨리 말할 차례를 빼앗으려는 충동을 억제해야 하는데, 이는 아동에 대한 존중을 나타내기 때문이다.

우물쭈물 말을 하거나 **중간에 쉬는 것**은 말하는 사람이 다음에 말할 것을 생각하는 동안 발언권을 유지시켜 준다. 사람들은 문 닫는 소리와 같은 외적인 방해를 받았을 때 생각을 하기 위해 말을 잠시 쉬기도 한다. 말을 잠시 쉬는 동안 "어", "음"과 같은 소리, 기침, 혹은 침을 삼키는 것과 같은 비언어적인 표현을 할 수도 있다. 아이들이 성인에게 말을 할 때 쉬는 것은 보통 생각을 조직할 시간을 필요로 하기 때문이다.

음조와 억양의 변화는 다양한 정서적 메시지를 전한다. 높은 톤의 목소리는 큰 흥분이나 공포와 같은 강한 정서와 관련된다. 음조의 오르내림은 화난 목소리의 특징이다. 음조와 억양은 통제하기 어렵기 때문에 대인 간 미묘한 태도와 정서를 나타낸다(Frank, Maroulis, & Griffin, 2013). 목소리 특성 그 자체가 메시지에 정서적 내용을 첨가하면서 듣는 사람에게 의미를 전달한다. 따뜻하고 표현력이 풍부한 목소리를 가진 사람은 진실되고 호감이 가며 유능하게 보인다(Semic, 2008). 이것은 성인뿐 아니라 아동에게도 적용되어서 날카로운 소리를 내는 유아, 징징대거나 발음이 분명하지 않은 아동은 또래들이 멀리하고 교사는 이들을 덜 똑똑하다고 인식한다(Semic, 2008). 그래서 교사는 아동이 목소리를 더 매력적으로 낼 수 있도록 도와주어야 한다. 예를 들어 자주 징징대는 아동에게 "네가 그렇게 말할 때 나는 네가 무슨 말을 하는지 잘 알아들을 수가 없단다. 너의 원래 목소리로 말해주겠니?"라고 말할 수 있다. 또는 아래를 쳐다보고 웅얼거리며 말하는 아동에게 "더 큰 목소리로 말해주렴"이라고 말할 수 있다. 긴급한 상황에서 당황한 교사는 흔들리는 날카로운 목소리로 빠르게 이야기하게 된다. 이렇게 말하는 것은 문제 상황을 다루는 교사의 능력을 신뢰하지 못하게 만든다. 반면에 침착하고 평소와 같은 음색과 음량으로 하는 말은 교사가 그 상황에 잘 대처할 수 있다는 메시지를 전달한다(Mehrabian, 2007).

무언가를 말할 때 음량과 같은 **강도**를 증가시키는 것은 보통 흥분, 즐거움, 간절한 기대, 무서움, 분노, 강요 등과 같은 강한 감정과 관련된다. 그러나 정상적인 상황에서 어느 정도 소리가 너무 큰 것인지는 상황에 따라 달라진다. 예를 들어, 강하고 크게 말하는 것은 체육관이나 길거리에서는 괜찮지만, 교실이나 영화관에서는 적절하지 않다. 성인은 흔히 보통 정도의 목소리나 작은 소리로 말해야 되는 상황에서 크게 말하는 것을 화가 났거나 부적절한 것으로 생각한다. 휴대전화로 통화를 할 때에는 환경 내 상황에 맞는 음량인지를 확인하지 못하는 경우가 많아서 근처에 있는 다른 사람에게 피해를 주기도 한다. 속삭이거나 입 모양으로만 말하는 것은 비밀이나 친밀감의 시도로 해석된다. 목소리가 점점 줄어드는 것은 당황스러움을 표현하는 것일 수도 있다. 어떠한 경우든지 속삭임은 음색도 없고 크기도 작기 때문에 듣는 사람은 메시지를 받기 위해서 보통으로 말할 때보다 더 주의해서 들어야 한다.

아무 말도 하지 않는 **침묵** 역시 강력한 의사소통 수단이다. 질문에 대해 의도적으로 침묵하는 것은 모욕이나 도발일 수 있으며, 저항의 표시일 수도 있다. 침묵은 또한 공손해 보이기 위해서, 다른 사람에게 부담을 주지 않기 위해서, 혹은 누군가가 당황하지 않게 하기 위해서 선택적으로 사용될 수도 있다(Jaworski, 2008; Sifianou, 1995). 침묵은 다음에 오는 말을 아주 중요한 것으로 만들어서 그 말에 비중을 실어주기도 한다. 처음 말을 배우는 아동이나 이중 언어를 배우는 아동에게 편안하고 주의를 기울이는 침묵을 사용하여 그 아동이 말을 하도록 기다려야 한다.

사람들 간의 모든 상호작용은 다양한 맥락 특성을 가진 특정 시간과 공간 내에서 발생한다. 메시지를 보내는 사람과 받는 사람 모두 효과적으로 의사소통하기 위해서는 공통 원리들을 이해해야 한다. 의사소통은 추론적이어서 그 의미는 실제로 말한 내용과 이때 수반된 비언어적 신호에 기초한다. 의사소통은 의도적이어서 사람들은 일반적으로 자신이 보내고자 하는 메시지를 전달한다. 보통 의사소통은 듣는 사람과 말하는 사람 간에 협상이 되고, 차례 바꾸기를 통해서 지속되며, 체계적이고, 대화하는 사람들의 사회적 관계에 따라 달라진다(Haslett & Samter, 1997). 따라서 교사는 아동과 정확하게 의사소통하기 위해 메시지에 아동에게 전달하고자 하는 것을 반영해야 하고, 그 아동이 의사소통하고자 하는 것을 이해하기 위해 주의를 기울여야 한다.

비언어적 메시지는 지배와 종속뿐 아니라 호감과 적대감에 대한 메시지도 분명하게 전달한다. 이러한 메시지는 늘 있으나 의식적이지는 않다. 민감한 양육자는 아동의 비언어적 메시지를 효율적으로 수용하여 아동의 감정과 의미를 이해하고, 그렇게 함으로써 더 효과적으로 반응한다.

3. 비언어적으로 양육적인 관계 형성하기

사람들은 매일 상호작용을 하면서 비언어적인 방법으로 특정 메시지를 전한다. 또한 다양한 비언어적 전달 방식을 통해서 다른 사람과의 관계에 관한 인상을 전달한다. 온정, 수용, 진정성, 공감, 존중은 대체로 비언어적으로 전달된다. 교사나 부모가 자신의 비언어적 메시지에 주의를 기울일 때, 이들과 의사소통하는 아동은 자신이 이해받고 존중받고 지지받는다고 느낀다. 비언어적 의사소통이 익숙하지 않거나 예상치 못한 것일 때 아동은 불안해지고, 예측 가능하고 친숙한 것일 때 안정감을 느낀다. 교사는 아동에게 더 안전하고 편안한 분위기를 제공해주기 위해서 자신의 행동을 점검해보고, 필요하다면 수정해야 한다.

3.1 온정

아동은 우리가 자신을 좋아하고 있다는 것을 어떻게 알까? 아동을 좋아한다는 메시지는 말보다는 음성의 특성과 얼굴 표정에 의해서 더 많이 전달된다. 온정은 전적으로 비언어적으로 전달된다(Gazda et al., 2006).

보살핌과 관심을 나타내고 싶어 하는 양육자는 아동에게 가까이 다가가서 상호작용한다. 눈 맞춤을 자주 하고, 아동과 눈높이를 맞추어서 마주본다. 몸짓을 하거나 말을 하는 동안 아동을 향해 상체를 구부리거나 손을 뻗기도 한다. 미소, 끄덕임, 편안한 얼굴 표정과 신체 또한 온정과 관심을 나타낸다. 말소리의 높낮이와 속도, 음량은 보통 정도이며, 편안하고 음악적인 톤으로 말을 한다. 아동의 의견에 동의하거나 인정하는 말 또한 중요하다. 온정적인 성인은 아동과 기꺼이 시간을 보내는 것 같아 보인다(Andersen, Guerrero, & Jones, 2006). 전반적인 인상은 부드럽고, 편안하고, 느긋한 편이다. 이러한 행동은 성인과 아동 간의 권력에서의 차이를 줄여준다.

안절부절 못하고, 외면하거나, 가장된 얼굴 표정, 날카로운 목소리, 혹은 서서 쳐다보거나 멀리 떨어져 있는 것은 냉정함, 무관심, 혹은 온정이 없다는 것을 나타낸다. 팔짱을 끼거나 다리를 꼬고 빤히 쳐다보거나, 대화를 할 때 일반적인 눈 맞춤을 하지 않으면 냉정하게 보인다. 이는 긴장되어 있거나 아무렇게나 대한다는 인상을 전한다. 자신감이 없거나 잘못된 행동을 할까 봐 두려워하는 교사나 부모가 이렇게 행동할 수 있는데, 아동은 성인이 자신을 배려하지 않으며 자신에게 관심이 없다고 느낀다.

3.2 수용

수용은 성인이 계속해서 비언어적으로 긍정적인 메시지를 보낼 때 일어난다. 인생에서 가치 있는 성인으로부터 수용되지 않으면 건강한 사회성 발달은 불가능하다. 완전하게 수용된다는 것은 무조건적으로 가치 있게 여겨진다는 것을 의미하며, 이는 아동의 개인적 성향, 가정의 배경이나 그들이 보여주는 행동에 상관없이 아동을 수용하고 관심을 기울이는 것이다

그림 3-5 보살핌과 관심을 아동에게 표현하고 싶을 때 가까이 다가가서 비언어적으로 상호작용한다

(Remland, 2009). 교실에서 미소, 눈 맞춤, 개방적이고 편안한 신체 자세 등과 같은 긍정적인 비언어적 행동을 사용하는 교사는 학생들이 자신과 학습 맥락에 대해 좋게 생각하도록 하는 긍정적인 분위기를 형성한다(Burgoon, Guerrero, & Floyd, 2010). 좀 더 앞으로 기울인 자세, 더 많은 눈 맞춤, 학생들과 더 가까운 거리, 개방적인 팔과 신체, 말할 때 몸을 돌려 말하기, 더 많은 신체적 접촉, 더 편안한 자세, 더 긍정적인 얼굴 표정과 목소리, 표현적이고 다양한 목소리 등이 수용을 표현하는 긍정적인 비언어적 행동들이다.

　수용을 반사회적 행동과 같은 모든 아동의 행동을 너그러이 봐주는 것이라고 생각하는 것은 잘못된 생각이다. 아동이 좀 더 적절한 행동을 하도록 지도하면서 아동을 수용하고 사랑한다는 것을 전달할 수 있다. 예를 들어 실외놀이터에서 막대기로 서로 때리며 싸우고 있는 두 남자아이를 보았을 때, 교사는 두 아이를 각각 팔에 감싸는 자세로 아이들의 분노를 인정함으로써 수용을 전달하고, 동시에 조용하고 확고한 목소리로 때리는 것은 허용되지 않는다는 것을 분명히 하여 아이들이 막대기를 내려놓도록 할 수 있다.

3.3 진정성

2장에서 본 것처럼 긍정적인 성인-아동 관계에는 진정성이 있다. 진정성은 비언어적 행동과 말이 일치할 때 전달된다. 아동에게 하는 긍정적인 말은 몸의 움직임, 얼굴 표정, 목소리 톤이 같을 때 그 메시지가 잘 전해진다. 진실한 것은 자신의 진짜 감정을 숨기고 위장하는 것보다 실제로 더 쉽다. 진실할 때 사람들은 더 편안하고, 두려움, 혐오, 경멸, 슬픔이 포함되지 않은 미소를 짓는다. 또한 더 유창하고 더 표현적인 목소리로 말한다. 영아도 성인이 진심인지 아닌지를 알아차릴 수 있다.

아동은 성인이 하는 말과 비언어적 반응이 믿을 만하다고 생각하기 때문에 진정성 있는 성인을 신뢰한다. 예를 들어 아이들의 미술 작품을 잘 살펴보지 않고 "잘했네"라고 단순하게 말하는 교사보다는 아동의 미술 작품을 주의 깊게 오래 쳐다보고 흥미로운 것을 지적해줄 때("밝은 색을 아주 많이 사용해서 그렸구나!" "집이 멀리 있는 것처럼 보이게 그렸네") 교사의 진심을 신뢰한다.

3.4 공감

공감하기 위해서는 아동의 비언어적 메시지를 정확하게 해석하고 이들의 말을 주의 깊게 경청하고 이들의 행동을 주의 깊게 관찰해야 한다. 교사는 아동이 느끼고 있는 것을 이해하고 나서 그 아동에게 교사가 느끼고 있는 감정의 유사성을 아동의 비언어적 신호에 부합되는 조화로운 비언어적 방식과 함께 말로 전달해야 한다. 이와 대조적으로 아동에게 주의를 기울이지 않고 관찰하지 않고 다른 사건에 집중한다면 공감하지 않는 것이다. 한 시간 동안 나무에 풀칠을 하고 못을 박아서 만든 작품에 대해 3학년인 은미가 교사에게 "이건 소원의 나무예요. 이 나무에게 말을 하면 무엇이든 이루어져요"라고 말했을 때, 몸을 숙여서 작품을 보며 미소 띤 얼굴로 "우와, 소원을 비는 나무라고! 나는 한 번도 소원을 비는 나무를 본 적이 없는데. 내가 소원을 말해도 될까?"라고 반응해줌으로써 교사는 은미가 보내는 메시지의 중요성을 알아차리고 자신도 은미와 같이 흥미로워 한다는 것을 보여줄 수 있다. 말뿐만 아니라 비언어적 행동으로도 교사는 자신의 관심을 전달하였다.

3.5 존중

아동의 생각에 주의를 기울이고 아동이 실패할 거라고 생각하지 않고 스스로 할 수 있는 기회를

표 3-2 **아동을 존중하는 행동과 존중하지 않는 행동**

아동을 존중하는 행동	아동을 존중하지 않는 행동
아동이 말하는 동안 조용하고 예의바르게 듣기	콧방귀 뀌기, 집중하지 않고 여기저기 쳐다보기, 코웃음 치기, 한숨 쉬기, 방해가 되는 소리내기
아동을 쳐다보기	아동의 머리 위에서 내려다보거나 아동이 말할 때 창문 너머 쳐다보기
아동이 전달하고자 하는 의미에 집중하기; 아동이 생각을 완성할 수 있도록 충분한 시간 주기	아동 방해하기; 아동의 말을 중간에 끊기
아동이 깨끗이 씻을 수 있도록 능수능란하고 은밀하게 도와주기	아동이 배변 실수를 했을 때 외면하거나 구역질하기
대인 간 공간, 신체적 접촉, 시간에 대한 접근방법 등에 대한 문화적 차이나 선호에 맞춰주기	대인 간 공간, 신체적 접촉 등과 관련되어 교사의 문화적 선호에 따라 행동하기

줄 때 아동은 성인이 자신을 존중한다고 느낀다. 성인이 아동에게 배울 수 없거나 효율적이지 않다는 반응을 전할 때 아동은 존중받지 못한다고 느낀다. 표 3-2에는 아동을 존중하는 행동과 존중하지 않는 행동을 비교하여 제시하였다.

3.6 시간 개념이 관계에 미치는 영향

사회적 기대의 많은 부분은 시간의 의미를 공유하는 것에 기반을 두고 있다. 교사는 아동 행동에 대해 자신이 왜 그렇게 반응했는지 이해하기 위해 자신의 시간 개념을 깨달아야 한다. 또한 다른 사람이 시간을 어떻게 해석하는지도 알아야 한다. 그렇지 않으면 교사와 아동은 서로 시간에 대해 오해를 하게 된다. 예를 들어, 8세 아동이 모임 시간보다 몇 분 뒤에 도착했을 때 교사는 아동이 늦었다고 해석할 수 있다. 그러나 이 아동은 자신이 중요하다고 생각하는 주요 활동이 시작되기 전에 도착했기 때문에 제시간에 도착했다고 생각할 수도 있다. 예를 들어 미국 사회에서 아동은 시간 사용에 대한 복잡한 규칙을 배워야 한다. 인디언계 미국인이나 남미계 미국인들은 주관적인 시간을 더 중요하게 생각하기 때문에 오해를 받기가 쉽다(DeCapua & Wintergerst, 2007). 정확한 시간과 비교하여 주관적 시간은 사람들의 내적 감정에 기초하기 때문에 모호하다.

시간에 대한 통제는 지위를 나타낸다. 부모나 교사는 느리고 빈둥거리거나 한 가지 일을 하는 데 너무 많은 시간을 보낸다고 생각되는 아동을 보면 화가 난다. 부모나 교사는 참을성이 없고 잠시 동안도 못 기다리는 아동을 보아도 화를 낸다. 사건의 지속시간은 관여한 사람들의 시간 인식에 따라 너무 길 수도 있고 너무 짧을 수도 있다.

아동의 말을 들어주는 것은 이 아동이 중요한 존재이며 대화가 흥미롭다는 것을 의미한다. 아동의 말을 중간에 방해하고, 기회만 있으면 바로 상호작용을 끝내려고 하거나, 혹은 주변 사건에 쉽게 주의가 분산되는 것은 관심 없다는 의미이다. 아동에게 즉각적으로 주의를 기울이고 아동의 과제나 놀이를 관찰하는 것은 그 아동이 중요하다는 것을 전달한다. 한편, 교사는 아동이 타인의 시간에 대한 신호를 이해한다 하더라도 여전히 자신만의 방식으로 이러한 행위들을 배우고 있는 중이라는 것을 명심해야 한다. 이 시기의 아동은 존중과 관심을 전달하기 위한 시간 사용방법을 완전히 발달시키지 못한다.

4. 비언어적 행동을 통해 권위와 안정감 전달하기

비언어적 행동은 양육뿐 아니라 권위를 전달하는 데에도 중요한 역할을 한다. 이는 성인의 행동뿐 아니라 아동의 또래와의 상호작용 시에도 마찬가지이다. 교사나 부모는 자신이 돌보고 있는 아동에게 안전, 안정감, 행복감을 제공해줄 수 있는 합법적인 권력이나 권위를 가지고 있다. 부모나 교사는 아동의 생존, 학습, 놀이를 위해 필요한 자원을 제공하고 적절한 행동에 대해 보상을 해주며, 아동이 필요로 하는 기술과 지식을 가지고 있다는 점에서도 권력을 가진다. 또한 대부분의 교사는 아동과 온정적이고 긍정적인 관계에 기초하여 이들의 욕구를 만족시켜주기 위해서 권력을 가진다. 교사는 아동보다 힘도 세고 신체 크기도 큰데, 이는 아이들이 위험할 때 안아 올리고 이동시키기 위해 필요하다(Guerrero & Floyd, 2006). 그러나 교사가 아동에게 필요한 질서, 안전, 안정감을 제공한다는 사실은 상대적으로 덜 인지되어 왔다.

부모나 교사의 이러한 권위는 대부분 아동에게 비언어적으로 전달된다. 양육자가 가까이 다가가고, 눈을 맞추고, 확고하고 자신감 있는 목소리로 아동과 상호작용할 때, 단호함을 보여줄 수 있다. 단순히 아동의 팔을 잡는 것으로도 아동이 순응하게 하는 유용한 방법이 될 수 있다(Segrin, 2008). 아동이 자신이나 다른 사람에게 상처를 입히지 못하게 하기 위해서 강하게 잡아야 할 때도 있다. 장기적인 관점에서 보았을 때 신체적·언어적으로 강요하는 방식보다는 확신에 차 있고 힘을 보여주는 사회적으로 유능한 행동이 아동 행동에 더 성공적으로 영향을 미친다(Guerrero & Floyd, 2006). 아동은 교사가 적절한 행동을 보상해주고 재료를 공정하게 배분해주고, 자신을 위험에서 안전하게 지켜주기 위해 권위를 가지고 있음을 알고 있다. 아동이 순응하게 하기 위해 사회적 기술을 사용하는 부모나 교사는 강요적인 전략을 사용하는 부모나 교사보다 더 효과적이다(Burgoon, Guerrero, & Floyd, 2010). 아동의 비언어적 메시지를 읽는 기술이 늘어날수록 언제 그리고 어떻게 행동할지에 대한 판단 또한 향상된다(Langford, 2013).

단호하지 못한 것은 상황을 통제하지 못하거나 반응적으로 행동할 의지가 없다는 것을 의미한다. 이는 모두 비언어적으로 전달되는데, 아주 어린 유아조차도 화가 난 큰 목소리와 가냘프고 주저하는 단호하지 않은 목소리를 감지할 수 있다. 그 결과로 유아는 양육자의 말보다는 이러한 비언어적 의사소통 측면에 반응하게 된다.

다른 사람과의 관계에서 권위를 의사소통하는 것은 성인만이 아니다. 어린 아동은 장난감이나 영역을 확보하는 방식으로, 신체 크기와 힘을 통해서, 난폭하고 힘이 넘치는 움직임을 통해서, 그리고 또래 간 논쟁을 통해서 지위와 권력을 보인다(Burgoon & Dunbar, 2006). 지배적인 아동은 자신이 원하는 것을 얻는 데 더 성공적이며, 종속적인 아동은 논쟁을 피하고 공손하게 요청하곤 한다. 지배적인 아동은 권력을 얻기 위해 다른 아동에게 몸을 가까이 기울이거나 이들의 놀이 영역에 침입하고, 상대 아동이 앉아 있는 동안 서 있고, 물건을 잡아당기거나 싸우는 동안 힘이 세다는 것을 과시하고, 무의미한 절충안을 제안하는 등의 방법을 사용한다. 지배적인 아동은 더 표현적이고, 신체적으로 개방적이며, 대인 간 거리가 더 가깝고, 목소리의 동요가 적으며, 더 큰 목소리를 갖고 있으며, 더 많이 방해하고, 주저함이 거의 없다(Knapp, Hall, & Horgan, 2013). 그러나 이러한 상호작용이 반드시 폭력이나 해를 입히는 것으로 연결되지는 않으며, 아동이 개인 간에 서로 양립 불가능한 목표를 가지고 있는 사회적 체계를 어떻게 다룰지를 배우는 기회가 될 수도 있다.

5. 비언어적 메시지를 전달하고 해석하는 데 있어 잠재적인 도전

비언어적인 메시지는 하나 또는 모든 비언어적 의사소통 전달 통로를 통해서 표현된다. 얼굴 표정과 같은 의사소통 전달 통로로 하나의 메시지를 전달하면서 목소리 톤과 같은 다른 전달 방식으로는 전혀 다른 메시지를 전하기도 한다. 또는 이 중 어떤 것도 실제의 말과 일치하지 않을 수도 있는데, 이것이 **혼합된 메시지**이다. 예를 들어, 양육자가 미소를 지으면서 "그래, 더 먹어"라고 말하지만, 긴장된 목소리로 손을 꽉 움켜쥐고 경직된 태도를 보인다는 것은 안 된다는 표시일 수도 있다. 불일치하는 메시지는 말의 내용에서 알 수 있으며, 통제, 각성, 부정적 정서, 인지적 복잡성의 네 가지 비언어적인 과정과 관련된다. 진실하지 못한 말을 하는 사람은 주의를 더 기울여서 단어를 선택하고 사실을 말할 때와는 다른 문법을 사용한다. 목소리는 더 억제되고, 몸은 더 긴장되며, 불필요한 세부 사항들이 자주 추가된다.

9개월 된 영아가 불일치하는 정서를 알아차리고 그 의미를 사회적 맥락에 적용할 수 있다는 연구 결과도 있다(Blanck & Rosenthal, 1982). 영아는 양육자와의 상호작용에서 비언어적 단서만을 사용하지만, 매우 유능한 의사소통자이다(Burgoon, Guerrero, & Floyd, 2010). 아이들은 성장하면서 얼굴 표정을 더 정확히 그리고 더 빨리 해석하게 된다. 메시지의 의미를 해석하기 위해서 들은 것에만 의존하던 것에서 점차 얼굴 표정에도 주의를 기울이게 된다. 성장하면서 비언어적인 의사소통에서 미묘한 정서적 메시지를 알아차리며, 말에 의존하던 것은 점점 감소한다. 이들은 의사소통 시 쉽게 속지 않으며 점점 더 정확하고 유능해진다. 더 나이가 많은 아동이나 성인은 혼합된 메시지를 해석하는 데 있어 주로 시각적 단서를 사용한다.

그러나 학습장애가 있는 아동은 타인의 정서를 해석하는 데 있어 부정확한 경향이 있다. 특히 남아는 타인의 감정을 판단할 때 얼굴 표정 단서를 사용하지 않고 동작 단서(큰 움직임과 공간에서의 위치)에 의존한다. 점점 정확해지긴 하지만 이러한 아동 중 대다수가 청소년기까지도 여전히 어려움을 겪는다(Nabuzoka & Smith, 1995). 예를 들어 어떤 아이가 웃으면서 자신에게 뛰어오는 것을 보았을 때, 학습장애가 있는 아동은 이를 잠재적인 놀이친구라기보다는 공격자로 볼 수 있어 어려움을 경험할 수 있다. 자폐아동도 요청하기, 공동 주의, 사회적 상호작용, 차례 바꾸기를 하는 데 어려움이 있으므로 비언어적 단서를 읽을 수 있도록 집중적인 중재가 필요하다(Chiang, Soong, Lin, & Rogers, 2008).

그림 3-6 영유아의 비언어적 메시지를 주의 깊게 관찰하고 의도적으로 선택하는 교사는 영유아에게 더 민감해지고 정서와 기대를 효과적으로 전달할 수 있다

풍자는 부정적인 내용의 말과 비꼬는 투의 목소리가 즐거운 얼굴 표정과 조합된 것이다. 풍자는 다른 사람이 무능하고 적어도 자기보다 아래라는 경멸을 전달하는 방법이다(Guerrero & Floyd, 2006). 언어적 메시지가 비언어적 메시지와 모순될 때, 성인은 비언어적 메시지를 신뢰하는 반면, 아동들은 언어적 메시지를 믿는 경향이 있다(Burgoon, Guerrero, & Floyd, 2010). 어린 아동은 메시지의 정서적인 의미를 해석하기 위해서 말과 목소리 톤에 의존하는데, 풍자는 이것이 모두 부정적이기 때문에 불안해한다. 성인들은 이러한 혼합된 메시지를 우스갯소리나 농담으로 여길 수도 있지만, 초등학교 고학년생들은 이러한 유머를 부정적인 것이나 나쁜 농담으로 해석한다.

6. 비언어적 의사소통 기술의 발달

교사가 아동의 발달단계에 맞춰서 유능하고 적절하게 비언어적 의사소통을 사용한다면 아동도 교사를 보고 배울 수 있다. 비언어적 메시지의 내용뿐만 아니라 표현 양식과 정도는 출생부터 성인기에 이르기까지 가족에 의해 사회화된다. 분명한 비언어적 행동을 표현하는 가정의 아동은 별로 사용하지 않는 가정의 아동보다 이러한 단서를 더 일찍부터 정확하게 해석한다. 그러나 미묘하고, 별로 드러나지 않는 비언어적 단서를 사용하는 가정에서 자란 아동은 그 의미를 해석하는 연습을 더 많이 하기 때문에 성장하면서 점점 더 민감해지고 해석을 더 잘하게 된다(Halberstadt, 1991). 이러한 기술을 획득하는 데 어려움을 경험하는 아동들도 있는데, 예를 들어 불안하고 또래에 의해 수용되지 못하는 것에 대해 걱정이 많은 8~10세 아동들은 사회적 기술을 배울 수 있는 사회적 상황에서 위축되거나 회피하기 때문에 어려움을 겪을 수 있다. 이러한 아동은 정서적 내용을 파악하기 위해 얼굴 표정과 목소리 특성을 해석하는 데 있어 또래들보다 덜 정확하다(McClure & Nowicki, 2001). 이러한 이유에서 교사는 교육과정에 비언어적 기술의 내용을 포함해야 한다.

6.1 교육과정에 비언어적 의사소통 포함시키기

교사는 아동이 다음의 내용을 학습할 수 있도록 도울 수 있다.
- 비언어적 메시지를 더 정확하게 해석하기
- 대인 간 의사소통에서 비언어적 기술을 효과적으로 사용하기
- 비언어적 행동의 표현 규칙을 적절하게 적용하기

이러한 이해와 기술은 비언어적 의사소통과 관련된 핵심 요소이다. 이러한 내용들이 교육 프로그램에 포함되어야 한다. 표 3-3에는 미국의 세 개 주에서 사용되고 있는 비언어적 의사소통과 관련된 교육 내용의 예를 제시하였다.

표 3-3 비언어적 의사소통과 관련된 학습 준거의 예(미국 주)

미국 주	학년/연령	준거
인디아나	3~5세	눈 맞춤, 근접성, 의사소통하기 위한 자세 사용하기
뉴햄프셔	K~2학년	의사소통이 언어적이고 동시에 비언어적임을 이해하기
코네티컷	4학년	의미를 잘 전달하기 위해 목소리의 크기, 높낮이, 말씨, 속도, 억양, 몸짓 사용하기

6.2 비언어적 기술 습득 방법

아동은 모방, 성인과의 상호작용, 그리고 교수와 코칭의 세 가지 방식으로 비언어적 의사소통 패턴을 학습한다.

모방을 통한 학습

아동은 자신의 가족, 또래, 이웃의 구체적인 의사소통 전략을 모방한다. 아동은 아주 일찍부터 자신의 성과 문화에 전형적인 비언어적 행동을 습득한다. 또한 대중매체를 통해 아동은 이들의 비언어적 행동을 모방하고 비언어적 행동을 해석하는 능력이 향상된다(Feldman, Coats, & Philippot, 1999). 교사는 비언어적 의사소통에 존재하는 차이를 인식하고, 아동이 사용하는 전형적인 비언어적 단서를 파악하기 위해 아동과 친밀한 성인을 주의 깊게 관찰해야 한다. 이렇게 함으로써 아동이 의사소통하고 있는 전체 메시지를 더 빨리 이해할 수 있다.

성인과의 상호작용을 통한 학습

적절하게 표현하는 성인과 상호작용하는 아동이 궁극적으로 비언어적 의사소통에서 유능해진다. 또한 가정에서의 문화적 경험이 학교나 지역 사회와 같은 문화에서의 경험과 차이가 나는 아동도 점차 자신의 행동을 수정하게 되어, 궁극적으로 비언어적으로 두 개의 언어를 사용하게 된다.

교사는 특히 6세 이하 유아와 상호작용을 할 때, 비언어적 환경의 의미를 알아야 한다. 비언어적 행동의 일부 규칙은 훈육을 통해 알려주어야 한다. 바닥에 침을 뱉는 것과 같이 모든 사람들이 부적절하다고 생각하는 어떤 행동을 하고 있는 아동을 볼 때, 교사는 "바닥에 침을 뱉었구나. 그렇게 하면 세균이 퍼져. 대신 휴지를 사용해라"라고 강하게 말해야 한다. 각 문화마다 가지고 있는 기대는 아동이 실수를 하고 이것이 고쳐질 때 학습된다.

교수와 코칭을 통한 학습

교사는 아동에게 친절해지는 방법이나 자신의 권리를 주장하는 방법을 알려줄 수 있다. 가족 또한 어린 아동에게 비언어적 단서와 일치하는 각본을 제공하고 지도할 수 있다. 예를 들어, "감사합니다"라고 말하게 하거나, 혹은 "만약 네가 잘못했으면 그 아이에게 미안하다고 말해"라고 지도하는 것이다. 아동은 학교에서 형식적 교육을 받지만, 비언어적 행동에 대해서는 이와 유사한 지도를 받지 못한다. 비언어적 행동에 대해서는 주로 가설적 상황에 대한 역할극의 형태로 교육을 받으며, 이 경우 자신에게 친숙하지 않은 역할을 가정해야 한다. 따라서 부모나 교사는 아동이 공연을 볼 때 비언어적 의사소통에 관한 형식적 교육을 할 수 있다("가만히 앉아 있어. 공연장에서는 떠들면 안 돼"). 그러나 대부분의 교수는 비형식적이며 보통 개인 수준에서 이루어진다. 학급의 전체 아동을 대상으로 비언어적 행동에 대한 기대는 표 3-4에 제시한 방식으로 전달할 수 있다.

표 3-4 학급에게 비언어적 행동에 대한 기대 전달하기

전달 통로	상황	교사의 말
목소리	아이들이 큰 목소리로 말하고 있는 상황	"작은 목소리로 이야기하자"(교사가 적절한 목소리의 크기를 시범 보인다).
신체 접촉	아이들이 대집단 시간에 바짝 붙어 앉아 있는 상황	"손은 무릎 위에 올려놓으세요."
공간에서의 위치	아이들이 줄을 서려고 하는 상황	"준혁이는 상호 뒤에 서세요. 준기는 준혁이 뒤로 서고요." "여러분이 아래를 내려다볼 때 여러분 신발이 보일 정도로 여러분들 앞에 친구와 충분한 간격을 두고 서야 해요."

　비언어적 언어의 발달 패턴은 언어의 발달 패턴과 매우 유사하다. 아동은 연령이 증가하면서 점차 유능해지고, 이들의 메시지는 더 복잡해지고 점차 더 많이 조절할 수 있다. 연령과 경험이 증가하면서 혼합된 메시지를 더 잘 이해하게 된다. 또한 아동은 예의바른 상황에서 선의의 거짓말을 더 잘 할 수 있게 된다(Talwar & Lee, 2002). 이해력이 표현보다 앞서게 되고, 7~10세 사이에 아동은 주로 언어에 의존하던 것에서 얼굴 표정으로 더 많이 보여주는 성인의 양식으로 옮겨간다.

　표현 규칙은 특히 아동이 교수를 통해 학습하는 비언어적 행동의 중요한 수단이다. 표현 규칙은 비언어적 행동의 표현을 관리하는 문화-특정적인 지침이다. 아동은 환경이나 사회적 상황에 따라서 자신의 감정 표현을 과장하고 최소화하거나 가장하는 방법을 학습한다. 취학 전 유아는 부모, 교사, 친구로부터 무엇이 예의바르고 무례한 것인지 혹은 어떤 표현이 수용되는지를 배운다.

> 세 살이 된 미연이는 집에서 새로운 음식을 주면 접시를 밀치고 얼굴을 찡그리면서 "우욱"하고 말한다. 몇 주 뒤, 어린이집에서 미연이가 싫어하는 음식이 나오자 맛을 본 뒤, 말을 하지 않고 굳었지만 무표정한 얼굴을 하였고, 음식을 먹지는 않았다.

아동이 여덟 살이 되면 타인에게 표현 규칙의 사용에 대해 설명할 수 있다(Saarni & Weber, 1999).

> 여덟 살인 윤이는 친구들에게 자랑을 하자마자 얼음 위에서 넘어졌다. 몹시 당황했지만 윤이는 일어서서 미소 짓고는 다른 아이들을 웃기기 위해 일부러 다시 넘어졌다. 나중에 윤이는 가장 친한 친구에게 그때 아팠지만 다른 여자아이들 앞에서 '바보'처럼 보이고 싶지 않았다고 말했다.

또래나 성인은 비언어적 행동을 잘 해석하는 아동, 의사소통의 표현 규칙을 이해하는 아동을 사회적으로 더 유능하다고 본다(Haslett & Samter, 1997). 비언어적 의사소통을 효과적으로 사용하는 교사는 아동의 행동을 안내하면서 안전함을 느끼도록 도울 수 있다. 보통 우리는 자신의 비언어적 메시지에 대해서 생각하지 않는다. 그러나 자신과 타인의 비언어적 메시지를 염두에 두는 교사는 이러한 것을 의도적으로 생각하고, 문화나 특정한 환경과 상황, 그리고 아동의 발달 수준 등을 고려한다. 비언어적 메시지를 주의 깊게 관찰하고 의도적으로 선택하는 교사는 아동에게 더 민감해지고 정서와 기대를 더 효과적으로 전달할 수 있다. 다음의 지침이 비언어적 의사소통의 효율성과 정확성을 증진시키도록 도와줄 것이다.

비언어적으로 아동과 긍정적인 관계를 형성하는 기술

개별 아동에게 맞추어 의사소통하기

1. 아동의 비언어적 행동을 관찰한다

평소 아동이 교사, 다른 아동, 다른 성인과 하는 상호작용을 관찰하면 그 아동의 다양한 동작과 몸짓의 의미를 알 수 있다. 예를 들어, 소희가 조작 영역의 탁자에서 혼자 조용히 앉아 있을 때 선생님은 열이 있는지를 살펴보았다. 왜냐하면 보통 소희는 시끄럽고 명랑하며 사교적이고 활동적이었기 때문이다. 소희의 체온은 38℃가 넘었다. 교사는 이 아동의 평소 행동과의 차이에 주의를 기울인 것이다.

2. 문화와 가족에 따른 비언어적 행동의 차이를 알아둔다

문화에 따라 많은 차이가 있기 때문에 맥락 내에서 직접 관찰할 때 특정 행동의 의미를 더 잘 이해할 수 있다. 아동이 다른 사람의 말을 들을 때 보통 그 사람을 쳐다보는가 아니면 고개를 내리고 있는가? 세 살 된 유아가 이야기를 듣고 있을 때 꼼지락거리는 것은 불편해서인가, 지루해서인가, 아니면 화장실에 가고 싶어서인가? 개별 아동의 행동을 계속 주의 깊게 관찰하면 이러한 단서가 의미하는 것을 알 수 있다. 아동의 개인 공간에 대한 비언어적인 지표를 존중해야 한다.

3. 아동의 인접 공간을 존중한다

아동의 등을 토닥여주고, 악수를 하고, 축하의 포옹을 해주는 것이 좋다. 대신 아무 생각 없이 아이의 머리를 쓰다듬거나 엉덩이를 토닥거려서는 안 된다. 이러한 몸짓은 선심을 쓰거나 무시한다는 의미를 전달할 수 있다.

4. 가까이 다가가서 아동의 눈높이에서 얼굴을 마주 보며 의사소통한다

메시지를 전달하기 전에 아동의 주의를 끌기 위해서 그 아동의 축 공간으로 이동한다. 아동과 대화하려면 아동과 팔이 닿을 정도의 거리에서 서거나 앉는다. 가구나 물건은 장벽 역할을 하므로 아동과 교사 사이에 두지 않는다. 아동과 머리 높이를 맞추어야 아동이 교사의 얼굴을 볼 수 있다. 교사의 얼굴 표정을 아동이 볼 수 있어야 교사가 말하는 것을 이해하기 쉽다. 눈을 맞추되, 계속하지는 말고 자주 맞추어야 한다. 아동이 어떤 활동을 하고 있을 때에는 아동 각각에게 가서 개별적으로 말을 한다. 키가 작은 아동과 얼굴을 마주 보고 의사소통을 하기 위해서는 쪼그리고 앉아야 한다.

5. 아동을 향해 몸을 약간 기울인다

아동에게 몸을 기울이는 것은 관심이 있다는 것을 나타내고 또한 교사가 아동의 말에 경청하도록 한다. 몸을 편안한 상태로 유지해야 하는데, 몸이 축 늘어져 있거나 경직되어 있으면 흥미나 관심을 전달하지 못한다. 몸이 '즉각 떠날 준비가 되어 있다'는 것을 보여서는 안 된다. 팔짱을 끼거나 다리를 꼬고 있는 것은 적절하지 않다. 주의를 기울이고 있다는 것을 전하는 동작을 한다. 머리를 끄덕이거나 이해하고 있다는 것을 나타내는 몸짓을 사용하는 것이 좋다. 흥미가 없거나 지루할 때 나타나는 안절부절 못하는 것과 혼동되어서는 안 된다. 발은 조심해야 하는데, 이리저리 움직이면 안 된다. 머리카락 만지작거리기, 먼지 털기, 탁자 두드리기와 같은 독특한 버릇은 삼가야 하며, 아동이 말할 때에는 방해하지 않도록 움직이지 않아야 한다.

6. 아동의 비언어적 메시지를 반영하고, 교사가 이해하고자 노력한다는 것을 보여준다

교사는 친숙하지 않거나 다른 문화의 아동일 때에는 시큰둥하거나 빨리 해석하지 않도록 조심해야 한다. 의도적으로 주의를 기울이며, 교사가 아동의 문화, 성, 연령, 기술 등에 관해 이해하고 있는 것에 기초해서 정서 표현, 적절한 행동, 메시지 내용에 대해 판단해야 한다. 아동은 교사가 이해하고자 노력한다고 믿을 때(실제로 그러하든 아니든 간에), 교사의 온정과 보살핌을 느끼게 된다.

7. 아동의 말에는 가능한 빨리 반응하고, 듣는 데에 많은 시간을 투자한다

아동의 말을 진심으로 듣기 위해 시간내기가 때로는 아주 어려울 수 있다. 아동의 말을 들을 시간이 없다면, 관심이 있지만 지금보다는 나중에 더 잘 들을 수 있다는 것을 아동에게 말한다. 그리고 나서 나중에 꼭 그렇게 해야 한다. 예를 들어, 교사가 반 아이들에게 이야기를 크게 읽어주기 시작할 때, 나리가 봄 방학 때 제주도에 갈 거라고 말하였다. 교사는 나리에게 지금은 이야기를 읽는 시간이니까 아이들이 글씨 쓰는 시간에 봄 방학에 관해서 말하자고 하였다.

8. 감정을 전달할 때 의사소통의 모든 전달 통로를 일치시킨다

아동에게 감정을 표현할 때에는 말과 행동이 서로 일치하여야 한다. 아동과 상호작용을 하면서 기쁨, 즐거움, 성가심, 분노, 놀람, 당황, 흥미와 같은 다양한 감정을 경험하게 된다. 모든 통로에서 일관되게 전달하는 의사소통은 진심이고 정직한 것이다. 메시지를 전달하기 위해서 전달 통로를 모두 사용하면 의사소통은 좀 더 분명해지고 이해하기 쉬워진다. 다양한 감정을 빠르게 순서대로 표현하는 것도 정직한 것이다. 성인이 감정을 억누르거나 가장하려고 하는 것은 정직한 것이 아니다. 만약 화가 난다면 교사는 화난 것처럼 보이고 화난 소리로 말해야 하며, 행복하다면 얼굴 표정, 몸 동작, 목소리로 기쁨을 표현해야 한다.

9. 온정과 존중을 표현하면서 아동과 신체적으로 접촉한다

아동이 어리면 어릴수록 신체 접촉을 더 잘 받아들인다. 여덟 살이 넘은 남아는 보통 누군가가 자신을 만지는 것을 싫어한다. 물론 성인은 아동의 선호를 존중해주어야 한다. 성인과 아동 간 신뢰가 형성된 경우 우호적이고 축하하면서 아동을 토닥여주는 것은 연령과 상관없이 받아들여진다. 신체 접촉은 교사와 아동 간의 눈에 보이는 연결이기 때문에 적절하게 사용하면 아동을 진정시키고 정서적으로 편안하게 한다. 채혈하는 동안 간호사가 아동의 손을 잡고 있는 것처럼 간단한 접촉을 통해 아동의 불안을 경감시켜줄 수 있다.

10. 소리 크기는 보통 수준에서 부드러운 정도로, 음조는 보통 수준에서 낮은 정도로 그리고 편안하고 진지하고 관심 있는 목소리로 말한다

교사의 목소리는 분명하고 잘 들려야 하며, 말을 잠시 쉴 때에는 "아" 혹은 "음"과 같은 소리로 반응해야 한다. 말은 너무 느리거나 너무 빨라도 안 되며, 템포는 고르고 정상적이어야 한다. 띄엄띄엄 말하거나 주저하지 말고, 간단한 질문에 대답하거나 주제에 관해 말할 때에는 유창하게 말해야 한다.

11. 아동이 교사를 거부할 때에도 수용과 존중을 전달하는 비언어적 기술을 사용한다

때로 어린 유아는 기분이 좋지 않을 때 교사를 거부하는 경우가 있다("저리 가!", "선생님 미워"). 수용적인 교사는 이러한 경우에도 유아를 안심시키고 위로하고 지도한다. 거절하는 비언어적 행동을 사용해서는 안 된다.

12. 효과적인 비언어적 행동 사용하기를 잊지 말고 현장에서 수정한다

아동과 상호작용할 때 자신의 비언어적 행동을 감독한다. 만약 아이를 위에서 내려다보고 있다면 아동의 수준에 맞춰 몸을 숙이고 얼굴을 마주보고 의사소통한다. 목소리가 너무 크거나 너무 부드럽거나 너무 빠르거나 늦다면 멈추고 더 적절한 크기와 속도의 목소리로 메시지를 다시 전달한다. 눈동자가 이 아이 저 아이를 왔다갔다 방황한다면 다시 집중하고 그 아이가 말하고 있는 것을 더 주의 깊게 듣는다. 이러한 영역과 관련된 기술을 향상시키기 위해 필요한 비언어적 행동들을 적어놓고 자주 살펴본다.

권위와 안정감 전달하기

1. 적절한 복장을 착용한다

의상, 헤어스타일, 외모는 권력과 권위에 관한 메시지를 전달한다. 아동의 부모보다 나이가 어린 교사는 무시당할 수도 있다. 친하지 않은 어린 아동은 교사에게 와서 도움을 청하지 않고, 10살이나 12살이 된 아동은 교사의 외모가 또래와 비슷하다고 생각되면 교사를 또래처럼 대할 것이다. 적절한 복장은 상황마다 다르기 때문에 가장 쉬운 지침은 그 집단에서 가장 지위가 높은 성인의 복장을 관찰하는 것이다.

2. 온정적이며 확신과 자신감 있는 목소리 톤을 유지한다

목소리 높이는 고르게 하고 음량은 보통 정도로 한다. 목소리는 널리 퍼지는 톤으로(소리가 꽉 차고 선율적인 목소리) 속도는 일정해야 한다. 턱을 내리고, 목을 편안하게 하고, 콧소리보다 입으로 소리를 낸다. 말을 하는 동안 음조가 변하거나 매우 빠르게 말하면, 불확실하다는 인상을 줄 수 있다. 가는 목소리, 주저하거나 너무 부드러운 목소리는 단호함이 없으며, '네게 이렇게 하라고 말하고 있지만, 나는 사실 네가 할 거라고 생각하지 않아. 그리고 만약 네가 하지 않아도 그냥 놔둘 거야'라는 메시지를 전달할 수 있다. 보통 목소리가 너무 부드럽거나 너무 높은 교사는 아주 중요한 메시지 전달 시 추가적으로 강도나 깊이를 더해 주어야 한다.

3. 말할 때에는 아동을 똑바로 쳐다보고 규칙적으로 눈을 맞춘다

일상적인 대화보다 아동에게 확실하게 이야기해야 할 때에는 더 오랫동안 눈을 맞춘다. 그러나 아동을 쩨려보거나 노려보아서는 안 된다. 때로는 잘못 행동하고 있는 아동을 계속해서 확실히 쳐다보는 것만으로도 그 행동을 하지 않도록 하는 데 충분하다. 눈맞춤을 피하거나 간청하는 눈빛은 효과적이지 않다. 키가 큰 11살이나 12살의 아동보다 키가 더 작은 교사의 경우 심각한 메시지를 전달하고자 할 때에 아동과 교사가 모두 앉는 것이 더 효과적일 수 있다. 높이에서의 차이는 보통 다리 길이에서의 차이이다. 아동이 성인을 위에서 내려다볼 때에는 메시지가 전달되기가 어렵다. 얼굴을 마주 보고 하는 상호작용이 더 효과적이다.

4. 손을 사용하여 적절한 몸짓을 취하거나 필요하다면 의사소통이 끝날 때까지 아이를 잡고 있는다

교사가 말하는 것을 듣고 싶지 않을 때 아이들은 시선을 다른 곳에 두거나 몸을 뒤틀고 등을 돌리거나, 손으로 귀를 막을 수도 있다. 이런 경우 메시지를 다 전달할 때까지 강압적으로 힘을 행사하지는 않지만 아이를 확실하게 붙잡아야 한다. 메시지의 핵심 사항을 지적하고 말의 의미를 설명해주고 공간에서의 위치를 지적해주는 몸짓을 사용하는 것이 적절하다.

5. 긴장을 풀고, 신체적으로 가깝게 하고, 팔과 다리는 완전히 또는 반 정도 벌린다

교사는 아이들과 있을 때에 자연스럽게 권위적인 입장에 있게 된다. 그래서 아이들이 말을 듣게 하기 위해서 손을 허리에 올리고 발을 벌리고 몸을 경직시키는 것과 같이 공격성을 표현할 필요는 없다. 그러나 상체를 구부리거나 풀이 죽은 것 같은 자세나 어떤 것에 기대어 있는 자세는 단호함을 보일 수 없어, 아동이 교사의 요청에 따르려 하지 않는다.

6. 다른 활동 중인 아동이나 산만한 아동의 주의를 끌기 위해서 비언어적인 신호를 사용한다

실내에서 피아노 치기, 전등을 껐다 켰다 하기, 특정한 노래 부르기, 손뼉 치기, 조용히 앉아서 아이들이 오기를 기다리기, 목소리 톤을 바꾸기와 같은 신호는 주의를 집중시키는 데 효과적이다. 그리고 나서 입술을 오므리고 손가락을 입술 위에 갖다 대거나 근처에 있는 아동들에게 손짓을 함으로써 조용히 하라는 신호를 보낼 수 있다. 실외에서는 휘파람 불기, 손이나 깃발 흔들기, 아이를 향해서 손바닥을 보이게 높이 팔을 드는 것, 벨을 울리거나 호루라기 불기와 같은 신호가 주의를 끄는 효과적인 방법이다.

교사가 자신에게 의사소통하고자 한다는 것을 알지 못하면, 아동은 교사가 말한 메시지를 이해하고 받아들일 수 없다. 아동이 교사를 쳐다보거나 조용해지면 이들이 신호를 받았다는 것이다. 말로 메시지를 전달하는 것은 아동의 주의를 끈 이후에 해야 한다. 각 가정에서 이런 신호가 거의 사용되지 않기 때문에 기관에서 교사는 "내가 이런 식으로(시범을 보인다) 전등을 켜고 끌 때 너희들은 하던 것을 멈추고, 말하던 것도 멈추고, 나를 봐야 해. 다시 한 번 연습해보자"와 같이 비언어적 신호의 의미를 가르쳐주어야 한다.

7. 시간과 주의를 아동에게 공평하게 분배한다

권위의 요소 중의 하나는 시간과 주의의 통제이다. 시간과 주의를 공정하게 분배한다. 공정하다는 것이 아동마다 똑같은 양을 할당한다는 것을 의미하는 것은 아니다. 어떤 아동은 다른 아동에 비해 더 많은 도움이 필요할 수 있다. 분명한 필요에 기초한다면 아동들도 그것이 공정함을 인식하고 교사를 지지적인 성인으로 여기게 된다.

교수와 코칭을 통해 아동의 비언어적 행동 발달시키기

1. 효과적인 비언어적 행동의 모범을 보이고, 필요할 때 아동의 비언어적 행동을 지적한다

아동과 의사소통할 때 목소리, 얼굴 표정, 말이 일치하는지 확인한다. 아동의 수준에 맞추어 눈 맞춤을 한다. 이러한 모든 행동은 상대방에 대한 관심을 표현하는 모델이 된다. 정기적으로 비언어적 단서를 보여주면서 어린 영유아의 주의를 끈다("선생님 얼굴을 보세요. 웃고 있지 않죠. 여러분들이 다칠까봐 걱정이 돼요"). 그리고 만약 친구가 되고 싶어하는 아이가 있다면, 그 아이에게 가서 미소 지으라고 제안할 수도 있다(교사가 미소 짓는 얼굴을 하면서).

2. 아동이 또래의 비언어적 단서를 해석하도록 도와준다

때로 다른 아동의 비언어적 행동을 간과하거나 오해하는 아동이 있다. 언어적으로 그 단서의 의미를 말해주고 다른 아동의 의도를 설명해준다("정미를 봐봐. 찡그리고 있지. 네가 정미 간식을 가져간 게 싫었나보다" 혹은 "태희가 약간 웃고 있지. 그건 태희가 지금 행복하다는 건 아니야. 사람들은 때로 불안하거나 당황해서 웃기도 한단다").

3. 아동에게 보이지 않는 비언어적 기술을 가르친다

어떤 아동에게는 정기적으로 눈 맞춤을 하거나 다른 사람들이 미소 짓고 있을 때에 미소를 짓는다거나 징징거리며 말하기보다 적당한 목소리로 말하기와 같은 것들을 기억하도록 도와줘야 한다. 이러한 비언어적 행동들을 아동에게 상기시키고 필요하다면 시범을 보인다. 아동에게 새로운 상황에서 행동하는 방법을 가르친다. 필요하다면 무엇을 해야 하는지 시범을 보인다. 악수하는 방법, 책을 읽을 때 목소리를 바꾸는 방법, 누군가와 대화할 때 편안한 거리를 유지하는 방법 등을 가르쳐주면 도움이 된다.

부모와의 상호작용에 비언어적 의사소통 기술 적용하기

1. 부모에게 편안한 자세로 다가가 반갑게 웃어준다

아동의 가족은 다양한 이유로 기관에 온다. 아동의 안전에 문제가 되지 않는다면, 부모에게 다가가서 인사하고 도와줄 것이 있는지 물어본다. 신임 교사가 학부모와의 첫 상호작용 시 다소 수줍거나 겁을 먹게 되면 냉정하거나 무관심하게 보일 수 있다. 교사의 역할은 학부모가 편안하게 느끼도록 도와주는 것이다.

2. 부모와 가까운 거리에서 얼굴을 마주 보고 상호작용을 한다

이것은 성인 간의 상호작용에서 정상적인 방식으로, 교사와 부모 모두 편안함을 느낄 수 있어야 한다. 그러나 교사가 아동을 지켜보아야 한다면, 학부모에게 교실이나 교사 쪽으로 한 걸음 들어오게 하여 아이들을 계속 지켜볼 수 있도록 하고, 그 이유를 부모에게 설명한다.

3. 상호작용하는 동안 아동과 부모에게 교대로 눈을 맞춘다

예를 들어, 등·하원 시 아동을 도와주면서 학부모와 상호작용을 하기 위해서 교사는 부모에게서 아동에게로 주의를 옮겨야 한다. 교실에서 학부모가 앉아 있을 때는 교사도 앉고, 필요할 때는 서서 계속 눈을 맞춘다.

4. 목소리의 크기는 보통에서 부드러운 정도로, 음조는 보통에서 낮은 수준의 정도 그리고 편안하고 진지하고 관심 있는 목소리로 말한다

온정과 존중에 관한 비언어적 의사소통 전략은 성인과 아동에게 똑같이 적용될 수 있다. 부모와 교사 간에도 편안하게 만나서 이야기할 때 래포가 형성될 수 있다.

5. 부모와 의사소통을 할 때에 이들의 비언어적 행동에 주의를 기울이고, 부모가 전달하는 메시지와 교사가 부모에게 전달하고 싶어 하는 메시지를 적절한 비언어적 방법을 통해 의사소통한다

걱정이 많은 부모는 교사의 자신감 넘치는 모습에 안심한다. 우울해하거나 화가 났을 때에는 진지한 표정과 확고하고 조용한 목소리 톤이 적절하며, 낄낄거리거나 웃는 것은 이들을 더 화나게 한다. 미소 짓는 얼굴과 우호적인 목소리 톤은 아동이 재미있는 이야기를 할 때에는 적절하지만, 만약 이성의 부모가 귀가 시간에 상스러운 농담을 했다면 적절하지 않을 것이다. 교사가 부모에게 전달하는 비언어적 메시지는 어떠한 다른 의사소통 양식보다도 교사의 전문성과 부모에 대한 교사의 감정을 잘 나타낸다.

6. 부모와 상호작용 시 이모티콘 등 전자 의사소통 방식을 사용하되 최소한으로 한다

간단한 정보를 전달할 때 문장의 끝에 ☺를 넣는 것은 부모가 교사를 더 온정적이고 친근하게 여기도록 한다. 그리고 가족에게 주는 영유아의 사진은 현명하게 선택한다.

피해야 할 함정

◆ 말의 내용과 모순되거나 일치하지 않는 비언어적 메시지를 사용하는 것

화가 났거나, 규칙을 말해주거나, 훈계하거나, 불쾌함을 전달할 때에는 웃지 말아야 한다. 훈계를 할 때 사랑스러운 목소리를 사용하거나, 인정이나 애정을 표현할 때 냉정한 톤의 목소리를 사용해서는 안 된다. 이러한 이중 메시지는 아동에게 혼란과 불신을 준다.

◆ 생각하기 전에 행동하는 것

잘 알지 못하거나 깊이 생각하지 않는 교사는 때로 타인에게 무관심하거나 모욕을 주는 비언어적 행동을 할 수 있다. 안 좋은 냄새가 나는 사람 앞에서 킁킁거리며 냄새를 맡고 불쾌한 얼굴 표정을 짓는 것은 무례한 행동이다. 정직한 반응이 적절하긴 하지만, 사려 깊은 반응 또한 긍정적인 관계를 형성하고 다른 사람을 이해하는 데 있어 필수적이다. 이것이 전문가와 훈련받지 않은 사람 간의 차이이다. 전문가는 자신의 생활 경험에만 의지하는 사람보다 더 효과적인 정보를 가지고 사용한다.

◆ 말을 잘 듣는 아이에게만 온정, 수용, 진정성, 공감, 존중을 보여주는 것

아동과 긍정적인 관계를 형성하기 위해 비언어적 행동을 사용하는 것은 모든 아동의 사회성 발달을 향상시키기 위해서 필요하다. 아동이 교사의 행동을 예리하게 관찰하고 교사가 진실되지 않다고 생각한다면 모든 아이들에게 이러한 비언어적 행동의 효과가 잘 나타나지 않을 것이다.

◆ 아동에게 상처주거나 위협하는 것

주의집중을 유도하는 비언어적 수단 중 연필로 아이의 머리를 톡톡 두드리고, 줄을 서도록 잡아당기거나, 말하는 동안 가만히 있게 하기 위해 과도한 힘을 사용하는 것 등은 공격적이고 부적절하다. 손이나 주먹을 올리고 너무 세게 잡거나 아주 가까운 거리에서 노려보는 것은 일종의 폭력으로 윤리적으로 문제가 있는 행동들이다.

◆ 아기 말을 사용하는 것

부모나 아동과 친한 사람은 애정을 나타내는 하나의 형태로 아기 말을 사용할 수도 있다. 그러나 교사는 아동에 대한 존중을 기반으로 하여 더 명확한 의사소통을 해야 한다.

◆ 아동이 하는 말을 방해하는 것

아동에게 말할 기회를 준다. 무엇을 말하려고 하는지 알고 있다고 할지라도 아이들이 하는 말을 대신 완성해주어서는 안 된다. 아이들이 말을 하면서 주저하는 것은 정상적인 것인데, 교사가 이것을

메우려 하면 안 된다. 자신의 생각을 말로 표현할 수 있도록 시간을 주는 것은 아동에 대한 존중을 나타낸다. 아동이 할 말을 선택하게 하고 빨리 말하라고 재촉하지 말아야 한다. 이렇게 하면 아동에게 바람직한 듣기 기술의 모델을 제공할 수 있다.

◆ 아동에게 소리 지르는 것

아동의 주의를 끌기 위해 더 효과적인 방법이 앞에서 기술되었다. 크고 날카로운 소리에 아동은 겁이 날 수도 있다. 교사가 이런 행동을 하는 것은 자기 조절을 하지 못하는 것이다.

◆ 아동에게 멀리서 말하기

일반적으로 교사는 아동에게 걸어가서 직접 이야기를 한다. 그러나 긴급한 상황이나 위험한 상황에서 교사는 종종 이를 잊게 된다. 이럴 때 교사는 소리를 질러서 경고하려 하지만 이렇게 하면 아이들은 이 메시지가 자신을 향한 것인지를 모를 수도 있기 때문에 효과적이지 않다. 오히려 이들이 놀라서 다칠 수도 있으니, 시간이 몇 초 더 걸리더라도 아동에게 직접 가서 메시지를 전달해야 한다.

◆ 의사소통을 할 때 손을 입이나 턱에 두어 얼굴과 입을 가리는 것

말을 하면서 얼굴의 일부를 가리면 교사의 말이 불명확하거나 잘못 이해될 수도 있으며 얼굴 표정이 잘 보이지도 않는다. 실내에서 모자를 쓰는 것도 교사의 얼굴을 잘 안 보이게 해서 아이들이 교사의 표정을 잘 볼 수 없게 만든다. 아동이 분명하게 교사의 얼굴을 볼 수 있도록 한다.

◆ 가까이 있는 부모를 무시하는 것

어떤 사람이든지 가까이 다가올 때에는 간단한 호의를 나타내야 한다. 이들을 무시하면 무관심이나 무례하다는 인상을 준다. 이들은 아동의 부모일 수도 있고 아닐 수도 있기 때문에 이들이 누구인지를 아는 것은 아동의 안전과 관련된 문제이기도 하다.

SUMMARY

사람들은 비언어적 행동을 통해 전달하고자 하는 언어적 메시지뿐 아니라 관계에 대한 느낌을 효과적이고 미묘하게 전달한다. 또한 비언어적 의사소통은 구어를 대체하고, 상호작용을 조절하고, 정체성과 지위를 나타내고, 정서를 공유하고, 진실된 감정을 숨기고, 위장하는 기능을 한다. 이러한 비언어적 행동은 관계를 형성하고 아동의 사회적 유능성을 발달시키기 위해 사용될 수 있다. 비언어적 메시지는 보통 모호하고 짧은 시간 동안 일어나기 때문에 부인되거나 잘못 이해될 수 있다.

비언어적 의사소통의 전달 통로는 각각 독립적으로 작용할 수 있고, 사전적 메시지를 보완해줄 수도 있으며, 그 반대일 수도 있다. 공간에서의 위치, 신체 움직임, 신체 방향, 신체 접촉, 몸짓 등은 모두 다른 사람들과 관련된 신체적 움직임을 필요로 한다. 얼굴 표정과 준언어 또한 매우 강력한 의사소통 요소이다.

다른 사람과의 매일의 상호작용에서 사람들은 관계에 관한 인상을 전달한다. 이러한 메시지 중 대부분은 온정, 수용, 진정성, 공감, 존중을 표현하기 위해 언어적이기보다는 비언어적으로 전달된다.

성인은 눈 맞춤을 유지하고, 확고하고 자신감 있는 목소리로 말하고, 아동을 만지거나 아동 곁에 위치함으로써 비언어적으로 아동에게 권위와 안정감을 전달한다. 이와 유사하게 지배적인 아동들도 친구와 거리를 가깝게 하고 편안하게 신체를 개방하며, 주저함이 거의 없고, 더 크고 표현적인 목소리를 사용한다.

모든 방식에서 일관되게 표현되는 메시지는 더 쉽게 이해되며, 말하는 사람이 정직, 진정성, 성실하다는 일반적인 메시지를 전달한다. 전달 통로마다 다르게 표현되는 혼합된 메시지는 아동에게 혼동을 주며, 속이거나 무관심하다는 것을 나타내고, 아동이 성인을 신뢰하지 못하게 하고, 바람직한 반응을 얻기 어렵게 만든다.

아동은 비언어적 메시지를 의도적으로 전달하는 것보다 해석하는 것을 먼저 배운다. 대부분의 아동은 모방과 유능한 의사소통자와의 상호작용에 기초하여 학습한다. 그래서 효과적인 의사소통을 하는 사람을 많이 본 아동은 효과적인 의사소통을 더 잘 한다. 아동은 또한 직접적인 교수를 통해서도 학습한다. 영아도 혼합된 메시지를 감지할 수 있으며, 메시지의 준언어적 특성에 많이 의존한다. 아동은 성장하면서 비언어적 메시지를 더 잘 이해하고 전달하게 된다. 또한 이들은 거짓이라는 것을 알았을 때를 제외하고는 메시지를 해석하기 위해 얼굴 표정을 더 많이 본다.

　　비언어적 메시지의 의미를 이해하는 부모나 교사는 효율적인 의사소통을 하기 위해서 비언어적 메시지를 의도적으로 사용할 수 있다. 권위뿐 아니라 온정, 수용, 진정성, 공감, 존중을 비언어적으로 전달할 수 있는 방법을 제시하였다. 이러한 기술을 사용한다면 아동 및 가족과 분명하게 의사소통하고 이들과 긍정적인 관계를 형성할 수 있다.

　　피해야 할 함정도 제시하였는데, 이는 아동과 긍정적인 관계를 형성하는 데 효과가 없고 관계를 방해한다. 본 장에서 아동과 의사소통하는 데 있어 가장 기본적인 요소들을 학습하였고, 아동 및 이들의 가족과 긍정적인 관계를 발달시키기 위해 이러한 비언어적 의사소통 방식을 언어적 의사소통 기술과 결합할 수 있는 방법을 알아보았다.

CHAPTER 4

언어적
의사소통을 통한
긍정적인
자아 발달

언어적 의사소통을 통한 긍정적인 자아 발달

학 습 목 표

• 자기인식, 자아개념, 자존감과 관련된 발달 이정표를 안다.
• 긍정적인 언어 환경과 부정적인 언어 환경의 속성을 구분한다.
• 긍정적인 언어 환경에 기여하는 교사의 역할을 파악한다.
• 아동의 자아인식과 자존감을 조장하는 언어적 의사소통 기술을 파악한다.
• 아동 및 가족과 언어적으로 의사소통하는 데 있어 피해야 할 함정을 살펴본다.

1. 자아의 발달

자신이 누구인지 알고 태어나는 사람은 없다. 이는 시간이 지나면서 다른 사람과의 상호작용을 통해 발달한다(Rose-Krasnor & Denham, 2009). 아동은 매일 사회적 환경을 탐색하고, 자신에 대한 정보를 모으고 해석하며, 자신을 이해하기 위해 이러한 정보를 통합한다. 이러한 정보가 모여서 나는 누구인지에 대한 심도 있는 대답을 만들어간다. 따라서 자아에 대한 정의는 복잡하며, 사회적인 구성요소와 인지적인 구성요소로 이루어진다(Harter, 2012; Widen & Russell, 2003).

사람이나 사물과의 상호작용과 이러한 경험에 대한 아동의 인지적 해석은 각 아동의 자아에 대한 이해에 영향을 미친다(Lewis & Carpendale, 2004). 이러한 자아에 대한 이해는 결국 아동이 자신에 대해 느끼는 방식, 아동이 또래나 성인과 상호작용하는 방식, 사회적 상호작용의 잠재적인 성공이나 실패에 대한 이들의 기대, 새로운 것을 탐험하고 학습하고자 하는 동기에 영향을 미친다 (Domitrovich, Moore, & Thompson, 2012; Thompson & Virmani, 2010). 아동이 자신의 환경에 영향을 미칠 수 있다고 믿는 정도, 자신이 사회에 의미 있는 기여를 할 수 있다고 느끼는 정도는 아동이 자신에 대해 가지고 있는 이미지와 자기 이미지를 어떻게 평가하는지에 의해 영향 받는다.

1.1 자기인식

아동이 처음으로 획득하는 사회적 지식은 자신이 자기 주변의 사람이나 환경과 구분되는 독특한 존재라는 것이다. 이러한 이해를 **자기인식**(self-awareness)이라고 한다(Marsh, Ellis, & Craven, 2002). 신생아는 태어나서 양육자와 밀접하게 융합되어 있지만, 점차 개별화와 분리를 통해서(2장 참조) 그 어느 누구와도 신체적, 정신적으로 구분되는 자기인식을 시작한다(Thompson & Goodman, 2009). 예를 들어 18개월경 대부분의 영아는 거울을 보고 자신을 인식한다(Nielson, Suddendorf, & Slaughter, 2006). 그 후 6개월 정도가 지나면 대부분의 영아는 사진 속의 자신을 지적할 수 있다. 2세 영아의 신체적 자기인식은 이들이 사용하는 말에서도 나타나서, 이들은 자신을 이름으로 지칭하고("나 박수현") 좋아하는 물건의 소유를 주장하기 위해 소유격을 사용한다("내거")(Harter, 2012; Thompson,

그림 4-1 아동이 그린 가족화: 나와 우리 가족

2006). 이들은 또한 다른 사람을 지칭할 때 "너"라는 단어를 사용하는데, 이는 이 시기 영아들이 "나는 나야, 나는 네가 아니야. 너는 나랑 다른 존재야"라고 인식한다는 증거이기도 하다. 2세 후반의 영아는 자기 주변의 사람들, 물건, 사건들에 영향을 미칠 만한 힘이 있는 존재로 자신을 생각한다(Laible & Thompson, 2008). 무기력한 신생아에서 자신을 인식하는 개인으로의 변화는 발달에 있어 중요한 이정표이다(Bjorklund, 2012). 이는 각 아동의 독특한 자아개념을 포함하여 후에 발달하는 사회적 이해와 사회적 유능성 발달의 기초가 된다.

1.2 자아개념

자기인식이 외부 환경에서 다른 사람들과 구분되는 자아를 이해하는 것이라면, **자아개념**(self-concept)은 유아가 자신을 나타내며 다른 사람들과 자신을 구분 짓는 속성, 능력, 행동, 태도, 가치 등을 조합하여 자신을 정의하는 방식이다(Shaffer, 2009). 대부분의 발달 과정처럼 자아개념도 구체적이고 단순한 정의에서부터 시작하여 더 추상적이고 복잡한 개념으로 발달한다. 자기이해의 발달은 아주 초기부터 시작하여 아동기를 거쳐 청소년기까지 계속된다.

유아기

유아들은 말을 하게 되면서 연령이나 성과 같은 속성에 기초해서 자신을 기술하기 시작한다(Derman-Sparks & Edwards, 2010). 걸음마기 유아는 "나 두 살", "난 남자"라고 자랑스럽게 말한다. 2~4세가 되면 이러한 범주를 확장하여 자신을 관찰 가능한 용어로 정의내리기 시작한다

(Harter, 2012). 자신을 신체적 속성("내 머리는 까매요"), 능력("나는 계단을 올라갈 수 있어요"), 소유물("난 자전거 있어요"), 관계("난 언니 있어요"), 선호("나는 아이스크림과 초콜릿을 좋아해요")와 관련해서 기술한다.

자신의 그림을 그리고 계단을 올라가거나 자랑하듯 자전거를 타는 것처럼 유아들은 자신이 말한 것을 그 자리에서 보여주려 한다. 유아들이 무엇을 좋아하고 좋아하지 않는지를 말하긴 하지만(예: "나는 인형 갖고 노는 거 좋아해", "나는 콩 싫어") 유아들이 자신에 대해 심리적 속성으로 기술하는 일(예: "나는 슬퍼요", "나는 친절해요")은 거의 없다. 이들의 자아개념은 즉각적이고 구체적이며, 내적 상태가 아니라 특정한 경험과 관련되어 있다(Bjorklund, 2012). 같은 이유로 이 시기 유아들은 자신이 생각하는 자아의 여러 측면들이 서로 연결되어 있음을 알지 못한다. 대신 자신을 규정하는 각 속성들이 독립적이고 구분되는 것이라고 생각한다. 이것은 유아들이 완전히 통합되거나 응집된 자아개념을 가지지 못하기 때문이다(Harter, 2012). 이러한 자아개념은 좀 더 후에 발달한다.

아동기 초기

아동기 초기 동안에도 아동은 자신을 연령, 성, 소유물, 능력, 관계, 선호와 관련하여 언급한다. 그러나 5~7세 정도가 되면 아동은 지금 여기에 집중하여 자신을 생각하던 것에서 이제는 과거, 현재, 미래에 관련하여 자신을 이야기한다. 아동은 자아개념을 확장시켜서 자신이 지금 할 수 있는 것과 예전에 할 수 있었던 것을 비교한다(Harter, 2012). 그래서 "나는 지금은 어렸을 때보다 훨씬 더 빨리 달릴 수 있어요" 혹은 "나는 어렸을 때 밤을 무서워했는데, 이제는 무섭지 않아요"와 같이 말한다. 이러한 변화는 자랑하기 위해서가 아니라 자신이 얼마나 성장했는지를 알게 되면서 나타난다. 또한 "난 커서 주방장이 될 거야" 혹은 "내년에는 말을 탈 수 있을 정도로 키가 커질 거야"라고 말하는 것처럼 아동은 미래에 자신이 어떠할 것인지를 예상하기 시작한다. 동시에 관련된 속성들을 엮어서 더 완전한 자아개념을 갖게 된다. 초등학교 2학년인 현호는 "나는 달리기, 점프, 오르기를 할 수 있어요" 혹은 "나는 글자를 읽을 수 있고 수학을 잘 해요"라고 말한다. 이처럼 이전에 자신을 기술하던 구체적인 속성들이 이제는 통합되기 시작한다.

아동기 중기

8~11세 정도의 시기에 아동의 자아개념에서 중요한 변화가 나타난다. "너는 누구니?"라는 질문에 이들은 눈에 보이는 속성뿐 아니라 내적 특성과 정서적인 속성까지도 포함하여 기술한다("나는 수줍음이 많고, 나는 행복해요")(Harter, 2012). 학교에 다니게 되면서 아동들은 비교의 준거로 이전 시기의 자아뿐 아니라 외모, 능력, 성취와 관련해서 또래와 자신을 비교하기 시작한다. 그래서 "나는 민식이보다 빨리 달려요. 수희는 나보다 받아쓰기를 더 잘해요"라고 말한다. 이러한 비교를 통해서 아동은 자신의 특성들을 더 주의 깊게 살펴보게 되고 자신과 타인을 구분하게 된다. 이전에

도 자신의 능력에 대해서 말하긴 했지만, 이 시기에 와서야 능력을 구체적인 영역으로 범주화하고(예: 학업, 사회적 능력, 신체 능력) 영역을 구분하여 말할 수 있게 된다. 이를 통해 아동은 자신이 수행한 것들 간의 차이를 자아개념의 구성요소로 고려하게 된다("나는 수학은 잘해요. 그런데 운동은 잘 못해요")(Harter, 2012). 또한 대인 간 관계는 아동의 자아개념에서 더 중요해져서, "나는 상희와 윤주의 친구예요", "나는 윤식이의 여자 친구예요"라고 말한다. 이렇게 자아에 대해 더 정교화된 관점을 갖는 것은 이들의 지각이 이전에 한 것뿐 아니라 앞으로 할 것이나 할 수 있는 것에 영향을 받기 때문에 가능해진다. 그래서 아동은 그동안 해왔던 방식, 그리고 계속 지속될 것이라고 생각되는 행동 방식으로 자신을 기술한다("나는 똑똑해. 수줍음이 많아. 나는 열심히

그림 4-2 열 살 유미의 자아상: 신체적 자아상을 표현하고 있다

공부하는 아이야"). 이러한 관점에서 자아를 생각하는 것은 경험이 늘어나고 인지 능력이 발달하면서 아동이 더 추상적이 되었음을 의미한다. 이 시기 아동은 이전보다 더 확대된 자아인식과 더 통합된 자아개념을 가지고 청소년기를 맞게 된다.

1.3 자아존중감

자아존중감은 사회적 경험의 산물이다. 아동이 가족 구성원들, 다른 친밀한 성인, 또래와 상호작용하면서 이러한 각각의 개인들은 아동이 자신을 보고 그래서 자신이 어떠한지를 판단하게 하는 '거울'의 역할을 한다(Epstein, 2009). 따라서 사람들이 아동과 관계를 맺고 말하고 이들의 성공과 실수에 대해 반응하는 방식을 통해 아동은 자신의 가치와 능력에 관한 메시지를 전달받는다. 이러한 과정에서 주변 사람의 평가가 좋다고 아동이 인식하면 이 아동은 자신을 긍정적으로 평가하지만, 주변 사람의 평가가 부정적이라고 인식하는 아동은 자신에 대해 부정적인 평가를 하게 된다. 생후 초기부터 아동들은 다양한 경험을 하게 되고 이것이 쌓여서 다음과 같은 결론을 내리게 한다.

- 사람들은 나를 좋아해.
- 나는 똑똑해.
- 나는 무엇이든 잘 할 수 있어.

- 사람들은 나를 별로 좋아하지 않아.
- 나는 별로 똑똑하지 않아.
- 나는 잘할 수 있는 것이 별로 없어.

- 나는 의사결정을 잘해.
- 나는 나를 좋아해.

- 나는 잘 결정하지 못해.
- 나는 내가 싫어.

이러한 자아에 대한 평가적인 구성요소가 바로 **자아존중감**(self-esteem)이다. 자아존중감은 가치, 능력, 통제의 세 가지 차원으로 구성된다(Bagwell & Schmidt, 2011). 이러한 각각의 차원은 아동이 자신을 좋아하는지, 자신이 세상을 통제할 힘이 있다고 느끼는지에 영향을 미친다(Hewitt, 2002).

가치

사람이 자신을 가치 있게 여기고 좋아하는 정도, 그리고 다른 사람들이 자신을 가치 있게 여기고 좋아한다고 생각하는 정도가 **가치**(worth)의 차원이다. 가치는 아이들이 "나를 좋아해요? 나를 얼마나 좋아해요? 왜 나를 좋아해요? 내가 나쁜 일을 해도 날 좋아해요?"와 같은 질문을 하는 것과 관련된다. 관계는 가치의 특정한 신호이고 "누가 나를 신경 쓸까?" "나에게 관심을 가지는 사람은 누구이지?"와 같은 질문으로 측정된다. 결론적으로 아동은 자신이 맺고 있는 관계나 형성하지 못한 관계에 의해 자신의 가치를 판단한다(예: "이 사람은 내 엄마야", "나는 언니야", "수연이는 나랑 친구하고 싶지 않대").

능력

능력(competence)은 과제를 완수하고 목표를 성취할 수 있다는 신념이다. 아동이 목표를 설정하고 새로운 과제를 시도하고 자신의 잠재력을 탐구하고 또래나 성인과 상호작용할 때 "나는 무엇을 할 수 있지? 나는 이걸 얼마나 잘 할 수 있을까? 성공할 수 있을까? 내가 한 것을 다른 사람들이 인정해줄까?"에 대한 답을 얻게 된다. 아동은 일상적인 활동을 통해 얻게 되는 답을 통해 자신의 능력에 대해 판단한다.

통제

통제(control)는 개인이 세상에서 일어나는 일과 사건에 영향을 미칠 수 있다고 느끼는 정도를 일컫는다. 영아가 미소 짓고 옹알이를 함으로써 양육자와 상호작용을 길게 유지하는 것, 걸음마기 유아가 초록색 컵이 아니라 빨간 컵을 선택하는 것, 유아가 코트를 여미려고 시도하는 것, 초등학생이 작은 엔진을 작동하게 만드는 것 등 통제는 많은 영역의 실제에서 경험된다. 아동이 행동하고 자신의 행동이 미치는 영향을 관찰하면서 얼마나 많이, 언제, 어떤 종류의 통제를 자신이 행사할 수 있는지에 대한 믿음을 형성한다.

자아존중감의 세 가지 요소

아동이 새로운 상황에 접할 때마다 이들은 내가 가치 있는가? 나는 할 수 있는가? 내가 무엇에 어떻게 영향을 미칠 수 있는가?의 세 가지 판단을 하게 된다. 이러한 내적 사고가 자신의 가치, 능력, 통제에 대한 평가를 하게 한다. 이들의 평가가 의식적일 때도 있고 그렇지 않을 때도 있다. 어떠한 경우건 아동이 조금씩 찾아내는 대답은 자신에 대한 지식과 개인적 준거에 있어 중요한 정보를 제공한다. 자아존중감의 세 가지 차원은 그림 4-3에 제시하였다. 이러한 세 가지 차원은 원 안에 있고 이러한 세 가지 요소가 서로 연결되어 있고 모든 세 가지 차원이 똑같이 중요함을 의미하기 위해 삼중주(trio)라고 명명했다. 이러한 세 가지 차원이 학교에 처음 온 날 태희의 자아에 대한 평가에 어떻게 조합되어 영향을 미쳤는지를 살펴보자. 자신의 가치, 능력, 통제에 대한 태희의 내적 판단이 다음에 제시되어 있다.

7살 태희는 이사를 오게 되어 1학기 중간에 새로운 학교로 전학을 왔다. 2학년 교실에 들어온 태희는 조사하듯이 교실 안을 주의 깊게 훑어본다. 교사가 미소 지으며 태희에게 다가온다. 교사는 몸을 구부려 태희의 눈높이에 맞추며 "안녕. 네가 태희구나~ 네가 우리 반에 전학 와서 너무 반갑다. 여기 뒤에 사물함이 있고. 이게 네가 쓸 칸이란다. 여기에 네 이름이 적혀 있지. 나중에 네 사진을 찍어서 붙여줄게. 너와 네 어머님께 우리 교실의 재미있는 것들을 알려줄게. 지금 여기서 프로젝트 수업을 하고 있는 중이야. 좀 살펴본 후에 네가 어떤 것을 할지 결정하렴" 이라고 인사한다.

　이와 동시에 태희의 뇌는 이 상황을 분석하고 있으며, 이 새로운 장소에서 자신의 상대적인 가치, 능력, 통제를 해석하고 평가하고 있다. 비록 생각이 많지 않더라도 이러한 상황들은 태희의 자기 평가에 기여하고 있다.

　태희는 자신의 가치에 대해(나는 가치 있는 존재인가?) "선생님은 나를 봐서 기뻐해. 내 사물함도 있고, 선생님이 내 사진을 찍어주신대... 나는 여기 교실에 속할 수 있을 것 같아"라고 생각한다. 태희는 자신의 능력에 대해(나는 할 수 있는가?) "여기 교실에서는 많은 일들이 일어나고 있는 것 같아. 예전 학교에서도 이런 것을 했었지. 나는 할 수 있을 것 같아"라고 생각한다. 태희는 자신의 통제에 대해(나는 무엇에 영향을 미칠 수 있을까? 어떻게 영향을 미칠 수 있을까?) "내가 하고 싶은 것을 선택해야겠다! 멋져 보이는걸!"이라고 생각한다.

　태희는 새로운 교사와의 첫 만남을 자신의 가치, 능력, 통제에 대한 긍정적인 것으로 해석했다. 그러나 만약 다른 경험을 했다면 태희는 자신에 대해 다른 결론에 도달하게 될 것이다. 예를 들어, 만약 새로 전학 온 태희가 인사할 때 교사가 다른 일에 몰두해 있었다면 태희 자신은 가치 없는 존재라고 판단했을지도 모른다. 만약 태희가 소집단의 아동들과 함께 한 선행 경험이 없었다면 새로운 일과에 적응하는 것은 아직 자신에게 없는 새로운 기술을 필요로 한다고 결론을 내렸을 수도 있다. 혹은 만약 이 영역에서 저 영역으로 아동들이 자유롭게 움직이는 시스템이 자신의 예전 교실과 달랐다면 이 상황이 혼돈되고 통제하기 어렵다고 해석했을 것이다. 태희가 궁극적으로 어떻게 결론 내렸건 간에 이것은 태희의 선행 경험, 문화, 기질, 타인과의 관계, 언어, 현재 자아에 대한 개념과 관련하여 그 상황을 인식하는 것에 달려있다.

태희가 새로운 학교에서 경험하는 것은 태희의 자아존중감에 기여할 것이다. 매우 많은 크고 작은 경험들을 통해 아동은 지속적으로 자아를 형성해간다. 아동의 다른 모든 발달 측면들처럼 자아존중감도 발달과 경험 간 상호작용을 통해 만들어지는 개념이다.

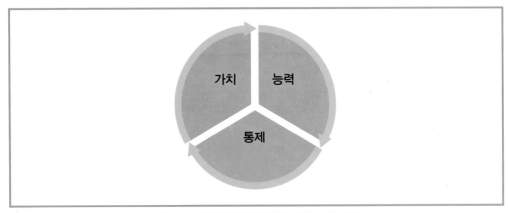

그림 4-3 자아존중감의 삼중주: 가치, 능력, 통제

1.4 자아존중감의 발달

자아에 대한 판단은 생애 초기부터 시작하여 점점 더 정교해진다. 영아도 블록을 쌓거나 모양 맞추기를 잘 했을 때 미소 짓는 것을 보아 이들이 자기 평가를 하고 있음을 알 수 있다. 또한 어떤 과제를 실패했을 때에는 고개를 돌리거나 인상을 찌푸리는 등의 행동을 하는 것으로 보아 영아도 부정적인 자기 평가를 함을 알 수 있다(Berk, 2013). 유아기가 되면 이들은 말로 자신에 대한 판단을 표현한다. 유아가 "나는 착한 아이야" "쟤네들은 나를 좋아해"와 같은 말을 하는 것을 볼 수 있다. 이러한 말은 이 연령의 유아가 전반적인 자아존중감 정도를 나타내는 것으로, 이들은 아직 사회적 자아 대 신체적 자아와 같이 자아의 개별 요소를 구별하지는 못한다. 이러한 구분은 4, 5세 정도가 되어야 나타나기 시작하는데, 자신이 얼마나 공을 잘 던지는지, 얼마나 많이 수를 셀 수 있는지와 같은 행동에서 엿볼 수 있다. 초기에 아동의 자신에 대한 판단은 대부분 긍정적이며, "나는 이 공을 저 운동장 너머까지 던질 수 있다!"에서처럼 자신의 능력을 과대평가하는 것이 일반적이다(Harter, 20120). 이러한 부정확성은 아동이 고의적으로 속이려는 것이 아니라, 인지적 한계와 미숙함 때문이다. 이 연령의 아동들 대부분은 놀라울 정도로 자신에 대해 우호적이고 새롭게 발달

하는 능력에 대해 자부심을 느낀다. 이들은 '진정한 자아'와 '이상적인 자아' 간의 차이를 거의 인식하지 못한다. 이것은 유나의 자아상에서 잘 나타난다(그림 4-4 참조).

초등학교 저학년 경 아동은 분화하여 자신을 평가한다. 이들은 사회, 학업, 신체/운동, 외모의 적어도 네 가지 범주에 기초해서 자신을 평가한다(Harter, 2012). 여덟 살이 되면 대부분의 아동은 이러한 각각의 영역에서 자신의 능력을 구분하게 되어, 이때부터 자아존중감은 다면적인 지각의 조합이 된다(Harter, 2012). 그래서 아동은 자신에 대해 스포츠와 같은 신체 활동과 관련해서는 긍정적이지만 학업 면에서는 부적절하다고 느낄 수 있다. 단순히 특정한 영역에서 부적절하다고 인식하는 것이 자동적으로 자아존중

그림 4-4 다섯 살 유나의 자아상

감을 낮추는 것이 아니라, 각 아동이 가지는 특정 영역의 상대적 중요성이 자기 판단에 영향을 미

표 4-1 아동의 자아개념 발달

연령	출생~1세(영아기)	2~4세(유아기)	5~7세(아동기 초기)	8~11세(아동기 중·후기)
자아에 대한 기술	• 양육자와 분리된 존재로서 자아에 대한 인식이 나타남	• 구체적이고 관찰 가능한 속성으로 자아를 정의내림 • 한 번에 한 가지 속성에만 집중함 • '여기 지금'에 기초하여 자아를 기술함	• 구체적이고 관찰 가능한 속성으로 자아를 정의내림 • 구체적인 속성들을 연결하여 더 종합적으로 자신을 기술함(난 빨리 달리고, 높이 점프도 해. 나는 공을 멀리 던질 수도 있어.) • 현재의 자아, 과거의 자아, 미래의 자아가 포함됨	• 외적 속성뿐 아니라 내적 속성에 기초하여 자아를 정의내림 • 자신의 속성을 여러 범주로 구분하여 기술함(사회, 학업, 신체, 외모) • 자아가 지속적인 특성과 행동 패턴으로 구성됨
비교 사용	• 비교하지 않음	• 비교하지 않음	• 현재의 자아와 이전 자아를 비교함	• 자신과 타인 간의 사회적 비교를 함
자기 평가	• 인식하기 시작함	• 전반적으로 긍정적으로 자신을 평가함 • 자신을 부정적으로 보지 않음 • 자신의 능력을 과대평가함	• 전반적으로 긍정적으로 자신을 평가함 • 자신 안에 있는 부정적인 속성들을 보지 못함 • 자신의 능력을 과대평가함 • 진정한 자아와 이상적인 자아를 동일하다고 생각함	• 자아의 여러 측면을 인식함(긍정적인 측면과 부정적인 측면) • 범주로 자신을 평가함(사회, 학업, 신체, 외모) • 범주 간에 구분하여 평가함 • 이전 시기보다 자신에 대해 더 비판적이고 더 정확하게 평가함

친다. 그래서 "난 물건을 잘 고치지는 못하지만, 괜찮아"라는 결론을 내릴 수 있다. 아동기 중후반이 되어가면서 대부분의 아동은 자신에 대해 긍정적인 평가와 부정적인 평가를 모두 하게 되고, 이전보다 더 정확해진다(Harter, 2012).

이렇게 더 발달된 수준의 자아평가는 더 깊어진 아동의 자아인식과 자아개념과 함께 변화한다. 표 4-1에 자아의 세 가지 측면의 발달을 제시하였다. 자아인식, 자아개념, 자아존중감이 어떻게 발달하는지 살펴보자.

1.5 자아존중감에서의 개인차

모든 아동이 유사한 발달과정을 통해 자신을 이해해 가지만, 각 아동은 자아존중감의 세 가지 요소와 관련하여 자기 나름의 결론에 도달하게 된다. 가치, 능력, 통제와 관련해서 자신을 매우 긍정적으로 평가하는 청소년이 있는가 하면, 자신에 대해 매우 부정적인 청소년도 있다. 이러한 차이는 각 아동에게 있어 의미 있는 파급효과를 낳는다. 예를 들어 어린이집에서 블록으로 탑을 쌓는 것에 좌절한 두 아이가 있을 때, 한번 시도해보고 포기하는 아이가 있는가 하면, 계속 시도하는 아이가 있다. 계속 시도하는 아이가 금방 포기하는 아이보다 자아존중감이 더 건강함을 알 수 있다.

자신에 대해 사랑받을 만하고 유용한 지식과 기술을 가지고 있고 주변의 사건에 영향을 미치는 능력이 있다고 믿는 사람을 자아존중감이 높다고 말한다. 또래로부터 거부되거나 무시되는 아동, 성공하기 위한 기술을 가지고 있지 않은 아동, 자신에게 일어난 일에 영향을 미치기에 무기력하다고 느끼는 아동은 자아존중감이 낮다. 성장해가면서 아동의 생각을 지배하는 이러한 인식은 이들의 행복감과 밀접하게 관련된다(Furnham & Cheng, 2000).

자아존중감이 높은 아동

자기 평가가 대체로 긍정적인 아동은 자신에 대해 좋게 생각한다(Harter, 2012). 사람들이 자신을 유능하고 좋아할 만하다고 생각하며, 자신과 타인의 삶에 긍정적인 차이를 만드는 의사결정과 행동을 한다고 여긴다. 이들의 가치, 능력, 통제에 대한 생각은 사회적 만남을 할 때 상대방이 자신으로 인해 혜택을 얻는다고 생각하게 하고, 과업이 있을 때에는 자신이 할 수 있다고 생각하게 만든다(NICHD, 2002). 장애에 직면했을 때에도 과거에 경험한 긍정적인 감정을 상기해서 어려운 시기를 극복한다. 또한 자신의 능력에 대해 희망적이고 자신감이 있기 때문에 자아존중감이 높은 아동은 즉각적으로 성공하지 못하더라도 어려운 과제를 포기하지 않고 계속 노력한다(Baumeister et al., 2003). 초등학교 고학년이 되면 자아존중감이 높은 아동은 자신의 능력과 한계를 현실적으로 평가하고, 한 영역에서의 약점과 다른 영역에서의 성공을 구분할 수 있게 된다(Harter, 2012). 이러한 특성으로 인해 이들은 약점에 매달리기보다는 장점을 인식하게 되고, 문제를 해결하기 위해서 자신의 장점을 사용하고 대안을 검증한다. 이러한 이유로 인해 자아존중감이 높은 것은 긍정적인 행복감, 긍정적인 생활 만족, 건강한 정신 건강과 관련된다.

자아존중감이 낮은 아동

반면에 낮은 자아존중감은 우울, 불안, 자살 및 폭력적인 생각, 부적응과 관련되며(Harter, 2012; Leary & McDonald, 2003), 공격성, 반사회적 행동, 비행과도 연관이 있다(Donnellan et al., 2005). 자신에 대한 가치, 능력, 통제에 대해 전반적으로 부정적으로 평가하는 아동은 부적절함과 무능함, 거부당할 것에 대한 두려움을 경험한다. 이들은 자신의 능력에 관해서 객관적이지 못하며, 자신의 약점에 주의를 더 기울인다. 이러한 아동은 자신이 타인에게 영향을 줄 수 있다는 생각을 거의 하지 못하며, 대부분의 상호작용이 자신에게 부담이 된다고 예상한다. 또한 자신에게 일어나는 일은 대체로 자신이 통제할 수 없는 요인에 의해 발생하며, 아무리 열심히 노력해도 운이 따르지 않으면 대부분 보상받지 못할 것이라고 생각한다. 또한 이들은 자신에 대한 부정적인 관점으로 인해 상처받기 쉬운 자아를 지키거나 예상되는 거부를 피하기 위한 방어책을 사용한다. 자신을 보호하는 전형적인 방법은 자신을 낮추기, 사람들과 거리두기, 다른 사람을 비방함으로써 자신을 치켜 올리기 등이다(Berk, 2013). 그래서 자아존중감이 낮은 것은 양질의 삶을 방해하게 되며, 주변 사람들로부터 멀어지게 한다.

자아존중감은 양자택일이 아니다

자아존중감이 높은 것과 낮은 것을 동전의 앞뒷면처럼 이것 아니면 저것의 개념으로 생각하곤 한다. 그러나 실제로 사람들의 자기 평가는 긍정적인 자아개념과 부정적인 자아개념의 사이에 있다(Denham, Bassett, & Wyatt, 2008). 자아존중감이 높은 아동은 부정적인 범위보다는 긍정적인 범위 내에서 자신에 대해 더 많이 판단하는 반면, 자아존중감이 낮은 아동은 이와 반대로 판단한다. 그러나 하나의 사건이 한 아동의 자아존중감이 대체로 긍정적인지를 결정하지는 않으며, 축적된 경험이 중요하다. 예를 들어 다른 아동의 생일파티에 초대되지 않은 아동은 한동안은 상처를 받을 수 있지만 그 아동의 자아존중감에 영구적인 피해를 입히지는 않는다. 그러나 또래에 의해 계속적으로 거부되는 경험을 한 아동은 자신에 대해 부정적인 인식을 발달시킬 것이다(Brown, Odom, & McConnell, 2008).

생애 초기에 자아존중감은 쉽게 영향을 받을 수 있어서, 주변 환경에 따

그림 4-5 유아는 자신을 알게 되면서 자신의 가치를 긍정적, 부정적으로 판단하고 평가하기 시작한다

라 아동의 자기 평가는 긍정적일 수도 있고 덜 긍정적일 수도 있다. 아동이 성장해감에 따라 선행 경험은 새로운 경험을 어떻게 해석하는지에 영향을 미친다. 경험에 대한 해석이 긍정적이라면 아동은 긍정적인 결과를 더 많이 예상하게 되고 자신의 믿음을 지원하는 방식으로 행동한다. 한편, 만약 아동의 경험에 대한 평가가 부정적인 쪽에 가까우면 이러한 아동은 부정적인 결과를 예상하고 이러한 자신의 기대에 부응하는 방식으로 행동할 것이다(Frost, Wortham, & Reifel, 2011). 이러한 경험이 쌓이면서 아동의 자아존중감은 한 쪽 방향으로 더 지속된다.

행동에서 나타나는 자아존중감

대체로 아동은 자기 평가를 말로 표현하지 않는다. 일반적으로 이들은 자아존중감을 관찰 가능한 행동으로 표현한다(Harter, 2006, 2012). 자아존중감에서의 개인 차이와 관련된 전형적인 행동은 표 4-2에 제시하였다.

　블록으로 쌓기가 잘 안되자 좌절하고 금방 포기하는 유아가 있다면, 교사로서 그 유아의 발달을 돕기 위해 어떻게 해야 할까? 이러한 생각을 하면서 자기인식과 자기이해가 교육과정의 어느 영역에 속하는지 의아해질 수 있다. 혹은 아동 발달과 학습의 이러한 측면이 다른 교육과정과 비교하여 얼마나 중요한지 설명하기 어려울 수도 있다. 최근 CASEL(Collaboration for Academic, Social, and Emotional Learning)에서 미국 각 주의 학습 준거들을 고찰한 후 유아원에서 초등학교에 다니는 아동에게 있어 자기이해를 가장 중요한 사회-정서 학습 준거로 규정하였다(Domitrovic et al., 2012). 이 준거는 표 4-3에 제시하였다. 이러한 준거들이 1) 자기인식 2) 자아개념 3) 자아존중감의 세 가지 자기이해의 요소들과 일치함을 알 수 있다.

표 4-2 **자아존중감이 높고 낮은 아동과 관련된 행동들**

자아존중감이 높은 아동	자아존중감이 낮은 아동
자기 의견에 자신감이 있다. 자신 있게 도전한다. 활동과 상호작용을 주도한다. 독립적으로 목표를 설정한다. 호기심을 표현한다. 탐색하고 질문한다. 새로운 것을 열심히 시도한다. 자신에 대해 긍정적으로 기술한다("내가 할 수 있어요", "새로운 방식으로 계산하는 것을 알아냈어요"). 자신의 작품에 자긍심이 있다. 어려운 과제를 계속 한다. 좌절을 참고 견딘다. 변화와 전이에 적응한다.	자신의 의견이나 생각에 자신감이 없다. 도전을 회피한다. 활동이나 상호작용을 시작하지 못한다. 앞에 나서길 꺼린다. 목표를 정하기 위해 다른 사람을 기다린다. 새로운 것에 위축되고 물러선다. 자신을 부정적으로 기술한다("나는 멍청해요", "나는 이것 못해요"). 자신의 작품에 자신이 없다. 어려운 과제를 빨리 포기한다. 스트레스에 미성숙하게 반응한다. 타인의 실수나 사고에 반사회적인 행동으로 반응한다.

출처: Harter(2012).

표 4-3 **미국 각 주의 준거들**

영역	사회-정서 학습 준거
자기이해(self-understanding)	1. 아동은 자신을 독특한 개인으로 인식하고 가치 있게 여긴다. 2. 아동은 능력, 선호, 특성들을 인식하고 있음을 보여준다. 3. 아동은 능력에 대한 믿음인 자신감을 보여준다.

출처: Domitrovic et al.(2012).

자기이해는 미국 모든 주에서 핵심 교육과정 준거이다. 교사는 이러한 지식을 실제로 적용하기 위해 어떠한 기술을 가지고 있어야 하는지 알아야 한다. 다음 부분에 이러한 내용을 제시하였다.

1.6 성인이 아동의 자아존중감에 영향을 미치는 방법

교사나 양육자가 아동에게 온정, 수용, 진정성, 공감, 존중을 보여준다면 아동은 긍정적인 자아존중감이 발달한다. 부모와 교사가 아동에게 애정을 보여주고, 아동이 하고 있는 것에 관심을 표현하고, 어떤 것을 하게 해주고, 프로젝트를 계획하고 의사결정하고 수행할 기회를 줄 때 아동의 자아존중감은 증진된다(Eccles, 2007). 반대로 부모나 교사가 아동을 거부하고 정서적 지원이 없고 지지적이지 않을 때, 아동은 자신이 사랑받지 못하고 무능하며 무기력하다는 자아상을 형성하게 된다. 부모나 교사가 아동을 무시하거나 무관심할 때, 그리고 조급하고 무례하고 함부로 다룰 때 아동에 대한 부정적인 태도가 전달된다(Harter, 2012).

교사나 부모는 아동에 대한 태도를 다양한 방식으로 전하지만, 가장 분명하고 강력한 신호는 아동에게 어떻게 말하는가이다. 언어는 아동의 자아인식에 영향을 준다. 성인이 아동에게 말하는 내용과 방식은 아동 자신에 대한 생각과 미래상에 많은 영향을 미친다. 그래서 부모나 교사의 말은 특별한 힘을 가진다(Denton, 2007).

2. 언어 환경

언어 환경은 주어진 환경 내에서 일어나는 모든 언어적 상호작용을 포함한다. 언어 환경은 말과 침묵을 이루는 모든 요소, 즉 말의 양, 말의 내용, 말하는 방법, 말하는 사람 그리고 듣는 사람 등을 포함한다. 이러한 요소가 어떻게 사용되고 조합되는지에 따라 그 환경이 아동의 자아 가치, 능력, 통제를 강화하기도 감소시키기도 한다. 따라서 모든 언어 환경이 똑같지는 않다. 부정적인 환경도 있고 긍정적인 언어 환경도 있다. 둘 간의 차이는 표 4-4에 제시하였다. 주요한 차이점은 성인이 언어를 사용하는 방법과 성인이 아동의 의사소통에서 기대하는 내용이다. 교사나 부모의 말은 아

표 4-4 **부정적인 언어 환경과 긍정적인 언어 환경**

부정적인 언어 환경	긍정적인 언어 환경
성인이 상처 주는 말을 한다(비난, 무례한 말).	성인은 아동에게 소속감을 느끼게 하는 말을 한다(격려, 반응적인 말, 존중하는 말).
성인은 아동을 단념시키기 위해 말을 한다.	성인은 아동이 성인이나 또래와의 관심사 및 지금 일어나고 있는 일에 대한 대화를 하도록 아동을 초대하는 말을 한다.
성인이 아동의 말을 무시한다.	성인은 아동의 말을 주의 깊게 듣고 의미 있는 방식으로 반응한다.
성인이 아동을 관리하기 위해 말을 한다.	성인은 아동과 관계를 형성하고 새로운 기술을 배우도록 돕기 위해 말을 한다.
아동은 정보를 수동적으로 받아들인다.	성인은 아동의 자율성을 지원하고 적절한 통제를 하기 위해 말을 한다(아동이 선택하고 의사결정하도록 돕고, 욕구나 감정을 표현하도록 한다).
아동은 주로 성인의 지시에 반응한다.	성인은 아동이 자신을 인식하도록 도와주는 말을 한다(아동이 관심 있어 하는 것, 아동이 느끼고 있는 것, 아동이 하고 있는 것, 아동이 어떻게 변하고 있는지 등에 관해).
아동은 또래와 이야기할 기회가 거의 없다.	성인은 또래 간 대화를 격려하고 아동이 또래와의 상호작용을 통해 배우도록 돕는 말을 한다.
아동은 또래와 상호작용할 때 상처 주는 말을 사용하고, 성인은 그러한 행동을 고쳐주지 못한다.	성인은 효과적인 상호작용 기법을 배우게 하는 말을 하고, 아동의 말이 또래에게 상처줄 때 개입한다.

동이 자신을 긍정적인 방식으로 더 많이 생각하게 할 수도 아닐 수도 있다. 심지어 성인의 말이 아동의 자아인식에 해를 끼칠 수도 있다.

2.1 부정적인 언어 환경

부정적인 언어 환경은 성인이 한 말이나 하지 않은 말 때문에 아동이 자신을 가치 없고, 사랑받지 못하며, 중요하지 않거나 무능한 존재라고 느끼게 하는 환경이다. 교사가 아동에게 소리 지르고, 조롱하고, 악담을 하거나 차별을 하는 것과 같은 극단적인 실례는 쉽게 찾아볼 수 있다. 이것만큼 분명하지는 않지만 교사들이 흔히 하는 행동 역시 부정적인 언어 환경 조성에 영향을 미칠 수 있으며, 이는 아동의 자아존중감을 저하시킨다. 이러한 예는 표 4-5에 제시하였다.

표 4-5에 제시되어 있는 부정적인 언어 환경은 성인의 무관심한 태도, 수용, 진정성, 공감의 결핍, 무례함을 전달한다. 이럴 경우 교실은 교사의 말로 지배되며, 아동이 자신에 관해 알아갈 자연스런 기회를 빼앗게 된다. 이러한 환경 속에서 아동은 자신의 아이디어, 생각, 관심이 가치 없다는

표 4-5 **부정적인 언어 환경에서의 교사 행동**

교사 행동	예
아동을 간과하고 아동과 대화할 기회를 무시한다.	아동을 환영하지 않거나 아동을 인식하지 못함 아동과 대화하지 않거나 아동이 하고 있는 활동에 관심을 보이지 않음 아동이 다가올 때 무관심하거나 마지못해 반응함
아동에게 피상적으로 주의를 기울인다.	아동이 말하는 것을 주의 깊게 듣지 않음 상관없는 질문을 하여 무관심함을 보여줌 눈 맞춤을 잘 하지 않고, 앞에 있는 아동에게 집중하지 않음
아동에게 무례하게 말한다.	아동이 교사에게 말하거나 다른 아동에게 말할 때 말을 끊음 일과를 전환하거나 새로운 지시를 따르게 하기 위해 아동이 즉각적으로 반응하도록 강요함; 아동이 말하거나 하고 있는 것을 마치도록 기다리지 않음 참을성 없고 지시적이고 조급한 톤으로 말함 아동에게 빈정대며 말함("머리는 집에 두고 왔니?") "고마워", "미안한데", "~해주겠니?"와 같은 사회적인 예의를 나타내는 말을 사용하지 않음
아동을 판단적인 용어를 사용하여 기술한다.	아동을 부정적인 단어를 사용해서 다른 교사에게 지칭함(이기적인, 게으른, 욕심 많은) 아동에게 직접적으로 혹은 아동이 들을 수 있는 거리에서 아동을 부정적으로 명명함("넌 진짜 게으르구나.", "시연이는 이기적이야.") 아동을 놀림("진홍이는 자기가 너무 똑똑해서 집중하지 않아도 된대.")
아동의 관심을 무시한다.	아동의 말이나 질문을 무시함 아동에게 지금 말하는 주제 말고 다른 것에 대해 말하라고 함("난 지연이와 네가 싸웠다는 말에 이제 넌더리가 난다. 다른 말은 없니? 없으면 조용히 해.") 교사의 지침을 따르게 하기 위해서 아동이 하고 있는 것을 그만 두라고 말함("이제까지 나비를 충분히 봤잖아. 이제 여기로 와서 앉으렴.")
아동과 관계에서 주로 지시만 내린다.	주로 지시를 내림("의자에 앉아라." "책 읽어봐." "책에 줄 긋고.")
아동이 자신을 표현하지 못하게 한다.	아동에게 답을 기대하지 않는 질문을 함("오늘 뭐 문제 있어?") 아동에게 나중에 말하라고 하지만, 실제로 아동에게 나중에 말할 기회는 없음 오랫동안 조용히 하기를 강요함
처벌하기 위해 아동의 이름을 사용한다.	"안 돼", "하지 마"의 의미로 아동의 이름을 부름 부정적인 상황에서 주로 아동의 이름을 부름. 긍정적인 상황에서는 이름을 잘 말하지 않음("동구야. 내가 하지 말라고 얼마나 많이 말했니?")
진실하지 않거나 해로운 칭찬을 한다.	긍정적인 행동을 부정적인 평가와 연결함("네가 지금 앉아 있어서 선생님이 기쁘구나. 넌 하루 종일 잘 앉아 있지 못했잖아.") 모든 아이들에게 같은 칭찬의 말을 사용함("잘했어." "좋은데.") 다른 아동을 깎아내리면서 칭찬함("다른 아이들은 다 틀렸는데, 너만 잘했구나.") 거짓으로 달콤한 목소리로 말함
아동이 또래와 이야기 나눌 때 부정적인 언어 환경이 되도록 놔둔다.	아동이 다른 또래를 무시하거나 거부할 때 중재하지 않음 아동이 다른 아동에게 상처 주는 말을 하거나 빈정거리는 말을 할 때 중재하지 않음

것을 금방 알게 되고, 자신이 존중받거나 예의를 지킬 만큼 중요한 사람이 아니라고 생각하게 된다. 부정적인 언어 환경에서 일어나는 유쾌하지 않은 상호작용은 아동을 부적절하고 혼란스럽고 화나게 한다(Jimerson, Swearer, & Espelage, 2010). 일상적으로 이러한 상호작용이 계속 된다면, 아동의 자아존중감은 상처받을 것이다.

2.2 긍정적인 언어 환경

긍정적인 언어 환경이 형성되어 있는 교실은 아동 간에 그리고 아동과 교사 간에 자신의 경험과 자신에게 중요한 것에 대해 말을 하고, 교사는 아동의 자기이해와 기술을 확장시켜주는 언어를 사용하는 등 유쾌한 언어로 가득 찬다. 이러한 환경에서 생활하는 아동은 양육자, 교사, 또래와 사회적으로 혜택을 주는 상호작용을 경험한다. 양육자나 교사가 아동을 인정하고 아동에게 다가가기 위해 말을 하기 때문에 아동은 자신이 가치 있는 존재라고 느끼게 된다(Thompson & Twibell, 2009). 부모와 교사는 아동의 말을 주의 깊게 듣고 이들이 전하는 메시지에 사려 깊게 반응한다. 아동과 대화할 때는 언제나 말하는 내용뿐 아니라 그 말이 전달할 수 있는 정서적인 영향에도 관심을 갖는다. 부모와 교사는 아동이 진정한 가치, 능력, 통제감을 발달시키도록 돕는 것에 집중하고, 이러한 목적을 달성하기 위해 말을 사용한다. 교사가 긍정적인 언어 환경을 만들기 위해 사용하는 구체적인 전략이 표 4-6에 제시되어 있다.

긍정적인 언어 환경은 아동과 교사 모두에게 도움을 준다. 긍정적인 언어 환경을 만들기 위한 전략은 교사가 아동에게 온정, 수용, 진정성, 공감, 존중을 전하는 구체적인 방법을 알려주는 것이다. 이렇게 함으로써 아동은 자신의 양육자와 교사를 위로와 격려를 주는 존재로 여기게 되고, 교실은 생활하고 배우는 안전한 장소로 인식하게 된다(Epstein, 2009). 또한 성인과 아동 간의 상호작용 패턴은 아동이 자신에 대해 더 많은 것을 알게 도와주고 더 긍정적으로 느끼도록 한다. 이러한 이유로 긍정적인 언어 환경은 긍정적인 자아인식, 자아개념, 자아존중감과 관련된다(Meece & Soderman, 2010).

3. 긍정적인 언어 환경 만들기

교사는 아동의 자아존중감에 손상을 주는 행동을 해서는 안 된다. 그러나 유아교육 현장을 관찰해보면, 교사가 의도하지 않았지만 부정적인 언어 환경을 만드는 경우가 있다(Kostelnik & Grady, 2009). 이러한 일은 다음과 같은 이유로 일어난다.

- 교사의 말이 아동에게 미치는 영향을 과소평가함
- 생각하지 않고 말함

표 4-6 **긍정적인 언어 환경에서의 교사 행동**

교사 행동	예
아동에게 온정을 전달하기 위해 말을 한다.	• 이름을 불러 아동에게 인사하고, 상호작용함 • 아동이 다가오거나 상호작용하기 위해 아동을 부를 때 밝은 표정으로 반응함 • 아동과 함께 하는 것의 즐거움을 말로 표현함("너랑 같이 책을 봐서 기분이 좋구나.") • 아동과 함께 웃음
아동에게 관심을 보여주기 위해 말을 한다.	• 아동의 행동을 말로 표현함("퍼즐 맞추기를 열심히 하고 있구나.") • 아동의 성취를 주목함("컴퓨터 차례를 오랫동안 기다렸구나. 이제 네 차례다.") • 아동의 질문에 적절한 정보를 주거나 질문을 통해 대답함
아동이 한 말을 중요하게 여긴다.	• 이해하고 있음을 전달하기 위해 아동과 눈 맞춤을 하고 아동의 행동을 반영해줌 • 개별 아동의 말을 주의 깊게 들음 • 생각을 정교화하기 위해 아동을 초대함 • 아동이 자신의 이야기를 끝낼 수 있도록 기다려 줌
아동에게 공손하게 말한다.	• 중간에 방해하지 않고 아동이 말을 끝내도록 해 줌 • 아동과 이야기할 때 "고마워" "미안하지만"과 같은 사회적인 예의를 나타내는 표현을 사용함 • 아동과 대화할 때 판단적인 말이 아니라 객관적인 언어를 사용함("시연이는 너무 이기적이네"라고 말하기보다 "시연이는 자동차를 전부 다 갖고 싶었나봐!"라고 말함)
하루 일과 내에서 비형식적으로 아동과 대화한다.	• 아동의 현재 욕구나 관심에 대해 하루 일과 내내 말함(예: 습식, 배변, 시험 불안, 버스 등) • 매일 개별 아동과 일대일 대화를 1~2분 정도 함 • 개별, 소집단, 대집단으로 대화할 시간을 마련함
아동과 관계를 형성하기 위해 말을 한다.	• 아동을 양육함 • 아동의 행동을 지도함 • 아동의 언어적 기술을 확장시킴 • 개별 아동의 가족과 문화에 관심을 보이고 존중함
아동이 자신을 표현하도록 격려한다.	• 아동의 말, 생각, 감정을 인정함 • 아동의 관찰, 생각, 의견을 이끌어냄 • 대화를 아동이 이끌게 함 • 아동의 답을 필요로 하는 질문을 함 • 아동과의 대화를 유지하기 위해 고개 끄덕이기, 잠시 쉬기, "더 얘기해줄래?" 등의 방법을 사용함
아동의 이름을 긍정적인 방식으로 사용한다.	• 아동의 이름을 정확하게 발음함 • 아동이 다른 아동의 이름을 알도록 도와줌 • 긍정적인 상황에서 아동의 이름을 지칭함("미연아, 네가 혼자 그걸 다 했구나!")
진심으로 칭찬한다.	• 구체적인 상황에 맞게 개별화된 칭찬을 함 • 아동의 긍정적인 행동을 인정함 • 진심이 담긴 열정적인 톤으로 말함
긍정적인 언어 환경에 기여하는 언어 기술을 발달시키도록 돕는다.	• 아동이 서로에게 관심을 보여주는 말을 하도록 격려함 • 무슨 말을 해야 할지 잘 모르는 아이에게 사용할 각본을 제공함 • 아동이 또래에게 상처 주는 말을 할 때 중재하고 이들의 행동을 더 건설적인 방향으로 재설정해줌

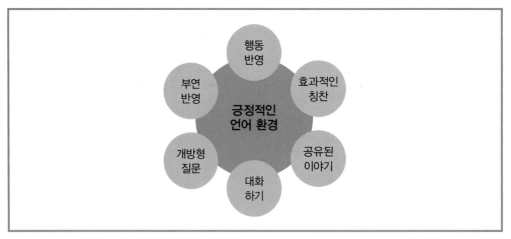

그림 4-6 긍정적인 언어 환경 전략

- 업무에 쫓기다 보니 아동과 개인적이고 긍정적인 언어적 상호작용을 할 기회를 놓쳐버림
- 아동과 대화하기 위해 구체적인 기술을 발달시키기보다 일상적인 방식으로 대화함

　　긍정적인 언어 환경은 우연히 발생하지 않는다(Meece & Soderman, 2010). 긍정적인 언어 환경은 의도적인 계획과 수행의 결과로 만들어진다. 긍정적인 언어 환경을 만들기 위해서 교사는 새로운 기술을 학습해야 한다. 다행히 앞의 표 4-6에서 기술한 방법은 어렵지 않지만, 효과가 있기 위해서 자주 사용해야 하고 일관적으로 사용해야 한다. 이것은 연습과 의식적인 노력을 필요로 한다. 가장 유용한 방법은 행동 반영, 효과적인 칭찬, 대화, 개방형 질문, 부연 반영, 공유된 이야기이다(그림 4-6 참조).

3.1 행동 반영

행동 반영은 아동의 행동이나 아동에 관한 비판단적인 진술이다. 이는 아동을 관찰한 후 아동의 속성이나 활동에 관해서 말하는 것으로, 의견이나 평가를 표현하는 것이 아니라, 교사가 본 것을 아동을 중심으로 정확하게 표현하는 것이다(Tu & Hsiao, 2008).

한 아이가 엎드려서 미끄럼틀을 내려오고 있다.
교사: 현준이가 미끄럼틀에서 내려오고 있구나. (혹은 미끄럼틀에서 내려오는 새로운 방법을 찾았구나; 머리부터 내려오네.)

강연이와 나현이가 함께 벽에 그림을 그리고 있다.

교사: 둘이 함께 그림을 그리네. (혹은 너희들 각자 함께 그림을 그리는 방법을 알아냈구나; 벽에 그림을 열심히 그리고 있네; 너희 둘이 협동하여 그리고 있네.)

한 아이가 어린이집에 도착한다.

교사: 재호가 오늘은 운동화를 신고 왔네. (혹은 기분이 아주 좋아 보이는구나; 가방이 아주무거워 보이는걸!)

위의 예에서 교사가 아동의 이름을 말하고 관찰한 행동이나 구체적인 측면을 이야기함을 알 수 있다. 아동의 행동을 변화시키고자 하지는 않는다. 물론 어떤 조치를 취할 수 있으나 행동 반영을할 때에는 하지 않는다. 행동 반영은 추가적인 말없이 아동이 하고 있는 것을 단순히 '보고하는'형식을 사용한다.

행동 반영을 사용하는 것의 이점

행동 반영은 아동에게 관심을 보여주고 아동의 경험에 대해 말해주는 강력한 방법이다. 아동이 하고 있는 행동을 반영할 때, 교사는 아동에게 가장 의미가 있는 행위와 경험에 대해 말하는 것이다(Jalongo, 2008). 이러한 언어적 관찰은 아동의 자아개념을 추가해주고 아동이 자서전적 기억을 형성하도록 도와준다. 행동 반영은 또한 교사가 아동을 주목하고 있고 아동이 하고 있는 것을 말해주었기 때문에 아동의 가치와 능력에 대한 생각에 영향을 준다(Thompson, 2006; Tice & Wallace, 2003).

이러한 반영의 결과로 아동은 자신의 일상적 행위가 주목받을 만큼 중요하며, 따라서 주의를 끌기 위해 극단적으로 행동할 필요가 없음을 알게 된다. 아동은 교사가 일상적인 것에서 벗어나는행동만 알아차린다고 생각할 수 있기 때문에, 아동이 이렇게 이해하는 것은 중요하다(Essa, 2008). '일상적인 것에서 벗어나는 행동'에 대한 아동의 해석은 특별한 영역에서 남보다 뛰어난 것 혹은억압된 감정을 행동으로 나타내는 것 등이 있다. 아동은 집단 상황에서 생일을 맞은 아이가 되거나 다른 아이들을 꼬집는 아이가 되어야 교사가 개별적인 관심을 주는 경우가 많기 때문에 이렇게 생각하게 된다. 이에 반해 반영을 사용하면 교사는 "유리랑 물감을 같이 쓰고 있구나", "신발 끈을 묶으려고 애쓰고 있구나", "새 퍼즐이 온 것을 알아차렸구나"와 같이 일반적으로 일어나는 사건에 주목하게 된다. 이러한 간단한 말은 아동에게 '너는 중요한 아이야'라는 메시지를 전달한다. 이러한 말은 시간이 별로 걸리지 않기 때문에 특히 한 번에 여러 명의 아동을 돌봐야 하는 교사에게유용하다. 그래서 교사는 나현이가 외투를 입는 것을 도와주면서, "미라야, 네가 단추를 모두 채웠구나", "호중아, 어느 팔을 집어넣어야 할지 생각해 봐"라고 다른 아이들에게도 주의를 기울일 수

그림 4-7 행동 반영은 교사가 아동을 배려하고 있으며 아동의 활동에 관심이 있음을 보여줄 수 있는 강력한 방법이다

있다. 행동 반영은 교사가 여러 곳에 주의를 기울이게 하며, 나현이뿐 아니라 미라와 호중이도 교사가 자신에게 관심 있다는 것을 느끼게 한다. 행동 반영의 또 다른 이점은 아동이 자신에게 향한 메시지뿐 아니라 곁에 있는 다른 아이들에게 향한 메시지도 듣는다는 것이다. 이를 통해 아동은 관련된 언어를 듣고 자신의 경험과 또래의 경험을 언어적으로 연결하는 기회를 확대한다(Meece, Colwell, & Mize, 2007).

반영은 행동을 평가하는 것이 아니기 때문에 아동은 교사의 관심에 위협감을 느끼지 않는다. 반영의 비평가적인 속성은 교사가 아동을 수용하고 있다는 것을 적극적이고 구체적으로 드러낸다. 아동은 반영을 교사가 자신을 더 잘 이해하려는 노력으로 해석한다. 또한 행동 반영은 적절하게 사용한다면 상호작용에서 교사가 아동의 관점을 수용할 수 있도록 해준다. 아동의 눈을 통해서 관찰함으로써 특정 활동에서 아동이 중요하게 여기는 것을 이해하게 하고, 이는 교사가 아동에게 반응할 때 더 공감할 수 있는 근거를 마련해준다(Epstein, 2009). 또한 아동을 자세히 관찰하여 단서를 얻는 것은 아동이 교사와의 상호작용을 긍정적으로 느끼도록 한다. 캉캉 춤을 추고 있는 아이들을 관찰하고 있는 교사는 "너희들은 진짜 오랫동안 캉캉 춤을 추고 있구나" 혹은 "모든 아이들이 웃고 있네. 재미있어 보인다"와 같이 반영할 수 있다. 이러한 반영은 그 상황에서 성인보다는 아동의 관심에 부합되는 아동 지향적인 말이다.

또한 행동 반영은 아동이 하고 있는 행동을 기술해주어 아동이 그 단어의 의미를 배우게 되므로, 아동의 수용 언어 기술을 향상시킬 수 있다(Epstein, 2007; Meece, 2009). 이렇게 맥락 내에서의 학습은 아동이 새로운 단어를 듣거나 매일의 사건을 나타내기 위해서 이러한 단어들을 조합해서 사용하는 것을 들으면서 이루어진다. 예를 들어, "창문으로 걸어가고 있구나", "너랑 소율이랑 같이 화장실로 갔구나!", "우리는 함께 걸어가고 있었는데 무당벌레를 발견했어"와 같이 다양한 상황에서 교사가 제시하는 말은 아동이 각 상황에서의 직접적인 경험에 기초해서 다양한 동사의 의미를 이해할 수 있게 해준다. 아동이 새로운 단어를 경험할 때 다른 또래에 대해 더 잘 이해할 수 있게 되고 자신에 대해서도 더 잘 설명할 수 있게 된다(Byrnes & Wasik, 2009; Thompson, 2006).

마지막으로 아동에게 직접 말을 하는 단순한 행위가 아동이 속한 세상에 관한 다양한 단어를 알게 해준다. 아동이 직접적으로 경험하는 언어가 많을수록 새로운 언어와 개념을 더 쉽게 습득하고, 장래에 인지적·사회적으로 더 발달하게 된다(Hart & Risley, 2003; Nemeth, 2012).

행동 반영을 사용하는 것의 또 다른 이점은 언제든지 아동이 교사에게 말할 수 있는 발판의 역할을 한다는 것이다. 아동은 교사의 반영에 자신만의 말로 반응하여, 아동의 흥미를 중심으로 언어적 상호작용을 할 수 있다. 한편, 아동은 자신이 들은 모든 반영에 대답해야 한다고 느끼지 않는다. 이러한 이유로, 반영은 아동의 활동을 방해하지 않으며, 교사의 질문에 대답하기 위해서 아동이 하던 일을 멈추지 않아도 된다. 아동이 대답을 하지 않는다 하더라도, 아동은 교사가 자신에게 관심이 있다는 것을 알게 된다.

행동 반영을 사용하는 시기
행동 반영은 하나로, 연속해서 그리고 다른 기술들과 함께 사용할 수 있다. 이중 언어를 사용하거나 수용 언어가 지연된 영유아와 상호작용을 할 때에는 일련의 행동 반영을 사용하는 것이 좋다. 예를 들어, 물놀이 영역에서 교사는 "호스로 물을 아래로 내려 보내고 있구나. 다른 쪽은 어떻게 되었는지 한번 보자", "사용할 깔때기를 찾았구나", "너희들 모두 물놀이용 옷을 잘 챙겨 입었네", "주연아, 달걀 거품기로 물을 휘젓고 있구나"와 같이 말할 수 있다. 이러한 말은 한 명이나 여러 명의 아이, 혹은 집단 전체를 대상으로 할 수도 있다. 이를 통해 아동은 대답을 하든 하지 않든 간에 교사가 가까이에 있고 자신에게 관심이 있다는 것을 알게 된다(Epstein, 2009).

한편 학령기 아동은 많은 언급들이 자신에게 초점을 맞춘 행동 반영이라는 것을 인식할 수 있다. 교사가 아동에게 행동 반영을 하는 것은 교사가 아동에게 관심이 있으며, 아동이 원한다면 교사와 심층적인 대화를 나눌 수 있다는 신호가 된다. 그래서 운동장에서 아동은 "공을 잘 잡았는걸!", "혼자서 규칙을 생각해냈구나!"와 같은 교사의 말을 우호적인 제안으로 생각한다. 이때 아동이 대답을 한다면 교사와 상호작용을 계속 하고 싶다는 표현이지만, 아동이 활동에 계속 몰입하거나 다른 아동에게 말을 한다면 상호작용을 연장시키고 싶지 않다는 의미이다.

교사가 행동 반영을 사용하는 것은 아동과 교사 모두에게 도움이 된다. 가장 중요한 것은 행동 반영이 교사가 아동을 배려하고 있으며(가치) 아동의 활동에 관심이 있다는 것(능력)을 보여줄 수 있는 강력한 방법이라는 것이다.

3.2 효과적인 칭찬

우리는 모두 아동에게 많은 칭찬이 필요하다는 것을 알고 있다. 그래서 칭찬이 아동의 자아존중감에 긍정적인 영향을 미칠 것이라고 가정해 왔지만, 이제까지의 연구를 살펴보면 항상 그렇지는 않음을 알 수 있다. 예를 들어, 교사가 아동을 무분별하게 칭찬하면, 아동은 칭찬을 대수롭지 않게 여기게 된다(Alberto & Troutman, 2009). 아동은 또한 교사가 자신에게 한 칭찬이 진심이 아닐지도 모른다고 생각할 수 있고, 이것은 교사-아동 관계에 부정적인 영향을 미칠 수 있다. 아동이 칭찬을 과도하게 많이 받았을 때 이들의 내적 동기나 흥미는 감소하고 이들의 자율성은 저해된다

표 4-7 **효과적인 칭찬과 비효과적인 칭찬**

비효과적인 칭찬	효과적인 칭찬
아동을 평가하는 것: "그림을 잘 그렸구나."	아동을 인정하는 것: "여러 가지 색을 사용해서 그림을 그렸구나."
일반적으로 칭찬하는 것: "잘했어."	구체적으로 칭찬하는 것: "그림을 열심히 그렸구나.", "뭘 그릴지 많이 생각했구나."
아동을 다른 아동과 비교하는 것: "너는 누구보다도 가장 재미있게 글을 썼구나."	아동의 발전을 과거의 수행과 비교하는 것: "이번에는 전에 사용하지 않았던 단어를 두 개나 적었네."
아동의 행위를 외적 보상과 연결 짓는 것: "책을 세 권 읽었구나. 상자에서 스티커 가지고 가라."	아동의 행위를 즐거움과 만족과 연결 짓는 것: "책을 세 권이나 읽었구나. 그렇게 많이 읽어서 기분이 좋아 보이는구나."
성공을 운이나 과제가 쉬운 탓으로 돌리는 것: "저건 운 좋게 잡은 거야."	성공을 노력과 능력으로 귀인하는 것: "네가 빠르게 달려가서 공을 잡았구나."
내용이나 톤에 대해 생각 없이 칭찬하는 것	생각을 많이 하고 칭찬하는 것
가성이나 무표정한 목소리 톤으로 칭찬하는 것	자연스러운 목소리 톤으로 칭찬하는 것
항상 똑같이 칭찬하는 것	아동과 상황에 맞도록 개별화하여 칭찬하는 것
칭찬이 아동의 작업을 방해하는 것	방해하지 않고 칭찬하는 것

(Hester, Hendrickson, & Gable, 2009; Lepper & Henderlong, 2000). 더구나 특정한 종류의 칭찬은 아동의 자기 확신을 낮추고, 성취를 억제하며, 내적 통제보다는 외적 통제에 더 의존하도록 한다(Leary & McDonald, 2003). 앞에서 언급한 이러한 칭찬은 자아존중감을 저하시킨다.

한편, 아동이 한 일에 대해 효과적인 칭찬으로 즉시 반응해주는 것은 자아존중감에 긍정적인 영향을 미친다(Katz, 1993; Kerns & Clemens, 2007). 이러한 이유로 교육자들은 효과적인 칭찬이 비효과적인 칭찬과 구분되는 특성을 연구하여 왔다. **효과적인 칭찬**은 다음의 세 가지 준거를 충족해야 한다. 즉, 칭찬은 선택적이고, 구체적이며, 긍정적이어야 한다. 선택적인 칭찬은 진정으로 가치가 있는 상황에 대해 칭찬하는 것이다. 모든 상황에서 하는 것이 아니고, 모든 아동에게 일반적으로 하는 말도 아니다. 전체 학급을 대상으로 하기보다 그 순간에 소집단의 아동이나 개별 아동에게 칭찬하는 것이다. 구체적인 칭찬은 아동에게 무엇을 칭찬하는 것인지 분명하게 알려주는 것이다. 마지막으로 효과적인 칭찬은 긍정적이다. 부정적인 비교도 없으며, 누군가를 높이기 위해서 다른 누군가를 낮추는 것도 아니다. 표 4-7에 효과적인 칭찬과 비효과적인 칭찬을 비교하여 제시하였다. 효과적인 칭찬의 예에서 알 수 있듯이 효과적인 칭찬은 대부분 반영을 하거나 아동에 대해 단순한 정보를 주는 말로, 어떠한 방식으로든 아동을 평가하지 않는 것이다. 효과적인 칭찬을 잘 사용하면, 아동이 자신을 다른 사람의 관점에서 보도록 도와주기 때문에 아동의 자아개념 및 사회적 이해의 발달에 크게 기여할 수 있다.

교실의 반대편에 있는 아동을 칭찬하는 것보다는 가까운 곳에 있는 아동에게 칭찬하는 것이 긍정적인 자아정체성을 형성하는 데 있어 효과적이다(Gable et al., 2009). 또한 칭찬이 '좋은' 행동을 한 이후에 즉각적으로 실시될 때, 칭찬받은 아동과 그 주변에 있는 다른 아동들은 그 행동을 다시 할 가능성이 더 높아진다(Hester, Hendrickson, & Gable, 2009; Kerr & Nelson, 2010).

마지막으로 교사가 자신들이 교실에서 아동을 칭찬하는 정도를 과대 추정함을 보고하는 연구들도 있다. 많은 교사에게 물어보았을 때, 이들은 자신이 자주 칭찬하기를 사용한다고 보고하지만, 실제 관찰하였을 때는 그렇지 않았다(Hester, Hendrickson, & Gable, 2009). 즉 교사들은 그들이 생각하는 것만큼 자주 효과적인 칭찬하기를 사용하지 않는다는 것이다. 그러나 교사가 자주 효과적인 칭찬을 할 때 다음의 두 가지 이점이 발생한다. 첫째, 효과적인 칭찬을 하면 아동들의 학업 수행과 교실 행동이 전반적으로 더 나아진다(Sutherland, 2000). 둘째, 효과적인 칭찬을 사용하는 교사들은 교사의 권위가 높아지고 더 성공적이라고 느낀다(Hester et al., 2009). 효과적인 칭찬은 아동과 교사의 가치와 능력에 대한 생각 모두에 효과적이다.

3.3 대화

교사가 아동의 긍정적인 자아개념 발달을 조장하는 가장 가치 있는 방법 중 하나는 아동이 이야기 나누고 싶어 하는 주제에 관해 아동과 대화를 나누는 것이다. 가장 좋은 대화는 잘 듣는 것을 필요로 한다. 교사와 아동과의 상호작용에서 듣는 것은 주로 교사의 책임이다(Jalongo, 2008). 그래서 교사는 아동과 대화를 할 때, 말하기보다는 아동의 말을 더 많이 듣고자 해야 하며, 대화에서 아동의 욕구와 흥미가 표현될 수 있도록 준비해야 한다. 교사가 아동이 말하는 내용에 주의를 기울이고 의미 있게 반응할 때 교사는 아동에게 관심이 있음을 보여주는 것이다. 교사는 권위 있는 인물이기 때문에, 교사가 존중하고 수용한다는 신호는 아동이 가치 있다는 강한 메시지를 전달한다(Jalongo, 2008). 또한 아동이 관심 있어 하는 주제에 초점을 맞추는 대화는 교사가 관심 있어 하는 주제보다 더 자발적이고 더 오랫동안 대화하게 해준다(Jalongo, 2008).

아동 중심의 대화에서 아동은 자신의 생각, 의견, 감정을 표현하는 데 더 자신감이 생긴다. 교사가 이러한 방식으로 아동과 적극적으로 상호작용함에 따라 아동은 자신을 신뢰할 만한 사람으로, 그리고 교사를 정보를 주고 지도해주는 자원으로 생각하여, 궁극적으로 긍정적인 교사-아동 관계를 맺게 된다. 대화는 또한 아동이 사회적 이해를 넓혀갈 수 있는 강력한 맥락이 된다. 다양한 주제를 탐색하면서 아동은 자신의 생각, 의견, 감정을 다른 사람들과 타협하면서 탐색한다. 이러한 경험은 아동의 자아 지식 창고에 축적되고 자신이 누구인지, 어떤 특성이 자신을 독특하게 만드는지, 다른 또래와 공통된 속성은 무엇인지에 대해 더 나은 개념을 주는 사회적 비교의 기회를 제공한다(Jenkins et al., 2003; LaBounty et al., 2008; Lewis & Carpendale, 2004). 이는 아동의 자기 이해에 기여하는 중요한 요인들이다.

대화를 멈추게 하는 방법

교사-아동 간의 모든 대화가 대화와 자기이해를 촉진하지는 않는다. '진정한 의사소통'의 주고받기를 저해하는 대화 방법은 다음과 같다.

- 아동이 대화를 끝내기 전에 중간에 말 끊기: 아동은 자신이 해야 하는 말이 중요하지 않다고 생각하게 된다.
- 문법을 수정하기 위해 아동의 이야기를 방해하기: 아동은 말의 구조가 내용보다 더 중요하다고 생각하게 된다.
- 폐쇄형 질문을 많이 하거나 계속해서 너무 많은 질문하기: 진정한 대화를 하는 게 아니라 자신이 질문을 받는 것이라고 생각한다.
- 아동의 말을 교사가 끝맺기: 아동은 자신이 전하고자 하는 생각이 아니라 속도가 더 중요하다고 생각하게 된다.
- 특정한 방향으로 대화가 지속되게 하기 위해 질문하기("~하다고 생각하지 않니?" "이렇게 하는 건 어떨까?"): 아동은 자신이 생각한 것은 중요하지 않다고 생각하게 된다.

위와 같은 좋지 않은 대화 습관은 교사와 아동 간의 의사소통을 방해하고 아동의 가치, 능력, 통제에 대한 생각을 손상시킨다. 이러한 상호작용을 통해서 아동은 '나는 중요하지 않아. 선생님은 나한테 관심이 없어'라고 생각하게 된다. 위와 같은 대화를 멈추게 하는 방법들은 아동이 대화를 더 빨리 종결시키게 하고, 이것이 습관적이 된다면 아동이 자신감과 건강한 자아존중감에 대한 희망을 발달시키지 못하게 된다(Denton, 2007). 이러한 딜레마를 피하고 아동과의 대화를 풍성하도록 도와주는 두 가지 언어적 전략은 개방형 질문과 부연 반영이다.

3.4 질문

교사가 질문을 기술적으로 그리고 깊이 생각하고 한다면 아동과 대화를 할 수 있는 문을 열어주는 방법이 될 수 있다. 교사가 사용하는 질문의 종류는 아동이 하는 대답의 질을 좌우한다(Cassidy, 2003; Denton, 2007).

개방형 질문

언어적 상호작용을 촉진하기 위해 가장 좋은 질문은 사람을 대화하도록 유도하고 대화에 동화되도록 격려하는 것인데, 이것을 **개방형 질문** 혹은 창의적 질문이라고 한다(Weissman & Hendrick, 2014). 개방형 질문은 많은 대답을 가능하게 하며, 하나의 답만이 정답은 아니다. 질문은 기억력을 시험해보려는 것이 아니라, 아동의 생각, 사고, 정서에 대해 말하기 위한 것이다. 개방형 질문은 아동에게 다음의 사항에 대해 질문한다.

- 예측하기: 그 다음은 어떻게 될까?

- 선행 경험을 재구성하기: 할머니 집에 가서 뭐 했어?

- 비교하기: 이 동물들이 어떻게 다르니/같니?

- 결정하기: 점심 먹은 후에 뭘 할까?

- 평가하기: 사현이가 어떻게 생각할 것 같아?

- 상상하기: 만약 공룡이 아직까지도 살아 있다면 어떻게 될 것 같니?

- 대안 제시하기: 저 막대기를 넘어갈 수 있는 또 다른 방법은 뭘까?

- 다음 단계 계획하기: 다음에는 무엇을 해야 할까?

- 문제 해결하기: 이 병 안에 구슬이 얼마나 있는지 어떻게 알 수 있을까?

- 일반화하기: 어제 그림물감을 친구랑 같이 사용하는 방법을 찾았었지. 오늘 이 밀가루 반죽을 친구랑 어떻게 나누어 쓸 수 있을까?

- 인식 증가시키기: 지금까지 무엇을 배웠지?

- 추론하기: 이것들이 같이 움직인다는 것을 어떻게 알았니?

이러한 질문은 아동이 다양한 대답을 할 수 있도록 개방되어 있으며, 아동이 마음속에 떠오른 것은 무엇이든 표현할 수 있게 해준다. 그래서 아동은 대화를 진행시킬 방향을 선택할 수 있고, 어느 정도 대화를 통제할 수 있다. 이는 아동이 대화에 관심을 가지고 진정한 대화를 할 수 있게 한다. 또한 도전적이고 시기적절하고 개방적인 질문은 아동의 사고와 문제 해결 기술을 증진시켜준다(Denton, 2007). 개방형 질문은 아동을 수용하고 있다는 것을 나타내주어, 긍정적인 교사-아동 관계를 발달시킨다(Marion, 2011). 아동이 대화를 주도하도록 격려받기 때문에 개방형 질문은 아동의 가치, 능력, 통제에 대한 생각을 향상시킨다.

폐쇄형 질문

개방형 질문의 반대는 폐쇄형 질문이다. 폐쇄형 질문은 한 단어로 된 대답을 요구한다. 폐쇄형 질문도 유용할 때가 많지만, 전형적으로 대화를 종결시킨다. "사자를 찾고 있니?", "너는 복숭아를 좋아하니?", "이건 무슨 새니?"와 같은 것들이 **폐쇄형 질문**의 예이다. 교사는 아동이 좋아한다고 생각되는 주제에 대한 관심을 보여주기 위해 이러한 질문을 하지만, 일단 대답을 하고 나면 아이는 더 이상 말할 것이 없게 된다. 그래서 폐쇄형 질문은 아동과의 관계를 형성하거나 아동이 자기이해를 발달시키도록 도와주기에는 부적절하다.

개방형 질문과 폐쇄형 질문 모두 사용하기에 적절한 때가 있으므로, 어떤 질문이 어떤 때에 더 유용한지는 질문의 목적을 고려해야 한다. 표 4–8에 폐쇄형 질문과 개방형 질문을 비교하여 제시하였다.

개방형 질문은 아동의 자기이해를 증진시키고, 자아존중감의 세 가지 요소를 지원해주고, 언어

표 4-8 **폐쇄형 질문과 개방형 질문**

폐쇄형 질문의 속성	개방형 질문의 속성
• 아동에게 비언어적 반응이나 한두 단어로 된 대답을 하게 함 • 정답이 정해져 있음 • 교사가 이미 답을 알고 있음 • 빠른 반응을 요구함 • 생각의 유사성과 사실에 초점을 맞춤 • 정보를 요구함 • 명명이나 라벨링에 초점을 맞춤 • 기억을 회상하게 함	• 아동에게 여러 개의 단어나 구로 대답하도록 함 • 하나 이상의 옳은 대답을 가지고 있음 • 교사가 아동이 어떤 대답을 할지 알지 못함 • 아동이 생각하고 생각을 정리할 시간을 줌 • 생각이나 의견의 독창성을 중시함 • 이유를 생각해보도록 함 • 사고와 문제 해결에 초점을 맞춤 • 아동에게 상상하도록 함
폐쇄형 질문의 예	개방형 질문의 예
• 이것은 어떤 모양이니? ... 사각형이요. • 소를 몇 마리 보았니? ... 한 마리도 못 봤어요. • 너는 어느 동네에 사니? ... 일산이요. • 기분이 어떠니? ... 좋아요. • 오늘 누가 널 학교에 데리고 왔니? ... 엄마요. • 네 가방은 어디에 있니? ... 집에요. • 너는 이것이 무언지 알고 있니? ... 네.	• 다음에 무슨 일이 일어날까? • 우리가 어떻게 할 수 있을까? • 네 생각은 어떠니? • 너라면 어떻게 하겠니? • ...한다면 어떤 일이 일어날까? • ...에 대해서 어떻게 생각하니? • 너는 ...를 어떻게 설명할 수 있겠니?

능력을 향상시키기 위해서 사용한다. 아동의 자기 지식을 확장시키기 위해 아동을 격려하는 또 다른 강력한 언어 전략은 부연 반영하기이다.

3.5 부연 반영

부연 반영은 아동이 말한 내용을 교사나 부모의 말로 다시 바꿔서 말하는 것이다. 아동이 말한 내용을 주의 깊게 듣고, 원래 아동이 사용한 것과는 약간 다른 말로 반복해주는 것이다. 행동 반영과 마찬가지로 부연 반영은 비판단적인 진술이다. 이것은 아동이 전달하고자 하는 것에 대해 교사 개인적인 의견을 표현하는 수단이 아니라, 교사가 경청하고 있다는 것을 보여주는 방법이다. 예를 들면 다음과 같다.

아동: 선생님, 내 새 옷과 신발 좀 보세요!
교사: 새 옷을 입고 왔구나. (새 옷이 아주 마음에 드나 보구나.)

아동: (간식 탁자에서) 오, 안 돼! 또 우유야.

> 교사: 우유를 아주 많이 먹었나 보네. (우유를 좋아하지 않나 보구나.)

위의 상황에서 교사는 먼저 아동의 말을 잘 들어주고 나서 아동의 말이나 질문을 부연해주었다. 각 상황마다 적절한 반영은 여러 가지일 수 있다.

부연 반영 사용하기

부연 반영은 아동이 교사에게 말할 때 언제나 사용될 수 있는데, 간단한 구나 여러 개의 문장으로 구성될 수 있다(Meece & Soderman, 2010). 때로 교사는 아동이 말한 어떤 내용을 간단하게 말로 인정해주기만 하면 된다.

> 아동: 선생님, 15쪽까지 읽었어요.
> 교사: 너는 짧은 시간에 아주 많이 읽었구나. (아동은 다시 읽기 시작한다.)

다음의 두 대화를 살펴보자. 첫 번째 대화는 다섯 살인 나현이의 이야기이고, 두 번째 대화는 나현이의 오빠인 여섯 살 윤식이의 이야기이다. 두 경우 모두 자발적으로 일어난 것이다.

> 나현: 주말에 우리 집에 새 개가 생겼어요!
> 교사: 신났겠구나. 더 얘기해 볼래?
> 나현: 응, 그 개는 코가 납작하고요… 응… 잘 물어요…. 그리고, 또 귀엽구요… 못생겼어요. 귀엽구요… 또… 잘 물구요… 무언가를 계속 씹어요. 그 개는 곧, 응… 아니… 8월 7일이 생일이래요! 진짜 생일은 아니고요. 진짜 생일은… 진짜 생일이 언제지? 진짜 생일은… 2월 7일일 거예요.
> 교사: 와우, 근데 너는 그 개의 진짜 생일이 아닌 다른 날 생일을 축하해주었구나.
> 나현: 8월, 맞아! 8월. 그 개는요, 6개월밖에 안 되었어요. 6개월이요….
> 교사: 그래, 그 개는 태어난 지 아직 6개월밖에 안 되었구나. 작은 개이구나!
> 나현: 아니요. 개는요 작지 않아요. 여기에서 저기 정도는 돼요(아동은 팔을 그 크기만큼 벌린다) … 개는….
> 교사: 음, 그 개는 아주 큰 개구나.
> 나현: 네, 아주 커요. 그래요! 그 개는 아주 뚱뚱하구요. 다리는 짧아요!(웃는다.)
> 교사: (웃으며) 또 코가 납작하다며? 정말 웃기겠는걸!
> 나현: 아, 그리고… 그 개는 머리에 매듭이 있고요… 그리고 얼굴이 진짜 슬퍼요.. 그리고…

교사: 슬퍼 보이는 얼굴.

나현: 으음.

교사: 슬퍼 보이는 얼굴을 한 개는 때때로 진짜 귀여워.

나현: 네, 그래요.

윤식: 아세요? 우리 개는 진짜 귀여워요… 개가 떨어지지 않도록 하려고 울타리를 쳐두었어요. 우리는 개를 세탁실에도 두고요. 음… 그 개를 강원도에서 가지고 왔어요. 그 개의 아빠는 불도그 중에 챔피언이었대요. 그리고, 음… 우리는 아는 사람한테 공짜로 그 개를 얻었어요….

교사: 너는 특별한 개를 얻게 되어서 아주 행운이라고 생각하는 것 같은데.

윤식: 네, 그렇게 생각해요. 우리는 그 개를 강원도에서 데리고 왔어요.

교사: 그래, 개가 멀리서 왔구나.

윤식: 네, 사람들이 개를 데리고 왔어요… 그 개가 오는 데 여덟 시간이나 걸렸어요… 그리고 네 번이나 토했대요.

교사: 네 번이나! 우후, 여덟 시간 동안. 그건 정말 긴 여행이었겠다.

윤식: 네. 그 개가 왔을 때는, 음… 거의 누워 있었어요. 그리고 그 개는… 진짜로 아파보였어요. 그리고… 그 개가 긴 다리를 가졌을 때는 그때뿐이었어요. 선생님이 개의 축 늘어진 배를 봐야 하는데!

교사: 그 개는 아주 멋지겠는걸!

윤식: 네.

앞의 대화에서 알 수 있듯이 아이들은 아주 다른 방식으로 같은 주제를 이야기한다. 두 아이는 모두 개에 대해서 말했지만, 대화하기 위해서 다른 특성을 선택하였다. 부연하기를 통해 교사는 나현이와 윤식이에게 개별적으로 반응할 수 있었다. 교사는 이들이 가장 흥미 있어 하는 것에 대화의 분위기를 맞출 수 있었다. 만약 이 교사가 "너희가 얻은 개는 어떤 종류니?", "얼마나 큰데?", "개의 이름은 뭐니?", "무슨 색이니?", "너는 어디서 그 개를 얻었니?"와 같은 질문을 해서 대화를 이끌었다면, 두 아동 간의 상호작용은 서로 다르기보다 비슷해졌을 것이다. 또한 교사는 아동이 중요하게 생각하고 있는 개 머리에 있는 매듭이나 그 개가 얼마나 많이 토했는지에 대해 질문할 생각을 못했을 것이다. 또한 교사의 정확하지 않은 반응을 수정해줄 만큼 나현이가 교사를 편안해한다는 점에 주목하여야 한다. 이것은 6개월 된 개가 작았다('어리다'는 것을 의미하는)는 교사의 해석이 나현이가 전달하고자 한 것과 맞지 않았을 때 일어났다. 부연 반영은 교사가 들은 것을 어떻게 생각하는지에 대한 잠정적인 진술이기 때문에 아동은 반영을 수정할 수 있다는 것을 안다. 아

동이 대화의 방향을 정하는 것은 자신이 중요하고 가치가 있는 존재라고 느끼도록 하며, 또한 아동이 상호작용 내에서 적절한 통제를 행사할 기회를 제공해준다.

부연하기의 또 다른 이점은 아동이 발달하는 데 있어 중요한 기술인 표현 언어를 향상시킨다는 것이다. 아동의 언어를 풍부하게 해주고 자아존중감을 증진시키는 두 가지 방법은 확장하기와 재구성하기이다.

확장하기

확장(expansion)이란 아동이 말하고 있는 것을 보충해주거나 더 길게 표현하는 것을 의미한다. 이러한 유형의 부연하기는 아동의 말과 약간 달라서 조금 더 복잡하며, 아동이 더 길고 더 다양한 문장으로 표현하도록 도와준다(Kontos & Wilcox-Herzog, 1997). 18개월에서 36개월 정도의 영아에게는 단순한 확장이 가장 적합하다(Thiemann & Warren, 2010).

> 아동: 고양이 자.
> 교사: 그래, 고양이가 잠을 자고 있네.
> 아동: 나 먹어요.
> 교사: 너는 샌드위치를 먹고 있구나.

이러한 각각의 예에서 교사는 아동의 전보문 형식의 메시지를 적절한 연결어를 포함하여 확장하였다.

재구성하기

재구성하기(recasting)는 아동의 문장을 새로운 문법 형태로 재구조화시키는 것이다. 네 살 이상의 아동에게는 이러한 더 정교한 방식으로 도움을 줄 수 있다(Tsybina et al., 2006).

> 아동: 고양이가 자고 있어요.
> 교사: 고양이가 창턱에서 잠이 들었네.
> 아동: 이 자동차는 빨리 가요.
> 교사: 네 자동차가 자동찻길을 따라 아주 빨리 달리고 있구나. 금방 전체 길을 다 돌겠다.

재구성하기는 아동의 의미는 유지하면서 어느 정도 새로운 방식으로 바꿔 말하는 것이다. 문장 구조를 변화시키고 꾸밈말을 추가하거나, 관련된 동의어를 사용하여 새로움을 추구할 수 있다. 이렇게 하면 아동은 더 복잡한 문법 형태를 알 수 있게 된다. 재구성하기는 교사가 아동의 말을 전적으로 바꾸는 것이 아니라 적당하게 변화시킬 때 가장 적절하다. 너무 복잡하면 아동이 잘 모르기 때문에 새로운 문법 구조나 문장 구조를 간과하게 할 수 있다.

　부연 반영이 형태는 모두 유사하지만, 각각의 내용은 아동의 메시지에 대한 교사의 해석에 따라 달라진다. 따라서 하나의 반영이 모든 상황에서 적절한 것은 아니며, 몇 가지 가능한 반응이 있다.

부연 반영이 아동에게 이로운 이유

진정한 대화가 이루어지려면 교사는 아동의 이야기를 경청해야 하는데, 경청은 단순하게 침묵하여 듣는 것이 아니다. 아동의 말에 대해서 "난 너의 말을 듣고 있어", 혹은 "나는 널 이해해"라는 의미를 가진 자신의 말로 반응해야 한다(Jalongo, 2008). 부연 반영은 이러한 메시지를 전달하는 이상적인 방법이다.

　적극적 경청, 반영적 경청, 혹은 공감적 경청으로 불리기도 하는 부연 반영은 아동의 대화에 긍정적인 관심을 표현하기 위해서 사용된다. 이러한 기법을 사용하면 아동은 그 사람을 민감하고, 흥미롭고, 정확한 경청자로 지각한다. 그 결과 아동들은 더 자유롭게 대화하게 되고, 참여자들 모두 이 대화로 인해 혜택을 받는다(Gazda et al., 2006). 또한 아동은 자신의 생각이 자신이 한 말과 유사하지만 정확히 같지 않은 말로 다시 들음으로써 자신에 대해 더 잘 이해하게 된다. 이러한 대화는 아동의 자기 인식을 확장시키고, 자아 가치를 확인해주고, 언어적 유능성을 확장시켜준다. 이 모든 것은 자아 발달에 있어 주요 요소들이다.

3.6 공유된 이야기

"눈 내리는 날" - 신 선생님의 열매반
신 선생님은 "우리가 눈 올 때 모두 밖으로 나가서 춤 췄던 때를 기억해보자"라는 친숙한 말로 시작한다.

(아이들은 각자 대답을 한다.)
우리는 장화를 신었어요.
아진이는 빨간색 장화를 신었어요.
사현이는 개구리 그림이 있는 초록색 장화를 신었어요.
우리는 눈 위에서 동그랗게 서서 발을 쿵쿵 굴렀어요.
누구는 신발 위에 양말을 신었어요.
우리는 둥글게 서서 계속 빙글빙글 돌았어요.

추웠어요.

(교사는 "그 다음엔 무슨 일이 있었지?"라고 물어본다.)
우리가 따뜻한 코코아가 필요하다고 했어요.
맞아, 우리는 따뜻한 코코아를 마셨지.
내 거에는 마시멜로도 있었어.
나도.
그래.

(교사는 "그리고 나서는?"하고 묻는다.)
재연이가 코코아를 엎질렀어요.
나현이는 수건을 가지고 왔고요.
선생님이 닦아 주었어요.
내 머리에는 눈이 쌓였고, 성주 머리 위에도 눈이 있었어요.
난 눈 위를 계속 돌아다녔어요.
나도 그랬어.
우리 모두 재미있었어!

신 선생님 반의 아이들은(4세) 올 해 '눈 내리는 날' 이야기를 몇 번이나 들었다. 이 이야기는 항상 "우리가 눈 올 때 모두 밖으로 나가서 춤 췄던 때를 기억해보자"로 시작한다. 아이들은 교사의 작은 격려에 따라 기억나는 일들을 이야기한다. 약간 다르게 이야기하는 경우도 있지만 대체로 유사한 내용을 유사한 순서로 말한다. 이 이야기는 아이들을 웃게 만들고 모두가 공유한 좋은 시간을 기억하게 한다.

모든 가족마다 매번 반복해서 이야기되는 이야기가 있다. 재미있는 이야기도 있고, 슬픈 이야기도 있으며, 영광스런 순간에 대한 이야기도 있고, 불행한 순간의 이야기도 있다. 가족 구성원들이 자신들이 '속해 있다'고 느끼는 한 가지 방법은 이들이 이러한 이야기에 친숙해지고 이야기에 참여하고 이야기를 꾸미고 세부사항에 대해 논쟁할 기회를 갖는 것이다. 이는 아동들이 교실에서의 '가족'들과 함께 할 때에도 마찬가지이다. 이러한 교실에서의 이야기들은 **공유된 이야기**(shared narratives)라고 부른다. 다른 가족 이야기와 마찬가지로 공유된 이야기는 아동의 자기인식과 한 집단의 구성원으로서의 자아정체감에 기여한다. 교사와 아이들은 학급의 아이들을 주요 인물로 설정하여 이야기 나눔으로써 공유된 이야기를 만든다. '줄거리'는 교실 내에서 일어나는 전형적인 사건들로 구성할 수 있다(예: 동물원 견학, 공룡 마을 등). 혹은 학급이 성취한 중요한 일이라든지 그러한 성취에 개별 아동이 기여한 점들을 강조하는 이야기를 구성할 수도 있다.

아동이 교실 내에서 일어난 실제 사건들을 다시 이야기함에 따라 교사는 아동들의 생각을 말하게 하고 인정한다. 이것을 모두 이야기로 엮을 수 있다(Shiel, Cregan, McGough, & Archer, 2012). 교사는 아동과 함께 말하며, 이야기가 계속 될 수 있도록 질문을 하고, 한 아동의 생각을 다른 아동의 생각과 연결 짓도록 도와준다. 이렇게 공유된 이야기는 계속 반복되며 이야기됨에 따라, 이전과 다른 이야기가 되면서 아이들의 생활을 담게 된다. 이러한 새로운 이야기에서 틀린 것을 지적할 필요는 없다. 집단 내에서 자신의 정체성을 굳건히 하거나 이야기가 전개되는 방식을 통제하는 등 특정한 목적이 있을 때 아이들은 이야기를 다시 만든다. 아동이 공유된 이야기를 재창조할 기회가 있을 때, 이들은 집단의 구성원으로서 가치 있다고 여기게 되고, 자신을 표현하고 다른 아동과 함께 하는 데 있어 자신의 기술을 확장할 기회를 가지게 된다(Bohanek et al., 2006). 공유된 이야기는 말로만 단순히 여러 번 반복해서 이야기될 수도 있고, 청각이나 시각적으로 제공될 수도 있다. 각각의 경우에도 초점은 아동들이 '중요한 역할을 하는' 참여자로서 사건을 개작하는 것에 있다.

본 장에서 아동의 자아이해를 향상시키는 다양한 방법들에 대해 알아보았다. 긍정적인 관계를 조장하고 긍정적인 언어 환경을 구성하는 것에 초점을 맞추었다. 이것과 관련된 교수와 코칭 전략은 아동을 환영하고 이름으로 아동을 부르는 것과 같은 기본적인 방법뿐 아니라, 행동 반영, 효과적인 칭찬, 개방형 질문, 부연 반영, 대화, 공유된 이야기와 같은 긍정적인 언어 환경의 더 복잡한 기술을 포함한다. 이는 사회적 지원 피라미드의 그림 4-8에 제시하였다.

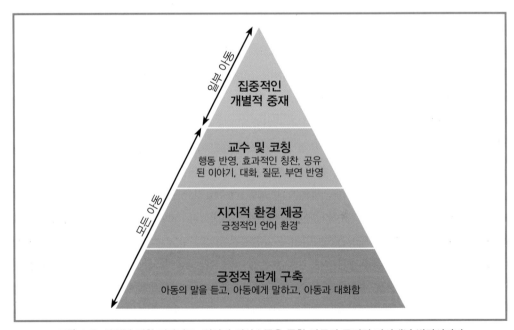

그림 4-8 사회적 지원 피라미드: 언어적 의사소통을 통한 아동의 긍정적 자아개념 발달시키기

언어적 의사소통을 통해 아동의 자기인식과 자아존중감을 향상시키는 기술

긍정적인 언어 환경과 관련된 기술 사용하기

1. 아동이 도착했을 때 반갑게 맞이한다

아침에 기관에 도착할 때 그리고 교사가 하고 있는 활동에 들어오는 아동에게 "안녕"이라고 말한다. 3장에서 배운 비언어적 의사소통 기술을 사용해서 아동이 함께하여 기쁘다는 것을 분명하게 보여준다.

2. 아동과 이야기할 때 이름을 불러준다

이는 교사가 아동을 기억하고 있다는 것을 알려주고, 그 아동을 다른 아동과 구별되는 개별적 존재로 인식하고 있다는 것을 알게 해주며, 교사의 메시지가 그 아동을 향한 것임을 알게 한다. 각 아동의 이름을 말할 때는 정확하게 발음해야 한다.

3. 교사와 함께 상호작용하도록 아동을 초대한다

"우리는 케이크를 만들고 있어. 너도 이리 와서 같이 하자", "재익이 옆에 앉으렴", "잠깐 이야기를 할까. 네가 하루를 어떻게 보냈는지 알고 싶구나", 혹은 "너는 기분이 아주 나빠 보이는구나. 말하고 싶으면 어느 때나 항상 들어 줄 수 있어"와 같은 말을 한다. 이런 말은 아동이 교사에게 오거나 활동에 참여하기 쉽게 하고, 수줍어하거나 주저하는 아동이 교사와 쉽게 상호작용하도록 도와준다.

4. 아동에게 정중하게 말한다

아동이 말을 끝마친 후에 말을 한다. 만약 교사나 다른 사람에게 말하고 있는 아동을 방해해야 한다면, "미안하지만", "방해해서 미안한데"와 같은 말을 사용한다. 또한 아동이 사려 깊은 행동을 했거나 교사의 요청을 따랐을 때에는 잊지 말고 고맙다는 표현을 해야 한다. 참을성 없고 강요적인 목소리가 아니라 아동에게 편안하고 우호적인 목소리 톤으로 말한다.

5. 아동이 하는 말을 주의 깊게 경청한다

눈 맞춤, 미소, 고개 끄덕이기, 방해받지 않고 말하도록 하기 등을 통해서 교사의 관심을 표현한다. 또한 "으흠", "그랬구나"와 같은 말을 정기적으로 사용해서 관심을 보여준다. 아동이 하는 말을 더 이상 들어줄 수 없는 상황이라면, 더 말하고 싶은 아동의 욕구를 반영해주고, 교사가 왜 아동의 말을 더 이상 들어줄 수 없는 이유를 설명해준다. 다시 와서 들어주겠다는 약속을 하고, 나중에 그 약속을 지킨다.

6. 아동의 언어 기술을 세련되게 하고 확장시켜주기 위해 언어적으로 격려한다

교사는 "이제 한 조각만 맞추면 전체 퍼즐을 다 완성하는 거야"와 같이 아동에게 관련된 정보를 줄수 있다. 또한 교사는 아동의 능력을 확신하고 있다는 것을 분명하게 알려주어야 한다. "이 프로젝트는 조금 힘들지도 몰라. 그렇지만 선생님은 네가 할 수 있다고 믿어."

행동 반영 사용하기

1. 아동과 이야기할 때 아동의 신체적 속성이나 행동에 대해 말한다

아동을 주의 깊게 관찰한 후, 그 아동에게 중요해보이는 속성이나 행동을 선택하고 이에 대해 말한다. 이때 교사의 관점이 아닌 아동의 관점에 초점을 맞추어야 한다. 신발 끈을 묶고 있는 유미에게 적절한 행동 반영은 "왼쪽 신발을 신고 있구나", "끈을 묶는 방법을 알고 있구나", "그게 할머니가 사주신 새 신발이구나"와 같이 말하는 것이다.

2. 행동 반영을 질문이 아닌 진술문으로 표현한다

질문은 아동이 대답해야 한다는 것을 의미하지만, 반영은 그렇지 않다.

3. 행동 반영을 아동에게 직접적으로 표현한다

교사가 반영을 하고 있는 대상이 아동임을 알 수 있도록 '너'라는 단어를 사용해서 말을 한다. 이를 통해 반영은 더 개인적이 된다.

4. 반영을 할 때 서술적인 어휘를 사용한다

반영하기의 일부로 부사, 형용사, 특정 사물의 이름을 사용하는 것은 반영을 아동에게 더 의미 있고 가치 있게 해준다. 아동의 맥락적인 학습은 "네가 선반 위에 이것을 두었구나"라고 말하기보다 "네가 가장 넓은 선반 위에 연필을 두었구나"라고 말할 때 더 긍정적으로 향상된다.

5. 아동의 행동을 반영할 때 무비판적인 단어를 사용한다

느낀 것이 아니라 본 것만을 반영해야 한다. "여러 가지 색을 사용해서 그림을 그리고 있구나"는 반영하기이지만, "좋은 그림인걸" 혹은 "회색을 너무 많이 썼다"는 말은 반영하기가 아니다.

6. 회화체 어조로 반영한다

아동의 행동이나 말을 반영할 때에는 표현적인 목소리를 사용한다. 단조로운 목소리나 노래를 부르는 것 같은 목소리로 반영하는 것은 불쾌감을 줄 수 있고, 아동이 잘 대답하지 않게 된다.

7. 아동의 행동이나 표현을 요약하여 반영한다

각각의 행동이나 표현을 그대로 반영하기보다는 요약하여 반영하는 것이 더 효과적이다. 여러 가지 행동이나 말을 함께 묶어서 반영한다. 예를 들어, 광우가 색깔 블록으로 놀이를 한다면, "빨간 블록을 가지고 있네. 파란 블록도 가지고 있고. 이제는 노란 블록을 집고 있구나"와 같이 말하지 말고, "여러 가지 색의 블록을 사용해서 집을 짓고 있구나"와 같이 반영을 해야 한다.

효과적인 칭찬하기

1. 아동의 노력과 성취를 인정하는 행동 반영을 한다

"오랫동안 그림을 그렸네."

2. 무비판적으로 말한다

"터널을 만드는 새로운 방법을 찾았구나.", "네가 그것을 해냈구나."

3. 아동의 긍정적인 변화에 주목한다

"지난번에는 첫 번째 계단만 올라갔는데, 지금은 제일 위까지 올라가네", "연습을 많이 하더니, 떨어지지 않고 사다리를 끝까지 올라갈 수 있구나", "모양 맞추기를 하는 데 아주 빨라졌는걸"과 같이 아동 능력의 변화를 반영해준다.

4. 아동의 행동이 타인에게 미치는 긍정적인 영향을 지적해준다

"너는 지연이가 놀이에 잘 끼지 못하는 것을 알았구나. 네가 도와주어서 이제 지연이는 잘할 수 있단다."

5. 아동이 만들어 낸 것만이 아니라 무엇인가를 하려는 노력의 긍정적인 측면에 초점을 맞춘다

"좋은 그림인걸"이라고 말하기보다는 "네가 붓으로 종이 위에 그린 것 좀 봐. 10분 만에 이렇게 멋진 그림을 그렸구나"라고 말하는 것이 더 낫다.

6. 정직하게 칭찬하고, 아동에게 진심어린 피드백을 한다

이렇게 하기 위해서 행동 반영을 사용할 수 있다. 예를 들어, 수지가 책 읽기를 어려워하고 있다면, "새로운 단어를 읽으려고 하고 있구나" 혹은 "혼자서 그 페이지를 다 읽었네"라고 말해준다. 이것은 "잘 읽는걸"이나 "읽는 게 그게 뭐야"라고 말하는 것보다 더 정직한 반응이다. 수지는 자신이 아직 책을 유창하게 읽지 못한다는 것을 알고 있다. 막연하게 칭찬하는 것은 신뢰감을 떨어뜨리고 아동을 당황하게 할 수도 있다. 교사의 칭찬은 아동이 믿을 수 있을 때 더 많은 의미를 지닌다.

7. 매일 더 효과적인 칭찬을 하도록 준비한다

아동들에게 자주 칭찬하는지를 확인한다. 효과적으로 칭찬하고 있는지 그리고 얼마나 자주 칭찬하고 있는지를 확인하기 위해 기록한다.

대화하기

1. 아동이 말하는 내용을 정교화할 수 있도록 도와준다

"그것에 관해서 말해 줄래?", "그러고 나서 무슨 일이 일어났니?" 혹은 "네가 어떻게 했는지 더 들어보자"와 같이 말하여 아동과의 언어적 상호작용을 지속시킨다.

2. 대화 주제를 미리 생각한다

아동을 만나기 전에, 아동이 흥미 있어 할 한두 가지 주제를 생각해둔다. "어젯밤 게임에 대해 이야기 해줄래?", "새로 태어난 네 동생은 어떠니?" 혹은 "어제 이순신 장군에 대해 네가 말하는 내용이 정말 재미있었어. 네가 이순신 장군에 대해 가장 좋아하는 것이 무엇인지 말해줄래?"

3. 아동이 자신의 생각을 정리하도록 충분히 침묵하고 기다린다

교사가 질문을 하거나 아동의 말에 반응한 다음, 잠시 기다린다(적어도 마음속으로 다섯을 셀 동안). 아동이 교사의 말을 주의 깊게 듣고 있었다면 특히 더 그러하다. 왜냐하면 아동은 교사의 말에만 주의를 기울이고 있었기 때문에 뭐라고 대답할지 생각할 시간이 필요하다. 성급하게 다음 말이나 질문을 해서는 안 된다. 그럴 경우 아동은 당황하게 되고, 교사가 아동과 함께 상호작용하려 하기보다 교사가 전부 다 하려 한다는 인상을 주게 된다.

4. 아동과 자주 대화한다

아동과 대화할 수 있도록 자연스러운 기회를 이용한다. 계획을 하던 계획을 하지 않았던 간에 아동과 개별적으로 말할 수 있을 기회를 가진다. 비형식적인 시간이나 전이시간 등이 대화를 하기에 좋은 시간이다.

5. 말이 상호작용의 분위기를 해친다면 말하기를 삼간다

말하는 것이 때로는 긍정적인 언어 환경을 저해하기도 한다. 아동이 어떤 활동이나 또래와의 대화에 몰두해 있을 때에는 아동의 상호작용이 자연스럽게 지속되도록 한다. 이때에는 교사가 상호작용에 끼어드는 것이 아동을 방해하거나 전체 상호작용의 톤을 변화시킬 수 있기 때문에 조용히 있어야 한다. 교사는 단순히 말하기 위해서가 아니라 아동에게 이롭게 해주기 위해서 말해야 한다. 이와 같은 상황에서는 말을 하지 않는 것이 온정과 존중의 신호이다.

6. 아동이 교사나 또래들과 대화할 수 있는 상황을 만든다

식사시간, 대집단 활동시간, 소집단 활동시간과 같은 하루 일과 중에 대화를 조장하기 위한 기회를 만든다. 비형식적으로 형성된 대화도 도움이 되므로 가능하다면 하루 일과 중에 이러한 비형식적인 대화의 기회를 만든다.

효과적인 질문하기

1. 자신이 한 질문을 점검한다

질문이 그 상황에서 적절한 것이었는지 점검해본다. 아동과 대화를 하고 싶다면 개방형 질문을 사용해야 한다. 아동에게 특정한 대답을 원한다면, 폐쇄형 질문을 사용할 수도 있다.

2. 개방형 질문을 할 시기를 신중하게 선택한다

질문을 할 때에는 적절한 시간과 환경을 모두 고려한다. 아동이 좌절하지 않도록 반응할 수 있는 충분한 시간을 주면서 바쁘지 않은 시간을 선택해야 한다.

3. 아동에게 질문을 할 때에는 양보다는 질을 강조한다

아동이 하는 대답의 내용과 어조 모두를 잘 살핌으로써 자신이 한 질문이 적절한지 점검해본다. 만약 아동의 반응이 짧고 퉁명하거나 대답하는 아동의 목소리가 지루하다면 질문을 그만하고, 대답이 생생하고 정교해지면 계속 질문한다.

4. 아동이 대답할 때까지 기다린다

아동이 질문에 대답할 수 있도록 최소 1분의 시간을 주어야 한다. 아동의 대답에서 숙고한 흔적이 보인다면 이 시간은 잘 사용된 것이다.

부연 반영하기

1. 아동의 말을 적극적으로 경청한다

아동의 메시지에 주의를 기울이도록 의식적으로 노력해야 한다. 아동을 쳐다보고, 방해하지 않고 아동이 말하는 것을 경청해야 한다. 다른 생각은 제쳐두어야 한다. 교사는 어떻게 반응할지를 생각하기보다 아동의 말에 대해 더 많이 생각해야 한다.

2. 아동이 말한 내용을 자신의 말로 바꿔서 다시 말한다

교사가 부연한 말은 아동의 원래 의도를 유지하고 있어야 한다. 교사의 의견을 포함시켜서도 안 되며, 아동이 말했으면 하고 교사가 바라는 것을 추가해서도 안 된다.

3. 잘못된 반영하기는 다시 고쳐서 말한다

때로 아동은 교사의 반영이 자신의 의도와 맞지 않는다는 신호를 보낸다. 이들은 "아니요" 혹은 "그런 뜻이 아니에요"라고 직접적으로 교사의 말을 수정할 수 있다. 혹은 아동이 말을 반복하고, 새로운 정보를 추가하거나, 화가 나서 한숨을 쉬는 등 좀 더 미묘한 단서가 나타날 수도 있다. 교사는 이러한 것에 주의를 기울이고, 이 경우 교사의 말을 수정해야 한다.

4. 교사는 아동의 능력에 맞추어 반영을 한다

걸음마기 유아에게는 간단하고 짧은 반영을 해야 하고, 이들의 전보식 말에 한두 개의 연결어를 첨가해준다. 그러나 4세 정도 된 유아에게는 간단한 확장 이상으로 아동의 메시지에 꾸밈말이나 관련된 동의어를 첨가하여 반영한다. 학령기 아동에게는 주기적으로 여러 구문으로 반영해준다. 아동이 말을 얼마나 잘 이해하는지 주의를 기울이고, 아동이 혼란스러워 한다면 말을 할 때 몸짓과 시범을 같이 사용한다. 이렇게 변형시키는 것은 아동의 변화하는 의사소통 능력을 존중한다는 것을 보여주며, 아동이 교사의 반영에 흥미를 느끼고 이해하게 도와준다.

5. 아동이 표현하는 여러 가지 중에서 한 번에 하나를 선택하여 부연한다

아동이 전달하고자 하는 한 가지 주된 생각을 집어서 그것을 반영한다. 만약 그것이 주된 초점이 아니라면, 아동은 교사의 말을 수정하거나 대화를 바람직한 방향으로 바꿀 것이다. 아동이 한 모든 말을 부연할 필요는 없다.

6. 아동이 사용한 말과 반대되는 형태로 반영함으로써 흥미를 더한다

수연이가 "문을 열고 싶어"라고 말한다면, "너는 문을 닫고 싶지 않나 보구나"라고 말할 수 있다. 만약 인호가 "모든 것을 다 알고 싶어요"라고 말한다면, "너는 어떤 것도 놓치고 싶지 않나 보구나"라고 대답할 수 있다.

공유된 이야기 만들기

1. 교실 내에 일어나는 사건들에 관한 이야기를 만들고 개작하는 데에 아동이 참여하게 한다

- 아동이 과거 교실에서 일어난 사건을 기억하도록 격려한다(~한 때를 생각해보자). 개별 아동과 아동 집단에게 과거에 일어난 일에 관한 이야기를 공유한다.
- 이야기가 진행되도록 개방형 질문과 부연 반영을 한다. 아동들이 차례대로 이야기할 수 있도록 한다.
- 아동이 말한 이야기를 하나로 엮는 해설자로서의 역할을 한다.
- 아동이 의견을 낼 수 있도록 도와준다. 다양한 관점을 수용한다.
- 사건에 관련된 아동의 생각, 바램, 감정에 대해 말한다. 아동이 이야기를 수정할 때 여러 아이의 의견에 맞게 수정한다.
- 아동이 이전의 경험과 논의되고 있는 경험을 연결 지을 수 있도록 돕기 위해 이전에 공유된 이야기를 말해준다.

2. 교실 내 일어난 사건의 사진을 찍어서 이야기의 소품으로 사용한다

현재와 미래의 이야기를 위해 이 사진들을 사용한다. 아동이 자신과 우리에 대한 이야기를 만들 수 있도록 격려한다.

3. 모든 아동이 사회적 환경에 기여함을 보여주기 위해 학급 사진 앨범, 게시판을 만든다

이는 아동이 과거에 했던 것을 보여줄 수 있는 사건에 관한 이야기를 촉진하기 위해 사용한다.

아동의 자기이해에 관해 가족과 의사소통하기

1. 가족과 상호작용할 때 긍정적인 언어 환경의 원리를 적용한다

아동의 가족을 환영한다. 유아의 부모나 조부모를 기억하여 이들을 맞이하고, "지연이와 함께 오셨군요. 저는 지연이 담임인 ○○○입니다"와 같이 부모나 조부모에게 자신을 소개한다.

2. 가족을 교실로 들어오게 하여 자녀를 관찰하게 하고 교사와 이야기를 나눈다

"하울이를 데리러 오셨군요. 하울이는 지금 언어 영역에서 책을 보고 있어요. 하울이가 있는 언어 영역에 가보셔도 됩니다" 혹은 "어머니 오셨어요. 조금 있으면 이야기 나누기 시간이 끝날 거예요. 여기 의자에 앉아 편안히 기다리시겠어요?", "저와 면담하러 와 주셔서 감사합니다. 잠시 하울이가 어떻게 지내는지 보시고 어린이집 생활에 대해 궁금한 점 있으시면 질문해주세요."

3. 교사가 생각을 말하기 전에 가족이 먼저 말하도록 한다

가족의 말에 주의를 기울인다. 관심이 있다는 것을 비언어적으로 보여주고 주의 깊게 경청한다.

4. 가족과 상호작용할 때 부연 반영과 개방형 질문을 사용한다

가족에 대한 존중과 관심을 보여주기 위해서 부연 반영을 사용한다. 부연 반영을 적절히 사용하면 부모에게도 아주 효과적이다. 첫째, 다른 언어적 전략과 함께 반영을 사용하고, 둘째, 부모가 말한 내용을 그대로 따라하지 않도록 조심한다. 단어의 순서를 바꾼다던지 부모가 말한 단어와 반대되는 말을 사용한다던지 복합 문장을 사용하는 등 본 장의 앞에서 제시한 여러 가지 기법들을 사용해서 다양하게 표현한다. 반영하기는 모든 종류의 상호작용에 적절하지만, 가족이 관심사를 표현할 때 더욱 유용하다. 이 방법은 가족이 전달하고자 하는 정보를 명확하게 해주어, 교사가 부모의 욕구와 바람에 효과적으로 반응하게 한다. 부모가 말하고자 하는 메시지를 교사가 알고 있다는 것을 보여줄 수 있도록 부모의 말을 부연한다. 만약 부모가 자신의 의도를 정확하지 않게 해석했다고 지적하면 즉시 고쳐야 한다.

5. 전문용어가 아닌 일반적으로 이해되는 단어로 말한다

가족과 이야기할 때에는 자연스러운 어휘와 문장으로 문제에 대해 명확히 기술하여야 한다. 말하고 들을 때 모두 바람직한 언어적·비언어적 의사소통의 원리를 사용한다. 부모가 교사의 말을 오해하고 있는 것 같다면, 의미를 명확히 하기 위해서 다른 단어나 구문을 찾아본다. 교사는 학부모의 말을 잘 이해하지 못한다고 생각되면, "제가 생각하기에 어머님께서 말씀하고 있는 것은…" 혹은 "어머님께서는 …라고 생각하고 있는 것 같은데…"와 같은 말로 자신이 생각한 것이 맞는지 확인한다.

6. 가족이 생각을 정리할 시간을 충분히 준다

부모와 가족이 자녀에 대해 이야기하기 위해서 기관으로 오는 것은 쉬운 일이 아니다. 그래서 부모는 주저하며 말을 하거나 더듬거릴 수도 있다. 이때는 참을성 있게 기다려야 하며, 부모의 말을 끝내려 하거나 중간에 끼어들면 안 된다.

7. 가족의 프로그램 참여에 대해 효과적인 칭찬을 한다

가족 참여로 부모가 도움을 줄 때에는 진심으로 반응한다. 부모나 가족이 현장 학습을 도와주거나 교실에서 보조역할을 할 때, 이들의 노력을 정확하고 구체적으로 칭찬해준다. "덕분에 모든 아이들이 현장 학습에 참여할 수 있었어요" 혹은 "인형극 만드는 것에 도움을 주셔서 정말로 고맙습니다. 많은 아이가 인형극을 재미있게 보았어요"와 같이 말한다.

◆ 기계적으로 되풀이하는 것

아동의 말을 반영하기 위해 그 아동의 말과 목소리 톤을 똑같이 하여 반응할 수 있다. 이처럼 기계적으로 되풀이 되는 교사의 말은 성의가 없고 생색을 내는 것처럼 들릴 수 있기 때문에 아동에게 불쾌감을 주게 된다. 말을 똑같이 되풀이하는 것이 부연하는 방법을 학습하는 첫 단계이긴 하지만, 교사는 가능하면 빨리 이러한 반응을 바꾸어야 한다.

◆ 끊임없이 반영하는 것

아동의 행동이나 말을 모두 반영하는 것은 잘못된 것이다. 행동 반영과 부연 반영의 목적은 성인에게 아동을 관찰하고, 경청하고, 아동의 견해를 이해하기 위한 기회를 주기 위한 것이다. 만약 교사가 끊임없이 말을 한다면 어떠한 목표도 달성하지 못할 것이다. 요약 반영을 하는 것은 장황하게 많은 말로 아동을 질리게 하지 않게 하는 좋은 방법이다.

◆ 형식적으로 반영하는 것

생각 없이 반영하는 것은 적절하지 않다. 이는 기계적으로 되풀이해서 말하는 것의 또 다른 형태일 뿐이다. 단순히 행위를 따라 하거나 아동에게 생각 없이 반응해서는 안 되며, 아동의 말이나 행동에 대해 더 세밀한 주의를 기울이도록 노력해야 한다.

◆ 아동을 사물처럼 대하는 것

교사는 종종 아동을 제3자로 취급하여 말한다. 즉, 교사는 아이에 관해 말을 하지만 아이에게 개별적으로 말하지 않는 것이다. 예를 들어, 교사는 블록 영역에서 두 살 된 다윤이와 놀이를 하고 있고, 근처에는 아무도 없다. 교사는 "다윤이는 사각 블록을 쌓고 있네. 다윤이는 높은 탑을 쌓고 있네. 어, 다윤이의 탑이 무너졌다"라고 말한다. 만약 다른 아동이 곁에 있었다면, 교사의 말은 다른 아동에게 정보를 주는 것으로 해석될 수도 있었을 것이다. 그러나 이 상황에서 다윤이의 활동에 관한 교사의 말은 대화가 아니며, 다윤이가 반응을 할 수 있도록 개방적이지도 않다. 교사의 말은 모든 문장에 '너'라는 말을 집어넣음으로써 반영하기가 될 수 있다. "다윤아, 너는 사각 블록을 쌓고 있구나. 너는 높은 탑을 쌓고 있네. 아, 네 탑이 무너져버렸다."

◆ 아동이 자신의 능력에 대해 과대평가할 때 수정해주는 것

때때로 교사는 아동이 말하는 부정확한 이야기를 수정해주어야 한다고 느낀다. 예를 들어, 민식이가 "나는 글씨를 잘 써요"라고 말할 때, 교사가 "대부분은 잘하지만, 어떤 때는 틀리지"라고 대답하는 경우이다. 아이들은 일곱 살 정도까지는 자신의 능력에 대해 과대평가를 하는 것이 일반적으로, 이는 자아존중감 발달의 한 단계이다. 아동의 생각을 고쳐주는 것이 이들 자신에 대해 더 정확한 상을 발달시키도록 하지는 않는다. 이때에는 말의 정서적 내용을 반영하는 것이 더 효과적이다. 앞의 상황에서 교사는 "글씨를 잘 써서 자랑스러운가 보구나" 혹은 "네가 글을 정말로 잘 쓴다고 생각하는구나"와 같이 반영할 수 있다.

◆ 반영을 질문으로 바꾸는 것

문장의 끝에 붙이는 "그렇지 않니?" "맞지?" "좋지?"와 같은 말은 반영하기를 질문으로 바꾼다. 교사가 문장의 끝을 올려서 말할 때에도 마찬가지이다. 교사의 이러한 습관은 아동과의 언어적 상호작용을 방해하고 요구적인 것으로 만든다. 이러한 습관은 반영 기법을 잘못 사용하는 것 중 가장 흔한 것으로, 교사가 정확하게 반영했는지 확인하고 싶을 때 나타난다. 교사는 아동에게 말한 것이 옳다는 신호를 받고 싶어 하지만 실제로는 거의 들을 수 없을 것이다. 반영하기가 적절하였는지는 아동이 자신의 활동이나 대화를 계속하는지를 통해 알 수 있다. 아동이 하던 것을 그만두거나 교사의 말을 수정하려 한다면 반영이 잘못되었다는 신호이다. 교사는 반영하기보다 질문을 더 많이 하는 습관을 빨리 없애야 한다.

◆ 교사의 질문에 아동이 대답하게 하기보다 교사 자신이 답하는 것

교사는 종종 자신이 한 질문에 자신이 대답을 한다. 예를 들어, 교사는 "누가 사진을 가져오기로 했지?"라고 물은 뒤, 바로 "찬아, 네가 가져오기로 했지. 미연아, 너도 가져오기로 했었지"라고 말했다. 교사는 "새가 왜 겨울에는 남쪽으로 날아갈까?"라고 질문한 뒤, 아이들이 질문에 관해서 생각하기도 전에, "새들은 먹이를 찾기 위해서 남쪽으로 날아가는 거예요"라고 대답한다. 교사는 스스로 너무 빨리 답함으로써 아이들이 대답을 하지 못하게 하였다. 불행히도 이렇게 되면, 교사는 아이들이 질문에 답할 능력이 없다고 생각하게 되고, 아이들은 교사가 자신들의 대답에 관심이 없다고 해석한다. 만약 교사가 아이들에게 질문을 하면서 자신이 먼저 대답을 하였다면, "저런. 내가 너희에게 대답할 기회를 주지 않았구나. 미안해. ~에 대해 어떻게 생각하니?"라고 다시 질문을 반복하여 크게 말하고 아이가 대답할 시간을 주어야 한다.

◆ 아동의 질문에 습관적으로 질문으로 답하는 것

아동이 질문을 할 때 교사는 자동적으로 아동에게 그 질문을 다시 한다.

아동: 겨울에는 곰들이 어디서 잠을 자나요?

교사: 너는 곰들이 어디서 잔다고 생각하니?

이렇게 앵무새처럼 말을 되풀이하는 것은 아동이 교사에 대해서 부정적인 인상을 가지게 한다. 이러한 질문은 비난으로 들리며, 아동은 '너는 바보 같아. 그걸 알고 있어야지', '난 알고 있지만, 너에게는 말하지 않을 거야', '틀린 대답을 하면 사람들이 너를 바보라고 놀리게 놔둘 거야. 그러고 나서 맞는 답을 해줄 거야'와 같은 의미로 해석하게 된다. 이러한 바람직하지 않은 인상을 막기 위해서 아동이 필요로 하는 사실을 말해주거나, 그 아동의 질문을 반영해주고, 그 후에 아동과 함께 답을 찾도록 도와주어야 한다.

◆ 효과적이지 못한 칭찬을 하는 것

교사가 아동에게 무분별하거나 과장하여 칭찬할 때, 가장 좋은 방법은 말을 그만하고 아동이 실제로 하는 행동에 다시 초점을 맞추는 것이다. 앞에서 제시한 것처럼 효과적인 칭찬을 위한 지침에 따라 말을 바꾸도록 한다. 만약 그 상황에서 수정하기가 너무 어려우면, 교사는 잘 기억했다가 나중에 어떻게 말해야 할지 다시 생각해본다. 그리고 다른 날 유사한 상황에서 교사가 생각한 어떠한 칭찬이 더 적절한지 생각해본다.

◆ 아동의 활동을 방해하는 것

아동이 활동에 몰두해 있거나 대화에 열중하고 있을 때 질문을 하거나 반영하는 것은 방해가 된다. 이럴 때 교사는 조용히 아동 근처에서 관찰하고, 적절한 기회에 미소, 끄덕임, 웃음으로 아동에게 관심이 있다는 것을 보여준다. 누군가에게 말을 하고 있거나 교사가 개입하였으면 하는 신호를 보이지 않는 아동에게 계속해서 반영하거나 질문해서는 안 된다.

◆ 말하기를 주저하는 것

앞서 설명된 기술을 실행하려다 정확하게 사용하려고 말을 망설인 경험이 있을 것이다. 교사는 과장된 말을 하거나 대답을 생각하다가 기회를 놓칠 수도 있다. 그래도 포기하면 안 된다. 적절한 단어를 찾는 가장 좋은 방법은 계속 연습하는 것이다. 사실 초기에는 아주 많이 말하는 것이 더 낫다. 이러한 기술에 익숙해진 후에야 아이들에게 반응하는 시기와 반응의 정도를 조절할 수 있을 것이다.

◆ 새로운 언어적 기술을 사용할 때 기계적이고 부자연스럽게 말하는 것

반영하기나 효과적 칭찬하기, 개방형 질문을 하는 것은 처음에는 어색하고 불편할 것이다. 초보자는 자신의 말 같지 않고 과거보다 더 많이 생각해야 한다고 불평할 수 있다. 교사는 자신의 반응이 반복적이고 온정과 자발성이 없어 보일 때 낙담하게 된다. 이때 어떤 교사는 포기하고 예전의 언어 습관으로 돌아가기도 한다. 그러나 새로운 기술을 숙달하기 위해서는 많은 연습이 필요하다.

본 장에서 소개한 모든 기술들도 숙달하기 위해서는 많은 연습이 필요하다. 만약 어려움에도 불구하고 계속 연습한다면 눈에 띄는 향상이 있을 것이다. 이러한 기술을 처음 사용할 때에는 많이 어색하고 작위적이라고 느낄 수 있지만, 점차 자연스럽게 반응할 수 있게 된다. 시간을 들여 연습한다면 더 쉽게 말이 나오고 나만의 스타일을 발달시키게 된다.

SUMMARY

아동의 자아개념과 사회적 이해는 사회적 유능성 수준에 직접적인 영향을 미친다. 이들의 사회적 상호작용과 결합되어 아동의 문화, 기질, 관계, 그리고 언어적 경험은 아동이 가치, 능력, 세상에 대한 통제감을 발달시키도록 돕는다. 자기이해는 자아인식, 자아개념, 자아존중감의 세 가지 요소로 구성된다. 자아인식은 자신이 속한 환경의 다른 사람들과 자신을 구분되는 개별적인 존재로 인식하는 것이다. 이것은 영아기에 대부분 형성된다. 자아개념은 자아의 기술적인 부분으로 걸음마기부터 시작되어 유아는 자신을 한 번에 한 가지 속성으로, 그리고 신체적이고 구체적인 방식으로 기술한다. 아동기 중기가 되면 아동의 자아개념은 주로 심리적 특성으로 정의되며, 더 복잡해진다. 자아존중감은 자아의 평가적인 부분으로, 가치, 능력, 통제의 세 가지 차원으로 구성된다. 이러한 세 가지 차원의 요소들을 긍정적으로 평가하는 아동은 자아존중감이 높은 반면, 그렇지 않은 아동은 자아존중감이 낮다. 자아존중감이 높은 사람은 자기 판단이 부정적인 사람보다 더 행복한 삶을 꾸려 나간다. 자아존중감의 발달은 규준적인 단계를 따르는데, 취학 전기에는 '여기 그리고 지금'에 기초해서 자신을 평가하고, 학령기로 들어가면서 점차 자신을 세분화해서 판단하며, 중학생이 되면 일반적인 지표에서 자신의 가치를 판단하게 된다. 이러한 긍정적이거나 부정적인 관점은 전 인생을 거쳐서 비교적 지속된다.

교사나 부모가 아동의 자기이해에 많은 영향을 준다. 교사나 부모의 행동은 아동이 자신에 관해서 긍정적이거나 부정적인 판단을 하게 한다. 온정, 수용, 진정성, 공감, 존중을 보이는 교사와 상호작용하는 아동은 능력, 가치, 통제에 대해 긍정적인 자기 판단을 한다. 교사나 부모의 말이 이러한 긍정적인 메시지를 전달할 수도 있고, 혹은 부정적인 메시지를 전달할 수 있다. 이러한 메시지는 언어 환경을 통해 전달된다. 언어 환경은 긍정적일 수도 부정적일 수도 있다. 부정적인 언어 환경에 계속해서 노출되면 아동의 자아개념과 자아존중감은 손상되며, 반면에 긍정적인 언어 환경에 노출되는 것은 아동의 긍정적인 자기 판단을 향상시킨다.

행동 반영, 효과적인 칭찬, 대화, 개방형 질문, 부연 반영, 공유된 이야기가 긍정적인 언어 환경을 만들게 하는 구체적인 언어 전략이다. 이러한 전략들은 아동의 자기 이해 및 타인 이해뿐만 아니라 언어 발달을 돕는다. 또한 이러한 방법을 아이들의 가족과 상호작용할 때 긍정적인 관계를 형성하기 위해 사용하면 유용하다.

마지막으로 기계적으로 되풀이하기, 끊임없이 반영하거나 형식적으로 반영하는 것, 아동을 객관적 대상으로 대하는 것, 부적절한 질문 방법을 사용하는 것, 아동의 활동을 방해하는 것들은 피해야 한다. 말하는 데 주저하고 목소리가 부자연스럽고 기계적으로 들리는 것 또한 이러한 기술을 처음 배운 사람이 공통적으로 접할 수 있는 문제이다. 이러한 것을 극복하기 위해서는 계속적인 연습이 필요하다.

CHAPTER 5

아동의
정서 발달
지원

아동의 정서 발달 지원

아동은 매일 다양한 정서를 경험한다. 아동이 하는 모든 것이 정서와 관련되어 있고, 크고 작은 수많은 일로 인해 정서가 발생한다. 정서는 주변 사람과 사건의 영향을 받아 생긴다. 자신의 정서를 얼마나 잘 표현하는지, 그리고 타인의 정서를 얼마나 잘 이해하는지는 아동의 사회적 유능성에 있어 중요하다.

1. 정서의 정의 및 기능

1.1 정서의 기원

모든 문화권의 사람은 정서를 경험한다. 기쁨, 슬픔, 혐오, 분노, 놀람, 흥미, 두려움은 보편적인 정서이다(Ekman, 2007; Wellcome Trust, 2010). 정서 상태마다 차이가 있긴 하지만, 모든 정서는 공통된 특정한 속성을 지닌다. 각 정서는 중추 신경계와 **뇌로 신호를 전달**하는 **내적 사건**이나 **외적 사건**에 의해서 일어난다. 이러한 초기 반응은 너무나 빨리 발생해서 일반적으로 무슨 일이 일어나고 있는지 알지도 못하는 경우가 많다.

이러한 신호의 결과로 사람들은 각성되고 생리적 변화가 일어난다. 심장이 빨리 뛰고, 손바닥은 축축해지고, 목이 타기도 하는데, 이는 정서의 **신체적인** 측면이다. 이러한 감각적 변화는 대개 얼굴 표정, 자세, 목소리, 몸의 움직임에서 관찰된다.

미소, 얼굴 찡그리기, 웃음은 어떻게 느끼는지에 대한 가시적적 신호이다. 이는 정서의 **표현적인** 측면으로, 이를 보고 사람들은 어떤 일이 일어나는지를 해석한다. 이들의 해석은 그 상황의 맥락, 목표, 그리고 과거 경험에 의해서 영향을 받는다(Calkins & Williford, 2009). 우리는 이러한 모든 것을 고려하여 자신이 행복, 슬픔, 분노, 두려움을 어느 정도 경험하는지를 판단하는데, 이것이 정서의 **인지적인** 측면이다.

신체적 감각, 표현적 반응, 인지적 해석이 일어나는 순서에 대한 생각은 학자에 따라 다르지만, 일반적으로 위의 세 요인이 결합하여 정서를 형성한다는 점에는 동의하고 있다(Aamodt & Wang, 2008). 이러한 요인들이 어떻게 작용하는지를 이해하기 위해서, 8세 원희에게 큰 소리로 숙제를 발표하게 했을 때 무슨 일이 생기는지 다음의 예를 통해 살펴보자.

- 뇌에 전달되는 신호: 교사가 원희의 이름을 부르자, 다른 아이들은 조용해지고 교실 뒤쪽에서 낄낄대는 소리가 들린다.
- 신체적 반응: 원희의 입이 마르고, 맥박이 빨리 뛰고, 위가 쪼그라든다.
- 표현적 반응: 원희의 얼굴이 찡그러지고, 어깨가 처진다.
- 인지적 반응: 원희는 잘 하기를 바라는 마음과 함께 반 아이들 앞에서 창피를 당했던 과거 사건을 생각한다.
- 정서: 원희는 긴장된다.

원희가 다른 사람 앞에서 말을 잘 했던 이전 경험에 인지적 반응이 맞추어졌으면, 지금 경험하고 있는 정서는 긴장이 아니라 흥분이었을 것이다. 자신이 어떻게 느끼고 있는지에 대해 최종적으로 판단하는 것은 바로 원희이다. 다른 아이들은 원희가 잘 할 거라고 예상하더라도, 원희가 그 상황이 위협적이라고 인지하고 있다면 긴장할 것이다. 똑같은 사건에 대해서 사람들마다 정서적으로 다르게 반응을 하는 이유는 이러한 해석의 차이 때문이다. 원희와 달리 다른 아이들은 친구들 앞에서 발표하고 싶어 할 수도 있다. 이러한 해석은 옳은 것도 아니고 잘못된 것도 아니며, 각 아동의 현재 상태에 대한 정의일 뿐이다. 정서는 우리가 하는 모든 것과 관련되어 있기 때문에 사람은 매일매일 다양한 감정을 느낀다.

1.2 정서의 중요성

아동은 기쁨과 애정, 분노와 좌절 등 여러 가지 정서를 경험한다. 어떤 정서는 유쾌하고 어떤 정서는 그렇지 않지만, 모든 정서는 아동의 삶에 있어 필수적이다.

정서는 가장 기본적으로 아동의 생존에 도움을 준다. 빨리 달려오는 자전거를 피하는 것, 중요한 사람과 애착을 형성하는 것은 인지적 반응보다 정서적 반응이 앞서는 상황이다. 이 경우 정서는 아동이 무엇이 일어났는지에 대해 '생각'하지 않고서도 본능적으로 특정 방향으로 움직이게 한다(Ekman, 2007).

아동이 생각할 기회를 가질 때, 정서는 아동의 현재 상태에 관한 정보를 알려준다(Lewis, 2007). 이러한 정서의 기능을 통해 아동은 현재 정서 상태를 유지하거나 변화하기 위해서 어떤 행동을 하게 된다. 예를 들어, 행복과 신뢰감과 같은 감정은 아동에게 안전과 안정감을 제공해준다. 애정은 자신이 사랑스럽고 다른 사람들이 자신을 가치 있게 여긴다는 것을, 자긍심은 아동이 유능한 존재라는 것을 알려준다. 이러한 긍정적 정서들은 세상이 옳은 것이며, 아동이 즐거운 경험을 계속하게 한다. 반면, 불만족, 불운, 위험을 나타내는 정서는 무언가가 잘못되고 있다고 경고해준다. 분노는 장애를 극복하기 위해 애쓰도록 하며, 슬픔은 에너지를 감소시켜서 상실감이나 실망감에 적응할 시간을 갖게 한다. 두려움은 회피하고 도망가거나 무언가로부터 스스로를 보호하도록 한다. 이와 같이 정서는 자신에게 무슨 일이 일어나고 있는지를 해석하고 변화된 환경에 적응하도록 도와준다. 이러한 해석은 표 5-1에 제시되어 있다.

정서는 일종의 의사소통의 기능을 한다. 미소나 울음과 같은 정서 표현은 말을 배우기 전에 영아와 양육자가 의사소통을 하게 하는 첫 번째 언어이다. 사람은 자신이 느끼는 것을 표현하고 타인의 감정을 이해하기 위해 언어나 비언어적 단서를 사용하기 때문에 정서의 의사소통 기능은 전 생애를 걸쳐 지속된다(Jaswal & Fernald, 2007; Widen & Russell, 2008).

또한 **정서는 아동의 인지적 기능에도 영향을 미친다**(Steedly, Schwartz, Lewin, & Luke,

표 5-1 **정서가 아동의 상태에 관해 전달하는 신호**

정서	아동에게 전달하는 의미
행복감	• 나는 안전해. • 이 세상은 좋은 곳이야. • 이것은 해도 괜찮아. • 나는 이것을 계속 하고 싶어.
애정	• 나는 사랑을 주고받을 수 있고 그럴 가치가 있어.
자긍심	• 나는 유능해.
분노	• 뭔가가 잘못됐어. • 나는 이 어려움을 이겨나가야 해.
슬픔	• 뭔가가 잘못됐어. • 나는 상실감에 괴로워. • 나는 이 상실감에 적응해야 해.
두려움	• 뭔가가 잘못됐어. • 내가 위험에 처한 것 같아. • 나는 여기서 벗어나야 해. • 날 보호해야 해.

2008). 최근 연구들은 정서를 조절하는 뇌의 신경회로가 세부사항에 주의를 기울이고 목표를 설정하고 계획하고 문제를 해결하고 의사결정을 하는 것과 같은 인지적 활동과 관련이 많다는 것을 보여준다(National Scientific Council on the Developing Child, 2006). 그 결과 정서는 이러한 인지적 과업을 지원하거나 혹은 방해할 수 있다. 잘 조절되지 않은 정서와 부정적인 감정은 인지적 기능을 저하시키는 경향이 있는 반면, 강한 긍정적인 정서와 잘 조절된 정서는 더 발달된 인지 활동을 지원한다(Steedly et al., 2008).

1.3 교육과정에 정서 적용하기

정서가 아동의 삶에서 중요한 부분이기 때문에 교사는 다음의 세 가지 측면에서 아동을 도와주어야 한다.
- 자신의 정서 이해하기
- 타인의 정서에 민감하기
- 자신의 다양한 정서에 대처하는 효과적인 방법 찾기

이러한 이해와 기술능력은 아동의 정서 발달 및 학습과 관련되므로, 학령 전 및 초등학교 교육과정 기준에 이러한 내용을 포함하고 있어야 한다. 부모나 교사는 일상적인 상호작용, 의도된 지도, 계획된 활동 등 다양한 방식으로 아동의 정서적 유능성에 대해 가르칠 수 있다. 아동의 정서 발달과 관련해서 교사의 역할을 효과적으로 수행하려면 교사는 정서의 발달적 측면을 이해해야 한다.

2. 아동의 정서 발달

정서 발달은 태어나면서부터 시작되어 초등학교시기까지 계속되는데, 아동의 정서는 순차적으로 발생하는 다음의 다섯 가지 과정을 거쳐 발달한다.
- 다양한 정서의 출현
- 자기 정서 인식의 발달
- 타인 정서 인식의 발달
- 자신의 감정 조절
- 아동기 정서적 과업 다루기

이러한 정서의 발달 과정은 성숙과 경험의 영향을 모두 받는다. 교사가 이에 대해 잘 알고 있을 때, 아동에게 더 민감하게 반응할 수 있고 아동의 사회적 유능성을 증진시킬 수 있다.

2.1 다양한 정서의 출현과 발달

그림 5-1 한 살이 되기 전에 영아는 기쁨을 표현한다

태어난 지 이틀 된 나리는 오빠가 자신을 번쩍 들어 올렸다가 빨리 무릎에 내려놓을 때 얼굴을 찌푸린다. 이때 나리가 진정한 의미의 정서를 보여주고 있는 것이라고 주장하는 학자들(Izard et al., 1995; 2000)이 있는 반면, 신생아가 얼굴을 찌푸리는 것은 단지 반사 반응일 뿐이라고 보는 학자도 있다. 이들은 자신의 경험을 해석할 수 있을 정도로 인지가 발달하는 생후 몇 주가 지나야 진정한 정서가 나타난다고

주장한다(Sullivan & Lewis, 2003). 이와 같이 학자마다 서로 다른 관점을 보이지만, 생후 첫해 동안 영아가 다양한 정서를 경험한다는 점에는 모두가 동의하고 있다. 영아는 자신이 경험하는 모든 정서를 다 표현하지는 않지만, 시간이 지나면서 영아의 정서는 다양하고 복잡해진다. 이러한 정서적 성숙은 언어나 신체 발달과 마찬가지로 예측할 수 있는 발달적 순서에 따라 나타난다(Copple & Bredekamp, 2009). 영아는 한 살이 되기 전에 기쁨(약 6주 정도), 분노(약 4~6개월), 슬픔(약 5~7개월) 그리고 두려움(약 6~12개월)을 나타낸다.

기쁨, 분노, 슬픔과 두려움은 기본 정서로, 여기에서 관련되지만 구분되는 분화된 정서가 발달한다(Widen & Russell, 2008). 예를 들어, 아기는 첫 사회적 미소에서 기쁨의 정서를 표현한다. 보통 영아가 주 양육자의 얼굴을 보았을 때 즐거움의 표시로 나타내는 사회적 미소를 가족들은 매우 의미 있는 사회적 사건으로 여기고 기뻐한다.

기쁨은 점차 놀람, 애정, 자긍심으로 분화된다. 이와 유사하게 기본 정서 중 분노는 좌절, 성가심, 질투, 격분, 혐오 정서의 기초가 된다. 이러한 정서들이 조합되면 더 복잡한 반응을 낳는데, 예

표 5-2 기본 정서와 이에 상응하는 정서군

기쁨	분노	슬픔	두려움
행복감	좌절	낙담	조심성
환희	질투	불행	불안
흐뭇함	혐오	고뇌	의심
만족	성가심	비탄	우려
즐거움	격분	실의	당황
고무됨	지루함	수치심	괴로움
자긍심	저항	죄책감	공포

를 들어, 성가심과 혐오의 감정이 합쳐지면 경멸의 감정을 불러일으킨다. 네 가지 기본 정서와 이에 상응하는 정서군은 표 5-2에 제시하였다.

이후에 다른 정서도 나타나지만 초기 정서는 점점 더 분화된다. 그래서 한 살이 되면, 영아는 처음의 네 가지 기본 정서 외에도 놀람, 의기양양, 좌절, 분리 불안, 낯가림의 정서적 반응을 나타낸다. 2세경 영아는 정서가 더

그림 5-2 정서를 더 잘 이해하게 되면서 아동은 자신의 정서도 더 잘 조절할 수 있게 된다

다양해지고 구체적이다(Ekman, 2007). 이 시기 영아는 자신의 정서를 더 잘 인식하게 되고, 당황, 애정, 질투심, 저항, 경멸과 같은 정서를 보인다. 3세경에는 초기 단계의 감정이입이 나타나고 자신의 감정과 성인의 감정 간의 차이를 인식하는 등 타인에게 많은 관심을 나타낸다.

또한 3세경에 유아는 자신의 행위에 대해 판단하기 시작하여 성공했을 때에는 자긍심의 신호를 (예: 미소 짓기, 박수치기, "내가 했어"라고 소리치기), 실패했을 때에는 수치심을 보인다(예: 힘없는 자세, 시선 회피, "난 이거 잘 못해"라고 말하기)(Harter, 2012; Widen & Russell, 2008). 생후 3년 동안 일반적인 정서 출현 순서는 그림 5-2에 제시되어 있다. 학령기가 되면 아동이 경험하는 정서

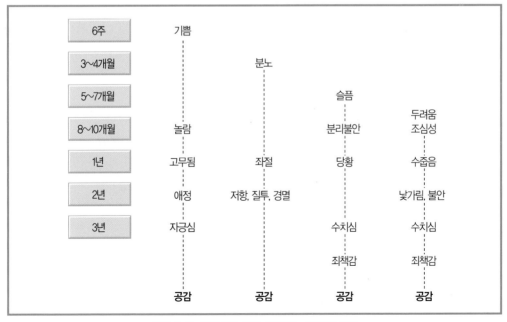

그림 5-3 생후 3년 동안 출현하는 아동의 정서

의 수와 다양성은 놀라울 정도로 증가한다.

생애 초기에 기본 정서는 매우 강렬해서, 영유아가 흔히 보여주는 극적인 감정 폭발은 이 같은 감정의 강도를 나타낸다. 그러나 정서가 분화됨에 따라, 영아의 반응 또한 다양해진다. 따라서 영유아가 자라면서 다양한 종류의 분노에 항상 소리를 지르기보다는 아주 화가 났을 때에는 소리를 지르고, 실망했을 때에는 입을 삐죽 내밀고, 좌절했을 때에는 훌쩍거리고, 흥분했을 때에 감정을 말로 표현하기도 한다. 이처럼 정서가 다양한 표현 양식을 갖게 되는 것은 기본 정서, 상황적 맥락, 발달하는 인지와 언어 능력의 상호작용의 결과이다. 이러한 요소들은 아동 자신과 타인에 대한 정서 이해에 영향을 미친다.

2.2 자기 정서 인식의 발달

세 살 된 남자 아이가 "나 화 났어. 선생님! 저리 가"라고 소리친다.
11살 된 재연이는 "다른 아이들이 나를 보고 '저기 등이 굽은 이상하게 생긴 아이 좀 봐'라고 말해. 나는 그런 말이 신경이 쓰여. 그리고 슬퍼. 등이 굽었다고 내가 들을 수 없고 내 심장이 아프지 않은 것은 아니야"라고 말한다.

이는 아동기 동안 아동의 자기 정서 이해의 극적인 변화를 보여주는 예이다. 간단하게 말하던 유아가 성장하면서 점차 자기 정서를 더 많이 추론하고 이해하게 된다. 걸음마기 영아와 학령 전 유아는 한 번에 한 가지 정서만 발생한다고 생각한다. 그래서 유아가 화를 내면 정말로 화가 난 것이고, 즐거울 때는 정말 즐거운 것이다(Harter, 1998). 또한 이러한 정서적 반응은 빨리 바뀌어서, 예를 들어 "싫어"라고 소리친 유아가 그 다음에 바로 어떤 것을 보고 웃는다. 이와 같은 정서 상태의 빠른 변화는 이 시기 유아의 전형적인 특징이다(Gonzalez-Mena & Eyer, 2012).

5, 6세 유아는 같은 정서군에서 비롯된 감정은 한 번에 한 가지 이상을 느낄 수 있다고 생각한다. 그래서 생일 파티에 가게 되어 신나는 동시에 행복하다고 말할 수 있다(Saarni et al., 2006). 하지만 이 유아가 생일파티에 가는 것에 행복과 슬픔의 감정을 동시에 느낄 수 있다고는 생각하지 않는다. 상반되는 감정은 서로 다른 일에 대해서만 생길 수 있다고 믿기 때문이다.

8~11세 아동은 같은 사건에 대해 여러 개의 대조적인 감정이 발생할 수 있다는 것을 이해하게 된다. 그래서 아동은 집에 혼자 있으면 무섭기도 하고 자랑스럽기도 하다고 말한다(Copple & Bredekamp, 2009; Harris, 2008). 처음에 아이는 이런 감정이 동시에 일어나는 것이 아니라 차례로 일어난다고 생각한다. 한 감정이 다른 감정과 동시에 일어나는 것이 아니라 대체된다고 생각하는 것이다. 즉, 아동은 같은 사건에 대하여 행복과 슬픔을 모두 느낄 수는 있지만, 동시에 느끼는 것은 아니라고 생각한다.

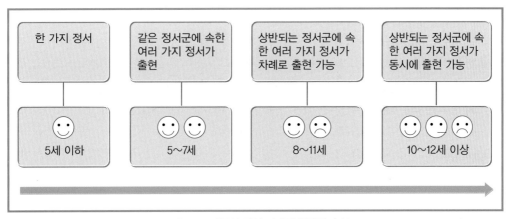

그림 5-4 아동의 정서 이해의 발달적 순서

10~12세 정도의 아동은 같은 사물이나 상황에 대해 두 가지 이상의 다른 감정을 동시에 가질 수 있다는 것을 알게 되어, '혼합된 감정'을 의식적으로 알게 되는 첫 번째 시기이다. 처음에는 이러한 '혼합된 감정'에 혼란을 느낀다. 그 결과로 아동은 '마음이 서로 싸운다'고 말하며 상반되는 정서에 대한 걱정을 표현한다(Whitesell & Harter, 1989). 혼합된 정서를 정확하게 구분하기 위해서는 또 다른 성숙과 경험이 필요하며, 청소년기 후기가 되어야 능숙해지게 된다(Larsen, To, & Fireman, 2007). 아동기 후기의 또 다른 정서적 특징은 걸음마기와 학령 전 유아처럼 정서 상태가 빨리 변하지 않는다는 것이다. 이들의 정서는 오래 지속되고 현재뿐 아니라 과거와 미래의 영향을 받는다. 이 시기 아동이 기분이 좋거나 나쁘다고 말할 때는 이들의 전반적인 정서 상태가 얼마 동안은 바뀌지 않을 것을 의미한다. 정서가 발달하는 순서는 그림 5-4에 제시되어 있다.

2.3 타인 정서 인식의 발달

세 살 된 유아가 눈물을 흘리면서 울고 있는 다른 아이를 보고 있다. 울고 있는 아이를 가리키며, "선생님, 현진이가 울어요. 현진이가 슬픈가 봐요"라고 말한다.

엄마가 식탁을 치우기 위해 여섯 살 된 큰 딸과 두 살짜리 작은 아이를 거실에 같이 두고 주방으로 갔다. 동생이 울기 시작하자 언니가 주변을 살펴본 뒤 동생의 손을 잡고, "괜찮아, 엄마 멀리 안 갔어. 엄마 곧 오실 거야. 무서워하지 마. 내가 있잖아"라고 말한다.

타인의 정서를 인식하고 해석하는 능력은 아동이 발달함에 따라 점점 더 정교해진다. 위의 예에서처럼 아동은 타인의 정서를 해석하고 이에 반응하기 위해 처음에는 분명한 신체적 단서에 주의를 기울이다가 점차 더 미묘한 맥락적 단서에 주의를 기울인다. 생후 첫 3년 동안 서서히 시작된 정서

인식은 학령 전기와 학령기 동안 급속하게 발달한다.

3세 이전 영아

영아가 타인의 정서에 반응하긴 하지만, 영아는 타인의 정서를 정확하게 해석하지는 못한다. 영아는 경험이 부족하고 어휘가 제한되어 있기 때문이다(Widen & Russell, 2008).

3~5세 유아

유아는 타인의 긍정적 정서와 부정적 정서를 점점 더 정확하게 알게 된다(Berk, 2006). 다른 사람이 느끼는 정서를 파악하기 위해 이들은 대부분 얼굴 표정과 목소리 톤에 의존한다(그림 5-5 참조). 이들의 평가는 상황적 맥락보다는 그 사람이 어떻게 보이고 목소리가 어떻게 들렸느냐에 더 많이 영향을 받는다(Harris, 2008). 표현적 단서에 의존하는 학령 전 유아는 무슨 일이 일어났는지를 알아서라기보다는 흐르는 눈물을 보고 또래가 슬퍼한다고 판단한다. 이 시기 유아는 미묘한 단서를 파악해야 알 수 있는 정서보다 기본 정서를 더 쉽게 알아본다(Thompson & Lagattuta, 2008). 또한 이들은 자신의 정서를 이해할 때와 마찬가지로 타인에게도 한 번에 한 가지 정서에만 집중하는데, 이는 유아가 다른 사람의 복합적인 정서를 인식하기 어렵게 한다.

학령기 아동

학령기 아동은 정서를 이해하고 해석하기 위해 신체적, 상황적, 역사적 정보를 조합한다. 아동은 성숙해지고 다양한 경험이 쌓여감에 따라 어떤 아이가 눈물을 흘리기 때문이 아니라 장난감이 부서졌거나 개를 잃어버렸기 때문에 슬프다는 것을 알게 된다. 또한 장난감을 고치거나 잃어버렸던 강아지를 다시 찾으면 그 아이가 다시 행복해질 수 있다는 것을 알게 된다. 점차 아동은 감

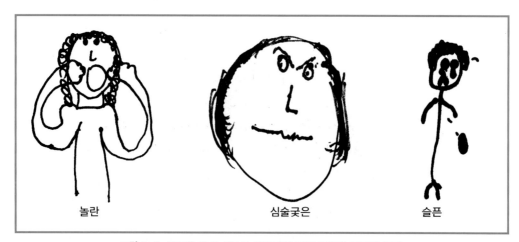

| 놀란 | 심술궂은 | 슬픈 |

그림 5-5 아동은 정서 신호와 관련하여 얼굴 표정에 중점을 둔다

정의 원인이 신체적이고 상황적일 뿐만 아니라, 내적 요인일 수 있다는 것을 이해한다(Calkins & Williford, 2008). 예를 들어, 아동은 오래전 일이라 하더라도 그 사건에 대한 기억이 감정을 유발할 수 있다는 것을 안다. "현식이가 슬퍼하고 있어. 같이 살았던 강아지가 없어서 외로운 가봐"라고 말하는 열 살 된 소라는 정서가 어떻게 발생하고 왜 발생하는지에 대해 보다 더 성숙한 개념을 보여주고 있다. 게다가 소라는 현식이가 잃어버린 강아지 때문에 슬프지만 아버지가 새 강아지를 곧 사주겠다고 약속하면 다시 기뻐할 것이라고 생각한다. 이처럼 현식이가 경험할지도 모르는 혼합된 감정이나 일련의 정서에 대해서도 상상할 수 있다(Pons et al., 2003). 아동기 말경 대부분의 아동은 같은 사건이 항상 같은 결과를 가져오지 않는다는 것을 알게 된다. 유사한 상황이 다른 사람에게는 다른 반응을 유발시키고, 같은 사람이라도 상황에 따라 다른 반응을 보일 수 있다는 것을 알게 된다. 예를 들어, 큰 음악 소리에 어떤 아이는 행복해하지만, 다른 아이는 기분이 나쁠 수 있다. 똑같은 음악 소리가 월요일에는 아이를 활기차게 하지만, 화요일에는 그렇지 않을 수 있다. 아동기에 타인의 정서를 인식하는 능력은 높아지긴 하지만 여전히 쉽지 않은 일이다.

2.4 정서 조절의 발달

정서를 더 잘 이해하게 되면서 아동은 자신의 정서도 더 잘 조절할 수 있게 된다. 즉, 아동은 정서를 관리하는 방법을 배우게 되면서 전적으로 감정에 좌우되지 않게 되며, 다른 사람과 더 효율적으로 상호작용할 수 있게 된다. 화나거나 좌절하거나 당황할 때와 같은 실제 상황에서 정서를 조절하기 위해서 정서 인식이 선행되어야 한다(Ekman, 2007; Gross, 2008). 넘치는 기쁨을 표현하는 것이 적절한 상황도 있지만 그렇지 않은 때도 있는 것처럼 긍정적인 정서도 조절이 필요하다. 부당한 상황에 대처하기 위해서 분노를 억제해야 할 때처럼 특정 정서를 억압하는 형태의 정서 조절도 있고, 자신을 괴롭히는 아이에게 대항하기 위해 분노를 표현해야 할 때처럼 특정 정서를 더 강하게 드러내는 형태의 정서 조절도 있다.

 2장에서 논의한 것처럼, 정서 조절의 과정은 영아기부터 시작된다. 아기들은 소리를 내서 양육자에게 위안을 얻으려 하고, 상호작용이 정서적으로 너무 강할 때에는 고개를 돌린다. 걸음마기 영아는 기분이 좋지 않을 때에 몸을 좌우로 흔들며, 좌절하거나 기다려야 할 때에는 주의를 다른 곳으로 돌린다. 학령 전 유아는 정서를 조절하는 전략을 더 많이 가지고 있으며, 이러한 전략을 더 능숙하게 사용한다. 점차 언어가 주요한 수단이 되며, 다양한 상황에서 감정을 조절하기 위해서 내적 전략을 더 잘 사용하게 된다(Calkins & Williford, 2009). 아동이 획득하는 전형적인 정서 조절 전략은 다음과 같다.

- 특정 정서 표현하지 않기: 경원이는 게임에서 이긴 친구를 축하해줄 때 자신이 이기지 못한 실망감을 표현하지 않는다.
- 자기 자신 달래주기: 강희는 컴컴한 지하실에 들어가면서 혼잣말을 한다. 승기는 피곤하거나

슬플 때는 곰 인형을 가지고 다닌다.

- 다른 사람으로부터 위로 받기: 다른 아이가 장난감을 빼앗자 지호는 교사 무릎 위에 올라가 앉는다.
- 정서적으로 각성시키는 사건을 회피하거나 무시하기: 성실이는 영화를 볼 때 무서운 부분이 나오면 손으로 눈을 가린다.
- 달성하기 어려워 보이는 목표를 변경하기: 동일이는 축구 팀 만드는 것을 포기하고 자전거를 탄다.
- 정서적으로 각성시키는 사건을 다른 방식으로 해석하기: 형이 무뚝뚝하게 대해도 지훈이는 형이 화내는 것으로 생각하지 않고, 방금 전에 엄마에게 혼나서 그러는 것이라고 생각한다.

정서 지능

아동의 정서적 자기 인식, 타인의 정서에 대한 이해, 자신의 정서를 관리하는 능력은 모두 사회적 유능성에 영향을 미친다. 이러한 지식과 행위의 조합이 정서 지능이다(Goleman, 2011). 정서 지능과 관련해서 기본적인 사항들은 아동기에 학습되며 Note 5-1에 제시하였다.

정서적 이해와 기술이 잘 발달되어 정서 지능이 높은 아동은 그렇지 않은 아동보다 더 성공적

NOTE 5-1

유아기의 정서 학습

1. 사람은 모두 정서를 경험한다.

나는 오늘 아침에 행복하다. 나현이도 행복하고, 명아도 행복하다. 선생님도 감정이 있다. 선생님은 어떤 때에는 흥분하거나 기분이 좋고, 어떤 때에는 짜증을 내거나 화를 낸다.

2. 정서는 다양한 상황에서 유발된다.

내가 좋아하는 옷을 입는 것, 간식 시간에 좋아하는 간식을 많이 먹는 것, 자동차 길을 저 끝까지 만들 수 있을 만큼 블록이 충분한 것 등 많은 것이 나를 행복하게 한다. 누군가가 내 길을 가로막거나 운동장에서 넘어졌을 때, 좋아하는 장난감을 잃어버렸을 때 나는 화가 나거나 슬프다.

3. 정서를 표현하는 방법은 다양하다.

나는 기쁘면 노래를 부르기도 하고, 크게 소리 내어 웃기도 하고, 가만히 앉아서 혼자 미소 짓기도 한다.

4. 다른 사람들이 나와 똑같이 느끼지 않을 수도 있다.

소방차가 학교에 왔을 때 나는 소방차에 올라타서 앞자리에 앉고 싶었다. 그건 참 흥분되는 일이었다. 장미는 선생님 뒤에 서서 겁나는 듯이 소방차를 쳐다보았다.

5. 나는 내 감정과 다른 사람의 감정에 영향을 미칠 수 있다.

슬플 때 엄마 무릎 위에 앉거나 소파 위에 앉아 있으면 기분이 좋아진다. 동생이 기분이 안 좋아 보일 때 나는 동생에게 웃기는 얼굴 표정을 짓는다. 그러면 동생은 웃는다.

출처: Hyson(2004).

인 삶을 산다. 예를 들어, 다른 또래와 성인의 정서를 잘 인식하는 아동은 또래나 성인이 협력적이고 우호적으로 여기는 반면, 타인의 정서를 잘 이해하지 못하는 아동은 다른 사람들이 긍정적으로 여기지 않는다(Rose-Krasnor & Denham, 2009). 자신의 정서를 잘 조절하지 못하는 아동은 정서를 폭발적으로 표출하고, 타인에게 부정적인 반응을 유발시키고, 자신의 정서 생활에 만족하지 못하는 경향이 있다. 한편, 자신의 정서를 건설적으로 관리하는 아동은 실망이나 좌절에 더 자연스럽고 쉽게 대처하며, 성인기에 전반적으로 더 행복하다. 다시 말해, 자기 정서를 조절하는 능력이 부족한 아동은 정서적으로 더 잘 폭발하고, 타인으로부터 부정적인 반응을 이끌고, 자신에 대해 정서적으로 만족하지 못하는 경험을 한다(Orpinas & Horne, 2010). 이러한 아동은 정서적 '문맹'의 경로를 거치며 그 결과 행복하지 못한 미래를 경험한다(Note 5-2 참조). 아동의 정서 지능의 발달은 아동이 아동기의 정서적 과업을 추구하는 정도에 영향을 받는다.

NOTE 5-2

정서적 문맹의 비용은 매우 높다

아동이 정서를 조절하는 것을 배우지 못하고 성장하면 성인이 되어서 다음의 문제 중 한 가지 이상을 경험한다.
- 높은 수준의 분노, 좌절, 우울
- 자신과 타인에 대한 파괴적 행동
- 부적절한 양육행동
- 중독에 빠질 높은 가능성
- 높은 범죄율

출처: Garbarino(2006); Goleman(2007); National Research Council and the Institute of Medicine(2000).

2.5 아동기의 정서적 과업

우리는 전 생애에 걸쳐 일련의 정서적 과업을 수행해 간다. 정서적 과업을 이해하는 데 가장 많은 영향을 준 사람이 바로 에릭슨(Erik Erikson, 1950, 1963)이다. 에릭슨에 따르면, 인간은 여덟 개의 정서 단계를 거치면서 발달하는데, 각 단계는 중심이 되는 정서적 과업과 긍정적, 부정적 정서로 특징지어진다. 여기서 과업은 두 개의 극단적인 정서 간에 일어나는 갈등을 해결하는 것이다. 모든 아동이 각 단계에서 어느 정도 양극단을 경험하지만, 긍정적인 비율이 좀 더 높을 때 최적의 정서 발달을 하게 된다. 각 단계는 순서대로 발달하고, 다음 단계의 기초가 된다(표 5-3).

표 5-3에 제시된 단계 중 처음 네 단계는 아동기 동안 일어나는데, 이 네 단계에 대해 자세히 살펴보면 다음과 같다.

표 5-3 에릭슨의 발달단계 요약

연령	단계	과업	주요 사회화 기관
생후~1세	기본적 신뢰감 대 불신감	주 양육자와 신뢰적 관계 형성하기– 자신, 타인, 세상에 대해 자신의 요구가 수용되는 곳이라는 신뢰감 발달시키기	부모/가족
1~3세	자율성 대 수치심/회의	독립심 추구하기	부모/가족/양육자
3~6세	주도성 대 죄책감	활동을 계획하고 수행하며, 사회의 경계를 학습하기	가족/양육자
6~12세	근면성 대 열등감	생산적이고 성공적이기	교사/또래
12~20세	정체성 형성 대 역할 혼미	사회적, 직업적 정체감 형성하기	또래
20~40세	친밀감 대 고립감	확고한 우정 형성하기와 동료애와 사랑받는다는 느낌 갖기	친구/애인/배우자/파트너
40~65세	생산성 대 침체	가족과 일에서 생산적이기	배우자/파트너/자녀/문화
65세 이상	자아통합 대 절망	의미 있고 생산적인 것으로 일생을 되돌아보기	가족/친구/사회

신뢰감 대 불신감

정서 발달의 첫 단계는 영아기에 나타난다. 이 단계에서 나타나는 정서적 갈등은 영아가 자신감과 세상에 대한 신뢰감을 발달시킬 것인지 혹은 절망감, 불확실성, 의구심을 발달시킬 것인지에 대한 것이다. 이 단계에서 긍정적인 감정을 발달시킨 영아는 '나는 사랑받을 만하고 세상은 안전하다'는 것을 배우게 된다. 생후 초기부터 성인이 영아와 긍정적인 관계를 맺고 이들의 요구에 주의를 기울일 때 영아는 이러한 개념을 학습하게 된다.

자율성 대 수치심과 회의감

신뢰감을 형성한 두 살 된 걸음마기 영아는 영아기의 완전한 의존성에서 벗어나 점차 자신의 생각과 의지를 발달시키기 시작한다. 이 기간에 영유아는 자신을 독립적이고 자기 주도적이라고 느끼는지, 아니면 자기 가치에 대해 기본적으로 회의적인지에 대해 갈등을 겪게 된다. 자율적인 유아는 스스로 할 수 있는 것을 하지만, 자율적이지 못한 유아는 세상이나 스스로를 통제하는 자신의 능력을 의심하게 되어 타인에게 지나치게 의존한다. 수치심과 회의감에 쌓여 있는 유아는 거의 탐색을 하지 않고 스스로 하려고 하지 않으며, 사물을 실험해보지도 않고 의사결정을 하지도 않는다. 탐색하거나 독립적으로 행동하려 할 때 양육자가 조바심을 내거나 지나친 비판, 조롱, 신체적 통제를 하게 되면 유아의 수치심과 회의감이 발달하게 된다. 이와 대조적으로 숙달할 수 있는 기회를 많이 주고, 선택권을 주고, 행동을 제지할 때에는 분명하고 긍정적인 메시지를 제공하면, 영아의 자율성이 발달된다. 이 단계를 성공적으로 경험한 영아는 '나는 혼자서 결정을 할 수 있고, 어떤 일도 나 혼자서 할 수 있어'라는 것을 배운다.

주도성 대 죄책감

4, 5세경의 유아는 새로운 에너지를 발달시키게 된다. 이 단계의 정서적 갈등은 이 에너지가 건설적으로 나아가고 타인에게 가치 있게 여겨지는지, 혹은 에너지를 비생산적으로 사용하고 타인에게 거부되는지에 대한 것이다. 학령 전 유아는 다음의 과정을 통해 주도성과 죄책감을 모두 경험한다.

- 계획을 세우고 생각을 행동으로 옮기기
- 새로운 기술과 목표를 숙달하도록 노력하기
- 새로운 정보를 얻기 위해 노력하기
- 상상을 통해 아이디어 탐색하기
- 자신의 신체 감각 경험하기
- 사회적으로 인정되는 경계 안에서 자신의 행동을 지속하기 위한 방법 찾기

성인이 지지해주고 수용해줄 때 유아의 주도성이 발달된다. 이들은 유능해지는 것에 기뻐하고 에너지를 건설적으로 사용하는 방법을 찾는다. 다른 유아와 더 잘 협력할 뿐 아니라 도움도 더 잘 받아들인다. 올바른 방법으로 자신이 원하는 것을 할 수 있다는 것을 알게 된다. 한편, 노력이 자신이나 양육자의 기대에 미치지 못할 경우 유아는 죄책감을 발달시키게 된다. 교사가 유아에게 운동을 잘 못하고, 상상놀이가 시시하며, 과장된 표현이 거짓이고, 어떤 일을 시작하고 끝마치지 않아서 무책임하며, 신체와 언어 탐색이 너무 부적절하다고 느끼게 할 때 유아는 죄책감을 발달시키게 된다. 이러한 경험이 타인 및 세상과의 상호작용을 지배하게 되고, 이것이 유아의 자기 평가에 영향을 미치게 된다. 이 단계에서 최적의 결과는 '나는 할 수 있고, 나는 성공할 수 있어'라고 생각하는 것이다.

근면성 대 열등감

대략 6~12세의 아동 중기 동안 아동은 뭔가를 만들고 성인들이 하는 것과 유사한 과업을 하려고 한다. 또한 이들은 타인과 협력하고 사회에 기여하는 것에 더 많은 관심을 갖게 된다. 이 단계의 주된 정서적 문제는 아동이 자신을 유능하고 능력 있는 존재로 생각하는지, 아니면 노력해 봐야 소용없다고 생각하는지에 대한 것이다. 모든 아동이 하려던 것을 완수할 수는 없지만, 실패를 주로 경험하는 아동도 있다. 이는 성인, 부모, 또래, 혹은 교사가 아동이 가진 능력 이상을 기대하거나 비현실적인 성취를 바랄 때 일어난다. 또한 아동이 잘 못하는 분야에서 잘하는 것만이 중요하다고 믿을 때 강한 열등감을 경험하게 된다.

근면성은 양육자가 아동의 성공을 인정하고 칭찬해줄 때, 다양한 영역에서 자신의 기술을 탐색하도록 격려할 때, 현실적인 목표를 가지도록 도와줄 때 그리고 아동이 성취할 수 있는 과업을 제

시할 때 발달한다. 노력했지만 실패한 아동에게는 지도해주고 지지함으로써 아동의 고통을 줄여주고 재도전할 자신감을 심어주어야 한다. 이 시기는 필요한 기술을 배우는 것 외에도 아이들이 함께 일하는 만족감을 경험할 수 있도록 서로 협력하는 기회를 많이 주어야 한다. 근면성이 열등감보다 우세할 때 아동은 '나는 배울 수 있고, 기여할 수 있고, 다른 사람들과 함께 작업할 수 있다'는 생각을 가지고 청소년기로 접어들게 된다.

아동은 일상적 활동, 다른 사람과의 대화나 상호작용을 통해 지속적으로 아동기 정서적 과업을 경험한다(Epstein, 2009). 유아교육전문가는 다양한 영역에서 아동을 이 같은 과업을 경험하도록 의도적으로 포함시켜야 한다.

이제까지 아동기 정서 발달을 특징짓는 다섯 가지 발달 과정을 제시하였다. 즉, ① 정서가 기본 정서에서 다양한 형태로 발달하는 과정, ② 유아가 자기 정서를 이해하게 되는 과정, ③ 유아가 타인의 정서를 인식하는 과정, ④ 아동이 자기 정서를 조절하는 과정, ⑤ 초기 아동기의 정서적 과업에 대해 살펴보았다. 이러한 과정들은 모두 정서 발달에 있어서 아동 간의 유사성을 강조하는 것이었다. 다음에는 아동의 정서 발달에서 개인차를 살펴보자.

3. 아동의 정서 표현에서의 개인차

모든 아동은 정서를 경험하지만 어느 정도로 정서를 경험하고 타인에게 자기 정서를 어떻게 표현할 것인지는 아동마다 다르다. 이는 아동의 표현양식, 성차 및 가족과 문화 내에서 배운 독특한 교훈에 따른 자연스러운 차이이다.

3.1 아동의 표현 양식에서의 차이

교사에게 정서적인 단어를 사용해서 아동에 대해 말해 보라고 하면, 보통 '다인이는 조용하고 수줍음이 많아요', '승현이는 활기가 넘치고 새로운 것에 호기심이 많아요', '빈이는 예민하고 방어적이에요'라고 한다. 이것이 아동의 정서적 반응 양식, 즉 표현 양식이다(Hyson, 2004; National Scientific Council on the Developing Child, 2006). 아동의 표현 양식은 기질의 영향을 받으며, 다음에서 제시하는 요소들의 독특한 조합의 결과로 나타난다.

아동이 전형적으로 보이는 긍정적 정서와 부정적 정서의 비율
어떤 아이는 낙천적이고, 어떤 아이는 대부분의 시간에 낙담해 있으며, 중립적인 아이도 있다. 매일 많은 다양한 정서를 경험하지만 사람들은 대부분의 정서적 사건들을 어떻게 다룰지를 결정하는 나름대로의 특정한 정서적 방침을 갖게 된다.

아동이 특정 정서를 보여주는 빈도

아동은 각 상황마다 특정한 방식으로 반응한다. 예를 들어, 연남이는 새로운 것을 접하면 언제나 경계한다. 그에 반해 연남이의 형은 새로운 환경에서 적극적이다.

아동이 정서를 표현하는 강도

두 명의 아동이 특정 상황에서 같은 감정을 느꼈다 하더라도 이들이 반응하는 강도는 다를 수 있다. 예를 들어, 수지와 려원이는 다른 아이의 생일 파티에 초대받아서 기뻤다. 수지는 박수를 치며 낄낄거렸고, 려원이는 살짝 미소만 지었다.

특정 정서 상태가 지속되는 시간

어떤 아동은 다른 아이보다 정서적 반응이 오래 지속된다. 예를 들어, 영대는 1등으로 줄을 서지 못해서 화가 났다가도 금세 잡기놀이를 하러 바깥 운동장으로 나간다. 한편 도연이는 반 도우미로 뽑히지 않은 것 때문에 오후 내내 기분이 안 좋았다.

아동의 정서적 반응이 기본 정서나 혼합 정서에 좌우되는 정도

아동은 성장하면서 더 복잡한 정서 표현을 할 수 있게 되지만, 어떤 아동은 기본 정서를 더 자주 나타내고, 어떤 아동은 복잡한 감정을 더 많이 표현하는 경향이 있다. 예를 들어, 일곱 살 강산이 는 표정만 봐도 기쁜지 화가 났는지 금방 알 수 있는 반면, 강산이 형은 표정만 봐서는 어떻게 느 끼고 있는지 잘 알 수가 없다.

아동의 정서가 표현되는 속도

정서적으로 빨리 반응하는 아동도 있고, 반응이 느린 아동도 있다. 예를 들어, 성진이는 아주 사소 한 일에도 금방 화를 내는 반면, 순범이는 화를 내는 일이 거의 없다.

이러한 정서적 반응에서의 차이는 어느 것이 더 좋고 나쁘다고 평가할 수 없으며, 단지 다른 것 으로 모두 정상이다(Ekman, 2007). 교사는 각 아동의 독특한 표현 양식을 인정하고 존중해주어 야 한다. 이러한 차이는 각 아동이 느끼는 정서의 단서를 제공해주며, 각 아동이 어떤 정서적 지원 을 필요로 하는지 알게 해준다.

3.2 정서 표현에서의 성차

일반적으로 여성이 남성보다 정서 표현이 많고 타인의 정서에 더 민감하다고 알려져 있다(Bajgar et al., 2005). 생후 첫해부터 여아는 남아보다 더 많이 웃고 운다. 또한 여아는 또래 및 교사와의

그림 5-6 **생후 첫해부터 여아는 남아보다 더 많이 웃고, 더 많이 운다**

대화에서 정서와 관련된 단어를 더 많이 사용하며, 다른 사람이 어떻게 느끼고 있는지를 더 잘 이해한다. 이러한 경향은 십 대까지 지속된다.

생물학적 특성이 이러한 성차에 영향을 미치긴 하지만, 많은 학자들은 정서 표현에서의 성차는 모델링과 강화처럼 사회적 영향의 결과로 보고 있다(Chaplin, Cole, & Zahn-Waxler, 2005). 예를 들어, 부모는 아주 어린 아기 때부터도 아들보다는 딸에게 더 다양한 얼굴 표정을 짓고, 여아와 대화할 때 남아보다 감정에 관한 어휘를 더 자주 사용한다. 또한 어린 여아에게는 다양한 정서를 표현하도록 격려하는 한편, 남아에게는 그렇지 않다(Fivush et al., 2000; MacGeorge, 2003). 그 결과 남녀 아동은 정서를 다르게 표현한다. 부모나 교사가 아동과 어떻게 정서적으로 상호작용하는지에 따라 이들의 정서 행동에 차이를 가져온다.

3.3 정서 표현에서의 가족 및 문화 차이

사회에 성공적으로 통합되기 위해서 아동은 정서 표현과 관련된 그 문화의 독특한 표현 규칙을 배워야 한다. 이 규칙은 정서를 어떻게 표현하고 특정 상황에서 수용되는 정서와 수용되지 않는 정서는 무엇인지를 아는 것이다. 이러한 학습은 가족의 기대와 그 가족이 속한 문화의 영향을 받는다(Galinsky, 2010). 예를 들어, 대부분의 유럽계 미국 가정에서 꾸중 들을 때는 어른의 눈을 계속 마주보는 것이 존중을 표현하는 것이며, 양심의 가책을 느끼고 있음을 나타내기 위해서 진지한 표정을 지어야 한다. 하지만 멕시코계 아동은 눈을 아래로 향하게 하는 것이 존중을 나타낸다. 중국 아이는 윗사람에게 야단맞을 때 사과의 표현으로 웃어야 한다. 반면에 한국 아이는 윗사람에게 야단맞을 때 표정이 없는 일종의 무표정을 지어야 한다(Lynch & Hanson, 2011).

아동은 가정과 지역 사회에서 타인을 관찰하고 상호작용함으로써 이러한 표현의 차이를 배운다. 아동은 처음에는 부정적 반응을 피하거나 중요한 사람들에게 인정받기 위해 표현 규칙을 따르지만, 점차 가족과 문화에서의 자연스러운 규칙으로 받아들이고, 이는 주로 모방을 통해 일어난다(Cole & Tan, 2008; Ekman, 2007).

모 방

할머니의 장례식이 끝나고 식사를 할 때 세 살 된 미라는 엄마가 흐느껴 울면서 손수건에 코를 푸는 것을 보았다. 미라는 식탁으로 달려가서 종이 냅킨을 집어서 울면서 코를 풀었다. 미라의 경우 이전에 경험해보지 못한 상황에서 엄마의 정서 표현을 모방하였다. 다음은 미라의 예와 유사하지만 좀 더 미묘한 형태의 사회적 참조가 나타난 예이다. 주연이가 운동장을 가로질러 달려오다가 넘어졌다. 주연이는 근처에 있던 교사가 어떻게 반응하는지를 보기 위해 위를 쳐다보았다. 교사가 놀란 얼굴을 한다면 걱정스러운 사건이라고 생각하여 울지만, 교사가 별 반응이 없다면 별 일이 아니라고 생각해 놀이를 계속하기 위해 그냥 일어선다. 아동은 경험이 증가하면서 다양한 형태의 정서 표현을 실험해보기 위해 이러한 상황을 사용한다.

피드백

교사는 또한 아동에게 정서 표현 방법이 적절한지에 관한 피드백을 몸짓과 소리를 통해서 전달한다. 예를 들어, 아기의 미소에 양육자가 흥분된 목소리로 반응하면 이 목소리 톤은 아기에게 사회적 보상이 되고, 이러한 일이 자주 일어날수록 아기는 더 자주 웃게 될 것이다. 그러나 미소가 계속 무시된다면 아기는 점차 미소를 짓지 않을 것이다. 이와 유사하게 자연이가 재미있는 만화를 보고 킥킥거리며 크게 웃을 때 아빠도 그녀를 따라 웃는다. 그러나 바이올린을 힘들게 연주하고 있는 오빠를 보고 웃을 때, 아빠는 약간 얼굴을 찌푸리고 머리를 좌우로 저어, 이 상황에서 웃음이 적절한 반응이 아니라는 것을 알려준다. 두 경우 모두 자연이는 자신의 정서적 반응과 관련해서 피드백을 받았다. 이와 같은 시나리오는 아동기 동안 계속 반복된다. 이렇게 자신이 받는 피드백에 기초해서, 아동은 점차 자신의 정서를 언제, 어디서, 어떻게 표현해야 하는지에 대해 알게 된다.

직접적 교수

많은 상황에서 교사나 부모는 아동에게 정서를 어떻게 표현해야 하는지에 대해 구체적인 지도를 해준다. 타인의 적절한 반응과 부적절한 반응을 지적하거나, 다음과 같이 말해주어 아동에게 무엇을 기대하는가를 가르친다.

> "승진이는 여러 사람 앞에서 자기 생각을 잘 말했어. 화가 났지만 잘 참았어."
> "휠체어에 앉아 있는 사람을 보고 함부로 웃어서는 안 된다."
> "일등을 했는데, 웃어야지."

이러한 규칙은 형식적일 수도 비형식적일 수도 있으며, 여러 가지 사회적 비용과 보상을 사용하여 강화된다. 아동마다 학습하는 경험이 다르기 때문에, 정서 표현 방식도 아이들마다 차이가 난다.

4. 정서 관리의 어려움

민식이는 동물원에 가는 것에 너무 흥분하여 길을 찾고 있는 아버지를 계속 방해하였다.
시우는 연을 날리려고 오랫동안 기다렸다. 화가 난 시우는 윤주에게서 연을 빼앗아 운동장으로 달려갔다.
정우는 엄마가 병원으로 가면 어떻게 될지 걱정이 되었다. 하지만 자신의 두려움을 다른 사람에게 알리기보다 아무렇지도 않은 척 했다.

위의 아이들은 모두 자신의 정서를 잘 다루지 못하고 있다. 즉, 이들은 개인의 만족감을 높이면서 딜레마를 해결하거나 사회적 유능성을 증가시키는 방식으로 정서를 다루지 못하고 있는 것이다.

4.1 연령에 따른 정서 관리의 어려움

영아~7세 아동이 겪는 어려움

영아는 정서를 관리하는 방법을 모르고 태어나기 때문에 때로 자신이나 타인에게 도움이 되지 않는 방법을 사용하게 된다(Kaiser & Rasminsky, 2012). 이들은 사회적 기술의 부족과 언어 능력의 미숙함으로 인해 자신이 느끼는 그대로 행동한다. 화날 때 토라지고, 겁이 날 때 몸을 웅크리고, 흥분하면 위아래로 뛴다. 이러한 상황에서 영유아는 타인이 자신의 정서를 정확하게 해석하고 지지해주기를 기대하지만 불행하게도 비언어적인 정서 표현은 잘못 이해될 수도 있다. 예를 들어, 두려워서 우는 영아를 보고 부모는 피곤해서 우는 것이라고 생각할 수도 있다. 침대에 눕히는 것이 피로한 아이에게는 좋지만, 두려워하는 아이에게는 좋은 방법이 아니다.

2~7세 아동이 경험하는 또 다른 문제는 자신의 느낌을 알리기 위해 종종 부적절한 행동을 한다는 것이다. 이렇게 잘못 표현하는 것은 잘못된 모델링이나 어떻게 해야 하는지를 몰라서, 혹은 자신의 정서에 대한 이해가 미숙하기 때문이다(Cole & Tan, 2008). 자신이 어떻게 느끼고 있는지를 언어로 표현할 수 있을 때에도 이들은 여전히 무엇을 해야 하는지 알지 못한다.

7~12세 아동이 겪는 어려움

학령기 후반의 아동은 자신의 정서를 더 잘 인식하며, 정서를 표현하기 위해 말을 사용하는 방법을 알게 된다. 그러나 이 시기 아동은 어린 아이들에 비해 정서에 대해 개방적이지 않기 때문에 정서를 감추고 최소화하려고 한다(Denham, Bassett, & Wyatt, 2008). 이것은 이들이 정서적 행동에 대한 사회적 규칙을 더 많이 인식하고, 특정한 감정의 표현에 따르는 사회적 비용을 피하고자 하기 때문이다. 하지만 실제 정서와 정서에 대한 생각이 일치하지 않을 때 아동은 정서적으로 불편해진다. 자신의 정서를 감추면, 다른 아동도 마찬가지의 정서를 경험한다는 것을 알 수 없게 되고, 이 것은 소외감, 자기 의심 그리고 열등감을 유발하게 된다(Goleman, 1995). 이러한 상황에서 아동은 자신의 정서를 부자연스럽고 다른 사람이나 규준과는 다르다고 생각하게 된다. 이러한 인식이 강하면 강할수록, 더 나쁜 결과를 가져온다. 정서 발달이 항상 쉽고 건강한 과정은 아니다.

4.2 아동 정서에 대한 교사의 부적절한 반응

아동이 정서를 다루면서 자연스럽게 경험하는 어려움은 때로 교사의 부적절한 반응으로 더 복잡해진다. 쓰기 대회에서 상을 받은 아이가 자랑스러워할 때 교사가 "잘했어!" 혹은 "정말로 자랑스럽겠다!"라고 반응한다면, 아이는 자랑스럽게 느끼는 것이 인정받고 또 그렇게 느껴도 괜찮다는 메시지를 받게 된다. 그러나 이와 반대로 교사가 "그렇게 너무 자랑하면 안 되지. 더 겸손해야겠어"라고 말했다면, 아동에게 자랑스러움과 성취감이 부적절하다고 가르치게 된다. 아이가 갖고 있는 감정이 나쁘다고 말하면 그런 감정을 경험하는 자신에 대해 부정적으로 평가하게 된다. 아동은 자연스럽게 다양한 정서를 경험하기 때문에 이러한 일들이 계속되면 자신의 자연스러운 부분을 수용할 수 없는 것으로 여기게 된다.

이렇게 생각하게 되면 아동은 종종 부적절한 대처 방식을 선택하게 된다. 떨어진 자신감을 부추기기 위해 허풍을 떨거나, 예상되는 정서적 행동 규범을 고수하기 위해 칭찬을 거부할 수도 있다. 자긍심과 성취감을 피하기 위해서 잘하려고 노력하지 않을 수도 있다. 혹은 자긍심을 느낄 수 있는 상황에서 두통이나 위통을 느낄 수도 있으며, 겸손하게 보이기 위해서 자신을 낮출 수도 있다. 이러한 모든 방법은 아동에게 미래의 행복을 앗아간다.

아동의 정서에 비효과적이거나 해로울 수 있는 반응으로, 아동의 정서 무시하기, 거짓말하기, 아동의 감정 부인하기, 수치심 느끼게 하기가 있다. 이러한 방법들은 모두 교사가 사용하는 순간부터 아동에게 해로울 뿐 아니라, 그 교사를 앞으로 의존할 수 있는 정서적 지원에서 제외시키게 한다.

아동의 정서 무시하기

교사는 때로 아동의 정서를 무시하면 그냥 사라질 것이라고 생각한다. 그러나 정서를 무시하면 그 정서는 남아 있지만 어떻게 대처하는 것이 좋은 방법인지는 모른 채 아동은 자신의 감정이 중요하지 않다는 생각을 갖게 된다. 이는 사회적 유

그림 5-8 아동의 정서를 무시하면 아동은 자신의 감정이 중요하지 않다는 생각을 갖게 된다

능감의 증진이나 긍정적인 자아존중감 형성에 도움이 되지 않는다(Ahn & Stifter, 2006).

정서적 상황에 대해 거짓말하기

때로 견디기 어려운 정서적 경험에서 아동을 '보호'하기 위해서 교사는 진실을 말하지 않는다. 예를 들어, 병원에서 막 피검사를 받으려는 세 살 된 나나는 두려워서 울고 있다. 주사 바늘이 따끔하게 아프긴 하지만 교사는 "나나야. 이거 하나도 안 아파"라고 말했다. 그러나 이러한 거짓말은 앞으로 직면할 상황에 대해 아동이 준비할 수 없게 하고, 교사에 대한 신뢰를 손상시킨다(Marion, 2011).

아동의 감정 부인하기

교사는 여러 가지 방법으로 아동의 정서를 부인한다. 교사는 때로는 "걱정하지 마", "화내지 마", "그렇게 겁내면 못 쓴다"와 같은 말로 아동이 특정 정서를 갖지 못하게 한다. 또한 "여기 봐요. 내 손에서 피가 나요"라고 울며 소리치는 아동에게 "손을 약간 베었을 뿐이야. 죽지는 않아"라고 말하는 것처럼, 교사는 아동이 표현하는 정서의 중요성을 간과하기도 한다. 혹은 "너희들은 진짜로 화난 게 아니야", "그만 울어!", "둘 다 웃어야지"와 같이 아동이 경험하고 있는 정서가 진짜 이들이 가지고 있는 것이 아니라고 말하기도 한다. 아동의 정서를 부인할 때 교사가 전달하는 메시지는 이러한 정서가 잘못된 것이고 그런 경험을 하는 아동은 나쁘다는 것이다. 이는 사실도 아니고 도움도 안 된다(Katz & Katz, 2009).

아동에게 수치심 느끼게 하기

아동의 정서에 대해 놀리거나 부끄럽게 느끼도록 하는 것은 치명적이다. 교사가 "너 왜 우니? 네가 이런 걸로 아기처럼 구는 이유를 알 수가 없구나", "미연이는 그렇지 않은데, 너는 왜 겁쟁이처럼 구니?"와 같이 말하면 아동의 사기가 꺾인다. 거짓말하는 것이나 부정하는 것과 마찬가지로 수치심을 유발시키는 것은 아동이 자신에 대해서 의심하고 열등감을 느끼고 부적절하다고 느끼게 한다. 이것은 아동이 긍정적으로 반응하게 하거나 자신을 더 좋게 느끼게 하지도 못한다. 따라서 교사는 이러한 방법을 사용해서는 안 된다(Hyson, 2004).

그 장면을 피하거나 그 순간의 강도를 최소화하여 아동을 위로하고자 할 때, 교사는 종종 무시하거나 거짓말하고 부인하거나 수치심을 준다. 이러한 방법은 역효과를 낳아서 현상을 더 악화시킬 뿐 아니라, 정서적 상황을 효과적으로 다룰 수 있는 방법을 배울 수 있는 기회도 빼앗는다. 이러한 부정적인 방법 대신에 교사는 아동의 신뢰, 유능성, 자아 가치감을 조장하고 대인 간 기술을 증가시키도록 도와주기 위해 다른 방법을 사용해야 한다.

5. 아동의 정서에 반응하는 적절한 방법

아동이 자신의 정서에 효과적으로 대처할 수 있게 하려면 교사는 다양한 방법을 사용해야 한다. 정서적 상황에서 아동이 사용하는 행동을 변화시키고자 할 때에도 정서를 무시하거나 제한하기보다 그 정서를 수용해야 한다. 다음의 원리를 명심하면 아동의 정서에 적절하게 반응할 수 있을 것이다.

- 아동의 정서는 아동에게 있어서는 진실하고 정당하다.
- 옳거나 틀린 정서는 없다. 모든 감정은 기본 정서에서 나오며, 자연스럽게 발생한다.
- 아동이 어떤 정서만을 느끼도록 도와줄 수 없으며, 바꾸라고 해서 쉽게 정서를 변화시킬 수도 없다.
- 모든 정서는 아동의 삶에서 유용한 기능을 한다.

언어는 정서를 만족스럽고 더 정확하게 표현하는 방법이며, 신체적 행위의 적절한 대체물이다. 학령 전 유아나 학령기 아동이 겪는 정서적 어려움을 해결하도록 도와주려면 자신이 느끼고 있는 것에 대해 자유롭게 말하도록 하는 것이 좋다.

5.1 아동의 정서에 대하여 아동에게 말하기

교사나 부모가 아동에게 아동의 정서에 관해 말할 때 정서적 유능성이 증진된다(Calkins & Williford, 2009; Epstein, 2009). 이러한 대화는 다양한 맥락에서 하루 중 어느 때나 가능하다. 정서에 초점을 맞춘 대화를 하려면 교사는 아동이 표현하고 있는 정서를 명명해주는 것이 좋다(Thompson & Twibell, 2009). 아동은 직접적인 경험을 통해서 가장 잘 배우기 때문에, 정서가 일어났을 때 교사가 그 정서를 명명하고 말해주는 것이 도움이 된다. 예를 들어, 화를 내는 어린이에게 교사가 "화가 났구나"라고 하면, 아동은 그 개념에 대한 직접적인 경험을 갖게 된다. 이때 아동은 자신의 정서 상태를 말로 나타낼 수 있다는 것을 배우게 되고, 이러한 정서와 관련된 내적 단서와 상황적 단서를 모두 이해할 수 있는 좋은 기회를 갖게 된다. 이것은 아동에게 가설적인 상황에서 정서를 말해보게 하는 것보다 더 좋은 학습 경험인데, 이는 정서 이해의 세 가지 요인, 즉 상황, 신체 반응, 그리고 해석이 모두 포함되기 때문이다. 교사가 일상생활에서 아동의 정서를 명명하고 기술해주기 위해 사용할 수 있는 기본적인 방법이 정서적 반영이다.

5.2 정서적 반영

정서는 사람의 감정이나 분위기를 지칭한다. 정서적 반영은 아동이 특정 상황에서 경험하는 정서를 인식하고 그 정서를 명명하기 위해서 반영을 사용하는 것이다.

> 영수가 정글짐의 꼭대기에 올라갔다. 얼굴에 함박 미소를 지으며, "야, 다들 나 좀 봐"라고 소리친다.
>
> 교사: 높이 올라가서 자랑스럽구나. (꼭대기에 있으면 기분이 좋겠구나, 혹은 네가 끝까지 올라갔구나! 재미있겠다.)
>
> 문수는 자기 차례가 끝나기 전에 치우는 시간이 되었다고 투덜거린다.
> 교사: 아직 치우고 싶지 않구나. (네 차례를 아직 끝마치지 못했구나, 혹은 속상한가 보구나!)

정서적 반영은 아동이 자신의 정서를 인식하고 정의내릴 수 있도록 돕는다. 완전한 메시지를 전달하기 위해서 각 상황에서 교사의 어휘와 목소리 톤은 말하는 정서 상태와 일치해야 한다.

정서적 반영이 아동에게 미치는 효과

정서적 반영을 사용하여 정서를 명명하는 것은 추상적이고 내적인 상태를 더 구체적으로 만들어 준다. 즉, 명명하는 것은 정서를 좀 더 구체적이게 한다(Epstein, 2009; Gergen, 2001). 알려진 사건은 알려지지 않은 사건보다 이해하기가 더 쉽다. 또한 명명하기는 감각에 더 친숙해지도록 해준다. 정서는 만질 수도 잡을 수도 없으며 관찰 가능하지도 않기 때문에 정서를 명명하는 것은 특히 중요하다.

언어적 명칭은 이전의 사건을 인식하고 회상하기 위한 주요한 수단이다(Thompson & Twibell, 2009). 이전에 짜증을 낸다는 단어를 들어봤던 아동은 현재 짜증나는 정서 상태를 더 잘 인식하고, 이러한 인식은 현재 가능한 행동을 결정하기 위해서 과거 경험을 유추해보도록 도와준다.

또한 언어적 명칭은 겉으로 보기에는 비슷하지만 완전히 같지 않은 정서를 구별하게 해준다(Denham, Bassett, & Wyatt, 2008). 화가 난, 혐오스러운, 격노한 등과 같은 단어를 들으면 약간씩 다른 정서 상태임을 알 수 있다. 이는 모두 분노의 형태이지만, 서로 다르다. 다양한 정서적 반영을 들으면 아동은 느낌을 더 정확하게 이해할 수 있다. 또한 대안적인 감정 단어를 들은 아동은 이러한 단어들을 사용하게 된다. 정서 어휘가 많을수록 타인에게 자신의 정서를 표현하기 위해 정서 단어를 더 잘 사용할 수 있고, 더 다양한 정서적 반응을 한다. 예를 들어, 약 오름, 혐오, 분노와 같은 정서적 명명은 아동에게 다른 행동적 반응을 생각하게 한다. 새로운 어휘를 배우면 그 말에 의해 경험의 이해와 사건을 범주화하는 능력이 큰 영향을 받는다는 연구 결과도 이를 지지한다(Domitrovitch, Moore, & Thompson, 2012).

정서적 반영을 사용해서 아동의 정서를 인정할 때 교사는 아동이 이해할 수 있는 방식으로 민

NOTE 5-3

정서적 반영하기의 이점

• 자신의 감정을 더 잘 이해하게 해준다.
• 과거에 한 정서적 학습을 더 쉽게 끌어내준다.
• 하나의 정서를 다른 정서와 구분하는 것을 도와준다.
• 어휘를 증가시켜준다.
• 교사가 아동을 배려하고 존중하고 있음을 보여준다.
• 정서가 일상적인 생활의 일부분임을 보여준다.

감성과 배려를 표현하게 되는데, 이때 아동은 교사가 자기 말을 들어주고 자신이 수용된다고 느낀다(Duffy, 2008). 또한 자신과 타인의 정서를 기술하는 것을 들으면서 자신의 정서가 다른 사람의 정서와 그리 다르지 않다는 것을 알게 된다. 이것은 아동이 정서적 경험을 비정상적인 것으로 여기지 않게 해준다. 정서적 반영은 유쾌한 것이든 유쾌하지 않은 것이든 모든 정서가 생활에서 피할 수 없는 부분이라는 것을 이해하도록 도와준다. 아동에게 정서적 반영을 사용하는 것의 장점은 Note 5-3과 같다.

정서적 반영은 아동의 정서 발달을 향상시키기 위해 기본적인 요소이며, 모든 연령의 아동에게, 그리고 다양한 환경에서 사용할 수 있다. 때로 교사는 상호작용의 정서적 측면을 강조하고자 정서적 반영을 사용할 수 있다. 또한 규칙을 만들거나 결과를 사용하는 것과 같은 다른 종류의 문제를 다루는 동안 그 아동의 정서를 인정하기 위해서도 사용될 수 있다. 정서적 반영은 긍정적인 언어 환경을 만드는 데에도 기여하며 4장에서 기술한 것과 같이 자아개념의 형성뿐 아니라 다른 사회적 기술의 기초가 된다.

5.3 언어를 사용해서 정서 표현하도록 돕기

교사는 정서적 반영을 통해서 아동이 자신의 정서를 인식하도록 돕고, 자신의 정서에 대해 이야기하고, 수용되는 방식으로 표현하도록 해준다. 정서를 말로 표현할 수 있는 아동은 자신의 느낌을 타인에게 알리기가 더 쉽고, 이 경우 잘못된 의사소통은 줄어들며 필요한 지원을 얻는 것도 더 쉬워진다.

이와 같은 정서적 공유는 **자기-노출**로 일컬어지기도 하는데, 이는 기본적인 대인관계 기술이다. 개방적이고 솔직한 의사소통을 강조하는 상호작용 이론에서 이러한 개념을 다루고 있다(Gazda, Balzer, Childers, & Nealy, 2006). 사람이 자신의 정서를 타인에게 표현할 수 있는 정도가 다른 사람들과 친밀한 관계를 유지하는 능력에 영향을 주기 때문이다(Ladd, 2005). 또한 아동이 말로 표현하는 것을 배우면 부정적인 감정을 신체적으로 표현하는 것이 줄어든다. "나 화났어"라고 말할 수 있는 아이는 자신의 느낌을 알리기 위해 남을 떠밀거나 때리지 않아도 된다는 것을 알게 된다.

아동이 저절로 알게 되기를 기대하기보다 부모나 교사가 사람들이 무엇을 느끼고 왜 느끼는지에 대해 적절한 정보를 줄 때, 아동은 정서를 더 잘 말하게 된다(Thompson & Twibell, 2009). 어린 아이에게는 표현적 단서와 상황적 단서에 대한 정보를 주는 것이 도움이 된다(예: "광열이는 확실히 흥분한 것 같다. 웃으면서 뛰어다니고 있네" 혹은 "지민이가 공을 놓쳤네. 당황한 것처럼 보이는구나"). 조금 더 큰 아동의 경우 내적인 정서 상태에 관련된 단서를 주는 것이 도움이 된다(예: "애라는 어제 그림을 다 그리지 못해 아직도 속상하구나" 혹은 "보아야, 지난주에 갔던 소풍을 생각하니까 즐거운가 보다"). 또한 아동은 정서적 상황에서 사용할 수 있는 말과 각본을 배움으로써 사회적 유능성을 증가시킬 수 있다(Hyson, 2004). 예를 들어, "나 아직 하고 있어", "내가 끝난 다음에 네가 해"와 같은 말은 아동이 하고 있는 것을 그만두고 싶지 않을 때 자신의 욕구를 표현하는 수단이 된다. 이러한 방법을 알지 못하는 아동은 수용할 수 없는 신체적 행동을 하거나 불필요하게 양보하게 되어 결국 좌절하거나 기분이 상하게 된다. 또한 "이번에는 내가 하고 싶어" 혹은 "내가 다음에 할게"와 같은 말은 자전거나 컴퓨터를 사용하는 차례와 관련해서 아동이 좀 더 쉽게 협상할 수 있게 한다.

정서적으로 어려운 상황에서 교사가 아동의 감정을 인정하고 그 상황을 보다 잘 조정할 수 있는 방법을 직접 가르쳐 줄 때, 아동은 더 잘 대처할 수 있게 된다. 아동에게 특정한 기술을 가르

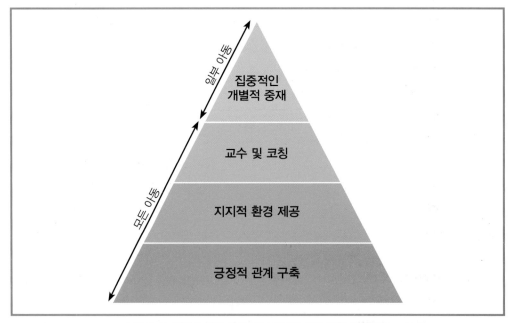

그림 5-7 사회적 지원 피라미드: 아동의 정서 발달 지원하기

치거나 스스로 문제를 해결하는 아동을 계속 지지해줌으로써 정서에 대처하도록 도와줄 수 있다 (Denham, Bassett, & Wyatt, 2008; Epstein, 2009).

따라서 부모와 교사는 아동의 정서적 유능성을 증진하기 위해 필요한 교수 기술을 획득해야 할 것이다. 이는 사회적 지원 피라미드의 처음 3수준과 밀접하게 관련되며, 모든 아동을 위해 사용될 수 있다(그림 5-7). 새로운 기술은 교사가 다음에 제시하는 목표를 성공할 수 있도록 도와줄 것이다.

- 아동과 긍정적 관계 맺기
- 정서적으로 지지적인 환경 만들기
- 아동이 매일 경험하는 수많은 정서를 인식하고, 표현하고, 대처하도록 돕기 위한 가르치기 및 코칭 전략 실행하기

대부분의 아동은 이러한 기술에 잘 반응할 것이며 점차 정서적으로 유능해질 것이다. 그러나 몇몇 아동은 자기 파괴적이고 타인에게 유해한 방식으로 정서적 행동을 표현할 것이며 이러한 기술을 제시하는 것 이상의 도움을 필요로 한다. 이 경우 강력한 개별적 중재가 이루어져야 하며 이는 다음 장에서 살펴보고자 한다.

아동의 정서 발달을 도와주는 기술

정서적 반영 사용하기

1. 말하기 전에 아동을 주의 깊게 관찰한다

의미를 알기 위해서는 상황의 맥락이 중요하다. 아동이 사용하는 말뿐 아니라, 얼굴 표정, 목소리 톤, 자세에 각별한 주의를 기울인다. 어린 아동은 자신의 느낌에 대해 개방적이기 때문에, 이들의 행동은 나이가 많은 아동의 행동보다 해석하기가 쉽다. 학령기 아동의 경우에는 비언어적인 단서에 특히 주의를 기울여야 한다. 말로는 행복하다고 하지만 괴로운 것처럼 보이는 아동은 대부분 실제로는 괴로워하고 있다.

2. 아동이 보이는 여러 가지 정서에 민감하게 반응한다

아동은 극단적인 정서, 미묘한 정서 그리고 긍정적 정서, 부정적 정서 등 다양한 정서를 표현한다. 이러한 모든 정서가 중요하다. 교사가 강하거나 부정적인 정서에만 관심을 기울인다면, 아동은 이러한 정서만이 표현할 가치가 있다고 생각하게 된다. 모든 종류의 정서를 인정해주고 이야기할 때, 아동은 더 넓은 관점을 갖게 된다.

3. 아동이 경험하는 정서를 무비판적으로 평가한다

아동의 정서는 확실한 근거에 의해서만 해석하고, 아동이 왜 그렇게 느끼는지에 대해 교사 나름대로 결론을 내려서는 안 된다. 예를 들어, 울면서 교실로 들어가는 아동의 경우, 이 아동이 슬프거나 화가 난 것은 분명하지만 왜 그런지는 분명하지 않다. 엄마가 보고 싶어서 그런 것이라고 생각할 수도 있지만, 주황색 외투를 학교에 입고 온 것에 대해 화가 났을 수도 있다. 무엇이 이 아동을 기분 나쁘게 만들었는지 확신할 수 없기 때문에 "엄마가 보고 싶어서 슬프구나"라고 하기보다는 "슬퍼 보이는구나"라고 하는 것이 적절하고 정확한 정서적 반영이다.

4. 관찰한 정서를 아동에게 이야기할 때는 짧은 문장으로 말한다

정서적 반영은 간단하게 한다. 아동의 정서 상태에 대해 모든 것을 한 번에 말하려 해서는 안 된다. 어린 유아나 이중 언어를 사용하는 아동들은 짧은 문장을 가장 잘 이해한다. 조금 큰 아동은 긴 문장이나 여러 절로 된 문장을 이해할 수 있지만, 어른이 너무 많은 말을 하면 분위기에 압도되어서 화를 낼 수도 있다.

5. 다양한 감정 단어를 사용한다

아동의 정서를 기술하기 위해서 여러 가지 단어를 사용하면 아동의 감정을 나타내는 어휘를 늘려주고 교사의 반응을 더 흥미롭게 만들어준다. 먼저 기본 정서(기쁨, 분노, 슬픔, 두려움)를 말해주고, 점차 미묘하게 다른 단어를 포함시킨다. 그리고 최근에 사용하지 않았던 두세 개의 단어를 미리 생각하여, 계획한 날에 사용한다. 다른 날에 서로 다른 단어를 사용함으로써 이러한 과정을 반복한다. 유사한 감정 단어 중 하나를 사용하여 반영할 때에는 두 번째 반영에서 약간 다른 단어를 사용한다(예: "슬퍼 보이는구나. 비행기가 날지 않아서 실망했나 보구나").

6. 아동의 정서를 받아들일 수 없더라도 이해한다

아동은 때로 부모나 교사가 볼 때는 불합리하거나 이해할 수 없고 설명할 수 없는 정서를 표현한다. 예를 들어, 화가 나서 교실로 오는 지수가 이를 악물고 씩씩거리며 불만스럽게 말한다. "나는 저 선생님이 미워. 선생님은 숙제를 내주는 것밖에 몰라. 그래서 다른 걸 할 시간이 없어." 이때 교사는 다음과 같이 말할 수 있다.

설교: "지수야, '미워'라는 말을 하지 말라고 했지. 그런 말은 다른 사람에게 하는 게 아니야."

합리화: "선생님은 네가 수학을 잘 하라고 그러는 거야."

부인: "너는 누구도 미워하지 않잖니?"

무시: "자, 이제 됐다. 다른 게임하러 가자."

이러한 반응은 모두 지수의 관점을 이해하지 못한 것으로, 앞으로 지수는 자신의 감정을 교사에게 표현하지 않을 것이다. 이러한 반응은 지수를 방어적이 되도록 하거나 자신의 진짜 정서를 알리기 위해 더 극단적인 방법을 사용하게 한다. 지수의 인상은 변하지 않을 것이고, 자신의 분노를 다루는 건설적인 방법을 배우지도 못하게 된다. 더 바람직한 반응은 "숙제를 그렇게나 많이 해야 해서 부당하다고 느꼈구나" 혹은 "오늘은 학교에서 별로 기분이 좋지 않았구나"일 것이다. 이러한 정서적 반영은 교사에게도 매우 다른 관점을 깨닫도록 도와줄 것이다. 이는 아동이 교사를 신뢰하고 교사가 아동의 사적인 자아에 접근할 때 가능해진다.

7. 부적절한 반영은 수정한다

정서적 반영은 아동의 정서 상태에 대한 교사의 지각을 잠정적으로 진술하는 것이다. 만약 "걱정이 있는 것 같구나"라고 반영한 뒤, 그 아동이 "아니요" 혹은 "난 그냥 생각하고 있을 뿐이에요"라고 말한다면, "이런, 내가 잘못 알았구나" 혹은 "미안하구나. 방해하려던 것은 아니었어"와 같이 편안하게 수정한다.

8. 아동의 정서가 분명해 질 때까지 점차적으로 정서적 반영을 한다

극단적인 정서가 아닌 경우 해석하기 어렵고, 어떤 아동은 다른 아동보다 표현적이지 않다. 아동이 어떤지 알 수 없고, 알 수 있는 분명한 정보가 별로 없을 때 아동과 상호작용하면서 행동 반영이나 부연 반영을 사용할 수 있다. 아동이 느끼는 정서에 대해 좀 더 분명한 단서를 얻은 후에 정서적 반영을 사용하도록 한다.

> 아동이 계단에 혼자 앉아 있다(아무런 정서 신호가 없음).
> 교사: 혼자 앉아 있구나! (행동 반영)
> 아동: 쉬는 중이에요.
> 교사: 응.. 잠깐 쉬는 중이구나! (부연 반영)
> 아동: 애들이 다 할 때까지 나는 못한대요.
> 교사: 속상하겠구나! (정서적 반영)

정서 이해 및 정서에 관한 의사소통 기술 향상시키기

1. 정서에 대한 토론을 조장하기 위해 이야기, 책, 노래를 이용한다

정서 표현이 잘 드러난 책을 읽으면서 그 속에서 나타나는 인물이 경험하는 정서를 지적해준다. 그 책에서 아동이 관찰한 정서가 무엇인지 말하게 하거나 특정 상황에서 그 주인공이 어떻게 느꼈을지를 생각해보도록 한다. 어떠한 이야기도 토론에서 사용할 수 있다. 긍정적 정서와 부정적 정서를 모두 설명해주도록 노력해야 한다. 노래 또한 아동의 이해력과 어휘를 확장시켜주기 위한 자료가 될 수 있다.

2. 교사 자신의 감정에 관해 말하면서 시범을 보여준다

일상적인 대화에 정서를 포함시켜 말한다. 일상적인 사건이 교사의 감정에 어떠한 영향을 주는지에 대해 말한다(예: "날씨가 참 좋구나. 해가 비추는 것을 보니까 참 행복하다" 혹은 "못이 제대로 박히지 않아서 화가 나네"). 또한 어떤 일이 사람의 감정에 어떠한 영향을 주는지 말해준다(예: "우리가 점심에 김밥을 먹을 수 없다면 모두 실망할 거야" 혹은 "우리가 김 선생님에게 아무 말도 안하고 가버리면 선생님이 걱정하실 거야"). 아동이 경험한 일에 대해서 그때 어떻게 느꼈는지 물어본다(예: "와, 비가 온다. 누구 비 좋아하는 사람? 비를 싫어하는 사람 있니?"). 아동이 알고 있거나 뉴스에서 본 사람이 경험한 정서에 대해서 토론해본다(예: "원장 선생님은 오늘 정말 기분이 좋으시대. 할머니가 되셨거든" 혹은 "홍수가 났을 때 강 근처에 사는 사람들은 무서웠단다").

3. 아동이 타인에게 언제 자신의 정서를 말해야 하는지 알 수 있도록 도와준다

아동은 자신이 느끼고 있는 것을 주변 사람들도 모두 알고 있다고 잘못 생각하는 경우가 많다. 따라서 항상 그렇지는 않다는 것을 설명해주어야 한다(예: "예진이가 약속한대로 너를 도와주지 않아서 실망했구나. 예진이는 네가 어떤 느낌을 가졌는지 모르고 있어. 예진이가 알 수 있도록 가서 말해주렴" 혹은 "너는 병현이가 망치를 가져가지 않았으면 했구나. 병현이는 몰랐으니까 가서 이야기해보렴").

4. 아동이 자신의 정서에 대하여 말할 수 있도록 다양한 각본을 제시해준다

때로 아동은 어휘가 부족하거나 자기 생각에 정서적으로 너무 집중해서 감정을 말로 표현하지 못할 때가 있다. 이럴 때는 다음과 같이 한다.

- **그 상황에 적합한 말을 아동에게 제시해준다.** 즉, 언어적인 각본을 보여준다(예: "병현아, 나 망치 더 써야 돼" 혹은 "병현아, 네가 망치를 뺏어 가면 기분이 나빠"라고 말하도록 조언해준다). 나이가 어리거나 경험이 적은 아동에게는 간단한 말을 제시해주고, 나이가 많거나 경험이 많은 아동에게는 좀 더 긴 문장과 한 가지 이상의 대안적인 방법을 제시해주면 좋다. 아동이 교사가 제공한 각본을 편안하고 유능하게 사용할 수 있게 되면, 아동 스스로 어떤 말을 할지 생각해보게 한다(예: "병현이 때문에 기분이 상했구나. 네가 어떤 말을 하면 병현이가 알 수 있을까?").
- **아동이 자신의 느낌에 대해 말할 수 있는 질문을 한다.** 간단한 예/아니요 질문으로 시작해서(예: "은수가 네 베개를 가져갔지. 그때 너는 기분이 좋았니?"), 시간이 지나면 더 개방적인 질문을 한다(예: "은수가 네 베개를 가져갔지. 그래서 네 기분은 어땠니?").

5. 행동 단서를 통해서 타인의 정서를 이해할 수 있도록 돕는다

아동은 다른 사람이 무엇을 느끼고 있는지 항상 알지 못하며 해석도 정확하지 않다. 따라서 걸음마기 유아와 경험이 적은 학령 전 유아에게는 정서 표현의 구체적인 신호를 가르쳐주어야 한다(예: "나현이는 울고 있어. 이건 나현이가 기분이 안 좋다는 거야"). 좀 더 크고 경험이 많은 아동에게는 이러한 단서를 스스로 알아차리도록 도와주어야 한다(예: "나현이를 봐. 나현이가 무엇을 하고 있니? 그리고 어떻게 느끼고 있을지 말해보렴"). 적절한 답이 나오지 않으면, 적절한 정보를 제시해준다.

6. 타인의 정서를 유발하는 상황 단서에 주의를 기울이도록 한다

걸음마기 영아와 학령 전 유아에게 상황의 어떠한 특성이 정서를 유발하는지 말해준다(예: "케이크가 하나밖에 없는데 강희와 재준이는 둘 다 케이크를 먹고 싶어 해. 그래서 케이크를 나누어 먹기로 했고, 둘 다 기분이 좋았어. 사람들은 일이 잘 될 때 행복해하지"). 더 나이가 많은 아동에게는 어떤 상황에서 무엇이 정서적 반응을 일으켰다고 생각하는지 말해보도록 한다. 이것은 아동이 관찰자일 때와 직접적으로 개입되어 있는 두 가지 상황에서 모두 적용될 수 있다.

그리고 같은 사건에 대한 아동의 반응에서 유사점과 차이점을 지적해준다(예: "우리 모두 같은 영화를 보았지. 그리고 너희들 모두 재미있어 했던 것 같은데" 혹은 "우리 모두 같은 영화를 보았지. 수진이는 영화가 정말 재미있었던 것 같은데, 주희는 그렇지 않은 것 같네").

7. 아동이 혼합된 정서를 구분하도록 도와준다

먼저 아동이 상황에 대해 어떻게 말하는지 듣는다. 여러 가지 정서를 느꼈을 때 교사가 들었거나 관찰한 정서를 하나씩 확인해준다. 동시에 여러 가지 다른 감정을 느끼는 것이 정상이라고 말해준다. 또한 아동이 표현한 어휘와 비언어적 방식으로 나타난 것 간의 불일치를 말해준다(예: "너는 모든 것이 다 괜찮다고 했지만, 얼굴 표정은 아주 불행해 보이는걸").

8. 정서에 관해서 남아, 여아 모두와 이야기를 나눈다

교사는 남아보다 여아에게 정서 관련 이야기를 더 많이 하는 경향이 있다. 하루 일과 동안 교사 자신이 하는 말에 주의를 기울이고, 가능하다면 남아와 여아에게 얼마나 자주 정서와 관련된 이야기를 했는지 기록한다. 필요하다면 학급의 모든 아이들을 대상으로 아동이 경험하고 있는 모든 종류의 정서를 포함하도록 상호작용한다.

9. 아동과 가족이 표현하는 정서 표현의 문화적 차이에 대해 파악한다

아동을 관찰하고 아동이 속한 가족이나 문화에서 성인이 정서를 어떻게 표현하는지 관찰한다. 문화에 따른 의사소통을 다룬 책이나 글을 읽는다. 또한 가정에서의 학습과 연령에 따라 아동이 다양한 표현 규칙을 사용한다는 것을 알고 이런 차이를 존중해야 한다. 아동에게 한 가지 방식으로만 반응하지 말고, 자신이 자라면서 배운 것과 다른 정서라고 무시해서는 안 된다.

강렬한 정서에 대처하도록 도와주기

1. 아동의 강렬한 정서는 인정한다

파괴적인 행동은 못하게 한다. 먼저 정서적 반영을 하고, 상처를 주는 행동은 안 된다는 것을 분명히 한다. 그리고 정서를 표현할 수 있는 적절한 방법을 제시하거나 보여준다. 예를 들어, "정말로 화가 났구나. 그렇지만 다른 사람을 때리는 것은 안 돼. 그냥 '난 그렇게 하는 게 싫어'라고 말을 해" 혹은 "무척 흥분했구나. 선생님은 네가 햄스터를 숨 막히게 할까봐 걱정이 된단다. 이렇게 부드럽게 쥐어 봐." (이러한 종류의 중재에 대해서는 다음 장들에서 더 자세히 다룰 것이다.)

2. 슬퍼하거나 두려워하는 아동은 위로해준다

신체적이고 언어적인 위로를 해준다.

3. 아동이 강렬한 정서를 더 잘 조절할 수 있도록 사건을 다시 해석해준다

아동은 다른 사람의 행동이나 의도를 잘못 해석했기 때문에 강렬하게 반응할 수 있다. 그 자리에서 바로 제시되는 새로운 정보는 아동이 강렬한 반응에 대해 다시 생각해보거나 조절하도록 도와준다. 그래서 아동이 상황 판단을 잘못했거나 간과했던 사실을 지적해주어야 한다. "남현이가 널 놀렸다고 생각했구나. 남현이는 금방 들은 농담 때문에 웃었던 거야. 너 때문이 아니고." 혹은 "민희가 새치기를 했다고 생각했구나. 민희는 오랫동안 줄을 서서 기다렸고, 그 애 차례였어."

4. 새로운 상황에서 아동은 불안하여 강렬한 반응을 할 수 있다는 것을 예상한다

새롭거나 어려운 상황에 관해 아동과 대화를 나누고, 그 상황에서 어떤 일이 발생할지에 대해 말해준다. 그리고 아동이 경험할 사건에 대해 설명해준다. "화재 경보가 울리면, 그 소리가 아주 클 거야. 너희들 중에 어떤 친구들은 그 소리가 아주 시끄러워서 좋아하지 않을 거야. 그 벨소리는 우리가 어디에 있건 다 들을 수 있게 하기 위해서 그렇게 큰 거야. 경보가 울리면 우리는 건물에서 나가야 해. 우리는 모두 함께 빨리, 그리고 조용히 이 건물 밖으로 걸어 나갈 거야. 그리고 선생님이 너희들과 같이 있을 거야."

5. 아동이 사용할 수 있는 정서조절 전략을 가르쳐준다

이런 전략은 대화나 현장 지도, 시범 보이기를 통해서 가르칠 수 있다. 효과적인 전략을 사용하는 것을 관찰하게 되면, 아동이 그 사실을 알도록 그때 또는 잠시 후에 말해준다. 이러한 방법은 아동의 기술을 강화시켜주며, 관련된 상황에서 어떤 전략이 성공적인지를 인식하는 데 도움이 된다. 간단한 전략은 다음과 같다.

- **감각 정보 제한하기**: 정서적 각성을 둔감하게 하기 위해서 다른 곳을 보게 하거나 이들의 주의를 다른 곳으로 돌린다.
- **강렬한 정서를 유발시키는 상황에서 스스로 정서를 조절하는 다른 아동을 관찰하기**: 두렵거나 화가 나는 상황에서 다른 아동이 사용하는 대처 전략을 보게 한다.
- **스스로에게 말하기**: "엄마는 곧 오실 거야", "물놀이는 재미있어", "나는 할 수 있어", "그만, 숨을 크게 쉬고, 편안하게."
- **목표 바꾸기**: 게임을 할 때 비어 있는 자리가 없거나 자신의 차례가 아니라는 말을 들었으면 다른 놀이를 한다.
- **해결하기**: 새로운 학교에 가는 것을 두려워하는 아동과 함께 새 학교에 가본다. 쉽게 화를 내는 아동에게 행동하기 전에 깊게 세 번씩 숨을 쉬게 한다.
- **어려운 상황을 낙관적인 용어로 재정의하기**: "더 안 좋았을 수도 있어", "내일 다른 기회가 생길 거야", "그 아이만 내 친구가 될 수 있는 건 아니야." 스트레스를 주는 상황에서 아동을 지원해주는 것과 관련된 방법들은 6장에 제시되어 있다.

6. 아동에게 기쁨, 행복감, 유머를 표현할 기회를 많이 제공한다

모든 아동은 유쾌한 정서적 경험을 가질 기회를 필요로 한다. 행복감은 전염되고 잘 지내고 있다는 느낌을 갖게 해준다. 아동과 함께 웃을 시간을 마련한다. 아이들과 같이 게임을 하고 농담을 하고 우스꽝스러운 행동을 한다. 이러한 기쁜 경험은 아동이 탄력성을 갖게 해주고 정서가 완전히 부정적이기만 한 것이 아님을 알게 해준다. 상호작용하면서 교사가 기뻐하는 것을 볼 때 아동은 교사가 자신을 기분 좋은 동료로 인식하고 있음을 알게 된다.

가족과 아동의 정서에 관해서 의사소통하기

1. 아동이 유아교육기관에서 보이는 정서에 대해 부모에게 알려준다

위험했던 일이나 예외적인 일이 있을 때에만 부모에게 메시지를 전하는 것은 아니다. 매일의 정서적인 사건에 초점을 맞추어 대화를 나눈다(예: "자영이는 오늘 블록을 다 사용해서 도시를 만들었어요. 모든 블록을 사용하는 방법을 알고는 매우 신나했어요" 혹은 "오늘 재준이는 제주도 여행과 관련된 글을 쓰는 데 아주 집중했어요. 나중에 대집단 시간에 그것을 읽었고요. 다른 아이들이 여행에 관한 많은 질문을 했는데, 재준이는 친구들이 관심을 가져 주어서 아주 좋아했어요"). 이러한 정보는 짧은 메모나 부모와의 주기적인 전화통화를 통해서 전달할 수 있다. 이러한 방식으로 적어도 한 달에 한 번은 학급의 모든 아동의 부모와 의사소통하는 것을 목표로 삼는다. 모든 부모에게 적절한 양의 정보를 주고 있는지를 점검하기 위해 의사소통에 대한 비형식적인 기록을 해둔다.

2. 부모에게서 아동의 가정 내 정서생활에 대한 정보를 얻는다

가정 내에서 아동의 변화에 민감해야 한다. 아동은 밤에 잠을 설쳤다든지, 방과 후에 쇼핑을 갈 것이라든지, 오후에 친구가 방문하는 것과 같은 매일의 사건에 대해 정서적으로 반응한다. 또한 부모가 이혼을 하려 한다든지, 엄마가 여행을 간다든지, 곧 있을 가족 행사와 같은 더 극적인 사건은 아동이 기관에 있는 동안에 일어나는 정서에 영향을 준다. 부모가 가족 내 변화에 대해 알려주면 교사는 아동을 더 잘 이해할 수 있고 적절하게 반응할 수 있다는 것을 부모에게 알려준다.

3. 부모가 아동의 전형적인 정서 발달을 잘 이해할 수 있도록 도와준다

보통 때는 잘 웃는 세 살 된 딸이 백화점에서 풍선을 건네주는 광대를 보고는 울고불고 했다고 말하는 아버지는 무엇이 딸에게 그렇게 강렬한 반응을 일으키게 했는지 의아해하였다. 부모 회의에서 한 엄마는 4학년 된 딸이 돌아오는 댄스 경연대회에 대해서 어찌할 바를 몰라 한다고 말한다. 엄마는 "처음에는 흥분했다가 그 다음에는 무서워해요. 아주 변덕스러워요"라고 말한다. 이러한 아이들의 행동은 발달상 자연스럽게 나타나는 현상이라는 것을 부모가 알 수 있도록 이 장에서 배운 것을 사용해본다. 학령 전 유아가 가면과 극적인 분장을 두려워하는 것은 정상적인 것이고, 복합된 정서를 가지는 것과 자주 혼란스러워하는 것은 학령기 아동에게 일반적인 것이라는 것을 알려준다. 자녀의 행동이 발달에 기초한다는 것을 들으면 부모는 안심하게 된다. 여건이 된다면 이와 같은 정서적 상황을 다룰 수 있는 방법을 부모에게 가르쳐준다.

4. 부모가 표현하는 정서에 주의를 기울인다

부모는 많은 정서를 경험하고 말을 통해서나 비언어적으로 정서를 표현한다. 교사는 이 단서를 관찰하고 적절하게 정서적 반영을 해준다(예: "오늘 좀 흥분하신 것 같네요" 혹은 "기분이 안 좋아 보입니다"). 그리고 나서 질문을 한다("왜 그런지 말해 주실 수 있습니까?" 혹은 "제가 도울 수 있는 게 있을까요?"). 부모나 다른 가족들이 반응하도록 기다려주지만, 이야기하도록 강요해서는 안 된다. 사생활에 대한 가족의 권리를 존중해주어야 한다. 이야기한다면 관심 있게 듣고, 온정, 수용, 진정성, 공감, 존중을 전하기 위해서 4장과 5장에서 배운 기술을 사용한다.

5. 부모의 정서가 교사를 불편하게 하더라도 부모의 정서를 수용한다

부모의 정서 표현이 거슬리거나 교사가 기대한 반응과 다를 때가 있다. 예를 들어, 특정한 미술 재료를 아주 좋아하는 아이에 대해 어머니와 이야기를 할 때, 어머니가 "우리 아들이 그림 그리는 것에 시간을 낭비하지 말고 책을 많이 읽었으면 좋겠어요"라고 화를 내며 반응해서 교사는 아주 놀랐다. 교사는 14개월 된 아이의 부모가 자신의 아이를 간질에 걸린 유아와 떨어져 있게 해달라고 요청했을 때 기분이 상하였다. 이 경우에 교사는 먼저 부모가 표현한 감정을 직접적으로 인정하거나 다른 말로 바꾸어 말함으로써 이해하고 있다는 것을 보여주어야 한다("준이가 그림을 그리지 않기를 바라시는군요" 혹은 "정임이가 지수와 너무 많이 접촉한다고 걱정하고 계시는군요"). 부모의 관점을 사실대로 인정하려면 그 순간에 자신의 감정을 제쳐두고 부모의 관점에 집중해야 한다. 어렵겠지만, 부모가 교사를 신뢰하고 교사 앞에서 솔직하고 편하게 자신을 표현하도록 하려면 이렇게 해야 한다. 부모의 입장을 존중하면서 반영을 하는 방법과 가치를 전하는 방법은 13장에 제시되어 있다.

6. 부모가 교사나 기관에 대해 화를 낼 때, 방어적인 반응을 자제하도록 한다

화가 난 부모가 교사와 복도에서 마주쳤다. "내가 정임이를 지수와 떨어져 있게 해달라고 부탁했었지요. 그런데 지금 두 아이가 소꿉 영역에서 같이 놀고 있는 것을 보았어요. 내가 한 말을 듣긴 들었어요?" 이러한 부모의 말을 들으면 교사는 공격받았다고 느끼고 당연히 방어적이 될 것이다.

이러한 방어는 때로는 부모의 걱정을 무시하고 즉각적으로 이유를 대거나 정당화시키고 반박하는 것으로 나타난다. 하지만 교사는 아이들에게 가장 좋은 것이 무엇인지만을 생각해야 한다. '부모가 어떻게 자신의 의도를 그렇게 나쁘게 생각할 수 있을까? 어떻게 그렇게 생각이 좁을까? 어떻게 교사가 모든 것에 대해 책임지기를 바랄 수 있을까?'와 같은 생각은 모두 접고 자신의 반응을 통제해야 한다. 그리고 이 상황을 부모의 관점에서 재해석하고자 노력하여야 한다. 그러한 비난 속에는 부모가 자녀를 보호하거나 자녀에게 기회를 더 많이 주고자 하는 감정이 있다. 이러한 점을 고려하면 부모의 분노의 감정을 이해할 수 있게 될 것이다. 부모는 아이를 떨어뜨려 놓으라는 자신의 요청이 무시되었다고 생각하는 것이다.

이 상황에서는 부모의 분노나 불공정하다고 느끼는 감정을 인정하고 나서 서로에게 도움이 되는 방식으로 문제를 해결하는 것이 최선의 방법이다. 부모가 화를 내는 이유가 이해하기 어렵거나 불합리하게 보이더라도, 부모는 그런 감정을 가질 권리가 있다는 것을 기억해야 한다. 더구나 부모가 항상 교사의 감정을 상하지 않게 분노를 표현하기를 기대할 수는 없다. 전문가로서 교사는 그러한 상황에서도 존중과 이해로 반응해야 한다. 이것이 어렵긴 하지만 전문가와 평범한 사람을 구분 짓는 윤리적 행동강령의 일부분이기도 하다.

화를 내는 상황에 직면했을 때 첫 번째 단계는 충동적이고 빠른 반응을 자제하고, 생각을 한 후에 반응하도록 노력하는 것이다. 가능하다면 반응하기 전에 마음을 가라앉힌다. 둘째, 부모의 관점에서 사물을 보고자 노력한다. 부모의 말을 자신의 행동을 방어하기 위한 단서라기보다는 그 사람의 관점을 알 수 있는 정보원이라고 생각해야 한다. 셋째, 부모도 나름대로의 감정을 가질 권리가 있다는 것을 인정하고 그 문제에 접근한다. 13장에 기술된 것과 같이 마지막으로 문제 해결 단계로 접어든다.

◆ 모든 것을 알고 있다는 듯이 말하는 것

"너는 틀림없이 슬플 거야", "네가 슬프다는 것을 알아", "너는 지금 슬프지?" 이러한 말은 마치 모든 것을 알고 있다는 것처럼 들리고, 아동이 교사의 잘못된 반영을 수정하지 못하게 만든다. 반영은 잠정적이고 수정 가능해야 하기 때문에, 이러한 말들은 사용해서는 안 된다.

◆ 아동을 비난하는 것

심술궂은, 고집이 센, 협력하지 않는, 불쾌한, 욕심 많은, 속임수를 잘 쓰는, 싸우기를 좋아하는 등과 같은 단어는 정서적 반영으로 표현되더라도 감정을 나타내는 어휘가 아니다. 이러한 어휘는 아동의 정서에 대한 정확한 해석이라기보다 아동의 행동에 대한 부모나 교사의 평가에 기초한 비난의 용어이기 때문에 사용해서는 안 된다. 예를 들어, 어떤 것을 전부 가지고자 하는 아동은 자신이 정당하고 그럴 수 있다고 느끼지만, 가질 수 있는 보다 더 많은 것을 갖고자 하는 것을 의미하는 '욕심이 많은 것'은 아니다. 마찬가지로 어떤 한 가지 방식으로 무언가를 하고자 하는 아동을 단호하다고 느낄 수는 있지만, 부당하게 완고한 것을 의미하는 '고집이 세다'고 말해서는 안 된다. 아동이 진정으로 전달하고자 하는 것이 무엇인지를 관찰하고 무비판적으로 반영을 다시 진술하여야 한다.

◆ 자기 정서에 대해 말하도록 강요하는 것

교사는 관심이 있다는 것을 나타내기 위해서 짜증나거나 싫다는 아동의 신호를 무시하면서 아동에게 정서적 상태를 계속해서 질문한다. 학령 전 유아에게 "실망했니?" 혹은 "왜 그렇게 기분이 상해 있니?"라고 반복해서 물어보는 것은 유아가 대답할 수 있는 능력을 넘어서는 것이며, 스트레스를 주게 된다. 더 큰 아동은 이러한 질문을 참견이라고 생각할 수도 있다.

이러한 부정적인 상황을 피하려면 말할 준비가 되어 있지 않다는 것을 나타내는 아동의 행동에 주의를 기울인다. 외면을 한다든지, 한 말을 취소한다든지, 모호한 대답을 하고, 웅얼거린다든지, 안절부절 한다든지, "몰라요" 혹은 "그냥 내버려 둬요"와 같은 아동의 말을 존중해야 한다.

◆ 아동에게 새로운 정서 단어를 알려주지 않는 것

때로 부모나 교사는 몇 개의 감정 단어에 제한되어 모든 것을 반영한다. 부모나 교사는 아동이 단어를 모를 수도 있다고 생각하고 아직 모를 것 같은 단어는 피한다. 아동이 새로운 정서 단어를 이해하도록 돕기 위해 정서 상태를 설명하는 몸짓, 표정, 목소리를 사용한다. 예를 들어 유미가 좌절한 것처럼 보이면 "매우 좌절한 것 같구나"라고 말하며 심각한 톤으로 얼굴을 찌그리며 어깨를 으쓱인다. 다음 단계로 교사나 부모는 "좌절한 것 같구나. 몸이 많이 긴장되어 있고, 얼굴을 찌그리고 있어"와 같이 유미가 실망한 것 같다고 생각하게 하는 유미의 행동을 말해준다. 또 다른 효과적인 전략은 "좌절한 것 같구나. 아직 다 맞추지 못하면 실망할 수 있지"와 같이 짧게 반영하면서 친숙하지 않은 단어를 사용하고 그 다음에 바로 친숙하게 사용하던 단어로 덧붙이는 것이다.

SUMMARY

정서는 보편적인 것이며, 신체적 반응이 나타나는 특정 사건에 의해 일어난다. 사람들은 자신이 경험하고 있는 것을 해석하고, 이러한 해석에 기초해서 행동을 취한다.

정서는 아동의 생활에서 중요한 부분이다. 기쁨이나 애정과 같은 긍정적인 정서는 기분을 좋게 해주고, 타인과의 상호작용이나 경험에 대해 수용적이 되게 한다. 두려움이나 분노와 같은 부정적인 정서는 기분을 나쁘게 만들고, 어려움을 회피하고 도망가게 하거나 이를 극복하게 만든다.

정서는 예측 가능한 단계로 발달하고, 기쁨, 분노, 슬픔, 두려움과 같은 기본 정서에서 발생한다. 관련된 정서군과 정서군의 조합으로 더 복잡한 정서 반응이 나타난다. 특정한 정서군을 유발하는 사건은 전 생애에 걸쳐 유사하다. 인지적 성숙과 경험은 이러한 사건에 대한 개인의 해석에 영향을 준다.

사람들은 전 생애에 걸쳐 여러 가지 정서적 과제를 경험한다. 각 단계의 양극단에서 정적인 방향으로 균형이 잡힐 때 아동은 가장 잘 발달한다. 아동이 경험하는 정서적 과업의 발달단계는 신뢰감 대 불신감, 자율성 대 수치심과 회의감, 주도성 대 죄책감, 근면성 대 열등감이다. 또한 아동이 성숙해짐에 따라 정서에 대해 생각하는 방식이 변화하면서 정서 발달에 영향을 준다. 어린 유아는 한 번에 한 가지 정서만을 경험할 수 있다고 믿는 반면, 5, 6세의 유아는 다른 사건에 대해 두 개의 정서를 동시에 경험할 수 있다는 것을 안다. 그리고 10~12세의 아동은 같은 사건에 대해서 여러 다른 감정적 반응을 보인다. 타인의 정서에 대한 아동의 인식도 이와 유사한 경향을 따른다. 그러나 유사한 행동 단서가 다른 감정을 나타내기도 하고 똑같은 자극이 사람들 간에 혹은 같은 사람이라도 시기에 따라 다양한 반응을 유발하기 때문에, 더 큰 아동도 타인의 정서를 정확하게 해석하지 못한다. 성인은 사회에서 어떤 정서를 가치 있게 여기고 적절한 정서 표현이 무엇인지를 알려줄 수 있는 가장 중요한 교사이다.

아동은 자신의 정서 표현 양식에 따라 독특하게 정서를 표현한다. 아동이 보여준 긍정적·부정적 정서의 비율, 정서를 보이는 빈도, 정서 강도, 기본 정서의 혼합 정도, 얼마나 빨리 반응하였는지에 따라 아동의 정서 표현 양식은 영향을 받으며, 아동의 성과 문화에 따라 개별 정서 표현이 달라진다.

아동은 정서를 조절하는 데 어려움을 겪는다. 아동은 흔히 간과되거나 잘못 해석될 수도 있는 자신의 비언어적 단서를 타인이 어떻게 인식하는지에 많이 의존한다. 아동은 자신의 느낌을 부적절한 행동으로 보여주기도 하고, 자신의 정서를 숨기고 최소화하거나 피하려 할 수도 있다. 아동의 정서를 무시하고, 거짓말하고, 부인하고, 혹은 수치심을 주는 것과 같은 교사의 부적절한 반응은 이러한 문제를 더 복잡하게 만든다.

정서적 반영을 통해 아동의 정서에 대해 말하는 것이 더 적절하다. 정서적 반영은 아동이 특정한 상황에서 경험하고 있는 정서를 인식하고, 명명해주는 것이다. 정서적 반영은 추상적이고 내적인 상태를 구체적인 것으로 만들어준다. 정서를 언어적으로 명명해주는 것은 아동에게 과거에 있었던 사건을 기억하게 하고, 비슷하지만 동일하지 않은 정서를 구별하게 해주고, 교사가 관심 있고 이해하고 있다는 것을 보여주며, 긍정적인 언어적 환경을 만든다. 아동이 자신의 정서를 관리하도록 돕는 또 다른 방법은 자신의 정서에 관해 타인과 대화를 나누도록 하고, 강렬한 정서를 조절하고, 아동의 생활에서 정서적 측면에 대해 부모와 의사소통하는 것이다.

아동의 정서 발달을 도와주는 부모와 교사는 모두 알고 있다는 듯이 말하거나, 비난하거나, 아동이 자신의 정서에 대해 말하도록 강요하는 것과 같은 함정을 피해야 한다.

CHAPTER 6

아동기 탄력성

CHAPTER 6

아동기 탄력성

학 습 목 표

- 탄력성을 정의한다.
- 탄력성이 어떻게 발달하는지를 이해한다.
- 아동기 동안 탄력성을 형성하는 데 있어서 보호요인과 자산(asset)의 역할에 대해 논의해본다.
- 아동의 탄력성 발달을 위해 가족과 연계한다.
- 스트레스에 강하고 탄력적인 아동으로 발달시키기 위해 요구되는 기술을 사용해본다.
- 아동의 탄력성을 형성하는 데 있어서 빠지기 쉬운 함정을 피한다.

2학년 은정이는 유치원 때부터 농촌에 있는 조그만 학교에 다니고 있다. 은정이의 집은 매우 가난한 지역에 있고 가정 또한 여러 심각한 문제가 많았음에도 불구하고, 학교생활을 잘할 뿐만 아니라 친구들 사이에도 인기가 많다. 얼마 전 반에서 은행놀이를 할 때, 은정이는 제일 인기가 많은 은행원 역할에 뽑혔다. 반 친구들은 은정이가 수학을 잘하며 은행원이 어떤 일을 해야 하는지를 잘 알고 있다고 하였다. 그런데 교사에 따르면 은정이가 집에서는 학교에서 있던 일을 거의 기억하지 못하거나 한참 전 일인 듯이 이야기한다고 한다.

아동기의 탄력성은 그간 많은 연구자와 현장 전문가의 급격한 관심을 받은 개념으로, 20년 전에 비해 새로운 방향으로 연구가 순조롭게 진행되고 있다. 이러한 경향은 아동이 경험하는 위험요인과 이로 인해 유발되는 결손에만 관심을 두는 대신 어려운 환경을 잘 견뎌내 성공적으로 생활하는 능력을 예측하는 변인을 강조하는 것으로 이어지고 있다.

이제는 은정이와 같은 아동이 단순히 스트레스나 트라우마에 약하지 않은 것으로 이해되기 보다는 '모든' 아동이 탄력적인 내적 경향성을 발달시킬 수 있는 능력을 타고 태어난 것으로 이해되고 있다(Goldstein & Brooks, 2013). 이 장에서는 탄력성 발달에 대한 최근 견해와 탄력성과 스트레스, 역경 및 보호요인과의 관계, 그리고 어려움에 직면했을 때 대처하는 능력을 갖추도록 아동 및 가족과 협력해야 하는 방법을 다루도록 한다.

1. 탄력성의 정의

탄력성은 어려운 상황에서 나타나는 유능감으로, '우리가 완벽하지 않은 세상에서 살아나가면서 역경에 처할 때에 긍정적이고 자신감 있게 살아남을 수 있도록 하는 특성'에 해당한다(Ginsburg, 2006, p.4). 이와 같이 타고난 '회복요인', 즉 도전적인 상황에서 보다 효과적으로 대처할 수 있도록 바로 잡아주는 요인은 대부분의 탄력성 정의에서 기술되는 내용이다. 물론 어떤 사람들은 스트레스 상황으로부터 보다 빨리 잘 회복할 수 있는 성격 특성을 발휘하기도 한다. 그러나 최근에 탄력성이란 개념은 타고난 특성임과 동시에 후천적으로 획득한 능력의 조합으로 널리 사용되고 있다. 오랜 시간 동안 자존감이 형성되면서, 개인 내적 요인과 외적 요인이 함께 정체성과 자존감에 영향을 미치게 되는 것이다.

1.1 탄력적인 아동의 특성

탄력적인 아동들의 행동이 유사한 것은 아니며, 탄력적인 아동이라고 해서 모든 상황에서 탄력적인 것도 아니다. 여러 차이점이 있음에도 불구하고, 탄력적인 아동은 사회적으로 유능한 아동과 유사한 특성을 보이며, 상당히 어려운 상황에서도 "괜찮다"고 설명한다(Masten & Powell, 2003). 이들은 의지가 굳으며, 자신의 부모가 아니더라도 다른 성인에 의해 자신이 가치 있음을 느끼고, 다른 사람을 돕는 일을 즐기며, 자신의 연령에 적합한 자기통제능력을 발휘하고, 책임을 진다. 이러한 특성은 인종, 사회계층, 지역에 상관없이 나타나는 것으로, 다른 사람들로부터 점차 좋은 평가를 받게 된다(Werner, 2013). 이런 특성을 가진 아동은 대체로 행복하며 낙관적이다. 또한 부모, 학교 및 지역사회 규칙을 대체로 잘 따르며, 적절하게 행동하고, 타인과 잘 어울린다. 학교에서도 주의집중을 잘하며, 학습 목표에 대한 성취도 잘해 언어적, 수학적 상징을 효과적으로 이용한다(Masten, 2009). 요약하자면, 탄력적인 아동은 정서적, 신체적, 인지적, 사회적으로 조화롭다고 할 수 있다.

2. 탄력성의 발달

아동의 탄력성에 영향을 미치는 요인으로 유전적 요인의 중요성은 간과되어서는 안 된다. 태내기 환경이 태아뿐만 아니라 이후 성인기에 이르기까지 영향을 미친다는 증거 또한 제시된 바 있다(Cloud, 2010). 예를 들어, 알코올 중독과 정신분열인 산모에게서 출생한 아동(Werner, 2013), 조부모나 부모가 전쟁, 사회 폭력, 환경적인 재난에 노출된 아동과 같이 생물학적, 심리적 위험요인(약물 남용에 민감한 유전)에 다수 노출된 아동은 발달적으로 취약하게 된다. 성별 비교 시 여아에 비해 남아의 탄력성이 더 떨어진다. 특히 남아는 사회적 기대가 더 높기 때문에 취약성이 더 잠재하여 있다(그림 6-1 참조). 결과적으로 남아의 경우 문제를 느끼거나, 우울하거나, 고립되었다고 느끼는 것을 감지하는 것은 좀 더 어려울 수 있으므로(Pollack, 2006), 탄력적인 아동의 성향에 영향을 주는 특성을 좀 더 알아야 할 필요가 확실히 있다. 내적 요인이 외적 적응을 해나가는 능력에 어떻게 영향을 미치는지, 그리고 그 역방향은 어떠한지에 대한 연구 또한 계속될 것이다(Masten, 2009).

반가운 소식은 유전 정보가 뇌 발달에 강력한 영향을 미친다 하더라도 환경요인이 신경조직에 보다 의미 있는 영향을 미쳐 사고 이전에 행동으로 이어진다는 것이다(Luthar, 2008). 다른 발달 영역과 마찬가지로, 유아기가 이후 탄력성의 기초를 형성하는 가장 중요한 시기라는 데에는 의심의 여지가 없다.

초등학교에 입학하는 전이 시기에 가장 중요한 기본 과제는 학업성취 및 이후 삶의 안녕을 가장 잘 예측하는 특성인 자기 조절과 실행기능을 발달시키는 것이다(Bredekamp, 2014; Calkins & Williford, 2009). **자기 조절**(self-regulation)은 아동이 다양한 상황에 따라 자신의 감정, 생각 및 행동을 맞추거나 통제하는 것이다(Bodrova & Leong, 2012). 이는 전두엽 피질의 발달로부터 생기는 것으로, 자신의 정서를 통제하고, 주의를 집중하며, 계획하고, 기억을 수행하고, 타인의 피드백을 받아들이고, 목적을 위해 부단히 노력하며, 자신의 인지과정을 모니터링하는 기능인 실행기능(executive function)으로 이어진다(Obradovic, Portilla, & Boyce, 2012). 실행기능의 결함은 자폐 및 아스퍼거 증후군과 높은 상관이 있음이 이미 밝혀진 바 있는데, 둘 중 어떤 것이 영향요인인지는 아직 확실하지 않다(Pennington & Ozonoff, 1996). 실행기능 결함은 다른 사람의 정신 상태를 인식하지 못하거나, 자신과는 다른 타인의 생각, 감정 또는 의도를 인지하지 못하는 결과를 낳게 된다. 또한 다른 아동의 행동이 의도적인지 아니면 우연히 일어난 것인지를 명확히 알지 못할 수도 있다(Pellicano, 2012).

높은 수준의 자율성과 독립성을 가지고 또래 아동보다 사회적으로 성숙한 2세 영아를 관찰한 결과에 따르면, 이들 유아는 스트레스를 주는 생활 사건을 덜 보고하였으며, 이후 10세 때의 학업 유능감 또한 높은 경향을 보였다. 이는 이들이 사춘기로 보다 순조롭게 이동하는 것을 의미하는 것으로, 초기 성인기에 이르러서는 계획과 대처 능력을 의미하는 자기 유능감 또한 확보하게 된다(Werner, 2013). 생애 초기에 아동이 받은 일관되고 지지적인 양육은 이들이 청소년기에 일시적으로 성공적이지 못한다 하더라도 이후 이어지는 적응 과정에 강력하고 지속적인 영향을 주게 된다(Goldstein &

그림 6-1 나는 강해요(3세 남아)

Brooks, 2013).

미국 미네소타주립대학의 Ann Masten은 탄력성이란 일부 개인만이 가지고 있는 어떤 특별한 특성이나 고유의 강점으로 인한 것은 아닌 것으로 결론내린 바 있다. 오히려 대부분의 아동이 성장하면서 경험하는 다양한 물리적, 문화적 체계 가운데에서 갖추게 되는 '평범한 마술'과도 같은 것으로, 인간이 제대로 기능하기 위한 기본적인 적응 체계로 보았다. 이들 체계는 아동을 둘러싼 가족, 또래 집단, 학교, 지역사회 및 사회로 구성된 것으로, 아동 발달 과정에서 경험하는 스트레스와 어려움을 완충하는 기능을 할 수 있다. 주위를 둘러싼 체계가 강하고 탄력적인 경우, 아동은 보다 건강하고 유능하게 되는 경향이 있다. 체계가 손상되거나 훼손되는 경우, 그 체계 안에 둘러싸인 아동의 탄력성은 점차 취약해지며, 정상적인 발달 궤도에 머무를 능력이 떨어지게 된다 (Masten, 2009).

탄력성은 아동이 발달하는 동안 특정 시기에 존재하는 어려움과 보호요인 간의 역동적이고 변화무쌍한 상호작용의 결과이다. 일반적인 아동은 중간 이하 수준의 스트레스에는 대처할 수 있지만, 여러 스트레스원이 같이 오는 경우 위험요인으로 작용할 수 있어 이를 극복하지 못할 수 있다. 마찬가지로, 하나의 위험요인이 평상시의 항상성이나 제대로 된 기능으로 돌아가는 것을 위협하는 정도의 어려움을 유발하는 것만은 아니지만, 아동의 유능감에 도전이 되는 사건이 쌓이게 되면 심각하게 취약해질 수 있으며 중재가 필요하게 된다.

3. 스트레스의 영향, 위험요인 및 역경이 탄력성에 미치는 영향

준이는 중학교에 입학할 예정이다. 미리 가본 중학교는 초등학교에 비해 너무 커서 음악실이나 미술실을 잘 찾을 수 있을지, 체육시간 전에 체육복을 남들 앞에서 어떻게 갈아입을지 등에 대한 걱정을 하고 있다. 최근 준이는 어지럽고 떨리기도 하며, 다른 사람들이 이를 알아채고 있을까 생각한다.

네 살 윤지는 얼마 전부터 어머니를 졸졸 따라다니며, 조금만 떨어져도 심하게 운다. 윤지는 어머니와 아버지가 서로 폭력을 휘두르며 싸웠던 것과 아버지가 왜 집에 오지 않는지를 알고 있다. 윤지는 이제 어머니 또한 자기를 떠나지 않을까 생각한다.

여덟 살 민성이는 학교에 가는 것, 특히 국어시간에 대해 두려움을 느끼고 있다. 일전에 선생님께서 책을 읽어보라고 했을 때 상당히 어려웠는데, 분명 읽을 수 있을 것 같았지만 읽지를 못한 것이다. 민성이는 다른 아동은 어떻게 글씨를 이해하고 읽는지 알 수가 없다. 민성이는 요즘 복통을 자주 호소한다.

준이, 윤지와 민성이는 성, 연령, 가정환경, 그 외 다른 여러 특성이 모두 다르지만, 아동기 스트레스라는 한 가지 공통점이 있다. 전문가들은 과거보다 오늘날의 아동이 생활하고 성장하는 것이 더 어렵다는 점에 동의하고 있다. 아동 중 25%는 신체적·정서적·사회적 문제로 인해 학교에서 실패할 위험이 있고, 배고픔, 질병, 우울 때문에 학교에서 잘 적응하지 못하고 있다. 현대의 아동은 과거에 비해 성인으로부터 지원을 덜 받고 있으며 빨리 커야 한다는 압박을 받고 있다(Honig, 2009; Marks, 2002).

이 같이 아동기에 스트레스가 누적되는 것은 우려할만한 것으로, 아동기에 발달하는 스트레스 대처 반응의 유형에 대해 주의를 기울일 필요가 있다. 아동은 부모, 형제, 친척, 교사, 또래가 스트레스를 어떻게 극복하는지를 관찰함으로써 일찍부터 스트레스 대처 반응을 학습하게 된다. 이러한 행동은 이후에 습관적으로 사용하면서 굳어지게 된다. 학습한 대처 유형이 긍정적이고 유용한 것이면 아동에게 평생의 자원이 되지만, 부정적인 스트레스 대처 방법은 아동을 더 어렵게 만들고 스트레스에 더 취약하게 한다(Aldwin, 2007).

3.1 스트레스의 개념

스트레스란 좋은 것도 나쁜 것도 아니다. 이는 단지 일상적이지 않은 요구에 부응하기 위해 가지고 있는 에너지를 과도하게 사용하는 것을 의미한다. 다시 말해 생활 가운데에서 뭔가 새롭거나 다른 양식으로 발생하는 사건으로, 보유하고 있는 에너지를 끌어 모아야 하는 것이다. 이러한 요구를 '스트레스원(stressor)'이라고 부르는데, 심한 변화, 지루하거나 과부하된 느낌, 어떤 일이 벌어질지 확실하지 않은 상황, 두려움이나 제어가 안 되는 느낌을 계속 받는 경우 등을 들 수 있다. 이같은 스트레스원은 성장하면서 '모두' 경험한다. 동생의 출생과 애완동물의 죽음, 아끼던 장난감이 고장 나는 것, 물건을 훔치거나 거짓말을 하다가 들키는 것, 잘못해서 우유를 엎지르는 것, 조부모의 죽음, 낮은 성적 등은 부모나 중요한 성인의 반응에 따라 아동에게 성장할 기회가 되기도 하고 아주 부정적인 경험이 될 수도 있다. 아동 주변에 따뜻하고 반응적인 성인이 있고, 어려움에 성공적으로 맞서는 방법을 의미하는 '스트레스 대처 기제(stress-coping mechanism)'의 레퍼토리가 다양하면, 스트레스원이 지속적이거나 부정적인 결과로 이어지지 않는다. 그러나 아이티 지진이나 지속되는 빈곤, 가정 폭력과 같은 사건들은 상대적으로 매우 심각하여, 유능한 아동과 가족조차도 쉽게 극복하기 어려울 정도의 또 다른 위험으로 이어질 수 있다.

3.2 스트레스 대처 기제가 역할을 하지 못하는 경우

여덟 살 예은이의 사회적 맥락에 대한 도표, 즉 생태지도(ecomap)에서 보는 바와 같이, 오늘날의 아동은 복잡한 생태체계에서 살고 있다(그림 6–2). 예은이가 초등학교에 입학하였을 때 교사는 예은이가 또래에 비해 좀 더 관심과 지지를 필요로 할지 모른다는 것을 감지하였다. 교사는 예은이의 만성 질환, 오랜 기간 지속된 가정 문제와 가난, 너무 잦은 이사, 그리고 낮은 성적에 주목하였다. 또한 예은이가 다른 아동과 교류하지 못하는 듯 우울감에 빠진 것 또한 관찰하였다. 그나마 긍정적인 측면은 예은이가 평상시 책읽기를 즐긴다는 것과 글씨를 읽고자 한다는 것이었다. 예은이의 위탁 부모는 1학기 면담 시 담임교사의 가정 방문을 요청하였으며, "우린 꼭 예은이의 문제를 해결하고 싶어요. 선생님께서 예은이가 어떻게 지내는지 항상 저희에게 알려주세요"라고 하였다.

　탄력성은 누적된 스트레스원 및 위험과 아동의 삶 가운데에서 이를 완충해주는 보호요인이라는 맥락 가운데에서 이해되어야 한다. 예은이의 경우 계속된 어려움이 연쇄적으로 누적된 상황으로, 이러한 어려움이 줄지 않는다면 바람직하지 않은 결과로 이어질 가능성이 증가되는 상태이므로, 확실히 위험에 해당한다. 예은이에게 존재하는 위험요인(예은이의 뒤처진 학업, 부모님의 결혼 상태 등)은 발달 과업의 성취를 방해하거나 위협하며, 소위 **역경**(adversity)이라고 불리는 상태로 이어진다(Wright & Masten, 2013). 가장 일반적인 아동기의 위험요인 중 이후의 적응 문제 및 발생 가능한 정신건강 상의 문제와 관련이 있는 것은 표 6-1에 요약되어 있다. 여기에 제시되어 있는 바와 같이, 예은이는 이중 다수의 위험요인을 가지고 있다.

표 6-1 **이후 적응 문제를 예측하는 아동기의 일반적인 위험요인**

위험요인 유형	특징 및 발생 가능한 결과
낮은 사회경제적 수준	복잡한 체계의 상호작용 이슈: 신체적 건강 문제, 교육기회에 접근하기 어려움, 동네 폭력단과의 연루, 과밀, 무주택
역기능적인 아동 양육 환경	충분히 기능을 못하는 부모역할 또는 양육 방임 또는 비일관적인 돌봄에 노출 성적, 정서적, 신체적 학대 비일관적이고 형편없는 감독 위탁가정(추가적인 위험요인)에서의 보호
가족 갈등 및 역기능적인 부부관계	부모의 이혼, 별거, 높은 수준의 가정폭력 및 불화에 노출
부모의 정신건강 또한 적응 문제	약물 남용 장애, 범죄 및 정신과 질환
자연적 및 유전적 요인	성(여아보다 남아의 위험도가 높음), 좋지 않은 신체적 건강, 평균 이하의 지능, 어려운 기질(불규칙한 식사와 수면 패턴, 잦은 부정적 정서, 새로운 환경 적응의 어려움), 유전 가능성(정신 질환에 빠지기 쉬운 성향)
또래요인	약물남용
심리적으로 충격을 주는 생활 사건	부모의 죽음, 전쟁, 테러, 심각한 사고, 잔혹범죄, 자연재해, 정치적·종교적·인종적 박해

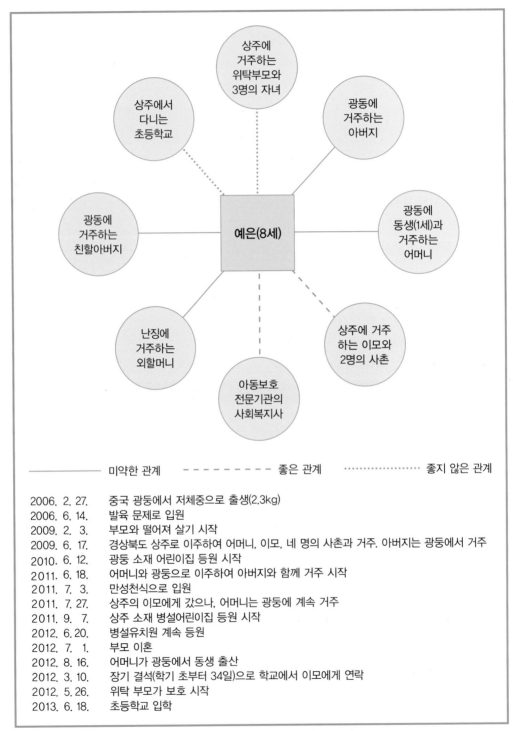

그림 6-2 8세 예은이의 생태지도(Ecomap)

미약한 관계 ───────   좋은 관계 ── ── ── ──   좋지 않은 관계 ··············

2006. 2. 27.	중국 광둥에서 저체중으로 출생(2.3kg)
2006. 6. 14.	발육 문제로 입원
2009. 2. 3.	부모와 떨어져 살기 시작
2009. 6. 17.	경상북도 상주로 이주하여 어머니, 이모, 네 명의 사촌과 거주. 아버지는 광둥에서 거주
2010. 6. 12.	광둥 소재 어린이집 등원 시작
2011. 6. 18.	어머니와 광둥으로 이주하여 아버지와 함께 거주 시작
2011. 7. 3.	만성천식으로 입원
2011. 7. 27.	상주의 이모에게 갔으나, 어머니는 광둥에 계속 거주
2011. 9. 7.	상주 소재 병설어린이집 등원 시작
2012. 6. 20.	병설유치원 계속 등원
2012. 7. 1.	부모 이혼
2012. 8. 16.	어머니가 광둥에서 동생 출산
2012. 3. 10.	장기 결석(학기 초부터 34일)으로 학교에서 이모에게 연락
2012. 5. 26.	위탁 부모가 보호 시작
2013. 6. 18.	초등학교 입학

3.3 다수의 위험요인

위험요인이 다수 있는 경우 아동의 학업적·사회적 성취가 저해되고, 아동기에 요구되는 주요 과업을 만족시키는 능력을 제한하고, 정신질환으로 이어질 수도 있다. 아동으로 하여금 탄력성을 형성하도록 하고자 하는 교사들은 (1) 오늘날 아동이 당면하고 있는 심각한 스트레스원과 난관, (2) 위험요인이 발생하는 환경 맥락, (3) 탄력과 손상 중 어느 쪽으로 갈지를 주도하는 개별 특성, (4) 위험을 극복하였을 때 발생 가능한 결과에 대하여 알고 충분히 이해하여야 한다(Goldstein & Brooks, 2013).

저소득 가족
아동이 경험하는 스트레스의 주된 원인 중의 하나는 가구소득이 적은 것이다. 미국의 국립빈곤아동센터(National Center for Children in Poverty)에 따르면, 매일의 빈곤은 아동의 안위를 심각하게 위협하며 경제적으로 빈곤한 가족의 아동은 학업적, 사회적, 신체적 발달이 뒤떨어진다. 미국의 경우 22%에 해당하는 16만 명의 아동이 빈곤에 시달리고 있으며, 대부분 흑인과 히스패닉에 편중되어 있다(US Bureau of the Census, 2010). 이들 중 다수는 집이 없는데, 무주택에 해당하는 인구를 합산하면 애틀랜타나 덴버의 인구 정도의 규모가 될 것으로 추산된다. 그러나 수천 개의 도시에 흩어져 있기 때문에 눈에 잘 띄지 않을 뿐이다(Kozol, 2006, p.3). 이 아동들은 전형적으로 약물 남용과 학대, 그리고 정신 건강 문제가 빈번한 가정에서 살고 있다. 따라서 빈곤 아동이 다른 아동보다 발달이 느리고 행동과 훈육상의 문제를 보이는 것은 놀랄 일도 아니다. 또한 건강 문제와 평균 이하의 학업 수행을 보인다. 이들 중 상당수는 정신과의 도움을 필요로 한다.

편모 가정의 아동은 가장 빈곤한 집단으로, 미국의 경우 양부모 가정의 11%가 빈곤선 이하에 속하는 데 비해 편모 가정 아동은 60%가 이에 속한다(Kirby, 2004). 한부모 가정의 아동이 경험하는 스트레스는 부모의 결혼 상태 자체보다는 가족이 이용 가능한 자원과 더 많이 관련된다. 한부모와 살고 있는 아동 중에 스트레스를 거의 받지 않는 경우도 있는데, 이들은 한부모라는 불리한 환경에서 효과적으로 적응하는 데 필요한 자원을 가지고 있는 부모의 자녀에 해당한다. 즉, 부모가 긍정적 자아존중감, 경제적 안정, 가족 및 친구들과 지지적인 관계망을 유지하고 있으며, 부모 역할을 잘하고, 전 배우자와도 자녀를 위해 필요한 관계를 계속 유지하는 가정의 아동은 탄력적이다.

아동의 건강 상태, 정서적·인지적 발달은 가족의 수입과 구조, 부모의 직업과 재원 중인 유아교육기관, 자녀 양육, 주거 형태와 같은 사회경제적 요인들과 밀접한 관련이 있다(Fass & Cauthen, 2008). 빈곤에 휘둘리는 아동은 의료 및 치과 진료의 부실, 잦은 이사로 인한 불리한 학교 공부, 소비자 중심 사회에서 물질적 자원의 부족으로 인해 옷 입는 것과 사는 방식에 대해 부끄러움을 경험하는 등 많은 어려움에 노출되어 있다. 이들의 부모는 자녀를 대변해주지 못하고, 중류층 가정에 비해 빈번한 위기로 고통 받고, 정신 건강 또한 좋지 못하다(Shipler, 2005). 빈곤 가정의 부모가 자녀를 위해 최선을 다하고자 애쓰는 것은 의심의 여지가 없지만, 때로는 부모의 최선이 충분하지 않을 수도 있다.

가족 갈등과 부부 역기능

부모의 이혼은 아동에게는 가장 혼란스럽고 불안한 경험 중의 하나이다. 해마다 많은 수의 아동이 부모의 이혼으로 인해 고통을 받는다. 부모가 최종적으로 이혼을 결정할 때까지 이혼 전 스트레스는 오랜 시간 가족에게 영향을 준다. 이러한 변화에는 외로움과 같은 관계의 와해, 이별 및 재구성과 관련된 문제, 부모의 부적절한 대처 기술, 형제와 또래, 이웃, 학교, 교회 그리고 친척과의 유대 관계 와해, 중요한 관계를 지속시키는 데 있어서 복잡성 등이 뒤따른다.

부모의 이혼을 바라보는 자녀의 관점에 대한 잘못된 통념이 두 가지 있다. 하나는 부모의 불행한 결혼 생활이 끝나서 아동도 부모와 마찬가지로 해방감을 느낀다는 것이고, 다른 하나는 친구들의 부모도 이혼하는 것을 많이 보면서 아동의 충격이 줄어든다는 것이다. 그러나 이러한 두 가지 통념은 사실이 아니다(Soderman, 2006). 어린 아동은 부모의 이혼을 이성적으로 판단할 능력이 없다. 이들은 자신의 가족에 관심이 있지 주변에 있는 많은 가족이 붕괴하고 있다는 것에는 관심이 없다. 부모의 불화를 보는 것이 아동에게 상당한 스트레스가 되긴 하지만, 부모와 이별하는 것은 아동, 특히 5세 이하의 영유아에게는 훨씬 더 심각한 스트레스가 된다.

아동이 어릴 때에는 부모와의 애착이 강하기 때문에, 버림받을지도 모른다는 두려움으로 인해 남아 있는 부모에게 매달리게 된다. 갑자기 학교나 어린이집에 가지 않으려고 떼를 쓰고 보호자가 잠시라도 눈에 보이지 않으면 불안해하며 졸졸 따라다니기도 하는데, 이러한 아동의 긴장감은 부모의 별거와 이혼이 자신의 안전에 어떤 의미를 가지는지 불확실하기 때문에 나타난다. "아침에 잠에서 깨었을 때 남은 부모마저 집에 없으면 어떡하지?", "엄마와 아빠가 헤어지면 낯선 곳으로 이사를 가거나 다른 학교로 전학을 가야 하나?", "집을 나간 아빠나 엄마가 집에 와서 강아지를 데리고 갈까?", "나 때문에 화가 나서 부모가 집을 나간 게 아닐까?" 부모가 자녀를 데리고 차분하게 앉아서 부부관계의 변화와 그로 인해 생길 변화에 대해 나이에 맞게 설명을 해주지 않으면, 영문도 모르고 변화를 받아들여야만 하는 아동의 스트레스는 더욱 가중된다.

어린 아동의 사고는 자기중심적이고 '마술적'인 속성이 있어서, 6세 이하의 아동은 자기 가족에게 일어난 사건에 대해서 어느 정도 죄의식을 갖는 경향이 있다. 아동은 자기가 한 어떤 일, 예를 들면 나쁜 행동이나 이런저런 이유로 부모가 없어졌으면 하고 바랐던 것 때문에 부모가 별거하거나 이혼했다고 믿는다.

부모가 이혼한 후 가정생활을 성공적으로 재구성하지 못했을 경우 아동의 문제는 더욱 심각해진다. 부모는 자녀 앞에서 아무 때나 상대 배우자를 비난하기도 한다. 자녀를 볼모로 삼아 양육비를 받아내기도 하고, 전 배우자가 어떻게 살고 있는지 알아내기 위한 첩자로 이용하기도 하고, 서로에게 할 말을 대신 전달해주는 역할을 시키기도 한다. 아이들은 두 집을 왔다 갔다 하면서 서로 다른 생활 방식과 양육 방식에 적응해야 할 때 커다란 혼란을 겪게 된다. 이러한 방문이 완전하기를 바라는 부모와 아동에게는 더 부담이 되기도 한다. 아동과 부모 모두 보통 가정에서 흔히 볼 수 있는 그냥 빈둥거리는 것에 대해 편하게 느끼지 못하고, 같이 보낼 수 있는 시간이 별로 없기 때문에 관계를 유지하기 위해서는 같이 보내는 시간이 최고여야 한다고 생각한다.

'말할 수 없는 것' 때문에도 긴장이 생긴다. 아동은 한 쪽 부모에게 충성하면 다른 쪽 부모에게는 충성하지 못했다고 느끼는 딜레마에 빠지게 된다. 한 쪽 부모가 다른 쪽 부모에 대해 공공연하게 적대감을 드러내고, 아동에게 다른 쪽 부모에 대해 '험담'을 늘어놓거나, 다른 한 쪽 부모에게 어떤 것을 비밀로 하라고 할 때, 아동은 자신이 감당하기에는 너무 큰 문제 때문에 걱정하거나 죄의식을 느끼면서 더욱 스트레스를 받게 된다(Soderman, 2003).

그러나 어떤 아동에게는 현재 같이 사는 부모가 계속해서 적대감을 갖고 있거나 양육권이 없는 비동거 가족의 분노로 인해 할머니, 할아버지를 자주 만날 수 없다는 것이 훨씬 심각한 스트레스의 요인이 될 수 있다. 자신의 고통을 줄이고자 관계를 단절시키는 부모는 자녀의 자아존중감과 지원망에 심각한 손실을 가져올 수 있다.

이혼을 겪은 후 대부분의 가정이 안정을 찾기 위해서는 적어도 2년의 전이기간이 필요하다. 이 기간과 그 후에도 아동에게 부정적 영향을 주는 것은 이혼 그 자체가 아니며, 오히려 부모 간 계속되는 갈등이 분노, 우울, 나쁜 성적과 같은 아동기 문제에 영향을 미친다. 부모가 자신들의 갈등은 제쳐 두고 이혼이 자녀에게 어떠한 영향을 미치는지를 인식하고, 가족 관계를 새롭고 건강한 방식으로 재구성하면 자녀의 미래는 행복하고 안전할 수 있다.

그러나 부모가 이러한 변화에 잘 대처했다고 하더라도 대부분의 아동은 심리적 불균형 증상을 나타낸다. 이런 이유로 이혼은 아동기 우울증의 가장 큰 요인으로 지목된다. 가족의 해체로 유발된 스트레스는 가정의 소득이 감소함으로써 상당수 가구가 경제적으로 어려워지고 상황은 더 복잡해진다.

부모가 최종적으로 이혼을 결정할 때까지 이혼 전 스트레스는 오랜 시간 가족에게 영향을 준다. 이러한 변화에는 관계의 와해와 이별뿐만 아니라 외로움, 부모의 부적절한 대처 기술, 형제와 또래, 이웃, 학교, 교회 그리고 친척과의 유대

그림 6-3 부모의 이혼에 대한 3학년 아동의 그림

관계 와해, 중요한 관계를 지속시키는 데 있어서 복잡성과 같은 가족의 재구성과 관련된 문제가 뒤따른다. 예를 들어, 어머니의 재혼 전에 장녀였던 지민이는 새로 오빠와 남동생이 생겨, 새 가정에서 어떻게 어울려야 할지를 아직 잘 모르겠는 상태이다. 또한 친부모와 양부모 간의 경쟁, 그리고 이복형제와의 경쟁 또한 문제가 될 수 있다.

위험요인 및 스트레스원으로서의 죽음

일반적으로 교사는 아동이 일상적인 사건에 대해서는 건전한 이해를 하도록 잘 도와주지만, 사랑했던 할머니나 할아버지, 부모, 애완동물을 잃은 아동은 어떻게 위로해야 하는지 자신 없어 한다. 죽음에 대한 아동의 질문에 대답할 때에는 각 가정의 다양한 신앙도 고려해야 하기 때문에 종교적 제한도 있다.

아동은 2세까지는 죽음에 대해 거의 이해하지 못하다가 3세가 되면서 서로 중복되는 세 단계에 걸쳐 죽음에 대한 현실적인 관점을 갖게 된다(표 6-2).

아동은 이제까지 상실감을 경험한 적이 별로 없기 때문에 죽음을 경험한 경우 감당할 수 없는 슬픔과 한번 터져 나온 울음을 멈출 수 없다고 느끼게 된다. 아동은 죄의식, 분노, 원한과 같은 강렬한 감정을 가질 수 있는데, 성인들이 자신의 상처받은 모습을 보면 불편해한다는 것을 알게 되어 감정을 감추려고 한다. 이럴 때 아동은 불행한 시간 또한 시작이 있으면 끝날 때가 있다는 것을 알게 해주는 책임감 있는 어른의 보호가 필요하다.

맞벌이 가족

양부모 가족, 한부모 가족, 또는 재혼 가족 등 가족의 형태에 상관없이, 오늘날 아동은 부모 모두 직장을 가진 경우가 많다는 점에서 스트레스를 받는다. 미국 노동통계국(U.S. Bureau of Labor Statistics, 2012)에 따르면, 어린 자녀를 둔 어머니 중 적어도 64%가 재택근무가 아닌 직장 근무자이며, 대부분은 자녀가 3개월 정도 되었을 때 직장으로 복귀한다. 이 시기에는 유아의 의존 욕구가 가장 높기 때문에 일하는 부모와 아동 모두 스트레스를 받을 가능성이 아주 많다. 따라서 교사, 부모, 회사 책임자, 지역 사회의 지도자들은 맞벌이 가정 아동의 욕구에 반응하기 위해 공동으로 노력해야 한다. 집안일과 직장 업무로 허둥대는 부모들은 지치고, 걱정이 많고, 죄의식을 느끼게 된다.

4세 지찬이와 여동생인 19개월 민지는 '양이냐 질이냐'의 문제에 대해서 자신이 느끼는 것을 명확하게 표현하지 못할 듯하다. 지찬이와 민지는 아침마다 정신없이 어린이집에 가며, 시끄럽고 정신없는 어린이집에서 부모와는 물론 서로 떨어져서 장시간 지내는 것을 영아 때부터 해왔다. 오후 6시에 부모님이 오면 집에 갈 준비를 하고, 마트나 편의점, 세탁소 등에 들리는 것도 같이 있어야 하기 때문에 가끔은 버릇없고 정신없이 굴기도 한다. 오후 8시에 지찬이와 민지는 잠자리에 들기 때문에, 이들의 부모는 자신의 자녀와 좋은 시간을 가지지 못한다는 것에 스트레스를 받고 있다.

표 6–2 **아동의 죽음 이해 단계**

단계	특징적 사고	행동
1단계 (3세~6세)	죽음은 일시적이고, 다시 돌이킬 수 있는 것이며, 끝이 아니다. 죽은 사람은 다시 살아날 수 있다. 죽은 사람도 여전히 먹고 자고 걸어 다닌다. 죽음은 자거나 여행을 가는 것과 같다.	즉각적으로 반응하지 않고, 몇 년 후에야 완전히 이해할 수 있기 때문에 슬픔이 나중으로 연기되기도 한다. 실제로는 슬프지만, 슬픔이 끝난 것처럼 보일 수도 있다. 거의 울지 않을 수도 있으며, 아무런 영향도 받지 않은 것처럼 보일 수 있다. 이 연령의 아동은 상실의 영원함과 정도를 이해하지 못한다. 장례식, 관과 같이 죽음과 관련된 구체적인 내용에 대해 큰 호기심을 보인다. 아동은 왜 죽게 되었는지 혹은 어떻게 예방할 수 있는 지보다는 지금 일어나고 있는 일에 더 관심을 보인다.
2단계 (4세~10세)	죽음이 마지막이고 다시 되돌릴 수 없다는 것을 이해한다. 그러나 자신도 죽게 된다는 것은 깨닫지 못한다. 생명이란 주어지는 것이며, 화재, 총, 차와 같은 외부의 힘에 의해 중단되는 것이라고 믿는다. 조심하고 현명하게 행동하면 죽음을 피할 수 있다고 생각한다. 죽음에 대한 더 구체적인 이해를 하지만, 죽음의 진정한 의미에 대해서 여전히 혼동한다.	미라, 강시, 유령, 천사 등의 형태로 죽음을 의인화한다. 죽이는 것이 주요 역할인 놀이(경찰과 도둑, 군인과 적, 좋은 사람과 나쁜 사람)를 한다. 죽음이 어떤 형태로든 나타나는 악몽을 꾸기도 한다.
3단계 (9세 이상)	죽음이 개인적, 보편적, 필연적인 것이며, 마지막을 의미한다는 현실적인 개념을 갖는다. 자신을 포함해서 살아있는 모든 것이 죽는다는 것을 이해한다. 죽음이 외부의 요인뿐 아니라 노쇠, 심장마비, 질병과 같은 내부의 요인에 의해 비롯된다는 것을 깨닫는다.	삶의 의미에 호기심을 갖고 삶과 죽음에 관해 철학적인 생각을 하게 된다. 죽음은 되돌릴 수 없다는 것을 이해하기 때문에 사랑한 사람이 죽었을 경우 더 많은 지지를 해주어야 한다. 이 연령의 아동은 우울증이나 다른 심리적 장애를 갖게 될 위험이 더 크다. 죽음이 예기치 못할 것일 때 슬픔은 가중될 수 있다(Kastenbaum, 2004).

부모는 자녀와 질적인 시간을 가지고 싶어 하나, 빨래, 이메일 회신, 다음날 제출해야 할 보고서 준비, 수요저녁예배 참석, 회식, 화장실 청소 등의 여러 일들 또한 해야 한다.

한편 지찬이네 집처럼 맞벌이 가족인 6세 윤성이네의 경우, 학교 가기 전과 후에 정신없이 생활하는 것 대신, 윤성이를 퇴근 시간인 오후 다섯시 반까지 집에 혼자 두기로 했다. 윤성이는 학교 가기 전 집에 혼자 있을 때 가끔 무서운 정도이나, 하교 후 집에 혼자 있을 때에는 공포심이 든다. 그러나 부모님께 이에 대해 이야기하기 보다는 집에 오자마자 모든 불을 켜고, 텔레비전을 습관적으로 튼다. 그리고 집에 강도가 들어오면 어떻게 도망가야 할지를 계속 상상한다.

특히 빈곤층의 경우, 혼자 집에 있는 것은 아동에게 발달적 위험 요소가 된다. 연구에 따르면, 학교에 가기 전과 방과 후에 혼자서 초등학교 1~3학년까지를 보낸 아동은 초등학교 고학년이 되

그림 6-4　엄마와의 헤어짐은 아동에게 스트레스원으로 작용한다

어서 그렇지 않았던 또래보다 사회적으로 덜 유능하고, 학업 성적이 낮고, 성취 검사에서도 낮은 점수를 받았다. 그러나 이런 부정적인 영향은 경감될 수 있다. 예를 들어, 지역사회에서 종일제로 운영하고 있는 어린이집에서 학교에 가기 전이나 방과 후에 이런 아동을 돌봐주기 위해 노력하고 있다. 이 프로그램들은 아동의 욕구를 채워주기 위해 편안한 환경 및 다양한 게임과 활동을 선택할 수 있는 기회를 제공해준다. 아동은 새로운 지식을 배우고, 친구들과 서로 어울리며, 독서도 하고 숙제도 하면서 편안히 쉴 수 있는 안정된 공간을 갖게 된다.

또한 이러한 자원을 이용할 수 없거나, 방과 후에 집에 있는 것을 더 좋아하는 아동에게는 지역 단체와 학교에서 아동이 경험하는 긴장을 최소화시키기 위해 비상 시 스스로를 보호하는 방법이나 안전 조치에 관한 정보를 제공하는 것이 가능하다.

아동을 학대하거나 방임하는 가족

부모 역할에 어려움을 경험하는 부모가 개인적인 변화를 겪게 될 때 아동에게 매우 부정적인 영향을 미칠 수 있다. 이런 경우 중 하나가 바로 자녀를 방임하거나 학대하는 가족이다. 폭력은 인구의 모든 계층에서 일어나며 여기에 관여된 아동은 장·단기적으로 안녕과 안전, 안정의 위험에 노출된다(Hamel & Nicholls, 2006; Miller, 2010). 아동은 가정 폭력을 창피해하거나 두려워하거나, 혼자만의 일이라고 느끼기 때문에 다른 사람에게 자유롭게 이야기할 수 없다. 끊임없는 폭행과 긴장이 감도는 분위기 속에서 가정생활은 언어적 학대, 욕설, 위협, 거부, 모욕감, 비하가 만연한다. 아동에게 가장 두려운 것은 신체적 공격성과 때리는 것인데, 이는 흔히 심리적 문제와 행동적 문제를 야기한다. 그러나 가장 해가 되는 것은 아동이 가정이란 이런 것이라고 생각하고 폭력이 문제를 해결하는 방법이라고 생각하게 되는 것이다(Bancroft & Silverman, 2004).

건강과 관련된 위험요인

많은 아동에게 건강과 의료 환경이 좋지 않은 것은 스트레스원이 된다. 많은 아동이 살고 있는 물리적 환경은 건강에 상당히 유해해서 만성 질병으로 진행될 수도 있다. 어린 아동은 몸의 장기와 면역 체계가 아직 발달하고 있기 때문에 나쁜 공기, 유독한 화학물질, 환경오염이 특히 위험요인이 될 수 있다. 불행하게도 공원, 놀이터, 그밖에 아동이 모이는 동네의 여러 장소는 오염된 공간일 수 있다.

미국의 경우 약 48만 명의 아동이 천식을 앓고 있다. 천식은 기도 장애로 인해 호흡 곤란이 일어나는 것으로, 아동이 학교를 결석을 하는 주요 원인에 해당한다. 천식의 유병률, 입원율, 사망률은 모두 증가 추세에 있다. 아동에게 천식이란 신체적 활동을 못하는 이유가 될 뿐만 아니라 시험처럼 스트레스를 주는 사건이 될 수 있다. 천식 아동을 담당하는 교사는 천식의 원인과 기침, 호흡곤란과 같은 천식의 징후에 대해 알아야 한다. 또한 천식 치료에 사용되는 항히스타민제를 사용할 수 있는 조건과 관련 규정에 대해서도 알아야 한다. 미국 도시천식연구(National Cooperative Inner-City Asthma Study)의 발표에 따르면, 천식에 걸린 아동은 효과적이지 못한 양육경험을 하고, 사회적 지원이 부족하고, 심각한 스트레스를 받을 경우에 심리적, 사회적 부적응 및 죽음의 위험이 더 높았다(Montes et al., 2012). 천식이 환경오염으로 인해 면역성이 취약한 아동에게 평생 감당해야 하는 고통으로 알려지면서, 아동을 보호하기 위한 조치와 규제 강화를 위한 법률도 반드시 제정되고 시행되어야 한다는 목소리도 높아지고 있다.

아동이 경험하게 되는 또 다른 만성 질병으로는 암, 겸상 적혈구 빈혈증, 낭포성 섬유증, 당뇨, 혈우병, 소아 류머티즘성 관절염 등이 있다. 이러한 질병에 걸린 아동과 가족이 경험하는 매일 매일의 고통, 스트레스, 정신적 충격은 만성 질병의 종류에 따라 다르다. 통증, 입원, 오랜 기간의 통원 치료, 치료의 부작용, 의료적 상황으로 인한 제한은 이들에게 건강한 아동이 경험하는 발달 과업 외의 추가적인 어려움으로 다가간다(Brown et al., 2008). 특히 아동이 자신을 무기력하다고 지각하거나 희망이 없는 상황이라고 생각하게 되면, 긍정적인 자기정체성 형성이 지장 받을 수 있다.

오늘날 아동에게 가장 큰 건강상의 위험요인 중 하나는 운동 결핍과 부적절한 영양 섭취이다. 심혈관계의 건강 문제(고혈압, 고지혈증 등)와 연관이 있는 소아 비만과 내분비계의 이상(특히 유형 II 당뇨와 정신 건강의 이상)은 미국에서 2~5세 아동의 14%, 6~11세 아동의 17%로 보고되고 있다(Center for Disease Control and Prevention, 2011). 또한 비만은 아동이 대인관계 기술이 요구되는 사회적 환경에서 또래에게 수용되거나 함께 어울리는 것을 방해한다.

훨씬 더 심각한 것은 임신 기간 중 산모의 약물 복용과 오용에서 볼 수 있는 위험아동증후군(Vulnerable Child Syndrome: VCS)인데, 이는 태아의 체중 미달과 감염, 폐렴, 선천적 기형, 약물 금단 현상과 관련된 문제를 포함한다. 태아알코올증후군은 아동의 정신 지체를 유발하는 주요 원인으로 알려지고 있는데, 가장 심각한 경우 특이한 얼굴 기형과 단신, 그리고 소두증과 같은 신체적 기형이 될 수도 있다.

태아알코올증후군과 관련된 얼굴 기형은 아동이 청소년기와 성인기에 접어들면서 점차 덜 두드러지지만, 지적, 학업적, 적응 능력과 관련된 영향은 지속된다. 이들의 IQ는 평균 68 정도로 이들 중 6%만이 도움 없이 정규 학급에서 수업을 받을 수 있다. 읽기와 철자, 수학의 평균 점수는 4학년 수준에도 미치지 못하는데, 특히 수학의 결함이 가장 문제가 된다. 또한 사회성과 의사소통 기술 및 능력이 눈에 띄게 부족하다. 이들은 행동의 결과를 고려하지 못하고 적절한 주도성이 없고, 미묘한 사회적 단서에 대한 반응이 없으며, 상호적인 친구관계를 유지하기 어렵기 때문에 스트레스를 받게 된다.

자연재해 · 전쟁 · 테러 행위와 폭력 요인

지진, 홍수, 화재, 태풍과 같은 자연재해를 겪은 아동은 소유물, 집, 사랑하는 사람을 잃는 등 세상이 갑작스럽게 뒤바뀌는 경험을 하게 된다. 이때 보호요인의 역할이 매우 중요하다. 예를 들어, 아이티 지진 발생 시 교육, 주거, 도로, 정부, 보건 및 기타 시스템과 관련된 기반설비는 지진으로 인해 발생된 큰 혼돈과 재난으로부터 벗어나기에는 강력하지 않았다.

세상에 대한 예측 가능성과 안정성에 위협을 느끼면 대부분 정신적 균형을 잃게 되기 때문에 아동은 두려움이나 모호함으로 인해 심한 스트레스나 불안을 겪을 수 있다. 아동이 심각하게 공간 등에 대한 감각을 상실하고 이로 인해 다시금 통제감을 되찾고자 하는 요구는 장소와 안녕에 대한 느낌을 대체하게 된다. 하지만 아동에게 통제감을 되찾아줄 수 있는 부모, 교사 및 지역사회 리더와 같은 성인도 많은 경우에 이러한 상황에 대한 대처에 있어서 적어도 단기간에는 무기력한 모습을 보이는 경향이 있다.

하지만 이보다는 사람으로 인한 사회적 외상이 더 자주 발생하고, 더 많은 아동에게 영향을 미치고 있다. 교전지역에서 살고 있는 아동은 무차별하게 가해지는 무기 사용, 약탈, 살인 또는 강간의 희생자가 되거나 그런 장면을 목격하기도 한다. 이런 아동은 밤에 악몽을 꾸거나 바깥에 나가 놀기를 꺼려하고, 어린 나이에 인생의 목적이나 의미가 없고 자신에게는 아무런 미래도 없다고 믿거나 단정 짓는다. 이들은 불안해하고 충동을 조절하기 어려워할 뿐 아니라 식욕 부진과 집중력 약화를 경험하고, 학교 공포증과 학교 기피증을 보인다.

이러한 아동을 위해 몇 가지 수준에서 중재를 할 수 있다. 교사는 교실에서 아동의 걱정이나 고통스러운 기억에 대해 이야기를 나누고 자신을 돌봐주는 성인에게 안전함을 느낄 수 있도록 도와줄 수 있다. 먼저 아동은 돌봄, 평등, 정직, 사회 정의와 같은 사회적 가치를 직접적인 환경에서 경험할 수 있어야 한다. 부모에게는 적절한 대처 전략을 발달시키도록 도와줄 수 있으며, 지역 사회는 아동과 그 가족을 위한 더 나은 서비스를 제공하고 주변 환경의 질을 높이도록 해야 한다 (Linares, 2004).

직접적으로 이런 일들을 경험하지 않은 아동도 TV에서 보도되는 것을 반복해서 보게 된다. 아동은 학교나 부모와 함께 있는 시간보다 방송을 보면서 더 많은 시간을 보낸다. 주요 방송시간에 방영되는 내용의 80% 이상은 구타, 총격, 칼로 찌르는 장면 등으로, 약 6분에 한번 꼴로 이런 장면이 방영되고 있다. 폭발, 비행기 테러, 열차 충돌, 정치인의 암살 소식을 접하기도 하고, 집을 잃고 추위에 떨거나 배고픔과 질병에 시달리고, 전쟁으로 사지가 절단되거나 시력을 잃게 되는 아동, 폭력의 희생물로 부상당하거나 사망한 아동을 보게 된다. 또한 우유팩에는 유괴된 아동의 사진 광고가 있으며, 뉴스에서는 어머니에 의해 살해된 아동의 이야기가 방송되기도 한다.

아동심리학자들은 아동이 다른 사람을 모욕하거나 떠밀거나, 어깨로 밀어버리거나 때리거나 발

표 6-3 **폭력의 부정적 영향에 대응하기 위한 아동의 발달적 특성**

아동에 대한 폭력의 영향	부정적인 영향을 감소시키는 방법
세상이 위험하며 성인이 자신을 보호해줄 수 없다고 믿게 되면서 아동은 신뢰감과 안전감을 상실하게 된다.	안전하고 예측 가능한 환경을 만들어주어 자신과 다른 사람들을 안전하게 보호할 수 있는 방법을 가르쳐준다.
폭력을 행사하지 않고도 세상에 긍정적이고 의미 있는 영향을 미칠 수 있다는 자아감을 상실하게 된다.	아동이 책임감과 힘이 있다고 느끼고 세상에 긍정적인 영향을 미칠 수 있도록, 그리고 싸우지 않고도 개별적인 욕구를 충족시키도록 도와준다.
상호존중감과 상호의존감을 상실하여, 타인에 대한 의존이란 취약한 것이고 폭력이 인간 상호관계에 있어 중심적인 것으로 인식한다.	사람들이 서로 돕고 의지하며 상호 우호적인 방법으로 문제를 해결하고 서로 보살펴주는 집단에 참가하는 기회를 많이 제공해준다.
토론이나 놀이, 미술, 이야기 나누기를 통해 폭력적인 경험을 이해하고자 하는 욕구가 증가한다.	미술이나 이야기, 놀이를 통해(필요하면 교사가 도와주며) 폭력의 의미를 이해할 수 있는 다양한 기회를 제공한다.
폭력에 대처할 수 있는 능력을 상실하게 된다.	놀이, 미술, 언어를 적극적으로 도와주어 아동이 폭력적인 상황을 안전하고도 유능하게 대처할 수 있게 해준다.
생각이나 감정, 행동에 폭력적 내용이 과잉 강조된다.	폭력의 적절한 대안을 제시하는 의미 있는 내용을 제공한다.

출처: Levin(2003).

로 차도 괜찮다고 생각하는 등 다른 사람을 대하는 태도와 자기통제에 대한 개념을 아동이 재개념화 할 수 있다는 점에서 우려를 하고 있다. 실제로 이렇게 폭력을 정상적이라고 여기는 것은 유아, 특히 남아의 놀이 내용과 장난감에서 폭력이 증가하는 것에서 잘 나타난다. 이는 미국뿐만 아니라 고도로 산업화된 국가에서 청소년의 범죄율이 계속 증가하는 현상으로 이어진다.

표 6-3에는 어린 아동에게 미치는 전반적인 영향을 이해하기 위해 Levin이 제시한 발달적 특성과 부정적 영향을 중재하기 위해 사용할 수 있는 방법이 제시되어 있다.

4. 자산과 보호요인

모든 아동이 스트레스가 심한 상황에서 정신적인 외상을 입는 것도 아니며, 모든 심각한 사건의 효과가 평생 지속되는 것도 아니다. 심리학자인 Werner(2013) 외 여러 학자들은 어떤 아동의 경우 후유증이 오래 가는 것에 반해 어떤 아동은 탄력적으로 대처하는 이유에 대해 관심을 두고 종단연구를 실시하였다. 1955년부터 다양한 대상을 추적한 결과, 2/3 가량은 스트레스가 심한 상황을 극복하지 못하였으나, 나머지 1/3은 문제행동을 보이거나, 비행을 저지르거나, 정신건강상의 문제를 가지고 있거나, 10대 임신과 같은 상태에 빠지지 않고 위기를 잘 모면하였다.

현재까지의 탄력성 연구에서 지속적으로 밝혀지고 있는 바는 아동과 가족으로 하여금 어려운

자산과 보호요인의 예

아동 특성

- 영아기 동안 사회적이고 적응적인 기질
- 우수한 인지적 능력과 문제 해결 기술
- 효과적인 정서적, 행동적 통제 전략
- 자신에 대한 긍정적인 관점(자신감, 높은 자존감, 자기효능감)
- 삶에 대한 긍정적인 전망(희망적인 전망)
- 인생의 의미에 대한 느낌과 믿음
- 사회와 스스로가 높이 평가하는 특성(타고난 재능, 유머감각, 매력)

가족 특성

- 안정적이고 지지적인 가정환경: 낮은 수준의 부부 간 불화, 반응적인 양육자와의 친밀한 관계, 민주적인 양육방식(높은 수준의 따뜻함, 모니터링 및 기대), 긍정적인 형제·자매관계, 확대가족과의 지지적인 관계
- 자녀 교육에 대한 부모의 참여
- 자녀에 대한 보호요인으로서의 역할을 하는 부모의 개인적인 특성
- 높은 수준의 사회 경제적 계층
- 고등교육을 받은 부모
- 종교 기관 참여

지역사회 특성

- 질적으로 높은 수준의 이웃: 안전한 동네, 낮은 수준의 지역사회폭력, 적당한 가격의 주택, 문화 센터 등의 접근성, 깨끗한 공기와 물

사회문화적 특성

- 아동을 보호하는 정책(아동의 노동, 건강, 및 복지 관련)
- 가치와 자원을 관리·감독하는 특성
- 탄압이나 정치적인 폭력을 보호, 예방하는 특성
- 물리적 폭력을 수용하지 않는 정도

상황에 매몰되지 않고, 이를 극복할 수 있도록 돕는 특정 자산과 보호요인이 있다는 점이다. Note 6-1에 제시된 자산과 보호요인의 예는 교사가 학급을 운영하면서 아동의 탄력성을 증진시키고 아동의 가족 및 지역사회와 어떻게 효과적으로 작업할 수 있는지를 보여주는 '간편형 목록'에 해당한다.

4.1 아동의 스트레스에 대한 인내력과 탄력성 발달

교사는 매해 새 학급을 맡게 되면서 자신만의 다양한 적응 기제를 가진 아동을 담당하게 된다. 사실 개별 아동이 기관에서 대체로 어떤 방법으로 다른 사람과 상호작용하는지, 자기 자신과 또래 친구들을 어떻게 보고 있는지, 학습과 사회관계에서의 어려움을 어떻게 처리하는지를 알아내는 것은 그다지 오랜 시간이 걸리지는 않는다. 대부분의 교사는 새 학기 시작 전이나 학기 초에 담당 아동의 가족을 면담하여, 아동의 기관 밖에서의 생활이 어떠한지를 알아보기 원한다. 예를 들어, 가정 방문을 하거나 생태지도(그림 6-2 참조)를 작성함으로써, 교사는 개별 아동의 강점과 부족한 점에 대해 효과적으로 이해할 수 있도록 돕는 필수적인 정보를 확보할 수 있다. 또한 아동이 가지고 있는 흥미, 이전에 경험했던 트라우마, 필요한 추가 지원에 대해서도 알아낼 수 있다(표 6-4 참조). 이러한 방법은 기관이나 지역사회에서 보호요인이 거의 없거나 역할이 미미할 때, 교사의 영향력이 더 크게 미칠 수 있도록 한다.

아동이 기관을 벗어나 경험하는 부정적인 맥락에 대해 교사가 의미 있는 수준의 변화를 미치지는 못한다고 하더라도, 교사는 학급 내에서 이들이 스트레스를 잘 견딜 수 있도록 돕는 우연적 또는 계획된 기회를 수없이 갖게 된다. 예를 들어, 아동의 건강상태에 대해 모니터링할 수 있는 활동을 실시하고, 긍정적인 가치와 의사결정에 대한 수업을 하며, 자기효능감을 증진시키고 친구관계를 형성하게 하며 타인과의 관계를 맺도록 하며, 아동에게 다양한 영역에서 숙달의 기회를 제공해줄 수 있다.

표 6-4 스트레스, 위험 및 역경과 아동의 지원에 대한 요구

스트레스, 위험 및 역경의 정도	가능한 아동의 반응	요구되는 지원
일반적인 스트레스원 (예: 달리기 시합에서 진 경우)	• 발달상 유능감을 확보하고 정상적인 발달궤적을 경험함 • 탄력성을 발달시킴	• 일반적인 보호요인
위험요인 (예: 부모가 이혼하는 경우)	• 정상적인 발달궤적을 경험하고, 시간이 지남에 따라 탄력성을 발달시킴	• 상황에 따른 보호요인
복수의 위험요인 (예: 정신건강에 문제가 있는 어머니, 학대하는 아버지를 둔 빈곤 가정에 속한 경우)	• 탄력성이 위협받음 • 정상적인 발달궤적을 벗어나는 신호를 보임	• 복수의 보호요인 및 감독
역경 (예: 아이티의 지진으로 부모를 잃고, 지진 이후 적절한 보건 및 영양 서비스를 받지 못하였으며, 질병에 걸린 경우)	• 발달적으로 취약해지며 탄력성을 잃을 가능성이 있음 • 부정적인 발달적 결과를 초래함	• 정상적인 발달궤적으로 진입하고 부정적인 발달적 결과를 초래하지 않기 위한 중재

저명한 칼럼리스트인 Thomas Friedman에 따르면, 미국에서 가장 좋은 학교들은 대체로 학생이 무엇이든 할 수 있다고 믿어주는 풍토와 문화를 가지고 있다고 한다. 특히 이들 학교에서 고용하는 교사들은 많은 관련 지식을 가지고 있고, 학문적으로도 계속 공부할 의지를 가지고 있는 견실함을 갖추었을 뿐만 아니라, 학교에서는 제 시간에 할 일을 마치고, 탄력성을 가지고, 인내심이 있으며, 시간을 잘 지키는 것과 같은 이른바 '유연한 기술'을 갖추고 있었으며, 부모와 가족들 또한 적극적으로 참여하는 것으로 알려져 있다(Friedman, 2013).

교사는 학급에서 대집단, 소집단 또는 개별 활동으로 아동이 스트레스를 견디는 힘을 키우기 위해 고안된 상호작용과 활동을 구성할 수 있다. 아동이 스트레스에 대한 영향을 받지 않고 탄력적으로 되기 위해서는 몇 가지 특성이 요구되는데, 이들 특성은 유아 초기부터 아동 중기 이후까지 모든 연령에서 교수가 가능하다. 성공적인 교수를 위해서는 교사가 본 교재에서 다루어지는 따뜻하고, 위협적이지 않으며, 친절하고 도움을 주는 여러 방식으로 아동에게 접근하고 반응하는 것이 요구된다.

4.2 아동 건강 모니터링

수아는 최근 심각한 실업률로 경기가 엉망이 되어버린 산업도시 소재 초등학교를 다니고 있다. 수아의 부모님은 우울증이 점점 더 심해져 자녀 네 명의 식생활과 건강관리를 전혀 챙겨주지 못하고 있다. 수아의 담임교사는 이 문제를 상부에 보고하여, 교육청에서는 수아에게 아침과 점심 급·간식을 무상으로 제공하고 있으며, 귀가 전까지 숙제와 다양한 체육활동을 하는 방과 후 과정에 참여하도록 하였다. 또한 부모에게는 자녀가 무상으로 진료를 받을 수 있음을 공지하였다.

유아기 아동의 건강은 청소년기와 성인기의 문제 대처와 유의하게 상관이 있는 것으로 알려져 왔다. 아동의 건강 관련 내력(중증 또는 만성 질병, 사고, 보건의료진에게 위탁, 2세 건강검진 결과 양호 미만의 판정, 임신 및 출산 합병증 등)은 초기 학습 맥락에서 발달상 지속적인 감시를 위해 수집되어야 할 정보 중 하나이다(Werner, 2013).

아동이 경험하는 높은 수준의 스트레스는 심리적 영향뿐만 아니라 신체적으로도 영향을 미치기 때문에, 실제 스트레스를 많이 받는 아동은 외양적으로도 두드러진다. 상대적으로 편안한 아동과 비교하여 보면, 스트레스를 받는 아동은 자주 축 쳐져있거나 눈에 띄게 경직된 행동거지를 보인다. 특정 신체부위를 계속 움직이는 등 흥분한 것처럼 보이기도 하고, 유별난 수준으로 소극적이기도 하다. 파열음 또는 높고 날카로운 목소리를 내기도 하고, 말이 점점 빨라지기도 한다. 오랜 시간 지속되거나 극심한 위험요인을 경험하는 아동은 머리가 푸석푸석하며, 건강한 아동에게는 거의 없는 다크서클이 있기도 한다. 화장실을 자주 가거나 급하게 가고 싶어 하는 빈도가 급격히 증가하며, 두통, 위통, 귀앓이와 같은 신체 증상 또한 빈번하다. 식욕이 지나치게 증가하거나 감소하기도 하고, 이에 따라 몸무게 또한 크게 변화하기도 한다. 구토, 설사, 섭식장애, 얼굴과 몸에 퍼지는 원인 불명의 발진, 쌕쌕거리기, 기침과 같은 신체증상이 나타날 수도 있다. 이런 아동에게는 수면 문제가 발생하기도 하며, 감기, 독감, 기타 바이러스성 감염에 특히 잘 걸려 학교를 빈번하게 결석하게 된다(Aldwin, 2007).

만약 학급 내에 상기 증상들 중 몇 가지를 보이는 아동이 있는 경우, 교사는 아동의 가족과 우려하는 바를 논의할 것인지, 그리고 해당 아동과 가족이 겪는 어려움을 경감시키기 위해서는 어떤 도움을 줄 수 있는지를 살펴봐야 한다. 교사는 아동에게 요구되고 마땅히 받아야 하는 보호가 가족체계상 제공될 수 없을 때, 모든 아동의 학습권 보장을 위한 교사의 의무를 다 하기 위해 학급 내에서 머무는 것이 아니라 대변인으로서 역할을 할 수 있다.

또한 이 시기에 아동은 영양, 개인위생, 휴식과 수면, 체력과 운동 관련 태도와 습관을 형성하게 된다. 교사가 일과 중 아동과 상호작용할 때 특정 습관(손 씻기 등)과 지식을 형성하고, 영양에 대한 활동과 매일 하는 운동의 가치를 알도록 함으로써, 모든 아동이 자신의 몸을 어떻게 관리해야 하는지를 이해하도록 한다.

4.3 의사결정, 계획, 실행 및 평가 지도

여섯 번째 생일잔치를 하는 민서와 정아는 계속 기분이 무척 좋았다. 그러나 생일잔치를 할 때 필요한 생일 주인공 의자가 하나밖에 없다는 사실을 알게 되었다. 학급 아동이 누가 의자에 앉을 것일지를 물어보자, 교사는 두 아동에게 이 문제를 어떻게 해결할지 아이디어가 있는지 물어보았다.

두 아동은 모두 주인공 의자 두 개가 필요하다는데 동의하고, 의자를 하나 더 꾸미기로 했다. 그러자 다시 문제가 생겼는데, 민서와 정아 모두 새로 꾸민 의자가 더 마음에 든 것이다. 교사가 이 문제를 어떻게 해결할지에 대해 다시 두 아동에게 질문하자, 두 아동은 서로가 제안하는 해결 방법을 듣고 의견을 교환하고는 매우 진지하게 해결 방법에 동의하였다. 즉, 상자에 ○ 표를 한 종이와 표시가 없는 종이를 함께 넣고 제비뽑기를 해서, 표시가 있는 종이를 뽑은 사람이 새 의자에 앉기로 하였다. 뽑기를 하고 민서가 새 의자에 앉게 되자 정아는 매우 속상해하면서 팔을 꼬고 앉아 바닥을 내려다보며 뾰로통하게 "이건 너무해"라고 했다. 교사는 미소를 지으며 "우리가 먼저 하기로 했던 것처럼 결과를 따르고, 이긴 사람도 진 사람도 멋지게 되는 것은 아주 중요하다는 것을 기억하자. 속상하지만 이제 재미있는 것들이 기다리니 이제 그만할까? 생일 주인공 의자로 가보자"라고 말했다.

위의 사례에서 교사는 학급에서 아동이 해결할 수 있는 수준의 문제가 생겼을 때 스스로 해결 방법을 찾도록 할 뿐만 아니라, 자신들이 내린 결정의 결과에 대해서 잘 수용할 수 있도록 지도하고 있다. 아동은 의사결정을 할 때 자신에 대해서 긍정적으로 느낀다. 이는 대안 생각해내기, 정보 찾기, 인과관계 고려하기, 계획대로 실행하기, 결과에 대한 책임을 지는 것과 같이, 아동이 이후 학습 및 일상생활에서 맞닥뜨리는 도전을 효율적으로 대처하기 위해 지속적으로 요구되는 기술을 발전시킬 수 있다(Hendrick & Weissman, 2014).

이러한 과정은 2~3세부터 시작할 수 있으므로, 성인은 아동이 받아들일 수 있을 만한 두 개 중 하나를 선택해보도록 제안할 수 있다. 예를 들어, 아동은 몇 개의 장난감 중에 놀고 싶은 것을 선택해서 기분 좋게 놀 수 있다. 4세가 되면, 아동은 문제 상황이 닥쳤을 때 스스로 대안을 생각해낼 수 있다. 여아 네 명이 삽이 충분하지 않은 상태에서 모래놀이를 하다가 서로 말다툼을 시작하는 상황에서, 선아는 교사에게 숟가락과 국자, 조그만 빈 캔 등을 달라고 하였다. 선아는 모든 아동이 모래놀이 도구를 가지고 놀 수 있고, 자신이 꼭 삽을 양보하지 않아도 된다는 것을 알고 있다. 현명한 교사는 이런 상황에서의 해결 방법을 지시하는 것이 아니라 기회가 될 때마다 그 과정을 시범으로 보이고, 설명하고, 지도하는 것이 교사의 역할이라는 것을 알고 있다. 이 경우 교사는 선아가 탄력적으로 사고한 것을 강화하기 위해 "선아야, 모든 친구들이 모래를 옮길 수 있는 도구들을 가질 수 있는 방법을 생각해냈구나. 우리 모두 같이 도구함에 가서 뭐가 있는지 찾아보자"라고 말해줄 수 있다. 이로써 아동은 가능한 것이 무엇인지 생각해봄으로써 선택해보는 것을 배우게 되고, 점차 자기 스스로가 내리는 자신만의 결정을 할 수 있게 된다. 이 과정에 참여하는 아동은 자신의 결정에 대한 결과가 자신이 당초 선택했을 때 생각했던 것에 비해 못 미치더라도, 이에 대해서 덜 실망하는 경향이 있다.

모든 아동은 의사결정을 배우는 과정에서 긴밀하게 지도를 받아야 할 필요가 있다. 어린 아동은 자신이 목표로 하는 것이 다른 사람의 목표와 항상 같지 않음을 이해하는 데 상대적으로 어려움을 겪는다. 특히 다른 아동의 목표가 자신의 목표와 상치하는 경우, 아동에게 있어서 조망수용은 매우 어렵다. 아동이 성숙해감에 따라 다른 사람이 목표로 하는 바를 점차 이해할 수 있게 되며, 의사결정을 많이 경험할수록 문제에 대한 대안을 더 많이 생각해낼 수 있다. 이러한 과정은 점차적으로 발달하는 것으로, 소소한 의사결정으로부터 큰 결정의 기회까지 점차적으로 다양한 의사결정에 참여하는 것이 도움이 된다. 교사는 아동이 자신이 내린 결정을 책임지기 위해 어떻게 행동하는지, 그리고 이 과정에서 도움 줄 것은 없는지를 지켜봐야 한다. 자신의 결정에 따른 결과가 만족스럽지 않은 아동의 경우, 이를 달래주면서도 실망스런 결과를 경험하는 것 자체를 통해 추후 보다 나은 방법을 찾을 수 있음을 알려주어야 한다.

개별 아동이 의사결정을 하는 것보다 집단에서 함께 결정을 내리는 것은 시간이 좀 더 소요되므로, 교사는 보다 긴 시간 동안 진행되는 의사결정 과정을 지원해줘야 한다. 교사가 어떤 것에 대한 결정을 집단에서 공동으로 내리기로 한 경우, 여기에 소요되는 시간 또한 길게 허용하여야 한다. 그러나 아동이 결정 과정에 참여한 경우 이를 실행하는 데에도 공헌을 해야 하므로, 의사결정에 소요되는 시간은 잘 운영될 필요가 있다. 어떤 노래를 부를지, 어떤 게임을 할지, 유치원 알뜰시장에 우리 반이 참여를 해야 할지, 이번 크리스마스나 추석 행사는 어떻게 할지 등에 대한 내용들은 집단에서 결정할 수 있는 것들이다. 게시판 꾸미기에 어떤 미술활동을 할지, 교실의 가구 배치를 어떻게 할지, 창고를 어떻게 정리할지 등 또한 몇몇 아동과 함께 정할 수 있다.

그림 6-5 **학급의 의사결정은 계획이나 규칙 등에 걸쳐 다양하게 이루어질 수 있다**

2~3세 아동에게 어떤 놀이를 하고 싶은지를 물어보면 이에 대해 간단하고 즉각 시행 가능한 계획을 세울 수 있다. 선택과 실행 사이에 소요되는 시간은 몇 분 정도에 지나지 않는다. 반면 4~5세 아동의 경우, 건물을 구성할 때 어떤 블록을 사용하고 싶은지, 어떤 색깔의 물감을 이용해서 그림을 그릴지, 또는 실외놀이터에 있는 놀이기구에 어떻게 짝을 지어 올라갈 것인지에 대해 서로 이야기를 나눌 수 있다. 이러한 과정을 지속적으로 경험하면서 성숙과 함께 아동은 보다 오랜 시간동안 먼 장래까지도 계획을 하는 기회가 증가하게 된다. 또한 계획은 점차 복잡한 과제가 되기 때문에, 4세 아동은 바깥놀이터에서 자전거를 어떻게 나눠서 탈 것인지에 대해 계획을 세우고 이를 실행하게 되지만, 그 전에 계획을 많이 세워 보았던 12세 아동은 야외 캠프에서 다양한 도구와 자료를 이용해서 오후를 보낼 레크리에이션 계획을 짤 수 있다.

그러나 어린 아동과 나이 많은 아동 집단 모두 이들이 결정한 바에 대한 결과가 어떠할지를 생각해보고, 이를 실행하는 과정을 미리 예상해보도록 돕기 위해 다양한 정보와 지원을 해주는 성인이 필요하다. 이를 위해 성인은 다음의 사항에 대해서 아동을 도와주어야 한다.

- 문제가 무엇인지 (또는 목표가 무엇인지) 정의하기
- 사용 가능한 자원에 대해 정보 수집하기
- 가능한 대안 마련하기
- 대안 중에서 선택하고, 선택한 것에 매달리기
- 필요한 자료와 도구를 모으고, 물리적인 환경을 정비하기
- 계획을 실행하기
- 활동에 대해 토론하고 평가하기

나이가 많은 아동은 이러한 계획의 과정을 정식으로 따를 수도 있다. 예를 들어, 3학년 아동 몇

명이 모여서 게임판을 개발하고, 놀이 규칙을 만들고, 게임이 진행되는 중에 필요한 규칙을 만드는 등 보드게임을 만들었다. 자신들이 개발한 보드게임을 몇 번 해본 다음, 아동은 스스로 게임을 수정하였다. 이러한 기술은 어른들이 계획과 선택, 평가의 전 과정을 해볼 수 있는 기회를 제공할 때 점진적으로 발달이 가능한 기술이다.

4.4 낙관적 가치의 공유

주변 사람들 중 같이 시간을 보내는 것이 가장 즐거운 사람을 한번 골라보면, 그 사람들은 대부분의 시간을 즐겁게 보내며, 유머감각을 가지고 있고, 자신이 즐기는 일을 하는 특성을 가지고 있다. 그리고 무엇보다 이런 사람들은 삶에 대해서 긍정적인 전망을 하며, 똑같은 도전을 경험하는 다른 사람에 비해 도전의 결과가 괜찮을 것으로 예상한다.

비슷한 상황에서 최악의 결과를 예상하는 사람들은 스트레스를 주는 사건이 발생하는 경우 이것이 좋아질 가능성을 기대하거나, 사건의 방향을 바꾸거나 사건을 재구성해보거나, 아예 내버려두거나, 받아들이고 생활 가운데에서 적응하면서 사는 등의 대처를 하기 보다는 그 사건 자체에 집중하는 시간을 많이 갖는다. Seligman(2007)은 이러한 개인적 특성을 유전적인 기질(약 50%), 환경(10% 이상) 및 자신의 생각 및 행동에 대한 통제(최대 40%)의 결과로 설명한 바 있다. Seligman 및 탄력성 관련 연구를 수행한 연구자들은 스스로 행복감을 활성화하는 것이 일반적으로 생각하는 것보다 훨씬 제어 가능한 것으로 보고 있다.

아동, 특히 성향상 좀 더 부정적인 아동에게 교사는 낙관론과 비관론 중 어느 것을 취할지는 어느 정도 가르칠 수 있다. 아동용 문학 작품을 이용해서 주인공이 문제 상황을 경험하고, 그 상황에서 포기하지 않으며, 만족스러운 결과를 찾는 현실 세계의 상황을 소개해주는 것은 매우 훌륭한 방법이다(Forgan, 2003). 또한 교사가 아동의 **긍정적인 혼잣말**(positive self-talk)을 격려하고(예: 좀 겁이 나기는 하지만 해볼래. 할 수 있어, 차분하게 생각해보자. 올해에 새 친구들이 많아졌네.), 자신과 타인에 대한 부정적인 언급은 그만하도록 함으로써, 아동의 낙관적인 특성을 강화시킬 수 있다.

탄력적인 아동에게서 공히 관찰되는 특성이 바로 **낙관성**(optimism)이다(Mandleco & Peery, 2000). 낙관적인 특성 중 하나로, 이들 아동은 자신이 의욕적이며 창의적이고, 융통성이 있고 적응적이며, 변화에 열려있는 사람이고, 문제를 해결하기 위해 적극성을 띠며 자발적이고, 사람을 좋아한다는 것을 드러내는 행동을 보인다. 현장 전문가인 Sherry Davis는 탄력적인 사고방식이 촉진 가능한 것으로 보고, 낙관성의 발달을 증진시킬 수 있는 활동을 학급 일과에 필수적으로 포함하였다. 예를 들어, 하루 일과를 마친 후 매일 아동이 오늘도 자신에게 좋은 날이었던 이유를 노란 종이에 하나씩 적어 서명을 한 후 교실 문 옆 제출함에 넣도록 하는 '행복 종이' 활동이 있다. 이렇게 수거한 행복 종이는 아동이 하원하기 전 게시판에 모두 게시하여 하원할 때와 다음날 등원할 때 아동이 볼 수 있도록 한다. 아동은 그날 자신과 같이 재미있게 놀았던 친구들, 배운 것, 흥미롭게 읽었던 책, 참여했던 게임이나 간식에 대해서 쓴다. Davis에 따르면, 행복 종이가 게시된 게시판은 아동이 다음날 등원해서 가장 먼저 달려가서 다른 친구들은 뭐를 적었는지 보고 자신들의 하루를 시작한다고 한다.

4.5 자기효능감 및 자기결정 증진

자기효능감은 낙관성과 밀접하게 관련된 것으로, 중간에 어려움이 생기더라도 추구하는 목표는 성취될 수 있다고 스스로 믿는 정도를 의미한다. 이는 탄력적인 사고체계를 형성하는 데 중요한 구성요인 중 하나로, 아동이 필수적으로 발달시키고 유지시켜야 할 특성이다(Wang & Deater-Deckard, 2013).

　영아들도 자신의 요구를 표현할 수 있는데, 대표적으로 아프거나, 배가 고프거나, 자극이 필요하거나, 너무 지나치게 자극적이고 피곤할 때 우는 것이 이에 해당한다. 이러한 요구가 적절하게 충족된다면, 낙관성은 시간이 지남에 따라 발달되어 이후 자기효능감 또는 자기결정 등의 강점으로 이어질 수 있다. 그러나 이런 요구가 묵살되는 경우, 학습된 무기력(learned helplessness)(Seligman, 2007)이 발달되어 취약한 심리적 건강과 탄력성 형성에 저해가 되는 여러 발달특성에 이르게 되어, 생애 초반부터 자기 자신과 환경을 변화시키기에는 무기력하다고 느끼게 된다. 즉, 자신을 둘러싼 환경이나 타인과의 상호작용 측면을 통제하고자 시도하는 것이 쓸모없다고 느끼게 되는 것이다.

　반대로 건강한 아동은 타인에게 자신의 요구를 인지시킨다. 걸음마기 영아가 배가 고플 때 냉장고를 가리키거나 목마를 때 정수기를 가리키는 것이 이에 해당한다. 유아기에 이르면 아동은 자신이 원하는 바를 직접 표현하기보다는 주변 사람들에게 알린다. 이러한 표현은 일반적으로 매우 단순한데, 영신이가 담임 교사에게 다가와서 "저 지안이랑 놀고 싶어요"라고 수줍게 표현하는 것이다. 이때 교사가 "가만있자. 영신아, 네가 지안이랑 놀려면 어떻게 하면 좋을지 좀 보자… 지금 지안이는 블록을 가지고 쌓느라고 정신이 없네. 그럼 지안이한테 가서 네가 지안이에게 필요한 빨간 블록을 모아서 덤프트럭에 담아 가져다 주어도 괜찮은지 물어볼까? 그럼 지안이가 좋아할까? 어디 한번 지안이한테 물어봐서 뭐라고 하는지 들어보자"라고 답한다. 이러한 영신이의 상황은 원하는 것이 있기는 하나 이를 성취하는 데 필요한 대인관계 기술이 부족한 것으로, 교사는 이를 인지하고 있는 것이다. 다행히 지안이가 영신이의 제안에 긍정적으로 답을 해주었기 때문에 영신이는 자신이 요청을 하면 타인(이 경우 교사)이 긍정적인 자원으로 도움을 될 수 있음을 알게 된다. 또한 단순하게 영신이가 원하는 대로 지안이에게 같이 놀아줄 것을 요청해주는 대신 영신이로 하여금 문제 해결을 해보도록 함으로써, 교사는 영신이가 언젠가는 자기 자신 또한 타인에게 도움을 줄 수 있는 사람으로 인지하도록 도움을 줌으로써 탄력성을 배가시킬 수 있도록 하였다.

　　자기효능감 및 자기결정의 중요성은 자신이 중요한 사람이며 중요하다고 평가받는다고 생각하는 자아존중감과 자기가치의 건강한 발달에 있다(4장 참조). 이로부터 다른 사람들과 편안하게 어울리고, 그들에게 제안을 하고, 그들의 제안을 받아들이며, 점차 주변 환경에 대한 통제를 더 잘할 수 있다는 자신감이 나오게 된다(Wang & Deater-Deckard, 2013). 이러한 개념을 이용한 활동으로, 아동과 2월에 "작년 9월에는 못했지만 지금은 할 수 있는 것은 무엇이지?"를 물어보며 아동별로 리스트를 만드는 것을 들 수 있다. 현우가 "그때는 두발자전거를 못 탔지만 완전 많이 넘어진 다음에 이제는 탈 수 있어요"라고 답을 하자, 현우를 포함한 모든 아동이 자연스럽게 웃으며, 교사는 이 활동에 해당하는 현우의 리스트에 이 내용을 기록한다.

　　3세가량의 유아를 대상으로는 포트폴리오를 이용하여 9월에 만든 작품을 이듬해 2월까지 보관하고, 이를 이용해서 그때 당시에는 시도하기 매우 어려웠고, 그동안 연습을 통해서 이를 수행할 수 있게 되었다는 점을 스스로 인지하도록 다시금 작품을 감상해볼 수 있다. 3/4세반과 5세반, 그리고 초등학교 1학년 때 각각 만든 '나의 책'에서 자신의 얼굴을 그렸던 작품들을 보던 도현이의 경우, "우와, 이때는 완전 애기였네요. 제 이름도 못썼어요"라고 미소를 띠고 말함으로써, 그간 늘어난 능력과 기술이 멋지게 드러난 것을 다른 사람들이 알게 되면서 느끼는 만족감을 그대로 드러낸다.

　　아동이 성장하면서 진정성 있는 피드백과 효과적인 칭찬, 실제로 도움이 되는 교정 피드백을 제공해주는 성인이 주변에 계속 있을수록, 초기 긍정적인 정서성은 이후 8세~10세 탄력성을 예측하게 된다(Lengua, 2009). 그러나 부정적인 정서성을 띤 아동은 부적응과 낮은 수준의 스트레스원에 대한 방어를 보이기 쉽다.

　　교실에서 아동의 언어와 행동을 실제로 수용하거나 수용하는 모델이 되어주고 아동으로 하여금 어려운 상황을 극복하기 위해 스스로 노력하도록 격려하는 정도는 아동이 자기 자신 및 자신의 능력에 대한 태도에 의미 있는 영향을 미치게 된다(예: 그렇지, 한번만 더 해볼까? 우와, 여기 네가 한 것을 좀 봐). Katz는 최근 저서에서, 교사가 아동에게 '선생님은 네가 어려운 상황에 닥치더라도 안 피하고 이겨낼 수 있는 능력이 있다고 믿고 있어'라는 메시지를 전달하는 것은 학습자를 존중하는 교수법을 수반하게 된다고 전하고 있다. 존중과 격려를 실행하는 교사는 모든 연령에 걸쳐 학습자가 좌절하는 상황에도 이를 끝까지 씨름하지만, 자신이 한계가 있음을 무리 없이 수용하고, 어쨌든 자신은 최선을 다했다는 점에 대해 만족해하도록 돕는다(Katz & Katz, 2009, p.49).

4.6 어려운 기질 교정

다루기 힘든 행동: 은성이의 사례

4세인 은성이 가족의 생활은 은성이를 중심으로 돌아간다. 은성이와의 힘겨루기 상황은 언제나 은성이의 심한 떼부리기로 끝나기 마련이다. 은성이는 새로 산 옷이 간지럽다며 절대 입으려하지 않고, 하루 종일 입었던 옷을 그대로 입고 자기도 한다. 은성이의 부모는 은성이가 집에서 가만히 앉아서 게임이나 퍼즐을 하는 경우는 없다고 한다. 반면 TV 음악채널에서 빠른 화면 전환과 큰 소리가 나는 뮤직비디오가 나오면 가만히 있으며, 못 보게 하는 경우 소리를 지른다고 한다. 은성이를 중심으로 돌아가는 일상을 보면, 부모와 형제들, 조부모, 친구들과 같은 반 선생님까지 은성이를 지원하는 역할을 한다. 은성이의 어머니는 세상이 은성이를 중심으로 한 부정적인 반응들이 연이어서 돌아가는 것처럼 느껴진다고 한다. (Turecki, 2000, pp. 86-90에서 각색)

교사는 모든 아동이 오른쪽으로 행진을 하는데 혼자서만 왼쪽으로 행진을 하는 아동을 보면 왜 그렇게 행동하는지 궁금하게 생각한다. 아무리 많은 종류의 선택권을 준다 하더라도 교실에서 편안해보이지 않는 아동은 항상 있게 마련이다. 이런 아동은 식구나 또래를 포함한 대부분의 타인과 눈에 띄는 문제를 일으키기도 하고, 예측하기 어려운 행동, 격렬한 정서 및 부정적인 감정을 드러낸다. 이러한 아동에게 중재를 시작하여 행동을 수정하지 않는다면, 이들은 성장하면서 부족한 사회적 기술과 타인과 개인적인 상호작용의 어려움을 느끼고 낮은 자존감을 소유하게 된다. 이러한 기질적 성향은 탄력성을 부정적인 방향으로 이끄는 특성에 해당한다.

　까다로운 기질의 아동은 외부 환경에 매우 민감하며, 자신의 정서와 행동을 조절하는 데 어려움을 보인다. 아동의 탄력성 발달에 있어서 중요한 보호요인으로 밝혀져 온 부모 양육의 질은 긍정적인 학교 적응과 같은 추가적인 보호요인이 정해지는 데 결정적인 역할을 한다(Stright, Gallagher, & Kelley, 2008). 이들 아동은 가정과 학교 모두에서 특별히 인내심이 많으며, 예측 가능하도록 구조화하고, 한계를 분명히 설정하고, 긍정적이고 적응적인 행동을 강화하며, 놀이를 출구로 삼을 수 있도록 허용하는 성인과 상호작용하는 것이 필요하다. 또한, 5장에서 대화 및 정서발달과 관련해서 다뤘던 내용은 아동이 자신의 행동을 조절하고 강렬한 정서를 다루는 것으로 배우도록 하는 데 적용이 가능하다. 은성이와 같이 어려운 기질이 도전적인 행동으로 이어지는 아동을 담당하게 되었을 때, 이제까지 제시되었던 내용들 중 어떤 것을 사용할 수 있는지 생각해보자.

4.7 친구관계 형성 및 사회적 관계 맺기 기술의 강화

심리학자인 Broderick(2008)과 같이 아동기의 친구관계를 탄력성에 큰 영향을 미치는 요인으로 보는 이들이 있다. Broderick은 문제를 가진 사람들이 상담이나 조언을 위해 찾아오면, 문제가 생겼을 때 도움을 받기 위해 찾아갈 만한 사람이 누구인지를 가장 첫 질문으로 묻는다. 탄력성이 부족한 사람들은 대부분 이 질문에 대해 잠시 침묵을 하며, 생각나는 사람이 아무도 없다고 말한다. 반면 어려운 상황에서도 결국은 이를 극복한 사람들은 여러 명의 이름을 댈 수 있다. 건강성과 발달적인 기초를 회복하는 데 있어서, 필수적인 사회적 체계를 수정하고, 재조직하며, 탄력적인 사고방식을 다시금 회복시키는 데 도움이 되는 사람들과 관계를 맺는 것 또한 우리의 역량이다. 결국 탄력적인 과정 가운에 가장 핵심이 되는 요소는 바로 다른 사람들과의 관계인 것이다(Goldstein & Brooks, 2013).

미국 유아교육의 특성인 기관 맥락에서의 자유놀이와 놀이성에 대한 격려는 점차 증가하는 경쟁으로 인해 갈수록 자취를 감추고 있다. 연구자들은 아동이 예전보다 더 공격적이고 이기적인 반면, 협력적이고 공평하며 편안해하고 나누는 것은 덜 한다는 결과를 제시하고 있다. 또한 아동이 타인의 기분이나 안녕에 대해 신경을 덜 쓰는 반면 훨씬 더 이기적이 되어 가는 점에 대한 사회적인 염려도 줄어들고 있다. 이 모든 것은 '이 사회가 어떻게 놀아야 하는지를 잊어버린 점'과 관련된다. 사회적 유능감을 위해 가장 중요한 기술은 자신의 욕구도 만족시키면서 다른 사람들 또한 기쁘게 하는 것이다. 아동이 다른 아동과 자유롭게 놀고 다른 아동으로 하여금 자신과의 놀이에 계속 흥미를 가지도록 할 수 있을 때, 타인의 관점으로부터 세상을 보는 기술을 배우게 된다. 이러한 기술은 유머감각과 함께 다른 사람과 조화롭게 지내고, 오만함이나 건방짐이 아닌 자율성을 형성하는 능력을 증진시킨다(Science Daily, 2009).

아동이 성장함에 따라 가정 이외의 환경을 경험하게 될 때, 일부 아동은 또래에 비해 성인이나 또래와 친밀한 관계를 형성하는 데 보다 많은 지원을 필요로 한다. 이때 요구되는 기술 습득을 지원해주고자 하는 교사는 아동으로 하여금 탄력성을 발달시키는 데 가장 중요한 보호요인인 친밀한 관계 형성을 돕는 과정에서 중심적인 역할을 하게 된다. 교수학습 과정에서 교사가 아동에게 아동 간 공평함, 다양성, 편견 및 권력의 문제 등의 또래 관련 환경을 잘 탐색해볼 기회를 제공해주면, 아동은 추후 일상적으로 접하게 되는 다양한 문제들을 극복하기 위한 기초를 다지게 된다(Derman-Sparks & Edwards, 2010). 7장에서는 아동의 놀이를 증진, 확장시키고 성인기까지 지속될 친밀한 또래 관계 기술을 증진시킬 수 있는 학급 분위기 조성을 위한 전략들에 대해서 다루게 될 것이다.

4.8 아동의 지적이고 학문적인 유능감을 위한 비계 설정

세 명의 아동을 대상으로 언어발달 연구를 하던 연구진이 어느 날 지성이에게 읽기 과제를 요청하였다. 지성이는 언어검사를 하는 연구자 앞에 앉아 책을 펼치고 앉았다. 지성이는 누가 보아도 방임된 아동으로, 매우 더럽고, 말랐으며, 피곤에 찌든 모습으로, 연구자는 지성이의 낮은 읽기 능력을 예상하였다.

그러나 지성이는 읽기검사를 위해 보여준 동화책을 보더니 매우 밝은 표정을 지으며, 동화책에 있는 수백 개의 단어를 틀리지 않고 읽기 시작한다. 검사를 수행하던 연구자는 깜짝 놀라 "지성아, 너 참 잘 읽는구나. 누가 너에게 책을 읽어줬니?"라고 물었다. 그러자 지성이는 "아무도 안 읽어줬는데요. 그냥 저 혼자서 읽어요"라며 책을 연구자에게 다시 준다.

지적능력과 학업성취는 아동의 어려움을 완충시키는 가장 중요한 요인으로, 학교 수업을 따라가기 위한 능력이 부족한 것은 보통 그 아동에게 진행 중인 발달 과정에 이미 장애물 하나가 생긴 것을 의미하기도 한다. 탄력적인 아동은 학업성취와 학문적 태도 검사에서 좋은 성적을 보이며, 읽기 성적이 좋고, 자신의 행동을 추론하고 조절하는 능력을 더 잘 선보인다(Bernard, 2004; Mandleco & Peery, 2000). 실패의 징후가 처음 나타나더라도 아동으로 하여금 하던 것을 계속 하게 하고, 사려 깊도록 가르치고, 자기통제를 잘 할 수 있는 타인이 있는 경우, 이 아동은 이후 탄력성에 해당하는 특성을 발달시키는 데 도움을 받을 수 있다.

지성이와 같이 가난과 극히 역기능적인 상황에 처해있던 아동에 대해서 학습능력과 내재적인 통제소재 신념을 저평가하거나 고정관념을 가진 교사는 해당 아동이 곧 실패할 것으로 기대할 수도 있다. 그러나 다행스럽게도 많은 교사들은 '모든' 아동에게 건강한 발달과 성공적인 학습을 할 능력이 있다고 믿고 있다(Espinosa, 2010). 이러한 교사들은 아동에 대해 높은 기대와 의미 있고 적극적인 참여를 유도하는 활동의 기회가 학습으로 이어짐을 이해하고 있다. 또한 아동이 매일 등원하며, 수업을 따라가기에 필요한 책과 학용품을 구비하고, 건강한 식습관과 충분한 휴식을 통해 뇌 활동이 원활할 수 있도록 하고, 방과 후에는 편안하게 있을 장소를 제공하도록 아동의 부모(또는 조부모)와 긴밀히 연계한다.

지적 능력이 우수한 아동의 경우 계획, 유연한 사고, 임기응변, 비판적 사고, 통찰력 등을 갖추고 있다. 이러한 것들은 한마디로 탄력적인 아동의 사고에서 발달하게 되는 '문제를 해결하는 능력'의 질이라고 말할 수 있다(Bernard, 2004). 앞서 설명된 바와 같이, '계획'은 보다 정식으로 의사결정을 하기 위해 거쳐야만 하는 반성적 사고과정으로, 아동으로 하여금 통제감을 느낄 수 있도록 할 뿐만 아니라 청소년기에 들어가기에 앞서 필히 갖추어야 할 계획능력으로 이어질 수 있다. '임기응변'은 아동에게 도움이 필요할 때 실행되는 것으로, 가족으로부터 보호를 받지 못하는 아동에게는 중요할 수밖에 없는 '세상 물정에 밝아지는' 과정에서 발달한다. 이는 아동에게 독립적인 자조능력 및 책임감을 발휘하는 기회가 주어질 때 자율적으로 이를 해결하는 과정에서 출현하기도 한다. '비판적 사고', 즉 상위 사고기술 및 분석적 습관은 교사가 아동이 사고의 결과로 효율적이고 효과적으로 결과를 산출하는지 뿐만 아니라 사고 및 문제 해결을 '어떻게' 하는지에 관심을 둘 때 발달된다. 이런 지적 기술을 교사가 직접 가르칠 수는 없으나, 교사가 높은 수준의 학습 맥락을 제공한 상태에서 계획적으로 활동을 진행할 때 이끌어낼 수 있다. 끝으로 '통찰력'은 어려움으로 가득 찬 불안정한 상황에 놓인 아동에게는 가장 도움이 된다. 자신들의 가정에서 경험하는 문제들(예: 먹을 것이 부족하거나 학대적이고 이상한 행동들)이 모든 가정에서 일반적으로 벌어지는 것이 아니며, 자신들의 삶도 결국에는 바뀔 수 있다는 것을 알게 되어야만 하는 이들 아동에게 통찰력은 여과 기능을 하게 된다(Bernard, 2004). 이들은 교사가 소개해주는 책을 읽고, 자신을 아끼는 친구 및 성인들과 토론을 하고, 유치원과 어린이집에서 매일의 일상 중 친절함을 경험함으로써 이를 배울 수 있다.

그러나 아무리 아동이 스트레스를 잘 대처하고 역경을 무리 없이 피해간다고 하더라도, 결과적으로 완벽하게 성공적이고, 부정적인 결과로도 전혀 이어지지 않고, 주어진 모든 것을 취할 수 있는 것은 당연히 불가능하다. 아동, 특히 어린 영유아는 적어도 한명 이상의 성인 보호자로부터의 도움과 지원 없이는 매일 매일 일어나는 스트레스를 대처할 수 없다. 어떤 아동에게는 자신이 다니는 어린이집이나 유치원, 그리고 자기 반이 이런 도움을 받을 수 있는 유일한 곳이 될 수도 있다.

5. 가족과의 협력

아동이 자신의 부모보다 다른 성인으로부터 보호를 훨씬 더 많이 받는 상황에 놓이게 되면, 아동을 둘러싼 '모든' 성인들은 그 아동의 사회화 및 필요한 경우 탄력성 증진을 위한 성인들 간의 관계망을 형성하게 된다. 보다 튼튼하고 효과적인 관계를 위하여, 교사는 아동에 관한 정보들 중 아동 지원을 위해 가족이 알아야 한다고 생각되는 정보를 공유할 수 있어야 하고, 가족 또한 마찬가지이다. 이는 어려운 상황에서 부모들이 가장 바람직하게 행동하지 않더라도 위협적이지 않고, 무비판적인 방법을 이용해 솔직하고 개방적으로 의사소통을 해야 함을 뜻한다. 만약 부모 중 한명이 배우자를 비난하거나 배우자의 지지적인 노력을 정당하지 못하게 비판한다면, 이들 성인 간의 관계를 이어주는 끈은 현저하게 약해지게 된다. 이때 교사가 다음과 같은 행동을 하면 그들 부모에게 큰 도움이 될 수 있다.

- 자녀가 과도한 스트레스에 대해 보이는 명백한 신호 알려주기
- 부모가 보이는 스트레스 신호에 대해 주의를 기울이기
- 부모를 정중하게 대하기
- 부모와 아동이 경험하는 위험 및 어려움에 따른 결과에 대한 정보를 세미나 또는 뉴스레터를 통해 공유하기
- 부모가 자신의 스트레스에 대해 이야기할 때 이를 공감하면서 들어주고, 자녀의 스트레스 수준을 줄여주기 위해 노력을 할 때 이를 인정해주기

- 교사가 어려움에 처한 부모 자신과 자녀를 위해서 그들과 협력하고자 함을 알게 하기
- 이혼 또는 별거를 경험 중인 경우 자녀에게 이혼이 매일의 일상을 어떻게 변화시킬 것이며, 어른들의 문제에서 아동이 잘못한 것은 없다는 것을 설명해주는 것의 중요성을 알리기. 자녀의 일상을 평소와 같이 유지하는 것과 아동을 안심시켜주고 정서적인 지원을 해주는 것의 필요성을 설명하기

이제까지 역경으로 인해 얼마나 바람직하지 않은 결과가 발생할 수 있는지와 아동의 탄력성에 대해서 다룬 것을 기초로, 교사는 다음의 질문에 생각해볼 필요가 있다.

- 우리 반에서 아동의 탄력성을 좀 더 발달시키기 위해 내가 할 수 있는 것이 무엇일까?
- 아동의 가정환경에 변화를 주지는 못하더라도, 아동의 삶에는 어떤 차이를 만들 수 있을까?
- 아동을 위한 부가적인 보호요인을 형성하기 위해서 다른 전문가와 연계를 해야 할까(그림 6-7 참조)?

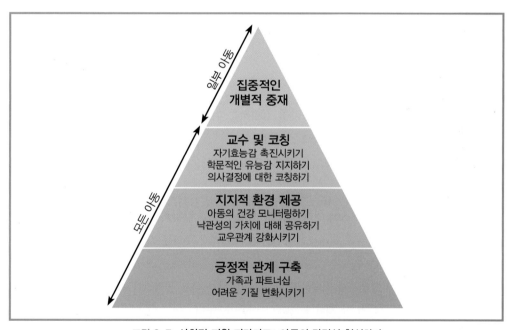

그림 6-7 사회적 지원 피라미드: 아동의 탄력성 형성하기

이런 질문들을 실행에 어떻게 옮기는지를 찾기 위해, 다음의 기술들을 주의 깊게 공부할 필요가 있다.

스트레스에 강하고 탄력적인 아동을 발달시키는 기술

1. 아동의 기질과 능력의 차이를 고려하여 현실적인 목표를 설정한다

최종 결과에만 집중하는 대신 아동의 현재 수준이 기능적으로 어떠한지를 고려하고, 최종적인 결과를 위해 요구되는 각 단계를 정해야 한다. 개별 아동을 발달과정상 시점별로 다른 존재로 인식해야 하며, 시점별로 적절한 지원이 제공될 때 보다 높은 수준의 역량이 성취 가능한 잠재력을 가진 존재로 인식해야 한다.

2. 아동이 뒤죽박죽된 경험을 어떻게 재구성해야 하는지 배울 수 있도록 돕는다

예를 들어, 부모의 이혼이나 별거를 경험하는 아동에게 이것은 어른들의 문제 때문에 생긴 결과라고 설명해줘야 한다. 아동에게 어른들이 이혼을 하는 이유는 함께 하면 더 이상 행복해지지 않기 때문이라고 얘기해줘야 한다. 아동에게 그들은 이혼에 책임이 전혀 없으며, 부모가 함께하도록 할 수도 없음을 확인시켜줘야 한다. 가족들이 다른 집에서 살더라도, 여전히 그들은 아동의 가족이며, 엄마와 아빠는 여전히 아동의 부모님이고 앞으로도 그럴 것임을 설명해줘야 한다.

3. 누적된 스트레스, 어려움 및 트라우마를 경험하는 아동과 가족에게 보호적인 감독을 제공해줄 수 있는 지역사회의 지지적인 맥락과 연계한다

교사는 아동과 가족에게 유용할 것 같은 보호요인의 연계가 가능한 곳과 이런 전문가가 거의 없는 지역을 알고 있어야 한다.

4. 과도하거나 누적된 스트레스에 대한 아동의 초기 신호를 알아차린다

위축된 아동과 부정적 정서를 드러내놓고 표현하는 아동에게 주의를 기울인다. 이들은 보다 편안하게 해주려는 시도에 대해 처음에는 저항하므로, 두 가지 유형의 아동 모두 교사의 인내심을 필요로 한다. 위축된 아동은 더 강렬하게 회피하려 할 것이고, 화가 나고 공격적인 아동은 처음에는 적대적 행동에 대한 통제를 거부하려 할 것이다. 그러나 이들이 좀 더 건설적인 대처 방식을 갖도록 지도하지 않고 이러한 행동을 포기하거나 무시해버리는 것은 아동의 불안한 감정을 강화시켜 줄 뿐이다.

5. 아동으로 하여금 자신이 과도한 스트레스 상황에 놓였다는 것을 깨닫기 전에 심한 스트레스를 다룰 수 있는 전략을 가르친다

아동에게 어쩌면 가능할 수도 있는 상황 출현 시 무엇을 할 수 있는지에 대해 코치한다. 잠재적인 스트레스 또는 위험 상황에 대해서 토론하는 것도 필요하다. 긍정적인 대처 기제에 대한 인식을 증가시키고 기회가 되었을 때를 준비할 수 있도록 사연 있는 인형(Persona Doll), 손인형, 역할극 상황을 사용한다. 예를 들어 "마트에서 부모님을 잃어버리면 어떻게 할 것 같니?" 또는 "너희보다 더 나이도 많고 큰 형이 너희 용돈을 뺏어가려고 하면 어떻게 할 것 같니?"라고 질문한다.

6. 아동의 대처양식과 상황에 대한 견해를 존중한다

이는 아동이 자신의 문제를 다루는 방식에 대해 항상 동의해야 한다는 것을 의미하는 것이 아니라 교사의 공감이 중요하다는 뜻이다. 이를 통해 교사는 아동의 눈을 통해 상황을 볼 수 있을 것이다. 더구나, 스트레스를 전체적인 관점에서 보는 것은 아동과 가족이 직면한 또 다른 요구를 고려할 수 있게 함으로써, 단순한 '처리 방법'을 피하는 데 필수적이다.

7. 자기를 통제할 수 있다는 점과 긴장되는 상황에서는 긍정적인 혼잣말(self-talk)을 연습할 수 있음을 인지시킨다

아동은 자신의 감정을 통제할 수 없지만, 자신의 행동을 통제하는 것은 배울 수 있다. 이 장에서 설명된 긍정적인 혼잣말을 아동이 경험할 수 있는 문제 상황에 대입하여 연습해볼 수 있도록 도와주어야 한다.

8. 자기 자신을 보다 긍정적인 관점에서 보도록 격려한다

아동이 경험의 부정적인 측면에 언어적으로나 정신적으로 초점을 두는 습관을 발달시키는 경우(예: 다들 날 싫어해, 난 바보야, 사람들이 날 보고 웃을 거야, 난 아무것도 기억을 못해 등), 긍정적인 행동 변화는 교사가 긍정적인 측면을 말로 묘사해주었을 때 가능하다. 단, 아동의 감정을 부인해서는 안 된다(예: 그렇게 느끼면 안 돼, 그건 그렇게 안 좋은 것은 아니었어 등). 오히려 그 상황에서 진실로 얻을 수 있는 유익한 점이나 좋은 점을 짚어줘야 한다. 또한 아동이 어려운 상황 중에서 자신이 얼마나 멍청하고, 무능하며, 무기력한지에 대해 이야기를 가급적 하지 않도록 하여야 한다. 예를 들어, 받아쓰기에서 한 문제를 틀린 은지가 "난 만날 틀려!"라고 할 때, 교사는 "네가 맞춤법이 틀려서 속이 상했구나. 열 문제 중에서 아홉 개를 맞았네. 그건 대부분을 맞은 거지"라고 말해줄 수 있다.

9. 구체적인 이완 기법과 이미지 그리기를 지도한다

일과 중 아동으로 하여금 근육 풀어주기, 숨 깊이 들이마시기와 내쉬기 등의 이완운동을 짧게라도 규칙적으로 하도록 한다. 또한 특정 영역에 해당하는 기술이 매우 부족하거나 낮은 자존감을 가진 아동은 어떤 상황이 벌어졌을 때 시작하기도 전에 자신이 잘 못할 것을 미리 걱정하곤 한다. 이러한 경향은 그들이 잘하지는 못하여도 적어도 일정 수준 이상으로 수행할 수 있는 가능성을 낮출 수 있다. 이 경우 교사는 자신이 걱정하고 있는 과제를 잘 하고 있는 자신을 상상해보라고 제안하도록 한다. 마음속으로 그 과제를 시작해보도록 하고, 그 과제를 성공적으로 마칠 때까지의 과정을 차근차근 생각해보도록 한다. 이때 아동으로 하여금 모든 감각을 이용하여 상상해보도록 한다. 예를 들어, 아동이 상상하는 발표하기, 읽기, 카드에 글씨 쓰기, 대집단에서 앞에 나오기, 같은 반 친구들이 경청하는 것을 보는 것들을 상상해볼 수 있다. 아동으로 하여금 성공하는 것과 혹시라도 못할 것 같은 부분에 필요한 능력을 상상해보도록 한다. 이 기술은 아동이 무엇인가 걱정이 되거나 두려운 것이 생길 때마다 사용할 수 있다.

10. 아동의 실행기능 발달을 지원함으로써 효율적인 의사결정자가 되도록 가르친다

아동에게 간단한 선택권을 주고, 실제로 있는 문제를 해결하는 데 참여하도록 한다.

- 매일의 일과 중 아동에게 다양한 선택의 기회를 준다. 선택을 할 수 있는 상황을 예측할 수 있도록 하고, 선택 가능한 것이 무엇인지 계획하도록 한다. 예를 들어, 대집단에서 책을 읽을 예정인 경우, 아동에게는 어디에 앉을지, 읽은 책에 대해서 느낌을 말할 것인지 아니면 그림을 그릴 것인지, 이야기로 동극을 하는 경우 어느 역할을 맡을 것인지에 대해 선택할 기회를 줄 수 있다.

- 자연스럽게 선택의 기회를 제공할 수 있는 상황이 발생하면, 이를 십분 활용하도록 한다. 급식 시간에 아동에게 그릇을 나눠줄 것인지 냅킨을 나눠줄 것인지 물어볼 수 있다. 선택할 수 있는 물건이 모두 동일한 것이더라도, 아동에게 어떤 것으로 사용할 것인지를 물어보거나, 이번에는 다른 친구와 함께 작업을 해보도록 할지 아니면 혼자서 할지를 정해보도록 한다. 치우는 시간에 작은 블록을 치울지 아니면 큰 블록을 치울지 결정하도록 할 수도 있다.

- 긍정적인 진술을 이용하여 선택의 기회를 제공한다. 아동에게 선택할 수 없는 것에 대해서 이야기하기보다는 수용 가능한 대안을 제공하도록 한다. "그 블록으로는 길이랑 집, 로켓 같은 것을 만들 수 있어"라고 얘기하는 것이 "그 블록으로는 총 말고 아무거나 다 만들 수 있어"라고 얘기하는 것보다 낫다. 이는 전자가 아동으로 하여금 어떤 것이 선택 가능한 것들인지 인지하도록 해주는 반면, 후자는 아동이 고려하지 말아야 할 것에 집중하도록 하기 때문이다.

- 아동에게 결정하기 위한 충분한 시간을 허락한다. 아동은 자신에게 선택할 수 있도록 기회가 주어지면, 흔히 주어진 옵션 사이에서 망설인다. 재촉하지 말고 "선생님이 조금 있다가 네가 어떻게 결정했는지 들으러 올게", "치우는 시간에 어느 영역을 치울지 그림 그리기를 마무리하면서 결정해봐" 또는 "민서한테 가서 원하는 것을 먼저 물어본 다음에, 네가 결정한 것을 선생님한테 와서 알려줘" 라고 설명하면서 아동에게 생각할 수 있는 여유 시간을 준다.

- 결정을 내린 것이라도 아직 시작하지 않았다면, 아동이 자신의 결정을 바꾸고자 할 때 이를 허락한다. 만약 준기가 파란 컵과 빨간 컵 중에서 처음에는 파란 컵을 선택하였다고 하더라도, 아직 컵에 우유를 따르기 전이거나 다른 아동이 빨간 컵을 가지고 간 것이 아니라면 빨간 컵을 사용하도록 한다.

- 자신이 세운 계획을 스스로 실행하고 완수할 수 있도록 격려한다. 아동이 자신의 선택에 따라 행동할 수 있도록 허용하여야 한다. 필요한 경우 시범을 보일 수 있으나, 아동에게 자신의 계획을 실행을 완료하도록 지속적으로 권유해야 한다. 예를 들어, 자신이 읽을 책을 고르는 것은 책장에서 자기가 직접 가지고 옴으로써, 같이 놀이를 할 친구의 선택은 놀잇감을 함께 나눠씀으로써 완료가 되는

것이다. 아동이 할 수 있는 일을 대신 해주는 것은 아동이 그것을 할 정도로 유능하지 않다는 것을 의미하기 때문에, 그들의 자존감을 해치는 일이다.

- 자신의 선택에 대한 긍정적인 결과와 부정적인 결과 모두를 경험하게 함으로써 스스로 책임질 수 있도록 한다. 단, 선택에 대한 결과는 안전상에 문제가 없어야 하며, 아동의 신체적·정서적인 건강을 해치지 않아야 한다. 아동이 무언가를 결정해서 이를 수행하는 중이라면, 이를 포기하지 말고 계속 하게 함으로써 자신의 선택을 끝까지 경험할 수 있도록 한다.

- 자신이 성취한 것에 대해 평가하는 것을 배우도록 돕는다. "이 그림은 네가 원래 계획했던 대로 되었니?", "다음번에는 다르게 해볼 수 있을까?"와 같이 아동이 원래 의도한 것과 성취한 것을 비교하는 데 초점을 두어야 한다. 또한 "민준이가 털신을 제대로 신으려고 두 번이나 벗었다가 신었구나. 결국에는 제대로 신었네"와 같이 아동이 노력해서 결국 성취해낸 것을 짚어주는 것이 중요하다. 때때로 아동은 자신이 끝마친 과제를 어떻게 평가하는지에 대해서도 피드백이 필요하다. 아동에게 "책상을 깨끗하게 다 치운 것은 어떻게 알 수 있을까?" 또는 "네가 만든 '나의 책'을 친구들한테 소개할거야. 발표할 정도로 완성되었는지는 어떻게 알 수 있겠니?"라고 과제 완료 전에 물어보아야 한다. 최종적으로 아동은 자기에게 스스로 피드백을 주는 방법을 배우게 되는데, 이는 많은 연습과 경험이 필요하다. 이 과정에서 아동 간 비교는 금물이다.

11. 아동에게 자신이 스스로 할 수 있는 많은 기회를 제공해준다

자신이 담당하는 학급 아동이 스스로 할 수 있는 일을 교사가 대신 해주어서는 안 된다. 이것은 아동으로 하여금 탄력성을 증진시킬 수 있는 능력을 저해하는 것이다. 아동에게 목표를 달성하기 위해 필요한 계획을 생각하고 실행하도록 하기 위해 교사는 시간을 두고 기다려주어야 한다.

12. 만성질환이나 백혈병, 암과 같은 생명을 위협하는 병에 걸린 아동은 추가적인 지원을 해주어야 하나, 과보호는 하지 않는다

학교에 다닐 수 있을 만큼 증세가 심하지 않거나, 회복 단계에 있는 아동은 건강한 아동에 비해 쉬는 시간이나 약 복용, 제한된 식이요법으로 인해 별도의 배려를 필요로 한다. 그러나 이들도 다른 아동과 마찬가지로 필요한 경우 일관되게 행동의 제약을 받아야 하며, 적절하고 합리적인 수준의 학업적 성취를 기대해야 하고, 같은 반 친구들과 원만한 교우관계를 형성할 수 있어야 한다.

13. 아동에게 좌절로부터 '바닥을 치고' 올라오는 것에 대해 설명해준다

아동에게 사람은 완벽하게 상처를 받지 않고 살수는 없지만, 실망스럽거나 혹독한 역경 속에서도 제자리로 돌아올 수 있음을 이해시켜야 한다. 아동에게 상처를 받기 전으로 돌아가는 것이 너무 어려워 보이는 경우에는 다른 사람에게 도움을 청해도 된다고 알려주어야 한다. 이 경우 아동이 사용할 수 있는 '각본'을 주어야 한다. 연령이 높은 아동의 경우, 어떻게, 어떤 말로 도움을 청할 수 있는지를 생각해보도록 도와주어야 한다.

14. 죽음과 상실을 극복할 수 있도록 지원한다

- 죽음에 대해 말할 때에 적절한 단어를 선택한다(예: '돌아가셨다' 또는 '죽었다'라는 단어를 사용하고 '죽는 것은 잠자는 것과 마찬가지야'라는 비유나, '잃었다' 또는 '멀리 떠났다'와 같은 수사적인 표현을 하지 않는다).
- 죽음의 원인에 대해 설명할 때, 정확한 정보를 주도록 한다(예: 모든 살아 있는 생명체는 때때로 병이 든다. 물론 대부분의 경우 회복될 수 있지만, 너무 심하게 아프면 신체가 제 기능을 못한다. 신체는 언젠가 늙게 되며, 때로는 사고가 있을 수 있다).
- 아동에게 익숙한 신체 기능을 들어 죽음을 설명해준다(예: 기니피그 심장이 더 이상 뛰지 않는다, 숨을 쉬지 않으며, 아무것도 느낄 수 없다).
- 아동이 죽음에 대해 질문하면 사실적으로 답해준다. 차분하고 솔직하게 무덤이나 관, 묘비, 장례식, 귀신, 해골 등에 대해 답해준다.
- 죽음에 대해 종교적으로 설명하는 것은 피하되, 죽음에 대해 다른 관점을 가진 가족 간 차이를 존중한다.

15. 어려운 상황의 영향력을 줄이고 여러 전략을 조율하기 위해 가족과 협의한다

부모는 자기 자신이 스트레스 상황에 놓인 당사자임에도 불구하고, 자녀의 행복과 안녕에 대해 염려하기 마련이다. 따라서 가족과 대화해야 하며, 아동을 지원하기 위해 가능하다면 함께 전략을 짜야 한다. 또한 함께 협력하는 것이 가치 있음을 가족에게 이야기해 인지시켜주어야 한다.

16. 어려운 상황을 헤쳐 나가는 데 도움이 되는 지역사회 자원을 찾고, 어린이집, 유치원, 기타 공공기관에서 활용 가능한 자원을 알아본다

기관에서 수립한 규정에 따라 가족에게 전문가를 소개한다.

모든 아동과 가족은 혼란이나 문제들을 경험한다. 어떤 이들은 매우 힘든 상황을 견디기도 한다. 앞서 설명된 바와 같이, 이들의 반응은 각 개인과 가정이 상황에서 요구되는 것을 충족하는 데 필요한 자원을 얼마나 가지고 있는지에 주로 달려있다. 다음은 스트레스를 경험하는 아동이나 가족을 다룰 때 주로 빠지기 쉬운 함정이다.

◆ 피해자를 비난하는 것

교사는 교사 개인의 관점을 가지고 있음을 항상 기억해야 하며, 지적능력이나 사회경제적 지위, 인종이나 가족구성, 경제적 자원 등에 따라 아동의 가족을 전형화하지 않도록 조심해야 한다. 스트레스 상황 또는 역경 중에 가족이 보이는 반응은 특정한 상황에서 평형상태를 유지하기 위해 자신들이 무엇을 할 수 있다고 느끼는지와 특정한 요구나 위기를 어떻게 인식하는지에 좌우된다. 어떤 개인과 가족은 아주 바람직하지 않은 결정을 내리기도 하지만, 이들은 주어진 상황에서 자신이 할 수 있는 것과 갖고 있는 자원에 대한 지각에 따라 최선을 다한 것임을 명심해야 한다. 알면서도 일부러 자신의 삶을 엉망으로 만드는 사람은 없다.

스트레스에 처한 아동을 모두 함께 묶어서 이야기하지 않는다(예: "모든 보육원 아동은..", "그쪽 동네에서 사는 아이들은.."). 고정관념은 문제가 있는 집단의 아동에 대해 제대로 이해하지 못할 때 생긴다. 전문가는 역경에 처한 아동을 개별적으로 대할 때 탄력성을 좀 더 증진시키도록 도울 수 있다.

◆ 아동에게 선택할 자유를 전적으로 주는 것

세상 그 누구도 자기가 하고 싶은 일을 뭐든 하는 사람은 없다. 모든 것에는 제약이 있기 마련이다. 무언가 결정을 해야 할 때 아동이 포함되어 함께 하는 것은 필요하다. 그러나 준비가 되지 않은 듯이 느끼는 아동에게 전적으로 결정의 자유를 주는 것은 큰 부담이 된다. '무엇이든 할' 기회가 주어진 아동은 선택을 할 수 없다. 완벽한 선택의 자유는 아동에게는 큰 스트레스가 되며, 혼란이나 어려움을 경험할 수 있다.

◆ 부모가 의사결정의 원리를 이해하고, 자녀에게 결정의 기회를 주는 방법을 알 것이라고 생각하는 것

전문가들은 의사결정에 대한 구체적인 방법을 배우고, 아동에게도 이를 가르칠 수 있다. 그러나 부모는 어린 자녀에게 장갑을 낄 때 양손 중 어느 손을 먼저 끼울지와 단순한 결정을 하도록 하는 것을 생각하지 못할 수 있다. 이러한 성인의 전략을 부모와 공유하고 모델을 보여줌으로써 가정과 기관 간의 연계성을 유지할 수 있다.

◆ 학대가 의심되는 상황에서 행동하지 않는 것

교사는 아동학대가 발생하였는지 여부를 결정하는 사람이 아니다. 이는 다른 전문가들이 조사를 한 후에 결정하는 것이다. 교사의 역할은 자신이 속한 기관의 규정에 따라 의심 사례가 발생하였을 때 이를 보고함으로써 관련 법규를 준수해야 하는 것이다.

◆ 편향되거나 부적절한 반응을 하는 것

교사는 학급에서 자신을 자극하거나 스트레스를 유발시키는 아동에게 일차적으로 응대하기 때문에, 순응적인 아동은 주의를 끌지 못하기 쉽다. 또한 위축된 아동은 교실에서 별로 문제를 일으키지 않기 때문에 교사는 공격적이거나 지나치게 의존적인 아동이 가장 도움이 필요하다고 생각한다. 이것은 아동이 필요로 하는 욕구만큼이나 교사도 자신의 욕구에 반응하는 것이다. 아동의 행동은 교사의 스트레스 수준을 높여, 바로 어떠한 조치를 취하도록 만든다.

그러나 말없이 스트레스를 참는 아동은 특히 상처받기 쉽기 때문에 그런 아동이 보이는 작은 단서에도 주의를 기울여야 한다. 아동은 주체할 수 없는 생각과 감정을 억제하는 데 도움을 필요로 하며, 자신을 괴롭히는 문제를 이야기하거나, 스트레스의 원인으로부터 회피하지 않고 그것에 대처하는 방법을 배우기 위해서도 각별한 도움을 필요로 한다.

교육기관에서의 문제는 교사가 아동의 짜증을 유발시키는 행동에만 주목하며, 이면에 깔린 아동의 스트레스는 보지 않을 때 발생한다. 아동의 부정적인 행동으로 화가 날 때, 그런 행동은 해당 아동이 특정한 상황에 대처하는 방법이라는 사실을 기억해야 한다. 교사는 아동이 보다 긍정적인 방법을 사용하도록 이끌어주고 싶어 하지만, 효과적인 행동 변화가 하룻밤 사이에 일어나지 않는다는 것을 명심해야 한다. 이를 위해서 교사는 인내심과 일관성, 확고한 태도가 필요하며, 아동은 신뢰를 발달시켜야 한다. 그러나 어려움에 처한 아동에게 보다 민감하게 다가가기 위해서 그 방법이 반드시 부드러울 필요는 없다. 아동은 강한 성인과 함께할 때 보다 안정감을 느끼지만, 효과적인 방법을 제시하지 않고 아동의 잘못된 방어 기제를 나무라는 성인을 원하지는 않는다. 이는 이미 상처받은 아동을 더욱 힘들고 혼란스럽게 만들 뿐이다.

◆ '적절한' 반응을 강요하는 것

모든 사람이 유사한 감정을 경험하지만 특정한 상황에 대처하는 방법은 개인에 따라 차이가 있다. 후회나 슬픔, 긴장감 등을 유발하는 상황에서 아동이 기대했던 반응을 하지 않으면 교사는 이것을 '부적절한' 반응이라고 생각할 수 있다. 하지만 옳거나 그른 감정이 있는 것은 아니다. 교사의 역할은 아동이나 가족에게 어떤 감정을 가져야 하는지를 말해주는 것이 아니라, 그들이 느끼는 감정을 다른 사람에게 제대로 표현할 수 있는 유용한 방법을 가르쳐주는 것이다.

아동이나 가족이 교사의 도움을 거절한다면 불쾌하고 화날 수도 있지만, 대부분의 경우 개인의 반응은 그 순간 그 사람이 느끼는 감정에 의한 것이며, 교사와는 아무런 상관이 없다는 사실을 명심해야 한다. 아동은 말이 아닌 행동으로 자신의 스트레스를 표출하는 경우가 종종 있다. 대화를 통해서도 어려움에 처한 아동을 도울 수 있지만, 이는 반드시 그 아동이 준비가 되어 있는 상황이어야 한다. 또한 이러한 단계까지 걸리는 시간은 아동에 따라 다르다.

그러므로 아동에게 교사가 들을 준비가 되어 있다는 것을 알려주는 것은 필요하지만, 아동에게 말하도록 강요하거나 교사의 인정을 받기 위해서는 말해야 한다고 느끼도록 해서는 안 된다. "네가 말하고 싶으면 언제든지 들어줄게" 혹은 "사람들은 자기 기분을 이야기하면, 보통 기분이 더 좋아져"라고 말해줄 수 있다. 아동이 주저하거나 혼자 있고 싶다고 하면, "나중에 이야기하고 싶어지면 선생님에게 와. 그런데 네가 이야기를 하고 싶지 않으면, 안 해도 괜찮아"라고 말하여 아동의 사생활에 대한 욕구를 존중해준다. 정서반영을 통해 아동 스스로가 자신이 경험하는 모든 종류의 감정에 대처할 수 있도록 도와야 한다.

◆ 아동의 행동에 대하여 지레짐작하는 것

아동과 가족이 힘든 시간을 경험하고 있다는 것을 교사가 알게 되면, 자칫 그 아동의 모든 부적절한 행동이 특정한 스트레스원 때문이라고 잘못 짐작할 수 있다. 예를 들어, 교사는 "그 아이의 엄마가 다시 직장으로 복귀했기 때문에 남을 깨무는 거야", "저 아이는 부모가 이혼했기 때문에 친구를 잘 사귀지 못해", "얘가 배가 아프다고 투덜거리는데, 틀림없이 새로 태어난 동생 때문일 거야"라고 성급하게 말해버리곤 한다. 스트레스를 주는 가정환경이 아동의 이런 행동에 영향을 줄 수도 있지만, 다른 요인이 있을 가능성도 배제할 수 없으므로, 여러 가능성을 조심스럽게 고려해보아야 한다. 예를 들면, 깨무는 아동은 다른 방법을 통해 자신이 원하는 것을 얻을 수 있다는 것을 알지 못하기 때문일 수도 있고, 친구가 없는 아동은 다른 아동이 접근하고자 하는 의도를 알아채지 못하거나 기본적인 대화 기술이 없기 때문일 수 있다. 또한 배가 아픈 아동은 실제로 뭔가 음식을 잘못 먹고 그럴 수 있다.

◆ 임시 처방이나 피상적인 해결책을 찾는 것

시간이나 여력이 없을 때, 어떤 문제에 대해 당장의 해결책이 없을 때에 우리는 가능한 빨리 그 상황을 벗어나려고 하는 경향이 있다. 이 같은 성인 나름의 해결책은 아동의 진정한 욕구와 맞지 않을 수 있으므로, 교사나 부모의 이런 태도는 아동에게 도움이 되지 않는다. 예를 들면, 우는 아동을 조용하게 하려 아동을 감언이설로 속이거나 창피를 주는 부모를 흔히 본다. 이 방법이 실패하면 부모는 "그만 울어. 안 그러면 이젠 정말 혼난다!"라고 강압적으로 말한다. 또 어떤 경우에는 이렇게 하면 두려움이나 불만을 극복할 수 있을 거라고 오해하여 아동이 아직 받아들일 수 없는 상황에 직면하도록 강요한다. 이럴 때 하는 상투적인 말은 "이거 하나도 안 무서워", "일단 한번 해봐", "괜찮아질 거야" 등이다. 이것은 아동의 진정한 감정은 무시된 채 성인의 편의에만 초점을 맞춘 것이다. 또한 아동을 돕는 것이 항상 쉬운 것이 아니며, 정서적으로 지원해주는 것은 시간과 에너지를 필요로 한다. 해결책은 단 한 번에 찾아지지 않으며, 반복적인 노력이 필요할 수 있다.

◆ 교사 자신의 한계를 인식하지 못하는 것

항상 교사가 아동의 스트레스의 원인을 없애 줄 수는 없다. 아동에게 정서적인 지원을 해줄 때 교사가 중요한 역할을 하긴 하지만, 아동의 환경을 바꾸어주거나 그 아동 주변에서 나쁜 영향을 미치는 다른 사람들의 행동을 변화시키는 것은 불가능하다. 교사는 자신의 영향력의 한계를 파악하고 가족에게 다른 전문가를 연결시켜 주어야 할 때를 알아야 한다.

◆ 부모가 시간과 에너지를 요하는 다른 역할들을 가지고 있는 점을 잊는 것

마트 같은 곳에서 교사를 보고 달려오는 아동의 행동은 교사에게 즐거움을 준다. 그러나 대부분의 아동은 교사가 교실뿐 아니라 다른 곳에도 있고 교사의 역할 말고도 다른 역할을 한다는 사실에 대단히 놀란다. 교사와 부모도 교육기관 이외의 장소에서 자주 서로를 만날 수 있게 되지 않으면 이런 생각을 갖게 된다. 그러나 이들 성인들은 단지 교사와 부모라는 관계에서만 서로를 이해하고 서로의 역할을 받아들일 뿐이다. 그래서 부모는 교사도 부모이고 누군가의 배우자이며, 성인이고, 투표를 하는 사람이며, 가정을 가진 사람이라는 사실을 잊곤 한다. 마찬가지로 교사도 부모가 24시간 부모의 역할을 하지만, 동시에 다른 역할도 한다는 사실을 잊는다. 부모도 역시 직장에서 해야 할 일이 있고, 가정을 꾸려가며, 자녀 이외의 사람들과 친밀한 관계를 유지하며, 계속해서 공부를 하거나 훈련을 받고, 자기 부모의 요구에 맞추어야 하고, 다양한 사회적 활동을 한다.

◆ 경제적으로 어려움이 있는 부모, 일하는 부모, 한부모, 십대부모, 양부모, 장애아 부모, 이중언어 가정 및 이민 가정에 융통성이 없거나 민감하지 못한 것

부모가 날마다 직면하는 어려움에 대해 교사들은 냉담하거나 무관심한 것처럼 보기도 한다. 교사는 정기적으로 자녀를 일찍 잠자리에 들게 하라거나, 책을 읽을 수 있는 조용한 환경을 조성해주라거나, 균형 있는 식사를 제공하라는 가정통신문을 발송한다. 집이 좁고 식구가 많은 가정의 부모나 실직한 부모, 이혼으로 고심하는 부모, 혹은 다른 예기치 못했던 일들로 스트레스를 받는 부모에게 이러한 가정통신문은 또 다른 스트레스를 주게 된다. 아동이 성장하고 있는 모든 환경이나 맥락에 민감하게 대처하기 위해서는 교사가 가족에 대하여 잘 알고 있어야 한다. 이해심과 융통성, 통찰력이 이들의

부담을 덜어 줄 수 있다.

◆ 부정적인 부모에 대해 과민하게 반응하는 것

쟁점이 되는 문제에 대해 자신이 없을수록 교사는 자신의 견해에 대한 반대에 더욱 방어적인 경향을 보인다. 교사가 경험과 지속적인 교육을 통해 아동과 가족에 대한 자신이 알고 있는 것과 다른 사람이 알고 있는 것을 통합할 수 있을 때, 이들이 다른 의견이나 적대적인 관점을 보여도 느긋하고 열린 마음을 가질 수 있게 된다. 교사가 부정적이거나 비판적인 견해를 보이는 부모에게 과잉 반응을 보인다면, 이것은 자신의 잘못이 드러나는 것에 대한 두려움이나 불확실성, 혹은 혼란스러운 감정을 표출하는 것이다.

부모는 좋은 의도에서 진정으로 도움이 될 수 있는 중요한 사항을 지적할 수도 있으나, 이를 부정적인 태도(비난하거나, 빈정대거나, 비웃는 태도)로 전달하면 교사가 이를 제대로 듣기 어렵다. 듣는 사람의 감정을 격하게 할 수 있는 방식의 메시지는 제대로 전달되지 않는 경우가 많다. 교사는 그러한 상황에서도 이성을 잃지 않도록 노력해야 하며, 적극적으로 들으려 노력하고, 가능하다면 "화가 많이 나셨군요. 저도 그 점에 대해 이야기할 필요가 있다고 생각하는데, 어머니께서도 정보가 좀 더 잘 전달될 필요가 있다고 말씀하시네요. 어머님의 말씀에 일리가 있습니다"와 같이 반영해주는 것이 바람직하다. 때로 부모의 비판적인 지적이나 행동이 교사나 교육방식에 대한 것이 아닌 경우가 있다. 부모가 다른 곳에서 흥분했는데 그런 욕구 좌절을 분출할 곳을 찾지 못했기 때문일 수도 있다. 이해심과 더불어 조심스럽게 되물어보면 그런 사람들에게 무슨 일이 일어났는지 이해하고 그들의 행동을 재해석하는 데 도움이 될 것이다.

SUMMARY

어려운 상황을 딛고 일어설 수 있는 능력인 탄력성은 사회적으로 유능하고, 목표가 분명하며, 사회적으로 성숙한 특성을 발휘하는 아동에게서 볼 수 있다. 탄력성은 타고난 특성과 개인 외적 요인 모두로부터 출현한다. 스트레스와 위험요인이 누적되면 역경에 도달해 아동의 대처 기술이 실패할 때 부적절한 발달적 결과를 초래할 가능성을 높이게 된다.

한편 아동으로부터 시작하여 가족, 지역사회 및 사회로 이어지는 특성인 보호요인은 역경의 영향력을 완충할 수 있다. 학교 환경 안에서 교직원은 다음과 같은 보호요인들을 증가시킬 수 있다.

- 아동의 건강 상태 모니터링
- 아동의 의사결정 코칭
- 자기효능감 증진
- 어려운 기질 조절하기
- 친구관계 강화하기
- 학문적인 유능감을 위한 비계설정하기

가족은 학교와 부모 간의 정보 교환이 개방적으로 이루어지고, 서로 존중하며, 아동의 탄력성 발달을 위해 부모와 교사가 협력할 때, 중요한 탄력성의 힘과 태도를 발달시키는 데 효과적인 파트너가 될 수 있다.

스트레스에 강한 아동을 만들기 위해서는 현실적인 목표를 세우고, 유용한 스트레스 관리 전략을 사용하고, 가능한 모든 장소에서 독립심을 요구해야 한다. 교사가 빠지기 쉬운 함정은 비난하고, 한계를 설정하는 데 실패하며, 의심되는 학대 상황에 대해 행동하지 않고, 손쉬운 해결책을 찾고, 다른 쓸모없는 반응을 하지 않는 것을 포함한다.

CHAPTER 7

긍정적인
또래 및 친구관계
형성

긍정적인 또래 및 친구관계 형성

친구를 사귀고 또래에게 받아들여지는 것은 아동기의 가장 중요한 과제이고 값진 성취이다(Caspi & Shiner, 2006). 또래와 관계를 맺고 친구를 만들고 친구관계를 유지하는 것은 지식과 기술을 포함하는 복잡한 사회적 과정으로, 타인과의 상호작용을 통해서만 얻을 수 있다. 사실 이러한 활동들은 아동이 1장에서 언급한 긍정적인 자아정체성, 대인 기술, 자기 조절, 계획 및 의사결정, 문화적 유능성, 정서 지능, 사회적 가치와 같은 사회적 유능성 요소들과 관련된 능력들을 발달시켜야 가능하다.

저절로 친구가 되지는 않으며, 모든 아동이 친구가 되는데 성공하는 것도 아니다. 아동이 친구관계를 향상시키기 위해 생각하고 해야 하는 것들이 있다. 부모나 교사는 중재 프로그램뿐 아니라 아동과의 일상적인 상호작용을 통해서 이러한 중요한 능력들을 발달시키도록 도와야 한다(Gallagher & Sylvester, 2009; Hemmeter & Conroy, 2012).

1. 아동의 또래 및 친구관계의 중요성

아동은 성장하면서 부모나 교사, 또래, 친구 등과 많은 관계를 맺는다. 모든 관계는 아동을 사회와 연결시켜주고, 그들이 누구인지, 무엇이 될 수 있는지, 그리고 다른 사람에게 그들이 어떻게 왜 중요해지는지를 알게 해준다(National Scientific Council on the Developing Child, 2009). 그러나 이러한 각각의 관계는 친밀함, 관계 내 아동의 지위, 아동이 상호작용의 결과에 영향 미치는 정도에서 차이가 난다(Rose-Krasnor & Denham, 2009). 아동의 성인과의 관계는 또래와의 관계와는 다르며, 또한 모든 또래관계가 친구관계로 정의되는 것도 아니다.

1.1 성인-아동 관계

아동이 최적의 발달을 이루기 위해 양육자와 안전하고 안정적인 관계를 맺는 것은 매우 중요하다. 사회는 이러한 관계에 대해 특정한 기대를 가지며, 성인과 아동 간의 상호작용은 그 지위와 영향력에서 분명히 다르다(Siegler, DeLoache, & Eisenberg, 2011). 성인이 지닌 많은 지식과 기술, 경험으로 성인은 아동에게 권위 있는 인물이 된다. 교사와 아동이든, 코치와 선수든, 부모와 자녀든지 간에 이러한 관계에서 성인은 전문가이고 리더이며, 아동은 학습자이고 추종자이다. 이러한 관계는 중요한 기능을 수행하고 사랑과 존경으로 특징지어지지만, 평등하지는 않다. 성인이 우세하고 아동은 이를 변화시킬 기회가 거의 없다. 예를 들어, 어린이집 영양사를 좋아해서 영양사와 이야기하기를 즐기고 자신이 배운 노래를 불러주는 아이가 있다고 하자. 이 아이가 영양사를 친구라고 부를지도 모르지만, 이는 진정한 친구는 아니다. 이들 간의 상호작용에서 성인과 아동은 같은 역할을 하지는 않는다.

1.2 또래관계

아동이 성장해가면서 또래와 보내는 시간이 점점 더 많아진다(Rubin, 2003). **또래**는 일반적으로 같은 연령의 친구이다. 대부분 또래는 공통의 관심사를 가지고 활동을 같이 하며 정규적으로 만난다. 그러나 함께해야 하는 활동이 아닌 이상 거의 만나지 않으며, 서로 간에 애정이 넘치지 않는다(Bukowski, Motzoi, & Meyer, 2009). 예를 들어 두 명의 아동이 같은 학급에 속하지만 기관 밖에서는 만나지 않고 친하지 않으면 이들은 또래이다.

또래의 기능

같은 학급에 속한 두 명의 여아는 서로에 대해 많은 것을 알게 된다. 학교생활을 하면서 두 명의 여아는 물건을 나누고, 차례를 주고받으며, 충동을 조절해간다(NSCDC, 2009). 또래의 반응을 통해 이들은 정서 조절(언제 자신의 감정을 드러내고 어떠한 감정을 드러내야 하는지를 아는 것)과 행동 조절(어떤 행동을 하고 어떤 행동은 하면 안 되는지를 아는 것)을 연습한다(Rubin, Bukowski, & Parker, 2006). 이러한 것들은 모두 중요한 사회적 기술이다.

또래는 요즘 아이들의 문화를 접하게 해준다(어떤 놀이를 하는지, 어떤 과자를 좋아하는지, 어

또래로부터 학습하는 것들

- 대화 시작하기
- 놀이에 다른 또래 초대하기
- 놀이 초대에 반응하기
- 너무 크지도 작지도 않게 목소리 내기
- 얼굴 표정, 몸짓, 말 일치시키기
- 대화 지속하기
- 다른 아동의 질문에 대답하기
- 감사 표현하기
- 다른 아동의 감정과 욕구 인식하기
- 기다리고 차례 지키기

- 게임 규칙 따르기
- 물건 공유하기
- 도움을 주거나 위로하기
- 다른 아동의 생각 듣기
- 의견 제안하기
- 계획하기
- 공격적이거나 철회하지 않고 갈등 해결하기
- 분노 감정 조절하기
- 실수 인정하기
- 다른 아동의 실수 용서하기

떤 농담을 하는지, 어떤 영화를 보는지, 어떤 인물을 좋아하는지 등). 이러한 것들은 아동이 동년 배 집단 내에서 우호적인 상호작용을 시작하고 유지하는 데 있어 중요한 단서이다. 이와 유사하게 또래는 웃기는 표정을 짓고 자전거로 점프를 하는 것과 같은 성취에 대한 평가를 하는 청중의 역할을 한다. 이러한 환경 속에서 아동은 어떤 것이 다른 아동에게 적절한지를 인식하게 되고, 그 기술에 대한 성인의 평가가 아닌, 지원과 감탄을 제공한다. 이러한 상호작용을 통해서 또래는 아동의 자아정체성과 소속감 형성에 도움을 준다(Howes, 2009).

또래와 관계를 맺게 되면서, 아동은 평등한 타인들 속에서 '사회적이 되는' 방법을 학습한다. 아동은 협상하기, 토론하기, 화해하기, 공동 안건 만들기와 같이 성인-아동 관계에서는 연습하기 어려운 기술들에 더 주의하게 된다. 또한 또래들은 큰 위험 없이 다양한 사회적 역할들을 수행해볼 기회를 제공해준다(NICHD, 2008). 예를 들어 하루는 대장이 되었다가 다음 날에는 부하의 역할을 할 수 있고, 대범한 사람이 되었다가 걱정 많은 사람이 되어 볼 수도 있다. 이러한 과정을 거치면서 아동은 어떤 사회적 행동은 해도 되고 어떤 것은 하면 안 되는지와 같이 무엇이 효과적인 사회적 행동인지를 배운다(Gest, Graham-Bermann, & Hartup, 2001).

Note 7-1에는 아동이 또래와의 상호작용을 통해서 얻게 되는 것들을 적어놓았다(Kostelnik, Rupiper, Soderman, & Whiren, 2013). 또래관계를 통해서 아동은 동년배들과 관계를 맺고 소속감을 얻는다. 그리고 이러한 중요한 사회적 관계망 속에서 아동은 친구를 선택하기 시작한다.

1.3 친구관계

친구관계에서의 유대는 단순한 또래들 간의 유대보다 더 특별하고 더 개인적이다. 서로를 특별한 동료로 선택하는 경우 이들을 **친구**라고 한다. 친구는 서로에게 우호적이며 관계에 책임을 진다. 진정한 **친구관계**에 있는 두 아동은 서로를 친구라고 명명하고 관계를 지속하기 위해서 갈등을 해결하고자 한다(Rubin et al., 2006). 교사, 축구 선생님, 반 아이들과 우호적으로 상호작용을 한다 하더라도 특정한 친구와만이 진정한 친구관계를 경험한다.

아동이 친구를 필요로 하는 이유

친구는 함께 있으면 즐겁고 애정과 위로를 제공한다. 또한 친구는 해야만 하기 때문이 아니라 '원하기' 때문에 서로를 '평등하게' 돌봐준다. 이러한 '선택'의 요인은 모든 친구관계의 핵심이고 다른 스트레스로부터 정서적 완충작용을 해준다(Bukowski et al., 2009). 이 모든 요소들은 친구가 안정감과 사회적 지원의 중요한 출처가 되게 한다.

또한 친구는 인지적 자극과 사회적 비교의 준거집단으로서의 역할을 한다. 상호작용을 하면서 친구는 소유물과 능력을 비교하고 인생관에 대해 토론한다. 서로 의견을 제시하고 서로의 생각을 개방적으로 비판하며, 자신의 생각을 구체화하고 정교화하며, 피드백을 해준다. 이러한 친구 간의 주고받음은 자신의 태도, 생각, 기술에 대한 가치 있는 정보를 제공해주고, 자기 인식을 향상시킨다(Harter, 2012).

친구관계 내에서 아동은 현재의 사회적 기술을 정교화하고, 새로운 기술을 시도해보고, 개인의 욕구와 타인의 욕구를 균형 맞추는 것과 같은 어려운 과제를 연습한다(Rubin et al., 2006). 아동이 협동과 이타심과 같은 친사회적 기술을 발달시키고, 의견 불일치에도 불구하고 의사소통, 갈등 관리, 신뢰의 형성 및 유지와 같은 사회적 문제 해결 기술을 연습하는 장 또한 친구관계이다. 비록 또래보다 친구 간에 다툼이 더 많긴 하지만, 협상이나 평등한 결과 산출과 같은 순기능적인 방식으로 이들의 다툼을 해결하는 것 역시 또래보다는 친구 사이에 더 많이 나타난다(Seigler et al., 2011). 개인적인 감정을 공유하고 말다툼을 관리하고 대인 간 딜레마를 해결하는 것은 아동이 성인이 되었을 때 친밀한 관계를 맺을 수 있도록 준비시켜 준다.

친구가 있다는 것은 친구와 관련하여 많은 일들이 있음을 의미한다. 사회적 기술을 연습할 기회가 많기 때문에 친구들은 다양한 문제 해결 방식을 알게 되고 본 장의 앞부분에서 언급한 사회적

NOTE 7-2

친구가 있는 것의 이점

친구가 있는 아동들은…
더 행복하고
사회적으로 더 유능하고
문제해결에 더 유능하며

자신감이 더 많고
더 높은 학업성취와
건강한 자아존중감을 가진다.

유능성의 모든 차원에서 더 유능해진다. 그 결과로 이들은 또래에게 더 많이 수용되고 또래로부터 덜 거부당하며, 학교와 가정에서 더 행복해하고 자신감이 있으며, 학업에서도 더 우수하다(Rubin, Bukowski, & Laursen, 2009; Sebanc, 2003). 또래로부터 거부당하거나 또래와 같이 지내는 방법을 잘 몰라 생기는 두려움이 없을 때 아동은 읽기, 과학 탐구, 수학 활동을 더 쉽게 한다. 이것이 친구가 거의 없거나 또래관계가 원만하지 않은 아동보다 친구가 있는 아동이 학교에 대해 더 긍정적인 태도를 갖고 결석도 적고 학급 활동에 더 많이 참여하고 성적도 좋은 이유이다(Epstein, 2009; Hyson, 2008). 친구를 갖는 것의 이러한 혜택들은 아동의 건강한 자아존중감에도 영향을 미친다. 친구를 갖는 것의 이점은 Note 7-2에 제시하였다. 개인적인 관점, 대인관계적 관점, 혹은 학업적인 관점에서 볼 때, 친구가 있다는 것은 아동의 삶에 긍정적인 변화를 가져온다. 이것이 아동이 친구를 원하고 필요로 하는 이유이다. 아동들이 시간과 노력의 대부분을 친구 찾기에 투자하는 것은 놀라운 것이 아니다.

1.4 친구가 없는 아동

모든 관계는 기복이 있으므로 많은 아동이 친구로 삼고 싶은 또래에게 거부당하는 아픔을 경험한다. 이것은 정상적인 성장 과정이며 많은 아동들은 이 시기를 극복하고 다시 사회적이 된다. 그러나 계속적으로 친구 사귀기에 실패하거나 어려워하는 아동들도 있다(Hemmeter & Conroy, 2012). 이러한 아동은 친구를 사귀는 아동이 경험하는 이점을 경험하지 못한다. 친구가 없는 아동은 불행하고 더 많은 어려움을 겪는데, 이들은 성인기에 우울, 정신 질환, 심장병, 고혈압으로 고생할 가능성이 더 높으며(Bukowski et al., 2009; Ladd & Troop-Gordon, 2003), 청소년 비행, 학교 중퇴, 자살 등을 경험할 가능성이 더 높다(Ladd, 2005). 친구가 없는 것이 이러한 심각한 문제의 원인이 되는지, 혹은 반사회적 행동과 정서적 불안정성에 기여하는 행동 특성이 또래 거부를 유도하는지에 대해서는 어느 누구도 확실히 알지는 못한다. 그러나 친밀한 친구관계를 형성하지 못하는 아동과 후의 자기 불만족이나 절망감 간에는 강력한 관련성이 있다. 이처럼 친구가 없는 것의 영향은 Note 7-3에 제시하였다.

친구가 한 명도 없는 아동이 거의 드물지만, 많은 아동들이 외로움을 덜 느끼고 친구가 더 많기를 희망한다. 분명히 친구가 있다는 것은 중요하며, 아동은 친구가 많기를 기대한다. 친구에 관해 어떻게 생각하고

그림 7-1   유아는 공유된 놀이활동을 통해 친구관계를 경험한다

친구가 없는 것의 문제

친구가 없는 아동은…
더 불행하고   자신감이 결여되어 있으며
더 외로움을 느끼며   학업성적이 낮고
우울과 불안을 경험하고   자아존중감이 낮으며
사회적 기술이 부족하고   중퇴할 가능성이 높고
성인이 되어서 정신건강상의 문제가 있을 수 있다.

친구가 무엇이라고 생각하는지는 아동의 연령과 경험에 의해 영향을 받는다.

2. 친구와 친구관계에 대한 아동의 개념

아동의 친구관계에 대한 개념, 즉 친구관계가 어떻게 형성되는지, 친구에 대한 기대, 그리고 친구에
게 하는 행동과 관련된 규칙 등과 관련된 아동의 생각은 아동의 연령과 경험의 영향을 받는다.

2.1 친구관계의 틀

어린 영아는 또래에게 끌린다. 아기는 다른 아기들과 있는 것을 좋아하고, 유아도 다른 유아들과
있는 것을 즐긴다. 18개월 된 영아는 다른 영아를 모방하고, 까꿍놀이나 장난감 찾기와 같은 단순
한 사회적 게임을 한다(Wittmer, 2008). 두 살 정도의 영아는 다른 영아를 가리키며 "얘는 내 친구
야"라고 자랑스럽게 말한다. 이것이 모두 우호적인 또래관계의 초기 신호이다.

지난 20년간 연구자들은 아동의 친구관계를 연구하여 친구에 대한 아동의 사고가 위계적인 단
계로 특징 지어진다고 하였다. 이 책에서는 이것을 **친구관계의 틀**이라고 칭하고자 한다(Kennedy-
Moore, 2012; Selman, Levitt, & Schultz, 1997). 친구관계의 틀은 3세경에 시작되며, 타인의 관점
에 대한 이해와 자기 인식의 증가와 함께 발달한다(Gallagher & Sylvester, 2009). 이 시기부터 아
동의 친구에 대한 개념은 다섯 개의 수준에 따라 발달한다. 각 수준에서 친구에 대한 아동의 개
념, 친구관계에 대해 아동이 부여하는 가치, 그리고 친구관계를 형성하고 유지하는 데 필요한 친구
관계 기술이 달라진다.

0수준 – 일시적인 놀이 동료(3~6세)

이 시기 유아들은 자신과 자주 놀거나 그 당시에 비슷한 활동을 하는 또래를 친구라고 부른다. 이는 친구 그림에 대한 3세 예인이(그림 7-2 참고)의 대답에서 분명하게 알 수 있다. "왜 이 아이들이 친구니?"라는 질문에 예인이는 "왜냐면 우리는 함께 비밀 상자 놀이를 했고 모두 분홍색 옷을 입었으니까요"라고 답했다. 이 수준의 유아들은 근접성으로 친구를 정의한다("얘는 내 친구인데, 우리 옆집에서 살아"). 또한 이들이 갖고 있는 물건이나("얘는 내 친구야. 바비 인형을 가지고 있어") 눈에 띄는 신체적 기술("얘는 빨리 달리기 때문에 내 친구야") 때문에 친구가 된다.

이 시기 유아들은 친구가 있다는 것을 좋아하고, 특정한 놀이 동료를 다른 또래들보다 더 선호한다. 그러나 이러한 놀이 동료가 신뢰할 만한 친구를 의미하는 것은 아니다. 이들은 자기중심적이기 때문에 관계에서 자신의 입장만을 생각해서 다른 아동이 자신을 위해서 무엇을 해주는지에 관심을 갖는다. 친구관계에서 자신이 해야 할 의무에 대해서는 생각하지 않으며, 상대방의 요구에 맞추기 위해 어떻게 행동해야 하는지도 생각하지 않는다("걔가 자기 인형 가지고 놀게 해주었어요"라고 답하지만, "나는 내 인형을 걔가 가지고 놀게 해주었어요"라고 말하는 것은 아니다). 또한 이 시기 유아는 자신이 생각하는 대로 친구도 생각한다고 믿고, 그렇지 않다는 것을 알게 되면 매우 당황한다.

0수준의 아동은 다른 사람의 제안에 맞추어 반응하기보다는 상호작용을 시도하는 것을 더 잘한다. 그래서 이들은 의도하지 않았지만 다른 아이가 같이 놀자는 제안을 무시하거나 적극적으로 거절하기도 한다. 이러한 현상은 어느 정도 놀이가 지속되었거나 놀이에 참여한 모든 아이들이 역할이 정해진 경우에 더 자주 발생한다. 놀이가 시작되면 혼자놀이를 하거나 집단놀이를 하는 아이들은 놀이 에피소드를 자신들만의 방식으로 이어가기 때문에 어떻게 새로 온 아이를 진행되는 놀이에 포함시킬지에 관해 생각하기가 어렵다. 이 시기 아이들이 다른 아이를 놀이에 포함시키지 않는 것은 고의적인 잔인한 행동이 아니라 인지적인 딜레마이다. 오늘 거부당한 아이가 내일은 놀이에 적극적으로 참여할 수 있고, 늦게 온 다른 아이가 놀이에 참여할 여지가 없어서 거부당하기도 한다. 이러한 모든 일들은 친구에 관한 0수준 아동들의 일시적인 속성을 나타낸다.

그림 7-2 예인이와 친구들(0수준)

1수준 - 일방적인 도움(5~9세)

1수준의 아동은 친구관계를 현재 하고 있는 활동을 넘어서는 것으로 생각하지만, 여전히 실제적인 것과 관련된다. 1수준의 아동은 자신을 기쁘게 하는 또래를 친구라고 생각한다. 여섯 살 수진이는 강아지와 함께 걷고 있는 친구 그림을 그렸는데, 그림에 있는 친구 민서가 생일 선물로 바비 인형을 줄 거라고 하였다(그림 7-3 참조). 이 시기 아동은 자신에게 차례를 양보하고, 껌을 나눠주고, 새로 산 두발자전거를 타보라고 하고, 같은 팀에 넣어주고, 버스에서 자리를 맡아주며, 특별한 생일 선물을 주는 또래에게 좋은 감정을 느낀다. 또는 다른 아이가 자신에게 주는 차례나 껌, 자전거, 같은 팀, 버스 자리나 생일 선물을 받는 것에서 기쁨을 느낀다. 아이들은 자신이 바라는 것이 충족되는지에 관심이 있기 때문에 상대방 친구에게 즐거움을 주기 위해서 무엇을 해야 할지를 생각하지 않는다. 아동 각각의 바람과 행동이 양립할 수 있다면 친구관계가 지속되지만, 그렇지 않다면 놀이 짝은 바뀌게 된다.

1수준의 또 다른 특징은 아동이 지도자, 추종자, 협상자, 선동자, 협력자, 웃기는 사람, 위로해 주는 사람과 같은 다양한 사회적 역할을 시도한다는 것이다. 이러한 과정에서 아동은 자신이 일상적으로 해오던 것과 맞거나 맞지 않은 여러 가지 행동을 실험해본다. 이 시기에 자기 역할을 연습하는 아동은 극단적으로 행동하여, 자기주장적이기를 원하는 아동은 우두머리 행세를 하거나 위압적인 행동을 하게 되며, 유머가 좋은 점이 있다는 것을 알게 된 아이는 바보 같거나 괴이한 행동을 한다.

이 시기 아이들은 친구를 갖고자 하는 바람이 너무 강해서 혼자서 놀기보다는 뜻이 맞지 않더라도 또래와 같이 놀고자 한다. 이들은 관계를 맺기 위해 어떠한 것을 시도해보기도 하고, 다른 아이가 자신을 좋아하게 하기 위해서 선물을 주거나 위협하기도 한다("네가 내 친구가 되면, 내 생일 파티에 초대해줄게" 혹은 "다음 번에 나 시켜주지 않으면, 너랑 친구 안 할 거야"). 아동이 이러한 전술을 사용하는 것은 악의가 있어서라기보다는 어떤 것이 효과가 있고 어떤 것이 효과가 없는지를 실험해보는 것이다.

또한 1수준에서는 남아는 남아끼리 여아는 여아끼리 놀이하는 것이 특징적이다. 이는 아동이 계속해서 밖으로 드러난 유사성에 관심을 갖고, 성이 선호를 결정하는 분명한 방식이기 때문이다. 학령기의 친구들은 옷, 헤어스타일, 말하는 방법 등과 같이 겉으로 보기에도 서로 유사하다(Rubin et al., 2006).

아동이 친구관계를 맺는 것에 많은 노력을 기울이기는 하지만, 한 번에 한 명 이상과 친밀한 관계를 유지하는 것은 어

그림 7-3 함께 놀이하는 수진이와 민서(1수준)

렵다. 이 시기의 아동들은 누가 친구이고 누가 친구가 아닌지를 밝히는 데 몰두한다. "너는 내 친구가 될 수 없어. 현지가 내 친구야"라고 아이들이 말하는 것을 종종 들을 수 있다. 놀이 짝은 날마다 변하기도 하는데, 흔히 어떤 옷, 새로 발견된 공통된 관심사, 또는 우연(먼저 나타난 아이)에 의해 결정되기도 한다. 그렇지만 어떤 놀이 짝은 두 아이들이 자주 만나는 한, 비교적 오랜 기간 동안 지속된다(Rubin et al., 2011).

2수준 – 쌍방적이고 공정한 협력(7~12세)

그림 7-4 멋쟁이 고양이 클럽. 회원 대 비회원(2수준)

2수준의 아동은 친구관계에 대한 양방의 관점을 동시에 고려하지는 못하지만 번갈아가면서 고려할 수 있다. 아동은 친구가 서로에게 '잘해주기'를 기대하고, 개별적인 흥미를 만족시키는 방식으로 도움을 주고받는다 ("네가 어제 날 도와주었으니까, 오늘은 내가 널 도와줄게", "내가 좋아하는 게임부터 하고 다음에는 네가 좋아하는 게임을 하자"). 이들은 각 개인이 관계에서 이익을 얻어야 하고, 그렇지 않다면 친구관계가 깨질 수 있음을 안다("내 별명을 한 번만 더 부르면 친구 안 할 거야", "이건 불공평해! 난 어제 널 기다렸는데"). 친구는 상대방이 자신을 어떻게 생각하는지에 관심을 가지며, 다른 사람이 그렇게 평가할 거라고 생각하는 대로 자신의 행동을 평가한다("내가 공을 더 잘 잡으면 현식이가 날 좋아할 거야", "머리 모양이 이렇게 이상하니까 아무도 나를 좋아하지 않을 거야"). 집단에 어울리려고 노력하면서 이 수준의 아동은 친구와 똑같은 옷, 말, 행동을 따라하는 것이 최고조에 이른다. 따라서 또래들과 같이 최신 만화 영화 주인공이 그려진 가방을 들고 다니거나, 특별한 머리 모양을 하거나, 수영 강습을 받는 것 등은 이 수준의 아동에게 매우 중요하다.

이 시기에는 유사성이 매우 강조되어 자연스럽게 아이들은 클럽을 결성한다. 지속 기간이 짧긴 하지만, 클럽은 소수의 '친구들'로 구성되며 나름대로의 규칙이 있다. 클럽의 주요 활동은 누구를 포함하고 누구를 제외할 것인가에 관한 것이다(그림 7-4 참고). 자신들의 동질성을 유지하기 위해 친구들은 비밀, 계획, 의견 일치를 공유한다.

2수준의 아동들은 친구에게 소유욕과 질투심이 강하다. 친구가 있다는 것과 절친한 친구가 있다는 것은 자아를 확인시켜주고 더 큰 또래 집단 내에서 자신감을 갖고 행동하도록 도와준다 (Siegler et al., 2011).

3수준 - 친밀하게 상호 공유된 관계(8~15세)

3수준의 아동은 처음으로 친구관계를 공유된 목적, 가치, 사회적 이해를 가지고 진행되는 관계로 본다(Rubin et al., 2006). 이들은 이전 단계에서 보이는 '주고받는 식'의 상호성에 관심을 가지기보다, 서로의 개인적 생활에 관여하고 서로의 행복에 관심을 보인다. 관계를 맺는 사람으로부터의 정서적 지원을 통해 만족을 얻는다. 이에 기초하여 친구들은 감정을 공유하고 서로가 개인적인 갈등과 문제를 해결하도록 돕는다. 또한 다른 사람에게는 나타내지 않는 생각과 감정을 서로에게는 드러낸다.

이제 친구관계는 친밀해지고, 단짝 친구관계가 아주 중요해진다. 이것은 아주 강렬한 학습 경험이기 때문에 민수의 그림에서 보여주는 것처럼(그림 7-5 참조) 아동은 한 번에 한 명의 단짝친구에게만 관심을 기울이며, 서로에게 완전히 몰두한다. 이런 친구관계는 배타적이면서 소유적인 특성을 보인다. 즉, 친구는 또 다른 친한 친구를 가져서는 안 되며, 모든 것에서 함께하기를 기대한다. 친구는 서로 인정하는 아는 사람을 공유하지만, 친구 중 한 명이라도 좋아하지 않는 누군가와 관계를 맺어서는 안 된다. 누군가가 이러한 규칙을 어기면 아주 큰 배신이 된다. 한 번에 한 명 이상의 또래와 친밀한 친구관계를 가질 수 있는 것은 이후에야 가능하다.

4수준 - 성숙한 친구관계(12세 이후)

성숙한 친구관계를 맺는 사람들이 정서적·심리적으로 얻는 혜택은 친구관계에서 가장 중요한 측면이다. 친구는 전 단계에서처럼 서로를 소유하려 하지 않고, 어느 정도 유사하지 않은 흥미를 가질 수 있고 독자적으로 활동할 수 있다. 이 단계의 아동은 친구가 다른 사람과 친밀한 관계를 갖는 것을 허용할 수 있다. 그래서 한 번에 한 명 이상의 친구를 가질 수 있으며, 서로에게 친구가 아닌 친구를 가질 수 있다. 이렇게 해서 친구관계는 신뢰와 지지를 해주는 유대가 된다. 이것은 때로는 같이 하고 때로는 내버려둠으로써 얻어진다. 그 결과 친구는 이제 멀리 있거나, 오랜 시간 못 보거나, 오랜 이별에도 불구하고 친밀한 관계를 유지할 수 있다(그림 7-6 참조).

그림 7-5 민수와 그의 가장 친한 친구(3수준)

그림 7-6 멀리 떨어져 있어도 우리는 친구(4수준)

친구관계의 틀이 중요한 이유

친구관계의 틀은 다양한 연령의 아동들이 친구와 친구관계에 대해 어떻게 생각하고 있는지를 보여준다(Kennedy-Moore, 2012). 비록 모든 아동이 가장 높은 수준의 친구관계에 도달하지는 못하지만 이러한 틀은 친구관계를 형성하기 위해 어떠한 길로 가면 되는지를 알려주고 이 때 아동들을 지원하기 위해 어떻게 해줘야 하는지에 대한 단서를 제공해준다. 아동이 친구관계에 관해 이와 같은 발달을 하도록 반드시 촉진해야 하는 것은 아니지만, 친구관계에 대한 각 수준별 개념을 더 잘 인식함으로써 아동의 행동을 더 잘 이해할 수 있다. 또한 이러한 지식은 친구관계에서 아동이 보여주는 바람직하지 않은 사회적 행동이 그 아동의 나쁜 성격 때문이 아니라 미성숙하고 제한된 이해 정도에 기인함을 알게 해준다. 이러한 미성숙한 행동은 뒷부분에서 다루어질 발달적으로 적절한 교수방법을 통해서 설명될 수 있다. 표 7–1에는 친구관계의 다섯 가지 틀을 간단히 제시하였다.

표 7–1 **친구관계 틀의 개요**

친구관계 수준	해당 연령	친구관계에 대한 아동의 주요 개념
0수준: 일시적인 놀이 동료	3~6세	"오늘 내 친구는 너야!"
1수준: 일방적인 도움	5~9세	"나를 기쁘게 해줘!"
2수준: 쌍방적이고 공정한 협력	7~12세	"내가 널 할퀴면, 너도 날 할퀴어."
3수준: 친밀하게 상호 공유된 관계	8~15세	"친구는 모든 것을 함께 하는 거야."
4수준: 성숙한 친구관계	12세 이상	"언제 어디에 있건 우린 단짝친구야."

3. 친구 선택의 기준

아이들이 왜 그 아이를 친구로 선택했는지 가끔 의아할 때가 있다. 아동은 신체적 외모, 성, 연령, 행동, 태도나 선호 등을 고려하여 친구를 선택한다(Bukowski et al., 2009; Howes, 2009).

3.1 신체적 외모

아동이 친구를 선택할 때 고려하는 요인 중의 하나는 외모이다. 아동은 자신과 비슷한 아동에게 끌린다(Rubin et al., 2006). 또한 신체적 매력이 있는 또래는 친절함, 똑똑함, 사회적 유능성과 같은 긍정적인 속성을, 그리고 매력적이지 않다고 생각하는 또래는 부정적인 속성을 갖고 있다고 여긴다.

3.2 성

성은 아동이 누구를 '친구'로 선택하는지에 있어 중요한 고려사항이다. 아동들은 자신의 성에 기초하여 어떻게 행동해야 하는지에 대한 기대가 있다. 아동이 이런 정형화된 성 양식을 따르지 않을 때, '선머슴' 같은 여아는 그럼에도 불구하고 선호될 수 있지만, 남아는 그렇지 않다(Rubin et al., 2006). 아동기 동안에는 동성의 놀이 동료를 선호하며, 아주 어린 아이들도 이성의 또래를 놀이에서 제외시키는 경향이 있다. 두 살짜리 여아는 여아와 놀이하는 것을 선호하고, 세 살 경의 남아는 남아와 놀이하는 것을 선호하지만, 다섯 살이 될 때까지는 이러한 선호가 완전히 굳어지지는 않는다(Fabes et al., 2003a). 여아는 한 쌍이나 소집단으로 놀이하는 반면, 남아는 집단을 이루어 놀이를 하거나 집단활동에 참여한다(Rose & Smith, 2009). 여아는 개인적 정보를 공유하는 반면, 남아들은 개인적으로 공유할 필요가 없는 신체활동에 참여하는 경향이 있다(Rubin et al., 2006). 남아와 여아도 친구가 될 수는 있지만, 동성의 친구관계가 더 오래 지속되고 안정적이다.

3.3 연령

아동은 동년배의 아이를 친구로 선택하는 경향이 있다(Siegler et al., 2011). 서로 다른 연령의 아이들이 친구가 될 경우, 어떤 면에서든지 이들이 발달적으로 유사한 면이 있기 때문이다. 예를 들어, 상호작용 기술에 자신이 없는 수줍은 아동은 사회적으로 더 편안하다고 느끼는 어린 아이와 친구가 되려고 한다.

3.4 행동 특징

두 아이가 친구가 될 가능성은 이들이 공유하는 행동 속성의 수와 밀접하게 관련된다(Bukowski et al., 2009). 동서양 문화 모두에서 친구 간에 친사회적 행동, 반사회적 행동, 수줍음, 우울, 인기도, 성취 수준이 유사한 것으로 나타났다(Barbu, 2005; French et al., 2000). 또한 친구는 신체적·인지적 기술, 사교성의 정도에서 서로 유사하다(Coplan & Arbeau, 2009). 따라서 아동은 스포츠, 독서, 바둑, 우표 수집과 같은 취미를 공유하는 또래를 친구로 선택한다. 또한 똑똑하고, 민첩하고, 충동적이고, 외향적인 아이가 자신과 아주 비슷한 친구를 갖는 것을 자주 볼 수 있다.

유사성을 추구하는 것 외에도 아동은 종종 자신의 성격과 능력을 보완하는 속성을 지닌 또래를 친구로 선택하기도 한다(Rubin et al., 2006). 따라서 자신에게 부족한 면에 대해 모델이 될 수 있는 아동과 친구가 된다. 그래서 시끄러운 아동과 조용한 아동, 활동적인 아동과 소극적인 아동, 심각한 아동과 아이들을 웃기는 아동이 서로를 친구로 선택하기도 한다. 그러나 이렇게 선택할 때에도 아이들은 서로의 차이점보다는 유사성을 더 많이 본다. 아동은 완전히 정반대라고 생각되는 아이들에게는 끌리지 않는다(Hartup & Abecassis, 2004; Kennedy-Moore, 2012).

3.5 태도와 선호

어떤 면에서 비슷하지 않은 아동들도 다른 면에서 비슷하다는 것을 알게 되면 서로에게 더 좋은 감정을 갖는다. 이러한 인식이 처음에는 서로 아주 다르다고 생각했던 아이들이 좋은 관계를 맺을 수 있게 해주어, 인종이 서로 다른 아이들 간에, 그리고 장애가 없는 아동과 장애가 있는 아이 간에 친구관계를 맺을 가능성을 높여준다(Hemmeter & Croyer, 2012). 두 아동이 모두 수학을 좋아한다거나 소방관이 되고자 한다거나 하는 등의 유사성을 발견하면 신체적 차이는 덜 중요해지고 공유된 관심사로 인해 친구가 될 가능성이 높아진다. 아동이 이성, 다른 인종, 혹은 자신과 다른 능력을 가진 아동과 친구 관계를 맺기를 원한다면, 부모나 교사는 일상생활이나 계획된 활동에서의 상호작용을 통해 이들이 서로 간에 미세한 유사성을 인식할 수 있는 기회를 마련해주어야 한다.

3.6 사회적 유능성

지금까지 논의된 내용들에 기초할 때, 유사성이 아동이 친구를 사귀는 데 있어 주요한 속성임을 알 수 있다. 그러나 어떠한 다른 속성들보다도 사회적 유능성이 친구를 선택하는 데 있어 매력적인 속성이다(Bagwell & Schmidt, 2011). 아동은 사회적으로 유능한 또래에게 매력을 느끼는데, 이는 친절하고 분노 조절을 잘 하고 또래와 협상을 잘하는 아동과 함께 하는 것이 더 이롭기 때문이다. 그래서 사회적으로 유능한 아동은 다음과 같은 다양한 이유로 또래에게 놀이 동료로 선호된다.

첫째로, 아동은 즐거운 것을 가치 있게 여긴다. 놀이 동료로 어떤 아동을 선택하는 가장 처음의 이유는 그 아이가 재미있거나 같이 있으면 즐겁기 때문이다. 사회적으로 유능한 아동은 상호작용을 할 때 자발적이고 즐겁게 놀이하기 때문에 같이 있는 게 즐겁다. 이들은 다른 또래를 반갑게 맞이하고 놀이에 또래를 초대하고 놀이에 참여하고자 하는 아이에게 긍정적으로 반응하는 것과 같은 사회적 기술과 언어 능력을 가지고 있다. 또한 협력하고 협상하는 데에도 유능하다(Hebert-Meyers et al., 2009). 이러한 특성들로 인해 또래들은 이들을 사귀기 쉽고 매력적이라고 생각한다.

사회적으로 유능한 아동은 또한 통찰력이 있다. 이들은 자신의 사회적 접근에 대한 다른 아동의 반응을 알 수 있는 사회적 단서를 인식하고 자신의 정서와 행동을 그 상황에 맞게 변화시킨다(Biddle, Garcia-Nevarez, Henderson, & Valero-Kerrick, 2014). 이러한 아동은 어떤 것이 타인을 기쁘게 하는지를 추론하고 상호 혜택을 주는 방식으로 행동한다. 이렇게 자신의 정서를 관리하고 좌절에서 회복하고 갈등을 최소화하는 방향으로 행동하는 능력은 친구로 선택되는 가능성을 높여준다.

마지막으로 사회적으로 유능한 아동은 다른 아동들보다 다양성을 더 잘 수용하고 또래들 간의

표 7-2 **사회적으로 유능한 또래의 발달 특성**

발달 초점	사회적 유능성과 관련된 능력	또래관계와 친구관계의 이점
사회성	• 다른 아동의 욕구와 흥미를 인식하고 이에 맞춘다. • 자신의 행동을 조절한다(특정한 상황에 적합한 행동을 알고 사용한다). • 다른 아동을 돌봐주고 도움을 준다. • 다른 아동의 부당한 행동을 인식하고 반응한다.	• 무관심하고 불친절한 것이 아니라, 사귀기 쉽고 친절한 존재로 보여진다.
정서	• 자신과 타인의 정서를 인식한다. • 자신의 정서를 조절한다(표현해야 하는 정서를 알고 언제 어떻게 표현해야 하는지 안다). • 공감을 보여준다.	• 거리감이 있고 적대적이고 충동적인 존재가 아니라, 우호적이고 자기 조절을 잘 하는 존재로 보여진다.
언어	• 상호작용을 시작한다. • 다양한 상황에서 해야 하는 말을 안다. • 다른 사람의 의도를 이해한다. • 상호작용을 유지하기 위해 해야 하는 말을 한다. • 협상하고 화해하기 위한 말을 안다.	• 고립되거나 적대적인 존재가 아니라 사회적인 관심이 있고 협력적인 존재로 보여진다.
인지	• 타인의 사고와 욕구를 생각해보고 이에 따라 행동을 조정한다. • 대안적인 해석, 전략, 잠재적인 결과에 대해 숙고한다. • 잘 드러나지 않는 공통점이나 유사성을 찾는다.	• 이상하거나 미숙한 존재가 아닌, 유능한 존재로 보여진다.

선호와 의견에서의 차이를 더 잘 참는다(Rubin et al., 2006). 이들은 또래와 관련된 사회적 불공정함을 인식하고 친구를 변호해준다. 이러한 또래에 대한 충성심과 애정은 이들이 더 높은 수준의 친구관계에 있어 핵심이 되는 동지로 여기게 해준다. 표 7-2에는 이러한 특성들 및 발달이 사회적 유능성에 어떻게 영향을 미치고 이러한 유능성이 친구관계에 어떻게 영향을 미치는지에 대해 제시하였다.

표 7-2에 제시된 모든 특성들은 사회적으로 유능한 아동이 또래에 의해 친구로 선호되도록 해준다(Rose-Krasnor & Denham, 2009). 결과적으로 사회적 유능성과 관련된 특성과 기술은 긍정적인 또래관계와 친구관계를 형성하는 데 중요하다.

3.7 성공적이지 못한 또래 상호작용

또래관계에서 성공하지 못한 아동은 무시되거나 거부되는 두 가지 범주에 해당된다. 이러한 아동도 친구가 없는 아동과 유사한 부정적인 문제들을 경험할 위험이 있다.

무시 아동
또래로부터 무시되는 아동은 전형적으로 수줍음을 많이 타고 수동적인 아동으로, 별로 말이 없다

그림 7-7 무시 아동의 패턴

(Coplan, Schneider, Matheson, & Graham, 2012). 이들은 집단에 끼려는 시도를 별로 하지 않으며, 관심의 대상이 되는 것을 좋아하지 않는다. 또한 덜 사교적이고 덜 친사회적이며, 또래에게 무시된다. 이들은 다른 아이들의 관심을 끌기 위해서 사회적으로 수용되는 방식이 어떤 것인지 모르거나 그런 방식을 사용하지 않아서 무시된다(Ladd, 2005). 무시될 것이라는 예상을 하게 되면서 이 아이들은 점점 더 또래와의 상호작용을 피하며, 따라서 또래와 같이 있는 기회나 긍정적 상호작용의 기회를 놓치게 된다. 예를 들어, 현수는 정글짐 아래에서 민수와 시열이가 놀이를 하고 있는 것을 쳐다보고 있다. 교사가 현수에게 같이 놀이하라고 하자, 현수는 "싫어요. 난 저 게임을 잘 하지 못해요"라고 말하고 물러선다. 현수는 자신이 그 놀이에 낄 수 있다고 생각하지 않기 때문에 시도조차 하지 않는다.

거부 아동

또래로부터 거부되는 아동은 또래에 의해 적극적으로 밀려나고 놀이 동료를 찾는 데 어려움을 경험한다(Ladd, 2005). 또래로부터 거부를 경험한 아동, 특히 이미 공격적인 성향을 가진 아동은 더 공격적이 된다. 이처럼 초기 공격성과 거부 경험이 합해지면 반사회적 행동을 하게 될 가능성이 커진다(Jimerson, Swearer, & Espelage, 2010). 이런 아동은 보복하거나 또래에게 이기려고 사회적으로 동기화되는데, 두 경우 모두 사회적 관계를 촉진시키는 데 도움이 되지 않는다. 또래로부터 거부된 아동은 거부-위축된, 혹은 거부-공격적인 아동의 두 가지 유형을 보인다. 두 가지 유형 모두 나름의 문제점들을 가진다.

거부-위축된 아동은 사회적으로 서툴러서 미성숙하거나 특이한 행동을 보이며, 또래집단의 기대에 민감하지 못하다. 이 아이들은 또래들이 거부할 것이라고 예상하고, 다른 사람이 자신을 좋아하지 않는다는 것을 알고 있다(Damon, Lerner, & Eisenberg, 2006). 예를 들어, 여섯 살인 주현이는 소꿉놀이를 하고 있는 또래들을 관찰하고 있다. 주현이도 같이 놀고 싶지만, 다른 아이들이 자신을 끼워주지 않을 거라고 생각한다. 같이 놀아도 되는지 물어보는 대신에 주현이는 네 발로 기면서 멍멍 짖으며 이 아이들 근처에 다가가서, 다른 아이들을 짜증나게 하고 놀이를 방해하였다. 놀이를 하던 아이들은 주현이를 혐오스레 쳐다보고는 무시하였다. 주현이는 혼자 놀이를 한다. 거부-위축된 아동은 외롭다. 이들은 낮은 자

그림 7-8 **나는 외로워요**

아존중감과 우울, 부정적인 사회-정서적 기능 및 다른 정서 장애를 갖는 경향이 있다. 이 아이들은 흔히 따돌림의 대상이 된다(Rubin et al., 2006).

거부-공격적인 아동은 이와 정 반대로 약한 아이를 괴롭힌다. 거부-공격적 아동은 힘을 사용하기 때문에 또래집단에서 격리된다. 이들은 상호작용을 지배하려 하고, 타인을 비판하고, 협력하지 않는다(Alsaker & Gutzwiller-Helfenfinger, 2010). 이들은 타인의 행동을 자신에게 적대적인 것으로 해석하는데, 예를 들어 종우는 아이들과 축구를 하고 싶어서 자전거를 타고 축구 게임을 하는 아이들에게 다가갔는데, 같이 하자고 하는 아이가 아무도 없자 아이들이 축구를 하고 있는 운동장 안으로 자전거를 타고 갔다. 종우는 자전거를 운동장 바닥에 놓고, 축구하는 아이를 쓰러뜨리고는 공을 멀리 차버렸다. 이러한 아이들이 갖는 어려움은 부분적으로는 자신의 행위가 다른 사람들에게 어떤 영향을 미치고 그 결과로 또래들의 반응이 어떨 지에 대한 관련성을 알지 못하기 때문에 발생한다. 이들은 이 두 사건을 연결짓지 못하기 때문에 잘못이 다른 사람 때문이라고 생각하는 등 자신의 행동을 책임지지 못한다(Jimerson et al., 2010).

거부-위축된 아동은 다른 아이들이 자신을 싫어한다고 예상하는 반면, 거부-공격적인 아동은 사회적으로 인기가 있다고 믿는다(Ladd, 2005). 거부-공격적인 아동들은 적대적이고, 행동장애를 갖고, 범죄적인 폭력성을 가질 가능성이 높다. 위축되었든지 공격적이든지, 거부 아동은 중재를 받지 못하면 평생 거부 패턴을 계속하게 되기 쉽다(Rubin, Bowker, & Kennedy, 2009).

무시 아동과 거부 아동 모두 타인에 대해 부정확한 지각을 하기 때문에 다른 아이들의 사회적 단서를 잘 읽지 못하거나 잘 이해하지 못한다(Hay, Ross, & Goldman, 2004). 이는 아동을 매우 외롭게 한다. 모든 아이가 어떤 시점에서 어느 정도의 외로움을 경험하지만, 거부-위축된 아동이 가장 많은 외로움과 스트레스를 호소한다(Asher & Paquette, 2003). 이러한 결과들을 볼 때, 친구

를 사귀는 데 유용한 행동과 방식을 아동에게 알려주고 지도하는 것은 중요하다.

4. 친구관계 형성 기술

아동이 숙달해야 할 친구관계를 맺는 기술은 다음과 같다(Rubin et al., 2011).

- 사귀고 싶은 또래와 접촉하기
- 긍정적 관계 유지하기
- 친구와 갈등이 있을 때 협상하기

4.1 접촉하기

친구관계가 진척되기 위해서는 한 사람은 다가가고 다른 사람은 이를 수용해야 한다. 이러한 접촉이 어떻게 진행되었는지가 타인에 대한 아동의 지각에 영향을 미친다. 아동은 다음과 같은 행동을 할 때 좋은 인상을 줄 수 있다.

- 미소 짓고, 즐겁게 인사하기: "안녕." 혹은 "얘들아."
- 정보 물어보기: "네 이름은 뭐니?" 혹은 "식당은 어디 있어?"
- 다른 아이의 인사와 질문에 대답하기: "나도 여기 처음이야." 혹은 "나랑 같이 가자. 네가 보여줄게."
- 정보 제공하기: "내 이름은 정윤이야. 여기 오늘 처음 왔어."
- 참여하도록 초대하기: "잡기놀이 할래?" 혹은 "우리 같이 하자."
- 한 가지 역할을 맡거나 간단한 일 하기: "내가 점수 적을게." 혹은 "내가 이거 치워줄게" (Evans, 2002; Shapiro, 1997).

종종 관심을 나타내고 접촉을 하기 위해 아동들은 비언어적 단서에 의존한다. 이들은 단순하게 그 상황으로 돌진하기보다는 관찰하고 주의 깊게 듣고 가까이 다가가고 쉽게 그 상황으로 들어감으로써 현재 진행되고 있는 사회적 상호작용에 접근한다(Rubin, 2003). 이들은 다른 또래를 따른다는 것을 보여주기 위해 마트에서 물건을 사는 것처럼 행동하는 등 그 아동들이 하고 있는 것을 모방한다. 또한 단순하게 놀이 동료와 나란히 놀이를 하면서 점차 기회가 생기면 우호적인 제안을 통해서 놀이에 참여한다. 이러한 신호를 통해서 아동은 자신이 친구가 되고 싶어 한다는 것을 다른 또래들이 알게 한다. 아동은 일반적으로 유쾌하고 친절한 행동을 우호적인 행동으로 여긴다. 그래서 이러한 아동은 또래로부터 긍정적인 반응을 받게 되고 동년배들에게 더 잘 수용된다(Kennedy-Moore, 2012). 접촉을 시도하거나 반응하는 아동이 온화한 성격이라면 더 잘 적용된다.

이러한 연구결과들은 "식초보다는 꿀로 벌을 더 많이 잡을 수 있다"는 속담에서 보듯이 예의 없거나 불친절하기보다는 친절하고 예의바르게 행동함으로써 친구를 더 많이 사귈 수 있음을 강조하고 있다. 그러나 많은 아동들은 이 둘을 연결시키지 못해서 시기를 놓치거나 생각은 옳지만 그것을 부적절한 방법으로 나타낸다. 이들은 그러한 긍정적인 전략의 중요성을 모르거나 자신의 행동이 어떻게 그리고 왜 타인에게 영향을 미치는지 모른다. 이 아이들은 잡거나 밀기, 참견하기, 징징대기, 위협하기, 무시하기, 구걸하기, 비판하기, 거드름 피우기와 같은 행동을 하며 접촉을 시도한다(Ladd, 2005). 이러한 접근 방법을 사용하는 아동은 또래에게 종종 거부된다. 이러한 실패가 습관적이 되면 아동은 더욱 위축되거나 적대적으로 행동

그림 7-9 **연령에 따라 차이는 있지만 유아들이 우호적으로 해석하는 행동 중의 하나는 모방이다**

하게 되는데, 시간이 지나면서, 아동은 놀이 상대로서 비우호적이거나 바람직하지 않다는 평판을 받게 된다. 이런 경우 부모나 교사는 아동이 더 긍정적인 접촉을 하게 하여 친구를 만들 수 있는 기회를 증가시키도록 도와주어야 한다.

4.2 긍정적인 관계 유지하기

성공적인 시작을 위해 필요한 긍정적인 행동은 친구관계가 발전해가면서 계속해서 중요하다. 모든 연령에서 인기 있는 아동은 또래들에게 민감하고, 친절하고, 융통성 있고, 같이 있는 것이 재미있다고 평가된다(Rubin et al., 2006). 특히 아동이 언어적·비언어적 의사소통을 얼마나 잘 하는지가 아동의 친구 선호에 영향을 미친다(Hebert-Meyers, 2009). 아이들은 직접적으로 말하고, 맥락 내 있는 모든 사람들에게 주의를 기울이고, 타인의 놀이 신호를 알아차리고 흥미롭게 반응하며, 대안을 많이 제시하는 아동을 놀이 친구로 선호한다. 인기 있는 아동은 또래와의 상호작용에서 다음과 같은 행동을 보인다.

- 관심 표현하기: 미소 짓기, 고개 끄덕이기, 눈 마주치기, 관련 있는 질문하기
- 협력하기: 차례 지키기, 나눠 쓰기, 함께 작업하기
- 수용 표현하기: 다른 아동의 생각에 귀 기울이기, 놀이에서 다른 아동의 방법 채택하기
- 애정 표현하기: 껴안기, 손잡기, "난 너 좋아해", "우리 친구하자."
- 공감 표현하기: "그림 잘 그렸다.", "슬퍼 보여. 기다릴 동안 내가 네 옆에 앉아 있을까?"
- 도움주기와 제안하기: "네가 끈을 묶는 동안 내가 상자를 잡고 있을게. 상자 위에 끈을 달면 좋을 것 같아."

- 칭찬하기: "잘 했어.", "좋은 생각이야, 그러면 잘 될 것 같다."

이런 방식으로 상호작용하는 아이는 장기적인 관계에 도움이 되는 타인에 대한 존중과 애정을 적극적으로 표현한다(Rubin et al., 2006). 이러한 긍정적인 행동은 타인으로부터 긍정적인 반응을 유발하고, 이는 다시 성공적인 행동을 하려 하는 아동의 노력을 강화해주어 계속하게 한다.

긍정적인 순환 주기가 형성되는 것과 마찬가지 방식으로 부정적인 순환 주기도 형성된다. 공격적이거나 비협조적인 아이, 바보같이 행동하거나 잘난 척하고, 미성숙한 행동을 보이는 아이는 또래를 짜증나게 하고 또래들의 감정을 상하게 한다. 아동이 적절한 행동을 하려고 하지만 어떻게 하는지를 잘못 판단하는 경우에도 이런 문제가 발생한다. 이들은 아첨을 하고, 자신의 감정을 너무 강하게 표현하거나(거칠게 껴안기), 감사의 뜻을 너무 과도하게 전달한다. 또한 제안하기보다는 계속하여 잘못을 고쳐주고, 도와주기보다는 자신이 해버리는 등 잘못된 행동을 한다. 어떠한 경우든지 이러한 행동 패턴은 친구관계를 지속하고자 하는 아동에게 도움이 되지 않는다.

4.3 갈등 협상하기

친구 간에 의견이 일치하지 않을 때 친구관계에 심각한 문제가 생길 수 있다. 두 아동이 갈등을 어떻게 해결하는지는 관계의 지속 여부를 결정한다. 자신의 욕구를 만족시키면서도 의견 차이를 건설적으로 해결하는 아동은 관계를 지속시킬 수 있다(Rubin, Bukowski, & Laursen, 2009). 이 아이들은 자신의 위엄을 지키면서 동시에 타인의 관점을 고려할 수 있기 때문이다. 너무 수동적이어서 자기주장을 못하는 아동은 자존감을 잃고, 결국에는 또래의 존중을 받지 못한다. 공격적으로 반응하는 아동 역시 또래로부터 거부된다. 양극단의 행동 모두 또래로부터 긍정적인 반응을 유발하지 못한다(Rubin et al., 2006).

협상 기술을 효과적으로 사용하는 것과 정확하게 의사소통을 하는 능력은 깊은 관련이 있다(Hebert-Meyers, 2009). 성공적인 갈등 협상은 갈등 당사자들이 문제의 근원에 대해 공통된 생각을 가지고 해결책에 대한 자신의 생각을 타인에게 표현할 수 있는 능력에 달려 있다. 문제를 해결하기 위해서 위협하고, 창피를 주거나 강제적으로 힘을 사용하는 아동은 이러한 기본적인 조건을 위반하는 것이다. 따라서 다른 아이들이 이들을 회피하거나 같은 방식으로 보복하게 된다. 다음의 전략을 사용하는 아동은 협상에 성공할 수 있다(Evans, 2002; Stocking, Arezzo, & Leavitt, 1980). 이러한 협상 기술들은 부모나 교사가 지원해줌으로써 아동들이 학습할 수 있다.

- 개인적인 권리, 욕구, 감정 표현하기: "이번에는 내가 영화를 고르고 싶어."
- 타인의 권리와 감정에 귀 기울이고 인정하기: "그래, 네가 그 영화를 보기 위해 오래 기다렸지."
- 갈등에 대해 비폭력적인 해결책 제안하기: "그럼, 동전을 던져서 정하자."
- 제안한 해결책의 이유 설명하기: "이렇게 하면 우리 둘 다 할 수 있어."

- 비현실적인 요구에 맞서기: "아니야, 네가 방금 전에 했잖아. 지금은 내 차례야."
- 합리적인 불일치 받아들이기: "그래, 난 그런 생각은 못했어."
- 해결책 절충하기: "둘 다 보거나, 아니면 수영하러 가자."

5. 친구관계를 향상시키는 교육과정

또래와 효과적으로 상호작용하고 친구관계를 발전시키는 것은 아동의 사회성 발달에 있어 중요하다. 표 7-3에는 미국 교육현장의 학습 준거에 친구관계가 포함된 예이다.

표 7-3 친구관계와 관련된 미국 세 개 주의 학습 준거 예

미국 주	연령	기대	학습 결과
네브래스카	3~5세	사회적 지원을 받고 친구에게 의리 보여주기	결석한 또래를 인식하고 이에 관해 물어본다. 한두 명의 또래와 친밀한 친구관계를 형성하고 많은 또래들과 놀이를 한다.
일리노이	6, 7, 8학년	또래와 효과적으로 상호작용하기 위해 의사소통 및 사회적 기술 사용하기	긍정적인 관계를 유지하기 위한 전략들을 연습한다(예: 흥미와 활동 공유하기, 함께 시간 보내기, 도움 주고받기, 용서해주기)
알라스카	60개월~유치원아	또래와 친구관계 발달시키기	또래들에게 사회적 지원 제공한다(예: 자기 물건을 찾지 못하는 또래에게 도움주기). 또래가 제안한 놀이 방법을 따른다.친구는 다양한 환경 속에 있다(예: 동네 친구, 학교 친구, 교회 친구).

출처: Nebraska Department of Education(2005); Illinois State Board of Education(June 2010); Alaska Department of Education and Early Childhood Division of Teaching and Learning Support(December 2007).

5.1 친구관계에서의 전형적인 어려움

아동은 친구를 사귀고 친구관계를 유지하는 가장 좋은 방법을 저절로 알지는 못한다. 또래를 관찰하고, 연습해보고, 다양한 사회적 행동들을 실험해보고, 자신이 한 행동의 결과를 경험하면서 배운다. 관찰을 잘하고 친구를 만드는 데 무엇이 효과적이고 무엇이 효과적이지 않은지 정확하게 평가하는 아동은 관찰이나 평가를 잘 못하고 가정이나 또래의 역할 모델이 좋지 않은 아동보다 친구를 더 쉽게 사귈 수 있다. 하지만 이것이 어려움을 경험하는 아동이 향상될 기회가 없다는 의미는 아니다.

사회적으로 유능한 또래와 성인의 도움이 있다면 모든 아동은 친구관계의 필수적인 기술을 학습한다(Frankel & Myatt, 2003). 이는 또래로부터 무시되거나 거부되는 아동들에게도 적용되는데,

이들의 인식 능력을 증진시키고, 특정한 사회적 행동을 가르치고, 공격적이거나 비생산적인 반응을 감소시키는 중재과정을 통해서 가능하다(Ladd, 2005).

아동의 친구관계와 관련된 욕구에서의 차이에도 불구하고 모든 연령의 아동은 친구관계 형성과정에서 적절한 행동이 무엇인지, 어떤 기술을 어떻게 사용할지, 상황에 맞게 자기 행동을 어떻게 해야 하는지를 어려워한다(Bagwell & Schmidt, 2011). 이는 모든 아동들이 더 좋은 친구관계를 위해 학습할 수 있는 것들이지만, 부모나 교사가 방법을 안내해줄 때 더 잘 발달한다.

6. 친구관계를 향상시키도록 도와주기 위한 성인의 역할

영유아를 담당하는 교사로서 아동의 친구관계를 지원하는 첫 걸음은 아동을 주의 깊게 관찰하고 이들의 놀이 패턴, 사회적 지위, 친구관계 기회를 지지하거나 저해하는 전반적인 행동에 주의를 기울이는 것이다(Thompson & Twibell, 2009). 이렇게 수집된 아동에 관한 정보를 통해 더 강력한 친구관계 기술을 발달시키기 위해 아동이 이미 알고 있는 것과 도움이 필요한 부분에 대해 더 잘 알게 된다. 앞서 학습한 교수 전략은 긍정적인 또래관계뿐 아니라 사회적 유능성을 증진시키는 데 유용하며, 표 7-3에 제시한 친구관계를 강조하는 학습 준거들을 설명해준다. 예를 들어 긍정적인 언어 환경 구성하기, 정서를 건설적으로 표현하는 방법을 학습하도록 도와주기, 스트레스 상황에서 회복력 발달시키기, 아동의 놀이 기술을 지원하고 확장시키기와 같은 기술들은 또래와 상호작용하고 우호적인 관계를 발달시킬 기회를 높여준다. 이 외에 여기서 소개된 다섯 가지 방법 또한 아동의 친구관계 기술을 향상시키는 것과 관련된다(Epstein, 2009; Mize & Ladd, 1990b). 이러한 방법들은 친구관계를 지원하는 교실 환경 구성하기, 손인형과 소품을 사용하여 친구관계 기술 시범보이기, 친구관계 기술과 관련하여 역할놀이 실시하기, 또래와 짝지어줌으로써 직접적으로 기술 훈련하기, 더 많은 중재가 필요한 아동을 위한 일대일 코칭 제공하기이다(Hemmeter & Conroy, 2012). 부모나 교사는 친구관계와 관련하여 도움이 필요한 아동을 도와주기 위해 이 방법들 중 하나 또는 여러 개의 방법을 조합해서 사용할 수 있다.

6.1 친구관계를 지원하는 교실 환경 구성하기

친구관계 발달을 위해 성인의 지원이 필요한 정도는 아동마다 다르다. 그러나 모든 아동은 부모나 교사가 아동의 친구관계를 존중하고 격려하는 환경을 구성할 때 많은 혜택을 받는다. 이러한 환경은 아동이 생산적인 또래 상호작용을 하도록 도와주며 친구로 선택되기에 매력적이 되도록 돕는 기술을 발달시킨다(Hamre, 2008).

부모나 교사가 아동이 필요로 하는 사회적 환경을 구성하는 한 가지 방법은 또래와 비형식적

으로 상호작용하는 많은 기회를 제공하
는 것이다. 잘 알지 못하는 아동과 친구
를 하는 것은 어려운 일이다. 교사 주도
적인 활동 안에서 친구관계 기술을 연습
하는 것은 더 어려운 일이다. 아동은 서
로를 알아가고 대화하고 사회적 관계를
형성하는 방법을 탐색할 기회를 필요로
한다. 다양한 사회적 역할을 탐험해보고
동등한 또래 집단 내에서 필수적인 사회
적 기술을 연습하기 위해서 개방적이고
자기 주도적인 시간, 공간, 도구를 필요

그림 7-10　아동의 친구 사귀기를 도와주기 위해 부모나 교사는 다양한 방법을 사용해야 한다

로 한다. 교사가 놀이 안에서 아동들 간에 느슨하게 구조화된 경험을 하게하고 서로 간에 상호작용을 배우도록 도와줄 때, 긍정적인 또래관계가 발달한다. 이를 위해 가장 유용한 매체 중 하나가 가장놀이이다(Bodrova & Leong, 2007; Epstein, 2009). 연구결과에 따르면, 어렸을 때 또래와의 가장놀이 행동이 이후 친구관계 행동에 강력한 영향을 준다(NICHD, 2008). 친구관계 형성에 있어 놀이가 결정적이기 때문에 가장놀이가 지원되지 않을 때 아동기에 걸쳐 조화로운 또래관계를 방해할 수 있다(Hay et al., 2004). 그래서 이러한 연구결과들은 유아교육기관이나 초등학교에서 아동이 경험하는 활동과 일과에 대한 시사점을 제공해준다. 자유선택 시간, 휴식 시간, 프로젝트 활동, 역할놀이는 아동이 '친구관계 근육'을 키우고 사회적으로 유능한 성인으로 성장하는 데 필요한 기술을 발달시킬 기회들을 제공해준다.

　교사가 또래관계를 지원하는 환경을 구성하는 두 번째 방법은 일상생활 속에서의 경험을 아동이 친구와 어울리고 친구관계 전문가가 되는 방법을 학습할 기회로 다루는 것이다. 이를 위해서 교사는 아동을 관찰하여 새로운 기술 발달을 촉진시키기 위해 가르칠 수 있는 순간을 찾아야 한다. 이는 아동이 또래의 사회적 단서와 감정을 해석하고 이에 맞춰서 자신의 행동을 수정하는 것을 도와줌으로써 가능하다. 아동의 경험을 해석해주고 사회적으로 유능하도록 지도하고, 현장에서의 가르침을 앞부분에서 제시한 학습 준거를 강조하는 활동으로 계획함으로써 보완해줄 수 있다. 이러한 활동의 하나는 친구관계 극 활동을 실시하는 것이다.

6.2 손인형과 소품을 사용하여 친구관계 기술 시범보이기

아주 어린 영유아도 손인형으로 보여주는 인형극을 좋아한다. 아동이 필수적인 친구관계 기술과 또래 상호작용과 관련된 정서를 인식하고 이해할 수 있도록 친구관계에 관한 짧은 극을 보여줄 때 손인형과 같은 소품을 사용할 수 있다. 인형극을 교사가 먼저 시범보이고 나서 아동이 실행하는 것이 친구 간의 우호적인 행동을 시범보이고 토론을 촉진하는 효과적인 방법이다(Joseph & Strain, 2003). 한 가지 방법은 교사가 특정 기술을 보여주는 극 활동을 만드는 것이다. 표 7-4에 잠재적인 놀이동료와 효과적으로 접촉하는 것에 초점을 맞춘 친구관계 향상 수업의 예를 제시하였다. 두 가지 극 활동을 제시하였는데, 하나는 또래에게 접근하는 사회적 기술이 부족한 경우이고 다른 하나는 효과적인 기술을 사용하는 방법을 시범 보여주는 예이다. 이러한 극 활동은 3~8세 유아에게 적절하다. 교사는 일주일에 적어도 한 번은 대집단 시간에 친구관계 극 활동을 사용할 수 있다. 한 가지 기술을 다양한 상황 속에서 설명할 수도 있고, 놀이하고 싶은 게임에 관해 친구와 협상하는 것과 같은 또 다른 기술을 보여줄 수도 있다.

친구관계 극 활동은 더 개방적으로 사용될 수도 있어서, 교실 내 아동 사례를 교사가 관찰한 것을 중심으로 극본을 구성할 수도 있다(Luckenbill, 2011). 이러한 방법을 사용할 때 교사는 실제 교실에서 일어난 사건과 잠재적인 해결책을 아동이 생각해보도록 극본을 만들 수 있다. 각각의 극 활동은 다음의 여섯 단계의 문제 해결 과정에 따라 구성한다:

- 문제 확인하기
- 감정에 대해 이야기나누기
- 해결방법 생각하기
- 해결방법에 대해 이야기 나누기
- 해결방법에 대해 동의하기
- 실행하기

표 7-5에는 이러한 방식으로 친구관계 극 활동을 실시한 예가 제시되어 있다. 표 7-4와 표 7-5에 제시된 것과 같은 극 활동은 공감이나 친절과 같은 추상적인 개념을 더 구체적으로 이해하도록 도와준다. 관련된 실제 아동에 초점을 맞추지 않고 손인형을 사용하는 것은 아동들이 그 사례를 학급의 문제(한 학급 전체가 문제 해결에 책임이 있음을 의미함)로 인식하도록 해준다(Luckenbill & Nuccitelli, 2013). 이렇게 함으로써 교실 내에서 또래 간에 의견이 불일치한 경우에 더 유능한 아동과 기술이 부족한 아동 간에 대화가 풍부해지고 해결책을 찾기 위해 서로가 도와줌으로써 함께 어울리도록 한다. 친구관계 극 활동은 유아교육기관뿐 아니라 초등학교에서도 효과적으로 사용할 수 있다. 특히 언어발달에 문제가 있는 아동뿐 아니라 자폐 증상이 있는 아동에게 언어 발달과 사회성 발달을 증진시키는 데에 유용하다(Frandsen, 2011). 그래서 극 활동은 아동의 친구관계와 관련된 욕구를 설명하는 포괄적인 방법을 포함하며, 대집단 활동 시간에 보통 소개된다. 그러나 소집단 활동에서도 가능하다. 교사가 아동의 친구관계 지식과 기술 발달을 도와주는 또 다른 방법은 역할놀이를 통해서 아동을 가르치는 것이다.

표 7-4 **친구관계 극 활동의 예: 같이 놀고 싶다는 신호보내기**

재료	두 개의 인형, 크기가 작은 색이 있는 블록 몇 개, 칠판, 종이, 펜
절차	교사: 오늘 우리는 친구에 관해 이야기할 거야. 여기에 있는 두 개의 인형이 너희들처럼 진짜 아이라고 하자. 이 아이들의 이름은 도현이와 형준이야. 네 살이고 너희처럼 유치원에 다녀. 이 아이가 누구지?(교사는 인형 하나를 들고 아이들에게 이름을 물어본다). 이건 누구지?(교사는 두 번째 인형을 들고 아이들에게 이름을 물어본다). 도현이와 형준이가 친구가 되려고 할 때 무슨 일이 일어나는지 잘 보자.
극 1	(도현이가 블록을 가지고 놀이하고 있는 것처럼 움직인다. 그 다음 형준이를 도현이와 마주보는 방향으로, 그러나 30cm 이상 떨어뜨려 놓는다.) 교사: 도현이는 블록으로 혼자 재미있게 놀고 있어. 형준이는 도현이와 같이 놀고 싶어서 도현이를 열심히 쳐다보고 있어. 도현이는 계속 놀이하면서 아무도 쳐다보지 않아. 형준이는 슬퍼졌어. 형준이는 도현이가 자신과 친구가 되고 싶어 하지 않는다고 생각해.
토의 · 질문	1. 누가 놀고 있었나요? 2. 누가 놀이를 같이 하고 싶어 했나요? 3. 도현이는 형준이가 자신과 같이 놀고 싶어 하는 것을 알았나요? 여러분은 그걸 어떻게 알게 되었어요? 4. 형준이가 도현이에게 같이 놀고 싶다는 것을 알리려면 어떻게 해야 할까요? 아이들이 이 질문에 답하면, 토의를 돕기 위해 다음의 정보를 제공한다. "도현이는 노느라고 바빠서 아무도 쳐다보지 않았어. 그래서 형준이가 거기에 서 있는 것을 볼 수도 없었을 거야. 도현이는 형준이가 같이 놀고 싶어 한다는 것을 알지 못했어. 형준이가 이번에는 다르게 행동할 텐데 잘 보자."
극 2	교사: 여기 도현이가 있어. 도현이는 블록으로 혼자 재미있게 놀이하고 있어. 형준이는 도현이를 보고 정말로 같이 놀고 싶었어. 그래서 도현이를 아주 조심스럽게 쳐다보고 있어. 도현이는 계속 놀이를 하고 쳐다보지 않았어. 형준이는 도현이에게 가서 "안녕. 네가 만든 것 진짜 멋있다. 내가 블록을 더 가져올게"라고 말했어.
토의 · 질문	1. 누가 놀고 있었나요? 2. 누가 놀이를 같이 하고 싶어 했나요? 3. 도현이는 형준이가 자신과 같이 놀고 싶어 하는 것을 알았나요? 4. 형준이가 어떻게 말했죠? 5. 도현이는 그 다음에 어떻게 할 것 같아요? 6. 형준이가 도현이에게 같이 놀고 싶다는 것을 알리는 또 다른 방법은 무엇이 있을지 이야기해보자.
제언	아동이 자신의 생각을 말하면, 이것을 다시 말해주고 모든 아이들이 볼 수 있도록 그 생각을 적는다. 독창성, 정확성, 실현 가능성과 상관없이 모든 생각을 수용한다. 아동이 생각하는 것을 어려워하면, 다음과 같은 정보를 제공해준다. "같이 놀기를 원하면 '안녕, 나도 같이 놀고 싶어'라고 말하거나, '너 뭘 쌓고 있니?'라고 질문할 수 있어. 이렇게 하면 다른 아이들에게 네가 친구가 되고 싶어 한다는 것을 알려주지. 형준이가 어떻게 할 수 있을까?" 아동이 자신의 생각을 말하면, 한 번에 한 가지씩 아동이 한 말을 사용해서 그 장면을 다시 해보고, 각 경우에 도현이가 어떻게 반응할지 예측해보게 한다. 이들이 말하는 방면을 시연해본다. 필요하다면 좀 더 심화된 정보를 제공한다. "서연아. 형준이가 도현이가 블록 쌓는 것을 도와줄 수 있다고 말했지. 그렇게 한 번 해보자"(인형을 조작하고 적절한 대화를 제공한다.) "도현이가 이제 어떻게 할지 이야기해볼래?"

표 7-5 사회적 문제 해결 능력을 발달시키기 위한 극 활동의 예

문제	교사는 쌓기 영역을 관찰하였고 …를 보았다.	신체 조절에 어려움이 있는 한 아동에게 아이들이 "넌 놀 수 없어. 넌 항상 내 블록을 쓰러뜨리잖아. 나는 네가 싫어. 넌 내 친구가 아니야"라고 말한다.
바람직한 결과	교사는 학급 아동들을 위한 이러한 목표에 동의하였다.	아동은 소외에 관한 감정과 문제 해결 방법을 확인할 수 있을 것이다. 아동은 능력이 없음과 상관없이 놀이에 다른 아이를 포함시킬 것이고 개별 아동의 장점을 고려할 수 있을 것이다.
극 활동을 위한 준비	교사는 두 개의 손인형(수희와 재영이, 실제 아이들의 이름이 아님)에 관한 사회극을 만든다. 교사의 역할은 교실 내 다른 성인이 한다.	수희는 블록을 쌓고 있고 재영이는 그걸 무너뜨린다. 수희는 재영이가 전에도 이런 적이 있었기 때문에 화가 난다. 재영이가 사과한다. 수희는 여전히 화가 나 있고, 재영이에게 넌 항상 그랬고 그래서 싫어한다고 말한다. 재영이는 슬프다고 말한다. 수희는 교사에게 도움을 요청한다. "선생님. 여기 좀 보세요. 전 얘랑 친구할 수 없어요" 교사는 이 문제를 다른 관점으로 말해주고 화난 감정에 대해 이야기를 나눈다. 수희는 재영이의 장점과 두 아이가 같이 놀이했었던 때에 초점을 맞추어서 해결방법들을 생각해내었다. 다른 교사가 관찰한 내용을 보태준다. 반 아이들이 대집단 활동 시간에 앉아 있고 이들에게 질문을 한다.
극 활동하기	대집단 활동 시간(아이들은 반원 모양으로 앉아 있고 교사는 앞에서 인형을 가지고 있음.)	교사는 인형을 소개하고 극본대로 인형극을 실시한다.
문제 해결 위한 대화하기	문제 해결 단계 실시하기	교사는 아동들에게 의견을 물어보고 다시 아이들에게 말해준다. 교사는 개방형 질문을 하고 토론이 진행될 수 있도록 부연 반영을 해준다.
마무리	아동의 토론에 기초해서 인형들이 극 활동을 마무리한다.	수희는 자신이 재영이에게 들은 말을 평가한다. 수희는 블록으로 하지 않는 놀이를 그들이 할 것을 제안한다. 이들은 계속 친구가 될 수 있다. 재영이는 이것이 좋은 생각임에 동의하고 자신들이 이 문제를 해결했다고 말한다. 이 둘은 다른 놀이를 하기 시작한다.

6.3 역할놀이를 통해 친구관계 기술 가르치기

아이들은 역할놀이에 자연스럽게 끌린다. 역할놀이는 재미있고 즐겁고 교육적이며, 아동이 스스로 만드는 가장놀이 시나리오는 다양하다. 가장놀이를 하면서 아동은 이야기를 만들고, 장면의 시작과 끝뿐 아니라 상황, 인물, 대화를 만들어낸다(Dombro, Jablon, & Stetson, 2011). 이러한 특성은 아동이 친구관계 기술을 학습하도록 돕기 위해 고안된 역할놀이에도 나타난다.

역할놀이를 통해 사회적 문제 해결 기술 가르치기는 친구 사귀는 과정에서 아동의 능력을 향상시키기에 유용한 방법이다(Thompson & Goodman, 2009). 아동은 또래들이 보는 앞에서 차례대

로 사회적 상황을 표현한다. 친구관계와 관련된 시나리오로 역할놀이를 하는 아동은 문제 해결과 관련된 말과 친구 사이에서 하는 행동을 연습하게 된다. 역할놀이를 한 후에 참여한 아동은 자신이 맡은 인물이 느낀 감정이나 다른 아이들의 말과 행동에 대한 반응에 대해 이야기를 나눈다. 관객 아동 역시 자신들이 본 것을 말한다. 아동 간의 사회적 문제와 이것에 대한 해결방안을 공연함으로써 아동은 토론만으로 나올 수 있는 해결방안보다는 인식하기 쉬운 친구관계 관련 행동의 예를 접하게 된다. 비록 4~12세의 대부분의 아동들이 역할놀이를 즐기기는 하지만, 이것이 아동이 역할놀이를 의도적으로 하거나 청중 앞에서 하는 방법을 반드시 안다는 것의 의미는 아니다. 교육적 목적을 위해 역할놀이 하는 방법을 가르침으로써 아동에게 도움을 줄 수 있다.

6.4 또래 기술 훈련하기

친구관계 기술을 발달시키기 위해 아동을 도와주는 네 번째 방법은 또래 기술 훈련하기(buddy skills training) 혹은 또래 짝짓기이다. 가장 간단한 수준에서 또래 기술 훈련하기는 친구관계가 우수한 아동을 덜 유능한 아동과 짝 지우는 것이다. 이때 교사는 아동들이 함께 놀이하기 위한 기회를 갖기 전과, 놀이하는 동안, 그리고 그 후에 '코치'하는 역할을 해야 한다. 단순히 아동을 함께 하게 하는 것은 친구관계 기술을 발달시키기에 충분하지 않다. 도움이 필요한 아동은 무엇이 기대되는지, 혹은 무슨 일이 일어나고 있는지를 알아야 하기 때문에 교사가 이 역할을 해주어야 한다. 이러한 짝짓기는 무시되는 아동의 사회적 기술과 지위를 향상시키는 데 특히 유용하다(Bagwell & Schmidt, 2011; Zimbardo, 1999). 사회적으로 무시된 아동은 동년배들과 어울리는 방법을 알지 못하기 때문에 적절한 접촉과 관계 형성 행동을 사용하는 연습을 하도록 때론 더 어린 아동과 짝 지우는 것이 유용하다(Rubin, 2003). 교사는 아동들이 함께 할 수 있는 활동이나 소집단 과제를 제공함으로써 아동을 짝 지울 수도 있다. 두 아동에게 매일 10~15분 정도 블록 쌓기 과제를 주거나 형이 동생에게 책을 읽어주게 하는 것과 같이 교사는 쌍으로 해야 할 특별한 과제를 제시한다. 상황이 어떠하건 간에 이러한 중재의 목표는 절친이 되게 하는 것이 아니라 친구관계 기술을 향상시키는 데 있음을 명심해야 한다.

예를 들어 친구관계 기술이 부족한 자폐아동은 또래 기술 훈련하기를 통해 많이 좋아질 수 있다. 그러나 단순히 자폐아동을 더 사회적으로 유능한 아동과 짝 지우는 것은 자폐아동의 행동을 변화시키는 데 충분하지 않다. 자폐아동은 촉진 없는 사회적 상호작용의 관련된 측면을 인식하지 못하거나 다른 아동의 긍정적인 행동을 모방하지 못한다. 교사가 이러한 촉진을 제공할 수도 있지만, 자폐아와 짝 지어진 아동도 할 수 있다. 아이들도 놀이의 세부사항들에 자폐아동이 주의를 기울이게 하기 위해 자폐아동과 상호작용하는 방식에 관한 구체적인 가르침을 받을 수 있다. 예를 들어 유능한 아동은 "이제 집을 지을 거야. 보이지? 여기 봐봐. 우리 집 보이지?"처럼 놀이를 언어적으로 기술할 수도 있고, "경빈이가 우리를 위해서 점심을 만들고 있네. 맛 봐봐. 이렇게 해봐"라고 또래의 놀이를 보고 이에 대해 말할 수도 있다. 아동이 '친구와 머물고 친구와 놀이하고 친구와 이야기하도록' 하는 기대를 가지고 특정 활동에서 아동을 짝 지우는 것은 아동의 사회적 상호작용과 놀이 수준을 향상시킨다(Hughett, Kohler, & Raschke, 2011; Laushey & Heflin, 2000). 가장 좋은 짝짓기는 사회적 기술이 서로 다르지만 유능한 아동이 그 관계에서 만족을 느끼지 못할 정도로 차이가 나지 않는 아동들 간에 이루어진다. 이러한 기술을 향상시키는 것은 모든 아동이 서로의 공통점을 확인하는 것을 돕고, 친구관계를 발달시킬 기회를 증가시킨다.

6.5 일대일 코칭하기

아동이 상호작용에서 파괴적인 패턴을 보이거나 친구를 사귀는 데 있어 미숙함에 불행할 때, 그리고 어떻게 해야 할지 확신이 없을 때, 집중적인 일대일 코치가 도움이 될 수 있다(Bagwell & Schmidt, 2011). 이러한 코칭은 강력한 중재 방법 중 하나로, 또래관계 기술을 향상시키기 위해 교사와 한 명의 아동이 한 번에 한 가지 친구관계 기술을 연습하는 단기간의 정규 시간들로 구성된다(Bierman & Powers, 2009). 각 회기는 계획된 내용을 기반으로 일반적인 또래 상호작용 맥락 밖에서 이루어진다. 코칭 회기는 교사가 그 날 배울 기술과 이 기술이 왜 중요한지 설명하고 기술을 시범보이고, 아동이 연습하고 평가하는 과정으로 이루어진다. 이러한 코칭 회기의 내용은 교실에서 자연스럽게 친구관계 기술이 발생하는 순간에 강화될 수 있다.

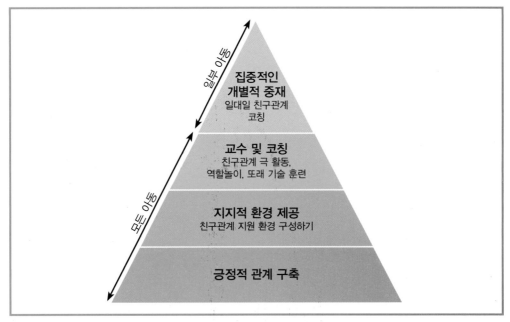

그림 7-11 사회적 지원 피라미드: 아동의 또래 및 친구관계 지원하기

  앞에서 기술한 다섯 가지 방법은 강도에도 차이가 나고 사회적 지원 피라미드(그림 7–11)의 각기 다른 부분에 있다. 가장 기본적인 방법은 친구관계를 지원하는 환경을 만드는 것으로, 교사는 이를 통해 아동이 또래와 자유롭게 상호작용할 기회를 제공해주고 일상적인 상호작용을 통해 친구관계 발달을 조장할 수도 있다. 친구관계 극 활동, 역할놀이, 또래 기술 훈련하기는 아동이 알아야 할 필수 기술들을 가르치는 데 사용될 수 있다. 더 강력한 중재가 필요한 아동에게는 일대일 코칭을 제공할 수 있다.

아동의 또래 및 친구관계를 지원하기 위한 기술

친구관계를 지원하는 환경 만들기

1. 또래와 함께 있을 수 있는 비형식적인 기회를 준다

또래와 말하고, 놀고, 함께 있는 것을 즐길 수 있는 기회를 제공해준다. 매일의 일과에서 아이들이 서로에게 자유롭게 반응할 수 있도록 대집단 시간이나 식사 시간과 같은 구조화된 활동과 자유선택 놀이시간이나 바깥놀이 시간과 같은 덜 구조화된 활동을 계획한다. 이러한 시간이 교사 주도적이 되지 않도록 유의하고, 아이들을 관찰하고 아이들의 말을 주의 깊게 들어야 한다. 교사가 원하는 방향으로 대화하도록 하지 말고 아이들이 자유롭게 말하도록 한다.

2. 모든 아동이 가장놀이에 참여할 수 있도록 격려한다

실내와 실외에서 아동들이 가장놀이를 할 수 있도록 소품들과 공간을 준비한다. 이 영역에 아동이 참여하도록 한다("성주와 미현이가 마트놀이를 하는 것 같네. 너도 저기에서 물건을 사면되겠다"). 만약 아동이 참여하기를 꺼린다면 아동과 함께 그 놀이영역으로 간다("달걀이 필요한데. 나랑 같이 가서 장바구니 채우는 걸 도와줘"). 놀이를 향상시키는 방법과 반영을 사용한다. 아이들끼리 지속할 수 있다면 교사는 물러난다. 모든 아동에게 이 방법을 사용할 수 있으며, 특히 또래로부터 무시되거나 거부되는 아동에게 적절하다.

3. 아동이 서로의 이름을 알도록 돕는다

모든 아동의 이름을 자주 불러서 이름이 친숙해지게 한다. 어린 유아에게는 이름 게임을 하거나 유아의 이름이 들어간 노래를 부를 수 있다. 같은 반 아동의 이름이 적힌 사진이나 자화상을 게시하는 것도 좋은 방법이다.

4. 아동이 서로 간의 유사점을 발견하도록 하기 위해 대소집단 활동을 한다

먼저 교사가 만든 상황에 대하여 아동이 반응하는 상황을 만드는데, 예를 들어 내가 가장 좋아하는 것이 무엇인지 이야기하게 하는 것이다. 그리고 나서 아동에게 "승진이랑 내가 둘 다 좋아하는 것은 ~", "나는 두산 팀을 좋아하는데 ~도 좋아해"와 같은 질문에 대답하도록 한다.

5. 또래들 간에 발생하는 우호적인 상호작용을 지적하여 말해준다

우호적인 상호작용을 강화하기 위해 행동 반영을 사용하거나 아동에게 정보를 제공한다. "서영이가 상현이가 블록 치우는 것을 돕고 있구나" "지용이가 너에게 가위를 건네주었구나. 그건 정말 좋은 행동이야."

6. 아동이 놀이집단에 참여하도록 돕는다

아동이 놀이집단에 다가가는 전형적인 모습을 관찰한다. 만약 특정 아동이 놀이에 참여하는 데 주저하고, 또래에게 거부당하는 것을 보았다면 다음 방법을 사용한다.

- 아동과 미리 계획하고, 놀이집단이 형성되자마자 어떤 활동을 할 것인지 선택하도록 한다. 이렇게 하기 어렵다면, 아동이 교사와 함께 집단에 참여하는 것도 좋다. 이렇게 하기 위해서, 교사는 놀이에서 하나의 역할을 선택하고 그 역할을 통해 활동에 접근하여야 한다. 예를 들어, 아이들이 달로 날아가는 놀이를 하고 있다면, 이들에게 다가가서 "수진이와 나는 우주 비행 관제 센터가 될게. 우리는 우주선에서 너희들과 이야기할 거야"라고 말한다. 수진이가 놀이집단에서 편안해지고 잘 수용되면, 교사는 점차 놀이에서 물러난다. 교사가 놀이에서 빠질 때 수진이도 처음에는 함께 빠지려고 할 수 있는데, 교사가 계속 지지해주면 수진이도 편안해하고 스스로 집단에서 구성원이 되어 참여할 수 있다.
- 현재 진행되고 있는 놀이에 새로 들어오는 또래가 어떤 기여를 할 수 있는지 또래들이 알 수 있도록 돕는다. 예를 들어 주은이와 다현이가 쌓기 영역에서 동물농장을 만들고 있다면 "동물농장에 살고 있는 동물들이 여기 있네"하고 말해서 초희가 플라스틱 동물들을 가지고 오게 할 수 있다. 놀이에 참여한 아동을 지원해주는 방법을 준비하고 있어야 한다.
- 주저하는 아동에게 자신이 참여하고 싶은 집단 근처에서 비슷한 활동을 하도록 한다. 그러면 놀이집단은 점차 그 아동이 집단에 참여하고 친구가 될 수 있게 할 것이다. 또 다른 방법은 그림 그리기, 블록 쌓기, 요리하기 등에 다른 아동을 초대함으로써 새로운 집단을 형성하도록 도와주는 것이다.

7. 일상적인 상호작용 속에서 아동이 또래에게 우호적인 의도가 있다는 것을 인식하도록 돕는다

친구관계의 접촉 단계에서 아동이 다른 아동의 의도를 오해하는 상황에 주의를 기울여야 한다. 이유도 말하지 않고 다른 아동을 거절하는 아동을 볼 경우 교사는 그 상황에 개입하여 상대 아이의 긍정적인 목적을 대신 설명해주고, 아동이 상대방의 접촉을 받아들일 것인지를 결정하게 한다. 아동은 다른 아이의 우호적인 의도가 분명하면 제안을 더 잘 받아들인다.

예를 들어, 민호는 친구를 사귀고 싶어 하는 적극적인 4세 아동인데, 교사에게 누구와 친구하고 싶은지에 대해 자주 말하지만, 종종 자신이 한 말과 모순된 행동을 한다. 어느 날, 민호는 블록 영역에서 오랫동안 혼자서 버스를 만들고 있었다. 그가 바쁘게 운전을 할 때, 유나가 와서 자신도 같이 갈 수 있는지를 물어보았다. 민호는 얼굴을 찌푸리고는 "안 돼"라고 말했다. 유나는 다시 한 번 물어보았고 또다시 거절당했다. 그러자 유나가 "좋아, 누군가가 버스에서 내릴 때까지 여기 구석에 서 있을 거야. 그러면 내가 탈 수 있겠지"라고 말했다. 민호는 당황하였다. 이때, 교사가 다가와서 "민호야, 운전하는 것이 재미있나 보구나. 유나가 같이 놀고 싶다고 말하는 거야. 유나는 네 버스의 승객이 되고 싶어 해. 그러면 유나는 네 친구가 될 수 있어"라고 말했다. 그러자 민호는 기뻐하였고 안심하였다. 민호는 유나가 놀이에 관심이 있다는 단서를 알아차리지 못했다. 교사가 제공해준 정보는 그 상황을 새롭게 보도록 하였고, 두 아이는 그 날 오전 시간의 대부분을 버스놀이로 보냈다.

8. 자신의 행동이 친구 사귀기에 어떻게 영향을 미치는지 인식하도록 돕는다

• 또래가 자신의 행동을 어떻게 이해하는지를 더 잘 알 수 있도록 아동에게 정보를 제공한다. 예를 들어, 주호는 관심을 끌기 위해 민희를 밀었다. 민희는 다른 곳으로 가버렸고, 주호는 민희가 자신을 거절하자 화가 났다. 교사는 주호가 놀라는 것을 보고, 옆으로 다가가서 "민희랑 친구가 되고 싶은가 보구나. 다른 사람을 밀면 아파. 네가 민희를 밀면, 민희는 너무 화가 나서 너랑 같이 놀고 싶어 하지 않을 거야. 친구는 서로를 아프게 하지 않아. 다음에는 민희의 이름을 부르면서 네가 원하는 것을 이야기해보렴"하고 말해준다. 교사는 주호가 혼자서는 알 수 없었던 중요한 정보를 주었다. 주호가 이 충고를 진정으로 따르도록 이러한 정보를 여러 환경에서 몇 차례 더 반복해준다. 만약 부정적인 패턴이 지속된다면, 주호에게 다음에 언급된 코칭 전략을 사용한다.

• 아동이 보인 긍정적인 행동에 대해 말해주어 다른 시간에도 긍정적인 행동을 반복할 수 있게 해준다. 예를 들어, 아이들이 서로 나누고 차례를 지키고 미소를 짓거나 협력한다면, 이러한 행동이 또래와의 관계에 미치는 긍정적인 효과를 알려준다. 즉, "둘이 같이 블록놀이를 할 수 있는 방법을 생각해냈구나. 다투지 않고 해결하는 좋은 방법이네"라고 말해준다.

9. 서로에 대한 아동의 질문과 의견을 말해주어 아동과 또래를 연결 짓는다

예를 들어, 현식이가 다른 아이들이 놀이를 하고 있는 블록 영역으로 다가가서, 교사에게 "나도 해도 돼요?"라고 한다면, 쌓기 놀이를 하고 있는 아동에게 그 질문을 하게 한다. "현식이도 쌓기 놀이를 하고 싶구나. 남규에게 말해보렴" 필요하면 어떻게 말해야 할지도 알려준다. "'나도 하고 싶어' 라고 말해" 남규가 반응하지 않는다면, 상호작용이 지속되도록 아이들에게 정보를 제공한다. "현식아, 남규가 네 말을 듣지 못했나봐. 더 가까이 가서 다시 이야기해 봐" 혹은 "남규야, 현식이가 너에게 할 말이 있대. 놀이를 멈추고, 현식이를 쳐다보고, 말을 잘 들어봐"라고 말해준다.

10. 아동의 언어적 상호작용이 지속될 수 있도록 돕는다

아이들이 대화를 하면 방해하지 말고 듣고 있다가, 상호작용이 잘 이어지지 않으면 반영하거나 개방형 질문을 사용하여 개입한다. 예를 들어 아이들이 주제에서 벗어나고, 더 이상 연결되지 않으면 주제로 다시 돌아가도록 돕는다. "현식아, 남규야, 활이 어떻게 균형을 잡는지에 대해 이야기하고 있었지. 현식아, 남규에게 네가 알아낸 것을 말해주렴" 또한 아직 대화를 잘 할 수 없는 아이의 미숙한 언어는 교사가 다른 아이들에게 해석해준다. 예를 들어 경숙이가 영지에게 "오렌지주스 먹을래?" 라고 물었는데 영지가 "주"라고 하면, 경숙이는 이해할 수 없다. 경숙이가 못 알아들었으면 영지의 말을 대신

해준다. "주스라고 말한 거야" 반면 경숙이가 영지에게 "주스 줄까?"라고 물었고 영지가 또다시 대답하지 않으면 번역자의 역할을 한다. "영지야, 경숙이가 한 말 들었니? 경숙이를 쳐다봐, 경숙이가 다시 말해줄 거야" 아이들이 서로 말을 하게 되면 교사가 관심이 대상이 되지 않도록 대화에서 벗어난다.

11. 아동에게 협상에 필요한 언어를 가르친다

적절한 말을 시범보이기 위해서 자연스럽게 발생하는 상황을 사용하거나 또래 간에 일어나는 전형적인 갈등을 해결하도록 돕는 각본을 아동에게 제공한다.

- 권리를 표현하기 위해 "내가 이거 먼저 가졌어. 너는 내 다음에 해."
- 해결방법을 제안하기 위해 "아마도 우리는 ~를 할 수 있을 거야", "때로 이런 일이 일어날 때 사람들은 ~", "이런 건 어때?", "넌 어떻게 생각해?"
- 비합리적인 요구에 대항하기 위해 "아니야. 난 아직 못했어. 이번이 내 차례야."
- 협상하기 위해 "나도 이만큼. 너도 이만큼. 이제 우리 모두 똑같이 가졌네."

아동들이 어려움을 경험하기 시작하면 곧장 이러한 말을 사용해야 한다. 논쟁이 심화되기까지 기다리면 안 된다. 11장에서 더 심각하고 공격적인 갈등을 중재하는 방법에 대해서 학습할 것이다. 그러나 아동이 문제를 해결하고 같이 잘 어울리는 것과 관련된 말을 경험할 때 이러한 모델링은 효과적이다.

12. 친구 관계에서 비롯되는 슬픔을 견뎌내도록 돕는다

- 친구가 냉대를 하거나 이사를 가는 것과 관련해서 아동이 상실감을 느낄 때 판단하지 말고 아이의 말을 들어준다.
- 친구관계와 관련된 아동의 감정을 확인시키고 이야기를 나누기 위해 정서 반영하기와 개방형 질문을 한다.
- 위로의 말을 전달한다. "양미와 네가 생각의 차이를 좁힐 수가 없어서 유감이구나. 친구를 잃는다는 것은 정말 슬픈 일이야."
- 아동이 잃어버린 친구관계에 대해 슬퍼할 시간을 주고, 그 사실을 빨리 잊거나 새로운 친구를 빨리 찾으라고 강요하지 않는다.
- 아동이 새로운 관계를 형성할 수 있는 가능성을 탐색할 수 있도록 활동과 또래에 대해 생각해본다.

또래 기술 훈련하기

1. 다양한 활동에서 아이들을 짝짓는다

아이들이 함께할 수 있는 일을 주거나 공통의 관심을 갖도록 공동 작업을 하게 한다. 이러한 활동을 하면서 아이들은 '친구와 함께 있고 친구와 놀이하고 친구와 이야기 나누어야 한다'고 예상한다.

2. 수줍어하는 아동은 더 어린 아동과 짝짓는다

이런 아동은 동성의 어린 아이와 짝지어준다. 그 후 점차 동년배의 동성이나 이성의 아동과도 짝지어

준다. 이 방법은 수줍어하는 아동이 위협받지 않고 어린 숭배자로부터 인정을 받으면서 사회적 기술을 연습하게 해준다.

3. 아동들과 먼저 팀을 이룰 때, 이들의 유사점을 말해준다

아동에게 서로 간의 공통 관심사를 발견할 기회를 준다.

4. 사회적 기술을 학습하고 실행하도록 짝지은 두 상대방 모두를 돕는다

예를 들어 유능한 아동은 다른 아동의 행동과 말을 더 잘 관찰하는 것을 배울 수 있는 반면, 덜 유능한 아동이 다른 아동의 관심을 얻는 적절한 방법을 알지 못할 수 있다.

친구관계 기술을 시범보이기 위한 극 활동 설계하기

1. 가르치고자 하는 친구관계 기술을 선정한다

접촉하기, 친구관계 유지하기, 협상하기 등과 같이 보통 한 번에 한 가지 기술에 집중하는 것이 좋다. 시범보이고 있는 기술을 명확히 해서 아동에게 기대하는 것이 무엇인지 알게 해야 한다. "오늘 선생님이 너희에게 다른 아이와 같이 놀고 싶어 하는 어떤 아이에 관한 이야기를 보여줄 거야."

2. 시범보이기 위한 인물과 소품들을 선정한다

인형과 그림, 손 인형은 극의 인물을 묘사하기 위한 좋은 매개체이다. 아동은 가리키고, 만져보고, 이야기할 수 있는 소품들을 사용하여 구체적인 예를 보여줄 때 가장 잘 배운다.

3. 각본을 작성한다

각본은 다음의 과정을 따라 작성한다. 아이들이 주의시간이 짧기 때문에 극 길이를 몇 줄 안 되게 짧게 구성하는 것이 가장 좋다.

- 바람직하지 않은 기술 사용의 예를 보여준다(예: 등장인물이 또래에게 접촉을 시도하지 않고 다른 아동이 자신이 같이 놀고 싶어 한다는 것을 알아차리기만 바란다).
- 그 행동이 왜 효과적이지 않은지 설명한다.
- 바람직한 기술을 보여준다(예: 등장인물이 효과적으로 접촉을 시도한다).
- 그 기술이 왜 효과적인지 설명한다.
- 아동들의 경험과 연결 지으면서 아동들과 짧은 극에 대해 토론한다.
- 소품들을 사용하여 극을 아이들이 직접 다시 만들거나 수정할 수 있도록 격려한다.

4. 토론을 촉진하기 위해 사용할 말과 질문을 기록한다

어떤 등장인물이 그 기술을 보여주었는지, 어떤 등장인물이 그 기술을 보여주지 않았는지, 어떻게 그런 결론에 도달하였는지, 등장인물들이 다음에는 어떤 기술을 사용하는 것이 좋을지를 중심으로 토론한다.

5. 극을 미리 연습해본다

소품들을 모아서 극을 연습한다. 외워서 할 수 있고 편안하게 수행할 수 있을 때까지 연습한다.

6. 소집단 상황이나 일대일 상호작용에서 극을 보여준다

- 아이들을 반원 모양으로 앉혀서 모든 아동들이 교사의 얼굴과 손을 볼 수 있도록 한다. 교사가 바닥에 앉아 있다면 무릎을 꿇어서 아동들이 더 쉽게 볼 수 있도록 하고, 의자에 앉아 있다면 소품을 전시할 낮은 의자나 탁자를 사용한다. 극이 시작되면 각본에 맞는 행동을 손인형으로 한다. 목소리와 얼굴 표정을 이에 맞추어 표현적으로 한다. 등장인물별로 목소리를 달리하여 표현한다.
- 등장인물들을 소개한다. 아동들이 등장인물의 이름을 반복하게 하여 각각의 등장인물이 누구인지 알도록 한다.
- 이야기를 대략적으로 소개한다. "오늘은 친구에 관해 이야기를 나눌 거예요. 여기 두 개의 인형이 있지요. 이 인형들은 너희와 같은 아이들인데, 이름은 A와 B야. A와 B도 너희와 같은 나이고 유치원을 다니고 있어. A와 B가 친구가 되는데 어떤 일이 일어나는지 잘 보자."
- 분명하게 말하고 풍부하게 표현한다. 집단 토론을 이끌어내기 위해 아이들의 말을 주의 깊게 듣고 무비판적으로 수용한다. 아이들이 주제에서 벗어나면 다시 상황을 명확히 해줄 정보를 주고, 다음에는 주제를 더 분명하게 할 수 있도록 극을 어떻게 수정할지 생각해둔다. 아동이 극을 관찰할 때와 자신이 본 것에 대해 이야기 나눌 때 칭찬해준다.

7. 극의 효과를 평가한다

극에 대한 평가는 나중에 한다. 아이들이 선정된 주제에 관해 흥미를 나타내고 이에 관련된 대화를 할 수 있다면, 다른 소품과 각본을 사용해서 똑같은 극을 다음에 반복한다. 그리고 점차 아동들이 고려할 수 있는 새로운 정보를 추가한다. 아이들이 흥미 없어 하면, 환경 내에 아이들의 주의를 분산시키는 것이 있는지 아니면 활동이 매력적이지 않은지 생각해본다. 아이들이 관심을 기울이지 않는다면 주의 깊게 관찰하거나 이들에게 의견을 물어본다.

8. 좀 더 큰 아동의 경우 친구와의 문제를 극화한 자신의 극을 만들도록 격려한다

때로 10~12살 정도의 아동은 또래나 동생들에게 자신들이 만든 극을 공연하고 싶어 한다. 아동의 연령에 관계없이 앞에 언급한 절차가 적용될 수 있다.

9. 또래관계를 포함한 교실 내 문제를 다루는 다양한 사회적 문제 해결 극 활동을 구성한다

교실 내 아동들 간에 발생하는 문제들을 관찰하고 이와 관련된 사회극을 구성한다. 앞에 기술한 여섯 가지 문제 해결 단계들(문제 규정하기, 정서에 대해 이야기나누기, 해결방법 생각하기, 해결방법 논의하기, 해결방법에 대해 동의하기, 실행하기)을 포함하여 구성한다.

역할놀이를 통해 지도하기

1. 역할놀이가 무엇인지 설명한다

역할놀이는 어떤 것을 배우거나 연습하기 위해 가장을 하는 특별한 방식임을 설명해준다. 아동들이 맡은 역할을 설명해주고, 주어진 상황에서 아동이 어떻게 느끼는지, 혹은 다른 사람이 이 상황에서 어떻게 느낄 것이라고 생각하는지를 표현해보라고 말한다. 역할놀이의 각 에피소드에서 역할을 맡은 아이가 있고 보기만 하는 아이가 있지만 모든 아동이 그 상황에 대해 말할 수 있다는 것을 알려준다. 역할을 맡은 아동들이 사용할 수 있는 소품과 물리적 영역이 어디까지인지 보여준다.

2. 장면을 설정한다

주제, 각본, 문제를 아동에게 제시해준다. 아동이 표현할 특정 정서를 제시해줄 수도 있다. 각 아동에게 특정 역할과 이 역할을 특징짓는 행위나 말에 대한 힌트를 준다.

3. 아동이 등장인물의 역할에 몰입하도록 도와준다

아동이 등장인물의 역할을 더 잘 수행할 수 있도록 소품이나 의상을 선택할 수 있게 한다. 7세 미만의 아동의 경우 이 단계를 거치지 않으면 역할을 하는 데 어려움을 겪을 수 있다. 역할이 추상적이거나 좋은 소품이 없을 경우 아동에게 그림이나 상징물을 목에 걸어주는 것도 좋다.

4. 역할놀이를 하는 아동을 주의 깊게 관찰한다

아동들의 노력을 칭찬해준다.

5. 역할놀이를 하는 동안 일어났던 일에 대해 토론한다

놀이 참여자와 관찰자 모두에게서 의견을 이끌어낸다.

6. 아동에게 대안적인 시나리오를 만들어 보게 한다

아동들이 직접 만든 각본에 따라 역할을 해보게 하고, 결과에 대해 이야기 나눈다.

7. 토의내용의 핵심사항을 요약해준다

아동의 생각에서 서로 다른 점과 비슷한 점을 찾아낸다. 학급에서 가장 중요한 한두 가지 주안점을 강조한다.

집중적으로 일대일 친구관계 코칭하기

아동이 파괴적인 패턴의 상호작용 방식을 계속하거나 친구를 잘 사귀지 못해서 불행해하고 무엇을 해야 할지 난감해 하는 것으로 판단되면, 아동에게 코칭을 시작한다. 코칭은 아동에게 특정 친구관계 기술을 가르치기 위해 짧지만 정규적으로 계획된 세션을 하는 것이다. 이때 교사 역할은 집단의 아이들에게 사용하는 방법과 아주 유사하다. 차이는 한 번에 한 명의 아동을 대상으로 하고, 그 아동이

한 것에 대해 구체적인 피드백을 그 자리에서 주는 것이다. 어떤 아동은 여러 가지 기술에 대해 도움을 많이 필요로 하지만, 다른 아동은 약간의 중재만으로 빨리 향상될 수 있다. 또한 다른 아이가 친구관계의 코치가 될 수도 있다. 자원하는 아이 중에 아동 훈련자를 선정하여 대상 아이에게 어떻게 말해야 할지 그 아이의 반응에 어떻게 피드백 주어야 할지를 연습해보게 한다. 교사가 하든 다른 아이가 하든 코칭을 할 때 아래에 제시한 절차를 따라해보자.

1. 아동이 힘들어하는 친구관계 기술을 선정한다

또래를 무시하고, 거부하고, 물건을 잡아채고, 밀고, 방해하고, 순서를 안 지키고, 놀리는 등 '모든 것'을 잘못하고 있는 아동의 경우 그 중 하나의 행동을 선택하는 것이 어려울 수 있다. 모든 면을 한 번에 완전하게 고치고자 하면 좌절과 실패로 끝날 가능성이 높다. 그보다는 한 번에 한 가지 문제 영역에 관해 노력하는 것이 낫다. 이러한 방식을 사용하면 아동과 교사 모두 각 단계에서 성공을 경험할 수 있어서 계속 노력할 수 있다.

2. 코칭을 시작한다

코칭은 잘못된 일이 있을 때 즉시 하기보다는 관련 없는 시간에 시작하는 것이 중요하다. 아동이 아무 활동에도 몰두하지 않은 시간에 옆에 앉아서 "주빈아, 오늘은 선생님하고 특별한 시간을 가질 거야. 나하고 저리로 가서 이야기하자. 어떻게 하는 건지 말해줄게"라고 말한다.

3. 아동에게 기술을 설명한다

교사가 아동에게 가르치고 싶어 하는 기술을 일반적인 용어보다는 구체적인 용어로 아동에게 제시해준다.
- 부적절한 용어: "네가 누군가와 친구가 되고 싶으면 더 관심을 보여야 돼." 이는 아동이 어떤 행동을 해야 하는지에 대한 충분한 정보를 제공하지 못한다.
- 적절한 용어: "네가 누군가와 친구가 되고 싶으면, 그 아이의 생각을 잘 듣는 것이 중요해. 그렇게 하려면 그 아이를 쳐다보고, 그 아이가 너에게 뭔가를 말하고 있으면 너는 말을 하면 안 돼."

4. 기술에 대한 시범을 보여준다

교사가 직접 행동을 통해 모델이 되거나 그렇게 행동하고 있는 다른 아이의 행동을 지적해주어, 교사가 무엇을 말하는지 아이가 볼 수 있게 한다. "선생님이 이 손인형 가지고 한 번 해볼게 잘 봐. 이제는 네가 이 손인형을 가지고 어떻게 놀 수 있을지 하나만 말해볼래?" 혹은 "재희 좀 봐. 성규가 말하는 것을 아주 주의 깊게 듣고 있네."

5. 새로운 행동이 왜 중요한지 이유를 말해준다

"네가 사람들의 생각을 잘 들어주면, 그 사람들이 기분이 좋아지지. 그러면 그 사람들이 너를 더 많이 좋아하게 될 거야."

6. 다른 아동과 기술을 연습해보게 한다

교사는 손인형을 가지고 친구관계 기술을 바람직하게 사용한 예와 잘못 사용한 예를 시연한다. "여기에 두 개의 손 인형이 있어. 얘네 이름은 현주랑 지현이야. 현주가 지현이에게 자신의 생각을 말하고 있어. 잘 보고 들어봐. 지현이가 현주에게 친구가 되고 싶어 한다는 것을 얼마나 잘 보여주고 있는지 말해 볼래?" 몇 차례 시연을 한 뒤, 손 인형을 사용하거나 교사나 다른 아동과 함께 역할놀이를 해보게 함으로써 아동이 새로운 행동을 연습해 볼 기회를 준다. 이렇게 연습해보면 아동은 다양한 사회적 행동을 하는 것과 이에 반응하는 것이 어떤 것인지를 더 직접적으로 경험할 수 있게 된다. 아동에게 그 기술을 보여 줄 수 있는 다른 방법을 제안하고, 질문을 하고, 자신의 정서와 반응에 대해 말할 기회를 준다.

7. 아동이 사용한 기술을 평가한다

연습 회기를 통해서 아동의 노력과 더 잘하게 된 것을 칭찬해주고, 아동이 그 기술을 적절하게 사용한 경우를 지적해 말해준다. 아동이 노력하는 것을 칭찬해주고, 미소를 보내거나 다정하게 껴안아 주는 것과 같이 행동으로 격려한다. 또한 아동이 그 기술을 더 잘 사용하도록 수정해준다. 이때 행동에 초점을 두어, "이번에 서영이가 친구와 말할 때 친구 눈을 쳐다봤지? 아주 잘 했어. 내일은 다른 것을 해보자"라고 말한다.

8. 코칭 절차를 몇 차례 반복한다

사용하는 소품과 가설적 상황을 한 번 이상 변화시킨다. 아동이 매일의 상호작용에서 목표로 한 기술을 더 많이 사용하면, 아동의 노력을 칭찬해주고 이들이 더 잘 할 수 있도록 도와주는 정보를 바로바로 제공해준다. 아동이 나아지면, 새로운 기술을 알려 줄 계획을 세우거나 코칭 회기를 점차 줄여간다.

9. 아동이 각각의 친구관계 기술을 잘 사용할 수 있도록 피드백과 강화를 지속적으로 실시한다

현재 코칭하고 있는 기술이 제대로 습득되기 전에 새로운 기술을 가르치지 않도록 주의해야 한다.

가족과 의사소통하기

1. 친구관계의 정상적인 발달과정에 관해서 아동의 가족과 이야기를 나눈다

아동의 부모가 하는 말을 잘 듣고 이들의 생각과 정서를 반영해준다. 친구관계의 발달 단계 중 현재 아동이 경험하고 있는 단계의 속성을 부모에게 설명해준다. 부모가 자녀의 행동이 어디에서 나오는지를 이해하고, 수용될 수 없는 행동을 긍정적이고 지지적인 방식으로 다룰 수 있도록 본 장의 앞부분에서 설명한 방법을 알려준다. 아동이 단짝 친구를 갖는 것, 혹은 친구관계를 맺지 못하여 실망한 것과 같은 문제가 생기면 가족과 함께 이야기를 나눈다. 이 책에서 제시되는 여러 가지 방법을 제안한다. 예를 들어 아동에게 충고하는 대신 부모가 아동에게 적극적인 경청을 하도록 하고, 이러한 방법에 대한 개요가 적혀 있는 간단한 각본을 부모에게 제공한다.

2. 아동의 친구관계에 관한 부모 워크샵을 실시하고 특정한 친구관계 기술을 강조한다

아동들이 친구를 사귀는 기회를 늘리고 친구 사귀는 능력을 향상시킬 수 있는 방법들에 대해 부모들과 이야기 나눈다.

3. 부모가 학교 밖에서 아동의 친구관계를 촉진시킬 수 있도록 돕는다

• 부모가 자녀를 위해 새로운 친구를 찾고자 한다면, 학급에서 친구가 될 수 있다고 생각되는 아동의 이름을 부모에게 가르쳐준다. 아이들이 서로 어울리는 친구인지를 알기 위해서 아동의 연령, 성, 근접성, 기관에서의 관계, 흥미, 친구관계의 단계 등을 고려한다.

• 아이들이 친구 집에 방문할 시간을 가지도록 부모를 격려한다. 교사는 가족과 함께 의논하여 친구 집을 방문하는 것이 아동에게는 재미있고 부모에게도 괜찮은 일이 되도록 도와준다.

4. 기관 밖에서 이루어지는 모임 초대에 대한 방침을 정한다

예를 들어 학급의 모든 아동을 초대하지 않는 한, 생일 파티에 초대할 때에는 개인적으로 편지나 전화로만 초대를 하여 초대받지 않은 다른 아동이 상처받거나 초대장이 잘못 전달되어 혼동이 생기지 않게 한다.

5. 가족 간에 서로를 알 수 있도록 행사를 계획한다

다른 아이를 집으로 초대하거나 자녀가 다른 가정을 방문하는 것에 대해 주저하는 부모가 많다. 이 것은 아동의 친구관계 발달에 있어 중요한 측면, 즉 교육기관 밖에서 활동을 같이 하는 기회를 놓치게 한다. 이 때 기관에서 부모들이 서로 알 수 있는 기회를 마련해주어 또래와 또래의 부모를 알게 한다. 이러한 행사를 통해 부모들은 더 편안해지고, 아이들을 위해 기관 밖에서 또래와 놀이할 시간을 계획하게 될 것이다.

6. 또래로부터 무시되거나 거부되는 아동에 관해서 부모와 이야기 나눈다

부모와 조용한 장소에서 솔직하게 부모와 이야기 나눈다. 부모가 말하는 것을 주의 깊게 듣고, 부모의 분노나 불확실성에 대해 정서 반영을 해준다. 학교 상황 이외에 그리고 가족 내에서(형제, 사촌 등) 아동의 친구관계에 관해 물어본다. 어떤 아동은 학교 밖에서 친한 친구를 가지고 있어서 학교에서 특별한 친구를 가질 필요를 못 느낄 수 있다. 친구가 되려고 시도하거나 다른 아동의 제안에 대해 아동이 성공적으로 반응하지 못했던 사례를 기록하고, 이 장에서 제안한 전략들을 모두 시도해본다. 만약 충분한 기간(몇 주나 몇 달)이 지난 후에도 아동이 향상되지 못하면, 문제를 심각하게 인식하고 중재를 받도록 권고한다.

피해야 할 함정

◆ 너무 빨리 개입하는 것

친구 문제로 어려움을 겪는 아동을 볼 때 교사는 즉각적으로 중재를 해야 할 것 같은 유혹에 빠질 수 있다. 신체적 위험이 있어 즉시 개입해야 하지 않는 한, 잠시 상황을 관찰하고 어떠한 형태의 중재가 가장 좋은지 생각하여 결정하도록 한다. 단순히 상황에 가까이 다가가는 것만으로 문제를 해결할 수도 있고, 이 장에서 언급한 방법들을 직접적으로 사용하는 것이 더 적절할 수 있다. 교사가 어떤 방법을 따르든지 간에 교사에게 도움을 적게 받으면서 친구관계 기술을 연습할 기회가 많을수록, 아동은 또래와의 상호작용에서 성공하는 방법을 더 빨리 배운다. 아이들에게 여러 가지 방법과 해결책을 스스로 해보는 기회를 준다.

◆ 아이들끼리 우호적인 상호작용을 할 수 있는 기회를 놓치는 것

교사는 때로 자신이 아이들과 상호작용하는 것에 너무 몰두해서 아이들이 또래와 친구관계 기술을 증진시키도록 도와줄 수 있는 기회를 알아차리지 못할 때가 있다. 예를 들어, 교사가 한 아이와 이야기하고 있을 때 다른 아이가 다가오면 방해받는다고 여기거나, 두 아이와 각각 대화하려 할 수 있다. 이때 교사는 교사와 아이들뿐 아니라 아이들끼리 서로 이야기를 나눌 수 있도록 반영을 해주고 정보를 제공해주는 것이 더 적절하다.

◆ 모두가 '친구'임을 강조하는 것

교사가 아이들이 사이좋게 지내기를 바라는 것은 당연하지만, 항상 그렇게 되지는 않는다. 아이들은 한 번에 몇 명의 또래와만 친밀한 관계를 형성하는 경향이 있다. 모든 아이들에게 서로 좋아하라고 하는 것은 비현실적일 뿐 아니라 아이들의 진실한 감정을 무시하는 것이다. 어느 집단이나 서로 맞지 않는 사람들이 있다. 아동은 자신이 아주 좋아하는 사람과 좋아하지 않는 사람들과 건설적으로 상호작용하는 방법을 배워야 한다.

◆ 모든 아이들이 항상 함께 하도록 요구하는 것

친구관계가 지속적인 동료애를 토대로 생긴다는 생각은 잘못된 것이다. 친숙함이 공통적인 흥미를 갖게 하기는 하지만, 아동이 원하지 않을 때 함께 놀도록 강요하는 것은 그 관계를 악화시킨다. 교사는 아동이 혼자 놀이에 참여할 기회를 제공하고, 혼자 있고 싶어 하는 아동의 바람을 또래에게 건설적으로 설명할 수 있도록 도와주어야 한다. 또한 교사는 혼자 있고 싶어 하는 또래에게 거부된 아동을 도와주어야 하는데, 또래가 혼자 있고 싶어 한다는 것을 설명해주고, 다른 활동이나 또래를 찾도록 도와준다.

◆ 아동의 친구관계를 깨뜨리는 것

유아기와 초등학교 저학년 시기 동안 아동은 단짝 친구관계를 발달시킨다. 이 시기에 단짝 친구가 된 두 명의 아동은 서로 떨어질 수 없다. 부모나 교사는 이러한 둘 만의 친밀함이 다른 친구관계를 발달시킬 능력을 방해할까 봐 걱정하여, 두 아이가 함께 지내는 시간을 제한하려고 하는데, 이것은 잘못된 것이다. 아동이 '특별한 관계'를 발달시키면서, 자신이 좋아하는 대상에 집중하는 것은 자연스러운 현상이다. 아동이 처음으로 친구 사귀기에 흥미를 나타낼 때 이들의 주된 목표는 단순히 여러 명의 아이들이 놀이하고 있는 집단 활동에 포함되는 것이다.

그러나 일단 이러한 목표가 이루어지면, 아동은 그 관계에 영향을 미치고 싶어 한다. 즉, 다른 아동이 자신의 생각을 들어주고, 제안을 수용해주고, 의사결정에 자신을 참여시켜 주기를 원한다. 아동에게 이것은 비교적 위험한 과정이어서, 이들은 일대일의 안정적 관계 속에서 자신의 기술을 검증해보고자 한다. 단짝 친구인 두 아동은 서로를 잘 알게 되고 그래서 서로의 반응을 더 정확하게 예측할 수 있기 때문에 위험이 적어질 수 있다. 또한 좋은 시간을 함께 보낸 역사가 있어서, 앞으로 올 어려운 시기를 견디어 나가도록 도와준다. 아이들이 이러한 과정들을 통과하는 데는 오랜 시간이 걸리는데, 부모나 교사가 이 과정에서 간섭하면, 진정한 의미의 친구관계를 배울 수 있는 중요한 기회를 빼앗는 것이다. 부모나 교사는 아동이 관계 형성에 있어 이러한 중요한 단계를 경험할 수 있도록 해주어야 한다.

◆ 아동이 친구를 사귀고 싶어 하는 단서를 인식하지 못하는 것

아동은 친구를 사귀려고 할 때 부적절한 행동을 할 수 있다. 예를 들어, 상호작용을 시도하려고 빈정댈 수도 있고, 좋아하는 또래에게 혼자만 접근하기 위해서 다른 아이를 밀어 나가라고 하거나, 둘만의 친구관계를 갖기 위해 친구에게 다른 아이를 거부하도록 강요하기도 한다. 겉으로 보기에 이런 행동들은 분명히 제한해주어야 하는 상황이다. 그러나 이러한 상황을 관심 있게 지켜본다면, 이 문제가 친구관계 기술이 부족하거나 이해를 잘 하지 못해서라는 것을 알게 될 것이다. 교사는 이 때 아동의 부정적인 행동을 단순히 멈추게 하기보다는 이러한 상황을 아동이 좀 더 건설적인 친구관계 기술을 배울 수 있는 기회로 활용해야 한다.

◆ 외로워하거나 거부되는 아동의 신호를 무시하는 것

우리는 흔히 아동이 외로워하거나 또래로부터 거부되는 것과 같은 문제들을 스스로 해결할 수 있다고 생각한다. 그러나 이들의 관점과 사회적 기술을 변화하기 위해서 위로와 지원이 필요하다. 이를 위해서 교사는 주의 깊게 이들을 관찰하고 본 장에서 소개한 사회적 지원 피라미드의 기본부터 시작해서 단계별로 방법을 사용해야 한다. 만약 이러한 방법 중 어느 하나도 효과가 없다면 외부의 전문가에게 의뢰해야 한다.

SUMMARY

또래관계와 친구관계는 아동의 생활에 있어 중요한 사건이며, 아동에게 사회적, 정서적, 인지적 발달의 기회를 제공한다. 또래 및 친구관계는 사회적 유능성을 연습할 수 있는 기회이다. 어떤 아동은 쉽게 친구를 사귀지만, 어떤 아동은 그렇지 않다. 친구가 없는 것이나 불만족스러운 친구관계의 결과로 아동기에 심각한 어려움을 경험할 수 있고 이것은 성인기까지도 지속될 수 있다. 친구가 한 명도 없는 아동은 드물지만, 많은 아동이 더 많은 친구나 더 좋은 친구를 사귀고자 한다.

친구관계에 대한 아동의 생각은 성인과는 다르고, 아동이 커 가면서 변화하지만, 아주 어린 아동도 연령과 경험이 자신과 비슷하고 인지적, 신체적 능력이 비슷한 친구에게 관심을 보인다. 아동의 친구관계에 대한 이해는 아동이 성숙해짐에 따라 점차 복잡해지는 일련의 다섯 가지 단계를 거쳐 발달한다. 초기 단계에서 아동은 근접성과 편리성에 기초하여 친구를 선택하며, 자신의 관점, 동료의 외적 특성, 지금 일어난 사건에 집중한다. 점차 아동은 또래의 바람과 관심에 민감해지면서, 유머나 진실성과 같은 심리적 특성을 중요시하고 현재뿐 아니라 관계의 미래에 대해서도 생각하기 시작한다.

아동이 친구를 처음 고를 때, 이들은 신체적 외모, 인종, 성, 연령, 능력, 태도와 같은 눈에 보이는 속성에 초점을 맞춘다. 일반적으로 아동은 자신과 비슷하다고 지각되는 또래를 친구로 삼고자 하는데, 때로 이러한 유사성은 해당 아동들에게만 분명하게 보인다.

아동이 보이는 사회적 기술 또한 친구를 만들고 친구관계를 유지하는 능력에 중요한 영향을 미친다. 친구를 만드는 것은 자동적인 것도 신비한 과정도 아니다. 친구를 사귀고 또래에게 영향력이 있는 아동은 접촉을 시도하고, 긍정적인 관계를 유지하고, 갈등을 협상하는 방법을 안다. 이러한 기술을 스스로 습득하는 아동도 일부 있지만, 대부분의 아동은 도움을 필요로 한다. 친구관계 발달은 유아교육기관과 초등학교 교육과정의 주요 요소이기도 하다.

부모나 교사는 아동의 우호적인 행동을 증가시키기 위해 중요한 역할을 할 수 있다. 비형식적인 매일의 일상생활에서 계획된 활동이나 구조화된 코칭을 통해서 도와줄 수 있다. 가족 또한 학교 안에서나 밖에서 아동이 친구관계를 증진시키도록 도와줄 수 있다. 교사는 이러한 가족을 지원해줄 수 있다.

CHAPTER 8

사회성 발달을
위한 물리적
환경 구성

CHAPTER 8
사회성 발달을 위한 물리적 환경 구성

학 습 목 표

• 어떤 물리적 환경과 어떻게 구성된 환경이 아동의 사회적 유능성, 독립심, 자기 주도(self-direction) 및 자기 통제를 증진시키는지 알아본다.
• 아동의 사회성 발달을 촉진하기 위한 시간, 공간, 가구의 사용 방법을 살펴본다.
• 사회적 유능성을 증진시키고 바람직하지 않은 행동을 감소시키는 물리적 환경을 구성한다.
• 물리적 환경을 구성하는 데 피해야 할 함정들을 인식한다.

아동의 자율성, 유능성 그리고 통제는 교사가 물리적 환경을 어떻게 구성하는지에 따라 영향을 받는다. 예를 들어 진희는 싱크대 근처에 손 씻는 그림을 붙여 놓은 것을 보고 종이 타월을 낭비하지 말아야 한다는 것을 상기한다. 아동의 키 높이에 블록을 보관할 수 있는 선반이 있다면 스스로 놀잇감을 정리할 수 있을 것이다. 아동이 스스로 외투를 걸어 둘 수 있는 옷걸이가 있으면 민주는 바깥놀이를 나갈 때 효율적으로 행동할 수 있다. 영역에 붙어 있는 일과 계획표는 아동이 자신의 놀이 활동을 계획하도록 하여 자율성을 증진시킬 것이다. 이러한 환경 구성은 아동의 사회적 유능성에 긍정적 영향을 준다. 이는 우연히 되는 것이 아니라, 교사가 간접적이지만 계획적으로 마련하는 것이다.

　　구성하기(structuring)는 아동의 사회성 발달을 증진시키기 위해 시간과 공간, 교구를 관리하는 것을 나타내는 용어이다. 다른 아동 발달이나 기술도 환경적 요소의 영향을 받지만 이 장에서는 주로 사회적 영역만을 다루고자 한다.

　　유아교육전문가가 물리적 환경을 구성하는 데는 세 가지 이유가 있다. 첫째, 교사는 아동의 행동을 예상하고자 하는 것으로, 아동이 등원하기 전이나 어떤 활동에 참여하기 전에 바람직한 행동은 촉진하고 바람직하지 않은 행동은 최소화하기 위해 환경을 준비하고자 한다. 이는 구성하기의 가장 보편적인 형태이다. 교사는 아동에게 강조할 사회적 목적이 무엇인지 미리 고려하고, 이러한 사회적 목적을 달성하기 위해 시간, 공간, 교구를 어떻게 배치하는 것이 가장 최선인지 고려한다. 둘째, 교사는 발생하는 문제를 해결하기 위해 그 자리에서 환경 구성하기를 한다. 이러한 전략은 교사-아동 뿐 아니라 아동-아동 간 좌절과 갈등을 최소화한다. 즉각적인 환경의 재구성은 맥락

표 8-1   사회적 유능성의 목적, 구성하기의 형태, 교수 목적 및 구성하기 실제 간의 관계

사회적 유능성의 요소	구성하기 형태	아동을 위한 목적	구성하기의 예
사회적 가치	미리 구성하기	자신이 사용한 물건을 치운다.	쉽게 접근할 수 있는 정리바구니를 제공한다.
긍정적 자아정체감	미리 구성하기	집단에 기여할 기회를 가지고 인정을 받는다.	아동의 작업, 프로젝트, 또는 다른 작품을 전시한다.
대인 간 기술	현장에서 바로 구성하기	공동의 목적을 이루기 위해 함께 작업한다.	집단 활동에 참여하고 싶은 아동에게 재료를 추가해준다.
자기 조절	현장에서 바로 구성하기	대집단 활동 시간에 주의를 집중한다.	대집단 시간에 장난감을 보이지 않게 하거나 교구장을 돌려놓는다.
계획하고 결정하기	미리 구성하기 혹은 현장에서 바로 구성하기	교재교구나 활동을 비교하여 선택한다.	아동이 선택할 수 있는 적절한 재료나 활동을 제공한다.
문화적 유능성	미리 구성하기	사람들이 다양한 문화적 배경을 가지고 있음을 인식한다.	교실 내 흥미 영역에 다양한 문화적 배경과 능력을 설명하는 그림 자료와 사진을 추가한다.
정서 지능	미리 구성하기 혹은 현장에서 바로 구성하기	새로운 재료에 반응하는 정서를 표현하는 다양한 어휘를 사용한다.	새로운 물건과 재료를 추가한다. 여기에 정서를 표현하는 단어를 적은 표시를 붙인다.

을 바꾸어 아동의 어려움을 최소화하고 결과를 개선할 수 있다. 마지막으로 교사는 아동으로 하여금 의사소통과 사회적 상호작용을 증진시키고 적절한 행동을 촉진시키기 위해서 구성하기를 한다. 이러한 방식의 구성하기는 1장에서 기술한 사회적 유능성의 일곱 가지 요인을 증대시킬 수 있으며, 그 예시를 표 8-1에 제시하였다.

1. 공간과 교구 구성하기

교사가 바람직한 사회적 행동을 촉진하기 위하여 주변 환경을 준비하는 한 가지 방법이 공간과 교재교구를 구성하는 것이다. 건물, 가구, 교재교구, 자연환경 요소 등은 아동의 사회성 발달을 촉진하도록 관리할 수 있는 구체적이고 가시적인 자원이다. 아동이 놀이하고 배우는 물리적 환경은 파괴적 행동의 유무와 관련된다. 교실 내 여러 '훈육 문제'는 가구와 교재

그림 8-1   교사는 유아에게 기관 내 물건의 사용법을 알려주어 유아의 일과 적응을 돕는다

교구 배치 및 선정에서 직접적으로 그 원인을 찾을 수 있다(Weinstein & Mignano, 2010). 즉, 아동은 잘 고안되고 적절하게 배열된 물리적 공간에서 자기 통제를 발달시킨다. 그리고 우정은 비형식적인 상호교환이 계획된 안락하고 편안한 교실에서 자라난다. 대부분의 연구결과에 따르면 잘 고안된 환경은 이를 사용하는 사람들을 위해 긍정적이고 지지적 장면을 창출한다. 대체로 전문가들은 아동이 작업하고 놀이하는 공간에서 집단 소속감 및 타인과 연계되어 있다는 느낌을 가지게 하고자 한다. 다양한 목적을 충족시킬 수 있도록 개방적 교재교구가 포함된 융통적인 공간이 바람직하다. 또한 효율적인 공간 구성 안에서 자연 재료는 아동의 호기심과 궁금함을 증대시킨다(Curtis & Carter, 2003).

1.1 건물과 운동장

건축가, 조경 설계자, 실내 디자이너, 프로그램 관리자는 용도에 적절한 기준을 충족시키는 건물을 세우거나 개조할 책임이 있다. 안전, 편리성, 내구성, 유지보수, 심미감, 접근용이성, 융통성 등은 모두 이러한 과정에서 고려되어야 할 사항이다. 운동장은 보통 안전을 위해 담이 있어야 한다. 각 해당 부서마다 아동을 대상으로 하는 기관의 설비에 대한 기준이 있다. 시설 및 설비가 아동의 사회성 발달에 영향을 미치기는 하지만, 교육기관 담당자들이 시설 및 설비를 쉽게 바꾸거나 변경하기는 어렵다. 반면에 교사는 가구배치, 조명 또는 교실의 색깔과 같은 변경 가능한 특성을 변화시킬 수 있다.

건강하고 안전한 환경 유지

아동과 교사는 건강과 안전을 도모할 수 있는 물리적 환경을 유지해야 하는 책임이 있다. 아동은 교사가 안전하고 건강한 환경 관리를 위해 노력하는 것을 보고, 청결함, 정돈, 안전, 타인에 대한 배려와 같은 사회적 가치를 학습한다. 초기부터 이러한 것들을 배웠기 때문에, 나영이는 간식을 먹고 탁자를 깨끗하게 치웠고, 준호는 깨끗해진 탁자에서 간식을 먹을 수 있었다. 교사의 행동을 관찰했었기 때문에 동수와 민호는 잡기 놀이를 하는 장소의 출발선과 잡기 놀이 장소를 구분하기 위해 종이블럭으로 경계를 만들었다. 안전과 건강을 위해 환경이 구성되어 있을 때 성인은 아동과 편안하게 상호작용을 할 수 있다. 안전에 대한 요구는 적절한 수준의 도전을 하고자 하는 아동의 요구와 균형을 이루어야 한다(Kostelnik & Grady, 2009).

사회성 발달을 촉진하는 실내 환경 조성

지지적 학습 환경은 다양한 모양과 형태로 구성될 수 있다. 어떤 교실은 만들어질 당시부터 아동을 위해서 구성된 것일 수도 있지만, 많은 경우 처음에는 다른 목적으로 구성된 공간일 가능성이 높다. 따라서 공간을 좀 더 쾌적하게 개조해야 하는데(Knapp & Hall, 2010), 공간의 변경이 현장에서 바로 이루어지기도 하지만 대부분 환경을 준비할 때 수행된다.

벽

벽의 색은 공간의 분위기에 영향을 준다. 주황색 혹은 붉은색과 같은 따뜻한 색은 흥분을 시키는 색깔이다. 파란색 혹은 녹색과 같이 차가운 색은 차분하게 한다. 흰색, 검정 그리고 갈색은 우울하게 만들거나 매력적이지 않은 색이다(Knapp & Hall, 2010). 교사는 아동의 작품을 전시하기 위해서 게시판을 붙이거나 줄을 걸어둔다. 또한 가구를 두거나, 공간에 적절한 인쇄물이나 그림을 걸어둠으로써 벽 공간을 바꿀 수 있다. 아동은 자신의 작품이 전시된 것을 보면서 그 공간이 자신의 것이라고 느낀다(Trenholm & Jensen, 2011). 약간 경사가 있는 바닥에 위치한 다락방 같은 장소는 개인적 공간의 역할을 할 수 있다.

조명

조명을 낮추고 방 전체에 빛이 퍼지도록 하는 것은 사회적 상호작용에 도움이 된다(Bogle & Wick, 2005). 램프를 추가하거나 천정에 매달린 조명을 일부 끄는 것도 이러한 효과를 나타낼 수 있다. 독서와 같이 가까이서 하는 작업에는 집중적인 조명이 필요하다. 너무 밝거나 너무 흐린 불빛은 파괴적인 행동과 연관이 있다(Tanner, 2009). 더운 날에는 열을 줄이기 위해 조명을 끌 수 있고, 방안을 자연광으로 편안하게 하기 위해 블라인드를 사용할 수도 있다. 연구에 따르면 특히 사람이 많은 공간에서 과도한 열기는 사회적 상호작용을 감소시키고 공격적 행동을 야기한다(Burgoon, Guerrero, & Floyd, 2010).

소음 통제

소음을 줄이기 위해 깔개와 카펫을 사용할 수 있다. 소음이 적어지면 스트레스가 감소하고 대화를 잘 할 수 있는 환경이 된다. 미리 깔아 놓았던 깔개는 지저분해지는 활동 전에 치워놓을 수 있다. 아동이 이야기하고 움직이기 때문에 어느 정도의 소음은 있게 마련이다. 시끄러운 학습 환경은 아동 간에 대화를 하지 못하게 하고 짜증과 피로를 느끼게 만든다(Evans, 2006). 아동과 교사가 적절하게 행동하고 있을 때에도 여전히 시끄럽다면, 부가적으로 소음 흡수 재료 및 부드러운 재료를 추가하는 방법으로 환경을 변화시켜야 한다.

아동이 앉는 곳이나 실내 오르기 기구와 같이 떨어질 수 있는 곳에는 카펫이나 부드러운 재질을 깔아주면 좋다. 쌓기놀이 영역에서 단단한 표면의 카펫은 블록을 잘 쌓을 수 있게 해주면서 소음을 감소시킨다. 실내 공간을 조정하는 몇 가지 예를 표 8-2에 제시하였다.

표 8-2 **아동의 사회적 행동에 영향을 주는 시설 조정하기**

관찰된 상태	조정 방법	아동에게 미치는 영향
덥고 통풍이 잘 안 되는 상태임	• 창문과 출입문을 열어두어 열기를 식힘	• 스트레스와 잠재적인 공격성이 줄어듦 • 보다 편안해지고 긍정적인 사회적 상호작용이 증가함
쌓기놀이 영역의 공간에서 한 번에 두 명의 아동만 놀 수 있음	• 쌓기놀이 영역의 공간을 늘림	• 사회적 상호작용의 기회가 촉진됨
실외놀이터 출입문이 고장남	• 문기둥 주변을 줄로 묶고 문을 닫아 둠 • 보수를 요청함	• 아동이 교사의 감독을 벗어나지 않음 • 성인이 보다 편안하게 아동과 상호작용을 할 수 있음
수조작 영역에서 놀이하지 않음	• 양면테이프를 사용하여 밝은 색(체리색이나 오렌지색)의 도화지로 임시로 도배	• 아동이 밝은 색에 매료되어 수조작 영역으로 자주 가서 놀이를 함
한 아동이 망치로 책상에 있는 놀잇감을 두들김	• 놀잇감 아래 신문지를 접어서 둠	• 다른 아동을 방해하지 않으면서 놀잇감을 망치로 치는 놀이를 계속할 수 있음
아동의 장화가 책장 위에 있거나 책장 근처 바닥에 흩어져 있음	• 장화를 정리하기 위한 장화 정리대를 비치함	• 교실이 보다 정돈이 되었고 책장은 깨끗해졌음 • 교사의 잔소리가 줄어듦

1.2 실외 환경

- 정글짐 꼭대기까지 올라가기
- 친구들과 달리고 잡기놀이하기
- 플라스틱 파이프를 가지고 아주 큰 구조물 만들어보기
- 모래놀이 영역에서 강과 댐 만들어보기
- 나무 그늘 아래에서 함께 책읽기

이러한 활동은 모두 아동이 실외에서 경험할 수 있는 즐거운 활동이며, 이들 활동을 통해 사회적 유능성이 나타난다. 영아에서 청소년에 이르는 모든 아동은 실외에서 놀 수 있어야 한다. 실외놀이를 통해 대근육 운동과 사회적 놀이를 할 수 있는 기회를 갖게 되고, 독립심도 길러진다. 자연 공간은 특히 ADHD 아동의 피로를 줄여주고 정서적인 자기 규제를 증진시킨다(Evans, 2006). 모든 사람은 정신 건강을 위해 자연환경과 접촉해야 한다. 움직임에서 자기 능력에 대한 아동의 판단은

실외활동을 통해 얻어지고, 이러한 판단을 통해 자기 효능감과 신체상을 구성하게 된다. 안전한 환경에서 자유로이 움직일 수 있을 때, 아동은 자연을 살펴보고 자신의 운동기술을 연습하여 스스로 할 수 있는 것을 탐색할 수 있다. 다른 영역과 마찬가지로 실외놀이 공간은 발달적으로 적절해야 하며, 아동의 신체 크기에 맞고, 성공과 독립성을 조장하도록 설계되어야 한다. 아동은 실외놀이를 통해 또래를 도와주고 격려하는 기회를 가진다(Hearron & Hildebrand, 2012). 아동은 자신들의 다양한 능력에 따라 활동하기 때문에 실외 환경에서 아동의 사회적 모습은 달라질 수 있다. 예를 들어, 남아는 실내보다 실외에서 가장놀이에 더 많이 참여한다. 그리고 실외에서는 놀이 주도자와 놀이집단이 실내와는 달라질 수도 있다.

이러한 목표를 성취하기 위해서 교사는 다른 활동뿐 아니라 모든 종류의 소근육과 대근육놀이, 구성놀이, 역할놀이를 계획해야 한다(Hohmann, Weikart, & Epstein, 2008). 실내 활동이 실외로 이동할 수도 있으며, 자연 재료가 실내로 들어올 수도 있다(Oliver & Klugman, 2005). 적극적인 교사의 계획과 감독은 실내만큼이나 실외 환경에서도 중요한데, 이렇게 하지 않으면 아동은 실외에서 놀이하는 것을 두려워하거나, 점점 더 공격적으로 행동하여 아동의 행동을 수용할 수 없게 되거나, 지루해 하고 교사에게서 떨어지지 않으려하기 때문이다(Bilton, 2010). 실외놀이에서 아동이 넓은 공간과 활동성의 결과로 발생할 수 있는 사회적인 도전을 성공적으로 해결하기 위해서는 성인의 지지가 더 필요하다.

식물은 실외 환경에서 중요하다. 잔디는 아이들이 뛰거나 넘어질 때 충격을 흡수하고 집단 게임이나 거친 신체놀이를 하기에 좋다. 건물 담장 울타리는 자동차 소음과 먼지를 줄이며, 개별 공간을 제공해준다. 아동을 정원 만들기에 참여시킴으로써 환경을 아름답게 하는 데 기여하게 할 수 있다. 교사는 해롭지 않은 식물을 실외에 두고, 독이 있는 식물은 제거해야 한다. 나무 그늘은 집단 모임을 위한 공간으로 적절하다. 하나의 학습 경험으로 아동이 작은 묘목을 가꾸는 것도 가능하다. 작은 나무들을 적절히 배치하여 소집단 아동이 놀기에 적절한 공간을 만들어줄 수도 있다. 울타리는 넝쿨 제비콩, 호박 등을 기르기에 적당하다.

학교, 공원, 유아교육기관의 운동장에는 고정된 오르기 기구가 많이 있다. 사다리, 나무상자, 널빤지와 같이 이동 가능한 실외 기구는 협동 놀이를 격려하며, 이동성 부품이 많은 놀이 공간은 아동 스스로 환경을 바꿀 수 있게 한다(Felstiner, 2004).

하루의 계획과 아동의 능력에 따라 놀잇감과 장비를 쉽게 첨가하거나 제거할 수 있다. 겨울에는 세발자전거를 썰매로 대치할 수 있다. 날씨가 좋을 때에는 실내에서 사용하던 놀잇감이나 교구를 실외에서 사용할 수도 있다. 일반적으로 실외에서 사회적 상호작용을 지원해주는 방법은 실내에서와 똑같지만, 실외의 경우 아동이 더 빨리 움직이고 더 멀리 이동하기 때문에 비언어적 의사소통에서 약간의 수정이 필요하다. 때로는 거리가 멀기 때문에 아동이 교사의 지시와 지도를 듣는 것이 힘들 수도 있다.

교사는 실내·실외 설비 구성하기를 통해 아동의 안전을 유지하도록 하는 제한하기를 최소화할 수 있다. 잘 구성된 환경에서 교사와 아동 간 상호작용은 지지적이고 긍정적이며, 사회적 유능성을 성취하는 데 중점을 둔다.

1.3 가구나 장비 배치

아동은 지지적 환경 속에서 자신의 주변 환경을 통제할 수 있고, 사물 및 사람들과 상호작용하기 위해 자유롭게 움직일 수 있다(Marion, 2011). 안전이 가장 중요하기 때문에 교사는 아동에게 위험을 최소화할 수 있는 환경을 계획해야 한다.

지지적 환경은 개인이나 소집단, 대집단 활동을 위한 학습 센터나 흥미 영역으로 구성된다(Stuber, 2007). 잘 조직된 환경은 물리적 한계가 분명하며, 그 곳에서 아동의 행동이나 교구 사용이 조절된다. 또한 아동 간 갈등은 감소되며, 양질의 학습이나 놀이를 위한 조건이 갖추어진다. 특별한 요구를 지닌 아동에 대해 유념하여 이러한 아동이 가능한 스스로 기능할 수 있도록 하여야 한다(Sutterby & Frost, 2006).

필요한 흥미 영역의 수와 종류는 아동의 연령과 집단 크기에 따라 다르다. 활동 공간이 교구를 사용하는 아동이 있는 곳으로 정의된다면, 쌓기놀이 영역을 위한 활동 공간의 수는 한 번에 블록을 사용할 수 있는 아동의 수를 고려해서 4~6명 정도이다. 아동이 기다리지 않도록 하기 위해서 보통은 아동이 차지하고 있는 활동 공간의 1/3 정도가 더 필요하다(Marion, 2011). 20명의 아동으로 구성된 집단의 경우 최소 27명의 아동에게 적합한 정도의 활동 공간이 필요하다. 바람직한 결과를 얻기 위해 물리적인 공간과 아동의 연령에 기초한 현실적인 추정이 필요하다. 일반적으로는 취학 전 유아는 두 명에서 네 명 정도의 집단에서 성공적으로 놀이하는 반면, 학령기 아동은 약간 더 큰 집단에서 놀이집단을 조직한다. 퍼즐이나 그림물감과 같은 개별적인 교구가 포함될 때 놀이 인원은 교구의 수와 정확하게 일치되어야 한다. 블록과 같은 교구를 제외하고는 아동이 서로 공유한다고 생각해서는 안 된다. 대부분의 조작놀이 교구는 한두 명의 아동에게 적합하며, 더 많은 아동이 놀이를 하도록 하려면 여러 개의 세트를 준비해야 한다. 활동 공간은 다음과 같이 추정될 수 있다.

- 감각놀이 영역: 2~4명
- 역할놀이 영역: 4명
- 쌓기놀이 영역: 4~6명
- 퍼즐 6개: 6명
- 보드 게임: 2~4명
- 여섯 개의 헤드폰이 있는 듣기 영역: 6명
- 쓰기 영역: 1~4명
- 읽기 영역: 2~4명

- 이젤을 이용한 그리기 활동: 1~2명

실외 놀이를 위해서도 이와 유사한 계획이 필요하다. 각 영역의 수, 공간, 놀이 영역은 아주 다양하기 때문에 신중하게 추정하여야 한다. 구조가 단순한 놀이 기구는 한 명이나 두 명 정도의 아동에게 적합한 반면, 복잡한 구성물은 여러 명의 아동을 위한 놀이 공간을 제공해준다.

개인 공간

개인 공간은 아동이 사회적 상호작용에서 쉴 수 있도록 한두 명의 아동을 위해 고안된 영역이다. 2학년 교실에서 교사는 오래된 욕조를 붉은색으로 색칠하고 그 안을 베개로 채워 놓았다. 여기서 아동은 책을 읽거나 다른 아동을 그냥 관찰하면서 방해받지 않은 채 지낼 수 있다. 개인 공간은 처벌이나 타임아웃용으로 사용하기 위한 것이 아니라, 교실 내에서 편안함과 사생활을 보장해주기 위해 마련되어야 한다. 개인 공간은 스트레스를 줄여주고, 아동

그림 8-2 바람직한 환경 구성은 아동의 놀이를 촉진하고, 사회적 관계를 연습할 기회를 제공한다

이 더 높은 수준의 자기 통제를 할 수 있게 한다. 개인 공간은 공간의 소음과 활동에서 벗어나 아동에게 편안함과 안전감을 줄 수 있다(Frost et al., 2008).

소집단 공간

소집단 공간은 8인 이하의 아동을 위해 고안된 공간이다. 대부분의 교실에서 4~6명의 아동이 함께 놀이를 하거나(소꿉놀이, 쌓기놀이, 물놀이) 학습에 참여한다(곤충수집, 숫자카드 맞추기 놀이, 큐브쌓기 놀이). 소집단 영역은 앉을 수 있는 공간과 작업할 수 있는 공간이 있어야 한다. 미술 영역은 교구가 인근의 선반에 비치되어 있어야 한다. 소집단 공간은 물이나 전기 사용이 용이하고, 교실 내 쉽게 접근할 수 있는 공간이어야 한다. 교구를 영역으로 가져오거나 다른 영역으로 가져갈 수 있을 때, 영역은 더 융통적이 된다. 소집단 상황에서는 사회적 상호작용의 기회가 많다.

대집단 공간

대부분의 교육기관에는 한 번에 모든 아동을 수용할 수 있는 대집단 공간이 있다. 흔히 이러한 실내 공간은 게시판, 시청각 자료 등을 갖추고 있는데, 여기서는 언어놀이, 창의적 동작표현, 이야기나누기, 게임, 음악활동 등과 같은 다양한 활동을 한다. 대집단 활동에 참여하는 것은 아동 자신을 더 큰 사회적 관계망의 일원으로 보도록 도와준다.

밀도

밀도는 일정 공간에 있는 아동의 수를 의미한다. 교실에는 전체적으로 가구들도 비치되어 있고 아동도 함께 있기 때문에 밀도가 높을 수 있다. 교실의 높은 밀도는 어린 유아의 행동에 부정적인 영향을 줄 수 있다. 아동이 자신이 원하는 물건에 접근할 수 있으면 바람직하지 않은 행동은 줄어든다. 아동은 밀도가 높은 교실에서 상호작용을 적게 하고, 공격적 행동을 많이 하며, 사회적인 협력을 덜 한다(Evans, 2006). 한 명에게 적합한 개인 공간에 2~3명의 아동이 한꺼번에 들어가거나, 소집단 영역에 너무 많은 아동이 함께 하거나, 가구가 너무 많거나, 대집단 영역에서 아동끼리 서로 부딪힌다면 과밀한 것이다. 과밀하지 않도록 활동 영역에서 공간이 적절하게 제공되어야 한다. 예를 들어 칸막이를 뒤로 옮기거나 불필요한 가구를 없애면 소집단 영역의 밀도가 줄어들 수 있다(Knapp & Hall, 2010; Maxwell, 2003).

경계와 활동 영역

분명한 물리적 경계는 아동에게 어떠한 행동을 못하게 하고, 어디에서 활동을 해야 하는지에 대한 단서를 제공하고, 놀이를 방해하지 못하게 하며, 교실 내 아동이 이동할 수 있는 동선을 가르쳐준다. 일반적으로 영역을 구별하기 위해서 가구와 낮은 분리대가 사용된다. 8세 이하 아동의 경우 바닥에 붙인 테이프와 같이 분명하지 않은 경계는 잊어버리거나 무시되기 쉬우며, 그 영역이 대집단 활동으로 사용되고 있으니 그곳에서 트럭을 가지고 놀이하지 말라고 말로 이야기하는 것 또한 경계로 인식되기 어렵다. 각 영역은 한 영역에 책과 쿠션을 놓고 다른 영역에는 보드게임과 함께 아동용 낮은 책상과 의자가 있는 것과 같이 분명한 교재교구에 의해 더 잘 정의된다.

영역은 교실 내 활동을 하거나 주의를 분산시키지 않도록 배치해야 하고, 정적 활동은 동적 활동과 분리되어야 한다. 교사는 흥미 영역의 수와 유형, 배치를 통제할 수 있다. 또한 흥미 영역은 프로그램의 목표를 성취하기 위해 첨가되거나 삭제 혹은 재배치될 수 있다.

흥미 영역은 실내에서만 아니라 실외에서도 사용된다. 일반적으로, 실외에서의 경계는 표면을 다르게 함으로써 표시된다. 아스팔트는 공놀이와 자전거 길로 사용되며, 잔디는 놀이를 하거나 달리기 영역으로, 모래나 톱밥 등 탄성 있는 재료들은 오르기 기구 아래에 사용할 수 있다. 탄성이 있는 표면은 교사의 경고나 제한 설정이 사용되는 빈도를 줄여주고 안전성을 증가시켜준다. 울타리나 통로와 같이 구조화된 경계는 아동에게 분명하게 인식되고, 안전하게 해줄 뿐 아니라 적절한 행동에 대한 단서를 제공한다. 교사는 모래 영역에 물이나 삽, 들통과 같은 장비와 교구를 첨가해줌으로써 사회적 상호작용에 영향을 줄 수 있다. 운동장에 비가 와서 물웅덩이가 생겼을 때에는 표지판으로 임시 경계를 첨가해줄 수 있다.

통로

흥미 영역은 진행 중인 활동을 방해하지 않고도 영역 간에 쉽게 움직일 수 있도록 배치되어야 한다. 통로는 신체적으로 부딪치지 않고 아동이 통과할 수 있을 만큼 넓어야 한다. 아동이 달리면서 서로 충돌하지 않도록 실외의 통로는 더 넓어야 한다. 휠체어를 사용하는 아동이 있을 경우 통로의 폭은 조정될 필요가 있다. 교실에서 대집단 영역으로 고안된 영역은 다른 흥미 영역으로 가기 위한 통로가 되기도 한다.

교구장

쉽게 접근할 수 있는 교구장은 아동으로 하여금 물건에 대한 책임감을 증진시키고 환경을 독립적으로 관리할 수 있게 해준다. 아동이 품목을 분류하고, 처음에 있었던 곳에 두고, 빨리 찾아 꺼내고, 사용한 후에는 다시 제자리에 쉽게 둘 수 있도록 교구장을 배치해야한다(Berns, 2012).

비슷한 물건들은 함께 보관되어야 한다. 아동의 놀이를 자극하기 위한 교구는 통로나 활동 영역에서 쉽게 접할 수 있어야 한다. 실외 창고는 그 크기가 적당하고 실외 놀이터에서 접근할 수 있어야 한다.

교사물품용 보관 장소는 안전을 위해 아동의 손이 닿을 수 없는 곳에 두어야 한다. 청소세제 및 도구, 의약품, 건전지 달린 공구 등과 같은 위험할 수 있는 물건이나 장비는 아동이 만질 수 없도록 잠금 장치가 있는 곳에 보관하거나 아동이 사용하는 영역에서 떨어진 곳에 보관해야 한다. 날카로운 가위, 전기 주전자, 그리고 잠재적으로 위험이 있는 물건들은 아동의 손이 닿지 않는 곳에 두어야 한다.

1.4 환경 구성의 기준이 되는 차원

설비, 가구, 아동이 사용하는 교구는 물리적 환경에 해당한다. 이는 **부드러움/딱딱함**, **개방성/폐쇄성**, **단순성/복잡성**, **침입성/차단성**, **높은 이동성/낮은 이동성**과 같은 여러 차원으로 구성된다 (Prescott, 2008). 차원을 어떻게 구성할 것인가는 프로그램의 유형(교실, 병원, 놀이방, 유치원 등)과 기관의 목표, 교사의 철학에 따라 달라진다. 이러한 차원이 물리적 환경에서 전달되는 전반적인 편안함과 분위기를 결정짓는다. 표 8–3에 각 기관에서 볼 수 있는 전형적인 예를 간단하게 기술하였다.

물리적 환경의 질은 지속적으로 그 안에서 이루어지는 대인 간 상호작용의 질에 영향을 준다. 딱딱함/부드러움의 차원에서, 딱딱함은 보통 효율성 및 형식적인 것과 관련되고, 부드러움은 이완 및 편안함과 관련된다. 어린 아동은 부드러운 환경에서 더 편안함을 느끼며, 점차 형식적인 단단한 환경에서 어떻게 행동하는지를 배운다. 교구교재가 폐쇄적일 때 이것을 사용하는 방법은 한 가지이지만, 개방적일 때는 대안적 방법이나 결과가 제한적이지 않다. 개방성/폐쇄성 차원의 경우, 개방적인 환경은 호기심과 탐색, 사회적 상호작용을 장려하지만, 폐쇄적 환경은 이러한 행동을 억제한다. 단순성/복잡성 차원은 만들 수 있는 대안의 수와 관련된 차원이다. 아동은 혼자나 병행 놀이를 주로 이끄는 단순한 유니트보다 복잡한 유니트로 더 협동적인 놀이를 한다. 복잡성은 아동으로 하여금 더 깊게 탐색하도록, 다양성은 더 넓게 탐색하도록 격려한다. 아동이 오랜 시간 활동에 집중할 수 있도록 또 놀이 속도를 조절해주기 위해서 교실에는 다양한 차원의 교구가 마련되어야 한다. 침입성/차단성 차원은 교실 안과 밖의 사물과 사람의 경계, 프로그램 안에 있는 사람과 사물의 경계 간 투과성을 나타낸다. 예를 들어, 병원 부설 놀이방에는 많은 사람들이 오고 간다. 사람들은 그냥 보기만 하는 것이 아니라 보통 안으로 들어와서 무엇인가를 한다. 상당수의 교실은 다른 자극으로부터 차단되는 공간이 없고 이는 어린 아동을 매우 피곤하게 한다. 대집단에서 지속되는 상호작용으로 인해 스트레스를 겪는 아동은 스트레스를 피하기 위해 못되게 굴거나, 울거나, 악몽을 꾸기도 한다. 앞서 말한 개인 공간은 아동이 어느 정도 따로 떨어져 있을 수 있는 공간이다. 소집단 공간은 부분적으로 차단되어 있어서 중간 정도의 수준으로 자극을 차단할 수 있다. 움직임의 차원은 놀이와 관련이 있는데 하루 일과 중 정적활동과 동적활동을 모두 선택할 수 있다. 앉아서 하는 활동을 오랫동안 하면 아동은 근육을 편안하게 하기 위해서 몸을 꿈틀거리게 되고 활동에 대한 흥미나 중요성과 상관없이 지루해진다. 이 아동은 또래와 교사를 짜증나게 하거나 부적절한 행동을 자주 할 수 있다. 이것을 예방하기 위해서 일과 계획은 활동적인 움직임, 보통 정도의

표 8-3 물리적 환경 구성의 기준이 되는 차원

차원과 정의	좌측 극단	중간 정도	우측 극단
부드러움: 만졌을 때 재질에 대한 반응성	부드러움: 베개, 천으로 싼 의자	연성 재료: 모래, 밀가루 반죽, 잔디	딱딱함: 시멘트, 세발자전거
개방성: 교수 사용의 제한 정도	개방성: 블록, 장난감 스토브, 찰흙, 공	반개방/반폐쇄: 문이 달린 교구장, 카드 놀잇감	폐쇄성: 퍼즐, 패턴 따라하기, 폼 보드(form board)
복잡성: 구성 요소 및 다양성의 수	단순성: 사다리, 태엽으로 움직이는 자동차, 인형 옷	중간정도 복잡성: 줄넘기, 단순한 장난감 자동차, 유니트 블록, 이렉트 세트(너트, 볼트 등으로 이루어진 만들기 놀잇감)	복잡성: 여러 가지 활동이 가능한 대형 복합놀이대, 컴퓨터
차단성: 경계 간의 투과성	차단성: 개인열람실, 문이 달린 1인용 화장실, 지붕 있는 커다란 블록 빌딩, 아동이 안에서 문을 닫을 수 있는 박스나 텐트	중간정도 차단성: 아동이 놀이하지만 교사가 쉽게 볼 수 있는 덤불, 영아가 아래로 기어가고 까꿍 놀이를 할 수 있는 미끄럼틀, 선글라스 또는 가면	침입성: 교실 내 열린 창문, 교실 밖으로 들리는 아동 소리, 방문객이 드나드는 실험학교
이동성: 아동이 흥미 영역에서 자신의 신체를 움직이는 기회 정도	높은 이동성: 체육관, 운동장, 세발자전거, 실내 벽타기, 실내 전이시간	중간정도 이동성: 통로와 경계가 있는 정원, 대부분의 유아교육기관 교실, 역할놀이 영역, 과학 영역	낮은 이동성: 교실 내 고정 의자, 언어영역, 일부 수조작 영역

움직임, 그리고 더 조용한 활동 간의 균형을 이루어야 한다. 아동의 움직임에 대한 욕구를 고려할 때, 교구 선택이나 공간 사용은 변하게 된다.

각 차원은 일 년에 걸쳐 또는 하루 동안 바뀔 수 있다. 각 차원은 환경에서 아동의 사회적 관계에 영향을 미치는데, 예를 들어 거실과 같은 대화 영역은 이동성이 낮은 수준이고, 개방성이 중간 수준이며, 부드러움이 중간 수준이다. 이곳에서 아동은 편안해지고 비형식적으로 상호작용을 할 수 있다. 공간이 아동의 사회성 발달을 효과적으로 지지하는지를 계속 평가하는 데는 융통적인 사고를 필요로 한다. 교사는 교실이나 실외 놀이터가 단지 '항상 이러한 방식으로 있었기' 때문에 비효율적인 세팅을 계속하기도 한다. 아동의 눈높이로 앉아서, 아동이 환경을 사용할 때와 빈 공간일 때 어떠한지를 다양한 관점에서 평가해야 한다. 사회적인 유능성을 지원하는 장소로서 어린이집 환경을 평가하는 지침을 Note 8-1에 제시하였다.

1.5 적합한 교구의 선택

교사는 자료를 풍부하게 마련해줌으로써 아동의 유능성과 독립적 행동을 증진시킬 수 있다(Dodge, Colker & Heroman, 2008). 교재교구를 세심하게 선택하고 유지·보수하고 전시하고 수납하는 것의 목적은 아동이 협동적이고 독립적인 활동에 사용할 수 있는 자원을 가지게 하는 것이다. 아동의 흥미를 충족시키고 프로그램 목표를 지원하는 주의 깊은 교재교구의 선택은 전반적 기능, 정서적 적응, 자아개념 및 자아 통제감의 발달에 기여한다(Frost et al., 2008). 아동이 사용하는 물리적 자원이 놀이를 하는 동안 아동의 사회적 상호작용의 수준에 영향을 미친다(Sutterby & Frost, 2006).

발달적으로 적합한 교구

교구는 프로그램의 목표와 아동의 능력 수준을 반영해야 한다. 도전하고 완성할 수 있는 활동을 수행하는 것은 결국 아동의 자아존중감을 증진시킨다. 5세 아동에게 화학용 실험 세트를 제공하는 것은 바람직하지 않다. 아동이 화학 물질을 삼킬 위험이 있고, 모든 면에서 이 실험 세트는 망쳐지기 쉬우며 아동은 실패로 인해 좌절하게 될 것이기 때문이다. 그러나 똑같은 실험 세트를 12세 아동에게 주었다면 이는 아동에게 즐겁고 교훈적인 경험을 제공할 것이다. 나이가 많은 아동용으로 고안된 자료는 어린 아동에게 위험과 실패를 가져온다. 또한 나이가 많은 아동이 어린 아동용 장비와 자료를 사용한다면, 너무 쉽고 새로운 것이 없기 때문에 흥미를 잃을 것이고 아무렇게나 사용할 수 있다.

안전한 교구

교구는 잠재적인 안전상의 위험이 검토되어야 한다. 견고하고 내구성과 기능성이 있는 교구가 적

환경의 효율성 평가 지침

환경이 적절한 사회적 행동을 위한 단서를 제공하는가?
- 흥미 영역들 간에 경계가 분명하다.
- 다른 아동의 활동을 방해하지 않고 이동할 수 있다.
- 정적활동 영역과 동적활동 영역이 공간적으로 분리되어 있다.
- 활동 공간이 아동의 인원수에 적합하다.
- 물건과 재료를 사용하는 데 오래 기다리지 않는다.
- 교구장에 적절한 이름표가 붙어있고 아동의 접근이 가능하다.

환경이 아동 간 대화를 하도록 제공하는가?
- 부드럽고, 편안하고, 비형식적인 장소를 제공한다.
- 적은 수의 아동이 있을 수 있는 소집단 공간이 있다.
- 1~2명의 아동을 위한 개인 공간이 있다.
- 공간이 심미적이고, 쾌적하며, 매력적이다.
- 협력하도록 하는 활동과 재료들이 있다.

공간이 성인의 지시나 아동 행동의 수정을 최소화하는가?
- 더러워지기 쉬운 공간은 청소하기 수월하도록 딱딱한 표면으로 되어 있다.
- 소음을 최소화하기 위해 쌓기놀이 영역은 부드러운 표면으로 되어 있다.
- 흥미 영역은 잘 유지되고 정돈되어 있다.
- 안전을 위해 콘센트, 전기코드, 약 등은 아동의 손이 닿지 않도록 한다.
- 아동이 스스로 손 씻기, 화장길 가기, 치우기 등을 할 수 있는 환경이다.

환경이 아동의 자아정체감을 증진시키는가?
- 아동의 그림, 프로젝트, 작품을 정기적으로 바꿔 전시한다.
- 다양한 인종, 능력, 직업을 설명하는 사진이 있다.
- 아동이 속한 문화를 대표하는 그림과 공예품이 있다.
- 장애아 혹은 비장애아 모두 흥미 영역에 쉽게 접근할 수 있다.
- 아동이 탐색하고, 도전을 경험할 수 있고 성공할 수 있는 기회가 있다.

환경이 타인과 환경을 위한 개인적 책임감을 증진시키는가?
- 실내를 청소할 수 있는 도구가 있다.
- 실외영역을 청소하기 위한 쓰레기통과 장갑이 있다.
- 실내를 청소하는 방법을 설명한 그림이 있다.
- 표시된 정리공간에 이동 가능한 여러 가지 도구가 정리되어 있다.
- 실내와 실외에 적절한 교구장이 있다.

절하고 안전하다. 예를 들어, 상점에서 쉽게 구입할 수 있는 세발자전거는 기관 아동용으로 특수하게 고안된 자전거만큼 견고하지 않다. 교구가 아동을 질식시킬 수 있을 정도로 크기가 작은지도 잘 살펴보아야 한다. 만약 교구 조각이 유아의 입으로 들어갈 만큼 작고 동전 크기만 하다면 이는 유아의 기도를 막아 위험한 상황이 발생할 수도 있다. 안전한 교구는 성인이 많은 주의를 기울이지 않아도 아동이 독립적으로 사용할 수 있다.

작동이 잘 되는 교구

아동은 장비와 교구가 작동되지 않을 때 좌절하고, 이 때문에 파괴적으로 행동할 수도 있다. 바퀴는 잘 돌아가야 하고, 가위는 잘 잘라져야 하며, 손가락 페인트는 진해야 하고, 이야기책은 빠진 부분이 없어야 하며, 종이는 찢어지지 않을 만큼 충분히 두껍거나 광택이 나야 한다. 아동은 바람 빠진 농구공, 킥볼, 배구공을 사용할 수 없다. 아동의 유능성은 실패를 경험할 때 보다 성공적인 경험을 했을 때 증진된다.

사용하기에 완전한 교구

퍼즐은 모든 조각들을 지니고 있어야 한다. 만약 하나를 잃어버렸다면 구멍을 채우기 위해서 다른 것으로 만들어 대치해야 한다. 불완전한 자료는 불필요한 실패감이나 좌절감을 유발시키고 자존감을 손상시킨다. 또한 아동이 오래 기다리지 않도록 미리 준비해 두어야 한다. 보통 기다리는 아동은 흥미를 잃어버리거나 다른 행동을 하게 된다. 치우기 계획도 고려해야 해서 쉽게 얼룩이 생기는 활동을 할 때에는 젖은 스펀지를 미리 마련해 두어야 한다. 이렇게 준비할 때 교사는 아동 곁을 떠나지 않고도 계속적인 지도를 할 수 있고, 아동은 유능감을 가지고 활동을 끝마칠 수 있다.

교구 보관의 조직화

교구는 익숙하고 지정된 장소에 보관되어야 한다. 아동이 어디에 무엇이 있는지 알고 있다면, 아동은 활동을 완수하기 위해 스스로 물건을 가지고 올 것이다. 종이, 크레용, 가위와 같은 일용품의 경우 특히 그러하다. 교구 역시 아동이 잘 사용할 수 있도록 보관되어야 한다. 예를 들어, 아동이 교구의 위치를 알도록 하기 위해서 선반 뒤에 유니트 블록의 모양을 붙여놓으면 아동의 독립심을 증진시킬 수 있을 것이다. 구슬, 교육용 막대처럼 많은 조각들로 구성된 교구는 플라스틱으로 만들어진 상자와 같은 견고한 용기에 보관하여야 한다. 이를 통해 아동은 재료들을 한 곳에 보관할 수 있고 교실에 대한 책임감을 보여줄 수 있다.

매력적으로 전시된 교구

깔끔함과 정돈되어있음은 매력적인 것의 한 측면이다. 매력적인 것은 아동의 기분에 영향을 주고 책임감 있게 작업 공간을 다루게 한다. 교사와 아동 모두 따뜻하고, 편안하며 매력적인 공간에서 더 편안하다. 교구가 복잡한 영역에 아무렇게나 있지 않고 깔끔하고 잘 정돈되어 있다면, 아동은 교구를 더 쉽게 찾을 수 있으며, 매력적으로 느낀다. 어린 아동은 복잡한 선반에 있는 자료를 선택하기 어려워한다. 아동은 꺼내기 어려운 곳에 있는 퍼즐보다 퍼즐 선반이나 사용하기 쉬운 탁자 위에 있는 퍼즐을 더 하고 싶어 한다. 책의 경우도 표지가 보이도록 정리가 되어 있어야 하는데, 이것은 특히 어린 아동에게 더 중요하다.

적절한 크기의 장비와 교구

책상, 의자, 탁자 등의 장비는 아동에게 적합한 크기일 때 안락함을 더해주고 피로를 줄여준다. 교사에게도 교실 내 자신에게 맞는 의자가 적어도 하나는 있어야 한다(Knapp & Hall, 2010). 취학 전 유아에게 15cm의 접시, 포크, 113g 내지 140g의 잔을 준다면 식사시간에 거의 문제가 발생하지 않는다. 음식을 덜어먹게 함으로써 아동이 자신이 먹을 수 있는 양을 스스로 덜어갈 수 있게 해준다. 우유나 주스를 따를 때 깨지지 않는 작은 주전자를 사용하는 것 또한 독립심을 조장한다. 아동이 스스로 양을 결정할 때, 낭비되는 것은 거의 없고 아동 스스로 자신의 행동을 잘 통제하고 있다고 느낀다. 아동에게 편안함을 주고 아동 행동의 독립심을 증진시키기 위해 기관에 있는 모든 물건과 재료는 아동의 연령과 크기에 맞아야 한다.

아동 수에 적절한 양의 교구

특정한 활동에 대한 교구가 충분히 있다면 아동은 협력하면서 성공적으로 활동을 수행할 수 있다. 자료가 충분하지 않다면, 자료의 수를 늘리거나 아동의 수를 줄여야 한다. 예를 들어, 만약 3학년 학급 아동이 14명인데, 교사가 12개의 책을 가지고 있다면, 교사는 7명의 아동으로 두 번 수업을 하거나 책을 두 권 더 구해 와야 한다. 또한 걸음마기 영아나 몇몇 경험 없는 취학 전 유아는 공유하기를 이해하지 못하며, 이들에게 있어 다른 유아가 놀이하고 있는 놀잇감은 선반 위에 있는 놀잇감보다 더 매력적이다. 똑같은 장난감의 수를 늘리는 것이 갈등 없이 유아의 욕구를 충족시켜 줄 것이다.

　자료의 적절한 공급은 아동의 연령과 상관없이 모든 프로그램에서 필수적이다. 적절한 자료의 공급은 아동이 또래와 잘 지내게 하고 상호작용의 질에 영향을 준다. 또한 교구는 모든 아동이 접근할 수 있어야 한다. 이는 아동이 독립적으로 행동하게 하고, 평화롭게 함께 놀이하게 한다.

1.6 교구 재정비와 안전한 환경

교구와 장비의 구입, 배치 및 보관은 원장의 책임이다. 교구를 적절하게 선택하고 조직하고 전시하는 것은 아동의 좌절, 대인 갈등, 자산 손실, 신체적 위험을 예방하기 위해 사용되는 방법이며, 아동의 긍정적인 사회적 상호작용과 적절한 행동을 증진시키고자 하는 것이다. 교사는 아동의 즉각적인 욕구를 충족시키고 아동의 사회성 발달을 촉진시키는 물리적 환경을 만들기 위해 특정한 자료를 제작하기도 한다(Kostelnik, Soderman, & Whiren, 2011). 아동이 교실에서 상호작용하고 장비를 사용하며 자료를 적절히 가지고 활동에 적극적으로 참여하게 하기 위해서 교사는 개인 및 집단의 욕구에 기초해서 환경을 조정해야 한다. 아동이 대인 간 참여를 하도록 하기 위해 환경을 수정하는 가장 흔한 방법은 자료를 추가하거나, 빼고, 안전한 환경을 만드는 것이다.

자료 추가하기

교사가 환경에 자료를 추가시키는 방법은 여러 가지가 있다. 아동의 가족사진, 지역사회의 사진을 걸어두고 아동과 토의할 수 있으며, 아동의 문화적 특성을 보여주는 물건이나 의상 등을 공유하여 볼 수도 있다. 또한 환경을 부드럽게 하거나 흥미를 더하기 위해 일시적으로 생화, 식물 및 동물을 첨가할 수 있다. 이러한 첨가는 환경을 준비하는 일반적인 방법이다. 환경에 자료를 첨가하는 일은 매일매일 발생한다. 예를 들어, 만약 두 명의 아동이 기차에 관한 그림책을 보고 싶어 한다면, 기차 그림이 있는 다른 책을 제공해줄 수 있다. 만약 아동이 딱풀을 쓰기 위해서 오랫동안 기다리고 있다면, 다른 종류의 풀을 제공해줄 수 있다. 만약 혜인이가 태희랑 가게놀이 도중 돈을 지불하지 않고 가는 것에 대해 논쟁하고 있다면, 어떤 것을 돈으로 하면 좋은지 아동에게 물어본 다음, 아동이 필요한 재료를 얻도록 도와줄 수 있다. 이러한 자료 첨가는 상황을 그 자리에서 바로 처리하여 아동이 사회적 상호작용을 할 수 있도록 할 뿐 아니라 아동의 문제해결 기술 습득을 도와준다.

자료 제거하기

종종 교사는 교실을 처음으로 세팅한 다음에 물건, 재료 혹은 가구를 제거하려 들지 않는다. 그러나 적절하게 자료를 제거함으로써 아동은 새롭게 제공된 활동 또는 배우는 기회에 흥미를 느낄 수 있다. 예를 들어 교사는 주말 동안 역할놀이 영역의 일반적인 물건을 치우고 시장놀이를 위한 재료들을 일시적으로 제공했다. 아동은 월요일 아침 즉각적으로 변화를 알아차리고 새롭게 자료가 제공된 영역에 참여했고 교사는 놀이가 발전됨에 따라 또 다른 비품들을 첨가했다.

아동이 잘못 사용하고 있거나 목적을 이해하지 못하고 있을 경우 재료나 장비를 제거하는 것이 필요하다. 예를 들어 아동이 책을 부적절한 방법으로 다루거나, 감각 영역에서 서로 밀치거나, 기니피그를 괴롭히거나 쌓기놀이 영역에서 장난감 자동차를 던지거나 할 경우 일시적으로 이러한 것들은 제거되어야 한다. 아동에게 적절하게 사용하는 방법을 알려주고 아동이 적절하게 사용할 수 있다면 다시 제공할 수 있다.

일반적으로 자료를 더하거나, 치우는 것은 놀이를 증대시키고, 갈등이나 좌절을 최소화하며, 협력과 자기 통제를 촉진시키기 위해서 이루어진다. 환경은 우리의 기분과 행동에 영향을 주고, 프로그램이 시작되기 전이나 지속되는 동안에도 비교적 변화시키기 용이하다.

안전한 환경 만들기

교구나 장비를 추가, 제거하여 바꾸는 일은 안전한 환경을 만드는 데 필수적이다. 이는 아동이 환경에 들어오기 전에 미리 이루어져야 하지만, 안전에 위험요인이 발견될 때에도 발생한다. 이러한 몇 가지 예가 표 8-4에 제시되어 있다.

활동을 위해 필요한 공간이 부정확하게 측정되어 위험할 수도 있다. 예를 들어, 더운 여름날 교사는 활동적인 활동을 할 것이므로 공기 순환이 되면 좋을 것이라 생각해서, 실내 오름대를 문이 열린 창문에서 45cm 떨어진 곳에 두었다. 그러나 인성이와 민준이가 창문과 오름대 사이를 이용해서 꼭대기로 올라가 근처의 창문턱에 올라서려고 하였다. 교사는 급하게 인성이를 밑으로 안아 내리고 민준이에게 오름대로 내려오라고 한 뒤, 오름대를 창문에서 최소한 91cm 정도 떨어진 위치로 옮겼다. 안전을 증가시키기 위해서는 빠른 수정이 필수적이다.

그 외 환경 변경하기

때로 공간은 확장되는 대신 제한해야 한다. 릴레이 달리기를 위해 교사는 학급의 아동을 체육관으로 데리고 왔다. 처음에 교사는 체육관을 세로 방향으로 길게 달리도록 활동을 준비하였다. 교사는 아동이 달려갔다가 되돌아오는 데 시간이 오래 걸려서 많이 기다리게 되고 아동이 빨리 지치고 차분히 기다리지 못한다는 것을 알았다. 그래서 두 번째 집단은 체육관을 가로 방향으로 달리도록 변경했더니, 달리기에서 순서를 기다리는 시간이 줄어들었다. 대부분의 아동 중심 프로그램은 아동이 활동하기에 가장 적절하도록 장비를 이동시킨다든지, 공간을 늘리거나 줄인다.

때때로 환경 변경은 지시가 주어지는 방식으로 이루어진다. 손 씻기, 신발 신기, 외투 벗기와 같은 일상적인 활동을 하기 위해서 사진이나 그림을 사용하는 것은 아동에게 어떻게 해야 하는지에 대해 알려주기 위해 쉽게 구성할 수 있는 방법이다. 몇몇 아동은 장비나 교구의 사용에 관한 지시

표 8-4 **안전을 위해 환경을 변경하는 예**

관찰 사항	조치 사항
걸음마기 영아가 통로에서 전기콘센트 근처를 콕콕 찌르고 있다.	전기콘센트에 안전커버를 씌우고 영아를 통로에서 데리고 나온다.
3세 유아가 손을 씻으려고 뜨거운 물을 세게 틀었다.	물의 온도와 흐르는 양을 조절한다.
3학년 학생들이 상자와 종이를 복도에 두고 갔다.	학생들에게 쓰레기를 모아서 버려야 한다는 것을 알려주고 필요하다면 쓰레기 버리는 것을 도와준다.
커피 주전자 코드가 교사 책상 끝단에 매달려 있고, 아동에게 보인다.	코드를 느슨하게 접고 전선을 꼬거나 고무밴드를 이용하여 단단히 조인다.
부모가 아동에게 약과 투약 지시문이 들어 있는 가방을 들려 보냈다.	약과 투약지시문을 안전한 장소에 둔다.

를 이해하지 못할 수도 있기 때문에 추가적인 설명과 시범이 필요할 수 있다. 예를 들어, 영유아 교육기관에 다양하고 새로운 기술들이 접목된 기계들이 첨가되었다. 교사는 태블릿 컴퓨터, 온라인 커뮤니티, 스마트 보드 그리고 아이패드 등을 통해서 아동의 의사소통, 읽고 쓰기, 문화에 대한 지식과 실제를 확장시키기 위해서 발달적으로 적절한 방법을 알아야 한다. 지금의 교사들은 어렸을 때, 뽀뽀뽀 혹은 딩동댕 유치원과 같은 TV 프로그램을 보고 자랐지만 오늘날의 아이들은 네티즌이라고 불린다(Luke, 1999; Vasquez & Felderman, 2013). 교사들은 모든 아동이 기술에 더 잘 접근하고 이해할 수 있도록 해야 한다. 어느 한 집단만이 새로운 기술을 편안하고 독립적으로 사용할 수 있는 것은 부적절하다. 특히 가정에서 이러한 기술에 접근을 할 수 없을 때는 더욱 그렇다. 그러므로 교사는 새로운 기계 혹은 소프트웨어의 사용법을 배운 아동이 또래에게 그 방법을 알려주도록 하는 계획을 세울 수 있다. 이렇게 서로가 서로를 가르치는 방식은 사회적 상호작용을 지지하며, 친사회적 목표에도 기여한다.

흥미 영역을 수정하기 위해 폐쇄하는 경우도 있다. 교사는 아동이 생산적인 놀이에 참여하지 않고 쌀을 던지면서 놀자, 역할놀이 영역에서 쌀가게를 폐쇄하였다. 폐쇄하기로 결정하면서 교사는 아동이 곡식이 어떻게 사용되는지, 혹은 놀이를 하기 위해서 곡식을 어떻게 팔고 사는지에 대해서 알지 못한다고 결론 내렸다. 필요한 지시를 해주자, 며칠 후에는 그 영역이 성공적으로 운영되었다. 교사는 아동이 더 많이 성공하도록 교구를 첨가하고 치우거나 대체하며, 환경을 안전하게 만든다. 각각의 사례에서 교사는 아동이 성공적인 경험을 하도록 환경을 바꾸었다. 아동에게 눈에 보이는 단서를 제공하며 성공적 경험을 위한 가구, 장비, 교구를 물리적 환경에 구성함으로써 효과적인 상호작용의 장을 준비해준다. 3~4세 유아를 대상으로 이러한 환경의 중요성을 살펴본 연구에서, 특히 3세 유아의 경우, 물리적 환경에 대한 유아의 지각이 유아의 인지적 능력과 사회적 유능성과 관련이 있다고 보고하고 있다(Maxwell, 2007).

2. 시간 계획하기

부모나 교사는 시간을 가치 있는 자원으로 보고, 자신들이 사용하는 시간의 문화적 정의 내에서 아동이 기능하도록 돕고자 한다. 부모나 교사가 아동이 시간을 효율적으로 사용하도록 돕는 한 가지 방법은 반복적이고 정규적인 활동을 통해서 아동에게 습관을 가르치는 것이다. 손 씻기, 화장실 사용, 양치질과 같이 모든 유아교육기관에서 일상적으로 이루어지는 건강 생활 습관은 분명한 방법 안내, 지속적인 연습, 필요성에 대한 이해를 토대로 이루어지며, 일정한 일과 속에서 잘 학습될 수 있다(Oshikanlu, 2006). 때로 부모나 교사는 아동이 바람직한 습관을 늦게 발달시킬 때 화가 날 수 있는데, 아동이 적절한 행동의 연속과정을 알지 못하거나, 혹은 그 연속과정이 너무 새로운 것이어서 연속과정의 각 행동에 집중해야 하기 때문일 수 있다. 아동이 적절한 연속과정을 알지 못하는 것을 보여주는 전형적인 예로 유치원 아동이 겨울 외투를 입기 전에 부츠를 신는다거나 아동이 옷을 입기 전에 먼저 장갑을 끼는 경우이다.

교사는 한 아동 때문에 교실의 다른 아동이 기다려야 할 때 짜증스러울 수 있지만, 대부분의 경우 그 아동에게 요구나 한계설정을 하기 보다는 교사의 적극적인 지도가 요구되는 상황이다. 교사가 아동을 돕는 또 다른 방법은 사건을 예측 가능한 순서나 일과로 조직화함으로써 시간의 문화적 의미를 아동이 학습하도록 돕는 것이다.

2.1 일과 계획

일과 계획은 프로그램과 관련되어 조직화된 시간들로, 기관의 철학과 목표를 반영한다. 이러한 시간 구획은 아동이 예측 가능한 패턴으로 한 활동에서 다른 활동으로 이동하는 특정 순서로 배열되어 있다. 교사가 아동에게 적합한 일과를 구성하면, 아동은 이러한 일과 속에서 독립적으로 행동하는 능력과 자신의 속도대로 일을 처리하는 능력을 발휘한다(Gestwicki, 2011). 사건은 예상되고, 행동에 대한 기대도 분명하다. 일정한 일과는 아동이 안정감을 느끼도록 하며, 무엇을 해야 하고 어떻게 해야 하는지에 대한 지속적인 안내의 필요성을 최소화하여, 아동이 교사 지시에 의존하는 것을 감소시킨다. 다음은 사회적 유능성을 증진시키는 일과를 구성하는 데 교사가 따라야 할 지침이다(Bullard, 2010; Kostelnik et al., 2011).

- 각 아동의 유능감과 가치의 발달을 증진시키도록 아동의 흥미, 요구 그리고 연령에 적절한 일과를 구성한다.
- 아동 주도적인 활동과 교사 주도적인 활동을 균형 있게 제공한다.
- 소집단과 대집단 활동을 균형 있게 제공한다.
- 개인적 활동과 휴식, 그리고 여러 아동이 활발하게 참여하는 활동을 경험하도록 조용한 활동과 활발한 활동을 번갈아가며 제공한다.
- 혼자 집중하며 오랫동안 지속할 수 있는 활동과 친구들끼리 함께 협력하며 진행하는 활동을 제공한다.
- 기다리는 시간을 최소화하고 예측할 수 있는 전이시간을 제공한다.
- 사진, 그림 또는 글씨를 통해 하루 일과를 볼 수 있도록 해라. 필요하다면 언어적 지시를 해서 다음에 무슨 일과가 진행될지를 알려준다.
- 아동의 변화하는 요구에 반응하도록 정기적으로 일과를 평가하고 조정하다.

아동이 처음으로 유아교육기관에 입학할 때, 가정에서 친숙한 시간 패턴은 새로운 상황에 맞게 변화되어야 한다. 이러한 변화는 아동에게 스트레스와 혼란을 유발하고, 기관의 초기 적응과 관련된 문제를 가져오기도 한다. 적응 문제는 아동과 가족이 새로운 행동 패턴으로 통합되면서 줄어든다.

교사는 일상적인 일들을 지도해야 한다. 교사는 먼저 아동의 신체리듬을 파악한 다음, 점차 아동이 집단의 일과 계획에 맞게 행동하도록 가르쳐야 한다. 6세 이하의 아동은 새로운 일과 계획에 적응하는 데 한 달 정도가 걸린다. 초등학교 아동은 2주 정도가 되면 적응하는데 아동에게 그림 시간표나 문서화된 일과표를 제공해주면 더 빨리 적응할 수 있다. 일상적 일과는 융통적이어야 하는데, 일과 계획의 변화가 다른 프로그램에 차질을 주지 않는다면 활동을 끝마치기 위해 시간을 약간 더 줄 수도 있다. 그러나 대집단 아동이 같은 자원을 사용해야만 할 때처럼, 일과 계획이 아주 엄격해야 할 때도 있다. 여름 캠프에서 수영장을 사용할 때에는 안전을 위해 모든 아동이 질서정연하게 수영장에 들어가고 나와야 하며, 모든 집단을 수용할 수 있으려면 각 집단이 정해진 시간에

그림 8-3 하루 일과 계획의 순서를 아는 것은 유아로 하여금 일과를 예상하고 안정적으로 적응하도록 돕는다

움직여야만 한다. 이와 대조적으로 수영장이 집에 있는 경우 아동은 부모가 감독할 때면 언제나 수영을 할 수 있고, 엄격한 시간 규정도 필요 없을 것이다.

일과의 예측 가능성은 어린 아동에게 정서적 안전감을 제공해준다. 불쾌한 또래를 만난 뒤, 4세 지영이는 일과 계획을 몇 차례나 되풀이하여 말한다. "먼저 우리는 놀이를 한 다음, 손을 씻고, 그 다음 간식을 먹고 난 후에 이야기를 듣고, 그러고 나서 밖으로 나가고, 그러고 나면 엄마가 나를 데리러 오지." 이렇게 몇 차례 혼잣말을 한 후에 지영이는 더 명랑해진 것 같았고, 남은 일과에 편안하게 참여할 수 있었다. 어린 아동은 시간 개념을 이해하기 전에 하루 일과의 순서를 이해할 수 있다. 3세 창규는 엄마가 어린이집에 자신을 두고 떠났을 때 우울해 하였다. 그는 45분 정도 실내 놀이를 했고, 그러고 나서 밖으로 나갈 수 있는지 물어보았다. 이것은 일반적으로 바깥놀이가 마지막 일과 활동인 점에서 과감한 변화였지만, 교사는 창규와 두 명의 다른 남아가 보조교사와 함께 바깥에 나갈 수 있게 해주었다. 창규는 몇 분 동안 즐겁게 놀이를 하였고, 곧 엄마가 자신을 데리러 올 것이라고 교사에게 말하였다. 창규는 사건의 인접성으로 인해 바깥놀이를 하면 엄마가 올 것이라고 잘못 추론하였다.

전이시간

좋은 일과 계획은 연속적이고, 유동적이며, 목표 지향적이어야 한다. 아동이 과제를 마칠 수 있도록 하고 속도에서 각 아동의 개인차를 고려하여 시간을 구성해야 한다. 기다림은 최소화되어야 하

고 전체 집단이 참여해야만 하는 전이시간은 가능한 적어야 한다. 전이는 한 가지 시간 구획이 끝나고 다른 시간 구획이 시작될 때 발생한다. 전이는 보통 아동이 한 교실에서 다른 교실로 이동할 때 혹은 교구가 완전히 변화할 때 일어난다.

일반적으로 전이시간에 아동 간 그리고 교사와 아동 간 상호작용과 관련된 문제가 눈에 띄게 증가한다. 아동은 한 가지 활동이 끝난 다음 다른 활동이 시작되기 전에 어떻게 행동해야 하는지 혼란을 느낄 수 있다. 학령기 아동은 이 시간을 대화와 놀이의 시간으로 사용하고 있으며, 따라서 이 시간에 소음이 증가한다. 그래서 전이의 수를 감소시키는 것은 상호작용 문제의 발생 가능성을 줄일 수 있다.

짧은 주의집중 시간과 작업 속도의 차이로 인해 하나의 시간 구획 동안 교사는 교실에서 여러 가지 활동을 준비하여 아동이 개별적으로 활동을 바꿀 수 있도록 할 수 있다. 예를 들어, 초등학교 2학년 담임교사는 하나의 시간 구획에 한두 명의 아동이 읽기, 숙제, 게임에 참여할 수 있도록 구성하였다. 아주 어린 아동을 대상으로 하는 프로그램의 경우 언제든지 다양한 교구를 이용하게 한다. 일반적으로 일과 계획은 아동의 연령을 고려하여 아동이 과제를 완전히 수행하는 데 필요한 시간으로 구성되어야 한다. 어린 아동은 성숙해지고 2학기가 되면서 과제에 더 오래 집중할 수 있게 된다.

어떠한 경우든지 목표는 아동의 개별적 욕구를 충족시키는 것이며, 이를 위한 방법과 기준은 프로그램에 따라 달라진다. 그럼에도 불구하고 다음의 아홉 가지 일반적인 지침이 있다.

- 각 아동이 무엇을 할 수 있는지와 그것을 어떻게 할지를 고려하여 일과를 세심하게 계획하여야 한다. 전이시간을 반복적으로 알려주어 각 아동이 전이와 관련된 습관을 형성할 수 있게 한다. 기관 건물에 들어오는 것도 정규 일과의 하나로 잘 지도하여 습관이 될 수 있다. 예를 들어 아동은 어느 문으로 들어와야 하며, 어느 계단을 이용해야 하며, 어느 쪽으로 걸어야 하며, 손잡이를 사용하여 어떻게 안전하게 걸을지, 외투를 어떻게 벗으며, 손을 어디서 씻고 말리며, 어느 교실에서 모이며, 첫 번째 활동이 무엇인지를 알아야 한다. 적절한 감독 하에 이러한 종류의 지시는 복도에서 뛰거나 계단통로를 어슬렁거리거나, 사물함 주변에 모여 있는 것과 같은 문제를 감소시킨다. 전이시간을 가르쳐야 할 기술로 여겨야 한다.
- 전이시간은 서두르지 않아도 달성할 수 있도록 충분한 시간을 제공하지만, 또한 너무 많이 기다리지 않도록 해야 한다(Lamm et al., 2006). 그림책과 같은 특별한 자료는 아동이 대집단을 위해 모이는 동안 사용될 수도 있다. 성인 때문에 아동을 기다리게 하는 것은 아동의 시간을 낭비하고 아동의 시간을 존중하지 않는 것이다(Bullard, 2010).
- 분명하고 정확한 지시를 한다. 구체적이며 직접적으로 지시해라. 한 번에 3개 이내의 지시문을 사용해라. 예를 들어 자유선택활동 시간을 마치고 대집단 활동을 하기 위한 전이시간의 경우, 교사가 많은 블록을 사용하고 있는 쌓기놀이 영역으로 다가가서 "놀이하던 블록을 모양에 맞

추어 정리하세요"라고 말한다. 교사는 어린 아동이 이해하였다는 것을 확신할 때까지 근처에 머문다. 그 다음 "모든 블록을 교구장에 정리해요"라고 말한다. 아동이 참여하는 것을 보면서, 미술 영역의 다른 아동들에게 정리시간을 알려주기 위해 영역을 이동한다. 필요하다면, 교사는 쌓기놀이 영역으로 돌아와 시범을 보이며 같은 안내를 한다.

- 아동이 하던 것을 완성할 수 있도록 하거나 곧 전이시간이 된다는 것을 알려주어, 나중에 완성할 수 있도록 재료를 마련해 둔다. "5분 남았어요"와 같이 매일 같은 신호를 사용한다.

- 집단 전이시간이라면 다음에 무엇을 할 것인지 아동에게 말해준다. 또한 개별 전이라면 다음에 무엇을 할 예정인지 아동에게 물어보도록 한다. 이는 아동에게 계획 기술을 발달시키고, 무엇이 일어날지를 연속적으로 예상하는 능력을 증대시켜준다.

- 전이시간 동안 적극적인 감독을 해라. 아동은 제한된 공간에서 전체 집단이 움직일 때 사회적으로 적절한 행동을 하기 위한 도움과 지원이 필요하다. 전체 교실을 잘 관찰하고 파괴적인 행동을 하는 아동 혹은 배회하거나 어떤 것도 하지 않고 있는 아동 쪽으로 움직여서 집단에 기여할 수 있도록 도와주도록 한다. 예를 들어 "인호야, 블록을 열 개 치우자. 네가 치운 숫자를 세어봐라"와 같이 다른 친구들을 도와주고 협력하는 것과 같은 친사회적인 행동을 알려준다.

- 아동이 자유 선택 활동에 참여할 때, 교실을 치우는 것으로 전이를 시작한다. 정리할 놀잇감이 많은 아동의 경우는 다른 아동보다 먼저 시작하게 하여, 전체 집단이 동시에 마칠 수 있도록 한다.

- 아동을 위해 준비되어 있는 교사나 활동이 있도록 한다. 목적 없이 배회하는 것은 개별 전이 및 집단 전이 모두의 경우 적절하지 않다. 전이시간이 끝나면 어디에 있어야 하며, 무엇을 해야 하는지 각 아동에게 알려주어야 한다. 이것이 모호할 때 아동에게 종종 두려움과 불확실함을 느끼게 하고, 지나친 자극이나 지각의 원인이 된다.

- 특별한 도움이 필요한 아동에게 전이시간에 대해 적응시켜라. ADHD, 자폐아, 또는 청각에 문제가 있는 아동은 전이시간에 다른 아동이 움직일 때 발생하는 소리에 특별히 취약할 수 있다.

대부분의 전체 집단 전이는 소란스럽다. 책들은 어지럽혀 있고, 아동과 교사는 이 장소에서 저 장소로 옮겨 다닌다. 아동은 끼리끼리 상호작용한다. 학기 초 일과를 배우는 동안에 전이시간은 더 오래 걸릴 것이며, 구체적으로 전이 습관이 형성된 뒤에는 좀 더 짧아질 것이다. 그러나 아동이 돌아다니고, 밀고 밀치며, 거친 놀이를 하고, 대체적으로 조직이 안 되어 있다면 교사는 즉각적인 행동을 취해야 한다. 이 같은 일이 일어난 학급의 주교사는 전체 조명을 껐다 켜면서 모든 아동에게 교실이 조용해질 때까지 바닥에 앉아 있도록 하였다. "선생님이 일어나라고 할 때까지 앉아 있어요. 조용히 하고 친구를 치지 않아요. 선생님이 말하는 친구만 일어나서 사용할 재료를 가지고 대집단 영역에 앉아요"라고 말하였다. 잠시 멈춘 뒤, 아이들에게 일어나서 조용하게 이동하도록 하였다. 교사의 목소리는 부드러우면서도 확고하였다. 나중에 교사는 아이들에게 전이시간 동안 일어난 일에 대하여 이야기 나누기 할 시간을 가졌는데, 다른 아동을 비난하며 탓하지 않게 하면서 아동으로 하여금 어떤 소란스러운 행동을 하였는지 생각하도록 하였다. 수치심을 느끼게 하거나 비난하지는 않았다. 교사는 나중에 자신의 교수 전략, 지시문, 전이 계획에 대하여 평가하였다.

2.2 프로그램의 비율과 강도

프로그램의 진행 속도 혹은 비율에 따라 전이 시간의 수가 결정된다. 예를 들어, 어떤 아동은 한 시간에 세 번 이상의 전이를 경험할 것이다. 이것은 각 활동마다 15~20분 정도로 비교적 빠른 속도이다. 적절한 속도의 프로그램인 경우 적어도 한 가지 활동이 45~60분의 시간 동안 실시되며 그 외 활동은 다양한 시간 동안 이루어진다. 속도가 느린 프로그램은 반나절 동안 거의 집단 전이가 없고 두 번 정도의 긴 기간으로 구성된다.

　프로그램의 강도는 일반적으로 시간당 변화의 양과 아동이 교사에게 집중해야 하는 정도를 의미한다. 높은 강도의 프로그램은 일주일에 3~5개의 새로운 경험을 제공하므로 기술을 반복하거

NOTE 8-2

물리적인 환경에서 문제가 되는 경고의 표시

물리적 환경이 아동과 교사에게 적절하지 않은 경우, 이를 알 수 있는 경고 행동들은 다음과 같다.

아동

- 목적 없이 배회하며 흥미를 끄는 활동을 발견하지 못한다.
- 교실에서 자주 뛰어다닌다.
- 같은 활동을 계속해서 반복한다.
- 교구가 없어지거나 부서졌거나 해서 좌절을 하고 활동을 스스로 마무리 할 수 없을 정도로 어려워서 좌절을 한다.
- 교구와 공간 때문에 계속해서 싸운다.
- 교구를 파괴적으로 사용한다.
- 교실에서 교사 혹은 친구들과 이야기를 하기 위해 소리를 지른다.
- 탁자와 선반 아래를 기어 다닌다.
- 교구 혹은 물건을 꺼내기 위해서 지속적으로 교사에게 의존한다.

교사

- 아동의 행동에 대해서 지속적으로 불평한다.
- 아동의 관심을 끌기 위해서 소리를 질러야 한다.
- 아동이 무엇을 하고 있는지 어디에 있는지를 놓친다.
- 아주 짧은 시간 동안에도 개별 아동 혹은 소집단 아동과 상호작용하는 것을 불편하게 느낀다.

나 연습할 기회가 거의 없다. 교사-아동 상호작용이 자주 있고 교사 주도적 활동이 많다. 낮은 강도의 프로그램에서 아동은 일주일에 한두 개의 새로운 활동을 경험하며, 기술을 반복할 기회가 많고, 친숙한 활동이 제시된다. 또한 교사의 역할은 관찰자와 촉진자이다. 자극이 너무 많은 프로그램에서 아동은 한 활동에서 다른 활동으로 왔다 갔다 할 수 있으며, 자극이 너무 없는 프로그램에서 지루해할 수도 있다. 이 두 극단적인 경우 모두 아동이 또래와 마음에 맞는 순조로운 상호작용을 하기 어렵다. 편안할 때 대인 간 문제를 해결할 수 있는 아동이라도 피곤할 경우에는 유사한 상황에서 울거나 혼란스러워 할 수 있다.

초등학교에서 읽기 시간이 2시간 정도 진행될 수 있다. 읽기 시간에 교사의 직접적인 교수(아주 높은 수준의 강도)와 동료들끼리 실제 연습을 해 볼 수 있는 과정(낮은 수준의 강도)을 함께 구성할 수 있다.

어떤 아동은 좌절할 것이며, 어떤 아동은 지루해 하고, 어떤 아동은 활동을 지속해야 한다는 스트레스로 인해 지쳐버릴 수도 있다. 활동에 대한 동기, 건강, 지식, 기술, 연습, 연령, 체력, 습관 그리고 참여한 사람의 수와 같은 요소는 아동의 활동 정도에 영향을 미친다(Berns, 2012). 복잡한 환경은 밀도가 낮은 환경보다 사람을 더 많이 피곤하게 하며, 지속적으로 상호작용하는 것이 가끔 접촉하는 것보다 더 많이 피곤하다. 어린이집에서 일과 계획의 속도와 강도가 중간보다 약간 낮거나 적절하다면 아동은 일상적 활동의 결과로 인한 정상적인 피곤함만을 경험하며, 이 또한 낮잠으로 인해 감소되어 오후 일과 동안 더 기분 좋은 사회적 경험에 참여할 수 있을 것이다.

사회성 발달 증진과 바람직하지 않은 행동을 줄이기 위한 물리적 환경 구성을 위한 기술

사회성 발달과 학습을 촉진하는 교실 배치하기

교실, 놀이실, 실내유희실과 같은 공간은 아동의 활동을 위해서 사용된다. 다음은 초기에 교실을 세팅하기 위한 일반적인 지침이다. 프로그램의 성격과 공간의 속성이 구체적인 사항에 많은 영향을 줄 수 있다.

1. 공간을 세심하게 살펴본다

전기 콘센트와 같이 잠재적으로 위험한 곳과 문까지 가는 통로, 수도, 창문 등의 위치를 알아본다. 바닥에 앉아서 한번 둘러본다. 공간이 충분히 매력적인가? 호기심을 유발하고 질서를 지키게 하는가?

2. 아동이 이 공간에서 어떻게 움직일지를 상상해보고, 아동에게 있을 수 있는 문제를 예측해본다

아동이 한쪽 흥미 영역에서 다른 흥미 영역으로 쉽게 이동할 수 있는가? 아동으로 하여금 걸어 다니게 하는가? 위험하지 않게 공간이 잘 조직되어 있는가? 예를 들어, 아동이 물감을 엎지르거나 떨어뜨리는 것은 흔히 일어날 수 있는 일이다. 나이가 든 아동도 전기 콘센트 구멍에 무엇인가를 집어넣을 수 있다. 아동이 종종 줄서서 기다리는 영역 주변의 벽은 아동이 만져서 더러운 손자국이 남아 있을 수 있다. 어린 아동은 전이시간뿐 아니라 등·하원 시 자주 뛰어 다니고 빙글빙글 돌면서 돌아다닐 수 있다.

3. 가구 배치를 사회성 발달의 목표와 관련해서 평가한다

만약 또래 간 갈등이 동일한 장소에서 반복적으로 일어난다면, 공간을 재구성할 필요가 있다. 아동이 다른 아동을 방해하지 않으면서 쉽게 공간을 이동할 수 있는가? 제한 설정이 주로 어디에서 발생하는가? 다음과 같은 질문에 답해봄으로써 영역 재구성을 위해 참고한다.

4. 신체적 또는 정신적인 어려움을 경험하고 있는 아동의 욕구를 충족시켜 줄 수 있도록 영역을 배치한다

휠체어를 타는 아동은 보통의 경우보다 더 넓은 통로가 필요하다. 팔다리를 다친 아동이 스스로 무엇인가를 하기 위해서는 공간의 조정이 필요하다. 감각이나 정신 장애가 있는 아동은 통행로를 분명하게 유지하고, 뒤에서 들리는 소음을 통제하거나, 혼자 있을 기회를 주는 등 더 많은 주의를 필요로 한다. 부모와 전문가는 아동의 특별한 요구를 충족시켜 주기 위한 제안을 할 수 있다. 교사는 학급의 모든 아동이 성공적으로 참여할 수 있도록 환경을 구성해야 한다.

5. 아동의 사회적 행동을 촉진하기 위해 필요한 경우 그 자리에서 바로 가구의 위치와 장비를 조정한다

아동이 다른 아동을 방해하지 않고 자유롭게 이동할 수 있도록 책상이나 다른 장비를 조금씩 이동시킨다. 서로 밀거나 큰 목소리를 내거나 또 다른 방해하는 행동이 일어나는 것을 관찰하고, 아동에게 제한 설정을 하기 전에 먼저 조건을 변화시킬 수 있도록 물리적 환경을 바꾸는 대안을 고려해본다. 만약 한 영역이 다른 활동 영역과 너무 가까워서 아동의 성공과 즐거움을 방해한다면 그 활동 영역의 위치를 바꾼다.

6. 사물을 더하거나 제거한다

아동의 사회성 발달과 관련된 목표를 달성하기 위해서 물리적 환경 내 사물을 추가하거나 제거한다.

7. 만약 아동이 계속해서 상호작용 문제를 보인다면, 아동의 공간 사용과 교실 배치에 관해서 교사가 관찰한 사항을 프로그램 관리자와 논의한다

물리적 환경 문제를 논의하기 위해 원장, 원감, 교사 팀과 함께 협동하도록 한다. 여러 사람이 함께 아동의 수준에서 교실을 보고 아동의 사회적 유능성을 지지하는지와 물리적 환경으로 인해 아동에게 있을 수 있는 문제들에 대하여 평가한다.

안전 최대화하기

아동의 안전은 역할과 상관없이 모든 성인의 책임이다. 프로그램을 책임지고 있는 원장이나 교사는 아동에게 안전한 환경인지를 일상적으로 점검한다. 그래서 모든 성인은 아동에게 안전한 환경을 만들기 위해서 매일 점검하는 습관을 들여야 한다. 간단한 예방 조치를 취하는 것이 아동에게 조심하라거나 위험한 곳에서 논다고 혼내는 것보다 더 낫다. 교사는 항상 자신이 안전하지 않다고 생각하는 상황에 관해서 의구심을 가져야 한다.

1. 실내 환경에 잠재적 위험 요인이 있는지 점검한다

위험요소는 즉시 없애라. 때때로 외부 사람들이 다른 시간에 공간을 사용하고 난 뒤 아동의 놀이 공간에 유리병이나 캔을 버려놓을 수 있고, 아동에게 위험할 수 있는 자료와 장비가 그대로 놓여 있을 수도 있다.

2. 안전에 유의하면서 아동의 활동을 감독한다

어떤 도구는 부적절하게 사용되면 위험할 수 있지만 조심해서 사용하면 유용하다. 스테이플러는 적절히 사용하면 안전하지만 작은 손가락이 스테이플러 안으로 들어갈 수도 있다. 큰 블록은 보통의 경우는 안전하지만, 높게 쌓은 경우 전체 구조물의 균형을 잡기 위해 밑에 있는 블록을 조정해야 할 경우도 있다. 하루 일과를 통해 주의를 늦추지 말고 관찰하여야 한다.

3. 안전상의 위험 요인을 발견하면 즉시 조치를 취한다

보수적으로 행동해야 한다. 교사의 판단이 틀렸더라도 아동을 위해서 덜 보호적인 것보다 더 보호적인 것이 낫다. 예를 들어, 3세 유아 2명이 미끄럼틀 꼭대기에서 동시에 내려오려고 하고 있다면, 미끄럼틀에 올라가서 한 번에 한 명씩 내려가도록 도와주고, 차례대로 타기 위해서 미끄럼틀 위로 올라갈 수 있는 유아의 수를 제한한다. 이러한 행동을 함에 있어 주저한다면 위험한 상황이 발생할 수 있다.

4. 하루 동안 안전을 위해 취해진 조치들을 다른 교사와 함께 의논하라

예를 들어, 안전하다고 알려지지 않은 식물을 발견할 경우 환경에서 제거하고 이 영역에 울타리를 쳐서 보호할 수 있다. 하루 종일 아동과 함께 있지 않는 교사들도 또다시 위험한 상황이 발생하지 않도록 이러한 조치에 대해 알아야 한다.

5. 지역과 국가의 법적 기준을 확인한다

지역과 국가의 법적 기준을 알고, 변화된 것이 없는지 정기적으로 점검한다.

독립성을 증진시키기 위한 교구 관리하기

아래와 같이 교실 환경을 정비함으로써 아동이 교구를 치우는 시간에 생기는 어려움을 최소화할 수 있다.

1. 아동이 사용하는 자료는 처음 사용한 곳 근처에 있는 바구니에 보관해서 쉽게 사용할 수 있게 한다

필요하다면, 아동이 정확한 보관 바구니에 자료를 두도록 도와준다.

2. 교구를 두는 장소를 마련하고 아동이 놓아두는 장소를 알게 한다

해당 자료를 알 수 있도록 보관 장소에 글자나 사진, 그림으로 표시한다.

3. 도구와 자료를 확인한다

도구와 자료가 완전하고 안전하며 사용 가능한지 확인한다.

4. 자료를 적절하게 다루는 방법에 대해 시범을 보여준다

필요하다면 아동이 무엇을 해야 하는지 단계별로 시범을 보이면서 정확히 말해주고, 아동이 행동을 따라 해볼 수 있도록 한다.

5. 교사가 정한 기준에 대한 이유를 설명한다

예를 들어, "퍼즐을 장에 넣기 전에 상자에 퍼즐 조각들을 넣어라. 그래야 조각들을 잃어버리지 않는

단다"와 같이 아동에게 말한다.

6. 정리하거나 치우는 과정을 지도하고 필요할 경우 다시 지시한다. 교구를 잘 정리한 아동과 다른 아동을 도와주는 아동을 칭찬해준다

아동에게 두세 가지의 해야 할 일 중에서 선택할 수 있게 한다. 만약 아동이 어떠한 일도 하려 하지 않는다면, 한 가지 과제를 할당해주고 아동이 그 과정을 끝까지 마치도록 도와준다. 이와 관련된 기술은 9장과 10장에 제시되었다.

아동에게 적절한 행동 단서를 줄 수 있도록 공간과 교구 배치하기

1. 활동에 참여할 수 있는 아동의 최대 인원수에 맞추어 의자를 준비한다

세 명의 아동만 활동에 참여할 수 있는데 의자가 다섯 개 있다면 아동은 혼란을 느끼게 된다. 문제를 피하기 위해서 여분의 의자를 치운다.

2. 아동이 기대되는 행동을 알 수 있도록 표시판, 라벨, 그림 등을 사용한다

예를 들어, 색이 있는 큐브 하나를 비닐 주머니 안에 넣어서 불투명 보관 상자의 겉에 붙여두고 상자에 라벨을 붙인다. 그리고 보관 상자가 있을 교구장의 선반에 큐브를 그리고 색칠하고 라벨을 붙여둔다. 치우기 시간에 아동은 큐브가 어디에 있는지, 어떻게 두어야 하는지 알게 될 것이다.

3. 대집단을 위해서 더 넓은 공간을 사용하고 소집단을 위해서는 좁은 공간을 사용한다

컴퓨터, 탁자, 그리고 의자 두 개는 언어 영역 근처의 작은 공간에 놓을 수 있다. 그러나 역할놀이 영역은 놀이 아동이 많기 때문에 서너 배는 더 커야 한다. 보통 아동은 자료를 이용하기 위해 넓은 개방된 공간으로 이동하거나 자료들을 공간으로 가져오기도 한다.

4. 모든 활동이 매력적으로 보이도록 한다

퍼즐 밑에 파란색 종이를 두는 것과 같이 색을 추가하면 더 매력적으로 보인다. 재미있는 그림이 있는 책의 면을 펼쳐서 아동이 멀리서도 볼 수 있게 배치하면 더 많은 아동이 언어 영역으로 올 것이다. 교실의 환경이 적절히 구성되어 있는지 주기적으로 확인하기 위해 바닥이나 작은 의자에 앉아서 흥미 영역이 골고루 매력적인지를 살펴본다.

5. 아동이 교실을 꾸미게 하거나 게시판을 사용하거나 전시 공간을 갖게 하여 공간을 개인화할 수 있게 한다

공지사항이나 그림, 사진은 아이들의 눈높이에 맞춘다. 개인 사물함 앞에 아동의 사진을 붙인다거나, 아동이 서로의 가족에 대해 이야기할 수 있도록 게시판에 가족사진을 붙여둔다.

6. 개인 공간에서 할 수 있는 활동을 제공한다

아동이 혼자 할 수 있는 활동을 계획한다. 혼자 있기를 원하는 아동에게 전체 활동에서 빠져서 행동할 수 있는 기회를 마련해준다.

7. 발달적으로 적합한 교구를 제공한다

너무 단순하거나 어려운 활동을 제공해서는 안 된다. 참여하는 아동의 필요에 따라 계획된 활동을 조정한다. 아동이 너무 어려워하거나 너무 수월하게 해내는 것을 관찰하면 활동을 조정하도록 한다.

8. 프로그램이 시작될 때 모든 자료는 준비되어 있고 모든 장비와 가구는 제자리에 있어야 한다

교사는 필요한 물건을 가지러 가는 대신에 계속 아이들과 같이 있어야 한다. 활동을 하기 전 교사는 각 영역을 잘 살펴서 자료의 양, 안전 여부 등을 점검하면 아동과 자유롭게 상호작용할 수 있을 것이다.

9. 아동과 교사 모두에게 불필요한 작업을 최소화할 수 있도록 자료를 구성한다

불필요한 작업을 없애거나 단순화할 수 있는 방법을 모색하기 위해 아동과 다른 교사를 관찰한다. 예를 들어, 물건을 나르기 위해서 여러 번 왔다 갔다 하는 대신 쟁반을 사용한다. 아동이 작업을 더 효율적으로 할 수 있도록 제안해준다.

10. 적절한 대안 활동을 알려주어 아동이 계속해서 활동을 할 수 있게 한다

아동에게 어떤 대안이 있는지 분명하게 전달해준다. "책을 치우고 대집단 영역으로 와라"와 같이 지시를 하거나 다음에 무엇을 할 것인지를 아동에게 물어본다. "너는 이제 그만해야 해" 또는 "다 했구나"와 같은 말로 끝날 경우 아동은 다음에 무슨 활동을 할 수 있는지 알 수 없다.

교구에 관한 잠재적 갈등 최소화하기

1. 과제와 상황에 적절한 수의 자료를 제공한다

교실에 한 아동 당 1.5~2.5배의 놀이 공간을 제공한다. 영역 간 이동이 너무 많거나 아이들 간에 갈등이 잦을 때에는 자료의 양과 공간의 수를 점검해봐야 하는데, 활동이 너무 많거나 적은 경우 이러한 갈등을 유발한다. 교사의 평가에 따라 흥미 영역과 교구를 추가하거나 제거한다.

2. 어린 유아, 특히 걸음마기 영아의 경우에는 똑같거나 거의 비슷한 놀잇감을 제공한다

다투고 있는 놀잇감 대신에 똑같거나 비슷한 놀잇감으로 대체해준다.

3. 아동이 다른 아동을 방해하지 않고 자료를 가지고 놀 수 있도록 공간을 구성한다

아동이 다른 아동과 부딪히거나 비켜 달라고 요청하지 않고도 교구장에 가서 교구를 꺼낼 수 있도록 공간을 배치한다.

일과 계획을 지원하고 준수하기

1. 근무 시간이나 교대 시간 등을 숙지하고 시간을 지킨다

교사는 기관에 도착하면 실내외 환경이 아동에게 안전한지, 필요한 자료가 구비되어 있는지를 점검해야한다. 만약 아파서 결근을 하거나 늦게 도착할 경우에는 미리 그 사실을 알려야 한다.

2. 다른 학급의 아동과 공간이나 장비를 함께 사용할 경우에, 이들의 일과 계획을 알고 있어야 한다

교사는 어떤 시간에 어디에 있어야 하는지를 확실히 알고 있어야 한다. 행사로 인해서 일과 계획에 변화가 있는지 확인한다. 아동에게 변화된 일과를 이야기해줘라. 예를 들어 치우는 시간까지 10분이 남지 않았는데 한 아동이 모래놀이 상자에서 땅 파는 놀이를 하는 장난감 세트를 옮기고 있다면 다음과 같이 알려줄 필요가 있다. "땅 파는 놀이를 하고 싶구나. 치우는 시간이 거의 다 되었거든. 삽 한 개랑 양동이 한 개만 가지고 가라. 그러면 치우는 시간이 절약될 거다."

3. 아동에게 기관의 정상적인 일과에 대해 알려준다

등원과 하원, 기저귀 갈기나 화장실 가기, 간식, 낮잠이나 휴식, 대소집단 시간, 다른 일상적 교육 활동 시간 등과 같이 전형적인 하루 일과에 대해 알아야 한다. 가능한 정해진 일과를 일관성 있게 지켜야한다. 아동이 하루 일과를 알고 기대되는 행동을 이해하면 좀 더 사회적으로 적절한 방식으로 행동한다.

4. 아동이 적절한 행동을 하도록 도와주어야 할 경우, 그 자리에서 바로 수정한다

전이시간에 빨리하라고 아동을 재촉하지 않는다. 대신 어떤 활동을 정리하는 시간이 평소보다 더 오래 걸릴 것으로 판단되면 치우기 시간이나 전이시간을 더 일찍 가져야한다. 스스로 약간씩은 조정할 수 있으며, 5~10분 정도 이상 조정이 필요한 경우 반드시 주교사와 상의하여야한다.

아동의 계획하기·수행하기·평가하기를 도와주기

아동은 자신만의 사회적 목적 및 환경 내 자원을 언제, 어디서, 어떻게 사용할 것인지에 대한 그들만의 생각을 지닌다. 이는 기관에서 교사가 하루 일과를 통해 아동이 계획하도록 도울 수 있는 기회가 있다는 것을 의미한다. 자원을 어떻게 사용하느냐에 대해 계획하는 것은 아동이 발달시킬 수 있는 가장 유용한 기술 중 하나이다.

1. 계획을 세우는 데 아동이 참여할 기회를 만든다

아동이 매일의 활동 내에서 자신의 문제를 규명하도록 도와준다. 자신이나 다른 아동에게 위험하지 않다면 아동이 스스로 딜레마를 해결하도록 한다. 아동이 자신의 선택으로 인한 결과를 반영하도록 도와준다.

2. 아동이 문제를 명확히 알도록 행동 반영과 정서적 반영을 사용한다

아동이 그 순간 어떤 감정을 가졌는지를 알게하기 위해서 교사는 정서적 반영을 한다. 교사는 아동을 관찰하고, 듣고, 아동의 목적을 고려하여 적절하게 반영한다.

3. 아동이 가능한 대안을 찾아보도록 도와준다

필요하다면 개방식 질문을 사용한다. "너는 어떻게 생각하니?", "우리가 무엇을 할 수 있을 것이라고 생각하니?", "얼마나 걸릴 거라고 생각하니?", "이렇게 하는 것을 다른 사람들은 어떻게 생각할까?", "다른 방법은 없니?", "이것을 하는 데 공간이 어느 정도 필요하니?" 아동의 문제를 해결하기 위해서 교사의 생각을 이야기하거나 교사가 주도하기보다는 아동이 가능한 대안을 생각하도록 도와준다. 가능하지 않을 것 같은 아동의 생각도 존중해서 들어준다.

4. 아동이 결정한 것을 실행하기 위해 구체적인 계획을 세우도록 격려한다

다음과 같이 계획을 안내하는 질문을 한다. "너는 이것을 어떻게 완성할 거니?", "넌 어떤 자료가 필요해?", "같은 것을 만드는 다른 방법이 있니?", "이렇게 하기 위해서 어떤 단계가 필요할까?"

5. 집단 계획이나 복잡한 계획을 세우기 위해 협력할 수 있도록 충분한 시간을 제공한다

아동의 생각을 주의 깊게 들어야 하고, 빨리 끝나도록 다그쳐서는 안 된다. 급하다는 느낌을 주지 않도록 일과 중에 계획하는 시간을 갖는다. 아동이 계획하기 과정을 수행할 시간이 부족하다면 교사가 결정을 해야한다. 아동이 선택할 수 있다고 말하고는 교사 자신의 선택을 강요해서는 안 된다.

6. 아동이 대안을 생각해내고 어떠한 조치를 취할지 결정한 후에, 아이들과 함께 계획을 되새겨 본다

계획을 세운 뒤 수행하기까지 몇 시간이 걸린다면, 계획을 다시 검토한다. 어떻게 하기로 계획했는지를 기록한다. 공간과 가구가 필요하다면 그 계획을 그림으로 그려본다. 이런 그림은 아주 대략적이지만, 아동의 생각을 전할 수는 있다. 예를 들어, 4세 유아가 이웃집 놀이를 하기 위해서 두 채의 '집'이 필요하였고, 교사에게 이것을 요청하였을 때, 교사는 이 생각을 그 아이 자신뿐 아니라 여러 명의 아이들과 공유하도록 하였다. 이렇게 하기 위해서 해당 유아는 어디에 무엇을 놓아야 하는지에 대한 지도를 그렸다. 더 큰 아동의 경우 다른 아동과 사회적 상호작용에 어려움을 겪고 있다면 자신의 행동을 수정하기 위한 계획을 써 보도록 한다. 자신의 행동에 대한 행위 과정을 조직하고 생각해보도록 하고, 준수하기 위한 구체적인 계획을 개발하도록 한다.

7. 아동이 세운 계획을 평가하도록 도와주기 위하여 반영과 개방형 질문을 한다

예를 들어, 아동이 과정에 만족하였는지, 결과가 이들의 기대를 충족시켜 주었는지에 대해 물어본다. 그 계획이 아동에게 만족스럽고 계획 수행으로 충분히 욕구를 충족시켰다면, 그 과정은 성공한 것이다. 교사가 생각한 대로는 아니더라도 아동의 계획을 받아들인다. 집단에서 다른 아동보다 덜 만족스러워 하는 아동을 도와준다. 어린 아동보다는 나이가 많은 아동에게 평가할 수 있는 시간을 더 많이 제공한다.

주의 깊은 감독을 통해서 아동의 사회적 유능성 지원하기

1. 교사와 가까이 있는 아동이나 교사뿐 아니라 환경 내 모든 사람을 전체적으로 볼 수 있도록 한다

모든 아동을 주의 깊게 관찰한다. 교사와 가까이 있는 아동에게 초점을 두기에 앞서 교실 내 모든 아동과 교사에게 먼저 주의를 기울인다. 교구나 다른 아동으로 인해 어려움을 겪는 아동을 관찰한다. 다른 교사가 아동과 상호작용할 때 교사의 요구사항에 주의를 기울여서 필요한 경우 자료를 공급해주거나 도와줄 수 있다. 아동을 감독할 때 갑자기 주의가 필요한 경우가 종종 있으므로 딴 생각을 해서는 안 된다. 아동과 함께 있을 때 핸드폰을 끄고 문자 메시지를 보내지 마라.

2. 교실 전체와 모든 아동을 볼 수 있는 위치에 자리를 잡도록 한다

일반적으로 교사는 벽이나 코너를 등 뒤로 하고 있어야한다. 만약 시야가 제한된 영역에 앉아 있다면, 가끔 서서 관찰하도록 한다. 이상한 소리를 듣거나 예기치 않은 동작을 보았을 때에는 위치를 조정한다.

3. 아동을 보호하기 위해 필요하다면 행동을 취한다

블록이 불안정해 보이면 고쳐준다. 걸음마기 영아가 문을 열고 나가려고 한다면 이 영아를 데리고 온다. 낯선 성인이 운동장 근처에 있다면 무엇을 도와줄지 물어본다(이 사람은 아동에게 위험이 될 수도 아닐 수도 있다). 안전에 문제가 된다면 지체하지 말고 행동한다. 다른 교사가 더 가까이 있고 위험 상황으로 가고 있다면, 자신의 자리로 돌아와 전체 영역을 살펴보고 하던 활동을 계속 한다. 사고가 발생하였다면, 다른 아이들을 안심시키고 프로그램을 계속 진행한다.

4. 천재지변에 대비한 훈련이나 소방훈련을 하는 동안 모든 교사와 아동이 있는지 주의 깊게 점검한다

안전한 영역으로 이동하기 위해서 교실을 떠나기 전과 안전한 곳에 도착한 후에 인원수를 점검한다(아동이 겁을 먹으면 집단과 같이 이동하기보다 자신이 안전하다고 느끼는 장소에 숨을 수가 있다). 규칙적인 대피 훈련은 아동에게 이어지는 순서를 예상할 수 있게 한다.

5. 아동의 사회적 목표를 지원해주기 위해서 필요한 경우 교구와 공간, 설비 사용방법을 수정한다

이 장에서 환경을 변경하는 것에 대해 배웠던 부분의 가이드라인을 참고한다.

부모와 함께 물리적 환경 구성하기에 대한 생각 공유하기

1. 부모가 제기하는 행동 문제에 대해 물리적 환경 구성의 전략을 제안한다

적절한 행동을 조장하기 위해 환경을 구성하는 방법은 부모가 자녀를 양육하는 동안 접하는 여러 상황에 적용할 수 있다. 교실에서 사용되는 전략을 수정하여 가족 상황에 적용할 수 있다. 아래의 내용은 가족생활을 더 즐겁게 만들 수 있는 구성하기의 아주 전형적인 경험들이다.

2. 행동적인 문제가 발생하는 것에 대한 생각을 서로 공유한다

• 배변과 관련된 사건들: 아동이 화장실로 가서 옷을 벗고, 혼자서 변기에 앉고 일어서기 쉬운가? 배변과 관련된 사건들이 하루 중 같은 시기에 혹은 동일한 상황에서 발생하는가? 편한 옷으로 바꿔주거나, 작은 의자를 놓아두거나 아동에게 화장실에 가고 싶은지 물어본다.

• 차 안에서 거친 놀이를 하거나 소란스러운 행동하기: 이러한 행동은 매우 정신 사납고 결국에는 위험하다. 가족들은 아동이 차 안에서 할 수 있는 것을 추가해줄 수 있는데, 차를 타는 동안 놀 수 있는 여러 게임을 들 수 있다.

• 형제 간 다툼이나 형이 동생을 때리기: 이는 보통 어린 동생이 형의 공간이나 소유물을 침입했을 때 일어난다. 부모는 개인적인 것, 둘 다 같이 쓸 수 있는 것이 무엇이고 어디에 두어야 하는지를 명확히 한다. 또한 형제가 서로 방해받지 않을 수 있는 기회를 제공한다.

• 놀이 공간 치우기: 보관이나 일과 계획과 관련된 원칙이 적용된다. 아동은 학교에서와 마찬가지로 집에서도 놀이가 끝난다는 경고를 필요로 하고 가정에서 수용되는 기준을 배울 수 있다. 어린 아동도 치우기를 돕게 하고, 시간이 지나면서 물건을 어디에 두어야하는지를 안다면 치우는 방법을 배울 수 있다. 개방된 선반과 플라스틱 보관함은 가정에서도 유용하다.

3. 아동의 집단 구성과 교실 배치, 일과 계획, 장비와 가구 등의 변화에 대해서 부모에게 말한다

부모가 변화에 관해서 미리 알고 있으면 아동을 안심시켜 줄 수 있다. 유아는 신학기에 자신이 알고 있는 익숙한 교실에서 새로운 반으로 이동한다. 아동과 부모 모두 이러한 전이에 참여해야한다. 학기 중간에 유치원에 다락방을 추가하는 것은 아주 흥미롭지만 동시에 스트레스를 주는 상황이다. 일반적으로 학급이나 기관차원의 변화는 가정통신문으로 전달하고, 개인과 관련된 변화는 직접 또는 전화로 전달한다.

4. 학급에서 아동의 적절한 행동을 도와주기 위해 물리적 환경 구성을 어떻게 사용하고 있는지 부모에게 말한다

교사의 생각을 들은 후 부모는 이것을 가정에서 적용할 수 있다. 예를 들어, 친구관계는 종종 교실에서의 자리 배치에 영향을 받는데 이 같은 물리적 근접성의 효과를 알게 되면, 부모는 근처에 사는 친구를 집으로 초대해서 놀이하게 할 수 있다. 형과 동생의 장난감을 구분하는 것으로 가정에서도 쉽게 적용할 수 있다.

5. 부모와 아동이 모두 성공적인 경험을 할 수 있도록 등·하원 시간, 아동 관찰 및 부모 참여 등과 관련된 물리적 환경을 구성한다

어린이집의 경우 자녀에게 모유를 먹이는 엄마도 있는데, 이들에게는 수유 영역과 안락의자가 있으면 좋다. 신입원아 부모는 자녀를 관찰하고 싶어 하는 반면, 재원아 부모는 잠시만 기관에 있다가 가기를 원할 수도 있다. 자원 봉사를 하는 부모는 봉사하는 동안 자녀를 관찰하고 싶어 할 수도 있다. 부모의 요구와 상관없이 전문가는 부모, 아동, 직원이 모두 편안할 수 있게 이러한 일들에 대한 환경을 구성해야한다.

6. 시설 설비를 관리하고 환경을 미화하는 행사에 부모를 참여시킨다

운동장 청소하는 날이나 교실 꾸미는 날이 정기적으로 있으면 계약자나 고용인들이 하는 것보다 부모를 참여시키는 것이 더 적은 비용으로 더 나은 결과를 얻는다. 이러한 행사는 보통 비영리 단체에서 하지만, 학교도 할 수 있다. 주의 깊게 준비한다면, 부모도 자녀의 교육기관에 기여하는 것에 대해서 즐거워하고 긍정적으로 생각할 것이다.

7. 부모에게 재활용품이나 가정에서 쓰지 않는 교구, 장비 등을 기관에 기증하도록 요청한다

유아교육기관에서는 휴지심, 조각 천, 쟁반, 이유식 병, 필름통, 포장지, 생일카드 등 버려지는 많은 재활용품을 사용할 수 있다. 소꿉놀이용 의상, 컴퓨터, 수리가 가능한 장난감, 혹은 팔릴 수 있는 여분의 가정용 품목들도 기증받는다. 기증받고자 한다면, 다음의 지침을 사용해서 부모에게 아주 구체적으로 요청한다.

- 잘 작동하는 장난감 유모차, 라벨을 떼어낸 깨끗한 이유식 병 혹은 깨끗하고 청결한 아기용 장난감 등과 같이 기관에서 제시하는 조건을 분명하게 알려준다.
- 모든 기부에 대해서는 개별적으로 고마움을 표시한다. 부모가 참여할 수 없는 아동에게 기부하게 해서는 안 된다.

피해야 할 함정

◆ 한 번에 너무 많은 변화를 주는 것

아동은 안전과 예측 가능성을 모두 필요로 한다. 일과 계획을 변경하고 교실을 재배치하는 것과 같은 몇 가지 변화를 생각할 수 있지만, 점진적으로 해야 한다.

◆ 아동이 변화에 즉각적으로 적응할 것이라고 기대하는 것

유아는 학령기 아동보다 일과와 환경의 주요한 변화가 생기면 몹시 불편해한다. 새로운 교구가 첨가되고 교실이 바뀌거나 일과 계획이 바뀐 경우면 아동은 혼란을 경험한다. 교사의 참을성과 변경된 환경에 대한 지원이 있으면 아동은 결국 변화에 적응하게 되고 활동에 참여하게 된다. 시간이 걸리므로 너무 빨리 포기하지 않는 것이 중요하다.

◆ 감독하지 않는 것

아동을 절대로 감독하는 교사 없이 두지 않는다. 아동은 일반적으로는 안전하다고 여겨진 교구를 잘못 사용할 수도 있다. 교사가 잠시 자리를 비웠을 때 아동에게 위험한 상황이 발생할 수 있다. 또한 아동은 흥미를 잃고 부적절하게 행동할 수 있다.

◆ 아동에게 지도하기보다 지시하는 것

때로 교사는 활동을 하고 있는 아동보다 결과물에 더 많은 관심을 가진다. 이에 교사가 모든 의사결정을 하고, 기준을 만들고, 아동에게 해야 할 일을 말한다. 건강이나 안전이 문제될 때는 지시가 최선의 선택이지만 모든 것에 대해 교사가 지나치게 많이 지시한다면 아동의 자율성과 자신감, 유능감은 감소된다.

◆ 아동의 의사결정 및 계획에 교사가 너무 빨리 또 너무 많이 관여하는 것

교사는 너무 많은 도움을 재빨리 제공함으로써 아동의 계획 과정을 떠맡곤 한다. 아동이 질문을 할 때까지 기다리고, 아동의 생각을 검토해보고 다른 생각이 있는지 물어본다. 실현 가능하지 않은 해결책도 아동이 해보고 포기하게 한다. 가능할 것 같지 않은 것도 많이 생각하게 한다. 모든 것을 교사가 해결하려고 하면 아동의 자신감과 교사에 대한 신뢰감이 무너질 수 있다.

◆ 불필요하거나 지나치게 상세히 지시하는 것

아동이 충분히 과제를 할 수 있을 때에도 교사는 지시하는 경향이 있다. 지시는 간단하고 직접적으로 한다. 판단이 안 될 때에는 그 과제를 하는 방법을 아는지 아동에게 물어본다.

◆ 지시가 필요한 상황과 제한을 설정해야 하는 상황을 혼동하는 것

아동이 과제를 하는 방법을 알고 기대되는 행동을 알면서도 따르지 않는다면, 제한을 설정하는 것이 적절하다. 이 경우 지시에 따르도록 하기 위해서 지시를 반복하지 않는다. 그러나 아동이 과업을 수행하는 방법을 모른다면 지시하는 것이 적절하다. 이는 아동의 선행 경험과 지식에 따라 판단된다.

◆ 아동이 일과대로 생활하는 방법을 안다고 가정하는 것

아동이 하는 방법을 알지 못하는 것과 하려고 하지 않는 것을 구별해야 한다. 아동은 옷 입고 벗기, 씻기, 교구 치우기 등을 자동적으로 알지 못한다. 아동을 지도하는 사람은 아동의 행동을 비판하기에 앞서 과제를 정확하게 하는 방법을 가르쳐줘야 한다. "엄마가 아무것도 가르쳐 주지 않았니?" "책상도 안 닦아봤니? 내가 하고 말지"와 같은 말은 부적절하다. 대신 "그걸 하기가 어렵나 보구나. 내가 어떻게 하는지 보여줄게. 그러면 너도 그걸 할 수 있을 거야"와 같이 말한다.

◆ 보조교사의 관찰은 중요하지 않다고 여기는 것

보조교사는 보통 아동 가까이에서 상호작용하기 때문에 한 영역에서 아동이 어떻게 행동하고 교구를 어떻게 사용하는지 볼 수 있다. 주교사는 이러한 정보로 더 효과적인 계획을 세울 수 있다. 주교사는 보조교사가 관찰한 것을 공유할 수 있는 기회를 정기적으로 마련할 필요가 있다. 보조교사는 좋은 관찰자로 주교사와 관찰한 것을 공유해야 한다.

SUMMARY

사회적 유능성이라는 목표를 성취하기 위해서 환경을 구성하는 과정이 논의되었다. 효율적이고 즐거운 물리적 환경을 준비하는 것은 아동을 덜 피곤하게 하고, 독립적으로 행동하도록 촉진한다. 자료를 조직하고, 가구를 배치하고, 장비를 정비하는 것은 안전한 학습 기회를 지원할 뿐 아니라 집단 내 대인 간 갈등을 최소화할 수 있다. 선택하기는 환경구성 과정에 관여되어 있고, 아주 어린 아동도 배울 수 있다. 계획하기와 목표 지향적인 변화 실행하기는 시간이 걸리기는 하지만 아동과 교사에게 모두 만족감을 준다.

　일반적인 구성하기 과정은 특히 시간 관리와 관계된다. 아동의 안전과 환경에 대한 정서적 적응을 위한 예측 가능성과 일과의 중요성을 특별히 고려한다. 전이는 일반적으로 아동을 불안하게 하지만, 적절한 행동을 발달시키는 기회가 될 수도 있다.

　구성하기는 자료의 선정과 보관 및 사용, 그리고 공간의 배치에 적용될 수 있다. 환경 특성은 아동과 교사 간의 사회적 상호작용에 영향을 미친다. 교실 배치를 계획하고 변경하기, 아동 감독하기 그리고 교구의 효율적인 사용 증진시키기에 관련된 기술들을 보여주었다. 사회적 상호작용을 촉진하기 위한 수단으로서 환경 내 교구 등을 추가하거나 제거하는 것과 관련된 방법을 제시하였다.

　마지막으로 아동과 교사가 상호작용하는 데 어려움을 주는 환경을 개조하기 위해서 살펴봐야 하는 잠재적인 문제들이 언급되었다. 이러한 문제들은 실제와 인내를 통해 없어질 수 있다.

CHAPTER 9

적절한 기대와
규칙을 통한
자기 조절 증진

적절한 기대와 규칙을 통한 자기 조절 증진

- 자기 조절을 정의하고, 자기 조절이 어떻게 증진되는지 설명한다.
- 아동의 성장이 자기 조절을 위한 능력에 어떻게 영향을 미치는지 논의한다.
- 아동의 경험이 자기 조절 능력에 어떻게 영향을 주는지 설명한다.
- 아동을 지도하는 다양한 접근법이 아동의 행동 및 태도에 어떻게 영향을 미치는지 분석한다.
- '개인적 메시지'가 무엇이며, 언제 어떻게 사용해야 하는지를 기술한다.
- 아동과의 상호작용 중에 효과적인 '개인적 메시지'를 사용한다.
- 적절한 기대와 규칙에 대해 이야기할 때 빠지기 쉬운 함정을 안다.

아동이 성장하면서 직면하게 되는 전형적인 기대가 있다. 모든 사람에게 보편적으로 적용되는 행동 기준은 없겠지만, 모든 사회는 사람들이 안전하고 잘 지내도록 도와주는 나름의 규칙을 가지고 있다(Berns, 2013). 성인은 다음 세대에게 이를 전달해야 할 책임이 있다. 통상 아동이 어떻게 행동해야 하는지를 가르쳐주는 것으로, 이러한 과정을 또 다른 용어로 **사회화**(socialization)라고 한다. 부모나 교사는 아동이 함께 나누기, 공손하게 대답하기, 거짓말 안 하기 등과 같은 바람직한 행동을 하도록 사회화한다. 또한 밀기, 고자질하기, 길에서 침 뱉기, 맛있는 것을 자기만 골라먹기 등과 같은 부적절한 행동을 하지 않도록 사회화시킨다. 이러한 교훈은 아동의 사회적 유능성 발달에 중요한 역할을 한다.

아동이 사회적 기대에 부합되는 행동을 얼마나 잘 하는지는 가정, 기관, 학교, 지역 사회에서의 성공에 영향을 미친다. 아동에게 옳고 그른 것을 가르치는 데 있어 초기에는 성인이 중요한 역할을 한다. 그러나 우리가 바라는 것은 아동이 보다 독립적이고, 자주적이며, 상시 감독 없이 자신의 행동을 모니터링할 수 있는 것이다. 이것이 가능할 때 아동은 인간 발달에 있어서 의미 있는 기준점인 '자기 조절'을 할 수 있게 되는 것이다.

1. 자기 조절의 정의

사람들이 **자기 조절**(self-regulation)을 발휘하는 상황은 특정 행동이 맞거나 틀렸는지를 판단하고, 자발적으로 자신의 신념에 상응하는 방식으로 행동을 할 때이다(Calkins & Williford, 2009). 자신의 행동을 조절하는 아동은 추론, 타인에 대한 관심과 염려, 수용 가능한 행동과 그렇지 않은 행동에 대한 이해에 기초해 판단을 내린다. 이런 아동은 스스로 옳은 일을 하거나 부적절한 행동을 하지 않는 데 있어서 다른 사람의 판단에 의존하지 않는다. 오히려 스스로 모니터링한 수준에 근거해 어떤 행동은 시작하고 어떤 행동은 하지 않는다. 결과적으로 자기 조절이 가능한 아동은 누가 하라고 말해주지 않아도 긍정적인 사회적 상호작용을 할 수 있고, 건설적인 사회적 계획을 수행할 수 있다. 또한 스스로 유혹에 저항하며, 부정적인 충동을 억제하고 만족을 지연한다(Rose-Krasnor & Denham, 2009; Wagner & Heatherton, 2011). 표 9-1에는 자기 조절의 예가 제시되어 있다.

1.1 자기 조절 능력의 발달 과정

자기 조절은 아동기 동안 '외부'에서 '내면'으로의 발달 과정으로, 아동기 전반에 걸쳐 점차적으로

표 9-1 **자기 조절 행동의 예시**

행동	예시
긍정적인 사회적 상호작용을 수행함	• 진수는 엄마가 보고 싶어 울고 있는 영희를 위로한다. • 철수는 언어 영역에서 새로 온 친구와 헤드폰을 같이 사용한다.
건설적인 사회적 계획을 수행함	• 영이는 물감으로 그림을 그리고 싶어 한다. 영이는 자신이 가지고 있는 분필과 물감을 바꾸는 방법을 생각해내고, 이 목표를 성취하기 위해 다른 아동에게 물물교환을 제안한다. • 혜원이는 지혁이가 여러 개의 훌라후프를 체육관으로 가져오느라 애쓰는 것을 보았다. 혜원이는 훌라후프 몇 개를 함께 들어서 지혁이를 도와주었다.
유혹에 저항함	• 우진이는 자신이 먹었던 과자의 포장지를 땅바닥에 버리고 싶었지만, 쓰레기통까지 가지고 가서 버렸다. • 민서는 복도에서 주운 지갑을 가지고 싶었지만, 교사에게 가져다주었다.
부정적 충동을 억제함	• 현준이는 철수가 실수로 자신을 넘어뜨렸을 때, 화가 나서 한 대 때리고 싶었지만 참았다. • 지연이는 영희의 우스꽝스러운 머리 모양을 놀리고 싶었지만 참았다.
만족을 지연함	• 수희는 지금 교사에게 놀이공원에 놀러갈 거라고 말하고 싶었지만, 민정이가 교사와 이야기를 마칠 때까지 기다렸다. • 영이는 막대 사탕을 하나 더 갖고 싶었지만, 다른 아이들이 모두 하나씩 가질 때까지 기다렸다.

나타난다. 처음에 아동은 타인에게 의존하여 자신의 행동을 조절하지만, 시간이 지나고 연습을 통해 점차 스스로 자기 지시를 더 잘하는 수준으로 발달한다(Eisenberg, Smith, & Spinrad, 2011). 이 같은 자기 조절의 발달 과정은 무도덕 단계에서 내면화 단계로 이르는 일련의 과정으로 설명된다.

1.2 무도덕 단계

영아기는 옳고 그른 것의 개념이 없는 무도덕 단계에 속한다. 그래서 자신의 행동에 대한 윤리적인 판단을 할 수가 없다. 예를 들어, 안경이 반짝이기 때문에 엄마의 안경을 끌어당기는 1세 윤서는 엄마가 얼마나 아플지에 대해서 생각하지 않는다. 엄마가 인상을 찌푸리거나 야단을 친다고 해서 탐색 행동을 멈추지도 않는다. 윤서는 아직 이러한 부모의 행동을 어떻게 해석해야 하는지, 엄마의 반응에 따라 어떻게 행동을 조절해야 하는지 배우지 못했다. 영아가 점차 성숙해지고 많은 경험을 하게 되면서 자기 점검이 전혀 없던 상태에서 점차 변화하기 시작한다. 대부분의 걸음마기 영아나 취학 전 유아는 부모나 교사가 제시하는 외적인 단서에 따라 반응하는 것을 배운다. 이러한 유형의 조절이 따르기 단계이다.

1.3 따르기 단계

따르기는 자기 조절의 가장 피상적인 수준으로, 자신의 행동을 점검해주는 타인에게 의존할 때 발생한다. 어린 유아는 적절하게 행동하는 방법을 학습하기 위해 물리적인 도움을 필요로 한다. 아래 몇 가지 예를 제시하였다.

> - 윤서 엄마는 윤서 손이 닿지 않는 곳으로 안경을 치웠다. 윤서는 안경을 잡아당기는 것을 멈춘다.
> - 세 살 민시가 교실에서 뛰어 다닌다. 교사는 천천히 가도록 민시의 손을 잡고 쌓기놀이 영역으로 걸어갔다.
> - 교사는 실외 놀이터에서 그네를 타기 위해 서로 밀고 있는 두 아이를 떨어뜨려 놓았다. 아이들은 더 이상 밀지 않는다.

또한 유아는 점차 무엇을 해야 하고 무엇을 하지 말아야 하는지에 대한 언어적 단서에 반응하게 된다. 다음의 예를 살펴보자.

- 네 살 철수가 과자 세 개를 집자 교사는 과자를 두 개만 먹을 수 있다고 다시 말해주었다. 철수는 한 개를 놔두고 두 개를 가져갔다.
- 서은이가 교실에서 뛸 때 교사가 걷기로 한 약속을 상기시켰고, 서은이는 속도를 줄였다.
- 교사는 인호에게 밀지 말고 또래에게 다음 순서에 그네를 타고 싶다고 말하는 각본을 알려 줌으로써 도와줄 수 있다. 인호는 "나 다음에 해도 돼?"라고 말했다.

각 상황에서 교사는 아동이 스스로 할 수 없던 통제를 하는 방법을 가르쳐주었다.

따르기의 또 다른 형태는 단순히 보상을 얻거나 처벌을 피하기 위해 규칙을 따르는 것이다(Bear, 2010; Laible & Thompson, 2008). 예를 들어 3세 유나는 짧은 인생 중에도 수많은 '나누기 교훈'을 받았다. 또래나 동생에게 스스로 놀잇감을 주면 미소와 칭찬으로 보상받았고, 또래와 나누지 않으면 찡그리거나 경고를 듣는 것과 같은 부적 결과를 경험하였다. 이 같은 경험에 기초하여 유나는 서서히 바람직한 행동과 바람직하지 않은 행동을 구분하기 시작한다. 그러나 보상과 결과는 아동이 스스로 적절한 행동을 하기 위해 필요한 추론에 충분한 정보를 제공하지 못한다. 따르기 단계에 속한 아동은 나누는 것이 왜 바람직한지는 이해하지 못하고 단지 성인이 아동에게 따르기를 기대한다는 것만을 안다. 유나가 또래에게 크레파스를 나누어주었다고 하더라도, 이는 다른 아동의 권리에 대한 관심에 기초한 것이 아니라 보상을 위한 것이다. 이 경우, 유나는 성인이 있을 때에만 나누기를 하려고 할 것이며, 유나의 행동을 모니터링하는 어머니나 교사가 없는 상황에서는 나누기 행동을 하기 어렵거나 자신의 크레파스를 지키기 위해 때리거나 잡아당기는 행동을 할 것이다.

이는 따르기 단계의 단점으로, 외적 통제에 의존하는 이 시기 아동은 적절하게 행동하기 위해 지속적인 지지와 감독을 필요로 한다. 이러한 통제가 없는 경우, 아동은 어떻게 행동해야 할지를 모르게 된다. 따라서 따르기 단계는 성숙한 과정으로 다가가는 중요한 단계이나 아직 이 자체가 바람직한 단계라고 할 수는 없다.

1.4 동일시 단계

더 발전된 형태의 자기 조절은 자신이 좋아하는 어떤 사람처럼 되고 싶어서 행동 양식을 따를 때 일어난다. 동일시 과정을 통하여 아동은 자기 삶에서 중요한 사람의 행동, 태도, 가치를 모방한다(Kalish & Cornelius, 2006). 아동이 어떤 기대에 순응하는 것은 특별한 사람들과 만족스러운 관계를 형성하거나 유지하기 위한 것일 수 있다. 아동은 자신이 좋아하는 사람들과의 친근감을 위해 특정 버릇이나 말투, 또는 행동 방식 등을 따라 하기도 한다.

전형적으로 아동은 자신의 부모나 다른 가족 구성원과 동일시를 한다. 교사나 돌보미 또한 동일

그림 9–1 교사의 합리적 기대는 유아의 자발적 탐구를 격려한다

시의 대상이 된다. 모든 경우에, 아동이 동일시를 하는 대상은 양육적이고 힘이 있는 사람들로, 보통 성인이나 손위 아동이 이에 해당한다(Bjorklund, 2012; Maccoby, 2007).

동일시는 아동 발달에서 중요하다. 이것은 아동으로 하여금 단순한 보상과 처벌을 넘어서서 행동하게 하고, 성인기까지 유지되는 많은 생각과 기준을 제공한다. 하지만 동일시의 결과로 장난감을 나눠 쓰는 아동은 개인적인 목적을 달성하기 위해서 다른 사람과 나눠 쓰기를 하는 것인데, 이때의 목적이란 나누기를 권했던 동일시 대상과 비슷해지고 싶거나 동일시 대상을 기쁘게 해주고 싶은 것을 의미한다. 따라서 이들은 나누기에 내재되어 있는 공정성이나 빌려준 사람의 진정한 욕구를 깨닫지 못한다. 또한 동일시 단계 아동은 그 상황에서 동일시 대상이 어떻게 할 것인지 추측하며 행동한다. 이에 비슷한 상황에서 모델이 어떻게 했는지를 전혀 보지 못했으면, 아동은 어떻게 해야 할지를 모르고 스스로 생각해내지도 못한다.

1.5 내면화 단계

내면화는 자기 조절이 가장 발전된 형태이다. 특정한 기대를 자신의 신념과 개인적인 가치의 논리적인 확장 상태로 보는 경우, 이러한 예상과 기대를 '내면화'한 것이다(Epstein, 2009). 다양한 상황에서 개인의 행동을 이끄는 것은 바로 이 내면화된 양식이다. 각각의 상황에서 이들이 선택하는 행동은 외적인 보상이나 다른 사람에게서 인정받으려는 것보다는 자기 비난을 피하려는 데 목적을 두고 있다. 내면화에 따라 행동하는 사람은 어떤 행동의 기준 뒤에 있는 이유를 이해하고, 이 기준에 따라서 행동하고자 하는 도덕적인 의무감을 느낀다. 또한 이들은 어떻게 특정한 행동이 정의, 정직, 평등과 같은 더 큰 개념에 부합되는지를 안다. 내면화된 신념에 따라서 사고하는 사람들은 자신의 행동이 다른 사람에게 미치는 영향도 고려한다. 예를 들어, 나눈다는 가치를 내면화한 현정이는 교사가 그렇게 하라고 시켰거나 다른 사람이 보고 있기 때문이 아니라, 나누는 것이 적절한 행동이기 때문에 다른 아동에게 크레파스를 준다. 이렇게 긍정적인 행동을 하는 것이 현정이를 기분 좋게 하며, 또한 다른 아이도 그림을 그릴 수 있게 된 것을 보는 게 즐겁다. 마찬가지로 윤성이가 가지고 놀고 있는 전자드럼을 원하는 지민이는 윤성이가 전자드럼을 이용해 다양한 소리를 탐색하는 것을 지켜보면서 기다리다가 결국 자신의 차례를 맞게 된다. 다른 사람의 격려 없이도 지민이가 기다릴 수 있는 것은 자기 조절 및 사회적 성숙을 보여주는 것이다.

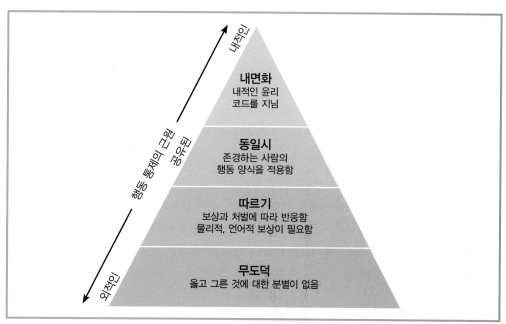

그림 9-2 **자기 조절 발달 과정**

　아동이 기대되는 행동을 내면화하면, 낯선 상황을 포함한 모든 상황에서 어떻게 행동하는 것이 적절한지에 대한 지침을 갖게 된다. 어떤 규칙에 대한 이유를 이해하면, 대안적인 행동들의 장점과 단점을 비교해 볼 수 있고, 자신의 행동을 선택할 수 있게 된다. 이렇게 되면 지속적으로 감독해야 할 필요가 없이, 아동이 자신의 행동을 조절할 수 있게 된다. 가장 중요한 것은 내면화된 행동이 오랫동안 지속된다는 것이다. 정의, 정직, 공평의 신념을 자신의 것으로 채택한 아동은 더 이상 특정 성인이 없어도, 혹은 들키지 않고 규칙을 어길 수 있는 기회나 유혹이 있어도 이러한 이상을 지켜나간다(Rose-Krasnor & Denham, 2009). 따라서 현정이는 다른 사람을 돕는 것이 '옳은' 일이라고 느끼기 때문에 친사회적 행동을 하게 된다. 지민이 또한 모든 이의 '공정한' 차례가 중요하다는 생각을 하기 때문에 인내심과 만족지연을 다른 상황에서도 연습할 수 있다. 그림 9-2에는 무도덕, 따르기, 동일시 그리고 자기 조절의 내면화의 요약이 제시되어 있다.

내면화는 점진적으로 발달한다

아동이 내면화된 행동 양식을 발달시키는 데는 오랜 시간이 걸린다. 취학 전 유아는 초등학교 고학년 아동이 하는 만큼의 자기 조절을 할 수 없다(Epstein, 2009). 걸음마기 영아는 몇 개의 단순한 요구와 명령에 따를 수는 있지만, 대부분 외적인 요인에 의존한다. 아동이 양육자와 관계를 형성해 가면서 동일시는 아동이 어떤 방식으로 행동하도록 동기화하는 데 점차 더 중요한 요인이 된다. 시간이 지나면서 점차 많은 아동이 간식 책상에서 순서를 지킨다든가, 복도에서 걸어 다니는 것과 같은 공통 규칙의 내면화를 보여준다. 초등학교 고학년이 되면 도덕적인 자기 조절 능력이 상당히 발달하여, 모든 상황에서 자신의 행동을 더 잘 검토할 수 있게 된다(DeVries & Zan, 2003; Siegler, DeLoache, & Eisenberg, 2011).

아동은 비율과 정도에서 차이를 보이며 자기 훈육을 발달시킨다

아동이 성숙해지면 자기 조절을 더 잘하지만, 연령에 따라 무도덕 단계에서 더 높은 수준까지 무조건 발달하는 것은 아니다. 자기 조절을 성취하는 비율과 정도는 아동마다 차이가 있다(Bear, 2010; Kochanska & Aksan, 2006). 예를 들어, 4세 유진이는 공유하기를 위해 신체적 지지를 필요로 하지만, 같은 연령의 혜미는 언어적으로 상기시켜 주는 것으로도 공유하기를 할 수 있다. 준영이는 자신을 귀찮게 하는 사람을 주먹으로 때리고 싶은 충동을 억제하는 것을 배우는 데 수개월 또는 몇 년이 걸릴 수 있는 반면, 현진이는 더 쉽게 익힐 수 있다. 아동은 자기 훈육의 발달에서 매우 폭넓은 개인차를 보인다.

2. 자기 조절에 영향을 미치는 발달 과정

아동의 자기 조절 능력이 연령에 따라 증가하는 것은 발달적인 요인에 의해 좌우된다. 이 중 아동의 정서, 인지, 언어 발달과 기억 능력에서의 변화가 조절 능력의 발달을 가장 잘 설명해준다.

2.1 정서 발달

정서는 아동에게 어떠한 행동이 적절하고 부적절한지를 알려주는 강력한 내적 신호로 작용한다. 아동이 이러한 신호에 주의를 기울이는 법을 배우면, 자신의 행위에 대한 모니터링 능력이 늘어나게 된다. 자기 조절에 큰 영향을 주는 두 가지 정서는 죄의식과 감정이입이다(Eisenberg, Fabes, & Spinrad, 2006; Kochanska & Aksan, 2006). '죄의식'은 아동에게 현재 혹은 계획한 행동이 바람직하지 않다는 것을 경고하고, 과거의 잘못된 행동을 후회하게 만든다. 이러한 감정은 자신이 하고 있는 행동을 다시 한 번 생각해보게 하거나 속도를 낮추게 하는 브레이크 역할을 한다.

그림 9-3 유아는 교사에게 자신의 부정적 감정을 표현하고 수용되고자 한다

한편 '감정이입'은 아동이 자기 자신이 경험했던 감정을 기초로 타인의 감정을 이해하는 것으로서, 죄의식과 반대되는 메시지를 전달한다. 감정이입을 통해 아동은 타인의 감정에 대해 반응하게 되어, 결과적으로 긍정적인 행동을 하게 된다. 감정이입은 속상해하는 또래를 위로해주거나 다른 아동이 실망하지 않도록 나누거나 차례를 양보해주는 행동에서 볼 수 있다. 3세 정도의 유아도 죄의식과 감정이입을 모두 느낄 수 있다(Pinker, 2008). 그러나 아동의 연령에 따라 이 같은 정서를 유발하는 사건이 다르다.

죄의식

죄의식은 걸음마 영아기에 단순하고 구체적인 사건에서 발생하다가 청소년기로 가면서 추상적이고 복잡한 상황에서 일어난다(Thompson, 2006). 처음에는 규칙을 어기거나 다른 사람의 기대를 저버리는 것과 같은 위반 행동에 대해서 죄의식을 느낀다. 우유를 엎지르는 것, 놀잇감을 부수는 것, 또는 친구의 물건을 훔치는 것 같은 행동은 유아기 때 죄의식을 유발시키는 행동이다. 초등학교 고학년 시기에는 자신이 하지 않은 행동이라도 다른 사람이 고통을 느끼면 죄의식을 느낀다. 5학년인 철수는 운동장에서 학급의 한 아동이 다른 아동을 놀리고 있는 걸 보고도 이를 말리기 위해 아무 행동도 안 했으면 죄의식을 느낀다. 중학교 때는 방과 후에 개 산책시키기를 잊어버린 것과 같이 책임을 소홀히 했거나, 일정 수준의 성적을 받는 것과 같이 스스로 정한 이상에 도달하지 못했을 때 죄의식을 느낀다. 고등학생들은 남을 배려하지 못하는 행동, 거짓말, 불평등에 관해서도 죄의식을 느낀다(Mills, 2005). 아동이 성숙하면서 죄의식을 느끼게 되는 대부분의 사건들은 다른 사람들의 기대를 만족시키지 못하는 것보다는 개인의 기준과 관련된다. 이와 같이 죄의식의 초점이 점차 외적 기대에서 개인적 기준으로 전이하는 것은 자기 조절에 필요한 내적 통제에 영향을 준다.

감정이입

감정이입도 삶의 초기부터 나타난다(Thompson & Goodman, 2009). 예를 들어, 많은 영아는 다른 아기의 울음소리를 듣거나 볼 때 따라서 울기 시작한다. 즉, 영아는 다른 아이들의 고통을 그냥 따라함으로써 감정이입을 보인다. 1~2세 사이에 영아의 전반적 반응은 점차 특정한 사람에 대한 걱정과 같은 진정한 감정으로 변해간다. 또한 이 영아는 반응으로 어떤 행동을 해야 한다는 것을 알게 된다. 걸음마기 영아는 넘어져서 울고 있는 다른 아이를 토닥거려준다. 취학 전 유아나 초등학교 저학년 아동은 다른 사람의 걱정이나 욕구에 대해 좀 더 객관적인 평가를 한다(Eisenberg et al., 2006). 또한 자신과 다른 정서적인 반응을 알게 되고, 다양한 방법으로 위로와 지원을 할 수 있게 된다. 10~12세경 아동은 노숙자, 장애인, 재난을 당한 사람들처럼 자신과 직접적으로 관련되지 않는 사람들에게도 감정이입을 한다. 곤경에 처한 다른 사람에 대해 감수성이 증가하면 아동의 자기 조절 행동도 발달한다.

2.2 인지 발달

적절한 행동과 부적절한 행동을 구별하는 아동의 능력은 인지 능력의 변화와 함께 발달한다. 아동의 인지 능력이 발달함에 따라, 행동을 내적으로 조절하는 능력도 발달한다. 이러한 능력은 옳고 그른 것에 대한 생각의 변화, 다른 사람의 관점을 이해하는 정도, 중심화, 불가역성과 같은 인지적인 특성의 영향을 받는다.

옳고 그른 것에 대한 아동의 개념

걸음마기 영아는 어떤 행동이 옳고 그른지를 결정하는 기준으로 보상과 처벌을 사용한다. 따라서 자신의 행동이 칭찬을 받으면 나누기 행동이 '좋은' 것이고, 그림책에 낙서를 했는데 하지 말라는 소리를 들으면 그것이 '그릇된' 행동이라고 판단할 것이다. 그러나 아동은 점차 모든 잘못이 동등하게 취급되지 않는다는 것을 깨닫게 된다.

　3~4세 아동은 여동생을 밀어 넘어뜨리거나 때리는 것이 더러운 손을 깨끗하게 씻지 않는 것보다 어른들로부터 더 부정적인 반응을 받는 것을 알게 된다. 이러한 경험들을 통해, 취학 전 아동은 도덕적인 위반(거짓말, 훔치기, 다른 사람 상처주기 등)과 사회-관습적 위반(바르지 못한 식사 예절, 부적절하게 인사하기, 무례하게 말하기, 기타 사회적인 예의범절과 관련 있는 문제 등)을 구분하기 시작한다(Smetana, 2006; Yau & Smetana, 2003). 유치반 정도 연령이 되면, 사람들에게 신체적인 해나 재산상의 피해를 주거나(때리기, 물건 부수기 등) 다른 사람의 권리를 침해하는 행동(순서를 지키지 않기, 공평하게 나누지 않기 등)에 대해 '아주 나쁘다'고 판단한다(Turiel, 2006). 이에 따라 아동은 "~주세요"라고 말하지 않거나 '장난감을 치우지 않는 것'과 같이 집단의 사회적 규칙을 지키지 않는 것을 그다지 나쁜 행동으로 보지 않는다. 두 경우 모두 아동은 행동이 일어난 지금과 여기에 초점을 두며, 지금의 행동이 미래에 사람이나 재산에 영향을 줄 것이라고 생각하지는 못한다.

　8세 이상의 아동은 규칙과 기대에 대해 좀 더 정교화된 추론을 한다. 이들은 나쁜 행동에 물리적 정의를 넘어서 다른 사람의 감정을 해치는 것과 같은 심리적 영향까지 확대하여 포함한다. 개인과 집단의 권익을 보호하기 위하여 사회적 약속을 유지하는 것의 필요성 또한 깨닫는다. 즉각적인 결과뿐만 아니라, 장기적인 결과를 생각할 수 있게 된다. 그래서 4학년 아동은 속이는 것이 그 게임에서 이기는 단기적인 긍정 결과를 가져올 수 있지만, 궁극적으로는 자신과 자기 팀에 불명예를 가져다주기 때문에 '잘못된' 선택임을 깨닫는다.

　다음의 Note 9-1에서 보듯이 아동이 옳고 그름에 대해 어떻게 생각하는지는 매일의 행동과 관련되어 있다.

도덕적 사고와 도덕적 행동 간의 관계

사고와 행동이 항상 같은 것은 아니다.

> 대집단 시간에 교사는 3세 아동에게 "원하는 것을 갖기 위해 다른 사람을 때려도 될까요?"라고 물었다. 아이들은 한 목소리로 "아니요"라고 대답하였고, 교사는 "나누어 쓰는 것은 좋은 생각일까요?"라고 물었다. 전체 아이들은 "네"라고 말하고 박수를 쳤다.

이 같은 이야기 나누기는 아주 어린 아동도 인간의 복지, 정의, 타인의 권리 보호와 같은 도덕적 기준의 바람직성을 깨닫고 있음을 보여준다. 사실 이러한 아동의 도덕적 성향은 전 세계적으로 동일하다(Neff & Helwig, 2002). 그러나 초기에 무엇이 옳은지를 아는 것과 옳은 것을 하는 것은 동시에 일어나지 않는다. 어린 아동은 충동적이어서 행동이 항상 이성적 사고에 기초하지는 않는다. 대집단 시간의 편안한 분위기에서 말한 것이 화가 나는 행동 상황에서 바로 잊히는 것은 너무 쉬운 일이다. 아동이 성장함에 따라 발달적 이해와 기술을 획득하면서, 옳은 것에 대한 사고와 옳은 것에 대한 행위 간의 연계는 더욱 강해진다.

조망수용

아동은 효과적으로 상호작용하고 특정 상황에서 어떤 행동이 옳고 그른지를 정확하게 판단하기 위해서, 다른 사람이 무엇을 생각하고 느끼고 알고 있는지를 이해해야 한다. 이를 위해 아동은 다른 사람에게는 세상이 어떻게 보이는지에 대한 정신적 이미지를 형성해야 한다(Epstein, 2009). 이같이 다른 사람의 입장을 고려하는 능력인 조망수용 능력은 유아기에 완전히 발달하지 않는다. 다른 발달 영역과 마찬가지로 간단하고 자기중심적인 생각에서 보다 정교화되고 타인 지향적인 이해로 점차 발전해나간다(Johansson, 2006).

3~6세 유아 및 이보다 어린 영아의 경우 상대적으로 자신과 다른 사람의 관점을 잘 알지 못한다. 결과적으로 취학 전 영유아는 다른 사람의 입장에서 생각하는 데 자주 어려움을 겪는다. 이러한 경향은 특히 다른 사람의 관점이 자신과 대립될 때 그대로 드러난다. 영유아는 자신의 사건에 대한 해석이 일반적이라고 잘못 생각한다(예: 이 블록으로 길을 만드는 것은 좋은 생각인거 같아. 너도 그렇게 생각해야만 해).

6~8세 아동은 상황에 대한 다른 사람의 해석이 자신과 다를 수 있다는 것을 인식하기 시작한다. 그러나 이들은 단순히 사람들이 서로 다른 정보를 받았거나 다른 상황에 있기 때문에 그런 인식의 차이가 발생한다고 생각한다(예: 네가 만약 이 길에 자동차 모형 몇 개를 놓으면 되는지, 우리가 얼마나 큰 길을 만들 수 있는지, 이 길에 멋진 터널을 연결할 수 있는지를 알면, 너도 길을 만들고 싶을 거야). 이들에게 사람들이 진짜로 다른 결론에 이르게 된다는 것을 인지시키는 것은 어려운 일이다.

표 9-2 **조망수용의 출현**

3~6세	6~8세	8~10세	10~12세
세상을 보는 방법은 모두 나와 같다.	당신이 나와 같은 정보를 가지고 있다면, 나와 같은 방법으로 세상을 볼 것이다.	관점은 여러 개일 수 있음을 알 수 있으나, 한 번에 하나의 관점만을 안다.	관점은 여러 개일 수 있음을 동시에 알 수 있다.

8~10세 아동은 자신의 생각과 다른 사람의 생각이 다르고, 서로 반대될 수도 있다는 것을 안다. 그러나 이들은 자신의 관점과 다른 사람의 관점을 각각 생각하는 경향이 있어, 같은 상황에 대해 자기 생각으로 다양한 관점을 이야기하기는 어렵다(예: 난 우리가 표를 나눠야 한다고 생각하는데 승진이는 그게 불공평하다고 생각해. 어떻게 해야 할지 모르겠어).

10~12세 아동은 자신의 관점을 다른 사람의 관점과 구분할 수 있으며, 두 관점을 동시에 고려할 수 있다. 이들은 또한 다른 사람이 현재 생각하고 있는 것과 미래에 생각할 수 있는 것에 대해서 추측할 수 있다. 이러한 능력은 아동이 다양한 상황에서 어떻게 행동해야 하는지를 알게 해준다(예: 기철이와 나는 이 문제를 어떻게 해결해야 할지 서로 다른 아이디어를 가지고 있어. 내 생각을 주장하면 기철이가 마음이 상할 거야. 두 아이디어를 합쳐보던지, 두 아이디어를 하나씩 시도해서 어떤 게 더 좋은지 알아보자).

이러한 아동의 조망수용 능력의 발달 단계는 표 9-2에 제시되어 있다.

중심화

그림 9-4 **유아는 또래 관계를 통해 다양한 관점과 문제 해결을 경험한다**

생애 초기에 아동은 상황의 한 가지 속성에만 주의를 집중하는 경향이 있다(Shaffer, 2009). 중심화(centration)라고 불리는 이런 현상은 아동이 큰 그림을 보거나 문제를 해결하기 위한 대안적인 방법을 찾지 못하게 한다. 그러므로 어린 아동은 사건에 대한 포괄적인 관점보다는 제한된 관점을 갖는다. 이것은 왜 아동이 성공하지 못한 전략을 반복해서 사용하는지를 설명해준다(예: 다른 아동이 싫다고 하는데도 "그래도…"라며 계속 얘기하는 것). 이것은 상호작용의 한 측면(예: "쟤가 내 블록을 넘어뜨렸어" 혹은 "얘가 반짝이는 금색을 모두 가졌어")에서 다른 측면(예: "쟤가 내 블록을 높이 쌓는 걸 도와주려고 했어" 또는 "다른 반짝이 색깔도 많이 있어")으로 주의를 전환하는 것이 어려운지를 설명해준다.

아동은 징징대는 것이 부적절한 행동이라는 것을 알더라도 그 생각이 필요한 순간에 적절한 대안적인 행동을 생각해내지 못할 수 있다. 어릴수록 더 그러하며, 마찬가지로 아동에게 감정적인 상황일수록 다른 방법을 생각하는 것이 더 어렵다. 탈중심화는 아동이 다양한 관점과 해결 방법을 경험하면서 서서히 일어난다. 부모나 교사가 아동이 선택할 수 있는 대안들을 지적하거나, 관련된 상황 발생 시 아동이 적절한 대안을 생각해내도록 도와줄 때 **탈중심화**가 발달한다(Goleman, 2006). 이 같은 지원은 청소년기까지 지속되어야 한다.

불가역성

걸음마기 영아와 취학 전 유아는 보통 자신이 물리적으로 시작한 행동을 정신적으로 되돌릴 수 없다(Shaffer, 2009). 이는 이들의 사고가 불가역적이어서, 하고 있는 어떤 행동에 대한 반대의 행동을 쉽게 생각해내지 못한다는 것을 의미한다. 아동이 무언가를 밀고 있다면 빨리 당기는 것이 어렵다. 어떤 것을 잡으려고 팔을 뻗었다면 오므리기가 어렵다. 또한 어린 아동은 진행되고 있는 활동을 자발적으로 중단하기가 어렵다.

세 살짜리 지연이는 콜라주에 마카로니를 붙이느라고 바쁘다. 풀통에서 거의 바닥이 난 풀을 꺼내려고 지연이는 풀통을 거꾸로 들었고, 풀이 사방에 흘러 나왔다. 교사는 "풀통을 거꾸로 들지 말아요"라고 말했지만 지연이는 계속해서 풀칠을 하고 풀은 계속 떨어졌다.

교사는 지연이가 풀통을 거꾸로 하는 것의 의미를 안다고 간주하고 경고를 했다. 교사에게 통을 다시 똑바로 하는 것은 거꾸로 들고 있는 것의 반대라는 것이 자명하다. 그러나 유아는 거꾸로 드는 것을 어떻게 하는지 생각해 볼 충분한 경험이 없다. 따라서 어떻게 하는지를 보여주거나 이야기해줌으로써 부적절한 행동을 고치는 것을 도와주어야 한다. 이것은 친숙하지 못한 상황에 있는 더 큰 아동에게도 적용된다. 전조작기 이후의 아동도 교사가 "복도에서는 뛰지 마라"라고 말하면 멈추거나 천천히 걸을 수 있지만, 새로운 상황이거나 익숙하지 않은 상황에서는 적절하게 반응하지 못할 수 있다.

2.3 언어와 기억 발달

정서 발달, 인지 발달뿐 아니라 언어, 혼잣말, 기억도 아동의 자기 조절 능력에 영향을 미친다.

언어

유아기 동안 극적으로 발달하는 언어는 아동의 내적인 행동 통제의 발달에 중요한 역할을 한다. 이는 아동이 언어를 통해 규칙이 만들어진 이유를 이해할 수 있으며, 사회적으로 허용되는 방법으로 자신의 목표를 성취할 수 있는 도구로 사용할 수 있기 때문이다. 3세가 되면 대부분의 아동은 잘 발달된 수용언어와 자신의 기본적인 욕구를 표현하는 능력을 갖게 된다. 그렇지만 이들이 항상 언어적인 지시를 잘 따르거나 자신이 원하는 것을 다른 사람에게 잘 말할 수 있는 것은 아니다 (Jalongo, 2008). 따라서 취학 전 유아가 신체적인 행동을 사용하여 의사소통하는 것은 이상한 것이 아니다. 이들은 자신을 표현하기 위해 언어를 사용하기보다 붙잡거나 낚아채거나 반응하지 않거나 밀거나 때린다. 이때 유아는 어떤 것을 말할지 결정하는 것에 대해 성인으로부터 지원받을 수 있다.

학령기 동안 아동은 점차 언어를 더 효율적으로 사용하는 방법을 배우게 된다. 이들은 자신이 원하는 것을 다른 사람에게 더 잘 이야기하고, 다른 사람의 지시, 요구, 설명, 추론에 보다 잘 반응하고 이해하게 된다(Marion, 2011). 결과적으로 이들은 언어가 의사소통을 위해 만족스럽고 정확한 수단임을 알게 된다. 이렇게 되면, 몸으로 주장하는 것이 점차 줄어들고 약해진다. 그러나 학령기 아동의 경우 정서적으로 격하거나 어색한 상황에서는 여전히 어떤 말을 하는 것이 가장 좋을지를 결정하는 데 도움이 필요하곤 한다.

혼잣말

아동은 혼잣말을 자기 조절의 수단으로 사용한다(Bodrova & Leong, 2007; Winsler, Naglieri, & Manfra, 2006). 아동은 좌절감을 감소시키거나, 보상을 지연시키거나, 규칙을 상기시키기 위해 스스로에게 큰 소리로 이야기를 한다. 윤정이는 언어 영역에 앉아서 자기 자신에게 "음, 뭐가 필요하지? 종이, 연필, 테이프가 필요해"라고 말한다. 인호는 모형을 만들면서 참을성을 잃기 시작하자 스스로에게 "천천히 하자, 너는 할 수 있어"라고 조용히 반복해서 말한다. 이러한 종류의 말은 초기와 중기 아동기에 흔히 나타난다. 걸음마기 영아나 3세 유아가 리듬감이 있는 소리를 반복하는 것은 정상적인 발달 과정이다. 4세부터 7, 8세에 이르는 아동은 '생각을 소리로 내면서' 행동한다. 이들은 방법을 계획하거나 행동을 모니터링하기 위해 문장을 만들어낸다. 초등학교 고학년 아동은 거의 들리지 않는 소리로 한 단어를 중얼거린다(Winsler & Naglieri, 2003). 문제 해결 상황에 관한 연구들에 따르면, 과제가 어려울 때 문제 해결 상황에서 아동은 혼잣말에 더 많이 의존하게 되며, 스스로 자기 지시를 할 때 과제를 더 잘 수행한다(Baily & Brookes, 2003; Winsler, Nagieri, & Manfra, 2006). 청소년기가 되면 혼잣말은 일상의 활동을 규제하고 조직하기 위한 조용하고 내적인 언어로 바뀐다. 혼잣말이 자연적으로 발생하는 현상이기는 하지만 아동에게 자기 조절을 하는 방법으로 '자기에게 말하기'를 하도록 가르칠 수도 있다.

기 억

기억은 자기 조절에 영향을 주는 또 다른 변인이다. 기억이 연령에 따라 증가하는지는 확실하지 않지만, 아동은 성장하면서 미래 행동을 결정할 수 있는 하나의 자원으로서 기억 정보를 더 잘 사용할 수 있게 된다. 이에 따라 아동은 새로운 상황에 반응하는 방법에 대해 다른 사람이 보여주거나 말해주는 것에 덜 의존하며, 대신 기억된 정보를 사용하여 행동한다(Bjorklund, 2012; Golbeck,

표 9-3 아동 발달과 자기 조절을 증진시키는 교사 행동 간의 관계

아동이 자기 조절 능력 중 ...이 부족하기 때문에	교사는...
죄의식	아동의 행동이 자신과 다른 사람에게 어떠한 영향을 미치는지 토론한다.
감정이입	아동 자신과 다른 사람의 정서에 대한 이야기를 나누고, 그 정서에 따라 아동을 코치한다.
옳고 그름의 개념	기대와 규칙에 대한 이유를 제공한다.
조망수용	세상에 대한 관점이 어떻게 다른 사람과 같을 수도, 다를 수도 있는지를 인식하도록 돕는다.
중심화	아동이 '큰 그림'을 보고 문제 상황에서 대안적인 해결 방법을 찾을 수 있도록 돕는다.
불가역성	아동에게 무엇을 해야 할지 보여주고 긍정적인 방식으로 규칙을 단계적으로 설명한다.
언어	아동에게 설명하고, 문제 상황을 통해 이야기를 나누고, 필요한 만큼 물리적인 도움을 주고, 관련된 각본을 제공한다.
혼잣말	아동이 큰 소리로 이야기할 수 있도록 하고, 혼잣말로 코치한다.
기억	아동에게 기대와 규칙을 상기시킨다.

2006). 따라서 교사는 아동이 주기적으로 규칙을 잊어버릴 수 있음을 예상해야 한다. 어린 아동은 친숙하지 않은 상황에서 어떻게 반응해야 하는지 알지 못할 수 있다. 걸음마기부터 8, 9세까지의 아동은 규칙과 절차에 대해 자주 상기시켜 주어야 하고, 일과가 바뀌었을 때나 새로운 활동이 소개되었을 때 어떻게 해야 하는지에 대해 분명하게 설명해주어야 한다.

좀 더 큰 아동은 규칙에 대해 정기적으로 알려주면 도움이 되긴 하지만, 계속적인 교사의 지원이 없이도 규칙을 더 잘 기억할 수 있다. 표 9-3에는 모든 발달적 영향에 대한 요약이 제시되어 있다.

3. 자기 조절에 영향을 미치는 경험

대부분의 아동은 앞에서 언급한 발달적인 변화를 경험하고 내면화를 위한 기초 능력을 획득하기 때문에, 사회적 기대에 순응하는 데 있어 나타나는 개인차는 경험의 차이에 의한 것일 수 있다. 아동은 다른 사람들의 직접적인 지도, 관찰, 강화 및 부적 결과를 통해 사회의 규칙을 배운다 (Thompson & Twibell, 2009). 영아나 취학 전 유아는 부모나 긍정적인 관계의 성인에게 주로 영향을 받고, 초등학교 아동은 또래에 의해서도 영향을 받는다.

3.1 직접적인 지도

부모나 교사는 신체적, 언어적 통제를 사용하여 아동의 행동을 규제한다. 이것은 일종의 직접적인 지도이다. 처음에 성인은 주로 아동을 안전하고 서로 잘 어울리게 하기 위해서 신체적으로 개입한다. 다투는 형제를 말리고, 위험한 물건을 손에 닿지 않는 곳에 놔두고, 금지된 물건을 빼앗고, 복잡한 찻길을 가로질러 뛰어나가는 것을 막는다. 이러한 행동은 보통 "멈춰", "안 돼", "주세요", "기다려" 등의 간단한 언어적 명령과 함께 일어난다. 아동이 언어적 지시나 경고에 더 잘 반응하게 되면서 물리적 개입은 점차 언어적인 지시나 경고로 바뀐다. 교사나 부모가 사용하는 전형적인 지도 방식은 표 9-4에 대략적으로 제시하였다. 언어적인 지도 방법은 무엇이 적절하고 부적절한지, 그리고 대안적인 행동이 무엇인지를 아동이 알게 하는 가장 빠른 방법이다. 이 방법은 모델링과 함께 제시되었을 때 특히 효과적이다.

표 9-4 **성인 지도의 예**

지도 방식	예시
아동에게 무엇이 옳고 무엇이 잘못되었는지 말해주기	• 고양이 꼬리를 당기면 고양이가 다칠 수 있다. • 장난감을 나누어 써야지. • 훔치는 것은 나쁜 짓이야.
아동에게 기대되는 기준 알려주기	• 고양이를 부드럽게 쓰다듬어 주어라. • 장난감을 정리 하여라. • 할머니에게 가서 뽀뽀해 드려라.
특정 행동 제한하기	• 그네는 5분만 더 탈 수 있다. • 미술활동을 하기 전에 앞치마를 해야 한다. • 소매로 닦지 말고 휴지로 닦아라.
기준을 충족시키는 방법에 대하여 조언해주기	• 큰 접시는 이쪽에, 작은 접시는 저쪽에 쌓으면 되겠다. • 공을 함께 가지고 놀거나 순서대로 가지고 놀 수 있다. • 다른 것을 생각하고 있으면 네 순서가 금방 돌아올 거야.
행동의 방향 바꿔주기	• 밖에 나가 놀아라. 실내에서 공을 차면 안 된다. • 그 숟가락은 너무 크구나. 이것을 사용해라. • ○○에게 가서 정말로 화났다고 말하렴. 깨무는 것은 안 돼.
아동의 행동이 자신과 다른 사람에게 어떤 영향을 주는지에 대해 알려주기	• 네가 ○○를 때렸기 때문에, ○○가 너를 때리는 거야. • 자꾸 ○○를 귀찮게 하니까, ○○가 울잖아. • 네가 낙엽 치우는 것을 도와주어서, 박 선생님이 정말로 고맙다고 하셨어.
아동의 행동이 다른 사람에게 어떻게 보이는지 알려주기	• 머리를 빗자. 사람들이 내가 너를 돌보지 않는다고 생각하겠다. • ○○이 인사했는데, "안녕"하고 인사하지 않으면, 네가 ○○를 싫어한다고 생각할거야. • "고마워"라고 말하지 않으면, 사람들은 네가 고마워한다는 것을 몰라.

3.2 모델링

성인은 행동을 통해서 행동 양식에 대한 본보기를 보인다(Fox & Lentini, 2006). 도서관에 기간 내에 책을 반납하는 것, 상처 입은 동물을 도와주는 것, 저녁식사 전에 사탕을 먹지 않는 것 등은 모두 아동에게 바람직한 행동에 대한 메시지를 전달한다. 좋은 예를 보여주는 것은 아동에게 옳고 그른 것을 가르치는 데 매우 결정적이다. 사실 긍정적인 태도와 타인과 상호작용하는 건설적인 방법을 모델링하는 것은 아동이 사회적 유능성을 습득하는 데 가장 효과적인 방법이다(Thompson & Twibell, 2009).

아동은 자신이 본 것 중 많은 것을 모방하긴 하지만, 모델링은 모델이 되는 행동이 아동에게 분명할 때 가장 효과적이다. 특히 어린 아동은 자신과 상호작용하거나 행동을 지적해주는 성인의 행동을 가장 잘 모방하는데(Kostelnik, 2005), 이는 아동이 주요 세부 사항을 인식하게 도와준다. 예를 들어, 동물을 소중하게 다루는 것을 보여주는 것이 목적이라면, 아동과 함께 직접 시범을 보이면서 "잘 봐. 병아리가 다치거나 털이 눌리게 하지 않기 위해서 내가 병아리를 아주 부드럽게 들었지. 내가 손가락을 어떻게 부드럽게 사용하는지 잘 봐"라고 말하는 것이 가장 좋다. 아동에게 직접적인 설명을 해주지 않고 단순히 어떻게 해야 하는지를 그냥 보여주면, 아동은 그 행동을 모방하지 못할 수도 있다.

아동으로 하여금 어떤 사람이 유혹을 참고 있거나 만족을 지연하고 있는 것을 인식하기를 원한다면, 본받을 행동에 대해 언어적인 묘사를 해주는 것이 효과적이다. 이러한 행동은 매우 미묘한 것이기 때문에 명확하게 말로 짚어주지 않으면 아동이 이를 인지하기 어렵다. 미숙이가 욕구를 지연하는 노력을 다른 아동도 알아차리기 원하는 경우, "미숙이는 사전을 사용하고 싶어서, 네가 사전을 다 사용할 때까지 기다리기로 했어"와 같이 말로 표현해준다. 이러한 설명은 아동이 모델의 행동을 자신의 사회적인 기술로 체화하는 데 돕는 방법이다.

3.3 강화와 부적 결과

부모와 교사는 아동이 어떻게 행동해야 하는지에 대한 직접적 교수 및 어떤 행동에 대한 모델링과 더불어, 바람직한 행동을 강화하고 허용되지 않는 행동에는 벌을 준다. 강화는 유사한 상황에서 아동이 같은 행동을 반복할 가능성을 높이기 위해 행동에 어떤 결과를 제공하는 것이며, 부적 결과는 그 행동이 반복될 가능성을 낮추기 위한 것이다. 강화와 처벌의 원칙은 비교적 분명하지만, 이를 적절하게 사용하는 것은 간단하지 않다. 이러한 이유 때문에 10장에서는 이 주제에 관련된 내용을 자세히 다룰 것이다. 이 장에서는 아동이 자신의 행동으로 인해 보상과 부적 결과를 경험하며 이것이 자기 조절을 획득하는 데 중요한 역할을 한다는 것을 아는 것이 중요하다.

3.4 발달과 경험의 통합

그림 9-5 유아는 자신의 경험을 다양한 방식으로 재현할 수 있다

아동이 매일 경험하는 상호작용은 사회적인 환경에 대해 독특하게 내면화된 지도를 갖게 해준다(Coie & Dodge, 1998; Goleman, 2006). 다시 말해서, 아동은 자신의 경험, 즉 어떤 행동이 죄의식을 느끼게 하는지, 어떤 행동이 기분 좋게 하는지, 어떤 행동이 보상을 받고 받지 않는지, 그리고 어떤 상황에서 이런 조건이 적용되는지를 머릿속에 기록한다. 점차로 이러한 지도는 확대되고 복잡해진다. 시간이 지남에 따라 아동은 수많은 경험을 하게 되고, 사건들 간에 미세한 차이를 알게 된다. 이들은 상황에서 요구되는 행동을 하기 위해 다른 사람이 자신에게 가르쳐주는 것에 의존하기 보다는 자신이 경험한 사례들로부터 조금씩 모아놓은 정보에 의존한다. 발달적인 유능감이 증가하면서 단서를 더 정확하게 해석하고, 그런 단서에 더 다양하게 반응할 수 있게 된다. 그 결과 아동은 점차 자신의 행동을 더 잘 점검해 볼 수 있게 된다.

또래는 아동으로 하여금 무엇이 바람직한 행동이고 바람직하지 못한 행동인지를 이해하는 데 영향을 준다. 성인 및 또래 아동과의 경험을 기초로, 아동은 자기 통제를 더 잘하게 된다. 성인과의 상호작용을 통해 아동은 복종, 책임감, 존경을 배우고, 또래와의 관계를 통해 협동과 정의에 대한 직접적인 경험을 하게 된다. 이러한 차이는 일반적으로 성인에 대한 긍정적인 행동은 복종을 의미하고 또래와의 긍정적인 행동은 공유하기, 순서 기다리기와 같은 상호적인 행동과 연관이 있다고 해석하기 때문이다. 이 장과 10장에서는 아동의 자기 조절에 미치는 성인의 영향에 초점을 두고 있다.

4. 교사의 훈육 방식과 아동의 행동

두 명의 유아가 세발자전거를 가지고 자전거길 위에서 서로 충돌하는 놀이를 하고 있다. 처음에는 재미로 시작하였으나, 점점 통제력을 잃고 세게 부딪히고 있다.

성인은 아동을 지도하기 위해 서로 다른 네 가지의 접근 방법을 보여준다. 교사는 아동이 어떻게 행동해야 하는지를 가르치기 위해 지도, 모델링, 보상, 부적 결과의 방법을 사용한다. 그러나 이런 방법을 조합하고 적용하는 방식은 매우 다양하다. 이러한 다양성은 1960년대 이후 연구되어 왔는데, 부모와 교사가 사용하는 다양한 사회화 전략의 조화는 아동의 성격 발달뿐 아니라 아동이 자기 조절의 단계인 따르기, 동일시, 또는 내면화로 인해 규칙을 지키기 중 어떤 수준에 해당하는지에 중요한 역할을 하는 것으로 알려져 있다(Eisenberg et al., 2011; Kochanska et al., 2008). 대부분의 연구가 부모-자녀 관계에 초점을 두고 있지만, 교사와 아동을 포함한 기타 성인-아동 상호작용도 연구되어 왔으며, 그 결과 또한 유사하다.

주요 연구에 따르면, 성인이 사용하는 일반적인 훈육 스타일은 권위주의적인, 허용적인, 무관심한, 민주적인 훈육의 네 가지로 구분된다(Baumrind, 1967, 1991; Maccoby & Martin, 1983). 이 네 가지 스타일은 오늘날에도 기준이 되고 있다(Eisenberg et al., 2011). 훈육 스타일은 통제, 성숙에 대한 요구, 의사소통, 애정 차원과 관련된 성인의 태도와 양육 실제를 중심으로 구분된다.

- **통제**는 성인이 자신의 기대에 따를 것을 강요하는 방법과 정도이다.
- **성숙에 대한 요구**는 기대 수준을 포함한다.
- **의사소통**은 행동에 대해서 아동에게 어느 정도의 정보가 제공되는지를 나타낸다.
- **애정**은 성인이 아동을 보살피고 관심을 두는 정도를 의미한다.

네 가지 훈육 스타일은 그림 9-6에 제시되는 바와 같이 네 차원의 조합으로 나타난다. 권위주의적인 성인은 통제 수준과 성숙에 대한 요구가 높고, 의사소통의 분명함과 애정 정도는 낮다. 허

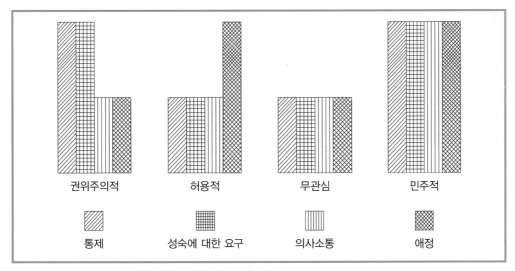

그림 9-6 권위주의적, 허용적, 무관심, 민주적 훈육 방식의 태도와 실제에서의 차이

용적인 성인은 통제와 성숙 요구, 의사소통의 분명함이 낮고, 애정은 높다. 무관심한 성인은 이 모든 항목에서 낮다. 네 차원이 모두 높은 성인은 민주적이다. 이중 하나의 차원에만 해당하는 순수한 훈육 스타일이 있을 수도 있겠으나, 대부분의 성인 행동은 한두 패턴으로 군집을 이룬다. 각 훈육 스타일의 특성과 아동에게 미치는 영향을 이해하는 것은 성인 자신의 스타일을 발달시키는 데 도움이 된다.

4.1 권위주의적인 훈육 방식

> "내가 말한 대로 해." 또는 "엄마가 그렇게 말했으니까 그렇게 해."

이런 요구는 권위주의적인 훈육 방식의 전형적 형태이다. 이들은 무엇보다도 아동의 무조건적 복종에 가치를 둔다. 아동의 행동에 대한 높은 기준을 성취하기 위해서 권위주의적인 훈육 방식을 사용하는 교사는 모든 에너지를 사회화 과정의 행동 차원에 쏟는 반면, 관계 형성을 위해서는 시간을 할애하지 않는다. 절대적인 권위자는 설명과 논리적 추론을 사용하지 않는다. 아동이 규칙을 어기면 대부분 조소, 수치심 주기, 신체적인 체벌을 통해 신속하고 강제적으로 다룬다. 이들은 또한 아동에게 냉정하고 거리를 둔다. 아동은 이러한 교사에 대해 순응하고자 노력하는 자신의 시도를 인정해주기보다는 실수를 발견하려고 애쓰는 사나운 감독으로 여긴다. 힘에 의한 훈육으로 불리기도 하는 이 방법은 아동으로 하여금 따르기 수준의 도덕적 추론 단계에 머물게 한다(Dodge, Coe, & Lynam, 2006; Eigenberg et al., 2011). 아동은 다른 사람에 대한 감정이입이나 관심이 아니라, 두려움과 무조건적인 복종에 의해 규칙을 따르게 된다. 이것은 내면화를 위해 필요한 추론 기술과 정서적인 민감성 발달을 방해한다. 권위주의적인 상태에 있는 아동은 따르기 수준에서 규칙을 따른다. 권위주의적인 부모나 교사와 주로 상호작용을 하는 아동은 일반적으로 비우호적이고, 의심이 많고, 화를 잘 내고, 불행하다. 이들은 능력에 비해 성취 수준이 낮고, 또래를 피하고, 극단적인 행동뿐 아니라 잘못된 행동을 더 많이 보인다(Kochanska et al., 2002, 2008).

4.2 허용적인 훈육 방식

> "널 사랑하지만, 내가 원하는 대로 행동해."

허용적인 훈육 방식을 사용하는 교사나 부모는 아동과 온정적 관계를 형성하지만, 아동이 어디까지 행동해도 되는지에 대한 경계를 마련해주지 않는다. 허용적인 성인은 권위주의적인 방식의 반대편에서 사회화 과정의 행동 차원을 포기하고 관계 구축을 강조한다. 허용적인 교사는 자신을 아동의 현재 혹은 미래의 행동 형성에 책임이 있는 적극적인 행동자로 보지 않고 사랑의 자원으로 간주한다. 외적인 통제가 아동의 발달에 해가 된다고 믿거나 어떻게 해야 아동이 말을 듣게 하는지를 몰라, 아동에게 지나치게 넓은 행동 범위를 수용한다(Oyserman et al., 2005). 결과적으로 허용적인 교사는 아동을 대상으로 행동 방식에 대한 지도를 거의 하지 않는다. 이들은 아동이 규칙을 위반해도 아무 말을 안 하고, 요구하지 않으며, 아동에게 책임감을 느낄 수 있는 기회를 거의 주지 않는다. 어쩌다가 아주 잘못된 행동에 대해 벌을 주어야 할 때에도 "나는 다른 사람을 다치게 하는 아이는 싫어"라고 말하는 것과 같은 일시적인 애정 철회 방법을 주로 사용한다.

　이러한 훈육에 익숙한 아동은 내면화를 발달시키지 못한다. 어떤 행동이 사회적으로 적합하고 부적합한지에 대해 거의 아무런 단서도 받지 못했기 때문에, 일상적인 사회적 접촉을 통해 기준이 되는 정신적인 지침이나 전략을 발달시키지 못한다. 또한, 인과관계에 관한 설명을 듣지 못했기 때문에 타인에 대해 감정이입을 발달시킬 수 있는 기회를 거의 갖지 못한다. 또래나 성인은 이 아동의 제멋대로 하는 행동을 성숙하지 못하고, 사려 깊지 못하며, 받아들일 수 없다고 생각하기도 한다. 이러한 행동에 대한 부정적인 반응으로 인해 아동은 다시 불안감과 낮은 자아존중감을 갖게 된다.

　일반적으로 허용적인 성인이 양육하는 아동은 회피적이고, 비생산적이며, 불행하다. 이 양육 형태는 흔히 청소년기 비행이나 낮은 학업 성취도와 연관이 있다(Hart, Newell, & Olsen, 2003; Steinberg, Blatt-Eisengart, & Cauffman, 2006).

4.3 무관심한 훈육 방식

"뭐든 상관없어."

　무관심한 부모나 교사는 자신이 돌보는 아동에게 관여하지 않는다. 이들은 아동과 관계를 맺거나 아동의 사회적인 행동을 지도하기 위해 어떠한 노력도 기울이지 않는다. 이러한 성인은 아동보다는 자신의 요구에 집중하는 자기도취형에 해당한다. 이유가 무엇이든지, 무관심한 부모나 교사의 행동은 허용적인 훈육 방식과 같은 결과를 낳는다(Collins & Steinberg, 2006; Kochanska et al., 2008).

　허용적인 관계에서는 아동이 받을 수 있는 애정을 받지 못한다는 사실과 그에 따라 더 큰 소외감과 또래 및 다른 성인과 더 많은 문제를 복잡하게 경험하게 됨으로써 좋지 않은 결과를 유발한다. 이에 따라 아동은 우울, 불안, 낮은 자아존중감을 갖게 된다. 아동 초기에는 방해하고 무감각한 행동이 전형적이며, 커 가면서 말을 안 듣고 책임감이 없으며 성숙하지 못한 경향이 있다.

이들은 십대에 낮은 학업 성취, 무단결석, 비행 행동, 조숙한 성적 행동과 같은 어려움을 보인다 (Aunola & Nurmi, 2005; Clark & Gross, 2004; Kochanska et al., 2008). 이러한 아동은 내면화 발달에 필요한 중요한 경험의 부족으로, 대부분 자기 조절의 무도덕 또는 따르기 단계에 머물게 된다.

4.4 민주적인 훈육 방식

"나는 너에게 관심이 있단다. 네가 어떻게 행동해야 할지 가르쳐줄게."

민주적인 훈육 방식을 사용하는 부모나 교사는 권위주의적이고 허용적인 양육 태도의 장점만을 취한다. 이들은 다른 유형의 성인이 모두 사용하지 못하는 명확한 의사소통이나 타인 지향적인 사고와 같은 전략을 사용한다. 민주적인 접근 방식을 사용하는 교사는 아동이 적절한 책임을 갖도록 사회적으로 허용되는 방식으로 자신의 욕구를 충족시킬 수 있는 사회적 기술을 가르친다. 아동이 새로운 기술을 시도할 때 성인은 이러한 노력을 높이 평가하며, 아동이 어려운 상황에 직면하면 성인은 대안적인 방법을 모색하도록 돕는다. 이러한 성인의 전략은 아동의 성취감과 보람을 느끼는 데 도움이 된다. 동시에 민주적인 교사는 아동의 행동에 대해 높은 기준을 가지고 있으며, 아동이 그 기준을 추구하기 위해 가르치는 것에 적극적으로 임한다. 설명, 시범, 제안, 추론, 방향 수정은 이들이 사용하는 방법의 예이다. 아동이 부적절한 행동을 하면, 성인은 이를 죄의식이나 감정이입과 관련된 토론을 할 수 있는 기회로 이용한다(Bear, 2010; Russel, Mize, & Bissaker, 2004). 또한 부적절한 행동이 일어난 바로 그 상황에서 대안적인 행동은 무엇이며, 어떤 행동이 수용가능하며 수용가능하지 않은지를 인식하도록 돕는다. 이와 같이 처벌하지 않는 형태의 행동 조절은 아동의 행동이 자신과 타인에게 미치는 영향에 근거해서 행동을 조절하도록 하기 때문에 '귀납적 훈육'이라고도 불린다.

   민주적인 양육 행동은 아동이 자기 조절 능력을 발달시킬 수 있는 좋은 방법이다(Domitrovich et al., 2011; Fox & Lentini, 2006; Milevsky et al., 2007). 아동은 이 세상에 자신을 걱정하며 돌봐주는 사람이 있다는 것을 알면 안정감을 느끼게 된다. 아동은 자신에게 무엇이 기대되고 어떻게 따라야 하는지를 알게 된다. 무엇보다도, 아동은 따르기에서 동일시, 동일시에서 내면화 단계로 발달하는 데 요구되는 정보와 모델에 가까이 가는 것이다. 이러한 환경에서 아동은 타인의 요구에 민감하며, 행복하고 협력적이게 된다. 또한 유혹에 저항하고 욕구를 지연시키며, 부정적인 충동을 조절할 수 있도록 준비될 수 있으며, 긍정적인 사회적 상호작용을 유지하고 스스로 건설적인 사회적 계획을 시작할 수 있다. 이 장에서 언급한 네 가지 훈육 방식 중 민주적인 방식으로 훈육 받은 아동은 가장 사회적으로 유능하기 때문에, 부모나 교사가 민주적 훈육 방식을 사용하는 것은 아동에게 여러 가지 이유로 이롭다.

표 9-5 **성인의 훈육 방식에 따른 아동 행동**

훈육 방식	아동의 행동	훈육 방식	아동의 행동
권위주의적	• 공격적임 • 목적 없음 • 두려움, 걱정스러움 • 적대적임 • 낮은 자기 신뢰와 자기 통제 • 우울함, 불행함 • 의심이 많음 • 불친절함 • 위축됨	무관심	• 공격적임 • 미성숙함 • 충동적임 • 불안정함 • 무책임함 • 낮은 성취감 • 낮은 자아 존중감 • 낮은 자기 신뢰와 자기 통제 • 우울함 • 말을 안 들음
허용적	• 공격적임 • 목적 없음 • 지배적임 • 미성숙함 • 충동적임 • 낮은 성취감 • 낮은 자기 신뢰와 자기 통제 • 반항적임 • 불행함 • 위축됨	민주적	• 협동적임 • 호기심이 있음 • 감정 이입을 잘함 • 친절함 • 목표지향적임 • 행복함 • 높은 성취감 • 높은 자기 신뢰와 자기 통제

표 9-5는 이제까지 언급한 네 가지 훈육 방식 및 이와 관련된 아동의 행동 양식을 간단하게 제시하고 있다. 최근의 연구결과들은 여기에서 제시한 결과를 지지할 뿐만 아니라, 이러한 영향이 초기 아동기부터 이후까지도 지속된다는 것을 보여준다(Eisenberg et al., 2011; Kochanska et al., 2008; Pratt, Skoe, & Arnold, 2004).

4.5 아동의 기질과 교사의 훈육 방식 간의 역동적 상호작용

아홉 살인 미연이는 조용하고 새로운 환경을 다소 두려워하며 수줍음을 잘 탄다. 기질적으로 말하자면 느린 아동이다.

이와 반대로 채연이는 충동적이고 사회적인 상호작용에 두려움이 없다. 채연이는 사람들이 기질적으로 까다롭다고 생각하는 남과 잘 다투는 아동이다.

기질 차이에 기초한 연구들은 미연이와 같은 아동이 채연이보다 자기 조절을 더 잘 한다는 결과를 제시하고 있다(Kochanska et al., 2002; Rothbart, Ellis, & Posner, 2011). 이것은 미연이가 저절로 자기 조절을 하게 된다거나 채연이는 자기 조절을 발달시킬 수 없다는 의미가 아니다. 이는 충동적이고 다루기 힘들고 고집이 센 아동보다 보통 조용하고 생각이 많은 아동이 내면화를 통한 자기 조절을 보다 쉽게 할 수 있다는 의미이다.

두 아동에 대하여 부모나 교사가 접근하는 방법도 아동의 자기 조절 능력과 관련이 있다. 아동의 자기 조절 능력의 증진을 위해 교사는 한편으로는 각 아동을 유사하게, 다른 한편으로는 다르게 다루어야 한다. 예를 들어, 미연이는 성숙 요구와 통제의 중간 정도로 초점을 두면서 따뜻함과 의사소통을 강조한 부드럽고 심리적인 방법에 가장 잘 반응할 것이다. 이렇게 두려움이 많은 아이는 조금이라도 야단을 맞을 것 같으면 갑자기 울어 버린다. 그러면 도덕적인 교훈을 받아들이기가 힘들어지므로 교사는 미연이가 규칙을 배울 수 있도록 부드럽게 다루어야 한다. 채연이의 경우도 교사와 아동 사이에 따뜻하고 안정적인 관계를 기본으로 해야 한다. 그러나 두려움이 많은 아동에게는 잘 맞았던 온화한 방향 제시 방법이 채연이와 같이 두려움이 없는 아동에게는 적합하지 않다. 채연이 경우에는 의미 있는 성인과 따뜻하고 상호 협동적인 관계를 유지하기 위해서 어떻게 행동해야 하는지를 거칠지 않지만 분명하고 확고하게 전달해야 한다. 이런 두 가지 접근 방법은 서로 다른 훈육 방식이 아니라 민주적 훈육 방식의 약간 다른 형태이다.

반면에 권위주의적인 방법은 두 아동 모두에게 효과적이지 않다. 미연이에게는 너무 지나쳐서 더 회피하게 만들 것이며, 채연이와 같이 까다로운 기질의 아동은 더 과잉 반응을 하게 만들 것이다. 이러한 반응은 다시 부모나 교사로 하여금 늘어난 나쁜 행동에 대해 더 많이 통제하게 한다(Kochanska et al., 2002; Kochanska, Padavic, & Koenig, 1996). 결국 성인과 아동은 깨기 어려운 비생산적인 순환을 지속하게 되며, 행동 문제는 증가하게 된다.

교사가 자신의 훈육 방식과 아동의 성향을 서로 맞추도록 노력할 때 더 바람직한 결과를 낳을 수 있다(Rothbart et al., 2011). 두려움이 많은 아동에게 애정적으로 지원해주고 적절한 수준의 요구를 하는 교사는 아동의 자기 조절과 유능감을 증진시킬 수 있다. 아동의 행동에 짜증이 나더라도 까다로운 아동과 긍정적인 관계를 유지하려고 노력하면, 관계가 점점 더 나아져 가는 것을 느낄 수 있다. 참을성과 온정을 가지고 확고하게 지도하면 까다로운 아동도 반응을 조절할 수 있고 사회적 유능성과 관련된 자기 조절 기제를 발달시킬 수 있다. 그러나 아동의 기질과 교사의 훈육 방식이 서로 맞지 않으면 아동과 교사 모두 힘들어진다.

비교문화적 관점

민주적 훈육이 다양한 인종/문화 및 사회경제적 배경을 가진 사람들에게도 최선인지 살펴볼 필요가 있다. 미국과 캐나다에서 수행된 연구에 따르면 백인과 흑인, 중류층과 저소득층을 대상으로 한 결과가 거의 유사하게 나타나고 있다. 성인이 따뜻하고 애정적인 관계, 높은 기준, 분명한 기대, 아동 행동에 대한 합리적 경계를 겸비하는 경우, 아동은 인구학적 배경에 관계없이 긍정적 자아존중감, 자율성, 친사회적 행동 및 자기 조절 행동을 보였다(Domitrovich et al., 2011; Ladd, 2005). 이 같은 결과는 대부분의 서구 문화에서는 일관된 것으로, 민주적인 훈육이 아동을 지도하는데 있어서 가장 보편적으로 실행되는 접근방법임을 보여준다(Rothbaum & Trommsdorff, 2008). 한편 동아시아를 포함한 몇몇 비서구 문화권에서는 아동의 자율성과 독립성을 집단에 대한 책임이나 사회적인 의무만큼 높이 평가하지 않는다. 이들 문화권에서는 사회화를 위해 성인이 사용하는 방식이 통제 및 성숙에 대한 요구 차원을 매우 강조하는 경향이므로, 이 문화권에 속한 아동은 성인의 통제를 걱정, 배려, 관여의 표현으로 보기 쉽다(Eisenberg et al., 2009; Rothbaum & Trommsdorff, 2008). 다시 말해, 돌봄과 배려는 이를 보는 사람의 관점에 따라 다른 것이다. 아동이 속한 문화에 따라 어떤 성인의 행동을 어떤 훈육 방식에 해당하는 것으로 해석하는지가 달라진다. 따라서 모든 아동이 속한 맥락은 개별 아동에게는 특별한 적소임을 기억해야 한다. 관계가 어떻게 형성되고 순응성을 어떻게 획득하는지에 대한 세세한 면모는 다양하다. 특정 문화권의 집단이나 가족이 어떤 행동에 대해서 해석하는 방식은 그 문화에 속하지 않는 제3자가 보는 것과는 같지 않을 수 있다.

한편 일반적이지 않은 상황에 놓인 경우, 민주적 훈육과 형태상으로는 다르나 개념적으로는 일치하는 기술을 필요로 한다. 예를 들어, 약물과 폭력이 난무하는 저소득층 임대 주택에 살고 있는 부모는 나쁜 환경에서 자녀의 안전을 유지하게 하는 것에 초점을 두어 다른 곳에서 살았을 때보다 자녀가 더 빨리 그리고 절대적으로 자신의 말을 듣기를 요구할 수 있다. 더욱이 생활하면서 아동과 의미 있는 성인이 온정적이고 지지적이라고 해석하는 것은 과거 경험과 현재의 해석에 달려 있다(Rothbaum & Trommsdorff, 2008). 이는 어떤 아동은 성인이 귀찮게 하는 것을 긍정적 관계 구축 전략으로 해석할 수 있는 반면, 다른 아동은 이를 거부의 전략으로 볼 수 있음을 말한다. 마찬가지로 풍자적으로 하는 말은 어떤 아동에게는 충고를 부드럽게 한 것으로 이해될 수 있는 반면, 다른 아동에게는 완전히 메시지를 놓치게 할 수 있다. 아동은 자신들에게 익숙한 말과 상호작용 관습에 따라 이해한다. 이러한 이유로 전문가들은 다른 성인의 사회화 양식을 너무 편협하게 판단하지 말고, 배경이 다양한 아동과 가족의 욕구를 충족시키기 위해 자신들의 기술을 적용하는 방식을 찾아보기를 제안한다.

4.6 민주적인 성인되기

한때는 한 성인의 훈육 방식이 권위주의적, 허용적 또는 민주적인지는 타고난 것으로 이해되었다. 그러나 최근에는 개인의 성격이나 기질에 따라 한두 가지 훈육 방식을 취할 수는 있지만, 훈련과 연습을 통해 성인은 더 민주적이 되는 법을 배울 수 있는 것으로 알려져 있다(Epstein, 2009; Fox & Lentini, 2006). 민주적 훈육을 하는 성인은 스스로를 교사라고 생각하고 아동에게 행동하는 것을 가르치는 것이 당연하다고 가정한다.

NOTE 9-2

민주적인 어른 되기

아동이 손 씻는 법을 모를 때, 우리는 가르쳐준다.
아동이 가나다라를 말하지 못할 때, 우리는 가르쳐준다.
아동이 곱하기를 모를 때, 우리는 가르쳐준다.
아동이 춤추는 법을 모를 때, 우리는 가르쳐준다.
아동이 어떻게 행동해야 하는지 모를 때, 우리는 가르쳐준다.

출처: Herner(1998), p. 2.

민주적인 훈육 방식을 발달시키기 위해, 교사는 아동과 어떻게 관계를 만드는지, 자신의 기대와 규칙을 아동에게 어떻게 이야기하는지 주의하여야 한다. 앞에서 제시한 기술들은 관계 증진에 초점을 맞추어 민주적 훈육 방식의 한 가지 요소를 배우도록 하였다. 이 장에서 제시된 기술은 기대와 규칙이라는 두 요소를 더 알게 도와줄 것이다.

5. 성인이 아동에 대한 기대하는 바를 말해주기

발달에 적합한 방식으로 아동의 행동에 대한 교사의 기대와 규칙을 표현하는 방법은 **개인적 메시지**(personal message)를 통해 가능하다. 개인적 메시지는 세 부분으로 구성된다. 첫 번째는 반영을 통해 아동의 관점을 인정해주는 것이다. 두 번째 부분은 교사가 아동의 행동에 대해 느끼는 감정을 정교화하고, 어떤 구체적인 행동이 왜 그러한 감정을 불러일으켰는지 설명하는 것이다. 세 번째는 행동에서의 변화가 필요할 때 아동에게 어떻게 해야 하는지 대안적인 행동을 알려주는 것이다. 사실 이 마지막 절차는 아동에게 그 상황에서 따라야 하는 규칙을 제시해주는 것이다. 예를 제시하면 다음과 같다.

다섯 살 기영이는 플라스틱 버터칼을 이용해서 과일샐러드에 들어갈 바나나를 자르고 있다. 신이 난 기영이는 칼을 허공에 마구 휘두르며 장난을 치고 있다. 기영이의 행동으로 인해 기영이나 주변 아동이 다칠까봐 걱정이 된 교사는 다음과 같이 "기영이는 칼을 휘두르는 것이 재미있구나. 선생님은 네가 휘두르는 칼에 누가 긁혀서 다칠까봐 걱정이 돼. 팔을 내려서 칼을 이렇게 낮게 사용해"라고 말하며, 실제 칼을 어떻게 사용해야 하는지 보여준다.

개인적 메시지는 아동에게 현재뿐 아니라 미래에도 참고할 수 있는 정보를 제공해주는 것이다. 개인적 메시지는 아동으로 하여금 자신의 행동이 어떻게 다른 사람에게 영향을 주는지를 이해 하며, 바람직한 행동과 바람직하지 않은 행동을 구분할 수 있도록 돕는다(Kaiser & Rasminsky, 2012).

긍정적인 상황에서 개인적 메시지는 아동이 잘하고 있다는 것을 알려주어, 이어지는 상호작용 에서도 그 행동을 반복하도록 해준다. 예를 들어, 협동을 높이 평가하는 교사는 두 아동이 같이 나누어 쓰려고 애쓰는 경우 "너희들이 서로 나누어 쓰는 것을 보니까 참 기분이 좋다. 나누어 쓰 는 것은 다른 사람과 함께하는 방법이지"라고 말함으로써 나누기를 인정해줄 수 있다. 한편 문제 가 있는 상황에서 개인적 메시지는 아동이 스스로 따르거나, 그렇지 않을 때는 교사가 그 행동에 따른 결과를 부과하도록 한다. 예를 들어, 화가 나면 다른 사람을 때리는 행동을 다른 방향으로 바꾸고자 한다면 다음과 같이 말할 수 있다. "화가 났구나. 네가 철수를 때리면 선생님은 기분이 안 좋아. 맞은 친구가 다치거든. 철수에게 네가 무엇 때문에 화가 났는지를 말로 얘기해" 이제부터 이 장에서는 문제행동을 변화시키는 데 일차적인 목적을 가지고 있는 개인적 메시지에 집중하고 자 하며, 이후 긍정적인 상황에서 개인적 메시지를 어떻게 사용하면 될지 생각해보고자 한다.

5.1 아동의 행동을 수정해야 하는 상황

우리는 매일 아이들의 '행동이 적절한지 아닌지'를 결정해야 하는 상황에 직면하게 된다. 아동의 행동이 수용 가능하지 않을 때, 대신 더 적합한 행동은 무엇인지를 결정해야 한다. 이러한 의사 결 정을 위해서는 다음의 질문을 스스로 해보아야 한다.

> 1. 아동의 행동이 자기 자신이나 타인의 안전을 저해하는가?
> 2. 아동의 행동이 사물을 망가뜨리는가?
> 3. 아동의 행동이 다른 사람의 권리를 침해하는가?

만약 이 질문에 대한 답변 중 하나라도 "예"에 해당된다면, 이는 개입이 요구되는 상황이다 (Levin, 2003; Malott & Trojan, 2008). 만약 반응이 "아니요"라면, 성인의 개입은 필요 없다. 예를 들어, 가위를 들고 뛰어다니는 것을 멈추게 하거나, 건널목을 함부로 건너지 못하게 하거나, 성냥을 가지고 장난을 치지 못하게 하는 이유는 안전 때문이다. 도서관에서 대여한 책에 개인적인 표시나 낙서를 하지 못하게 하는 것은 재산을 보호하려는 목적이다. 다른 사람의 순서를 방해하지 않거 나, 겁이 많은 친구를 놀리지 못하게 하는 것은 타인의 권리 존중을 가르치기 위함이다. 위의 상황 모두 아동의 행동을 고치려고 하는 데에는 정당한 기준에 근거하고 있다.

다음으로 교사는 아동의 문제 행동이 지속적으로 주의를 기울여야 할 만큼 중요한지를 결정해야 한다(Denno, Carr, & Bell, 2011; Edwards, 2007). 이는 '중요성의 기준'으로, 아동의 행동이 발생할 때마다 모두 매번 개입해야 할 만큼 심각한지를 질문해야 한다. 만약 이 기준에 부합한다면 성인은 개인적 메시지를 사용해야 한다. 예를 들어, 교사가 놀이터로 돌을 던지는 아동을 보게 되면, 시간적으로 어떤 시점인지, 다른 무슨 일을 하고 있든지, 아니면 그간 그 아동이 돌 던지는 행동을 반복했었기 때문에 교사가 그 상황에 대해 짜증이 나있는 상태인지에 상관없이, 그 행동을 멈추게 해야 한다. 즉, 돌 던지기는 매우 위험하기 때문에, 이를 멈추도록 하는 것이 이 교사가 취할 행동 중 우선이다. 이 경우 개인적 메시지를 통해 돌 던지기 행동을 멈추도록 하는 것이 적절하다. 한편, 아동이 가방을 사물함에 넣거나 바닥에 던져두는 것은 교사의 신경을 거스르는 일이다. 어느 날 교사는 사람들이 밟거나 걸려 넘어지지 않도록 가방은 바닥에 두지 말고 사물함에 걸어두어야 한다는 규칙을 강화하였다. 그러나 머리가 아프거나 피곤한 날은 아동이 가방을 바닥에 두어도 그 문제를 해결하려고 하기보다는 못 본 체하기도 한다. 교사가 이 행동에 주의를 비일관적으로 주는 것은 이 행동이 당장에 개인적 메시지를 사용할 만큼 중요하지는 않음을 보여주는 것이다.

사람은 모두 다르기 때문에 어떤 상황이 위험하며 타인의 자아존중감에 잠재적인 위협이 되는지에 대한 해석 또한 다르다. 예를 들어, 어떤 교사는 안전을 고려해서 미끄럼틀 앞쪽에서 기어 올라가는 것을 제한할 수 있으나, 다른 교사는 이런 행동이 좋은 대근육 활동이라고 생각하여 한 번에 한명만 올라가는 것으로 간단하게 규칙을 만들어 기어오르기를 허용할 수 있다. 개인적인 기준은 과거의 경험, 가족, 지역 사회, 문화에 의해 영향을 받는다. 따라서 어느 누구도 동일한 기준을 갖고 있지 않다.

그러나 교사가 안전, 소유물 및 타인 권리에 대한 보호라는 기준에 근거하여 규칙을 제시하면, 아동은 특정 행동이 왜 수용 가능하거나 수용 가능하지 않은지를 보다 쉽게 이해할 수 있다. 이 세 가지 기준은 단순하면서도 대부분의 상황을 총망라한다. 이 기준은 아동의 행동을 판단하는 가이드라인이 되는데 다양한 연령과 장애 등의 다양한 능력의 아동 모두에게 적용이 가능하다.

5.2 개인적 메시지 1단계: 반영하기 (Reflect)

아동에게 사회적인 목표를 적절하게 성취하는 방법을 성공적으로 가르치기 위해서, 교사는 먼저 아동이 무엇을 성취하려고 애쓰는지를 이해해야 한다(Dowling, 2005; Kaiser & Rasminsky, 2012). 일단 이것을 이해하면, 아동과 교사 모두를 만족시킬 수 있는 대안적인 행동을 결정하기가 쉬워진다. 이러한 원리에 따라 개인적 메시지의 1단계는 아동의 행동이나 말, 정서를 '반영'하여 아동의 관점을 인지하고 인정해주는 것이다.

개인적 메시지를 반영으로 시작해야 하는 이유는 다음과 같다. 첫째, 문제 상황에 대한 성인의 관점과 아동의 관점이 다른 경우가 매우 많다. 예를 들어, 네 살 된 민정이가 슈퍼마켓에서 팬티를

유미의 경우 생각해보기

뇌성마비로 태어나 네 살이 된 유미는 오전에는 같은 연령의 유아들과 같이 통합교육을 받고, 오후에는 특수교육 프로그램에 참여한다. 유미는 음악, 그림책, 스카프와 모자를 쓰고 놀이하기를 좋아하는 똑똑한 아이이다. 유미는 걷거나 말하기가 어려우며, 눈과 입이 아닌 다른 신체 부분을 스스로 통제할 수 없다.

1년 정도 지나 유미는 종일제로 통합보육에 참여하고 친구도 사귀면서, 우리 어린이집의 일원이 되었다. 유미의 교사들은 학급에서 필요한 한계설정을 설명하는 데 시간이 걸렸다. 교실에서 유미가 행동하는 양식을 배울 수 있기 위해 어떻게 노력했는지에 대하여 이야기하면 다음과 같다.

유미는 몇 가지 제한된 소리를 낼 수 있지만, 아직 의사소통할 정도로 충분히 통제하지는 못한다. 주로 눈에 의존하며, "예"는 눈을 위로, "아니요"는 아래로 굴린다. 방향 지시로 왼쪽, 오른쪽으로 눈을 옮기며, 자신의 욕구를 알 수 있도록 필요한 것을 응시한다.

처음에 유미는 그림판을 사용하였는데, 파이모양으로 나뉘어 있는 동그란 그림판은 교실에서 필요하고 원하는 전형적인 것들, 즉 물 마시기, 화장실 가기와 같은 그림으로 쌓기, 소꿉영역 등 여러 영역에 비치되어 있었다. 유미는 언제든 그림판을 사용할 수 있었고 원하는 것을 나타내기 위해 해당 부분을 응시할 수 있었다.

유미가 무엇을 원하는지 교사나 다른 아동 어느 누구도 알아채지 못하였기 때문에, 처음에는 우리 모두 좌절하였다. 유미 또한 좌절하여 울거나 소리를 질렀는데, 이는 원하는 것이 없을 때도 마찬가지였다. 모든 사람이 자유롭게 말하지도 못하고 휠체어에 앉아 있는 이 어린 소녀를 너무 가여워 해서 유미가 어떤 것을 하고 싶어 하면 교사들은 유미가 원하는 것을 주려고 하였다. 그 결과 유미는 매우 부적절한 행위에도 보상을 받았으며, 이는 점점 더 유미를 버릇없게 하였다. 어느 날 교사회의에서 나는 "유미의 모든 변덕에 양보해주는 것만이 유미를 돕는 것이 아닌 것 같아요"라고 말하였다. 우리는 유미에게 허용하는 것을 다른 아동에게도 허용하였을 것인지 물었다. 교사들은 아니라고 대답하였다. 그래서 나는 "우리는 유미를 도와주기 위해서 여기 있는데, 우리가 유미를 돕고자 하는 방식이 유미에게 도움이 되지 못합니다"라고 말했다. 우리는 유미를 위한 기대를 정할 때 다른 아동에게 하듯이 안전, 재산 및 권익 보호하기 원칙을 사용하고자 결정하였고, 분명하고 일관된 기대를 만들기 위해 노력했다. 우리 모두에게 도전이었지만, 몇 주 내 우리는 유미의 변화를 볼 수 있었다. 유미는 좀 더 편안해지고 교실에서의 행동 변화도 성공적이었다. 유미는 어디까지가 허용되는 경계인지를 알게 되었고, 우리는 유미의 안전을 유지하면서 다른 아이들처럼 유미를 다룰 수 있었다. 이는 우리 모두에게 중요한 교훈이다.

출처: Kostelnik, Onaga, Rohde, & Whiren(2002).

자랑하기 위해 치마를 머리 위까지 올리며 즐거워하지만, 엄마는 매우 당황스러운 상황이다. 이럴 때 민정이의 엄마는 민정이가 다르게 행동하기를 바라는 마음이 너무 큰 나머지 민정이의 감정이 자신과 반대일지라도 틀린 것은 아님을 잊어버린다. 반영은 성인이 이러한 함정에 빠지지 않도록 도와주어서, 각 아동이 나름대로 고유하게 지각한다는 것을 기억하게 해준다.

반영을 먼저 하는 것의 두 번째 장점은 부모나 교사가 적극적으로 아동의 입장을 이해하려고 노력하고 있다는 분명한 신호를 아동에게 전달한다는 것이다(Calkins & Williford, 2009). 아동은 자신의 메시지가 받아들여진다고 생각할 때 성인의 메시지를 더 잘 듣게 된다. 아동이 물리적인 방법으로 자신의 욕구를 표현할 때에도 교사가 알고 있다는 것을 알면 자신의 감정을 알리기 위해서 행동을 크게 하려는 욕구가 감소된다. 화가 난 철수가 자신의 주장을 관철하기 위해서 책을 집어 던지려고 하는 상황에서 교사가 "네가 정말 화나는 일이 있었구나"라고 반영해주면, 다른 사람이 이미 자신이 화가 났음을 알아챘기 때문에 철수는 분노를 표현하기 위해서 책을 던질 필요까지는 느끼지 않을 수 있다.

반영하기의 세 번째 가치는 특정한 행동을 하기에 앞서 속으로 열까지 셀 수 있게 해주는 점이다. 반영하기는 교사가 자신의 정서를 구분하고, 사고를 조직하고, 자신의 접근 방법을 재조정할 수 있는 기회를 제공해주며, 생각 없이 또는 과잉으로 반응할 위험을 감소시켜준다. 예를 들면, 교실 저쪽에서 동수가 물감을 바닥에 뚝뚝 떨어뜨리면서 그림을 그리고 있다. 이를 본 교사의 즉각적인 반응은 짜증으로, 급히 가서 동수를 꾸짖으려 하였다. 그러나 가까이 가보니 동수가 자신의 작품에 자부심을 가지고 몰두하고 있음을 알게 되었다. "그림 그리는 것이 정말 신이 나는구나"라고 반영함으로써 교사는 즉각적인 반응을 억제할 수 있었다. "그림은 종이 위에만 그리라고 몇 번이나 말했니?"라고 소리 지르는 대신에 교사는 동수에게 "물감이 바닥에 떨어졌구나. 선생님은 흘린 물감을 밟은 사람이 미끄러져서 다칠까 봐 걱정이 좀 돼. 스펀지를 가지고 와서 치워라"라고 차분하게 말함으로써 중요한 정보를 제공해주었다. 이와 같이 반영은 감정적으로 격해질 수 있는 상황에서 합리적인 문제 해결 방안을 제시해주는 첫 관문이 된다.

마지막으로 반영하기는 교사가 아동에게 관심을 갖고 있으며 존중한다는 것을 보여주는 하나의 방법이다(Denham, Bassett, & Wyatt, 2007). 이 같은 긍정적 관심의 표현은 특히 훈육하고자 할 때 지속적으로 이루어져야 한다. 개인적 메시지의 1단계인 반영하기를 다음 단계와 함께 사용하면, 반영하기는 민주적 훈육 방법의 두 가지 요소, 즉 애정과 분명한 행동에 대한 기대가 통합되는 것이다.

성인이 행동을 취하기 전에 반영을 해야 하는 이유를 요약하면 Note 9-4와 같다. 요약하면, 문제 상황에서 아동과 성인은 서로 다른 관점을 가지고 있다. 해결을 위해서 서로가 정확하게 상대방의 태도를 고려해야 한다. 이러한 상호 이해는 두 개의 서로 다른 사고를 연결해주는 공유된 반응의 기초가 된다. 반영하기는 아동의 생각을 알려고 하는 부모나 교사의 노력을 나타내며, 개인적 메시지의 다음 단계는 아동이 성인의 관점을 알도록 도와준다.

> **NOTE 9-4**
>
> **반영하기를 개인적 메시지 1단계에 사용하는 이유**
>
> - 교사나 부모에게 아동의 관점을 볼 수 있도록 한다.
> - 아동에게 교사나 부모가 이해하고자 노력하고 있다는 신호가 된다.
> - 마음속으로 10까지 셀 수 있도록 돕는다.
> - 아동에 대한 존중을 보여준다.

5.3 개인적 메시지 2단계: 반응하기와 이유 제시하기 (React and Reason)

개인적 메시지의 2단계는 부모나 교사의 정서를 표현하고, 아동의 어떤 행동이 그러한 감정을 유발시키는지 알려주고, 그런 감정을 느끼는 이유를 제공해준다.

> "선생님은 네가 때리면 화가 나. 맞으면 아프거든."
> "엄마는 네가 방해하면 기분이 안 좋아. 어디까지 했는지 잊어버리거든."

성인이 자신의 감정을 말하는 방식으로 반응하기

교사는 아동의 행동에 대해 종종 정서적인 반응을 한다. 아동이 협동할 때 기뻐하고, 싸우면 괴로워하고, 꾸물거리면 짜증을 낸다. 정서는 아동에게 자연스러운 것처럼 교사에게도 자연스러운 것이다. 노련한 교사는 아동과 효과적으로 상호작용하기 위한 방법으로 자신의 정서를 사용한다. 교사가 정서를 사용하는 방법은 감정을 느꼈을 때 이를 이야기하는 것이다(Miller, 2013).

　교사가 자신의 정서를 아동에게 노출하는 것은 감정이 보편적인 것임을 보여주는 것이다. 이는 모든 사람이 불행하거나, 기쁘거나, 속상해하거나, 걱정하거나, 기분이 좋거나, 만족스러워 하거나 화를 낸다는 것을 알려준다. 아동으로 하여금 모든 사람이 정서를 경험한다는 것을 알게 해주고, 그 결과로 자신의 감정을 잘 받아들이고 다른 사람의 감정을 잘 알 수 있게 해준다(Hendrick & Weissman, 2011). 또한 정서에 대해서 이야기하는 것은 사람들이 같은 상황에 대해서 서로 다르게 반응한다는 것을 배우게 해준다. 아동은 자신을 행복하게 만드는 것이 다른 사람을 슬프게 만들 수 있고, 자신을 불안하게 만드는 사건을 다른 사람은 좋아할 수 있다는 것을 알게 된다. 그러나 사회조망능력이 부족하므로, 이를 스스로 알기는 어렵다. 아동은 자신의 현재 감정을 모든 사람이 공유한다고 간주하다가, 다른 사람의 감정에 대해서 더 많이 들을수록 점차 항상 그렇지는 않다는 것을 알게 된다. 또 다른 장점은 정서 상태를 표현하는 것에 대해 교사가 모델이 된다는 것이다. 아동은 사람들이 다양한 반응을 할 수 있고, 자신의 느낌에 대해 말로 표현할 수 있다는 것을 알게 된다(Thompson & Twibell, 2009). 궁극적으로 아동은 정서가 말로 표현될 수 있고 말은 다른 사람과 의사소통하는 만족스러운 방법이라는 것을 알게 된다.

아동과 긍정적인 관계를 유지하고자 하는 성인은 감정을 공유하는 것이 아동과의 친밀성을 증진시키는 방법이라는 점을 기억해야 한다. 자신의 정서에 대해 솔직하게 말하는 사람은 그런 대화를 하지 않는 사람보다 더 믿을만하고 도움이 되는 사람으로 여겨진다(Gazda et al., 2006). 교사가 자신의 개인적인 부분을 아동에게 드러낼 때, 아동은 그것을 호감으로 이해한다. 또한 이러한 관계가 일상적으로 이루어질 때, 아동은 자신의 정서를 드러내는 데 위협을 적게 느끼며, 성인과 아동 간의 상호 이해와 존중으로 이어진다.

마지막으로 아동은 자신이 말하고 행동하는 것에 대해 자신에게 의미 있는 성인이 어떻게 반응하는지에 관심을 갖는다. 아동은 성인이 어떻게 느끼는지에 관심을 기울이고 자신의 정서를 어떻게 느끼고 반응하는지에 관심이 있다. 교사가 문장의 서두에 아동의 특정 행동에 대해 실망하거나 인정할 수 없음을 표현하면, 아동은 정신을 차리고 그 문장 후반부에 포함되는 정보를 받아들이게 된다(Kochanska et al., 2008). 이러한 부정적인 정서 표현이 없다면, 아동은 교사가 제시하는 이유에 대해서 심각하게 고려하지 않게 된다. 반면, 아동에 대한 관심이나 우려를 전하기 위해 자신의 권위나 애정 철회를 사용하는 교사는 아동으로 하여금 반감을 일으켜, 정작 전달하고자 하는 메시지에는 주의를 기울일 수 없게 한다. 아동이 교사를 화나지 않게 하려고 친구를 때리지 않거나 교사가 협동을 강조하기 때문에 장난감을 나눠 쓰는 것은 성인이 중요하다고 생각하는 기대 행동을 아동이 내면화하기 시작하는 동일시(identification)를 보여주는 것이다.

아동의 행동 서술하기

일단 교사가 자신의 정서를 표현하고 나면, 아동이 보인 어떤 행동이 그런 반응을 하게 했는지를 이야기해주는 것이 중요하다. 아이들은 어떤 행동이 교사의 그런 반응을 불러일으켰는지를 알지 못하기 때문에, 아동의 바람직하지 못한 행동을 구체적으로 적시해야 한다. 이를 통해 아동은 하지 말아야 할 구체적인 행동을 알 수 있게 된다(Essa, 2008; Malott & Trojan, 2008). 예를 들어, 개인적 메시지를 실시하는 교사가 "네가 의자 위에서 계속 뛰어서 선생님은 좀 신경이 쓰여" 라고 진술하면 어떤 행동이 교사를 괴롭히는지, 그리고 해결해야 할 문제가 무엇인지를 알게 된다. 반면에 "네가 그렇게 정신없이 굴어대니 짜증이 나잖아" 또는 "왜 이렇게 느려 터졌니" 등은 아동의 성격을 공격하는 비난의 말들로, 상호 존중이나 이해를 할 수 없게 만든다.

행동은 관찰 가능한 것이다. 차례 지키기, 때리기, 발로 차기, 제시간에 맞추어 오기는 모두 기술하는 눈으로 볼 수 있으며 객관적인 아동의 행위이다. 반면에 게으름, 협동적이지 않음, 정신없음, 고집 셈, 욕심 많음, 못됨, 나쁨, 무뚝뚝함 등과 같은 말들은 모두 주관적인 비난의 말들이다. 이런 말들은 어떤 구체적인 행동에 대해 성인이 개인적 메시지를 진술하고 있는지 분명한 단서를 주지 않으며, 오히려 아동으로 하여금 방어적이 되게 한다. 공격을 받는 아동은 적대적이 되거나 교사를 만족시키는 것을 자신의 능력 밖이라고 생각하게 되는데, 그 어느 쪽이든 효과적인 행동 변화는 이루어지기 어렵다. 이러한 부작용을 피하기 위해서 아동의 문제 행동에 대하여 이야기할 때는 주관적으로 설명하는 것보다 아동의 행동을 기술해주어야 한다.

아동의 행동이 성인의 정서를 유발한 이유 제시하기

성인이 이유를 설명해주면서 행동을 기대하는 경우, 아동은 기대되는 행동을 더 잘 이해하고 따른다(Denno et al., 2011; Helwig & Turiel, 2002). 개인적 메시지의 두 번째 부분에서 교사의 반응에 대해 설명하는 것은 바로 이 때문이다.

> - 아동이 누구를 때리면 선생님은 왜 화를 낼까? 때리면 맞는 아동이 아프기 때문이다.
> - 아동이 꾸물거릴 때 왜 선생님은 속이 터져 할까? 곧 해야 할 중요한 일과가 늦어질지도 모르기 때문이다.
> - 왜 선생님은 아동이 이야기를 반복해서 방해하면 짜증을 낼까? 하던 생각을 집중해서 못하기 때문이다.

위와 같이 제시되는 이유는 교사에게는 분명하지만 다수의 아동에게는 그렇지 않다. 교사가 아동에게 기대에 대한 이유를 설명해주면, 행동의 기준이 임의적이기보다는 논리적인 기초를 가진다는 것을 알게 해주고, 아동이 스스로 알 수 없었던 이유를 알 수 있게 해준다. 또한, 자신의 행동이 다른 사람에게 미치는 영향에 대해서 알게 해준다. 이것은 대인 관계에 있어 원인과 결과, 즉 자신의 행동과 다른 사람의 신체적, 심리적 안녕의 관계에 대해 더 잘 이해하게 해준다(Wells, 2009). 즉, 이유 제시는 행동 사이의 연관성을 분명하게 해준다(Note 9-5).

행동의 영향에 대한 이유를 반복해서 들은 아동은 점차 연계성을 이해하며, 어떤 행동은 받아들여지고 어떤 행동은 안 되는지에 대해 스스로 결정할 수 있게 된다. 아동은 "때리는 것은 다른 사람을 아프게 하기 때문에 안 돼. 깨무는 것도 다른 사람을 다치게 하니까 안 되는 거야"와 같은 이유를 자기 자신에게 스스로 하게 된다. 결국 이유는 아동이 무엇이 옳고 그른지를 스스로 판단하는 데 지침으로 사용되는 것이다(Thompson & Twibell, 2009). "사탕을 먹으면 밥맛이 없기 때문에 저녁밥 먹기 전에는 사탕을 먹지 말아야 해"라며 스스로를 타이르는 아동은 현재의 행동을 통제하는 방법으로 전에 들었던 이유를 사용하는 것이다.

이유 제시하기는 민주적인 성인의 대표적인 훈육이다. 문제 상황을 해결하는 방법으로 교사가 합리적인 이유를 설명하는 것을 본 아동은 이러한 모델을 보지 못한 아동보다 자기 조절을 더 잘하고 덜 공격적이다(Epstein, 2009). 더욱이 아동은 자신에게 의미 있는 기준과 자신의 행동에 대한 결과를 예상할 수 있는 기준만을 내면화할 수 있다. 이유는 이러한 기준을 충족시키고 장기적

NOTE 9-5

이유 제시하기는 행위 간 연계성을 강화한다

걸음마기 영아인 윤서는 전기콘센트에 손가락을 찔렀다. 아빠는 손가락이 다칠 수 있다고 말하며 손가락을 콘센트에서 치우도록 하였다. 그러나 윤서는 콘센트에 팔꿈치를 대었다. 아빠는 가까이 와서 이유를 설명하고 안 된다고 말하였다. 이번에 윤서는 방향을 바꾸어 엉덩이를 갖다 대었다. 아빠는 윤서를 번쩍 들어 올리며 신체의 모든 부분을 콘센트에서 떨어뜨리라고 엄하게 이야기하였다.

윤서는 각 신체 부위와 각 행위를 별개의 사건으로 생각하고 있었다. 비록 아빠는 손가락, 엉덩이 모두를 '콘센트에서 치워야 할' 유목으로 이해하였지만, 윤서는 이것들 간의 연계성을 이해하지 못하였다. 아빠는 윤서가 연관성을 이해할 수 있도록 다칠 수 있다는 이유를 제시하였다. 다른 행위들 간에 유사성을 지적하기 위해 이유 제시하기(예: 손가락으로 찌르기, 팔꿈치 대기 모두 안전하지 않다)를 사용하는 부모나 교사는 아동에게 그 같은 연계성을 쉽게 이해하도록 도와준다.

인 행동 통제가 가능하도록 해준다. 교사나 부모가 보기에 어떤 규칙이 지키고 강조할 만큼 중요하다면 규칙이 왜 필요한지 말하는 것도 도움이 된다.

아동이 이해 가능한 이유 제시하기

아동의 현재 발달 수준에 따라 어떤 형태의 이유가 가장 의미 있는지는 달라진다. 취학 전 유아는 "돋보기는 이렇게 조심해서 다뤄. 깨지기 쉽거든"과 같이 시범을 보일 수 있는 사물 지향적인 설명에 가장 잘 반응한다. 또한 "네가 계속 친구를 밀면 친구가 넘어져서 울게 될 거야"와 같이 행동이 신체에 미치는 직접적인 영향을 강조하는 이유를 이해한다(Hoffman, 1983). 반면 이 시기 아동은 "이 돋보기는 준영이가 집에서 가져온 것이야. 준영이에게 만져도 되는지 물어보자"와 같이 타인의 권리나 소유권에 관한 설명은 상대적으로 잘 이해하지 못한다.

아동은 6세 이상이 되었을 때 타인의 권리, 특권, 정서에 초점을 둔 이유를 좀 더 잘 받아들인다. 이 시기에는 "지원이는 자기가 만든 건물 때문에 기분이 좋았는데, 네가 그걸 넘어뜨려서 슬프대"와 같이 아동 행동에 대한 심리적인 영향을 강조하는 것과 "소리 지르기 전에 잠깐만. 은수는 너를 도와주려고 한 거야"와 같이 타인의 동기 관점에서 행동의 공정성에 초점을 맞춘 이유를 제공하는 것이 효과적이다. 발달적 차이에 따라 아동에게 어떤 이유가 의미 있는지는 그림 9–7에 제시하였다.

개인적 메시지 2단계의 변형

앞에서 언급했듯이, 개인적 메시지의 2단계는 교사가 자신의 정서를 진술하는 것과 아동의 행동에 대한 반응의 이유를 제시하는 것으로 구성되어 있다. 1단계에 해당하는 반영하기 이후 2단계의 이

두 요소는 어떠한 순서로 해도 괜찮다. 즉, 반영하기를 먼저 한 다음 가장 편안한 순서로 2단계를 말하면 되므로, 어느 하나의 옳은 방법이 있는 것은 아니다. 팬티를 자랑하기 위해 옷을 머리까지 올린 민정이의 경우에 다음과 같이 서로 다른 순서의 2단계의 반응이 모두 적절하다.

개인적 메시지 2단계의 예

"민정아, 새로 산 팬티를 자랑하고 싶은가보구나(1단계). 속옷은 아주 개인적인 것이라 다른 사람들이 볼 필요는 없어. 네가 그렇게 치마를 높이 올리니까, 선생님은 좀 당황스러워(2단계)."

"민정아, 네 팬티를 자랑하고 싶은가보구나(1단계). 네가 치마를 머리 위까지 올리니까 선생님이 좀 당황스럽네. 속옷은 아주 개인적인 것이라 다른 사람들이 볼 필요는 없거든(2단계)."

교사가 개인적 메시지의 2단계를 어떻게 표현할지는 교사의 감정 및 아동의 행동에 대한 이유 중 무엇을 먼저 생각했는지 또는 개인의 취향에 따라 다를 수 있다. 중요한 것은 두 요소가 모두 2단계에 포함되어야 한다는 것이다.

또한 사람들이 모두 같은 반응을 하지는 않는다. 민정이의 행동을 재미있게 생각하는 사람도 있고 화를 내거나 당황해하는 사람도 있다. 개인적 메시지는 이를 실행하는 성인

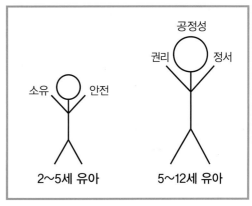

그림 9-7 **아동이 의미를 이해할 수 있는 이유**

에 따라 변형하여 사용하기에 이상적으로 구성되어 있다. 때문에 개인적 메시지는 다른 사람이라면 이 상황에서 어떻게 반응할지에 대해 생각할 필요 없이, 자신이 받은 인상에 따라 각 상황에 맞는 반응으로 사용 가능하다. 즉, 그 상황에서 성인이 경험하는 감정이 개인적 메시지를 어떻게 실행할지에 대한 지침이 된다. 앞에서 언급된 민정이의 상황을 재미있다고 느낀 성인은 그냥 웃기만 할 것이다. 반면에 몹시 화가 났거나 당황스러웠다면 민정이에게 치마를 내리라고 먼저 말할 것이다. 어떤 정서를 느꼈는지에 따라 왜 아동이 보다 신중한 행동을 해야 하는지에 대한 설명은 다소 다를 것이며 그에 따라 개인적인 관점을 표현할 수 있다.

단, 교사가 개인적 메시지의 1단계에서 행동에 대한 반영을 하기 때문에, 2단계에서는 행동에 대해 다시 언급할 필요가 없다. 예를 들면, "민정아, 치마를 머리 위로 올렸구나. 선생님은 좀 당황했는데, 속옷은 매우 개인적인 옷이라 모든 사람이 보는 것이 아니야" 이 경우에 1단계 반영에서 문제가 되는 행동을 구체적으로 지적해주므로 반복할 필요가 없다.

5.4 개인적 메시지 3단계: 규칙 제시하기 (Rule)

개인적 메시지의 3단계는 특정한 상황에서 적절하게 행동하는 방법을 알려주는 것이다. 아동은 경험이 부족하며 중심화와 불가역적 사고의 영향으로 어떤 행동이 받아들여지지 않는다고 이야기하는 것만으로는 충분하지 않으며, 어떻게 해야 하는지를 말해주어야 한다(Bear, 2010; Curwin, Mendler, & Mendler, 2008). 적절한 대체 행동은 아동이 따라야 하는 규칙에 해당한다. 즉, 개인적 메시지의 '규칙' 부분은 행동의 지침으로, 아동에게 무엇을 해야 하는지를 알려준다. 예를 들면 다음과 같다.

> "걸어가세요."
> "치마를 원래대로 내려."
> "줄넘기는 함께 사용하세요."
> "식당에서 작은 목소리로 얘기해라."

규칙은 무엇을 할 수 있고 무엇을 할 수 없는지를 알게 해주기 때문에, 아동에게 세상은 보다 예측 가능하게 된다. 이러한 지식으로 인해 아동은 또래나 성인과의 상호작용에서 더 성공적이게 된다(Marzano, 2003). 규칙이 무엇인지를 잘 모를 때, 아동은 타인과의 관계를 망치는 대신 좋게 하면서 자신이 원하는 것을 얻을 수 있는 방법을 알기 어렵다. 또한 자신이 따라야 하는 규칙이 독단적이거나, 비합리적이거나, 발달 수준에 적합하지 않다면 아동은 이를 따르려고 하지 않거나 따를 수 없을 것이다. 즉, 규칙을 어떻게 정하는지는 아동이 규칙을 얼마나 잘 따를 수 있는지와 관련이 된다. 그러므로 교사는 좋은 규칙의 특징에 대해서 알아야 한다.

합리적인 규칙 제시하기

합리적인 규칙은 아동이 따를 수 있는 규칙이다. 따를 수 있다는 것은 바람직한 행동을 수행하기에 필요한 지식과 능력을 모두 가졌다는 것을 의미한다. 합리적인 규칙을 만들기 위해서, 교사는 아동의 발달, 과거 경험, 현재 능력, 요구되는 과제의 유형을 고려해야 한다(Copple & Bredekamp, 2009). 예를 들어, 끼우기 블록 놀이를 마친 아동이 모양과 색깔에 따라 바구니에 분류하여 치우기를 기대한다면, 먼저 아동이 이를 수행할 수 있는 기술이 있는지를 생각해보아야 한다. 이를 위해 아동은 블록을 다룰 수 있고, 색깔을 구분할 수 있으며, 같은 모양을 알아야 한다. 아동이 이를 모른다면 아동이 할 수 있는 것에 맞춰서 성인의 기대를 수정해야 한다. 구체적으로, 아동에게 단순히 모양 블록을 모으거나, 상자에 아무렇게나 쌓거나, 다른 아이들과 함께 한 곳으로 모으라고 해야 한다.

아동에게 유익한 규칙 제시하기

규칙은 교사뿐 아니라 아동에게도 장기적으로 도움이 되는 긍정적인 효과를 가지고 있어야 한다 (Katz, Chard, & Kogan, 2013). 교사는 규칙이 아동의 발달을 증진시키는지 혹은 방해하는지를 생각해보아야 한다. 아동의 발달상 증진은 교사가 아동의 대인 관계, 학습 및 생활에 요구되는 기술을 확실히 향상시킬 수 있는 기대를 할 때 이루어진다. 반면, 교사가 개별 아동의 요구와 능력을 고려하지 못하거나 아동의 발전적인 활동 참여를 제한할 때, 아동의 발달은 저해된다. 이런 경우는 교사가 자신의 편의를 위해 무분별하게 규칙을 정했을 때 일어난다. 3세 유아가 무서워한다고 혼합 연령 학급의 5세 유아에게 높은 정글짐에 오르지 못하게 하거나, 이제는 다 컸다며 아동의 애착 대상물인 담요를 우는 데도 가져다 놓으라고 하거나, 남아에게는 어울리지 않는다며 바느질을 못하게 하거나, 점심시간에 아이들이 큰 소리로 떠들면서 먹는 것을 원장이 싫어하기 때문에 아이들에게 식사 시간에는 조용히 먹기만 하도록 하는 것은 모두 발달을 저해하는 것들로, 아동에게 유익한 잠재적인 경험을 박탈하는 예이다.

이 같은 문제는 교사가 각 아동을 개별적인 존재로 인식하고, 학급 전체에는 필요한 기준이기는 하나 각각의 아동에게는 달리 적용될 수 있다는 것을 인지할 때 피할 수 있다. 예를 들어, 신체적인 기술을 숙달하는 것은 중요하기 때문에 정글짐에서 3세 유아는 낮은 칸만 올라가지만 5세 유아는 높은 층을 도전하도록 할 수 있다. 교사는 이런 규칙으로 인해 아동이 접할 수 있는 다양한 기회를 뺏고 있지는 않은지 자신의 편견을 검토해보아야 한다. 교사의 편협성과 성고정관념은 앞서 제시한 바와 같이 담요나 바느질에 대한 규칙의 예로 나타나게 된다. 또한 점심시간에 큰 소리로 떠들면서 먹는 것과 같은 문제 행동을 다루기 위해 불필요하게 극단적인 규칙을 강요하지 말아야 한다. 기본적으로 또래와의 상호작용은 많은 이점이 있기 때문에, 같은 반 친구들과 비형식적으로 이야기하는 기회를 격려해주어야 한다. 다만 소리를 너무 크게 지르는 경우, 목소리의 크기를 조절하는 것을 가르치는 것이 대화를 못 하게 하는 것보다 더 적절한 방법이다. 마지막으로 교사는 규칙을 지속적으로 검토해야 하는데, 4세 때 적절했던 규칙이 같은 아동이라도 6세에는 적절하지 않을 수 있기 때문이다.

정확하게 정의된 규칙 제시하기

어떤 규칙에 대해 교사와 아동이 동일한 뜻으로 이해했을 때, 그 규칙은 정확하게 정의된 것이다 (Malott & Trojan, 2008). 좋은 규칙은 교사나 부모가 가치 있게 여기고 받아들일 수 있는 정확한 행동을 분명하게 알려준다. 교사가 다양한 해석이 가능하게 말하면 아동은 혼돈을 느낀다. "한번 멋지게 해봐", "얌전하게 있어", "착하게 행동해야지", "형님반에 왔으니 형님처럼 해봐"와 같이 말하는 것이 그 예이다. 이런 말은 사람들마다 다른 의미를 가질 수 있다. 즉, 아동과 교사는 이런 일반적인 표현을 서로 다르게 해석할 수 있으므로, 아동이 교사나 부모가 지시한 규칙을 따르려는 노력을 했는데도 그들의 기대에 미치지 못하게 되면 좌절할 수밖에 없다. 예를 들어, 화가 많이 난 아동에게 '얌전하게' 있으라고 한 경우, 교사는 손을 무릎위에 놓고 조용히 앉아 있는 것을 의미한 반면 아동은 자신을 놀리는 또래에게 침을 뱉지 않은 것을 의미할 수 있다. 이 경우 아동은 교사의 말을 잘 들었다고 생각할 수도 있다.

교사가 이와 같은 말을 사용해서 규칙을 반복해서 전달하고, 여러 번 얘기했기 때문에 아동이 무슨 말인지 알 것으로 교사가 생각할 때, 문제가 커질 수 있다. 예를 들어, 교사는 두 아동이 싸우는 것을 멈추게 하려고 "너희들이 화가 났구나. 선생님은 너희가 싸우면 많이 속상해. 싸우다가 다칠 수 있으니 말로 하세요"라고 하였다. 교사의 지시를 따른 아동이 다른 아동에게 "알았어요. 야, 이 못된 ○○야!"라고 욕설을 해, 교사는 곧바로 다시 개입을 할 수밖에 없게 되었다. 당연히 교사는 아동에게 그런 말을 하라고 한 것은 아니기 때문이다. 만약 아동으로 하여금 자신의 감정을 말로 표현하도록 하기 원하거나, 친구들과 협력하기를 원하거나, 버릇없이 구는 것을 그만하기 바란다면, 교사는 아동에게 어떻게 해야 하는지 구체적인 방법을 말해주어야 한다.

긍정적인 규칙 제시하기

아동은 하지 말라고 얘기하는 것보다 어떻게 해야 하는지를 말해주는 '긍정적인 규칙'을 가장 잘 따른다(Marion, 2011). 즉, "손으로 밀지 마"보다 "손을 주머니에 넣어", "뛰지 마세요"보다 "걸어가세요", "음식 가지고 장난치지 마라"보다는 "음식을 먹어라"라고 할 때 더 쉽게 반응할 수 있다. 취학 전 아동이 금지하는 명령에 반응이 느린 한 가지 이유는 "하지 마라", "그만해"와 같은 단어에 주의를 기울이지 못하기 때문이다. 이는 아동이 부정적인 명령을 이해하는 것이 사고의 불가역성으로 인해 어렵기 때문이다. 아동은 하고 있는 행동을 하지 말거나 정반대로 하도록 하는 규칙보다는 하던 행동을 약간 선회하도록 하는 규칙을 더 잘 따른다.

이상과 같은 개인적 메시지의 모든 요소를 외우기 위한 가장 간단한 방법은 '세 개의 단계와 네 개의 R'로 기억하는 것이다. 즉, 개인적 메시지는 1단계 반영하기(Reflect), 두 개의 요소로 구성된 2

개인적 메시지의 전 단계 실행하기 (4R's)

- 1단계: 반영하기 (Reflect)
  행동 반영, 언어 반영, 정서 반영을 사용한다.
- 2단계 1요소: 반응하기 (React)
  아동의 행동과 그에 따른 성인의 감정을 기술한다.
- 2단계 2요소: 이유 제시하기 (Reason)
  반응의 이유를 설명한다.
- 3단계: 규칙 제시하기 (Rule)
  아동이 해야 할 것을 말해준다.

단계의 반응하기(React)와 이유 제시하기(Reason), 그리고 3단계 규칙 제시하기(Rule)로 구성된다. 이는 Note 9-6에 재정리되어 있다.

5.5 개인적 메시지 연습하기

다음에 제시한 상황에서 교사는 네 개의 R(4R's)을 포함하여 아동과 대화를 나눈다. 개인적 메시지를 3단계까지 모두 실시한 예이다.

> **아동의 문제행동**: 교사에게 할 말이 있는 아동이 교사의 주의를 끌기 위해 교사를 쿡쿡 찌르고 있다.
>
> **교사의 개인적 메시지**: 민정이가 선생님에게 말하고 싶은 게 있구나(1단계). 선생님은 자기를 봐달라고 손으로 찌르는 것은 안 좋아해. 아프거든(2단계). "김선생님!"하고 부르거나 내 어깨를 가볍게 두드려봐(3단계).

> **아동의 문제행동**: 화장실에서 아이들 몇 명이 자기가 사용한 휴지를 휴지통 근처에 여기 저기 떨어뜨려 놓고 나간다.
>
> **교사의 개인적 메시지**: 너희들이 급하게 교실로 가고 있구나(1단계). 선생님은 자기가 쓴 휴지를 휴지통에 넣지 않고 가버리면 기분이 별로 안 좋아. 선생님 혼자서 이 휴지를 모두 치워야하거든(2단계). 휴지를 휴지통에 넣은 다음에 교실로 가세요(3단계).

> **아동의 문제행동**: 무덥고 습한 여름날, 이야기나누기 시간에 아이들이 집중을 못하며 꼼지락거리고 있다. 지환이가 자신이 만든 블록 구성물에 대해 이야기를 하는 동안 아이들은 지루해하며 옆에 있는 친구들과 떠들기 시작한다.
>
> **교사의 개인적 메시지**: 파란반 친구들이 너무 덥고 불편해서 지환이 이야기에 집중하기 어렵구나(1단계). 선생님은 지환이가 기분이 상할까봐 좀 걱정이 돼. 지환이가 정말 열심히 이 블록을 만들었거든(2단계). 조용히 앉아서 지환이의 설명을 들어봐(3단계).

위에서 보는 바와 같이, 개인적 메시지는 개인과 집단에게 모두 실행할 수 있다. 또한 개인적 메시지는 아동의 행동을 바로잡을 뿐 아니라, 적절한 행동을 강화시키는 방법으로도 사용될 수 있다.

5.6 긍정적인 개인적 메시지

긍정적인 개인적 메시지는 개인적 메시지의 1단계와 2단계만을 사용하는 것이다. 아동의 문제에 집중된 개인적 메시지를 실행하느라 아동의 부정적인 행동이 발생했을 때만 교사가 아동의 행동에 개입하는 것은 지양해야 한다. 오히려 현실에서 아동은 흔히 교사의 기대에 따르려고 애쓰며, 실제로 건설적인 행동을 자주 시도한다. 아동의 행동이 항상 분노나 우려와 같은 부정적 정서를 유발하는 것도 아니다. 따라서 개인적 메시지는 교사의 긍정적인 반응을 나타내기 위해서도 사용되어야 한다. 교사는 아동이 잘한 행동, 즉 사회적으로 바람직한 행동을 했을 때 이를 알아차려 그 행동에 대해 말해주어야 한다. "우주선 앞에서 순서를 기다리는 규칙을 만들었구나(1단계). 너희가 서로 의논해서 모두가 기회를 갖는 방법을 찾아내서 선생님이 정말 기분이 좋네(2단계)", 또는 "누가 시킨 것도 아닌데 지형이가 스스로 미술 도구를 다 치웠구나(1단계). 정말 기쁘다. 이제 이 책상에서도 팝콘 만들기를 할 수 있거든(2단계)."

이렇게 사용되는 개인적 메시지는 '칭찬'의 한 유형으로, 아동에게 "잘했어" 또는 "훌륭하구나"라고 말하는 이상의 것을 말해주는 것이다. 긍정적인 개인적 메시지를 통해 교사는 아동의 어떤 구체적인 행동이 교사에게 특별한 의미가 있음을 알려주는 것이다. 선행 연구에 따르면, 개인적 메시지를 이용한 칭찬은 아동의 특정 행동이 칭찬을 한 성인에게 미친 영향을 기술하는 것이기 때문에 매우 효과적인 것으로 밝혀지고 있다. '착한', '멋진', '좋은'과 같은 일반적인 용어를 반복해서 사용하거나 무차별적으로 적용하는 것은 아동과 교사 모두에게 큰 의미를 주지 못한다. 더구나 아동은 자신에게 성인이 하는 찬사의 말들을 진심이 아니거나 감상적인 것으로 받아들인다. 그러므로 "너는 타고난 작가구나"라고 말하기보다 "네가 이것을 쓰기 위해 열심히 노력했구나(1단계). 선생님은 이 글이 정말 좋아. 이 글에서 나오는 사람이 어떻게 될지 궁금하거든(2단계)"이라고 말하는 것이 더 효과적이다. 마찬가지로 "우와, 완전 멋지다"라는 칭찬보다 "네가 진석이를 위로해 주려고 하는구나(1단계). 선생님은 네가 진석이가 슬프다는 것을 알아차려서 기뻐. 진석이는 지금 친구가 필요하거든(2단계)"과 같은 말에서 아동은 더 많은 것을 배운다. 아동이 하기를 바라는 행동을 분명히 제시하고 그 이유를 설명해주면, 그 행동은 다음에도 반복되기 쉽다. 성인은 흔히 아동이 알아서 잘 행동하거나 성인의 말을 잘 따르는 것을 너무 당연하게 여긴다. 때문에 아동에게 무

그림 9-8 개인적 메시지를 통해 아동은 자신의 행동을 조절하는 것을 배울 수 있다

언가를 시키면 이를 따르거나 시키지 않아도 알아서 잘 할 것을 기대한다. 이런 경우 성인은 아동이 그런 긍정적인 행동을 하기 위해서 노력했다는 것을 알아채지 못한다.

긍정적인 개인적 메시지는 앞서 언급한 효과적인 칭찬과 많은 면에서 비슷하다. 두 가지 모두 아동이 자신이 한 긍정적인 행동을 인지하도록 도와준다. 긍정적인 개인적 메시지와 효과적인 칭찬의 차이점은 아동이나 교사 중 누가 아동의 행동을 평가하는지에 있다. 효과적인 칭찬의 경우 교사가 의견을 제시하지 않고 아동의 관점에서 성취나 노력을 인정하기 때문에 아동 스스로의 자기 평가를 촉진시킨다. 반면에 긍정적인 개인적 메시지를 통해서 교사는 아동에게 교사가 생각하는 적절한 행동이 무엇인지를 직접적으로 말하는 방법이다. 때문에 아동이 특정한 상황에서 어떻게 행동해야 하는지를 처음 배울 때, 그리고 자신의 행동이 적절한지를 성인이 주는 단서를 통해 알려고 할 때 긍정적인 메시지는 매우 유용하다(Miller 2013). 따라서 아동이 스스로 규칙을 따르게 되면, 긍정적인 개인적 메시지보다 효과적인 칭찬을 사용해야 한다. 이를 통해 아동이 자신의 외현화된 행동과 이제 막 발달하기 시작한 내면화된 행동 양식이 서로 부합되는 정도를 스스로 판단할 수 있다. 하지만 아동의 행동이 교사에게 개인적이고 긍정적으로 영향을 줄 경우, 그때마다 아동에게 이를 알려 주는 것이 필요하다. "이 많은 책을 책장에 정리하는 것을 도와줬구나. 고마워. 선생님이 다른 일 할 시간이 생겼어" 또는 "내 목이 쉰 것을 기억하고 이야기를 읽어 주는 동안 조용히 들어주었구나. 선생님은 이야기하기가 훨씬 쉬워서 정말 좋았어"라고 말할 수 있다. 아동은 이런 말을 듣는 것을 좋아한다.

긍정적인 개인적 메시지 실행하기

긍정적인 개인적 메시지는 반영에서 시작한다. 이 단계는 아동의 관점에서 상황을 분명하게 해주고, 교사로 하여금 아동이 무엇을 하고 있는지 보고 있음을 알게 해준다. 다음 2단계에서 교사는 아동의 행동에 대한 개인적인 감정을 밝히고, 그런 감정을 갖게 된 이유를 제시해준다. 또한 그런 정서적인 반응을 불러일으킨 특정한 행동을 알려준다.

이러한 긍정적인 개인적 메시지는 단순히 "고마워" 또는 "잘했어"라는 상호작용보다 더 많은 말을 하는 것처럼 보인다. 그러나 긍정적인 개인적 메시지의 목적은 아동에게 어떤 행동이 나중에 계속해도 되는 행동인지를 가르치는 것이다. 즉, 아동이 보인 행동들 중 건설적인 행동을 내면화하도록 돕는 것으로 앞서, 설명된 자기 조절의 따르기 단계보다 더 상위 단계에 해당하는 사회적 행동을 할 수 있도록 돕는 데 중점을 두는 것이다.

아동은 특정한 행동을 하지 말아야 하는 이유를 알아야 하는 것처럼 왜 그런 방식으로 행동해야 하는지에 대한 이유 또한 알아야 한다. 또한 교사가 적절하지 않은 행동을 수정해주기도 하지만, 잘한 행동에 대해서 인정하기도 해주는 사람이라는 것을 알아야 한다.

아동에게 기대와 규칙을 표현하는 기술

문제 상황에서 반영하기

1. 반영하기 전에 아동을 주의 깊게 관찰한다

아동이 무엇을 하려고 했는지 그리고 왜 그렇게 했을 지를 먼저 생각하고 문제 상황에 개입한다.

2. 아동의 관점을 정확하게 묘사하기 위해 반영을 한다

아동의 관점을 이해하고자 한다면 무비판적이어야 한다. 즉, 반영은 "야구 시합할 때 다른 타순을 원했었구나" 또는 "시합 때 네 순서가 공정하지 않았다고 생각하는구나"와 같이 말하는 것으로, "오늘은 협동하고 싶지 않구나" 또는 "네 생각에는 네가 빠른 공도 잡을 수 있었을 것 같구나"와 같이 비난을 살짝 포장하여 말하지 않는다.

3. 교사 자신이 아닌 아동의 관점을 반영해야 함을 계속 상기한다

문제 상황이 발생할 때, 교사가 즉각적으로 반응하는 것은 당연하다. 그러나 이는 앞서 논의한 것처럼 효과적이지 못하다. 자동적으로 아동에게 말을 시작하기에 앞서, 심호흡을 한번 하는 것이 도움이 된다. 이런 습관은 아동과 하는 상호작용의 시작을 반영하기로 해야 한다는 점을 떠올리게 할 것이다. 아동과 이야기를 나누다가 반영하기로 시작하지 않은 것을 알게 되었다면, 중단하고 처음부터 다시 시작해야 한다. 반영하지 않은 상태에서 상황이 종료되었다면, 그 상황이 다시 벌어질 때 자신이 할 수 있는 대안적인 반영에 대해서 생각해보도록 한다. 실제 상황이 아니더라도 머릿속으로 이러한 연습을 하는 것은 향후 발생 가능한 상황에 잘 대응할 수 있도록 해준다.

4. 아동의 연령을 고려해서 어떤 형태의 반영하기를 사용할지 결정한다

정서 반영은 일반적으로 8세 이하의 아동에게 가장 효과적이다. 예를 들어, 1학년 아동 두 명이 야구방망이를 먼저 가지고 놀고자 서로 때리며 싸우고 있을 때, "너희들이 서로 때리고 있구나"라고 반영한 후 개인적 메시지의 2단계와 3단계를 실행하는 것은 정확한 방법이다. 그러나 "너희들이 정말 화가 났구나. 두 명 모두 다음이 자기 순서라고 생각했구나"라고 정서반영을 해주는 것이 사실상 더 정확한 것으로, 서로 때리는 것이 아닌 순서에 대한 분쟁이 진정한 문제임을 인정해주는 것이다. 이에 정서반영은 그 다음 이어지는 개인적 메시지를 이끄는 데 더 유용하다. 반면에, 8세가 넘어선 아동을 대상으로 교사가 또래 앞에서 자신의 감정 상태를 해석해주는 것을 너무 사적인 접근으로 느껴 싫어할 수 있다. 이러한 경우에는 더 중립적인 행동 반영 혹은 부연 설명을 해주는 반영이 더 적절할 수도 있다.

5. 개인적 메시지 실행 시 1단계 반영을 한 다음 2단계로 넘어갈 때 "하지만" 또는 "그런데"를 사용해서 문장을 연결하지 않도록 한다

"하지만"이나 "그런데"라는 단어는 '앞서 말한 것과는 반대로'를 의미한다. 두 문장을 연결하기 위한 접속사로 이 단어가 사용되었을 때, 두 번째 문장은 첫 번째 문장과 반대가 된다. 예를 들어, 만약 한 친구가 거리에서 친구를 만나서 "너 오늘 멋져 보인다. 하지만…"라고 말한다면, 첫 번째 문장은 그 사람이 진짜 중요하다고 생각하는 것을 말하기 위한 형식적인 도입부가 된다. 개인적 메시지도 마찬가지이다. "너는 이 동화를 끝까지 듣고 싶구나. 그런데 선생님은 이제 그만 읽었으면 좋겠어"라고 1단계 반영하기와 2단계 반응하기 사이에 전환을 의미하는 접속어를 넣으면, 결국 동화를 끝까지 듣고 싶어 하는 아동의 감정이 중요하지 않음을 말하고 있는 것이다. 이것은 진정한 반영하기가 아니다.

교사의 정서를 아동에게 표현하기

1. 교사는 자신이 경험한 정서를 정확하게 표현해야 한다

교사는 자기의 감정을 아동에게 비언어적 단서만으로 표현하지 말고, 분명하게 말로 이야기해주어야 한다. 교사는 때때로 짜증이 난다는 것을 전달하기 위해 손가락을 톡톡 두드리거나, 싫은 것을 나타내기 위해 코를 찡그리거나, 화났다는 것을 보이기 위해 한숨을 쉬기도 한다. 아동은 이러한 신호를 잘못 해석하거나 전혀 알아채지 못할 수 있다. 아동은 교사가 어떻게 느끼는지를 알지 못하며, 실제로는 교사의 정서가 자신과 다르다는 것을 알고 놀라기도 한다. 미묘한 힌트로는 메시지가 분명하게 전달되지 못하며, 언어로 제시되는 분명한 의사소통 방법이 아동에게 유익한 방법이 된다. 말은 구체적이며 핵심이 있다. "선생님은 너무 기분이 좋거든", "좀 걱정이 되네", "그건 좀 기분이 안 좋아", "선생님한테 정말 중요한 거야"와 같은 말을 통해 아동은 교사가 어떻게 느끼는지 그리고 왜 그렇게 느끼는지를 알게 된다.

2. 특정한 정서를 알려주는 자신의 내적 단서에 민감해져야 한다

흔히 화가 나면 뺨이 빨개지고, 불안해지면 배가 아프고, 중압감이 밀려올 때 머리가 무거워진다. 처음에는 분노, 두려움, 흥분과 같이 극단적인 정서의 경우를 인식하고 표현하기가 쉽지만, 연습을 하면 만족감, 짜증스러움, 불편함, 혼란스러움과 같은 일상적인 정서도 인식하고 이야기할 수 있게 된다.

3. 다양한 수준의 정서를 나타내는 어휘를 폭넓게 사용한다

정서를 나타내는 다양한 단어를 의도적으로 선택한다. 여러 어휘를 사용할수록 자신이 경험하는 다양한 정서를 더 잘 표현할 수 있게 된다. 몇 개의 단어만 반복해서 사용하고 있다면, 다음에는 다양한 단어를 사용하기 위해서 노력해야 한다.

아동의 행동을 정확하게 표현하기

1. 교사에게 영향을 미치는 행동을 구체적으로 명명한다

구체적으로 진술하라. 보고 들은 행동만을 기술해야 한다. 이때 몇 개의 행동을 함께 묶어 버리거나 오해의 소지가 있는 일반적 진술은 피해야 한다. "네가 나쁘게 행동하면 화가 나"라고 말하는 것보다 "나는 네가 나를 때릴 때(물건을 던질 때, 미영이를 괴롭힐 때, 준혁이를 때릴 때 등) 화가 나"라고 말하도록 한다. 교사와 아동 모두 정확히 받아들일 수 있거나 받아들일 수 없는 행동이 무엇인지를 알아야 한다.

2. 아동 자체가 아니라 아동의 행동에 대해서 말한다

아동에게 "너는 착하지 않다", "나쁘다", "지저분하다", "구제불능이구나", "창피한 줄 알아야 한다"와 같이 말하는 것은 적절하지 않다. 아동을 인신공격하는 이런 말들을 사용해서는 안 된다.

이유 제시하기

1. 아동에게 어떤 행동이 왜 수용되는지 또는 수용되지 않는지에 대한 구체적인 이유를 제시하도록 한다

아동 행동의 수용 여부는 아동의 안전, 재산 보호, 타인의 권리와 연계되기 때문이다. "엄마가 그렇게 하라고 했으니까", "내가 그렇게 하기를 바라니까", "중요하니까", "착한 행동이 아니니까", "그게 우리 반 규칙이니까", 또는 "우리가 늘 하던 방법이니까"와 같은 이유는 효과적이지 않다. 이렇게 말하는 것은 행동의 변화가 필요한 시점을 결정하는 데 큰 도움을 주지 못한다.

그러나 교사가 이유를 딱히 생각해내지 못할 때 있다. 만약 자신의 행동에 대한 정당한 이유를 생각해낼 수 없다면, 아동에 대한 기대가 정말로 적절한지 현 상황을 다시 한 번 생각해보아야 한다.

2. 아동이 이해할 수 있는 용어로 이유를 설명해준다

친숙한 말과 짧고 단순한 문장을 사용한다. 여러 개의 생각을 한꺼번에 설명하기보다 중요한 한 가지 요점에 초점을 둔다.

3. 아동의 행동을 변화시키고자 할 때마다 이유를 제시해준다

뛰면 안 되는 이유를 어제 설명했기 때문에 아동이 그것을 기억할 것이라고 여겨서는 안 된다. 아동은 종종 이유를 잊어버리거나, 기억하더라도 어느 정도 시간이 흐른 뒤에는 그 이유가 여전히 유효하다고 생각하지 못한다. 여러 상황에서 그 규칙을 일반화할 수 있기까지 아동은 같은 설명을 반복해서 들어야 한다.

규칙 실행하기

1. 규칙을 정할 때에는 아동의 안전, 재산 보호, 타인의 권리 기준을 이용하며, 중요성의 원리에 입각해야 한다

만약 아동의 행동이 이 세 가지 기준에 맞지 않는다면, 규칙 제시를 재고해야 한다.

2. 아동에게 규칙이 무엇인지를 말해준다

규칙은 암묵적이지 않고 명시적이어야 한다. 교사가 규칙을 알고 있기 때문에 아동도 알 것이라고 생각하거나 아동이 과거의 경험으로 규칙을 기억하게 되었을 것으로 여기면 안 된다. 어떤 규칙들이 있는지에 대해 꼭 그 규칙을 따라야 하는 상황이 아니더라도 상시 아동에게 알려주어야 한다. 특정 규칙을 왜 지켜야 하는지에 대해 조용하고 이성적으로 이야기하면, 아동은 성인이 왜 그런 기대를 하고 있는지에 대한 이유를 보다 쉽게 이해한다. 또한 규칙이 적용되는 상황에서는 아동에게 규칙을 상기시켜준다. 예를 들어, 아동이 뛰어다니는 것을 발견했을 때, "내가 실내에서 뛰지 말라고 몇 번을 말했니?"라고 말하는 것은 아동이 '걷는 것'이 규칙이라는 것을 안다고 간주하는 것이다. 대신 "교실에서는 걸어 다녀야 해"라고 말하는 것이 효과적이다. 아동이 뛰기는 수용되지 않는다는 것을 아는 것이, 뛰는 것 대신 어떻게 해야 하는지에 대한 규칙을 알고 있다고는 할 수 없기 때문이다.

3. 규칙은 구체적이어야 한다

걷기, 공을 바닥에 내려놓기, 교실에 오자마자 과제물을 선생님에게 제출하기, 발표하는 친구가 이야기를 다 마칠 때까지 기다리기 등 정확하게 아동에게 기대하는 관찰 가능한 행동을 명명해야 한다. 착하게 행동하기, 못되게 굴지 말기, 엄마가 기분 좋게 행동하기, 형님처럼 굴기, 애기처럼 굴지 않기, 그런 창피한 짓은 하지 말기 등과 같은 보편적 특성에 대한 말은 사용을 금해야 한다. 이러한 표현은 모호할 뿐만 아니라, 아동이 이해하는 바가 성인이 의도한 바와 달라 그 의도를 잘못 이해하거나 잘못된 행동을 할 수 있다.

4. 합리적이지 못한 규칙은 수정한다

아동이 교사가 말한 규칙을 따를 수 없다는 것을 알고 있음에도, 규칙은 절대적이라는 개념으로 밀어붙이지 않아야 한다. 아동이 따를 수 있는 수준에서 규칙을 수정한다. 예를 들어, "이야기하려면 손을 들고 자신의 이름을 부를 때까지 조용히 기다려"와 같은 규칙은 "이야기하려면 손을 들고 기다려"로 수정하여 실행해야 한다. 조용히 기다리는 규칙은 대부분의 아동이 손을 들고 기다릴 수 있을 때 추가해야 한다.

5. 아동이 규칙을 어느 정도 지켰을 때에도 이를 인정해준다

아동이 매번 모든 규칙을 완벽하게 따를 것이라고 기대해서는 안 된다. 완벽히 성공하지는 못하더라도, 아동이 규칙을 따르려고 시도할 때 그것을 인정해주어야 한다. 예를 들어, 대집단 시간 이야기를 하기 위해서 손을 들고 이름을 부를 때까지 기다려야 하는 것이 규칙일 경우, 아동이 손을 들고 완벽하게 조용히 있을 것이라고 기대하지는 말아야 한다. 아동이 이 모든 것을 한 번에 아동이 할 수 있을 것으로 기대하는 것은 지나치다. 처음에는 손을 들지만 교사의 주의를 끌기 위해서 소리를 지를 것이다. 소리를 시끄럽게 냈다는 위반사항보다는 손을 들어야 하는 것을 기억한 것에 대해 칭찬하는 편이 더 낫다. 점차적으로 여러 번 상기시켜주면, 손을 들면서 소리를 지르는 아동은 거의 없어질 것이다.

6. 긍정적인 개인적 메시지를 자주 사용한다

아동이 적절한 대안 행동을 하였거나 규칙을 따랐을 때, 긍정적인 개인적 메시지를 사용하여 바람직한 행동에 주의를 기울인다. 아동이 안전을 유지하고 재산과 타인의 권리를 보호한다면, 아동이 한 바람직한 행동을 지적해 준다. 이를 통해 아동은 앞으로도 규칙을 더 잘 기억하게 된다. 아동이 스스로 규칙을 더 잘 따르게 되면, 효과적인 칭찬을 더 자주 사용한다.

7. 아동이 만족 지연, 충동 통제, 유혹에 대한 저항 또는 친사회적인 행동을 수행하는 상황에 주목한다. 아동에게 이러한 상황을 명확히 제시하고, 아동이 아니라 행동을 명시해준다

- "참을성 있게 기다리고 있구나."
- "케이크를 더 먹고 싶지만 지연이에게 양보했구나. 참 어려운 일인데 네가 했구나."
- "철수를 때리려다가 스스로 잘 참았구나."
- "기니피그에게 물이 없다는 것을 기억하고 있었네. 점심식사를 마치고 물통에 물을 담아준 것은 기니피그에게 도움이 되는 행동이었어."

8. 아동이 교사와 같은 의미로 규칙을 이해하고 있는지 확인해본다

아동에게 자신의 말로 규칙을 말해 보도록 하거나 어떤 식으로든 규칙을 어떻게 이해하고 있는지 표현해보게 한다. 이는 때로 얼마나 잘 수행하는지를 지켜봄으로써 알아차릴 수도 있다. 아동이 규칙을 이해하지 못했다면 규칙을 좀 더 명확히 설명한다. 다음의 방법을 사용할 수 있다.

- 말은 좀 더 천천히, 발음을 분명하게 하여 규칙을 반복해준다.
- 규칙을 단순화하고, 좀 더 친숙한 언어로 말하며, 핵심 단어를 강조한다.
- 말할 때 제스처를 함께 사용하며 규칙을 진술한다.
- 방해를 덜 받는 장소로 아동을 데리고 가서 이야기한다.
- 제스처와 함께 그림이나 사물과 같은 물리적인 도구를 사용하여 메시지를 강조한다.
- 교사가 스스로 그렇게 행동함으로써 아동에게 기대하는 것이 무엇인지 보여준다.

9. 아동에게 "안 돼" 또는 "하지 마"라고 말하는 자기 자신을 발견하도록 한다

부정적인 표현을 긍정적인 문장으로 바꾸어 말해야 한다. 이는 말하는 도중 스스로 멈출 수 있음을 의미한다. 또 다른 변형은 "뛰지 말고 걷자"와 같이 긍정적인 행동 규칙을 부정적인 지도와 함께 말해주는 것이다. 주변 동료에게 자신이 "안 돼" 또는 "하지 마"라고 말하는지를 모니터링해달라고 요청해 보거나 수업을 녹화해서 부정적인 진술과 긍정정인 진술을 얼마나 사용하는지 분석해볼 수 있다.

10. 어리고 경험이 없는 아동에게는 규칙에 해당하는 대안 행동을 직접 말해준다. 반면 좀 더 크고 경험이 있는 아동에게는 스스로 대안적인 행동을 생각해보도록 한다

어린 아동이 빨리 나가려고 문을 세게 밀고 있다면, 다음과 같이 말할 수 있다. "시완이가 밖에 나가 고 싶구나. 선생님은 문이 갑자기 열려서 다른 사람이 다칠까 봐 걱정이 돼. 문에서 크게 한 발짝 떨 어져서 천천히 밀어봐" 좀 더 큰 아동에게는 다음과 같이 말할 수 있다. "지훈이가 밖에 나가고 싶구 나. 선생님은 문이 갑자기 열려서 다른 사람이 다칠까 봐 걱정이 돼. 모든 사람이 안전하게 밖으로 나 갈 수 있는 방법에 대해서 같이 한번 생각해볼까?" 교사가 아동에게 어떤 반응을 할지는 아동의 사 전 경험과 협상할 준비가 얼마나 되었는지를 고려하여 선택하도록 한다.

11. 말과 행동을 동시에 한다

아동 자신이나 다른 사람에게 해가 될 수도 있는 행동은 즉시 중지시킨다. 필요할 경우 신체적인 제 재를 할 수도 있다. 두 아동이 싸우고 있다면 손을 잡거나 떼어 놓아서 때리지 못하게 막는다. 아동 이 높은 계단에서 뛰어내리려고 한다면, 못하게 막기 위해서 빨리 움직여야 한다. 일단 위험한 상황이 없어져야 교사가 말하는 것을 아동이 더 잘 들을 수 있다. 개인적 메시지가 가장 효과를 볼 수 있을 때는 바로 이때이다.

12. 규칙을 만들 때 아동의 도움을 받는다

아동은 대집단 활동을 통해 학급이나 특정한 활동을 위한 규칙을 만들 수 있다. 아이들의 아이디어 를 종이에 기록하고 모든 사람이 볼 수 있게 붙여 놓는다. 학기가 끝날 때 아동이 만든 규칙을 다시 생각해보고 수정이 필요한지 수시로 논의한다. 집단의 규칙을 정하는 데 스스로 참여하는 것은 아동 이 규칙을 이해하는 것을 돕고 내적 통제를 증진시킨다. 이를 통해 아동은 자신의 생각이 가치 있고 학급에서 일어나는 사건에 영향을 줄 수 있다는 것을 경험하게 된다.

가족과 의사소통하기

1. 아동 행동에 대해 가족이 어떤 기대를 갖고 있는지를 알아본다

모든 가족은 집안이나 밖에서 아동이 어떻게 행동하도록 기대하는 방식이 있다. 이러한 기대를 아는 것은 교사가 개별 가족을 더 잘 이해하고, 가족을 지원하도록 도와준다. 집단 및 개인 면담을 통해서 이러한 정보를 얻고, 각 가족이 가지고 있는 '우리 집의 규칙'을 간단하게 기록해 두어, 관련된 상황이 발생했을 때 가족과 비형식적으로 이야기를 나눈다. 개방적이고 수용하는 자세를 취하도록 하며, 특 정한 가족 규칙의 장·단점에 대해 판단하지 않도록 한다.

2. 교사의 훈육 방식에 대하여 가정과 의사소통한다

아동의 부모나 가족은 기관에서 교사가 어떤 훈육 방식을 취하는지 알 권리가 있다. 이는 아동에게 어떤 규칙이 주어지는지와 이러한 규칙을 따르게 하기 위해 어떤 방식을 취하는지를 포함한다. 이러한 정보는 학부모 안내책자, 가정통신문, 학부모 간담회 및 여타 가족과의 비형식적 대화를 통해서 학기 초 오리엔테이션 기간에 공유될 수 있다.

3. 가족의 양육 방식이 민주적인 양육 방식과 다를 때, 양육 철학에 대한 차이점보다는 유사점을 강조한다

어떤 교사는 자신과 비민주적인 태도를 가진 가족 간에는 공통점이 별로 없다고 생각한다. 마찬가지로 권위주의적 또는 허용적인 철학을 가진 가족은 교사의 민주적인 훈육에 대해서 의문을 가질 수 있다. 이러한 상황에서 가장 효과적인 방법은 각 훈육 방식 간의 차이점보다는 공통점을 강조하는 것이다(Derman-Sparks & Edwards, 2010). 사실 권위주의적인 방식과 민주적인 방식 모두 단호한 통제와 높은 기준을 강조하며, 허용적인 방식과 민주적인 방식은 애정적이고 수용적인 관계를 증진해준다. 서로 다른 방식들 간에 공통이 되는 원칙들을 지지해 주면서 민주적인 훈육에 대해 언급해준다. 예를 들어, 권위주의적인 태도를 가진 가족의 경우 어린 아동은 하라는 대로 해야 하기 때문에 이유를 설명해주는 것이 바람직하지 않다고 생각할 수도 있다. 이들 부모가 쉽게 아동에게 이유를 설명하도록 돕기 위해 교사는 규칙을 통해 아동에게 행동의 범위를 정해줌으로써, 아동이 필요한 규칙을 따를 준비를 시킬 수 있음을 설명해줄 수 있다. 특히 아동에게 이유를 설명해주는 것은 아동이 규칙을 이해할 수 있도록 하여, 추후 규칙을 더 잘 따르게 할 수 있다는 것을 설명해준다. 이러한 설명은 민주적인 가치(아동이 문제를 통해서 생각하도록 돕는다)와 권위주의적인 가치(따르게 한다)를 연계하여 둘 사이에 연관성을 갖게 해준다.

◆ 길게 이야기하는 것

효과적인 개인적 메시지는 간단하고 핵심이 있다. 그러나 모든 네 가지 R을 포함시키려고 하는 초보자는 흔히 여기에 부가적인 말과 문장을 덧붙이게 된다. 다음의 예를 보자. "네 순서가 돌아오지 않아서 정말 속상해 보이는구나. 네 차례가 오지 않은 것이 속상한 일이기는 하지. 그런데 네가 지금 막대기로 민수를 때리고 있잖아. 선생님은 민수가 다칠까 봐 걱정이 돼. 막대기를 나한테 주었으면 좋겠어" 아동은 이렇게 긴 이야기에 주의를 기울이지 않는다. 이들은 주요 요점을 구별할 수 없고, 교사가 처음에 말한 것은 잊어버리게 된다. 길고 어려운 개인적 메시지를 듣는 것은 지루한 일이므로, 아동은 이를 무시하게 된다.

물론 개인적 메시지를 처음 배워서 연습할 때에는 길게 이야기하는 것이 중요한 요소를 빠뜨리는 것보다는 낫다. 어느 순간 긴 개인적 메시지를 전달하고 있는 자신을 발견한다면, 그 문장을 좀 더 간결하게 표현하는 방법을 생각해야 한다. 앞의 예는 "화가 났구나. 네가 민수를 막대기로 때리면 민수가 다칠까봐 걱정이 돼. 그 막대기는 선생님에게 주세요"와 같이 간결하게 될 수 있다.

◆ 실수를 할까 두려워 개인적 메시지를 사용하지 않는 것

개인적 메시지를 실행해야 하는 순간에 말문이 막힐 수도 있다. 교사는 말을 더듬을까봐, 순서가 잘못될까봐, 혹은 일부분을 빠뜨릴까봐 걱정을 한다. 그러나 조용히 그냥 있으면 연습할 기회가 줄어들어서 더 발전할 수 없게 된다. 유일한 방법은 기회가 있을 때마다 시도해보는 것이다. 긍정적인 개인적 메시지는 위험이 적으므로, 이것부터 시작하는 것이 쉽다. 일단 긍정적 개인적 메시지를 쉽게 실행하게 되면, 문제행동을 수정하기 위한 일반적인 개인적 메시지도 쉬워질 것이다.

◆ 문제 상황에서만 개인적인 감정을 이야기하는 것

어떤 교사는 아동의 실수에만 초점을 두는 경향이 있다. 이들은 만족스럽지 않은 것에 대해서는 재빨리 표현을 하고, 기대에 못 미치는 아동을 훈계하는 데 초점을 둔다. 이는 아동의 행동 변화가 잘못한 점을 이야기해주는 것뿐 아니라 기존의 긍정적인 행동을 강화해 주는 것에 의해서도 가능하다는 것을 간과하기 때문이다. 아동이 그간 하고 있던 긍정적 행동을 더 많이, 자주 하기 위해서는 그 행동이 교사를 기쁘게 하고, 신나게 하고, 즐겁게 하며, 교사가 그 행동에 대해 고마워하고, 지지하고 있다는 것을 알아야 한다.

◆ 중도에 포기하는 것

아동이 참을성 있게 개인적 메시지의 전 단계를 항상 듣는 것은 아니며, 고개를 돌리며 딴청을 하거나 교사가 얘기하는 도중 가버리기도 한다. 이 경우 교사는 당황해서 개인적 메시지를 포기하기도 한다. 일단 이 경우에는 3장에서 소개된 비언어적인 방법을 사용하는 것이 더 좋다. 관심 없어 하는 아동은 가볍게 붙잡거나 도망가려 할 때 따라가야 한다. 이는 아동을 계속 쫓아다니거나 눈을 쳐다보도록 하라는 것이 아니라, 개인적 메시지 전 단계를 전달하는 동안 아동이 계속 주의를 끌도록 노력하라는 것을 의미한다. 교사가 하는 말을 듣지 않으면, 교사 또한 기분이 나쁘다는 것을 아동이 아는 것도 중요하다. "내가 하는 말을 듣기 싫구나. 말하는 도중에 네가 가버리면 선생님은 기분이 나빠. 여기에 서서 내가 하는 말을 들어봐."

◆ 장기적인 목표보다는 단기적인 목표에 초점을 두는 것

문제 상황에서 "안 돼" 혹은 "우리 반에서는 그렇게 행동하지 않아요"라고 말하는 것이 종종 더 손쉬운 지도방법이다. 더욱이 이 같은 직접적인 지도를 통해 아동이 하던 행동을 멈춰, 교사가 의도하였던 적절한 행동으로 이어지기도 한다. 그러나 이것은 아동이 규칙을 내면화할 수 있도록 해주지 못한다. 이 때문에 이런 지도는 보통 일시적인 성공에 그쳐, 교사는 똑같은 지도를 반복해서 말해주게 된다. 더욱이 교사가 아동의 행동을 직접 감독을 하지 않으면 아동은 교사의 지도를 따르지 않을 수도 있다. 따라서 자기 통제를 증진시키는 개인적 메시지가 장기적으로 볼 때 공들인 시간만큼 가치가 있는 것이다.

◆ 멀리서 이야기하는 것

아동이 위험한 상황에 처한 것을 볼 때, 교사는 "조심해. 어항 떨어지겠다" 또는 "뛰지 마. 바닥 미끄러워"와 같이 경고의 소리를 지르고 싶은 충동을 느낀다. 이러한 경우에 아동은 그 말이 자신에게 향한 것임을 깨닫지 못하기 때문에 종종 이런 말을 무시한다. 오히려 교사가 크게 소리를 지르면 아동을 놀라게 하거나 자극시켜서, 더 시끄러워지거나 돌아다닐 수 있다. 이 두 경우 모두 교사의 메시지는 적절하게 받아들여지지 않는다. 이보다는 아동에게 빨리 가서 얼굴을 마주보고 어떻게 할지를 말해 주는 것이 좋다.

◆ 감정을 표현하기 위해 너무 오래 기다리는 것

격하지 않은 감정에 대해서는 대체로 표현하지 않고, 도저히 참을 수 없을 때에만 표현하는 사람들이 있다. 그러면 짜증은 분노로 폭발하고, 걱정은 근심으로, 혼란은 불안으로 변한다. 그러나 이런 반응은 너무 강해서, 이성적인 행동을 하기 어렵게 되기 때문에 긍정적이지 못하다. 아동은 보통 성인이 왜 이런 폭발적인 감정을 보이는지 알지 못하며, 극단적인 반응에 충격을 받는다. 또한 극단적인 감정만이 표현할 가치가 있다는 모델이 된다. 교사는 처음 감정을 느꼈을 때 그에 대해 말함으로써, 이런 상황을 예방할 수 있다.

◆ 성인의 기대를 위장하는 것

아동에게 어떻게 하라고 지시하는 것이 불편한 교사는 종종 이를 위장하기도 한다. 가장 일반적인 방법은 규칙을 질문으로 말하는 것이다. "치우는 시간이야"라고 말하는 대신에 다음과 같이 말한다. "너희들도 지금 치우고 싶지?", "같이 치우자. 좋지?", "우리 교실이 지저분해지는 건 싫지?", "교실이 깨끗했으면 좋겠지?"

이 경우에 교사는 아동이 사물을 자신과 같은 관점으로 보기를 희망한다. 그러나 아동은 보통 이러한 메시지를 따라야 하는 규칙으로 해석하지 않고, '예'나 '아니요'로 대답할 수 있는 선택 가능한 질문으로 해석한다. "싫어요"라는 대답을 듣고 싶지 않으면 규칙을 모호하게 말하지 말아야 한다. "자, 이제 치우세요", "치우는 시간이야."

마지막으로 들 수 있는 실수는 교사 자신은 그 규칙을 따를 의도가 없음에도 불구하고 규칙에 자신을 포함시키는 것이다. 예를 들어, "바닥을 닦아라"를 의미하면서 "우리 바닥을 닦자"라고 하고, "이를 닦아"라고 하지 않고 "이를 닦자"라고 하는 것이다. 이렇게 말하는 교사는 아동이 어떻게 행동하지 잘 모르는 경우 교사를 모델로 삼아야 함을 암시하는 것이다. 때문에 말한 바와 같이 교사의 실행이 이루어지지 않으면 아동은 혼란스러움을 느끼게 된다.

이상과 같이 위장하는 책략을 사용하는 교사는 아동이 성공할 수 있는 기회를 줄인다. 규칙은 질문보다는 문장으로 말하고, 정확한 단어를 사용하여, 아동으로 하여금 어떻게 해야 하는지에 대해 의심의 여지가 없도록 해야 한다.

SUMMARY

모든 아동은 사회에서 수용되려면 자신이 속해 있는 문화에서 기대하는 바에 따라서 행동하는 것을 배워야 한다. 교사는 아동이 어떻게 행동하기를 기대하는지 가르쳐 줄 책임이 있고, 이러한 역할을 수행하도록 많은 노력을 기울여야 한다. 이런 행동의 궁극적인 목적은 아동이 자신의 행동을 조절하는 능력을 발달시키도록 돕는 것이다. 자기 조절은 다양한 능력으로 구성이 된다. 자신이나 타인에게 상처를 입힐 수 있는 본능적인 욕구를 제한하는 것, 유혹에 저항하는 것, 만족을 지연하는 것, 계획한 것을 이행하는 것, 적절한 사회적인 행동을 하는 것 등이 포함된다. 아동은 성장하면서 자기 조절을 더 잘하게 된다. 그러나 성인도 전혀 자기 조절이 되지 않는 사람부터 잘하는 사람까지 개인차가 크다. 무도덕, 따르기, 동일시, 내면화 등의 용어는 이러한 개인차 정도를 나타내준다. 때와 상황에 따라 다르기는 하지만, 개인의 행동은 일반적으로 이중 하나에 속한다.

죄책감과 공감은 자기 조절에 영향을 미치는 정서 관련 요인이다. 인지적으로는 아동의 옳고 그름에 대한 개념, 사회적인 조망수용 능력, 중심화 및 불가역성의 발달은 이 과정에 동화된다. 언어와 기억 발달도 큰 역할을 한다.

아동은 직접적인 지도, 관찰, 보상, 부적 결과를 통해 사회의 가치와 기대를 배운다. 교사는 직접 말로 이야기를 하고 행동으로 간접적으로 보여주기도 하면서 아동에게 자신이 기대하고 있는 것을 전달한다.

성인의 서로 다른 훈육의 유형, 즉 민주적, 권위주의적, 무관심 및 허용적인 훈육 방식은 아동의 정서 및 행동으로 이어진다. 민주적인 훈육 방식은 아동이 자신에 대해서 유능하게 느끼고 행동의 규준을 내면화하게 해주는 가장 바람직한 상호작용의 형태이다.

민주적인 교사는 개인적 메시지를 통해서 기대를 표현한다. 이것은 아동의 관점을 인정하는 반영과 아동의 행동에 대한 교사의 반응, 그러한 반응의 이유, 그리고 아동이 했으면 하는 바람직한 행동을 포함한다. 마지막 부분은 행동 변화에 초점을 둔 상황에만 사용되는 것이고, 그 상황에서 아동의 행동을 지도하는 규칙이 된다. 규칙은 안전, 재산 보호, 다른 사람의 권리에 관한 상황에서 다루어져야 한다. 개인적 메시지 중 규칙 부분은 합리적이고, 분명하고, 긍정적이어야 한다.

개인적 메시지는 앞서 아동과의 긍정적인 관계를 만들고, 지지적인 환경을 조성하며, 교수와 지도 방법으로 배운 여러 기술과 조합될 때 가장 효과적이다. 이를 통해 개인적 메시지는 아동의 자기 조절을 증진시킬 수 있는 가장 핵심적인 기술로 역할을 할 수 있다. 또한 아동을 지도하기 위한 교사의 관점을 가족과 공유하며, 가족으로부터 그들의 훈육 철학과 전략을 듣는 것이 중요하다.

　개인적 메시지를 처음 실행하는 교사들은 아동에게 자신의 기대를 제시하는 방법에서 어려움을 겪는다. 이는 주로 너무 말을 많이 하거나, 개인적 메시지의 일부 단계를 빠뜨리거나, 모호한 말을 하는 것 등인데, 지속적인 연습과 자신의 상호작용에 대한 검토를 통해 개선될 수 있다.

CHAPTER 10

결과 시행하기를 통한
자기 조절 증진

결과 시행하기를 통한 자기 조절 증진

- 아동이 부적절하게 행동하는 이유와, 이럴때 성인이 어떻게 도와주어야 아동이 좀 더 성공적으로 행동할 수 있는지를 알아본다.
- 네 가지 유형의 결과(정적 결과, 자연적 결과, 논리적 결과 및 관계없는 결과)를 구분하고, 결과와 처벌 간의 차이를 안다.
- 개인적 메시지와 결과 시행하기 기술을 연결하여 효과적으로 사용하는 방법을 안다.
- 사회적 유능감 증진을 위해 개별 중재가 필요한 경우를 알고, 이 같은 중재의 계획 및 활용 방법을 안다.
- 장애아동을 대상으로 규칙을 제시하고 결과를 시행하는 기술을 적용하는 방법을 안다.
- 결과 시행을 위한 기술을 실습해본다.
- 결과 시행을 위한 기술을 적용할 때 빠지기 쉬운 함정을 안다.

규칙과 요구에 자발적으로 순응하는 것은 유능성의 주요한 측면이다. 그러나 아동은 종종 해야 할 것을 하지 않거나, 부적절하게 행동하거나, 규칙을 따르지 않는다. 이런 상황에서 어떻게 해야 하는지는 교사와 부모의 주된 관심사이다(Charles, Seuter, & Barr, 2014). 성인은 아동이 말을 듣기를 바라지만, 말을 잘 듣게 하기 위해 발달적으로 적합하게 지도하는 방법은 잘 알지 못한다. 이 문제를 이 장에서 다루기에 앞서 기초로 하는 세 가지 가정은 다음과 같다. 첫째, 아동은 사회적인 행동에 관해서는 초보자라는 것이다. 보통 아동은 성인과 또래에게 수용되는 방법으로 행동하고자 한다. 다만 이것이 항상 성공하지는 않는다. 둘째, 사회의 규칙을 배우고 습득하는 것은 시간이 걸리고 연습이 필요한 복잡한 과정으로, 자연스럽게 되는 것도 아니며, 쉬운 것도 아니다. 셋째, 아동은 실수를 한다.

아동이 잘못된 행동을 하는 것은 다음과 같은 이유에서이다.

- 주어진 규칙이 정확히 무엇인지 잘 모른다.
- 주어진 규칙을 어떻게 따라야 하는지 잘 모른다.
- 어떤 행동이 부적절하다는 것을 알고 있지만, 그 행동 대신 해야 하는 행동이 어떤 것인지 잘 모른다.
- 특정 규칙을 따르기 위한 능력이 없거나 규칙에 맞는 행동에 대한 적절한 노하우가 없다.
- 주어진 규칙이 의미가 없는 것이라고 생각한다.

- 주어진 규칙이 자기 것이 아니라고 생각한다.
- 규칙에 반하는 부정적인 행동으로부터 얻는 이득이 있다.
- 특정 규칙의 중요성에 대해 혼합된 메시지를 받는다.
- 규칙을 어느 정도까지 지키지 않아도 되는지 그리고 이 규칙들을 얼마나 일관성 있게 유지하는지 부모나 교사를 시험해보고자 한다.

아동이 부적절하게 행동하는 이유는 위의 이유들 중 하나에 해당할 수도, 여러 개에 해당할 수도 있다. 중요한 것은 교사가 규칙을 제시하고 따르도록 하는 방법을 바꾸면, 아동의 부적절한 행동은 개선될 수 있다는 점이다. 이를 구체적으로 살펴보면 다음과 같다.

1. 아동의 문제 행동과 해결방안

문제 행동 1. 주어진 규칙이 무엇인지 잘 모름
문제 행동 2. 규칙을 어떻게 따라야 하는지 잘 모름
문제 행동 3. 어떤 행동을 대신 해야 하는지 확실하지 않음
문제 행동 4. 능력이나 노하우가 부족함

이 네 가지 문제 행동은 성인이 제대로 된 규칙을 만들지 않았기 때문에 발생한다(MacKenzie & Stanzione, 2010). 이 경우에 아동은 규칙을 따르지 않으려는 것이 아니라, 그 규칙을 따를 수 없기 때문에 잘못 행동하게 되는 것이다. 규칙을 적절하지 않게 만들면, 그 규칙을 따르기 위해 필요한 지식이나 기술이 부족한 아동이 잘못 행동할 기회를 증가시킨다.

해결 방안: 9장에서 언급한 바와 같이, 효과적인 규칙은 아동이 쉽게 따를 수 있는 규칙이다. 아동은 발달적으로 자신에게 기대를 하는 성인의 요구에 맞게 행동하려 하고, 자신이 지켜야 하는 규칙을 잘 알고 있다. 적절한 규칙은 아동에게 부적절한 행동을 대신할 수 있는 적절한 행동을 알려줄 수 있는 것으로, 개인적 메시지의 마지막 단계에 해당한다. 아동이 적절한 기술이나 지식이 부족하다면, 규칙을 통해 이를 배울 수 있도록 도와주어야 한다. 규칙은 합리적이고 명확하고 긍정적이어야 하며, 이런 규칙은 아동의 잘못된 행동을 줄여준다.

문제 행동 5. 규칙을 가치 없는 것이라고 생각함

문제 행동 6. 규칙이 자신과 관련 없다고 생각함

아동은 규칙이 무관하거나 임의적이라고 생각될 때 규칙을 거부한다(Kohn, 2006). 아동의 관점에서 규칙이 말이 안 되는 것이라고 판단되면, 아동은 그 규칙을 무시한다. 또한 성인이 단독으로 정한 규칙은 아동이 참여하여 만든 것보다 지지받지 못한다.

해결 방안: 성인은 아동에게 규칙의 이유를 알려줌으로써, 이들이 규칙을 거부하는 것을 줄일 수 있다. 9장에서 언급했듯이 아동에게 납득이 가는 이유는 사람들을 안전하게 지켜주거나 개인의 소유물을 보호하는 것에 초점을 둔 것이다. 결과적으로 사람들의 권리를 보호하는 것도 어떤 규칙에 대한 수긍할 만한 이유가 된다.

더욱이 아동은 어떻게 행동해야 하는지를 결정하는 데 자신들이 참여한 경우, 이러한 행동 지침을 기꺼이 따르고자 한다. 아동은 교실 내 문제 상황이나 잠재적인 해결 방안에 대한 논의에 참여해보면서 여러 가지를 배울 수 있다. 이런 논의 과정은 사람들이 함께 지내기 위해 왜 규칙이 중요한지 그리고 아동이 생각하기에 어떤 규칙이 필요한지에 초점을 둔다(Epstein, 2009). 아동은 해결해야 하는 문제를 정의하고 따라야 할 규칙을 정하는 과정에 참여하는 기회를 갖게 되면, 그 규칙을 합법적인 사회적 동의로 여기고 자신 또한 이에 동의한 것으로 여긴다. 결과적으로 아동은 규칙이 존중되는 환경을 만들기 위해 노력하게 된다.

문제 행동 7. 부정적인 행동으로부터 얻는 이득이 있음

아동의 부정적인 행동은 때때로 아동 자신이 원하는 것을 얻도록 한다(Allen & Cowdery, 2012). 민준이는 윤서를 때려 윤서가 장난감을 놓고 가도록 하고, 은정이는 진희에게 소리를 질러 진희보다 먼저 가기도 하며, 다연이는 떼를 써서 컴퓨터를 15분 더 할 수 있기도 한다. 이는 모두 아동이 원하는 바를 부적절한 행동을 통해 얻게 하는 예이다. 우는 아동은 치우는 시간에서 면제되기도 하고, 대집단 시간에 진행되는 게임에 흥미를 못 느끼던 아동은 활동 진행 중 소리를 크게 질러 게임에서 제외되기도 한다. 지루해진 아동은 다른 아동을 놀리거나, 쫓아다니거나, 슬쩍 못살게 굴기도 한다.

해결 방안: 부적절한 행동을 통해 잠재적인 이익이 유발되지 않도록 하기 위해 성인은 아동을 유의 깊게 관찰하여 그 이익이 어떤 것인지를 잘 판단해야 한다. 관찰에 근거하여 교사는 아동에게 보다 발전적인 방식으로 유사한 이익을 얻을 수 있는 대안을 제시해주어야 한다(Dunlap & Fox,

2009). 성공적인 대안 제시를 위해 교사는 아동이 실수하는 행동에 대한 자료를 수집하고, 실수 행동으로 인해 촉발된 것이 무엇인지를 분석하며, 결과적으로 벌어지는 일이 무엇인지를 판단해야 한다. 그 다음에야 비로소 적절한 대체 행동이 무엇인지를 확실히 알 수 있다.

문제 행동 8. 혼합된 메시지
문제 행동 9. 한계 시험하기

아동에게 규칙을 적절하게 알려주었더라도, 성인의 행동에 따라 그 효과가 떨어질 수 있다. 아동이 규칙을 따랐으나 이를 인정해주지 않는 경우, 규칙을 어겨도 그냥 넘어가는 경우, 규칙을 따르지 않는 아동을 포기하는 경우 등이 이에 속한다(MacKenzie & Stanzione, 2010; Miller, 2013). 이러한 행동은 아동으로 하여금 자신에게 실제로 기대되는 것이 무엇인지 알지 못하는 예측 불가능한 환경을 만들게 된다. 예를 들어 이젤에서 그림을 그리려면 앞치마를 입어야 하는 규칙이 있다. 그런데 어느 날은 교사가 규칙을 따르도록 하다가 다른 날은 별로 상관하지 않아 대부분의 아동이 앞치마를 입지 않는 학급의 경우, 아동은 확실하지 않은 규칙으로 인해 앞치마 입는 것을 자주 잊게 된다. 또 다른 예로, 적당한 속도로 식사하기로 약속을 한 어린이집에서 어느 날 한 아동이 천천히 먹었을 때 아무도 이를 이야기하지 않았다가 다른 날에는 너무 빨리 먹는다고 지적받는 경우, 아동은 혼란을 느낀다. 즉, 어떤 때는 더 빨리 먹으라 하고(예: 빨리 다음 일정으로 넘어가야 해서 급한 날), 다른 날은 허겁지겁 먹어도 가만히 둔다(예: 교사가 너무 지쳐서 대처하지 않는 날). 이러한 교사의 행위는 규칙을 지키는 것을 임의적인 것으로 만들기 때문에, 아동은 점차 규칙이 실제적 의미가 없으며 반드시 지킬 필요가 없다고 느끼게 한다.

한편, 아동은 해도 되는 행동과 해서는 안 되는 행동이 무엇인지를 알기 위해, 시행착오를 반복하면서 한계를 시험해본다(Denno, Carr, & Bell, 2011). 이는 성인마다 규칙을 지키게 하려는 정도가 다르기 때문으로, 아동 입장에서는 성인별로 다른 한계를 알기 위해 성인과의 상호작용 중에 규칙을 따르기도 하고 규칙을 어기기도 하면서 각 성인을 시험해보는 것이다. 그러나 이런 두 가지 시험은 모두 부적절한 행동으로 이어지기 쉽다.

해결 방안: 혼합된 메시지에 관련된 아동의 문제 행동과 한계를 시험하는 행동은 '결과'를 활용하여 지속적으로 규칙을 지키도록 함으로써 해결될 수 있다. 이 방법은 다음 절부터 이 장에서 가장 중요하게 다루어질 지도 기법에 해당한다.

2. 결과

결과(consequences)는 앞으로 특정 행동을 더 빈번하게 또는 덜 일어나게 하는 사건이다. 정적 결과는 앞으로 행동이 반복될 가능성을 증가시키는 반면, 부적 결과는 행동을 감소시킨다.

2.1 바람직한 행동을 증가시켜 주는 결과: 정적 결과

정적 결과(positive consequences)는 아동이 규칙을 지키도록 강화하고, 앞으로도 그런 긍정적인 행동을 반복하도록 돕는 결과에 해당한다(Marzano, 2003). 가장 보편적이고 효과적인 정적 결과는 긍정적인 개인적 메시지를 통해 아동의 행동을 강화하는 것이다. 예를 들어, 교사가 "윤지가 말하려면 먼저 손을 들어야 한다는 것을 기억하고 있었구나. 선생님이 기분이 정말 좋네. 네가 손을 들고 기다려줘서 선생님 이야기를 끝낼 수 있었거든"이라고 말하는 것은 윤지가 자신의 행동을 잘 기억할 수 있도록 하는 적절한 행동에 대한 강조이다. 특히 긍정적인 개인적 메시지는 윤지가 규칙을 따르기 위해 애쓴 점을 인정하는 것이다.

개인적 메시지의 1단계와 2단계를 사용해서 규칙을 지킨 것을 인정해주면, 아동은 이후에도 규칙을 잘 따르게 된다. 긍정적인 개인적 메시지는 아동에게 규칙이 무엇인지와 왜 그 규칙이 적절한지를 상기시켜 주기 때문이다. 이와 같이 규칙을 확인해주는 메시지는 모든 연령의 아이들에게 이롭다.

두 번째 유형의 정적 결과는 4장에서 이미 언급했던 **효과적인 칭찬**이다. 예를 들어, 교사가 "주영이가 걷고 있네. 복도를 지날 때 걷는 것이 가장 안전한 방법이라는 것을 기억했구나"와 같이 말하는 것이다. 규칙과 관련된 아동의 행동을 비평가적으로 인정해주는 것은 사회적으로 수용되는 방법으로 행동할 수 있는 능력이 증진되고 있음을 강조하는 것이다. 또한 교사가 지속적으로 규칙을 따르는 것의 장·단기적 이점을 인정해줄 때, 아동은 자신이 한 일에 대해 만족하고 자랑스러워한다. 예를 들면, 매일 피아노 연습하기가 규칙이라면, "오늘 연주 굉장히 잘하던데. 매일 연습한 만큼 연주 실력이 늘었어"라고 말해주는 것이다.

셋째로, 정적 결과는 특권 획득의 형태를 취할 수도 있다. 예를 들어, 규칙이 도서관의 책을 조심하게 다루기이고, 아동이 그런 행동을 했다면 교사의 도움 없이 혼자 책을 이용할 수 있게 해준다. 이러한 형태의 보상은 긍정적인 행동의 자연적 결과를 공식화하는 것으로서,

그림 10-1 유아는 긍정적인 개인적 메시지를 통해 규칙을 더 잘 이해하게 된다

유아교육기관에서 사용 가능한 강화 방법

유아교육기관에서 교사가 아동에게 정적 강화로 사용할 수 있는 방법들은 다음과 같다.

비언어적 방법
- 아동과 하이파이브 하기
- 엄지를 치켜들어 최고라는 표시해주기
- 바라보며 미소 짓기
- 등 두드려주기
- 주의를 기울여 아동이 하는 이야기를 들어주기
- 아동의 요구를 들어주기
- 아동이 하는 활동에 참여하기
- 아동이 만든 작품을 교사가 간직해도 되는지 물어보기
- 아동의 작품을 전시하기

언어적 방법
- 아동에게 함께 얘기하자고 권하기
- 아동이 하고 있는 것에 대해 이야기 나누기
- 아동에게 이것은 어떻게 한 것인지 설명해달라고 부탁하기
- 아동의 가족, 애완동물, 흥미, 집이나 기관에서 하는 활동에 대해 물어보기
- 함께 농담하기
- 교사나 다른 아동을 도와달라고 부탁하기
- 아동이 대화를 이끌도록 하면서, 교사는 아동이 하는 말을 바꿔서 말해보기
- 아동에게 하고 싶은 것이 무엇인지 물어보기
- '효과적인 칭찬'과 '긍정적인 개인적 메시지'를 사용하기
- 교사와 다른 아동이 얼마나 고마워하고 좋은 친구로 생각하고 있는지를 짚어주기

출처: Kaiser & Rasminsky(2012).

자신의 행동에서 비롯되는 긍정적인 결말과 성과를 강조해준다. 아동이 한 행동과 성과 간의 연계는 성인이 이 관계에 대한 정보를 구체적으로 진술해줄 때 명료하게 이해된다.

　마지막 정적 결과의 유형으로 칭찬 스티커와 같이 눈에 보이는 유형의 보상을 사용할 수도 있다(Essa, 2008). 예를 들어, 습관화된 공격성 문제를 가진 아동에게 오전 일과시간 동안 다른 친구를 때리지 않았을 때 스티커를 줄 수 있다. 이러한 가시적인 보상은 긍정적인 행동의 구체적인 증거가 되고 자신의 성취를 인식하게 한다. 이 같은 유형의 보상이 모든 상황에서 자주 사용되지는 않지만, 경우에 따라 특정 상황에 한해 사용될 때 좋은 성과로 이어질 수 있다. Note 10-1은 교사가 사용 가능한 언어적, 비언어적 강화의 예이다.

2.2 잘못된 행동을 줄여 주는 결과: 부적 결과

대부분의 사회과학자들은 문제 행동을 줄이는 결과인 **부적 결과**(negative consequences)를 처벌
(punishments)로 통칭하여 왔다. 그러나 연구결과에 따르면, 자기 조절을 증진시키는 데 효과적인
처벌도 있고, 그렇지 않은 처벌도 있다. 이 둘을 구분하기 위하여, 이 장에서는 문제 행동을 줄이
는 결과 중 자기 조절을 증진시키는 전략은 **교정적 결과**(corrective consequences)로, 자기 조절
을 감소시키는 전략은 **처벌**로 명명하고자 한다. 이 두 결과 사이에는 분명한 차이가 있으며, 이는
표 10-1에 요약되어 있다.

처벌

아동을 때리거나 소리 지르기, 창피 주기와 같은 처벌은 아동에게 교훈을 주기 위하여 고통을 준
다(Kohn, 2006). 이는 아동의 행동을 변화시키거나 어떤 것을 하게 하기 위하여 힘과 강압에 의
존하는 거칠고 비합리적인 행위이다. 처벌은 아무런 경고도 없이 행해지거나, 아동을 겁주거나 모
욕하는 위협적인 방식으로 행해진다. 표 10-1에 제시된 것과 같이, 처벌은 어떻게 하면 더 적절
하게 행동할 수 있는지를 가르치기보다는 아동에게 잘못된 행동의 대가를 치르게 하는 것이 목
적이다. 처벌은 아동에게 논리적인 사고나 타인에 대한 공감능력을 강조하지도 않고, 잘못된 행동
에 대한 바람직한 대안을 가르치지도 않는다(Bear, 2010; Sigsgaard, 2005). 따라서 규칙적으로 처
벌을 받는 아동은 강압적 행위를 받아들여, 시간이 지나면서 점점 더 반항적이고 적대적이 된다
(Beaudoin & Taylor, 2004). 또한 아동은 어떻게 하면 성인에게 들키지 않고 원하는 것을 할 수
있을지를 고민하는 데 몰두하게 된다(McCord, 2005). 이러한 이유로 처벌은 단기적으로는 말을 듣
게 하지만, 내면화에 필수적인 공감, 추론, 새로운 행동 기술을 획득하지 못하기 때문에 아동으로
하여금 따르기 단계에 고착되게 한다.

교정적 결과

민주의 반에서는 점심을 먹기 전에 손을 씻어야 하는 규칙을 가지고 있다. 손을 씻지 않고 식당으
로 가는 민주를 본 교사는 먼저 손을 씻어야 한다고 규칙을 상기시켜준다. 그러나 민주가 여전히
손을 씻지 않고 식당으로 가려고 하자, 교사가 개입을 시작한다. 교사는 식사를 하기 전에 손을 씻
는 것이 왜 중요한지를 설명해준다. 그 다음 교사는 민주를 데리고 화장실로 가 손 씻는 것을 도
와준다. 교사와 함께 손을 씻는 행동은 민주에게는 적절한 행동을 연습할 수 있는 기회가 되며,
추후 동일한 상황에서 손씻기를 기억할 수 있게 해준다. 이와 같이 '어떻게' 행동해야 하는지를 알
려주는 전략이 바로 교정적 결과이다.

교정적 결과는 아동으로 하여금 자신의 행동이 자신과 타인에게 미치는 영향을 알도록 도와주
기 위한 발전적인 행동이다. 교정적 결과는 아동에게 자기 조절을 가르치고자 하는 장기적인 목표

표 10-1 **교정적 결과와 처벌의 차이점**

교정적 결과	처벌
아동의 행동이 무가치할 때에도 아동 자체는 교사에게 가치가 있다.	아동을 거부한다.
교훈적이다. 즉, 아동에게 어떻게 문제 행동을 수정할지 가르쳐준다.	교훈적이지 않다. 즉, 문제가 있다는 것은 알려주지만, 이를 어떻게 수정해야 하는지는 가르쳐주지 못한다.
잘못된 행동에 초점을 둔다.	'나쁜' 아이라는 데 초점을 둔다.
잘못된 행동과 확실하게 관련이 있다.	잘못된 행동과 무관하다.
신중하게 행해진다.	임의적이고 모욕적이다.
아동에게 잘못된 행동을 스스로 수정할 수 있는 힘이 있다는 것을 알려준다.	부모나 교사에게 권력이 있음을 알려준다.
아동이 자신의 행동을 스스로 변화하도록 한다.	행동 변화의 책임을 전적으로 성인이 진다.
앞으로 있을 실수의 예방에 초점을 둔다.	실수에 대가를 치르는 데 초점을 둔다.
사실만을 다룬다.	분노, 무관심 또는 경멸과 함께 사용한다.
잘못된 행동의 정도에 따라 적용된다.	잘못된 행동의 정도를 넘어 심하게 적용된다.
논리적 과정에 근거한다.	강압에 근거한다.

출처: Curwin, Mendler, & Mendler(2008); Gartrell(2011); Malott & Trojan(2008).

를 가진 교사가 사용하는 방법이다(Bear, 2010; Thompson & Twibell, 2009). 교정적 결과는 아동으로 하여금 자신의 행동이 수정되는 경험을 통해 수용되는 행위를 배울 수 있도록 도와주며, 아동이 바람직한 행동에 가깝게 행동할 수 있도록 해준다. 교정적 결과는 미래를 위한 연습의 기회가 되므로, 아동이 스스로 적절한 행동을 반복하는 데 성공할 가능성을 높인다. 적절하게 사용되는 교정적 결과는 아동으로 하여금 왜 그런 상황이 일어났는지, 자신의 행동에 사람들이 어떻게 그리고 왜 그렇게 반응하였는지, 바람직한 대안은 무엇이 있는지와 같은 문제 상황의 특징을 생각해보도록 한다. 아동이 이같이 자기 분석을 할 수 있는 이유는 교정적 결과가 아동의 사고를 방해하는 공포감이나 수치심을 유발하지 않기 때문이다.

교정적 결과 시행의 또 다른 속성은 아동으로 하여금 세상을 예측 가능하도록 한다는 점이다. 즉, 아동은 규칙을 어겼을 때 어떤 일이 일어날지를 정확하게 알게 되는 것이다. 규칙 위반은 위반한 사람이 누구인지 또는 전에 얼마나 자주 규칙을 어겼는지는 상관없이 사실적이고 일관되게 다루어져야 한다. 이로써 아동은 행동과 그에 따른 반응 간의 관계를 인식하고, 바람직한 행동 규범을 점차 내면화할 수 있게 된다(Denno, Carr, & Bell, 2011).

2.3 교정적 결과의 유형

문제 행동에 효과적인 결과, 즉 교정적 결과에는 자연적, 논리적 및 관련 없는 결과의 세 가지 종류가 있다.

자연적 결과

자연적 결과(natural consequences)는 성인의 직접적인 중재 없이 일어나는 것이다(Nelsen, 2006). 이는 아동이 한 행동 그 자체에만 직결되는 결과로, 아동에게 자신의 행동이 의미가 있으며 자신이 결과에 영향을 미친다는 것을 보여준다. 예를 들어, 외투를 사물함에 넣지 않은 아이에게 벌어지는 자연적 결과는 외투를 쉽게 찾지 못하는 것이다. 점심시간에 늦은 아이는 식은 음식을 먹거나 다른 아이들이 식사를 다 마쳤기 때문에 혼자서 먹는 자연적 결과를 경험하게 된다. 자연적 결과가 가장 효과적인 때는 아동에게 벌어진 자연적 결과가 분명하고, 아동이 관심 있어 하는 귀결일 때이다. 즉, 아동이 잃어버린 외투를 입고 싶어 하고, 식은 음식이나 혼자 하는 식사를 원하지 않을 때 가장 효과적이다. 외투를 쉽게 찾으려면 어디에 두었는지를 기억해야 하고, 식은 음식이나 혼자 먹는 게 싫다면 시간에 맞춰 식사를 하러 와야 하는 것이다.

논리적 결과

논리적 결과(logical consequences)는 규칙과 논리적으로 관련이 있는 것, 즉 아동의 행동과 교정적 결과 사이에 명백한 관련이 있는 사건을 의미한다(Fields, Merritt, & Fields, 2014).

아동이 책상에 낙서를 하는 경우, 교사는 아이의 행동이 교실에 어떤 영향을 미치는지에 대해서 이야기하고, 그 아동으로 하여금 책상을 깨끗이 지우는 데 필요한 도구를 준다. 책상 위의 낙서를 지우는 것은 손상된 물건을 복구하도록 하며, 책상에 낙서를 하는 부적절한 행동과 낙서를 지우는 행동 사이에 분명한 관련성을 보여준다(Gartrell, 2014). 즉, 낙서를 지우는 것은 논리적 결과에 해당한다. 논리적 결과는 일반적으로 다음의 세 가지 유형으로 구분된다.

- 연습: 바람직한 행동을 실제로 해본다.
- 복구: 잘못한 행동을 상쇄시킬 수 있는 행동을 한다.
- 일시적 권리 상실: 잠시 동안 남용했던 권리를 상실한다.

연습 (rehearsal)

복도를 뛰어가는 아동에게 주어질 수 있는 논리적 결과는 되돌아간 후 뛰어온 복도를 걸어서 오는 것이다. 단순히 꾸짖거나 몇 분 동안 혼자 떨어져서 앉아 있게 하는 것보다 걸어보게 하는 행위가 규칙을 더 분명히 기억하도록 한다. 실제로 걸어보게 하는 것은 앞으로 그 아동에게 기대되는 적절한 행동을 '연습'하도록 하는 것이다. 아동이 기억하기를 바라는 규칙을 연습하는 경우, 추

후 동일한 상황에서 아동 스스로 그 규칙을
지킬 가능성을 높일 수 있다.

복구 (restitution)

때로는 어떤 행동의 연습이 불가능해 원래대
로 되돌리는 것이 더 적합할 때가 있다. 책상
에 낙서를 하고 낙서를 지워서 책상을 원래의
상태로 되돌려 놓은 아동의 예가 여기에 해당
한다. 마찬가지로 아동이 바닥에 음식을 던진
경우, 논리적 결과는 더러워진 바닥을 치우는

그림 10-2 동화책을 아무렇게나 놓는 행동에 대한 논리적 결과는 제자리에 동화책을 놓는 것이다

것이다. 이 같은 행동은 문제 행동으로 벌어진 상황을 수용 가능한 상태로 돌려놓는 것과 음식을
던지는 것과 같은 잘못된 행위는 수용되지 않음을 보여준다. 이와 같이 '복구'는 문제 행동으로 인
해 벌어진 상황이나 손상된 것을 원 상태로 해놓는 것이다.

연습과 복구는 논리적 결과의 가장 보편적인 방식이다(Charles et al., 2014). 이 두 결과는 모든
연령의 아동에게 자기 조절 능력을 발달시킬 수 있도록 도와주며, 결과 시행이 요구되는 대부분의
상황에서 적합하게 사용될 수 있다. 특히 연습과 복구는 가시적으로 관찰 가능한 행동이기 때문
에, 걸음마기 영아와 전조작적 사고를 하는 유아에게 가장 많이 사용된다. 아동이 점차 추상적으
로 사고하기 시작하면, 논리적 결과의 마지막 유형인 일시적 권리 상실이 아동에게 자기 조절력을
발달시키는 데 도움이 된다.

일시적 권리 상실 (temporary loss of privilege)

동호는 모래밭에서 모래를 밖으로 퍼내고 있다. 계속해서 모래를 던지면 어떻게 될지 경고를 들은
후에도 모래를 던지던 동호는 교사로부터 잠시 모래밭 영역을 떠나라는 말을 듣고, 거기에서 놀 수
있는 권리를 일시적으로 잃게 되었다. 다음날 동호는 다시 교사의 감독 없이 모래밭에서 노는 것
이 허용되어, 자신의 권한을 책임 있게 수행가능한지 보여줄 수 있는 기회를 다시 부여받을 수 있
다. 모래밭에서 노는 것은 권리와 책임을 동시에 갖는 행동들이다. 아동이 권리와 책임을 모두 성
공적으로 감당할 수 있는 경우, 교사가 실시한 논리적 결과를 통해 아동의 문제 행동 발생이 저지
되었으며, 아동이 권리에는 그에 따른 책임이 있다는 것을 알게 되었음을 알 수 있다.

이상과 같이, 논리적 결과의 중요한 이점은 아동에게 문제 행동과는 양립할 수 없는 행동을 가
르친다는 것이다(Bear, 2010; Stormont et al., 2008). 예를 들어, 책상을 치우는 것과 낙서를 하는
것, 바닥에 떨어진 음식을 치우는 것과 음식을 던지는 것은 양립할 수 없는 행동들이다. 이와 같
은 양립이 가능하지 않은 반응들이 연습과 정적 결과를 통해서 강화되면, 바람직하지 않은 행동은

표 10-2 **논리적 결과의 예**

문제 행동	논리적 결과	논리적 결과의 유형
다른 아동이 만든 블록 구성물을 넘어뜨렸다.	구성물을 다시 만드는 것을 돕는다.	복구
교실을 어지럽혔다.	교실을 정리한다.	복구
화가 나서 다른 아동을 때렸다.	자신이 때려서 우는 아동에게 휴지를 가져다준다.	복구
	자신이 때린 아동과 떨어져 선생님 옆에 있으면서 때리면 안 된다는 것을 상기한다.	연습
	화가 났을 때 때리는 것 대신에 무엇을 할 것인지 계획을 세운다.	연습
	교사가 때리는 것 대신 할 수 있는 것으로 제시한 각본을 연습한다.	연습
책장을 찢었다.	찢어진 책을 고친다.	복구
	찢어진 책을 대신할 수 있는 다른 책을 가져온다.	복구
	책값을 낸다.	복구
자신이 해야 하는 활동을 마치지 않았으나, 마쳤다고 얘기하고 실외놀이터로 나갔다.	바깥놀이를 시작하기 전 교사에게 자신이 한 활동을 가서 보여주어야 한다.	일시적 권리 상실
대집단 시간에 계속 옆에 있는 친구에게 말을 건다.	친구와 떨어져서 앉는다.	일시적 권리 상실
	교사에게 집중할 수 있도록 교사 바로 앞에 앉아서 교사가 하는 이야기를 듣는다.	연습
게임을 하는 중에 계속 반칙을 한다.	게임을 중단하고 혼자서 하는 다른 활동을 찾도록 한다. 게임을 반칙 없이 제대로 할 수 있다고 확신이 들 때 다시 게임을 같이 할 수 있다.	일시적 권리 상실
현장학습 장소에서 이동할 때 짝과 함께 이동하지 않고 자꾸 줄의 맨 앞으로 뛰어 나온다.	현장학습이 끝날 때까지 교사와 함께 걷는다.	연습 및 일시적 권리 상실

약화된다. 이럴 때 주목받고 칭찬받는다면, 아주 어린 아동이라도 금지된 행동을 더 바람직한 행위로 바꾸게 된다. 논리적 결과의 예는 표 10-2에 제시되어 있다. 표에서 보는 바와 같이, 어떤 상황에 가능한 논리적 결과는 하나일 수 있다. 이 경우 성인은 상황별로 복수의 논리적 결과가 아닌 하나만을 선택하여 사용하여야 한다.

관련 없는 결과

교정적 결과의 세 번째 유형은 **관련 없는 결과**(unrelated consequences)이다. 관련 없는 결과는 문제 행동과는 관계없는 불이익이 포함되는 것이다. 명칭에서 알 수 있듯이, 이는 아동의 행동에 따른 자연스러운 결과가 아니므로, 아동에게 바람직한 행동을 해보게 하거나 바람직하지 않은 행동을 수정할 수 있게 하지도 못한다. 대신 아동의 잘못된 행동에 대해 성인이 만든 결과이다(Malott & Trojan, 2008). 예를 들면, 수연이에게 양치질을 하기 전에는 TV를 볼 수 없게 하는 것이나, 겉옷을 걸어놓기 전에는 자유선택활동 시간을 시작하지 못하게 하는 것이다. 양치질은 TV 보는 것과 아무런 관계가 없으므로, TV 시청을 금지하는 것은 어떻게 양치질을 해야 하는지를 가르쳐 주지 못한다. 그러나 유미가 정말로 TV를 보고 싶다면, 양치질을 해야 TV를 볼 수 있다는 것을 빨리 배우게 될 것이다. 마찬가지로 옷을 걸지 않으면 놀이 영역에 못가는 것이 옷을 거는 행동을 연습하게 하는 것은 아니며, 아동이 요구되는 행동을 하면 긍정적으로 변할 수 있는 혐오 상황을 만드는 것이다.

논리적인 결과의 일종인 권리 상실과 관련 없는 결과와의 차이점은 행동에 따른 결과로서의 불이익이 행동과 관련이 없다는 점이다. 즉, 위반한 행동과 결과와의 관계가 없으므로, 관련 없는 결과를 처벌이 아닌 결과의 의미로 실행될 수 있도록 유의하여야 한다. 관련 없는 결과를 가장 효과적으로 시행하려면 내용상 관련은 없더라도 결과가 위반 행동과 시간적으로 바로 연결되어야 한다. 예를 들어, 규칙을 위반하고 한참 후보다는 바로 이어지는 사건을 제한하는 것이 효과적이다. 즉, 옷 거는 것을 잊어버린 아동에게는 자유놀이 시간에 놀지 못하게 하는 것이 몇 시간 후의 휴식 시간을 제한하는 것보다는 효과적이다. 교정적 결과의 세 가지 유형 중에서 관련 없는 결과는 가장 적게 사용된다. 그러나 경우에 따라 관련 없는 결과는 지도 과정을 통해 수용 가능한 행동을 배우도록 돕고자 하는 목표를 위해 적절하게 사용될 수도 있다.

2.4 교정적 결과의 유형별 사용 맥락

성인은 특정 상황에서 어떠한 교정적 결과가 가장 적절할지 매우 신중하게 결정하여야 한다. 이를 위해 세 가지 유형의 교정적 결과를 모두 고려해야 하는데, 가장 먼저 시도해야 하는 것은 자연적 결과이며, 논리적인 결과, 관련 없는 결과의 순으로 사용하도록 한다. 이 과정에서 아동의 문제 행동을 적절하게 지적하는 동시에 자기 교정을 연습할 수 있는 기회를 제공해주는 교정적 결과를 선정하는 것을 최종적인 목적으로 두어야 할 것이다.

1단계
자연적 결과는 언제든지 가장 먼저 고려되어야 한다. 단, 교사는 스스로에게 다음과 같은 질문을 해봐야 한다.
- 교사가 그 자연적 결과를 수용할 수 있는가?
- 아동이 그 자연적 결과가 일어난 것을 알고 있는가?
- 그 자연적 결과가 아동의 변화를 일으키는가?

의심의 여지없이, 아동의 신체적인 상해로 이어지는 자연적 결과는 부적절하다. 독극물을 마시거나 찻길에서 뛰어노는 행동에 대한 자연적 결과는 매우 명확하기 때문이다. 반면, 자연적 결과가 안전과 관계없을 때에는 수용될 수도 있다. 단, 이런 자연적 결과를 어떤 교사는 수용 가능하나 다른 교사는 수용 가능하다고 생각하지 않을 수 있다. 앞서 언급한 바와 같이, 식사시간에 늦게 온 아동에게 자연적 결과는 차가운 음식을 먹거나 혼자 먹는 것이다. 어떤 교사는 이러한 결과를 합리적이라고 여기지만, 음식을 데워주거나 다른 아이들과 같이 먹게 하는 교사도 있다. 또한 결과가 너무 미약해서 아동이 이를 깨닫지 못하거나(예: 가족이 항상 혼자 먹게 해서 혼자 먹는 것이 별 차이 없음), 아동이 별로 상관하지 않는 결과(예: 혼자 먹기를 좋아함)라면 자연적 결과의 효과는 줄어든다. 이런 모든 조건은 자연적 결과가 향후 아동의 행동을 금지하는 동력을 감소시킨다. 이런 때에는 논리적 결과나 관련 없는 결과가 더 적합하다.

2단계

자연적 결과가 적합하지 않으면, 다음 단계로 논리적 결과를 고려해야 한다. 이때 교사가 생각해봐야 하는 질문은 다음과 같다.

- 연습을 하는 경우 아동에게 유익한가?
- 이 상황에서 복구를 하는 것이 적절한 것일까?
- 발달적으로 자신이 위반한 규칙과 이 때문에 상실한 권한 간의 관계를 아동이 알 수 있는가?

상기 질문에 대해 어느 하나라도 "예"라고 응답하는 경우, 논리적 결과는 적절한 지도방법이 될 수 있다. 논리적 결과가 생각하는 의자에 앉아 있는 것이나 쉬는 시간에 운동장에 나갈 수 없는 것과 같은 관련 없는 불이익에 비해 좀 더 상상력을 요구하는 것은 사실이나, 논리적 결과를 통해 아동은 적절한 대안적 행동을 배울 수 있다는 점에서 훨씬 더 효과적이다(Gartrell, 2014).

3단계

관련 없는 결과는 마지막에 사용해야 하는 방법이다. 이 방법의 주목적은 일시적으로 행동을 줄이는 것이므로, 자주 사용해서는 안 된다. 장기적 변화를 위해서는 아동이 수용 가능한 대안 행동을 배워야 하므로, 논리적 결과가 더 낫다. 관련 없는 결과는 논리적 결과를 사용할 수 없을 경우에만 시행하여야 한다. 그림 10-3은 각 유형의 결과가 서로 어떠한 관련이 있는지를 보여준다.

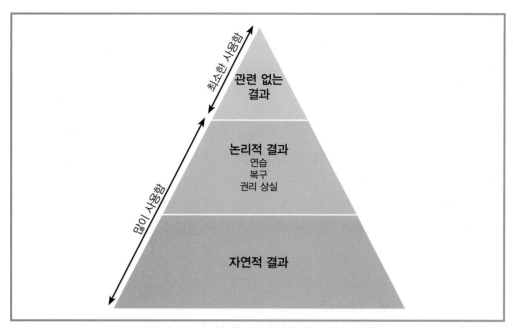

그림 10-3 아동의 자기 조절 증진을 돕는 세 가지 결과

2.5 경고를 통한 교정적 결과 제시

몇몇 아동이 식수대 앞에서 서로 밀고 당기며 먼저 마시려고 하고 있다. 교사는 누군가가 다칠 것 같아 보이자 개입하기로 하였다.

규칙 상기하기

위의 상황과 같이 아동이 잠재적 문제 상황에 있을 때, 교사는 먼저 냉정하고 침착한 어조로 개인적 메시지를 이용하여 규칙을 상기시켜 주어야 한다(Charle et al., 2014). 개인적 메시지의 3단계인 규칙 제시하기까지 시행함으로써, 규칙을 기억할 수 있게 해주는 것이다. 위의 상황에서 교사는 "모두가 동시에 물을 마시고 싶구나. 이렇게 서로 밀다가 누가 다칠까봐 선생님은 좀 걱정이 되네. 차례로 줄을 서. 앞에서부터 한 번에 한 사람씩 물을 마시는 거야"라고 말한다. 대개의 경우 규칙을 상기시켜 주는 것만으로도 아동은 규칙을 따른다. 이렇게 해서 아이들이 규칙을 지킨다면 효과적인 칭찬을 해준다. 그러나 계속 규칙을 무시한다면, 교사는 적절한 교정적 결과를 사용해야 한다.

경고와 교정적 결과 제시하기

개인적 메시지 시행에도 문제 행동이 개선되지 않을 때 사용하는 교정적 결과는 아동에게 **경고**(warning)의 형태로 제시된다(Curwin, Mendler, & Mendler, 2008). 경고하기는 규칙을 반복해서 말해주고, 이를 따르지 않을 경우 어떻게 될 것인지를 아동에게 말해주는 것인 양자택일의 형태를 띤다. 예를 들어, 규칙이 '순서대로 물 마시기'라면, "네 차례를 기다려. 그렇지 않으면, 맨 뒤로 가게 될 거야"와 같이 경고할 수 있다. 경고는 아동에게 교사의 기대에 맞추어 행동을 변화시키는 기회와 동기가 된다. 그리고 교사가 행동을 취하기 전에 아동이 말을 들을 수 있는 마지막 기회임을 알려준다.

경고하기는 놀라게 하거나 혐오감을 주거나 위협하려는 것이 아니라, 사실에 대한 단순한 서술이므로 교사는 아동에게 조용히 이야기해야 한다. 아동에게 소리를 지르거나, 위협을 주는 몸짓을 해서도 안 된다.

경고하기의 진술 방법

1. 성인이 아동에게 기대하는 행동인 규칙을 제시하기: 개인적 메시지의 3단계
2. 대안적 결과가 있음을 암시하는 용어 사용하기: "그렇지 않으면..." 또는 "아니면..."
3. 규칙을 따르지 않았을 때의 교정적 결과를 제시

경고하기의 예

"다시 교실에 가서 걸어서 나오세요. 그렇지 않으면 선생님과 함께 교실에 가서 걸어 나올 거예요."

잠시 기다리기

경고를 한 뒤에는 아동에게 규칙을 따를 기회를 주기 위해 잠시 기다려야 한다. 아동의 반응 시간은 교사가 생각하는 것보다 다소 느릴 수 있으므로, 교사는 아동이 반응할 수 있는 시간을 충분히 주지 않은 채 개입하지 않도록 주의해야 한다(Denton, 2007). 예를 들어, 식수대 줄에서 계속해서 다른 아이들을 밀고 있는 영희에게 교사가 순서를 기다리거나 줄 맨 뒤로 가라는 교정적 결과 제시를 경고했을 때, 영희가 어떻게 할지 결정하기 위해서는 시간이 조금 걸릴 수 있다. 이 경우, 반응이 늦었다고 해서 주변 사람에게 위험이 되는 것이 아니므로 기다려주어야 한다.

하지만 안전이 위협되는 상황이라면 경고를 하면서 즉각적인 신체적 개입을 해야 한다. 예를 들어 돌을 던지려고 하는 아동에게 교사는 즉시 아동의 손을 잡고, "돌을 내려봐라. 그렇지 않으면 내가 그 돌을 가지고 갈 거야"라고 말한다. 이러한 경우에도 아동이 스스로 돌을 내려놓을 수 있도록 잠시 기다려주어야 한다. 교사는 아동의 팔을 계속 잡고 이 아이가 계속 긴장하고 있는지, 진

정되었는지, 그리고 무엇을 말하고자 하는지와 같은 아동의 의도를 알아내야 한다. 이 아동이 스스로 돌을 내려놓는다면, 낮은 수준이지만 자기 조절을 보여주는 것이다. 그러나 아동이 스스로 돌을 내려놓아 규칙을 지키지 못하는 경우에는 교사가 돌을 가져가는 교정적 결과를 외적 통제로 가해야 한다. 이것은 다음에 소개될 교정적 결과에 대한 '완수하기'로, 교사가 이야기한 것을 실행에 옮기는 매우 중요한 단계이다.

2.6 교정적 결과 완수하기

아동에게 자신의 행동에 대한 결과가 무엇인지를 말해주는 것만으로는 충분하지 않다. 아동이 규칙을 따르지 않는다면, 성인은 교정적 결과를 강제적으로 적용해야만 한다(Deno, Carr, & Bell, 2011), 이것은 바로 교정적 결과의 **완수하기**(follow-through)이다. 경고를 한 후에도 영희가 식수대 앞에서 밀기를 계속하면 교사는 경고대로 영희를 줄의 맨 마지막으로 데리고 가야 하는데, 이것이 바로 교정적 결과의 완수하기이다. 완수하기는 교정적 결과를 성인이 실행하는 것으로, 훈육의 과정에서 결정적인 부분이다.

그림 10-4 세면기의 물을 잠그는 규칙을 경고하기 단계에서 따르지 않는 경우, 교사와 함께 물을 잠그는 것이 결과 완수하기에 해당한다

　적절한 교정적 결과는 교육적이기 때문에, 이를 끝까지 시행하면 아동에게는 부적절한 행동을 어떻게 바꿀 수 있는지에 대한 귀중한 정보가 된다. 또한 완수하기는 교사가 한번 말한 바를 온전히 달성할 것이며, 규칙을 벗어난 행동을 참아주는 데에 한계가 있다는 것을 보여준다. 이러한 훈육을 통해 아동은 세상에 대한 자신의 영향력과 자신에 대한 외부의 반응에 대해 정확한 그림을 그릴 수 있다.

　경고에도 불구하고 행동이 교정되지 않아 완수하기가 요구되는 상황이 발생할 때, 교사가 왜 그런 행위를 하는지에 대한 논리적 근거를 아동이 분명히 알도록 해주어야 한다. 아동은 교정적 결과가 자기가 한 행동의 결과이며, 교사의 인위적이거나 보복적인 행위가 아니라는 것을 알아야 한다.

　완수하기는 아동의 관점에서 상황을 요약하는 간단한 반영으로 시작해서, 경고하기로 이어지는 형태로 구성된다. 이때 경고에는 주로 "내가 너에게 …라고 말한 것 기억해봐" 또는 "내가 …라고 말한 것 기억나지"와 같은 말이 주로 사용된다. 그 다음 교사는 아동이 한 행동의 결과로 인해 다음에 어떤 일이 발생할지를 언급함으로써 결과를 반복하여 제시하는데, 이때 필수적으로 "자, 이제

... "라고 시작한다.

완수하기의 진술 방법

1. 반영하기
2. 경고하기를 통해 제시한 것을 상기시키기: "...라고 했던 것 기억해봐."
3. 교정적 결과를 시행하여 마무리하기: "자, 이제 ..."

완수하기의 예

"민선이가 여전히 맨 앞으로 나오려고 하는구나. 선생님이 네 순서에서 서있지 않으면 맨 뒤로 가야 한다고 이야기했던 것을 기억해봐. 자, 이제 맨 뒤로 가는 거야." (완수하기에 해당하는 메시지를 진술한 후, 교사는 말한 것을 지키기 위해 아동을 직접 데리고 줄 뒤로 간다).

2.7 교정적 결과의 사용 시기

아동이 경험한 결과를 통해 얼마나 잘 배울지는 **일관성**과 **타이밍**라는 두 가지 요인의 영향을 받는다. 일관성은 성인이 규칙을 얼마나 자주 지키도록 하는지이며, 타이밍은 규칙을 지키지 않은 뒤 성인의 개입까지의 시간을 의미한다. 규칙을 지키게 하는 데에는 일관성이 있어야 한다(Bear, 2010; Conroy, Brown, & Olive, 2008). 교사는 아동이 규칙을 어길 때마다 적절한 결과 시행을 통해 규칙 준수를 하기 위해 개입할 준비를 해야 한다.

오늘 제시된 규칙이 내일 무시되는 것은 효과적이지 않다. 이런 경우 아동은 규칙이 적용될지 아닐지 확신이 없기 때문에 규칙을 따르지 않게 된다. 규칙이 비일관적으로 적용되는 것을 경험한 유아는 매번 규칙이 지켜지는 것을 경험한 유아보다 잘못된 행동을 더 많이 한다. 그만큼 일관성은 매우 중요하기 때문에, 한 번에 몇 개의 규칙만을 지키도록 하는 것이 중요하다. 많은 규칙을 한꺼번에 시도해서 잘 지키지 않는 것보다는 한두 가지의 중요한 규칙을 준수하게 하는 것이 더 낫다.

또한 규칙을 어겼을 때의 교사 개입은 즉각적이어야 한다. 아동이 규칙을 위반한 시점과 교사가 결과 완수하기를 실행하는 시점까지의 간격이 멀면 그 영향력은 줄어든다(MacKenzie & Stanzione, 2010). 즉, 영희에게 식수대에서 계속 다른 아이들을 밀면 나중에 간식을 주지 않을 거라고 하는 것은 효과적이지 않다. 다른 아이를 밀면 즉시 줄의 맨 끝으로 가도록 하는 것이 영희로 하여금 문제 행동과 그에 따른 논리적 결과를 더 분명히 알 수 있게 해준다. 아동은 자신의 부적절한 행동과 이에 따른 결과를 연계시켜 볼 기회를 가져야 한다. 행위가 일어난 시기와 결과가 완수된 시기 간에 간격이 멀수록, 두 가지 행동을 연계하기 어렵다. 일관성과 즉각성은 부적 결과뿐만 아니라 정적 결과를 시행할 때에도 중요한 원리이다.

3. 개인적 메시지와 경고 및 완수하기의 연계

지금까지 정적 결과와 교정적 결과인 자연적, 논리적 및 관련 없는 결과의 적절한 사용에 대해 살펴보았다. 아동의 자기 통제 발달을 증진시키기 위해 사용하는 상호작용 기술의 순서를 다시 정리하면, 개인적 메시지를 가장 먼저 시행한 다음 경고하기를 하고, 필요한 경우 완수하기로 이어지는 것이라고 할 수 있다. 개인적 메시지는 앞서 9장에서 다뤄졌으며, 이 장에서는 경고하기와 완수하기가 대략적으로 설명되었다. 그림 10-5는 이 자기 조절을 지원하는 3단계 단계적 기술의 특징을 도식화한 것이다.

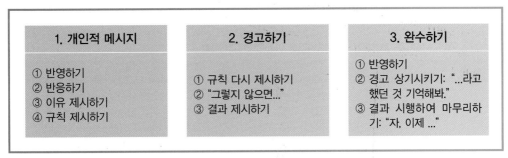

그림 10-5 아동의 자기 조절 발달 지원을 위한 상호작용의 3단계 단계적 기술

다음 상황은 상기 3단계 기술의 예이다.

교사는 경호가 변기에 화장지를 계속해서 쑤셔 넣는 것을 보았다. 물과 화장지가 바닥 여기저기에 떨어져 있고, 경호는 교사가 들어온 것을 보지 못했다.

개인적 메시지: 교사는 경호에게 급히 다가가 경호가 다른 화장지를 잡으려는 순간 손을 잡고 말하였다. "경호야, 재미있어 보이는구나. 선생님은 바닥에 여기저기 물이 있어서 다른 아이들이 미끄러져 다칠까 봐 걱정이 돼. 바닥에 어지른 것을 치워라" 교사는 경호가 지시를 따르도록 잠시 기다렸지만, 경호는 문 쪽으로 가려고 하였다. 교사는 경호를 세웠다.

경고하기: "경호가 치우고 싶지 않구나. 어지른 것들을 어디서부터 치울지 정해보렴. 아니면 선생님이 어디서부터 치울지 정할게" 교사는 경호가 치우기를 기대하며 다시 잠시 기다린다. 경호가 그대로 서있자, 교사는 스펀지와 양동이를 경호의 건네주었다.

완수하기: "네가 결정하기가 어렵구나. 네가 정하지 않으면 내가 정한다고 말한 것 기억해봐. 자, 이제 이쪽 구석부터 치우세요" 교사는 경호의 손에 스펀지를 쥐어주고, 어지른 곳 중 교사가 지정하였던 구석으로 데리고 갔다.

3.1 단계적 기술의 원리

앞서 제시된 예에서 교사는 단기적으로 바람직하지 못한 경호의 행동을 바꾸기 위한 단계를 개인적 메시지에 경고하기 및 완수하기를 연결하여 순서대로 실시하였다. 이러한 과정의 궁극적 목적은 아동으로 하여금 자기 행동 조절을 배울 수 있는 체계를 제공하는 것이다.

단기적 이점

개인적 메시지, 경고하기 및 완수하기를 연속적으로 사용하는 것이 아동과 교사에게 주는 단기적인 이점은 표 10-3에 제시되어 있다.

표 10-3 **개인적 메시지, 경고하기 및 완수하기를 이용한 단기적 이점**

단계		교사	아동
1단계	개인적 메시지	• 조용하고 이성적으로 상황에 접근함 • 자기 행동이 부적절하며 교사가 왜 그렇게 말하는지를 깨닫게 함 • 아동에게 어떤 종류의 정보를 제공해 줄지에 대한 청사진이 됨	• 존중과 수용으로 다루어짐 • 행동은 인정하지 않지만 아동에게 존중과 수용의 태도로 의사소통하는 수단임 • 대신 무엇을 해야 하는지 규칙을 통해 알려줌(더러운 것 치우기)
	잠시 기다리기	• 외적 통제를 더 행사하기 전에 아동이 따르는지를 볼 기회를 제공함 • 필요하다면 사용해야 할 적절한 결과에 대하여 생각해 볼 기회를 가짐	• 부적절한 행동을 스스로 바꿀 기회를 가짐으로써 내적 통제를 연습함
2단계	경고하기	• 아동의 행동에 대해 외적 통제를 실행하는 건설적 방식임 • 필요하다면 시행하기를 실시하기 위한 타당한 기초를 만듦	• 규칙을 상기하게 함 • 규칙을 따르지 않으면 어떻게 될 것인지 분명하게 이해함
	잠시 기다리기	• 외적 통제를 더 가하기 전에 아동이 따르는지 볼 기회를 가짐	• 부적절한 행동을 스스로 변화시킬 기회를 가져 내적 통제를 연습함
3단계	완수하기	• 심한 말을 하거나 포기하지 않고 상황을 해결할 수 있는 민주적인 방식으로 실천함 • 부정적 행동을 그만하게 할 뿐 아니라 문제 상황을 개선하게 함 • 교사가 말한 것은 그대로 행할 것임을 보여주어 아동에게 예측 가능성을 증가시킴	• 스스로 할 수 없었던 수용되는 행위를 연습해 봄 • 교사가 말한 대로 할 것이며, 교사의 행동을 예상할 수 있다는 증거를 갖게 됨

장기적 이점

위에서 언급한 기술들은 성인과 아동에게 장·단기적 이점을 제공해준다. 개인적 메시지, 경고하기 및 완수하기를 연계하는 것은 교사가 규칙을 지키지 않는 아동뿐 아니라 다른 아동에게도 부적절한 행동을 일관되게 다룰 수 있게 해준다. 교사의 이러한 일관성은 교실에서 아동과 민주적인 훈육 방식으로 상호작용을 하게 한다. 또한 아동을 대상으로 단계적 기술을 사용하는 것이 처음에는 시간이 상당히 소요되나, 이러한 기술을 사용함으로써 이후 규칙 위반의 사례들이 줄어들어 결과적으로는 시간 소모가 줄어들게 된다(Denno, Carr, & Bell, 2011).

아동도 교사와의 대립이 실제적으로 감소하면서 얻는 이점이 있다. 아동은 사회적 비용을 지불하기보다는 보상을 얻는 방식으로 자신의 욕구를 만족시킬뿐만 아니라 성취감을 느낄 수 있다. 그 결과로 나타나는 긍정적인 자기 인정은 자존감을 증가시킨다. 또한 여러 다양한 상황에서 단계적 기술을 경험한 아동은 점차 완수하기와 같은 성인의 외적 통제 단계보다는 개인적 메시지나 경고에 의해 행동하는 내적 통제 단계에서 자기 조절을 할 수 있게 된다.

교사의 단계적 기술 사용을 처음 접하는 아동은 대부분 다음에 교사가 어떤 반응을 보일지를 시험하고 그에 따라 대응하는 경향을 보인다. 종종 개인적 메시지와 경고하기가 제시되더라도 교사를 시험하는 아동이 행동을 변화하지 않아, 완수하기의 단계까지 모두 거치는 경우도 생긴다. 그러나 아동이 교사의 단계적 기술에 익숙해지면, 경고하기 단계에 반응하여 완수하기 단계까지 가지 않는다. 이는 교사가 자신이 말한 대로 할 것이고, 자신의 행동에 변화가 없는 한 경고대로 끝날 때까지 진행될 것임을 경험했기 때문이다. 이러한 행동의 변화는 아동이 자기 조절을 연습하기 시작했다는 것을 보여준다. 즉, 예상되는 결과를 미리 피하거나 규칙을 준수하여 혜택을 받고자 하는 따르기 단계에 해당하는 것이다.

아동은 점차 개인적 메시지만으로 자신의 행동을 변화시킬 수 있게 된다. 이로써 교사는 아동을 덜 통제하게 되며, 아동은 자신의 행동에 대한 통제력을 더 많이 갖게 된다. 자기 통제 초기 단계에서 나타나는 행동의 변화는 아동이 동일시 대상인 교사의 감정에 반응하는 것에 기인한다. 그러나 아동이 점차 교사가 자신에게 하는 기대의 이유를 생각하게 되고, 이에 따라 자신의 행동이 주변 사람들에게 미치는 효과를 고려하게 되며, 이러한 추론은 최종적으로 내면화를 이끈다.

이렇게 되면 점차 교사가 아닌 아동 자신이 자기 행동에 대해 책임을 지게 된다. 따라서 특정 상황에서 교사가 3단계의 기술 중 어떤 단계까지의 기술을 사용하게 되는지는 개별 아동의 내적 통제 능력에 달렸다. 아동이 개인적 메시지만으로도 추론이 가능하여 규칙을 따를 수 있다면, 더 이상 성인이 개입할 필요가 없다. 그러나 아동이 도움을 필요로 하는 경우, 개인적 메시지를 통해 지

표 10-4 **아동의 자기 조절 수준과 자기 조절 지원 기술 3단계 간의 관계**

아동의 자기 조절 수준	사용 가능한 기술의 단계
무도덕	완수하기 기술이 필요함
따르기	경고에 반응함
동일시	개인적 메시지에 반응함
내면화	자신을 통제함

원해준다. 아동의 자기 훈육의 정도와 자기 조절 기술의 연속적 단계 간의 관계는 표 10–4에 제시되어 있다.

3.2 성공적인 단계적 기술 실행

문제 상황에서 성인의 입장을 따르지 않기 위해 아동이 성인의 주의를 분산시키는 것은 흔한 일이다. 소리 지르기, 저항하기, 문제 행동 더 하기, 도망가기 등은 아동이 교정적 결과를 피하기 위해 일반적으로 사용하는 전략이다(Calkins & Williford, 2009; Divinyi, 2011). 이때 교사가 포기한다면, 아동에게 이러한 방법이 통한다는 것을 가르치는 것이 되므로, 결국 아동은 부적절한 전략을 더 자주 사용하게 된다.

부적절한 행동이 습관화되면 변화하기가 더 어려워지므로, 이러한 상황은 반드시 피해야 한다. 이 상황을 다루는 가장 좋은 방법은 시작부터 여지를 주지 않는 것이다. 즉, 일단 경고를 했는데 아동이 순응하지 않는다면, 반드시 끝까지 단계를 밟아야 한다. 예를 들어, "걸어서 가라. 아니면 선생님이 옆에서 같이 걸어 갈거야"라고 경고했으면 반드시 그렇게 해야 한다. 유미가 달아난다면 데리고 다시 와야 한다. 만약 달아난 유미가 버티며 움직이지 않는다면, 안아 들어서 데리고 와야 한다. 일단 유미가 버티던 자리에서 한 두 발자국이라도 움직이는 것도 충분하다.

한 가지 문제 행동이 다른 문제 행동을 야기하는 경우도 있다. 이러한 경우가 발생하면 성인은 연속적 단계를 각각 반복하여, 매 건마다 완수하기를 실시해야 한다. 예를 들어, 4세 유진이가 소집단 활동으로 야채스프를 만들기 위해 야채를 다듬던 중, 사용하던 야채 깎는 플라스틱 칼로 옆에 있던 진구를 쿡쿡 찌르기 시작하였다. 진구는 이를 싫어하며 하지 말라고 하나, 유진이는 웃으며 계속 찌르기 행동을 계속한다. 교사는 이 상황에 개입하여 개인적 메시지를 실행한 후 "유진아, 야채칼은 감자를 깎는 데 사용해. 그렇지 않으면 야채칼 사용을 할 수 없어"라고 경고를 하였다. 그러나 유진이가 야채칼로 진구를 계속 찌르자, 교사는 완수하기를 시행하였다. 화가 난 유진이는 책상에 있던 채소 껍질을 바닥에 모두 집어 던졌다. 이 행동은 새로운 문제 행동인 것이다. 따라서 교사는 새로운 개인적 메시지를 시작하여야 한다. "유진아, 야채칼 사용할 기회를 못 가져서 화가 났구나. 선생님은 바닥에 채소 껍질을 누가 밟았다가 미끄러질까봐 염려가 좀 돼. 채소 껍질을 주워서 휴지통에 버리세요." 이러한 개인적 메시지에 대해 유진이가 따르기를 거부하면 교사는 흥분하지 말고 사실에 입각해서 경고하기와 완수하기를 실행해야 한다. 경고는 "채소 껍질을 주워서 휴지통에 버리세요. 그렇지 않으면 선생님이 네가 주워서 버리도록 도와줄거야"와 같이 할 수 있으며, 완수하기는 "유진이가 아직도 화가 많이 나 있구나. 네가 주워서 버리지 않으면 선생님 그렇게 하도록 도와준다고 했던 것 기억하지. 자, 이제 선생님이 버리도록 도와줄게"라고 얘기한 후 바닥에 있는 채소 껍질을 주워서 유진이 손에 쥐어주는 것이다.

아동이 규칙을 지키지 않을 때마다 성인이 이를 지키도록 개입한다면, 아동은 환경을 보다 예측

가능하고 안정적으로 인식하게 되며, 규칙
을 따르거나 어길 경우 어떻게 될 것인지
를 분명하게 알게 한다. 이러한 일관성은
교사가 언제나 합리적이고 공정함을 배우
도록 하게 하므로, 매우 중요하다. 특히 이
때 침착함을 유지하면서 논리적 근거를 가
지고 접근하는 것이 중요하다. 특히 이러
한 태도는 아동이 이성을 잃고 심한 떼쓰
기를 시작할 때 더욱 중요하다.

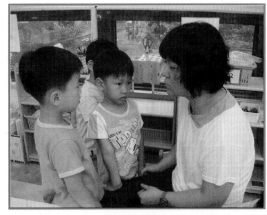

그림 10-6 교사는 개인적 메시지를 통해 규칙을 상기시킬 수 있다

3.3 심한 떼쓰기에 대한 대처

일반적으로 아동의 **심한 떼쓰기**(temper tantrums)는 쉽게 알 수 있다. 아동이 심하게 떼를 쓰면 벌겋게 된 얼굴, 부들거리는 팔다리, 소리치기, 울기와 같은 신체적 신호가 나타나서 심한 떼쓰기를 알아채지 못하는 경우는 거의 없다. 이러한 심한 떼쓰기는 누구에게나 어느 때라도 나타나는 특성으로, 주로 1세부터 4세까지의 영유아에게서 나타나지만, 5세나 학령기 아동도 상황이 견디기 어려울 때 이러한 폭발적인 감정 분출을 보일 수 있다.

아동은 몇 가지 이유에서 떼를 쓴다. 일반적으로 아동은 당면한 욕구가 즉각적으로 만족되지 않을 때 떼를 쓴다. 다음으로 심한 떼쓰기가 시작될 수 있는 상황은 피곤하거나 몸이 좋지 않은 경우, 하루 종일 성인의 여러 요구로 인해 스트레스를 받았을 때, 긍정적인 행동을 했음에도 불구하고 별로 관심을 못 받은 경우, 성인의 비현실적인 요구를 계속해서 따라야 하는 경우, 비일관적인 규칙을 따라야 하는 경우, 그리고 과거 심한 떼쓰기를 했을 때 성인이 져주었던 경우 등이다 (Brooks, 2011).

아동의 심한 떼쓰기를 유발하는 상황 중 다수는 미리 피할 수 있는 요인들이다. 가장 예방 가능한 방법은 바로 아동의 신체적인 욕구를 충족시켜주고, 감정이 격렬해지기 전에 아동의 감정을 인정해주고, 일과는 가급적 예측 가능하도록 하며, 자신이 원하는 것을 적절하게 표현하는 대안을 가르쳐주고, 적절한 방식으로 행동했을 때 개별 아동에게 각각 긍정적인 반응을 해주며, 합리적인 규칙을 만들고, 이를 지키도록 긍정적이고 적절한 정적 결과를 이용해 일관되게 지도하는 것이다 (Harrington, 2004).

그러나 이러한 사전 노력에도 불구하고 간혹 아동이 심한 떼를 쓰는 경우가 있다. 아동이 심한 떼를 쓰는 것은 강렬한 정서적 및 신체적 사건으로, '정상적인 사고 과정이 불가능한 것'을 의미한다. 흥분한 아동은 성인의 지시나 달래주려는 노력에 대해 제대로 듣거나 반응하지 못한다. 논리적으로 생각하는 것이 불가능하며, 사회적으로 적절한 순서로 행동하지도 못한다. 또한 자신의 행동에 대한 영향이 어떠한지에 대해 제대로 평가할 수 없다. 이러한 상황에서 성인이 가져야 하는 목표는 아동으로 하여금 평상시 수준의 자기 조절력을 다시금 찾도록 하는 것이다.

걸음마기 영아의 경우 이러한 감정 폭발은 격렬하지만 오래가지 않으므로, 진정을 위해서는 이들이 보이는 격렬한 행동을 무시하고 자기 방식으로 시간이 되면 진정시키도록 두는 것이다. 유아 또는 학령기 아동의 경우는 이러한 감정 상태가 오래 지속되므로, 집단생활 중 떼쓰기의 원인이 되는 자극으로부터 떨어져서 조용히 혼자서 원래 상태로 되돌아가는 기회를 갖는 것이 좋다. 이러한 지도는 '생각하는 시간'이나 '잠시 떨어져 있기'라고 불리기도 하고, 경우에 따라 '타임아웃'으로 지칭되기도 한다(Kaiser & Rasminsky, 2012). 어떤 용어로 불리던, 이러한 지도의 목표는 동일한데, 아동이 창피를 당하거나 혼나지 않고도 자기 스스로 평정심을 되찾을 수 있도록 돕는 것으로, 침착해지는 시간은 아동이 스스로를 진정시키기에 필요한 기술을 '연습'하는 논리적 결과에 해당한다.

생각하는 시간

생각하는 시간(cool down time)은 심한 떼쓰기를 보이는 아동을 쉽고 안전하게 감독이 가능하고 아동의 주의를 분산시키지 않으면서도 사생활을 보호할 수 있는 공간에 개별적으로 데리고 가서, 진정될 때까지 함께 기다려주는 것이다. 이는 아동을 완벽하게 소외된 별도의 장소에 데리고 가는 것을 의미하는 것은 절대 아니며, 학급 내 한쪽에서 활동 참여가 금지된 아동에게 유배를 보내는 것과 같이 사용되어 온 소위 '생각하는 의자'를 의미하지도 않는다(Warner & Lynch, 2004).

생각하는 시간을 시행하는 과정에서 교사는 대상이 되는 아동에게 너무 많은 주의를 주지 않도록 조심해야 한다. 교사가 과도하게 주의를 집중함으로써 아동을 더 자극할 수 있으며, 아동의 심한 떼쓰기 행동을 강화할 수도 있기 때문이다. 다른 아동이 생각하는 시간을 보내는 중인 아동과 교사에게 구경을 오는 경우, 교사는 궁금해 하는 아동에게 "현준이가 어떤지 궁금하구나. 현준이는 괜찮아. 기린반에 갈 준비만 되면 바로 돌아갈 거야"라고 설명해준 후 재빨리 반으로 보내야 한다. 생각하는 시간은 통상 유아의 경우 약 2분, 학령기의 경우 약 5분 정도가 적당하다. 화가 많이 나있던 아동이 다시 반으로 돌아갈 준비가 되면, 아동은 학급에 가서 다시 원래 하던 활동에 참여할 수 있다(Essa, 2008). 이때 교사는 아동에게 지도나 훈계를 하면 안 되며, 학급에서 기대되는 적절한 행동을 할 때 강화를 통해 이를 인정해주어야 한다. 또한 교사는 해당 아동과 아동이 다시 일상적인 상태로 돌아왔음을 나타내는 긍정적인 상호작용을 할 수 있어야 한다. 만약 아동이 부적절한 방식으로 심한 떼쓰기 행동을 다시 보인다면, "현준이가 기린반에서 함께 놀 준비가 아직 안 되었구나"라고 말하고 다시 생각하는 시간을 위한 장소로 데리고 가야 한다.

따로 떨어져 앉기

생각하는 시간의 변형으로 **따로 떨어져 앉기**(sitting apart)를 들 수 있다(Reynolds, 2008). 따로 떨어져 앉기는 해를 끼치거나 방해를 하기 때문에 일시적으로 아동을 활동이나 집단에서 떼어놓는 것이지만, 생각하는 시간과 다른 점은 이러한 문제 행동이 심한 떼쓰기는 아니라는 것이다. 다음은 따로 떨어져 앉기의 예이다.

> 동화 듣기 활동이 진행 중인 대집단 시간에 영찬이 뒤에 앉은 민주가 영찬이의 등을 발로 툭툭 차고 있다. 교사는 뒤로 물러나서 앉아 발도 가만히 두고 있으라고 '개인적 메시지'를 실행하였으나, 행동을 그만두지 않는다. 민주는 점점 더 세게 발을 찼고 영찬이는 기분이 더 나빠졌다. 교사는 "발을 바닥에 붙이고 있어라. 아니면 영찬이를 차지 않도록 모이는 곳 옆에서 따로 앉을 거야"라고 말하였다. 교사의 '경고'에도 불구하고 민주가 발차기 놀이를 계속하자, 교사는 '완수하기'를 실행하였다. 민주는 동화를 볼 수는 있지만 다른 아이들과 신체적 접촉은 할 수 없는, 집단에서 조금 떨어진 곳으로 옮겨졌다. 교사는 민주에게 발차기를 하지 않고 앉아 있을 수 있을 때 돌아올 수 있다고 알려주었다.

민주는 스스로 친구들 옆으로 돌아갈 준비가 되었다는 표시를 할 때까지 또는 동화가 끝날 때까지 그곳에 앉아 있어야 한다. 이로써 민주는 따로 떨어져 있는 장소에서는 바람직한 행동을 성공적으로 해볼 수 있는 것이다. 즉, 따로 떨어져 앉기는 다른 사람을 발로 차지 않고 앉아 있는 것을 '연습'하는 방법으로, 교사가 효과적인 지도 방법으로 사용할 수 있는 여러 유형 중 하나에 해당하는 논리적 결과라고 할 수 있다.

3.4 일반적인 지도 전략 중 결과를 시행할 수 있는 시기

결과 시행하기는 아동으로 하여금 규칙과 성인의 기대에 대해 자신의 행동을 유지하거나 변화하도록 하는 것으로, 매일 매일의 생활 가운데에서 아동의 사회적 행동과 학습을 지도할 수 있는 유용한 방법이다. 효과적으로 결과를 사용하기 위해서는, 결과 시행을 할 수 있는 맥락을 평가하는 것이 가장 좋다. 안전하지 않은 상황이나 다른 사람이나 사물에 위해를 가하는 경우, 성인의 즉각적인 개입이 요구된다. 이런 경우는 3단계 기술인 개인적 메시지, 경고하기, 완수하기를 연속적으로 사용하면 된다. 즉각적인 개입이 요구되지 않는 문제 행동의 경우, 아동의 행동을 긍정적으로 전환하기 위해서는 9장에서 언급된 여러 완곡한 기술들이 사용 가능하다. 따라서 학급 내 지도 전략은 최소한의 성인 개입으로 긍정적인 행동을 유도하는 전략부터 결과 완수하기에 이르는 연속선상의 스펙트럼이 존재한다고 할 수 있다. 이러한 전략의 연속성은 표 10-5에 제시된 바와 같이 아동의 사회적 유능감 획득을 위해 교사가 사용 가능한 전략의 유형으로 제시되어 있다.

표 10-5의 전략은 대부분 일과 중 교사가 일상적으로 모든 아동에게 사용하는 것이다. 아동이

부적절하게 행동할 때 교사가 단순하게 이를 제한하는 것만은 아니며, 좀 더 성공적으로 행동을 개선할 수 있도록 가르친다. 또한 이러한 교사의 상호작용은 '대부분의 경우, 대부분의 아동에게' 효과적이라는 연구 결과는 매우 많다(Dunlap & Fox, 2009). 그러나 어떤 아동은 자기 통제력을 갖기 위해 좀 더 전문화된 지원을 필요로 한다. 이런 아동에게 해당하는 지원이 '집중적인 개별적 중재'이다.

표 10-5 **중재의 연속성**

가장 높은 수준의 자기 조절 ↓ **가장 높은 수준의 외적 조절**	1. **관찰하고 듣기**: 아동을 가까이에서 관찰하여, 교사를 필요로 하면 도와주고 아동 스스로 문제를 해결할 수 있으면 스스로 해결하게끔 한다. 2. **자료를 보충하거나 치우기**: 아동이 스스로 할 수 있도록 필요한 자료를 보충하거나 치워 준다. 예를 들어, 미술 영역에 필요한 도구가 너무 없으면 분쟁을 일으킬 수도 있다. 이때 몇 가지 재료를 더해 주기만 해도 나누어 쓰는 것을 잘 할 수 있게 된다. 반면에 탁자에 재료가 너무 많으면 다른 아동을 방해하지 않고 작업하는 것이 어려울 수 있다. 이 경우는 몇 가지 재료들을 치우면 아이들이 협동해서 재료를 사용하게 해준다. 3. **본 것을 그대로 기술하기**: "둘 다 가위를 동시에 사용하고 싶어 하는구나" 혹은 "반짝이를 나누어 쓰기로 했구나. 함께 작업할 수 있는 방법을 찾아서 기쁘다." 4. **정보 제공하기**: "지영이가 네 그림에 일부러 풀을 쏟았다고 생각하는구나. 지영이는 풀을 제자리에 두려고 했는데 쏟아진 거야. 그건 사고였어" 또는 "두 사람이 동시에 같은 물건을 써야 하면, 나누어 쓰거나 교대로 써야 해." 5. **질문하기**: "이 문제를 해결하기 위해서 어떻게 할까?" 또는 "화났을 때 친구를 때리는 것 말고 어떻게 할 수 있을까?" 6. **대안적인 선택 제시하기**: "얇은 붓은 민수가 사용하고 있구나. 너는 굵은 붓을 사용하거나 목탄 연필을 사용할 수 있어" 또는 "지금 치우는 시간이야. 작업복을 치우거나 상자를 쌓아놓을 수 있어." 7. **신체적으로 개입하기**: 때리는 것과 같은 해로운 행동은 아동의 손을 붙잡아서 멈추게 한다. 교사가 말하는 것을 들을 수 있도록 몸부림치는 아동을 붙잡는다. 서로 밀고 있는 두 아동은 떨어뜨려 놓아야 한다. 8. **아동이 문제에 대해 협상하도록 돕기**: 이때에는 상황을 해설해주는 역할을 한다. "친구가 너를 밀었을 때 좋았니? 친구에게 뭐라고 말할 수 있을까?" 또는 "호준아, 너는 순서대로 하면 좋겠다고 생각하는구나. 민정이는 어떻게 생각하니?" (이와 관련된 전략은 11장에 상세히 제시됨.) 9. **개인적 메시지를 사용하여 규칙을 상기시키기**: "반짝이를 사용하고 싶구나. 갖고 싶다고 물건을 확 잡아당기면 다른 사람이 다칠까 봐 선생님은 걱정이 돼. 영주에게 다음에 써도 되는지 말로 물어봐." 10. **경고나 효과적인 칭찬을 통해서 행동과 결과를 연결하기**: "순서대로 반짝이를 사용하세요. 아니면 반짝이 대신 다른 재료를 사용해야해" 또는 "반짝이와 풀을 바꿔 쓰기로 했구나. 그러면 되겠다." 11. **논리적인 결과 시행하기**: "반짝이를 나누어 쓰는 것을 기억하지 못했구나. 다른 재료를 찾아서 사용하자" 또는 "영수 그림에 실수로 풀을 떨어뜨렸구나. 휴지를 가지고 와서 닦아주어라." 12. **떼를 심하게 쓰거나 정서적으로 통제 능력을 상실한 아동에게 생각하는 시간 사용하기**

4. 집중적인 개별적 중재의 필요성

모든 아동은 행동을 잘하다가도 실수로 문제가 되는 행동을 하기도 한다. 그러나 어떤 아동은 전반적으로 잘못된 행동의 너무 잦고 그러한 문제 행동을 바꾸려고 하지 않아, 학습과 발달, 그리고 다른 사람과 더불어 지내는 것을 잘 못하기도 한다. 이러한 특성은 발달상 사회적인 문제의 위험이 높아지며, 성공적인 학교생활을 저해할 수 있다(Kaiser & Rasminsky, 2012). 예를 들어, 누구든 분쟁이 격렬해지면 다른 아동을 때릴 수도 있지만, 어떤 아동은 전형적인 상호작용 양식이 때리기인 경우가 있다. 마찬가지로 이야기나누기 시간에 말할 수 있는 시간을 갖지 못한 아동이 대집단 시간을 방해할 수도 있으나, 이것은 간간히 일어나는 일이지 일상적으로 반복되는 일은 아니다. 만약 어떤 아동의 대집단 시간에 방해하는 행동이 예측가능하다면(예: 바닥에서 뒹굴기, 이야기나누기 중 큰 소리로 말하기, 벌떡 일어나서 다른 데로 가버리기), 이는 매 대집단 시간이 그 아동과 함께 하는 모든 이들에게 괴로운 시간임을 뜻한다. 어떤 아동이 이처럼 다루기 어려운 행동을 일상적인 상호작용 방법으로 취한다면, 다른 아동들은 그 아동을 피하게 된다. 교사 또한 이런 아동과 상호작용하기를 두려워하거나 어떻게 도와줘야 그 아동이 긍정적으로 행동할 수 있는지 막막하게 된다. 이 모든 반응은 습관적으로 부적절한 행동을 하는 아동이 성공적인 경험을 할 수 있는 가능성을 높이지 못한다. 보다 적절하게 이런 유형의 아동을 지도하는 방법은 집중적인 중재를 시작하는 것으로, 이는 그림 10-7에 제시된 사회적 지원 피라미드상 가장 상위에 해당하는 방법에 해당

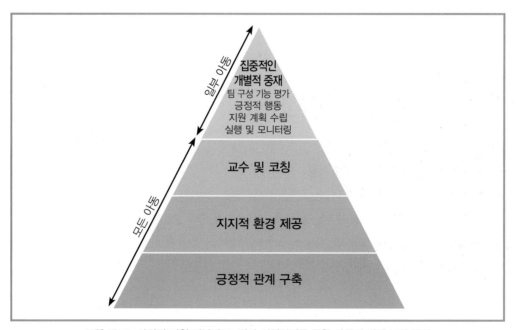

그림 10-7 사회적 지원 피라미드: 결과 시행하기를 통한 아동의 자기 조절 증진

한다.

4.1 집중적인 개별적 중재

명칭에서 보는 바와 같이 **집중적인 개별적 중재**(Intensive Individualized Interventions)는 특정 아동에게 적합하도록 특별히 설계된 것이다. 집중적인 개별적 중재는 대상이 되는 아동을 일상적으로 돌보는 각 미시체계의 성인들이 유사한 책략으로 그 아동을 대하는 것이므로, 중재의 수준이 매우 높다. 이 수준의 중재는 관련된 성인이 모두 모여 계획을 세운 후, 해당 아동이 부적절한 행동을 대체할 새로운 능력을 발달시킬 수 있도록 지원하기 위한 모든 노력을 협력하고 조정하는 것이다(Hemmeter & Conroy, 2012).

집중적인 개별적 중재의 과정은 다음의 5단계를 거친다.

1. 해당 아동을 위한 '긍정적 행동 지원팀(Positive behavior support team)'을 구성한다.
2. 해당 아동이 문제가 되는 행동을 하는 원인을 좀 더 잘 이해하기 위해, 관련된 상황에 대한 '기능 평가(functional assessment)'를 실시한다.
3. 해당 아동이 보이는 행동의 의미를 명확히 하고, 향후 중재 계획을 세우는 데 기초가 되는 행동 가설을 세운다.
4. 긍정적 행동 지원 계획을 수립한다.
5. 중재 계획을 실행하고 모니터링한다.

은우라는 한 아동의 실례를 염두에 두고 각 단계를 살펴보면 다음과 같다.

은우의 예

2학년인 은우는 학급에서 자주 징징댄다. 같은 반 아동들은 은우 때문에 짜증스러워하며, 실제 학급에서의 활동을 방해받기도 한다. 은우는 하루에 보통 서너 번은 투덜대면서 흐느껴 운다. 같은 반 아동은 은우를 이미 피하기 시작하였고, 교사 또한 일과 중 많은 시간 동안 은우가 큰소리로 징징대는 것을 응대하느라 보내고 있다.

교사는 이런 은우의 행동이 타인의 권리를 침해한다고 판단하나, 은우가 같은 반 친구들과 잘 지낼 수 있는 능력이 있다고 생각한다. 이에 교사가 은우에게 칭얼거리면서 울지 말고 말로 표현하는 것을 규칙으로 정한 바 있으나, 은우를 대상으로 일관되게 결과를 시행하는 데에는 성공하지 못하고 있다. 교사는 은우를 상대하는 다른 성인들도 자신과 같이 은우의 행동을 교정하는 데 실패하고 있을 것으로 생각하고 있다.

1단계: 관련자 모두 모이기

집중적인 개별적 중재가 작동하기 위해서는 집단의 노력을 필요로 한다(Stormont et al., 2008). 해당 아동과 정기적으로 상호작용하는 모든 사람들로부터 긍정적 행동 지원 계획을 수립하고, 이를 실행하며, 실행 후 성공 여부를 판단하는 데 잠재적으로 도움이 되는 정보를 제공받을 수 있다. 여기에는 가족과 담임교사, 다른 학급의 교사와 재원 중인 기관의 원장 및 행정직원, 조리사, 운전기사, 관리원 및 그 외 해당 아동과 규칙적으로 접촉하는 사람이 모두 포함된다.

> 은우의 담임교사와 보조교사, 방과후 교사 및 도우미, 그리고 어머니가 모두 모여 은우를 어떻게 도울지를 논의하였다.

2단계: 기능 평가하기

지원팀에 속한 성인들은 긍정적인 행동 지원 계획을 수립하기에 앞서 다음의 네 가지 질문에 먼저 대답해봐야 한다.

- 해당 아동의 문제가 되는 행동이 전형적으로 발생하는 조건은 무엇인가?
- 문제가 되는 행동이 명확하게 무엇인가?
- 문제 행동이 발생했을 때, 해당 행동을 강화하거나 지속되도록 하는 반응은 어떤 것들이 있는가?
- 해당 아동이 부적절한 행동을 함으로써 얻는 것은 무엇인가(예: 권력, 주의집중, 과제 건너뛰기, 흥분)? 즉, 아동이 하는 문제 행동이 그 아동의 삶에 어떤 '기능'을 하는가?

이러한 질문에 대한 답은 A-B-C 분석을 통해 가능하다(O'Neill et al., 1997).

A(antecedents): 사건

'사건'이란 아동이 다루기 힘든 행동을 보이기 바로 직전에 일어난 것으로, 아동의 부적절한 행위의 이유가 되는 것을 의미한다. 문제 행동의 '발단'은 그 어떤 것도 다 될 수 있다. 그중 가능성이 높은 것에는 성인의 지시, 또래의 행동, 규칙적인 일과의 변화, 전이, 물리적 환경의 특성, 하루 중의 시간, 자극이 너무 없거나 자극이 과한 경우 등이 해당한다. 어떤 것이 특정 문제 행동을 촉발시키는지 알아보는 것은 적절한 계획을 개발하기 전에 확인되어야 할 필수적인 정보이다.

B(behavior): 행동

'행동'이란 아동이 자신의 목표를 추구하기 위해서 이용하는 행위로, 아동의 행동을 관찰가능하며 수량화가 가능한 용어로 구분해내는 분석에 해당한다. 예를 들어, 때리기는 관찰가능하며 셀 수 있는 행위이다. 어떤 아동은 다른 아동을 때린 후 주변에서 성인이 보고 있는지를 둘러보며 확인할 수도 있다. 또 다른 아동은 다른 아동을 때린 후 성인의 눈을 피해 그 자리를 뜰 수 있다. 언뜻이 두 경우는 유사해 보이나, 동일한 행동이라고 할 수 없기 때문에 성인의 응대 또한 달라야 한다. 특정 문제 행동을 명확히 하는 것은 그 문제의 본질에 대해 팀원들이 공통되게 이해를 하고 있는 것이므로, 지원이 필요한 아동을 위해 개별 팀원이 좀 더 의미 있는 개별적 중재 계획을 계획할수 있게 된다.

C(consequences): 결과

A-B-C 분석의 맥락에서 결과인 C는 아동이 다루기 힘든 행동을 한 직후 무엇이 발생하는지를 의미한다. 주변 사람들은 그 행동에 대해 어떻게 반응하는가? 아동은 자신이 원했던 것을 얻었는가? 아동은 자신이 원하지 않았던 상황으로부터 벗어났는가? 이러한 정보는 팀원들에게 해당 아동의 문제 행동이 지속적으로 나타나도록 하는 것이 무엇이며, 부적절한 행동으로 인해 얻는 것이 무엇인지에 대한 단서를 제공한다.

　질문에 대한 답을 하기 위한 자료는 해당 아동을 여러 사건과 상황에서 관찰하고, 간단한 메모부터 표본식 기록, 일화 기록, 체크리스트 및 평정척도 등을 이용한 기록을 통해 수집된다. 또한 입학원서, 건강검진 및 기타 진료기록, 사고보고서도 유용한 자료가 될 수 있다. 관련된 사람(해당 아동 본인, 또래 및 성인 등)들과의 면담 또한 도움이 된다.

> 은우를 위한 중재팀의 팀원들은 은우를 적어도 하루에 1시간 이상 3일 동안 관찰한 후 각각 A-B-C 분석을 실시하기로 하였다. 이로써 은우에 대한 관찰이 자신의 학급과 방과후 교실, 그리고 집에서 실시되었다.

3단계: 행동 가설 세우기

자료가 모두 수집되면 팀원들은 다시 모여 증거가 되는 자료를 솎아내며, 추려진 증거가 보여주는 것이 무엇인지에 대해 잠정적으로 결론을 맺는다(Duffy, 2010). A-B-C 표로 제시된 실제 관찰의 예는 다음의 표 10-6에 제시된 바와 같다. 관찰한 것을 검토하는 것은 해당 아동의 다루기 힘든 행동을 이해하고, 그 아동의 삶에 그 행동이 어떤 기능을 하는지를 이해하기 위한 실제적인 기초를 제공하는 작업이다(Hanline et al., 2009). 문제 행동의 가장 공통적인 기능(주의를 끌기, 원하지 않는 행동을 피하기, 자극이 너무 많거나 적은 행동에 대해 반응하기 등)은 이 장에서 이미 기술된 바 있다. 교사는 중재 전략을 개발할 때 그 기능을 고려하여, 중재팀의 계획이 우연이라도 해당 문제 행동을 '나쁜 행동'으로 처리하거나 사태를 더 악화시키지 않도록 해야 한다. 예를 들어, 은우가 주위 사람의 주의를 끌기 위해 징징대는 것이라면, 팀원 간의 토론에서는 은우가 우는 소리를 할

표 10-6 **은우 사례의 기능 평가 및 분석**

A(antecedents) 사건/유발요인	B(behavior) 행동	C(consequences) 결과
다함께 조용히 책을 읽는 시간에 교사가 은우에게 읽을 책을 골라보라고 한다.	은우는 자신이 좋아하는 책을 찾을 수 없다며 징징댄다.	교사는 그냥 가버린다. 은우는 책을 읽지 않는다.
전이시간에 교사는 은우에게 밖에 나가기 전 코트를 입으라고 한다.	은우는 자신의 코트가 입기에 너무 무겁고 따가워서 우는 소리를 한다.	교사는 "코트를 안 입으면 추울텐데"라고 말한다. 은우는 코트를 입지 않고 나간다.
은우는 소집단 시간에 민지 옆에 앉고 싶어 하였으나, 민지가 앉은 모둠은 인원이 차서 앉을 자리가 없다.	자신은 울면서 꼭 민지 옆에 앉고 싶다는 얘기를 계속한다.	민지 옆에 있던 진서가 일어나서 다른 모둠으로 가자 은우는 그 자리에 앉는다. 교사는 소집단 활동을 시작한다.
방과후 교실에서 보조교사가 은우에게 자유선택활동을 하러 가기 전 간식 책상 두개를 닦으라고 한다.	은우는 지금 너무 힘들어서 간식 책상을 닦을 수 없다며 우는 소리를 한다.	보조교사는 그러면 책상을 하나만 닦으라고 한다.
집에서 엄마가 "저녁 먹을 시간이야. 식탁으로 와"라고 말한다.	은우는 자신이 하던 컴퓨터가 아직 안 끝났다며 징징댄다.	은우는 컴퓨터 앞에서 밥을 먹는다.

행동 가설: 은우의 다루기 힘든 행동의 기본적인 기능은 '회피'로, 은우는 징징대는 행동으로 인해 자신이 좋아하지 않는 상황이나 과제를 피할 수 있다.

때마다 바로 성인이 응대해주는 것은 사회적인 보상이 되어 징징대는 행동을 좀 더 자주 일으킬 것이라는 내용이 포함되어야 한다. 반면 은우의 징징대는 행동이 자신이 따르기 힘든 상황에 놓였을 때 사용할 수 있는 사회적 기술의 부족 때문이라면, 언어적 상호작용을 코칭하는 것이 자신이 수행해야 할 과제를 징징대거나 좌절하지 않고 수행할 능력을 증진시키기 위한 방법으로 타당하다. 표 10-6에 제시된 예를 보고, 은우를 위한 중재팀이 분석한 행동 가설에 동의하는지 살펴보라.

표 10-6에 제시된 증거에 기초하여, 은우의 중재팀은 은우의 문제 행동이 자신이 하기 싫은 행동을 하지 않아도 되게 하는 '성과'로 이어진다고 보았다. 또한 은우는 성인이 아동에 대한 행동 기대를 항상 일관되게 하는 것은 아니며, 징징대면서 우는 소리를 할 때에는 규칙을 고수하지 않는다는 것을 발견하였다. 이 모든 것은 은우의 행동이 지속적으로 더 심화될 것임을 보여준다.

4단계: 긍정적 행동 지원 계획 설계하기

기능적 평가 분석을 통해 확보한 문제 행동에 대한 이해를 기초로, 중재팀은 해당 아동을 위한 긍정적 행동 지원 계획을 수립하게 된다. 이 계획은 다음의 여섯 가지 요소를 포함한다(Fox et al., 2009).

- 아동의 긍정적인 행동에 초점을 둔 중재 목표
- 문제 행동을 유발하는 상황에 관한 예방 전략
- 문제 행동 대신 아동이 목표로 하는 바를 보다 적절하게 성취하도록 하는 대체 행동
- 적절한 행동을 강화하는 전략
- 문제 행동이 강화되지 않도록 하는 전략
- 아동의 행동 개선을 추적할 수 있는 방법

전형적인 계획은 그동안 앞서 제시되었던 규칙과 결과 시행을 포함한 지도 전략의 조합으로 이루어진다. 긍정적 행동 지도 계획의 전문성은 고도로 조직화된 특성과 체계적인 자료 수집을 통해

표 10-7 은우에 대한 긍정적 행동 지원 계획

계획	은우는 성인의 합리적인 요구에 대해 징징대지 않고 따른다.
예방	학교나 가정에서 학생들이나 식구들에게 일반적으로 하는 사전 통보보다 5분 전에 은우에게 별도로 개별적인 통보를 먼저 한다. 요구나 규칙을 따르는 것이 큰 문제가 되지 않는 경우에는 은우에게 선택권을 준다. 규칙 따르기와 관련하여 직접적인 충돌이 없도록 상황을 조성한다.
대체 행동	은우에게 규칙 따르기가 요구되는 상황 내에서 선택권을 준다. • 코트입는 것을 거부하기: 코트는 입되, 지퍼를 잠글 것인지 말 것인지는 은우가 선택한다. • 민지 옆에 앉기: 민지가 속한 1번 모둠은 모두 찼으므로, 은우는 2번 모둠이나 3번 모둠 중 하나를 고를 수 있다. • 책 읽지 않기: 교사는 두 개의 책을 고르도록 하며, 은우는 둘 중 하나를 선택한다. 성인은 은우가 일상적인 톤으로 이야기를 할 때에만 은우의 이야기를 들어준다는 규칙을 정한다. 하루 일과 중 은우가 징징대는 상황이 처음 발생할 때, 성인은 "선생님(엄마)은 네가 우는 소리로 얘기를 하면 무슨 뜻인지 모르겠어. 평소 같은 목소리로 다시 얘기해봐"라고 이야기를 한다. 또한 은우에게 징징대지 않으면서 얘기하는 것에 대한 시범을 보이고, 은우에게 일상적인 톤으로 따라하도록 하여 이를 '연습시킨다.'
적절한 행동 강화	은우가 우는 소리를 내지 않으면서 얘기할 때 '효과적인 칭찬'을 한다. 은우가 자신이 원하는 것에 대해 일상적인 톤으로 표현하면, '긍정적인 개인적 메시지'를 실행한다. 은우에게 자신이 한 평소 같은 목소리로 다시 얘기하라고 한다. 이 때 은우가 징징대지 않고 얘기할 수 있으면, 성인은 "좋았어. 이제 무슨 뜻인지 이해가 된다"라고 얘기해준다.
부적절한 행동 강화 회피	성인의 합리적인 기대에 기초해 단계적 기술(개인적 메시지, 경고하기 및 완수하기)을 담담하고 객관적인 태도로 실행한다.
개선된 행동 추적	체크리스트와 일화기록을 이용하여, 은우의 행동을 3주 동안 1시간씩 관찰한다. 은우의 행동 개선 정도를 평가하기 위해 다음의 지표를 활용한다. • 은우에게 완수하기 단계까지 실행하는 빈도가 줄어들었는지 여부 • 은우가 성인의 기대를 따르지 않으려고 징징대는 횟수가 줄어들었는지 여부

계획의 개발과 실행이 이루어진다는 특성에 있다. 은우를 위해 수립된 긍정적 행동 지원 계획은 표 10-7에 제시된 바와 같다.

5단계: 긍정적 행동 지원 계획의 실행과 모니터링

긍정적 행동 지원 계획이 아무리 정교하게 고안되었다고 하더라도, 전체 팀원이 이를 정확하고 체계적으로 계획을 수행할 때에만 효과가 있다. 따라서 중재팀에 속한 모든 성인은 자신의 행동을 모니터링하고, 대체, 강화 및 강화 회피 전략이 필요한 모든 상황에서 이를 수행해야 한다. 계획이 실행되기 시작하면, 성인은 언제 수립된 전략이 성공 또는 실패했는지를 중심으로 해당 아동의 행동에 대한 자료를 수집해야 한다. 또한 팀원들은 자신이 사용하는 전략과 해당 아동의 행동 개선이 서로 다른 맥락에서 어떻게 나타나는지를 논의하기 위해 주기적으로 만나야 한다. 서로의 정보를 청취하는 과정에서 해당 아동의 성공 가능성을 높이기 위해 기존의 계획을 조정하거나 팀원 자신의 행동을 수정하기도 한다. 아동의 행동이 개선될수록 집중적인 개별적 중재의 요구도는 점차 줄어들게 되며, 바람직한 행동이 표 10-5에서 제시된 지도 전략에 대한 반응으로 나오게 된다.

> 은우에게 기대되는 긍정적 결과: 팀원인 성인들이 중재 계획에 따라 온전히 실행하면, 은우는 합리적인 요구("대집단으로 오세요" 또는 "와서 저녁 먹어라")의 경우 결국 경고하거나 개인적 메시지 단계에서 따르기를 할 수 있을 것이며, 그 상황을 벗어나고자 징징대는 빈도 또한 줄어들 것이다. 또한 이런 상황에서 은우는 전에 비해 긍정적으로 행동하고, 결과적으로 또래와의 관계에서 성공적인 경험을 하는 데 도움이 되는 새로운 기술을 배울 수 있을 것이다.

집중적인 개별적 중재는 보통 유아기에 이용하는 기관이나 초등학교에서 효과적이다(Stormont et al., 2008). 특히 집중적인 개별적 중재는 특별한 관심이 요구되면서도 성인이 다루기 힘든 행동을 보이는 몇몇 아동만을 대상으로 사용하는 것이 적절하다. 이는 성인으로 하여금 "도대체 내가 어떻게 해야 하지?"라는 의문을 들게 하는 행동을 보이는 일부 아동을 의미한다. 또한 어느 시점에서 규칙 적용과 결과 시행하기를 실시해야 하는지 불분명한 장애아동의 경우 또한 집중적인 개별적 중재를 실시하기 적절한 대상에 해당한다.

5. 장애아동을 대상으로 하는 규칙 적용과 결과 시행하기

등원 후 실시되는 대집단 시간에 교사는 이젤과 물감, 그리고 미술가운이 미술영역에 준비되어 있음을 소개하고, 물감놀이를 하기 위한 순서를 설명해주었다. 3세 승민이는 자유선택활동이 시작되자마자 미술영역으로 가서 미술가운을 입지 않은 채로 물감놀이를 시작한다. 교사는 규칙이 무엇인지를 다시 상기시켜주었으나, 승민이는 그래도 물감놀이를 계속한다. 교사는 어떻게 해야 할까?

5세 지찬이는 대집단 시간에 가만히 앉아 있는 것이 매우 힘들다. 지찬이는 교사가 동화를 읽어줄 때 방해를 하기도 하고, 다른 아동의 앞에 서서 시야를 가리기도 하며, 깔깔대며 주변 아동을 쿡쿡 찌르기도 한다. 교사는 어떻게 해야 할까?

3학년 유선이는 자습시간에 학급문고 중 어떤 책을 읽으면서 계속 이상한 소리를 반복해서 낸다. 큰 소리를 내다가 가끔 숨을 죽여 작은 소리를 내기도 하지만, 주변에서 책을 읽고 있는 다른 아동들에게는 여전히 방해가 된다. 교사는 어떻게 해야 할까?

이 장에서 앞서 제시된 교사의 전략과 기술을 상기해보면, 위와 같은 상황에서는 아동별로 적절한 규칙을 제시하고 필요한 경우 결과를 시행할 수 있다. 그러나 위의 행동을 보인 세 아동이 각각 청각 장애, 다운증후군 또는 뚜렛 장애를 가진 아동이라면 성인이 중재 시 사용하는 기술에 변화가 필요할까?

　모든 아동은 다양한 상황에서 요구되는 적절한 행동뿐만 아니라 제한, 나누기, 순서 기다리기 등을 배울 필요가 있다. 비록 이를 배우고 지속적으로 적용하기 위해서는 시간이 오래 걸리겠지만, 이는 장애아동에게도 해당된다(Odom, McConnell, & Brown, 2008). 물론 이 책에서 제시된 다양한 훈육 방법은 보편적으로 적용이 가능하지만, 아동이 특별한 요구를 가진 경우는 그에 맞추어 적용되어야 한다. 어떤 경우에는 개별 아동의 상태가 가지는 고유한 특성에 따라 맞춤형으로 수정될 수 있다. 예를 들어 청각 장애를 가진 아동에게 사용하는 방법은 시각 장애나 심각한 뇌손상을 가진 아동에게 사용되는 방법과 다를 수 있다.

　특별한 도움이 필요한 아동을 어떻게 다루어야 하는지는 가족이나 해당 분야 전문가, 관련 자료, 특정 장애를 가진 사람들을 돕기 위해 조직된 협회 등과 상담을 통해 얻을 수 있다. 또한 특별한 요구나 도움을 필요로 하는 아동에게 학급에서의 규칙에 따르게 하기 위해 효과적으로 사용될 수 있는 일반적인 방법들이 있는데, 이는 Note 10–2에 제시되어 있다. 이를 기초로 앞서 제시된 영수, 지찬, 유선이의 예를 살펴보도록 하자.

　영수는 청각 장애가 있어서 언어적 의사소통이 어렵다. 승민이는 그림, 사인, 수화 또는 큐드 스피치(Cued speech; National Dissemination Center for Children with Disabilities, 2004)와 같은 눈에 보이는 의사소통을 통해서 메시지를 더 잘 이해한다. 교사는 승민이가 규칙을 인지하고 있는지 확인하기 위해서 시각적인 의사소통을 사용한다(예: 미술가운을 입는 순서를 그린 순서도를 승민이가 보도록 하고, 그 다음에 물리적으로 미술가운을 입도록 가운을 내주는 것). 승민이가 계속해서 미술가운을 입지 않고 그림을 그리면 미술가운을 입을 때까지 이젤 근처에 가면 안 된다고 경고를 한다. 만약 승민이가 이 경고를 무시하면 교사는 이젤을 치우고 승민이가 미술가운을 입도록 도와줌으로써 적절한 행동을 연습하도록 한다.

　지찬이는 다운증후군이다. 염색체 이상에 의한 선천성 장애인 다운증후군은 정신 지체와 함께 시각 및 청각 장애를 동반하기도 한다(March of Dimes Birth Defects Foundation, 2007). 지찬이가 하는 행동이 나쁜 의도를 가진 것은 아니나, 다른 아동을 방해하는 것은 분명하다. 이에 교사는 모든 아동을 대상으로 대집단 시간에 엉덩이는 바닥에 붙이고 손은 무릎 위에 놓고 있는 규칙을 정하였다. 매 대집단 시간마다 이 규칙을 반복하여 상기시켰으며, 지찬이 옆에는 보조 교사가 같이 앉도록 하였다. 지찬이가 일어나면 바로 보조교사가 "지찬아, 앉아 있는 것이 지금 규칙이야. 그래야 모두 잘 볼 수 있어"라고 말하며 규칙을 간결하게 상기시켜준다. 지찬이가 계속 서있으면, 보조교사는 지찬이에게 지금 앉던지 아니면 맨 뒤에서 선생님과 함께 앉아 다른 사람에게 방해가 되지 않고 대집단 내용을 들을 수 있는 것을 연습할 것임을 경고한다. 이후 필요한 경우 보조교사는 완수하기를 시행한다. 방과후 교사도 이 방법을 사용하여, 지찬이로 하여금 같은 규칙과 결과를 유치원과 방과후 교실에서 경험할 수 있도록 한다.

　유선이는 틱이라 불리는 신경학적 장애인 뚜렛 장애를 갖고 있어, 비자발적으로 특정 행동이나 소리를 낸다. 그 행동이나 소리에 의미는 전혀 없으나, 당사자는 어쩔 수 없이 표현할 수밖에 없다 (National Institute of Neurological Disorders and Stroke, 2005). 아동이 애를 쓰면 틱 장애를 조절할 수 있지만(한 번에 몇 분에서 몇 시간 정도), 이는 더 크게 발생하는 것을 미루는 것일 뿐이다. 오히려 긴장은 아동의 틱을 증가시키며, 편안하면 틱이 완화된다. 때문에 교사는 유선이에게 틱을 못하도록 하기보다 읽는 동안 다른 아동에게 방해를 주지 않는 조용한 공간을 만들어 준다. 동시에 교사는 유선이가 다른 아동과 지내기 위해 필요한 순서 지키기, 협동하기와 같은 사회적 행동을 조절하도록 도와준다.

　위의 예들은 규칙과 결과가 장애아동이 보다 사회적으로 유능하게 될 수 있도록 하는 데에 사용되는 방법을 보여준다.

　이 장에서는 결과 시행을 사회성 발달 및 학습 상 모든 수준의 아동에게 어떻게 효과적으로 사용할 수 있는지에 대해 광범위하게 다루었다. 이제는 적합한 결과 시행하기에 관계된 실제 기술들을 살펴볼 시간이다.

특별한 도움이 필요한 아동에게 규칙을 적용하고 결과를 시행하기 위한 전략

1. 아동을 주의 깊게 관찰한다

- 아동으로 하여금 잘못된 행동을 하게 하거나 성공적으로 행동하기 어렵게 만드는 물리적 환경, 소리, 냄새, 사람, 일과, 또는 시간이 있는지를 살펴본다.
- 아동을 즐겁게 하는 것과 아동이 정적 결과로 여기는 것이 무엇인지를 알아본다.

2. 문제가 되는 행동을 미연에 방지한다

- 지나친 감각적 자극을 줄인다.
- 실수를 일으킬 수 있는 환경, 일과 및 일정은 조정한다.
- 필요한 경우 감독이나 사회적 지원을 늘린다.

3. 규칙과 결과를 제시하기 전에 아동의 주의를 먼저 집중시킨다. 이때 아동별로 주의집중을 위해 사용하는 전략은 다를 수 있다

4. 아동이 규칙과 결과에 대해 잘 알 수 있도록 반복해준다

- 아동이 규칙을 더 잘 따를 수 있도록 예상 가능한 일과를 운영한다. 하루 일과의 순서에 대해 많은 (시각적, 언어적) 단서를 사용한다.
- 몇 가지 동일한 규칙을 자주 반복한다.
- 개인적 메시지, 경고하기 및 완수하기를 일관되게 시행한다.

5. 규칙과 절차를 세분화하여 제시한다. 특히 세분화하는 단위는 일반적인 아동을 대상으로 할 때에 비해 좀 더 세밀해야 한다

- 한 번에 한 가지씩 가르친다.
- 각 단계마다 보상을 한다.
- 매번 100% 따를 것을 기대하지 않는다.

6. 아동이 규칙과 경고에 반응할 시간을 좀 더 준다

- 각 아동의 반응 양식에 익숙해진다.
- 즉각적인 따르기를 요구하지 않는다.

7. 규칙 따르기에 대한 요구를 현명한 방식으로 한다

- 안전, 자산, 권리에 대한 위협이 아니라면, 성인을 화나게 하는 몇몇 행동은 못 본 척한다.
- 아동이 해야 할 일을 성공적으로 할 수 있게 하는 논리적인 결과를 선택한다. 단, 논리적 결과를 시행하기 위해서는 추가적인 시간이 걸린다는 것을 유념해야 한다.
- 아동이 행동에 대한 결과로 창피를 주지 않도록 한다.

출처: Brown, Odom, & McConnell(2008); Kline, Cook, & Richardson-Gibbs(2001); Stephens(2006).

결과를 시행하는 기술

적절한 결과 고안하기

1. 규칙에 부합하는 결과를 예상해본다

일과 운영 중 아동에게 기대되는 규칙과 이에 알맞은 결과를 미리 생각해 놓는다. 유아를 담당하고 있다면, 나누기, 대집단 시간에 앉아 있기, 낮잠 시간에 조용히 하기와 같은 규칙을 준수하도록 하기 위해 사용할 결과들을 생각해둔다. 학령기 아동에게는 또래 간의 갈등을 해결하고, 주의 집중하거나, 과제를 제시간에 제출하거나, 자기 일을 스스로 하는 규칙을 따르도록 하기 위한 결과를 결정해 둔다. 먼저 교사가 사용할 수 있는 자연적 결과를 생각해 본 후, 가능한 논리적 결과를 계획하고, 마지막으로 관련 없는 결과를 생각해본다. 특혜를 주는 것이나 칭찬과 같은 정적 결과를 위한 아이디어도 생각해둔다. 언어적인 강화와 비언어적인 강화를 모두 사용한다.

2. 아동에게 문제에 대한 해결방법이나 가능한 결과에 대해 자신의 생각을 제시할 수 있는 기회를 준다

자신이 지켜야 할 규칙을 만드는 과정에 참여하는 것이 효과가 있듯이, 아동에게 가능한 결과를 제시해보도록 하는 것도 유용하다. 잘못한 행동이 크게 문제되지 않는 상황에서 있을 수 있는 문제 상황을 제시하고, 아동이 결과를 생각해보도록 다음과 같이 개방형 질문을 한다. "누가 친구의 블록을 무너뜨렸을 때는 어떻게 해야 할까?" 또는 "교실을 돌아다니며 다른 친구의 작업을 방해할 때 어떻게 해야 할까?" 규칙의 가치를 깨닫고 어떤 행동이 더 나은 결과를 이끌 수 있는지 생각해보게 하면, 아동도 행동과 결과 간의 인과관계를 직접적으로 경험할 수 있다. 또한 규칙이 중요한 이유를 생각하고 결과의 역할을 이야기해볼 기회를 갖게 된다. 이때 아동은 흔히 무섭거나 가혹하고 실행할 수 없는 벌칙을 제안하곤 한다. 이것을 바로 일축하기보다는 다른 제안과 함께 분석에 포함시키는 것이 좋은데, 터무니없는 생각이 주는 새로움이 사라지면 아동은 진지하게 논의에 참여한다.

교사가 제시한 토론내용 외에도 아동으로 하여금 함께 해결하기를 바라는 자신들의 문제를 찾아보도록 격려한다. 아동이 아이디어를 내면 구체적인 목록을 게시한다(예: 진수는 점심 급식시간의 문제에 대해서 이야기를 하고 싶어 한다. 철민이는 친구들이 별명을 부르는 것에 대해서 이야기하고 싶어 한다). 이러한 문제를 토론할 수 있는 시간을 마련하되, 잘못 행동한 개인의 이름을 언급하거나 특정한 아동만을 대상으로 결과를 만들어 내지 않도록 한다. 대신에 집단에 있는 어떤 아동이라도 미래에 이러한 문제에 대응할 수 있는 방법에 대해서 이야기한다. 큰 종이나 아동이 쉽게 볼 수 있는 기록장에 논의된 해결책을 기록한다. 학급 전체가 일주일 동안 해결책을 찾는 노력을 지속하도록 격려하고, 해결책이 잘 적용되는지 평가하고, 필요하면 다시 수정한다.

3. 경고하기의 형태로 교정적 결과를 말한다

규칙과 결과에 대해 아동에게 양자택일의 유형으로 말을 한다. "다 같이 모인 곳 중 어디에 앉을지 네가 정해. 아니면 네가 선택할 수 있도록 선생님이 도와줄게", "퍼즐을 모두 맞춰서 제자리에 놓아. 아니면 다른 퍼즐을 새로 꺼낼 수 없어", "친구에게 그만 얘기하세요. 그렇지 않으면 둘이 떨어져 앉을 거예요."

4. 경고하기는 개별적으로 한다

공개적인 망신으로 인해 체면 살리기에 급한 아동은 규칙을 따르려 하지 않는다. 따라서 경고를 할 때에는 아동에게 가까이 다가가 확고하고 조용한 목소리로 잘못된 행동이 계속되면 어떤 일이 다음에 벌어지는 것임을 설명해준다.

5. 아동이 행위에 대한 자연적 결과를 알려준다

아동에게 행동의 자연적 결과를 사실적이고 평가적이지 않은 목소리로 알려준다. "네가 현우와 풀을 같이 쓰면, 현우도 반짝이를 나눠 쓸 마음이 생길거야" 또는 "네가 물고기 밥 주는 걸 잊어버리면, 물고기들이 하루 종일 배고플 거야"와 같이 사실적 정보를 주면 도움이 된다. 단, 교사의 말이나 태도에서 "내가 너에게 그렇게 말했잖니"와 같은 핀잔의 느낌을 받는다면, 아동은 교사의 말을 듣지 않는다. 교사가 얼마나 잘 아는지가 아니라 사실을 설명해주면 아동이 더 많은 것을 배운다. 따라서 "이것 좀 봐. 그렇게 넣으면 상자 안에 블록 조각이 안 들어가잖아"라고 말하는 대신, "성희가 블록 조각들을 상자에 그냥 넣으니까, 상자에 다 들어가지 않는다는 것을 알았구나"라고 말한다.

6. 개인적 메시지, 경고하기 및 완수하기의 순서로 사용한다

이 순서를 바꾸거나 건너뛰어서는 안 된다. 이런 경우 단계적 기술의 장·단기적 이점을 잃게 된다.

7. 각 단계를 마친 후 아동이 반응할 시간을 충분히 준다

각 단계마다 적어도 몇 분을 기다려주어, 아동이 따를 수 있는 시간을 준다. 위험한 상황에서는 아동의 행위를 물리적으로 멈춘 뒤에 아동이 규칙을 따를지 잠시 지켜본다. 급하지 않은 상황에서는 개인적 메시지와 경고하기, 완수하기가 진행되는 몇 분이 그리 길지는 않을 것이다. 예를 들어, 교사는 재혁이가 왔다 갔다 하며 다른 아이들을 방해하는 대신 어디에서 놀지를 선택하도록 하기로 했다. "재혁아, 아직 재미있는 활동을 찾지 못했구나. 네가 여기저기 돌아다니니까 선생님이 신경이 좀 쓰이네. 네가 어디서 놀고 싶은지 한 영역을 골라봐. 선생님이 1분이나 2분 정도 있다가 네가 어디로 정했는지 물어볼게" 3분이 지난 뒤 확인해보니 재혁이는 아무것도 안하고 있다. 교사는 재혁이에게 가서 "재혁이가 무슨 놀이를 하고 싶은지 아직도 찾고 있구나. 지금 어느 영역에서 놀지 선택해봐. 아니면 선생님이 골라줄게"라고 말하고 30초 정도 아동 옆에 서 있는다. 재혁이는 움직이지 않았고, 그 시점에서 교사는 "네가 아직도 결정을 못했구나. 네가 선택하거나, 아니면 내가 골라준다고 말한 것 기억해봐. 자 이제, 음률 영역으로 가서 선생님과 핸드벨 연주를 할거야"라며 재혁이의 손을 잡고 음률 영역으로 향한다.

위의 상호작용에서 보듯이 반영하기는 각 단계마다 선행되었다. 반영은 매 순간의 상황을 명확히 해주며, 한 단계에서 다음 단계로의 연속성을 제공해준다.

팀티칭 학급의 교사는 특정 아동에게 단계적 기술을 실행 중인 동료에 주의를 기울여서, 그 교사가 완수하기를 끝낼 때까지 학급을 이끌어야 한다. 단독 담임인 경우, 교사는 전체 학급의 흐름을 유지함과 동시에 각 단계를 실행해야 한다. 또한 상황이 해결될 때까지 학급의 다른 아이들은 무엇을 해야 하는지 말해준다. "윤정아, 선생님이 지금 재혁이와 할 일이 있어. 우리가 끝날 때까지 네가 하던 퍼즐을 계속 하고 있어줘."

8. 완수하기는 일단 시작하면 마무리를 해야 한다

아동에게 반응할 시간을 충분히 주는 것도 중요하지만, 일단 완수하기 단계까지 진행되었다면 규칙을 준수하게 하는 것 역시 중요하다. 교사가 "내가 너에게 ...라고 말한 것 기억해봐"라고 말했을 때, 아동이 다시는 그러지 않겠다고 맹세하거나 "알았어요. 이제 할 거예요"라고 말한다고 해도 교사는 조용하고 확고하게 결과를 마무리해야 한다. 또한 다른 일을 보느라 아동을 대상으로 하는 완수하기를 차선으로 두어서도 안 된다. 먼저 해당 아동의 관심과 약속을 반영을 통해 인정해야 한다. 그 다음 나중에 무엇을 할지가 아니라, 지금 해당 아동이 한 행동에 대해 결과를 실행하는 것임을 분명하게 짚어주어야 한다.

9. 규칙 제시 및 결과 시행에 대해 다른 교사와 소통한다

교사가 단계적 기술의 1, 2 단계를 모두 거쳐 결국 완수하기가 시작될 즈음, 대상이 된 아동이 다른 교사에게 가버리는 경우가 있다. 이런 방식으로 아동은 아무런 제재 없이 문제가 되었던 행동을 다시 할 수 있다. 이런 경우를 방지하기 위해서, 교사는 한 아동에게 경고하기를 하는 경우 다른 교사에게도 이를 알려주어야 한다. 특히 다른 교사에게 이러한 정보를 제공할 때에는 아동이 듣는 상황에서 함으로써, 아동으로 하여금 장소가 바뀌더라도 경고가 여전히 효력 있음을 알게 한다. 이에 한 교사가 자신이 내린 경고에 대해 말해주면, 다른 교사는 이를 수용하고 필요한 경우 자신이 완수하기까지 시행해야 한다. 예를 들어, 선영이에게 운동장에서 다른 아동을 한 번만 더 밀면 5분간 옆에 앉아서 기다려야 한다고 경고하였다면, 다른 교사에게도 이에 관해 이야기해준다. 이렇게 해야 선영이가 한 번 더 다른 아동을 밀치면 이를 본 교사 누구라도 결과를 완수할 수 있게 된다. 이는 선영이로 하여금 다른 아이를 미는 것이 허용되지 않으며, 모든 교사가 안전한 환경을 유지하기 위해 노력하고 있다는 것을 배울 수 있는 예상 가능한 환경을 만든다.

10. 힘겨루기는 피한다

힘겨루기는 보통 교사가 결과 완수하기를 시행하고자 하는 반면 아동은 이에 따르지 않을 때 발생한다(Essa, 2008; Miller, 2013). 교사와 아동 모두 자신의 입장에 대해 완고할수록, 상황은 더 악화된다. 힘겨루기는 일반적으로 말싸움을 수반하기 때문에, 종종 다른 사람들 앞에서도 일어난다. 불행히도 이 과정에서 승자는 없으며, 양쪽 다 무엇인가를 잃게 된다. 성인은 일시적으로 아동이 말을 듣게 할 수는 있지만, 아동의 존경심을 잃게 된다. 아동은 성인이 양보하여 순간적으로 우위를 차지할 수 있으나, 좌절되거나 조롱당했다고 느끼는 성인으로부터 보복을 받을 수 있다. 이러한 상황에 봉착하지 않기 위한 방법은 다음과 같다.

- 불필요한 규칙은 만들지 않는다.
- 공개적으로 아동을 망신주지 않는다. 모든 말은 아동과 둘이서만 한다.
- 침착해야 한다.
- 아동의 주장을 반박하지 않는다. 예를 들어, "빨대로 조용히 마셔라. 그렇지 않으면 빨대는 선생님이 가지고 있을 거야"라고 경고했는데도 아동이 빨대로 시끄럽게 부르륵 거리면, 교사는 빨대에 손을 댄다. 이때 아동이 "일부러 그런 거 아니에요"라고 말하면, 의도적으로 그랬는지에 대해 언쟁하지 말고, 대신 "그랬었을 수도 있겠네"라는 말로 아동의 의도를 먼저 인정해준다. 그러나 이러한 아동의 주장을 반영해준 다음에는 원래대로 결과를 완수한다. "네가 일부러 빨대로 소리를 낸 것이 아니었을 수도 있지. 더 이상 소리 내면 내가 빨대를 가지고 있겠다고 한 것 기억해봐. 자, 이제 선생님이 빨대 가져갈 거야."
- 주요 문제에서 벗어나지 않는다. 쓸데없이 사소한 것으로 말싸움하지 않는다.
- 힘겨루기 자체에 대해 아동과 사적으로 논의를 한다. 이 방법은 협상을 할 수 있을 정도의 연령이 된 아동에게 특히 효과적이다. 아동에게 힘겨루기가 시작된 것 같은데 이 문제를 다른 식으로 해결하고 싶다고 아동에게 직접적으로 말한다.
- 함정을 피한다. 아동이 논쟁을 시작하면 여기에 말려들지 않는다. 규칙과 결과를 조용히 다시 말해 주고, 일상적 활동을 계속하거나 아동에게 우리가 좀 더 진정한 다음에 이 문제에 대해 말하자고 한다.

11. 규칙과 결과를 이용하여 아동의 따르기를 인정해준다

긍정적인 개인적 메시지, 효과적인 칭찬, 특권 부여 등을 이용하여 아동이 사회적으로 수용 가능한 행동을 했음을 인정해주고, 그러한 행동을 또 다시 할 수 있도록 한다. 이러한 인정은 부적절한 행동을 자주 하는 아동을 포함하여, 모든 아동에게 사용 가능하다.

12. 심한 떼쓰기를 하는 아동에게 생각하는 시간을 이용한다

생각하는 시간은 심한 떼쓰기 상황에서만 사용 가능한 논리적 결과임을 기억해야 한다. 따라서 생각하는 시간을 무분별하게 사용하지 않도록 유의해야 한다. 다른 논리적 결과를 통해 아동에게 규칙을 따를 수 있도록 더 잘 지도할 수 있다면, 생각하는 시간을 사용해서는 안 된다. 예를 들어, 대집단 시간에 자꾸 손을 드는 경수에게는 생각하는 시간을 갖기 위해 교실 중 다른 장소로 가도록 하는 대신, 손을 먼저 들어야만 말할 기회를 갖도록 하는 것이 더 적절하다.

집중적인 개별적 중재에 참여하기

1. 다루기 힘든 행동을 계속 하는 아동이 학급 내에서 겪는 전반적인 경험의 큰 그림을 그리기 위해 해당 아동에 대한 관찰을 실시한다

이를 위해 스스로에게 던져야 하는 질문은 다음과 같다(Hanline et al., 2009; Kaplan, 2000).

- 해당 아동의 어떤 행동이 실제로 도전적이며, 도전적으로 보이는가?
- 해당 아동은 언제 그리고 어디에서 적절하게 행동하는가?
- 해당 아동이 적절하게 행동할 때에는 누구와 같이 있는가?
- 해당 아동이 언제 그리고 어디에서 다루기 힘든 행동을 하는가?
- 하루 중 해당 아동이 가장 즐겁고 잘 지내는 것처럼 보이는 활동과 일과는 어떤 것인가?
- 하루 중 해당 아동이 제일 덜 즐겁고 잘 못 지내는 것처럼 보이는 활동과 일과는 어떤 것인가?
- 해당 아동에게 가장 효과가 있는 접근방법과 덜 성공적인 접근방법은 무엇이 있는가?
- 해당 아동이 가장 잘 어울려 지내는 사람은 누구인가?

2. 다루기 힘든 행동이 발생하는 맥락을 보다 잘 이해하기 위하여 특정 상황에서 발생하는 아동의 문제 행동을 관찰한다

다음의 질문에 답하기 위한 관찰 기록을 남기도록 한다(Stormont et al., 2008). 이를 위해 A-B-C 분석을 사용하도록 한다.

- 해당 문제 행동이 언제 그리고 어디에서 일어나는가?
- 해당 문제 행동이 일어날 때에는 누가 있는가?
- 해당 문제 행동이 발생하기 직전에 벌어지는 활동이나 사건, 상호작용은 무엇인가?
- 해당 문제 행동이 발생한 직후에 어떤 일이 벌어지는가? 사람들은 어떻게 반응하는가? 사람들이 무엇을 하는가? 이에 해당 아동은 무엇을 하는가?
- 해당 아동이 그 문제 행동을 통해 얻고자 하는 것은 무엇으로 보이는가?
- 해당 문제 행동을 대체하기 위해 아동이 사용 가능한 대안적인 기술은 무엇인가?

3. 자신의 인식한 바에 대해 '사실 확인'을 위해 관찰 기록을 사용한다

아동의 문제 행동은 때로 매우 어렵고 복잡하기 때문에 교사는 해당 아동이 시종일관 문제 행동을 일으킨다고 느끼기 쉽다. 이때 문제 행동이 일어난 횟수를 세어보도록 한다. 아마 해당 행동이 상시 일어나지 않고, 생각보다 훨씬 덜 발생하거나 특정 상황에서만 발생한다는 사실에 놀랄 것이다.

4. 아동의 다루기 어려운 행동에 대해 이야기할 때 무비판적인 용어를 사용한다

우리가 장애아를 상대로 "우리 자폐아 은숙이" 또는 "귀가 잘 안 들리는 기철이"라고 일컫지 않는 것과 마찬가지로, 다루기 어려운 행동을 하는 아동을 "말 안 듣는 우리 지영이" 또는 "항상 반대로 하는 윤수"라는 식으로 불러서는 안 된다. 또한 아동에 대해 "통제가 안 된다", "품이 많이 든다", "반사회적이다"는 식의 표현을 쓰지 않도록 해야 한다. 이런 표현은 언급된 측면이 그 아동의 전부로 표현될 수 있기 때문이다. "은주가 사육장에 토끼에게 먹이를 주는데 기다려야 해서 짜증을 냈다"는 표현과 같이 외현적인 행동을 이야기하도록 한다.

5. 긍정적인 행동 지원 계획을 만들고, 실행하고, 모니터링하기 위한 팀 활동에 전적으로 참여한다

적절한 개인적 메시지, 경고하기 및 완수하기로 대표되는 합의한 전략을 사용하며, 아동이 적절한 행동을 할 때마다 이를 강화한다. 만약 아동의 부적절한 행동을 우발적으로 강화하고 있는 자신을 발견한다면, 팀원들에게 이를 알려 다시 반복하지 않도록 한다.

6. 도전이 되는 행동을 하는 아동과 매일 긍정적인 상호작용을 하도록 한다

친절하고 긍정적인 무언가를 찾도록 한다. 해당 아동에게 자신의 행동이나 말 중에 다른 사람이 좋아할만하고 훌륭한 점이 있음을 보여주어야 한다. 이러한 과정은 종종 상상력과 노력을 필요로 하지만, 만약 성인이 해당 아동에 대해서 이런 가능성을 찾기 어렵다면, 아동 자신에게는 더더욱 어려운 것이다.

가족과 의사소통하기

1. 자녀의 잘못된 행동을 다루기 힘들어하는 부모의 말을 공감하며 들어준다

부모는 죄책감이나 당혹감 없이 아동의 부정적 행동에 대해 이야기할 기회를 필요로 할 때가 있다. 때로는 자신의 걱정을 이야기하고 자녀가 보이는 문제 행동이 얼마나 심각한 것인지 알아보고 싶어 한다. 이때 교사는 지지하고 관심을 보여주는 기술들을 사용하여 부모의 말을 경청해야 하며, 충고하는 것은 자제해야 한다. 때로 부모는 그냥 말을 하고 싶어 한다. 이중 정말로 문제가 있는 가족은 상담기관에 의뢰한다.

2. 자녀가 자기 조절을 획득해 가는 것을 부모가 알아볼 수 있도록 도와준다

부모에게 아동이 만족을 지연시키고, 유혹을 참아내고, 충동을 억제하고, 긍정적 계획을 세우려 하는 예를 보여준다. 집에 보내는 짧은 기록이나 간단한 말로 이러한 메시지를 전달한다. "오늘 상은이가 그림을 너무 그리고 싶어 하는 다른 친구에게 자기 순서를 양보했어요" 또는 "오늘 견학이 취소되었습니다. 반에서는 다음에 어떻게 할지 계획을 세우자고 제안했고요. 그런데 학교에서 쓴 현우의 일기를 보니 많이 속상했다고 되어있습니다. 현우가 속상한 마음을 이렇게 발전적인 방법으로 다루는 것에 깜짝 놀랐어요. 현우가 이런 면에서 아주 많이 성장한 걸 부모님께서 아셨으면 좋겠습니다."

3. 부모와 교사가 함께 있을 때 누가 규칙 따르기를 지시할 것인지 명확히 한다

부모님 참여 프로그램을 진행하는데 아동이 활동에 참여하지 않으려고 하거나, 아동이 등원 차량에서 내리려하지 않거나, 화가 나서 다른 아이를 때리는 것과 같은 부적절한 행동을 교사와 부모가 함께 보았을 때, 누가 규칙을 시행해야 할지 명확하지 않을 수 있다. 이와 같은 혼선을 방지하고자, 어떻게 해야 할지에 대한 지침을 미리 만들어 놓을 필요가 있다. 아래에 유용한 지침을 제시하였다.

- 소위 '가정 전선'일 때에는 부모가 담당한다. 교사가 가정 방문을 하거나, 상점이나 공연장과 같은 공공장소에서 부모와 아동을 만났을 때, 부모가 자신의 자녀에 대한 지도를 담당한다.
- 교사는 기관에서 프로그램이 진행되는 시간 동안 아동의 지도를 책임진다. 현장 학습이 이루어지는 장소 또한 이에 해당한다.
- 기관에서 자원봉사자나 도우미 활동을 하는 부모는 자신의 자녀보다는 다른 아동을 담당해야 하며, 자기 자녀는 교사나 다른 자원봉사자에게 맡긴다.
- 부모가 앞에 있는 상황에서 아동에게 중재를 해야 하는 상황인 경우, 교사는 사실에 따라 행동하고 이 장에서 배운 기술을 사용한다. 교사가 부모에게 자신의 중재 의도를 알려주는 것도, 그런 말을 해주는 것이 적절하다고 판단되는 경우 충분히 가능하다. 예를 들어, 등원 시 현우가 엄마에게 돌아가려고 한다면, 교사는 현우 어머니에게 "제가 현우에게 어떤 놀이를 할지 소개할게요. 현우가 놀이를 시작할 때까지 함께 있을 거예요"라고 말해줄 수 있다. 현우에게는 개인적 메시지와 경고하기를 실시한다. 완수하기까지 사용해야 한다면, 아이가 심하게 울더라도 침착하게 현우가 교실에 남아있을 수 있도록 도와준다. 교사가 행동을 취할 동안 기다려준 부모에게 감사를 표하고, 어머니가 떠난 다음 교실에서 현우가 어떻게 지내는지를 알려주겠다고 말하여 안심시켜 준다.

4. 부모와 함께 아동의 자기 조절을 도와줄 수 있는 방법을 의논한다

부모와의 논의는 비형식적으로 진행될 수 있으며, 집중적인 개별적 중재의 일환으로 이루어질 수도 있다. 아동의 긍정적 행동을 촉진하고 문제 있는 행동에 대응하기 위하여 가정과 기관 모두에서 사용할 수 있는 방법에 대해 부모와 의논해야 한다. 이를 위해 어떤 문제 행동이 가정에서 보이는지, 그리고 가정에서는 이를 어떻게 대처하는지 물어본다. 이러한 방법들을 기록하고, 기관에서 그 행동에 대한 계획을 수립할 때 가능하면 해당 방법을 사용한다. 가정에서 일어나지 않는 문제 행동의 경우에는 기관에서 일어나는 행동과 사용하고 있는 방법을 부모에게 말해주고 피드백이나 다른 제안이 있는지 물어본다. 또한 부모가 자신의 아동에 대하여 관찰한 행동을 말할 때 주의 깊게 듣는다. 그런 행동이 기관에서 나타나는 정도와 기관에서 누가 그런 행동을 다룰지 이야기해준다. 가족과 교사가 공통적으로 사용할 전략을 한두 가지 정도 세운다. 아동 행동의 발전 및 변화 정도를 알기 위해, 이를 서로 체크하기 위한 일정 또한 의논하도록 한다. 담임교사는 계획을 실행해야 하며, 가족에게 결과를 확인하고, 필요한 경우 계획을 수정한다. 팀에 해당하지 않는 보조교사의 경우, 가족이 보조교사에게 관련 언급을 했다면 담임교사나 기관의 관련자에게 들은 이야기를 전달할 것임을 말해준다. 그 후에 부모에게 약속했던 대로 관련자에게 알려주었음을 말해준다.

아동의 자기 조절을 지원하는 과정이 일대일 상황이건 집단을 대상으로 하건, 비형식적이건 형식적이 건, 조심해야 할 함정이 있다.

◆ 완수하기를 꺼리는 것

"현우야, 그 위에서 노는 게 재미있구나. 선생님은 네가 떨어질까 봐 걱정이 많이 돼. 빨리 내려오자."

"현우야, 선생님 농담하는 거 아니야. 빨리 내려와."

"현우야, 이제 진짜로 내려와라."

"현우야, 내려오라고 몇 번이나 이야기해야겠니?"

"현우야, 너 선생님이 화내면 좋겠어?"

"현우야, 선생님 진짜 화났어."

"현우. 됐어. 선생님이 올라가서 너 데리고 내려올 거야."

위의 시나리오는 교사가 설정해 놓은 한계에 대해 완수하기를 꺼려한다는 공통된 문제를 보여주고 있다. 즉, 아동과 직면하기 싫어서 경고를 반복하거나 여러 번 다른 표현으로 이야기를 하는 것이다. 이러한 교사의 태도는 교사가 기대하는 규칙 완수의 시점이 결국 언제인지를 아동을 혼란스럽게 한 다. 현우의 경우, 세 번째 경고, 다섯 번째 경고, 여섯 번째 경고 중 몇 번째까지 진행되어야 할지 알 수 없다. 아마도 교사가 어제 다섯 번까지 경고를 했다면, 내일은 두 번 정도만 기다려줘야 한다고 생 각하고 있을 수도 있다. 그러나 아동은 교사의 생각을 읽을 수가 없기 때문에, 교사의 인내심이 어느 정도에서 바닥이 나는지 또한 예측할 수 없다.

이 같은 상황을 피하기 위해서는 첫 번째 경고 이후 각 단계를 거쳐 완수하기가 요구될 때 바로 시행 하는 것이다. 이를 통해 아동은 교사가 결과를 말해주는 것이 자신의 행동을 바꾸거나 제시한 결과 가 완수된다는 것을 예상하게 하는 단서라는 것을 배운다.

◆ 상황에 가장 적합한 결과를 찾기보다 손쉽거나 익숙한 결과에 의존하는 것

교사가 처음 결과를 완수할 때 당황스럽거나 확신이 없는 것은 당연하다. 몇몇 교사는 같은 결과를 반복하여 사용하기도 한다. 행동의 교정이 요구되는 경우, 교사들이 가장 자주 사용하는 것은 다른 장소로 가도록 하거나 권리를 박탈하는 것과 같은 관련 없는 결과이다. 이러한 결과는 일시적으로 아동의 문제 행동을 멈추게 할 수는 있지만, 다음에 아동이 사용해야 할 적절한 대안책을 가르쳐주지 는 못한다. 시간이 지나면서 아동은 그런 결과를 예상하게 되고, 잘못된 행동이 그만한 가치가 있다

고 생각하게 된다. 이 같은 문제는 교사가 그 상황에 적절한 결과를 다양하게 사용하면 피할 수 있다. 긍정적 결과 또한 다양한 방법을 사용하여야 한다. 아동은 동일한 몇 개의 강화가 모든 상황에서 주어진다면, 이에 덜 반응하게 된다. 아동이 자기 조절 획득을 위해 노력할 때 다양한 언어적, 비언어적 강화를 사용하도록 한다.

◆ 자연적 결과를 무시하는 것

때때로 교사는 자연적 결과가 일어났음을 인식하지 못하고 불필요하게 또 다른 결과를 실행한다. 예를 들어, 예나는 우연히 토끼를 밟고 토끼가 다쳤을까봐 몹시 당황해서 토끼를 달래려고 애쓰고 있었다. 예나의 불편함은 실수에 따른 자연적 결과이다. 그러나 이 때 교사가 자연적 결과의 중요성을 놓치고, 이미 예나가 자기 행동의 부적 결과를 알았음에도 불구하고 다음부터는 토끼를 만지지 못한다며 부주의한 행동을 꾸짖었다. 그러나 결과의 목적은 아동에게 행동의 중요성을 인식하게 하는 것이기 때문에, 더 이상의 벌칙은 필요하지 않다. 대신 교사는 다음에 이러한 사고를 어떻게 피할 수 있는지 예나와 이야기할 수 있었다.

불행히도 많은 교사들은 아동의 실수에 대해 자연적 결과로 충분하다고 생각하지 않고, 가르치고, 도덕적인 교육을 하거나, 좀 더 극적인 결과를 주고자 한다. 그러나 아동이 자신 또한 괴로움을 당했다고 생각하면, 아동은 행동을 변화시키려 하지 않는다. 이를 피하는 최선의 방법은 상황을 면밀히 관찰하여 이미 자연적 결과가 일어났는지를 살펴보는 것이다. 자연적 결과의 발생이 명백하다면, 교사는 추가적인 결과 시행을 하는 대신 그 자연적 결과를 아동에게 인지시키도록 한다. 더 이상의 결과는 부과하지 않아야 한다.

◆ 아동이 즐겁게 규칙을 따를 것으로 기대하는 것

교사가 결과를 시행하고 완수할 때, 아동이 즐거운 마음으로 순응하기를 기대해서는 안 된다. 아동이 규칙을 따를 때, 입을 삐쭉거리거나 불평하거나 투덜대거나 쿵쿵거리며 걸을 수 있다. 이때 교사는 완수하기의 목적이 결과의 시행임을 명심하여야 한다. 아동이 실제로 하고 싶지 않은 것을 하게 할 때 미소까지 짓도록 하는 것은 너무 심한 요구이다. 아동에게 기쁜 마음으로 따르라고 하는 것은 불필요한 대결을 만드는 것이다. 아동이 규칙을 지키기 싫다는 것을 보여주는 여러 행동이 눈에 거슬릴 수도 있으나, 태도는 성인이 통제하고자 한 측면이 아니며 성인─아동 상호작용에서 중요한 사항이 아니다.

◆ 불만을 가지고 있는 것

결과를 실시한 후에, 교사는 '용서하고 잊어버려야' 한다. 과거 아동의 행동에 대한 분노, 적개심을 현재 상호작용에 끌어들이는 것은 바람직하지 않다. 일단 결과가 완수되었다면, 그것으로 끝이다. 매일 새로운 출발로 생각한다. 어떤 날 같은 아동과 연속적으로 부딪히거나 좌절감이나 당혹감을 느낀다면, 잠시 휴식을 취하거나 팀티칭 상황이라면 다른 교사에게 해당 아동을 지도하도록 부탁하여야 한다.

◆ 사과하도록 강요하는 것

교사는 때로는 아동이 잘못했다고 말하면 문제가 해결되었다고 생각한다. 그래서 아동이 진심으로 그렇게 생각하지 않더라도 "잘못했습니다"라고 말하도록 강요하곤 한다. 이런 경우 아동은 사과만 하면 다 되니까, 자신이 하고자 하는 행동을 다 하고 마지막에 사과만 하면 된다고 생각할 수 있다. 또한 진심이 아니어도 괜찮다는 것을 배우게 된다. 사과와 후회는 감정이므로 아동에게 이러한 감정을 경험하도록 강요할 수는 없다.

그러나 아동에게 자신이 한 잘못에 대한 논리적 결과의 하나인 복구를 가르칠 수는 있다. 예를 들어, 잘못을 한 아동이 피해 아동을 달래주거나, 친구의 다친 무릎을 물수건으로 닦게 하거나, 부서진 물건을 고치게 할 수는 있다. 관련 연구에 따르면 아동은 진정한 의미의 사과를 이해하지 못하더라도 복구의 개념은 명확하게 파악할 수 있다고 한다(Weissman & Hendrick, 2014). 따라서 구체적인 복구가 아동에게는 가장 큰 의미가 있다. 아동이 진정한 후회를 하는 경우에만 자신의 후회를 "죄송합니다"라는 말로 나타내도록 장려해야 한다.

◆ 어려운 아동이 가지는 긍정적인 부분을 간과하는 것

한 아동이 부적절한 행동을 반복해서 하는 경우, 우리는 그 아동이 할 수 있는 행동은 그런 행동뿐이라는 잘못된 생각에 빠지기 쉽다. 교사가 어떤 아동에 대해 좋은 행동은 절대 할 수 없을 것이라고 생각하는 경우 그 아동은 그런 행동을 시도하지 않을 것이므로, 교사는 이런 함정에 빠지지 않도록 주의해야 한다. 마찬가지로 교사가 어떤 아동에 대해 가망이 없다고 생각한다면, 그 아동 또한 적절한 행동을 시도하지 않을 것이다. 특정 아동에 대한 부정적인 지각을 과일반화하지 않기 위한 가장 좋은 방법은 의도적으로 그 아동의 장점을 찾아보는 것이다. 한 아동을 두 명 이상의 성인이 동시에 관찰하여 기록하는 경우, 아동의 발전적인 행동이나 능력을 '포착'할 가능성이 높아진다. 얼마 되지 않는 사례라도 확보하면 교사는 그 아동에 대해서 기대감을 갖게 되며, 해당 아동과 어렵고 도전적인 상호작용을 하는 중에 발생하는 스트레스를 보다 쉽게 극복할 수 있다. 또한 문제가 되는 행동 전환의 열쇠가 될 수 있는 행동이나 상황의 단서를 제공함으로써, 해당 아동을 보다 전체적으로 조망할 수 있게 된다.

SUMMARY

아동이 교사가 정한 규칙을 잘 따르지 않을 때는 있기 마련이다. 이들이 규칙을 잘 따르지 않는 것은 실제로 규칙을 따를 능력이 없거나, 규칙을 이해하지 못했거나, 성인이 혼합되거나, 분명하지 않은 메시지를 전달했거나, 아동이 그 규칙이 필요하지 않다고 생각하기 때문이다. 교사는 아동의 발달 수준을 고려한 규칙을 만들고, 자신의 기대를 명확히 하고, 아동이 긍정적이고 적절한 대안 행동을 발달시키도록 도와줌으로써 이러한 문제들을 해결할 수 있다. 또한 교사는 자신의 말과 행동을 일치시키고, 규칙에 대해 설명해주고, 규칙을 만드는 과정에 아동을 포함시킴으로써 자신의 행동을 보완할 수도 있다.

교사는 아동으로 하여금 자신의 행동이 자신과 타인에게 미치는 영향을 인식하는 것을 돕기 위해 고안된 정적 결과나 교정적 결과를 사용함으로써 규칙을 강화할 수도 있다. 정적 결과는 적절한 행동을 강화한다. 교정적 결과는 아동이 잘못 저지르는 행동을 줄인다. 특히 교정적 결과는 교훈적이며, 추론적 사고에 기초하고, 인간적이면서도 사실에 기초한다. 교정적 결과는 자연적 결과, 논리적 결과, 혹은 관련 없는 결과의 세 가지 유형으로 구분된다. 자연적 결과는 성인의 중재 없이 발생하는 것이고, 논리적 결과는 규칙과 직접적으로 관련되며, 다른 방법들이 가능하지 않을 때에만 사용하는 관련 없는 결과는 성인이 고안해낸 것이다. 관련 없는 결과는 적어도 그 시간만큼은 규칙 위반과 관련되어야 한다. 교사는 특정한 상황에서 어떠한 결과를 사용할지를 결정할 때 많은 요인들을 고려해야 한다.

교사는 규칙을 상기시켜줌으로써 교정적 결과를 실행할 수 있다. 아동이 규칙을 따르지 않는 경우, 규칙을 다시 반복해주고, 양자택일의 형식으로 경고하여야 한다. 이때 아동이 스스로 행동을 고칠 수 있는 기회를 주기 위해, 교사는 경고하기 이후 충분히 기다려주어야 한다. 그래도 아동이 따르지 않는다면, 결과의 완수하기를 사용해야 한다. 모든 결과는 일관되게 그리고 즉각적으로 사용해야 한다.

경고하기와 완수하기까지 연결되는 단계적 기술은 아동이 스스로 자신의 행동을 조절할 수 있도록 도와준다. 아동이 이러한 과정에 익숙해지게 되면, 3단계 전체를 실시할 필요 없이 단계 실행 초기에 행동을 수정하는 법을 배우게 되므로, 교사 또한 전체 단계를 실행할 기회가 줄어든다.

때로는 하나의 문제 행동이 다른 문제 행동을 유발시킬 수 있는데, 이때 성인은 참을성 있게 각 문제 행동에 해당하는 적절한 결과를 완수해야 한다. 논리적 결과 중 생각하는 시간은 가끔씩 사용할 수 있으며, 아동이 완전히 통제 불능 상태일 때에만 사용하여야 한다. 다른 문제 행동의 경우는 집중적인 개별적 중재를 통해 지도가 가능하다. 이 중재는 팀 구성, 기능 평가 실시, 행동 가설 세우기, 긍정적 행동 지원 계획 수립하기, 중재 계획의 실행 및 모니터하기의 5단계로 구성된다.

모든 아동은 한계와 나누기, 차례 지키기, 기타 다양한 상황에서 요구되는 적절한 행동에 대해 배워야 한다. 여기에는 특수한 요구를 가진 아동도 포함된다. 이 장에서 제시된 대부분의 지도 전략은 아동의 능력이 어떠하던지 상관없이 모두 적용이 가능하다. 단지 장애를 가진 아동의 경우 특정 규칙을 적용하고 사회적 유능감을 획득하는 데 조금 더 시간이 걸릴 뿐이다.

이 장에서는 적절한 결과를 어떻게 만들며 집중적인 개별적 중재에 어떻게 참여하는지를 다루었다. 또한 아동의 자기 조절 발달을 돕는 데 부모가 파트너로 함께하는 것이 중요하다는 점을 다루었다.

결과 시행하기를 사용하는 경우 피해야 할 함정은 완수하기를 꺼리는 반면, 동일한 몇 개의 결과만을 반복하고, 자연적 결과를 무시하며, 아동에게 모든 규칙을 즐겁게 따르기를 요구하는 것이다. 문제를 일으키는 아동에 대해서는 지속적으로 불만을 갖고, 아동에게 "미안해"라고 말하기를 강요하고, 아동이 보이는 긍정적인 행동은 간과하는 것은 경계해야 할 또 다른 함정에 해당한다.

CHAPTER 11

공격적
행동 지도

공격적 행동 지도

모든 아이들은 서로 사이좋게 지내는 기술에 대해서 배우게 되지만 관련된 경험의 부족 때문에 자신을 표현하거나 자신이 원하는 것을 얻기 위해서 공격성에 의지하는 경우가 종종 있다. 그대로 둔다면 공격성은 사람을 다치게 하거나 소유물에 손상을 주거나 일과를 방해하거나 부정적인 집단 분위기를 만든다. 더구나 어렸을 때 매우 높은 수준의 공격성을 보였던 아동은 미래에 다른 사람과 상호작용하는 데, 그리고 집, 학교, 지역사회에서 유능하게 느끼는 데 여러 가지 문제를 경험하게 된다(Alsaker & Gutzwiller-Helfenfinger, 2010). 이와 같은 이유 때문에 교사와 예비교사가 공격성을 효과적으로 다루는 방법을 배우고 생각하게 하는 것이 중요하다.

1. 공격성의 정의

공격성은 신체적·정서적으로 사람이나 동물에게 상처를 주거나 재산상의 피해나 파괴를 이끄는 반사회적 행동으로, 언어적이거나 신체적으로 나타난다(Dodge, Coie, & Lynam, 2006). 공격적 행동의 예로는 때리기, 움켜잡기, 꼬집기, 발로 차기, 침 뱉기, 물기, 위협하기, 모욕주기, 창피주기, 윽박지르기, 험담하기, 공격하기, 욕하기, 놀리기, 파괴하기 등이 있다.

1.1 공격성의 유형

이 장에서 공격성의 두 가지 유형, 도구적 공격성과 적대적 공격성에 대해서 살펴볼 것이다. 두 공격성의 유사점과 차이점에 대해 살펴봄으로써 아동이 공격적 행동을 할 때 효과적으로 반응하는 능력을 증진시킬 수 있다.

도구적 공격성

아동이 자신이 원하는 것을 얻고 어떤 것을 지키기 위해 애쓰면서 의도하지는 않았지만 누군가에게 해를 미치게 되는데, 이를 도구적 공격성이라 한다(Ladd, 2005). 예를 들면, 선희와 유진이가 밀대를 서로 가지려고 밀고 당기는 과정에서 선희는 눈을 찔렸고, 유진이는 손가락을 다쳤다. 두 아동 모두 상대 아동을 다치게 하려고 시작한 것은 아니었고 그저 밀대를 갖고 싶었을 뿐이다. 그러나 두 아동은 목표를 달성하기 위해 힘에 의존하였다. 이 경우 공격성은 이 아동의 목적이 아니라 상호작용의 결과로 나타난 부산물이다. 도구적 공격성은 전조나 의도가 없었다는 점에서 타인의 자존감을 떨어뜨리거나 타인을 해치려는 의도를 가진 적대적 공격성과 구별된다. 도구적 공격성은 사물이나 영역, 권리에 대한 분쟁에서 발생한다(Doll & Brehm, 2010).

- **사물에 대한 도구적 공격성**　두 아동이 동시에 그네로 뛰어왔고, 혼자서 그네를 타고 싶어 했다. 누가 그네를 탈 것인지로 두 아동은 서로를 밀쳤는데, 이 두 아동의 목적은 그네를 차지하려는 것이다. 그런 과정에서 공격성이 발생했다.

- **영역에 대한 도구적 공격성**　철수가 쌓기놀이 영역을 넓게 차지하고 공항을 만들고 있는데, 다른 친구들이 자신의 영역으로 들어오자 화가 났다. 누가 어디에서 쌓을지에 대해 언쟁하다가 철수와 친구들이 서로 때리기 시작했다. 철수와 친구들의 목적은 쌓기놀이 영역에 대한 통제권이었지만 불행하게도 다치게 되었다.

- **권리에 대한 도구적 공격성**　밖으로 나가기 위해 한 반 아동 전체가 문으로 뛰어가면서 분쟁이 생겨났다. 모두가 제일 앞에 서고 싶어 했다. 이때 아이들의 주목적은 제일 앞에 설 권리였지만 그런 과정에서 부산물로 공격성이 나타났다.

적대적 공격성

적대적 공격성을 보이는 아동은 타인에게 신체적 또는 심리적 고통을 주려는 의도를 가진다(Doll & Brehm, 2010). 남에게 상처를 주는 이러한 말이나 행동은 이전에 받았던 모욕이나 상처에 대해 보복하는 것이거나 원하는 것을 얻기 위해 행하는 고의적인 공격이다. 적대적 공격성은 다음의 두 가지 형태로 표현된다.

- **외현적 공격성** 신체적인 상해를 주거나 입히겠다고 위협하여 타인에게 해를 입히는 행동

- **관계적 공격성** 소문이나 거짓말 등의 사회적 조작을 통해 타인의 지위나 자아존중감에 해를 주는 행동

> 쉬는 시간에 4학년 학생들이 사물함 앞에 몰려 있다. 정희는 빨리 물건을 꺼내려다 우연히 수정이를 밀어서 넘어뜨렸다. 다른 친구들 앞에서 넘어진 수정이는 얼굴이 빨개져서 교실로 뛰어 들어갔다. 나중에 수돗가에 가서 줄을 서고 있는데, 수정이가 정희를 밀치면서, "봐, 너는 이러면 좋니?"라고 말한다.

외현적 공격성과 관계적 공격성 모두 적대적 공격의 고의성이 도구적 공격성과 구분이 된다. 앞에 제시된 예에서 처음에 정희의 공격적 행동은 우연적이었으나, 수정이는 정희가 일부러 망신을 줬다고 해석하고 나중에 수돗가에서 정희에게 복수하였다. 정희를 밀침으로써 수정이는 서로 비겼다고 생각하고, 자존심도 회복하였다. 이 경우 정희를 미는 것은 미리 계획된 것이며, 일부러 다치게 하려고 한 것이기 때문에 적대적 공격성이다. 만약 정희가 점심시간에 운동장에서 놀고 있는 친구들에게 "수정이랑 놀지 마. 걔는 나쁜 애야"라고 말해서 복수를 한다면, 이것 역시 적대적 공격성이다.

1.2 자기주장

공격성의 대안으로서 사회적으로 인정되는 행동은 자기주장이다. 자기주장은 타인의 권리와 감정을 존중하면서, 자신을 드러내거나 권리를 방어하기 위한 것이다(Ostrov, Pilat, & Crick, 2006). 자기주장은 다음과 같은 행동이다.
- 비합리적인 요구에 저항한다: "아니, 지우개 안 줄 거야. 나도 써야 해."
- 공격적 행동을 참지 않는다: "나 놀리지 마." 또는 "밀지 마."
- 불공평한 대접에 대해 자신의 입장을 말한다: "내 차례야." 또는 "중간에 끼어들지 마."
- 논리적인 차이를 받아들인다: "그래, 무슨 뜻인지 알겠어."
- 갈등에 대한 해결책을 제시한다: "조금 기다리면 네가 원하는 것을 가질 수 있어." 또는 "네가 다 쓰고 나서, 내가 다시 할게."

아동은 자신을 표현할 수 있고 다른 사람을 어느 정도 통제할 수 있고 영향력을 행사할 수 있을 때 사회적으로 유능하게 행동하며 자신의 능력에 대해 긍정적인 감정을 갖는다. 아동은 커 가면서 영향력을 드러내기 위해 많은 전략을 사용한다. 그러나 어린 아동은 타인과 잘 어울릴 수 있는 사회적 기술을 배워가고 있기 때문에, 자기주장을 하려는 노력이 성공하지 못하고 공격성의 형태로 나타날 수도 있다. 궁극적으로 관찰과 가르침, 피드백, 연습을 통해서 아동은 긍정적인 자기주장에 맞는 건설적이고 사회적으로 수용되는 행동을 배운다. 이러한 과정을 잘 도와주기 위해서는 먼저 공격성이 왜 그리고 어떻게 발달하는지를 이해해야 한다.

2. 공격성의 원인

공격성의 근원이 어느 정도 생물학적 요인에 기인하는지, 학습에 의한 것인지에 대해서는 학자마다 견해가 다르다. 그러나 영아기부터 아동기의 공격적 행동이 이 두 가지 요인에 의해 형성된다는 점에는 일반적으로 동의하고 있다(Moffitt & Caspi, 2008).

2.1 생물학적 요인

사람들은 공격적 행동을 유발하는 생물학적 촉진제가 있는지 궁금해 했다. 이 질문에 대해서는 아직 완전하게 답변을 얻은 것은 아니다. 지금까지 과학자들은 인간의 공격성에 영향을 주는 '만능' 유전자를 발견하지는 못했다. 그러나 더 공격적이 되거나 덜 공격적이 되는 사람의 경향은 유전적으로 영향을 받는다는 연구들이 보고되고 있다(Dodge et al., 2006; Xu, Farver, & Zang, 2009). 외현적 공격성(관계적 공격성과 대조가 되는)의 경우는 특히 그러하다(Brendgen et al., 2005). 몇몇 연구들은 인간의 공격적 충동의 50%가량이 유전적 특성에 의해 설명된다고 보고하고 있다(Rhee & Waldman, 2002). 연구자들은 남성 호르몬인 안드로겐과 테스토스테론이 높으면 신체적인 공격성과 공격적인 충동이 높다는 것을 보고하였다(Hermans, Ramsey, & van Honk, 2008). 남성호르몬이 공격적 행동과 연관이 있지만 이것만이 공격성의 원인은 아니다. 기질도 아동의 공격적 성향에 중요한 역할을 한다(Denham, Bassett, & Wyatt, 2008; Rothbart, Ellis, & Posner, 2011). 예를 들어, 기질적으로 시끄럽고, 활동적이고, 주의 산만하고, 일과의 변화에 잘 적응하지 못하는 유아는 순한 기질의 유아보다 더 자주 공격성을 보인다. 이런 유아는 때리고, 집적거리고, 또래의 물건을 빼앗으면서 신체적으로 상호작용하는 경향이 있는 반면, 조용한 유아는 공격적 결과를 가져올 수 있는 상호작용을 피하면서 신체적으로 거리를 두는 편이다. 이러한 연구 결과는 생물학적 요인이 아동기 공격성에 기여하고 있음을 보여주지만, 생물학적 요인이 공격성에 영향을 주는 유일한 요인은 아니다.

2.2 좌절-공격성 가설

좌절-공격성 가설이 처음 나왔을 당시 사람들은 공격성이 좌절에 대한 불가피한 반응이며 좌절이 공격적 반응을 불러일으키는 핵심이라고 생각했다(Dollard, Doob, Miller, Mowere, & Sears, 1939). 그러나 점차 이러한 생각은 수정되었고, 오늘날 과학자들은 만족스러운 상태에 있는 아동보다 좌절을 경험한 아동이 더 공격적이 된다고 믿는다(Rothbart, Ellis, & Posner, 2011). 그러나 우리는 좌절을 경험한 사람들이 모두 공격적으로 행동하는 것은 또한 아니라는 것을 알고 있다. 예를 들면, 아동은 더 열심히 하거나, 도움을 요청하거나, 과제를 단순화하거나, 포기하거나, 휴식을 하면서 좌절된 경험에 반응하기도 한다. 그러므로 좌절이 공격성에 기여하지만 좌절이 유일한 원인은 아니며 반드시 공격적 반응을 유발하는 것 또한 아니다.

2.3 왜곡된 지각 가설

어떤 아동은 적대적 의도가 없을 때에도 적대적 의도로 해석한다(Hubbard et al., 2002; Nelson, Mitchell, & Yang, 2008). 예를 들어, 철수는 운동장에서 놀다가 뒤에서 날아온 공에 맞았다. 누군가가 잘못 던진 것이지만, 철수는 일부러 던졌다고 생각하여 소리를 지르고 공격적 자세를 취하였다. 누구나 예상치 못한 공격에 대해 이런 방식으로 반응할 수 있지만, 어떤 아동은 누가 일부러 그랬다고 생각하는 경향이 좀 더 강하다. 이러한 아동은 사회적 관찰이 서툴러서, 적대적 의도가 아니라는 것을 알게 하는 얼굴 표정이나 말과 같은 다른 아동의 정서적 단서를 정확하게 해석하지 못한다(Zins, Weissberg, Wang, & Walberg, 2004). 공을 잘못 던진 아동이 사과하여도 철수는 복수를 해야 한다고 생각하게 된다. 철수의 공격적 반응은 다시 다른 아동의 공격적 반응을 유발하고, 이는 또래가 자신에게 적대적이라고 여기는 철수의 생각을 강화한다. 이러한 악순환이 형성되면서, 매일 상호작용하는 아동과 철수 간의 적대감은 커진다. 철수의 공격성에 대한 평판이 굳어지면, 또래들은 공격적이지 않은 아동과는 달리 철수의 행동을 참아주지 않고, 즉각 신체적인 힘으로 대처하게 된다. 이렇게 되면 모든 아동의 공격성이 증가된다.

2.4 강화와 직접적 경험

강화와 직접적인 경험이 아동의 공격적 행동을 형성하고 유지시키는 데 중요한 역할을 한다(Frick et al., 2003). 아동이 자신의 뜻대로 하기 위해 때리고 물고 할퀴고 욕하고 위협할 때, 다른 아동이나 성인이 자기가 바라는 대로 갈등에서 물러나거나 양보하면 이 아동의 공격성은 강화를 받는다. 이러한 상황은 공격하는 아동과 희생되는 아동 모두에게 공격적 행동이 효과적이라는 것을 가르쳐준다. 이러한 행동이 지속적으로 보상받으면 공격적 행동을 하는 아동은 힘이 있다는 느낌을 갖게 되는데, 이는 부정적인 행동을 더 강화해준다. 공격적 아동은 악명을 얻기도 해서 공격적으로 행동하는 것의 가치를 보여준다. 이런 모든 요인은 공격적 행동을 금지하기보다는 더욱 강화해준다.

2.5 모델링과 간접적 경험

아동은 다른 사람이 공격적으로 행동하는 것을 지켜보면서 공격성을 배운다(Dogan, Conger, Kim, & Masyn, 2007; Goleman, 2006). 가족이나 유치원, 학교, 지역 사회의 성인이나 또래가 모델이 되기도 하고, 살아있는 사람이나 영화 속의 인물도 모델이 된다. 아동은 폭력으로 문제가 해결되는 TV 프로그램을 시청하고, 성인이 말 안 듣는 아동을 잡고 흔드는 것을 관찰하기도 하고, 또래나 형제가 원하는 것을 얻기 위해서 신체적 힘을 사용하는 것을 보기도 한다. 또한 잘못된 행동에 대한 처벌로 맞거나, 성인에게 거칠게 다루어지거나, 밀쳐지면서 공격성을 직접적으로 경험한다.

이러한 모든 예는 아동에게 자신의 뜻을 관철시키는 데 있어 공격성이 효과적인 방법이라는 것을 보여주고, 힘을 사용하는 것에 대해 아동이 갖고 있는 금기를 깨뜨리기도 한다(Garbarino, 2006). 성인이 아동에게 폭력을 쓰지 말고 착하게 행동하라고 충고하는 것은 효과가 별로 없다. 아동은 자신이 본 것을 믿는데, 공격적 모델에 노출된 아동은 그 사건이 끝난 후에도 모델링의 효과가 지속된다. 아동은 자신이 보고 들은 것을 기억하며, 몇 달이 지난 후에도 공격적 행동을 모방할 수 있다(Bell & Quinn, 2004).

2.6 지식과 기술의 부족

아동은 하고 싶은 것을 못하게 되었거나 다른 아동에게 공격을 받았을 때. 어떻게 해야 하는지 모르기 때문에 공격성을 보이기도 한다. 자신이 알고 있는 사회적 기술을 다 사용하고도 원하는 것을 얻지 못하거나 자신에게 중요한 것을 보호하지 못했을 때 아동은 신체적 공격성에 의존한다(Crothers & Kolbert, 2010). 아동의 미성숙함이나 경험의 부족이 공격성에 영향을 주는데, 비공격적인 방법을 연습할 기회나 자기주장을 하는 기술을 배울 기회가 거의 없는 아동이 공격적 행동을 더 많이 보인다(Levin, 2003).

3. 공격성의 출현

공격성의 원인은 다양하고 복잡하다. 앞에서 언급한 여러 요인들이 복합되어서 반사회적 행동을 유발한다. 공격성을 표출하는 형태와 공격성의 정도는 연령, 경험, 성에 의해서도 영향을 받는다.

3.1 발달 단계에 따른 공격성의 변화

걸음마기 시기부터 아동 중기까지 아동기 공격성은 세 가지 경향을 보인다.

- 어린 유아는 자신이 원하는 것을 얻기 위해 흔히 신체적 힘을 사용하고, 좀 더 큰 아동은 언어적 방법을 사용한다.
- 어린 유아는 도구적 공격성을 더 자주 사용하고, 적대적 공격성은 아동기에 주로 나타난다.
- 대부분 3세에 공격적 행동이 최고조에 이르렀다가 점차 감소하는 경향을 보인다.

공격성의 발달적인 변화는 여러 가지 이유에 의해 일어난다.

어린 유아의 공격성

걸음마기 영아와 취학 전 유아는 충동적이어서 무엇인가를 원하면 바로 그것을 가지려 한다. 이 연령의 유아는 언어도 제한되어 있고, 원하는 것을 얻는 방법도 잘 알지 못한다. "주세요"라고 말했는데도 목적을 달성하지 못하면, 이 시기의 유아는 신체적 힘을 사용하게 된다. 또한 걸음마기 영아와 취학 전 유아에게 나누어 쓰라고 하면, 자기중심적인 특성 때문에 자신의 물건을 포기하고 나눠 쓰가 어렵다. 이러한 발달적 특징 때문에 유아는 갖고 싶은 것을 갖거나 자신의 물건을 지키기 위해서 때리거나, 잡거나, 발로 차거나, 깨무는 행동을 보인다(Baillageon et al., 2007). 결과적으로 이 연령대 유아에게는 도구적 공격성이 많이 나타난다. 실제로 도구적 공격성은 취학 전 시기에 많이 나타나서, 대부분의 유아는 다른 어느 시기보다 공격적 경험을 많이 하게 된다(Bell & Quinn, 2004).

4~6세 유아의 공격성

4~6세 아동은 충동을 보다 잘 조절할 수 있게 되고 자신의 요구를 언어로 잘 표현할 수 있게 된다. 나누어 써야 하고 순서를 기다려야 하는 규칙들을 반복적으로 듣고 갈등을 평화적으로 그리고 성공적으로 해결하는 경험을 하게 된다. 이러한 상황을 경험하면서 신체적 공격성과 언쟁은 줄어들게 된다(Alink et al., 2006). 그러나 갈등 상황이 사라지는 것은 아니다. 밀치거나 때리는 것을 대신해서 고집부리기, 놀리기, 고자질하기 그리고 낙인찍기를 하면서 여전히 사물, 권리 그리고 특권에 대한 논쟁을 한다(Dodge et al., 2006). 친구관계에 대한 위협을 하는 것이 이 시기에 나타난다. "너랑 친구 안 할 거야" "이렇게 안 하면 같이 안 놀아"와 같이 사회적 배척의 형태로 나타난다(Wheeler, 2004). 이 시기에 아동은 긍정적이거나 덜 건설적인 방법들을 포함한 사회적 전략들을 확대한다.

학령기 아동의 공격성

6~12세의 초등학생 아동은 언어적, 인지적 능력의 발달로 인해 도구적인 분쟁을 우호적으로 해결하는 능력이 증가한다. 목표를 성취하기 위해 협상을 하고 문제를 해결하는 효과적인 방법을 제안한다(Alink et al., 2006; Levin, 2003).

불행히도 언어와 인지 능력의 발달로 인해 적대적 공격성이 증가하는 아동도 있다(Laursen & Pursell, 2009). 학령기 아동은 타인의 부정적인 의도를 분명하게 인지할 수 있게 된다. **조망수용능력**은 아동의 공격성에도 중요한 역할을 하는데 조망수용능력이 발달한 아동은 다른 사람이 무엇을 얻게 될 것인지를 성공적으로 예측할 수 있다. 또한 기억력이 발달하여 사건이 끝난 후에도 오랫동안 그때의 분노를 기억할 수 있다. 학령기 아동은 관계의 상호성을 더 잘 알고 있기 때문에, '똑같이' 해주는 것에 더 많은 가치를 두게 되며, 이러한 관계가 공정하다고 지각한다(Olweus, 2010). 이 연령의 아동은 실제로 고의가 있든 없든 간에 상처를 받은 행동에 대해 모두 의도적인 것으로 해석하여 반응한다(Hubbard et al., 2002). 작은 의견의 불일치나 오해가 모욕, 조롱, 거부 등의 적대적 공격성으로 증폭된다(Garbarino, 2006). 적대적 상호작용은 아이들이 계속해서 '똑같이' 갚아주려고 하면서 며칠에서 몇 달간 지속되기도 한다(Nelson, Robinson, & Hart, 2005). 이에 따라 학령기 동안 신체적 공격성은 줄어들지만, 말다툼과 암암리에 이루어지는 관계 조작 행동은 증가한다.

3.2 공격성의 성차

공격성의 성차에 대해 한때는 남아가 어려서부터 더 공격적이라고 생각하였지만, 오늘날에는 이러한 가정에 대해 재고하고 있다. 공격성의 성차에 대한 생각이 Note 11-1에 요약되어 있는데, 설명과 같이 모든 아동은 때때로 공격적이고 남아와 여아는 똑같이 공격적이다. 따라서 남아와 여아 모두 자신의 요구를 좀 더 건설적인 방법으로 해결할 수 있는 효과적인 방법을 배워야 한다.

아동이 공격적 행동을 대신할 수 있는 행동을 얼마나 잘 배우는가는 성인의 중재에 달려있다. 대부분의 성인은 이것이 자신의 중요한 임무라는 것에는 동의하지만, 무엇을 해야 하는지에 대해서는 잘 모른다. 그 결과 공격성을 줄이기보다는 공격성을 조장하거나 증가시키는 방법을 사용하게 된다. 그러므로 교사는 어떤 방법이 좋은지 그리고 어떤 방법은 사용하면 안 되는지 알아야 한다.

NOTE 11-1

아동기 공격성에서의 남녀 차이

- 한 살 때 남아와 여아는 모두 똑같이 공격적이다.
- 15개월에서 2세 유아의 공격성에서 성과 관련된 차이가 분명해진다. 남아와 여아 모두 공격성을 보이지만 공격성의 표현에 있어서 차이가 있다.
  - 남아는 여아보다 공격성을 겉으로 드러낸다. 남아는 여아보다 신체적 힘과 언어적 위협을 더 많이 사용하고 자신을 겨냥한 공격성에는 보복한다. 외현적 공격성에서 남녀 차이는 모든 사회 계층과 문화에서 나타난다.
  - 여아는 남아보다 관계적으로 공격적이다. 여아는 뒷담화, 냉대하기, 따돌리기, 욕하기 등으로 자신의 힘을 나타내거나 상처와 모욕에 반응한다. 여아가 보이는 관계적 공격성은 남아가 보이는 외현적 공격성과 같은 수준이다.
- 공격성에서 성차는 생물학적 요인 및 사회적 학습요인과 관련이 있다.
  - 생물학적 요인: 남성 호르몬인 테스토스테론, 신체적인 힘, 더 강력한 신체적인 충동성이 높은 외현적 공격성에 기여한다.
  - 사회적 학습요인: 외현적 공격성은 여아보다 남아에게 더 잘 용인된다. 여아에게는 상대의 자존감을 손상시키거나 상황을 조정하는 것이 사회적으로 더 용인된다.
- 공격성을 많이 보이는 남아와 여아는 모두 또래에게 거부된다.

출처: Garbarino(2006); Olweus(2010).

---

4. 아동의 공격적 행동을 줄이는 데 비효과적인 방법

공격적 행동을 줄이는 데 있어 비효과적인 방법과 효과적인 방법에 대한 많은 연구들이 있다. 우선 공격적 행동을 줄이는 데 있어 비효과적인 방법을 살펴볼 것인데, 공격성 무시하기, 대치, 비일관성 그리고 신체적 체벌이다.

4.1 공격성 무시하기

그대로 두면 공격적 행동이 점차 없어질 것이라는 기대를 가지고 교사는 때로 아동의 공격적 행동을 무시한다. 그러나 이는 잘못된 것으로, 많은 연구에서 교사가 아동의 공격적 행동을 무시하면 공격성이 증가한다고 보고하고 있다(Espelage & Swearer, 2004). 공격적 행동을 무시하면 공격 아동과 피해 아동 모두 공격적으로 행동하는 것이 보상을 가져다준다는 것을 학습하는 분위기를 만든다. 공격적 아동은 계속 공격을 하고, 피해 받던 아동도 성인의 보호를 기대할 수 없으면 결국에는 포기하거나 반격하게 된다. 보복이 성공하게 되고 피해자 입장에서 벗어나면, 이 아동은 다른 사람에게 먼저 공격적 행동을 하게 된다(Rigby & Bauman, 2010). 공격적 행동이 제지되지 않으면 공격성은 이런 식으로 전체 집단에 스며들어 퍼지게 된다.

4.2 대치

대치는 화를 내거나 공격적 행동을 하는 아동을 다루는 방법으로, 분노를 느꼈던 원래의 대상과 관계없는 대상으로 대치하여 감정을 표현하게 하는 것이다. 예를 들면, 친구와 놀다가 화가 난 아동의 화를 풀어주기 위해 점토나 인형을 때리게 하는 것이다. 이렇게 했을 때 교사는 아동의 화가 풀렸고, 분노를 표현하려는 아동의 욕구가 충족되었다고 생각하지만, 실제로는 그렇지 않다.

대치가 분노의 감정을 다루는 궁극적인 수단이라고 배운 아동은 그런 감정의 실제 원인(예: 또래가 협조 하지 않은 것)을 다루는 방법을 배우지 못하고(Berkowitz, 1993), 문제에 건설적으로 직면하는 방법이나 앞으로 발생할 문제를 예방할 수 있는 방법을 발달시키지 못하게 된다. 이렇게 되면, 아동은 직접적으로 해결할 기회를 갖지 못한 채 좌절하게 되고, 점점 적대적이 된다.

커 가면서 아동은 교사가 선택해 준 '안전한 대상'에서 지나가는 아동, 애완동물, 어린 형제 등 자신이 선택한 대상으로 옮겨가게 된다. 사람이나 동물에서 사물로 분노 감정을 대치하는 것이 어떤 아동에게는 부정적 정서에 대처하는 방법을 가르치는 첫 번째 단계가 될 수는 있지만, 이것이 적절한 해결책은 아니다(Slaby, Roedell, Arezzo, & Hendrix, 1995).

4.3 비일관성

아동의 공격적 행동을 다루는 세 번째의 비효과적 수단은 비일관성이다. 성인이 아동의 공격성에 대해 되는대로 대처하면 아동의 공격성이 증가한다(Snyder, Reid, & Patterson, 2003). 교사가 어떤 아동과는 마주치기를 피하면서 다른 아동에게는 엄격하게 반응하고, 오늘은 규칙을 지키라고 강요하고 내일은 무시하는 행동은 아동에게 혼동을 주고 화가 나게 한다. 성인의 반응이 일관된 형태를 따르지 않기 때문에 공격적 행동이 무시될지 아닐지를 알 수 있는 유일한 방법은 시도해보고 어떻게 되는지를 보는 것이다.

4.4 신체적 체벌

많은 부모가 '매를 아끼면 자식을 망친다'라는 속담을 믿고, 공격적 행동과 같은 아동의 잘못된 행동에 대해 신체적 체벌을 함으로써 성인 스스로 공격성에 의존한다. 이들은 아동이 매를 맞지 않기 위해서 성인의 기준에 맞추어 행동할 것이라고 믿지만, 이는 잘못된 생각이다(Lessin, 2002). 신체적 체벌을 자주 사용하면 아동의 공격성을 감소시키는 것이 아니라 증가시킨다.

예를 들어 미국에서 실시된 아동의 공격적 행동에 대한 27개 경험적인 연구들을 메타 분석한 것에 따르면 신체적 체벌은 아동기의 공격적 행동을 증가시킨다고 보고하고 있다(Gershoff, 2008). 유사하게 다른 나라 아동을 대상으로 한 연구들도 신체적 체벌과 높은 수준의 공격성 간의 관계를 지적하고 있다(Lansford et al., 2005; Nelson, Hart, Yang, Olsen, & Jin, 2006; Paganini et al., 2004). 또한 이러한 효과는 오래 지속되어, 어린 시기에 잦은 신체적 체벌을 받은 아동은 청소년기에 더 공격적이 된다. 그러나 신체적 체벌이 아동의 순응적 행동을 장기적으로 증진시킨다는 연구는 거의 없다(Afifi, Dasiewicz, MacMillan, & Sareen, 2012). 이는 몇 가지 요인 때문인데, 다음 상황을 읽고 교사와 6세 유진이의 상호작용을 살펴보자.

> 쉬는 시간 6세 유진이가 화가 났을 때 다른 아이들을 꼬집지 못하게 하려고 교사는 여러 가지 방법을 써보았다. 교사는 유진이에게 말을 하고, 밖에 앉아 있도록 하고, 꾸짖고, 친구들이 같이 놀지 않을 거라고 경고했지만 유진이는 여전히 친구들을 꼬집었다. 마침내 교사는 화가 나서 말했다. "유진아, 꼬집는 것이 얼마나 아픈지 모르는 것 같구나. (유진이를 꼬집으면서) 봐라. 네가 꼬집을 때마다 나도 너를 똑같이 꼬집어주어 얼마나 아픈지 알게 해줄거야."

교사는 유진이를 꼬집어서 유진이가 중요한 교훈(꼬집는 것은 아프고 다른 사람을 다시는 꼬집지 말아야 한다)을 배우기를 바랐다. 불행히도 유진이는 다음과 같은 교훈을 얻었지만 이는 교사가 의도한 교훈은 아니다.

교훈 1: 공격적으로 행동하는 방법을 알게 되었다

교사는 유진이에게 어떻게 공격적이 되는지에 대해 생생하고 개별적인 교훈을 주었다. 공격적 모델링의 효과에 대한 선행 연구들이 밝히는 바와 같이 유진이는 이러한 상처를 주는 행동과 태도를 포기하기보다는 따라하게 될 것이다(Bear, 2010; Gershoff, 2008).

교훈 2: 공격성을 통해 원하는 것을 얻을 수 있다

교사는 유진이에게 '무엇이 옳은지'를 보여주었다. 즉, 논리적 추론보다 신체적 힘이 목적을 달성하는 데 좋은 방법이라는 것이다. 또한 힘이 있는 사람은 자신의 생각을 강요하기 위해서 약한 사람에게 공격성을 사용할 수 있다는 것을 보여주었다(Alsaker & Gutzwiller-Helfenfinger, 2010). 나중에 유진이는 꼬집는 것을 포기하는 것이 아니라 어리고, 작고, 힘없는 아이를 꼬집을 것이다.

교훈 3: 공격적 행동을 대신할 수 있는 만족할 만한 대안은 없다

유진이는 좌절을 표현하기 위해서 꼬집었는데, 불행히도 교사는 유진이의 요구를 충족시킬 수 있는 비공격적 대안을 제시해주지 못했다. 꼬집는 대신 어떻게 해야 하는지 분명히 알려주지 않으면 유진이는 화난 감정을 나타내기 위해 계속해서 꼬집을 것이다(Gershoff, 2008; Malott & Trojan, 2008).

교훈 4: 성인을 믿을 수 없다

신체적 체벌을 당하게 되면 아동은 성인이 자신에게 적대적 동기를 가지고 있다고 여기거나 두려워한다. 두 가지 모두 성인과 아동 사이의 신뢰 혹은 존경의 감정을 불러일으키지 못한다. 이러한 불신 때문에 아동은 성인이 전달하고자 하는 올바른 메시지를 거부한다(Gershoff, 2008).

교훈 5: 성인을 조심해야 한다

교사가 유진이를 꼬집었을 때, 유진이는 자신의 반응(고통, 체면을 지키고 싶은 욕구, 분노)에 몰두하게 된다. 이런 상태에서는 유진이가 다른 아이의 요구를 고려하거나 희생자에 대한 감정이입을 하기 어려운데, 이러한 정서상태가 없이는 공격성을 감소시켜 줄 수 있는 더 높은 수준의 생각이나 감정을 배우지 못한다. 또한 신체적 체벌은 자기 보호에 대한 강한 감정을 자극하여, 어떻게 복수할지 그리고 어떻게 힘을 더 강하게 키울지에 대해 생각하게 한다(Bear, 2010; Society for Adolescent Medicine, 2003). 이러한 생각은 평화적이 아니라 공격적인 마음을 갖도록 한다.

교훈 6: 잡히지 않으면 된다

신체적 체벌은 고통스럽기 때문에, 아동은 이를 피하기 위해서 그 상황에서는 부정적 행동을 하지 않지만 다른 곳에서는 계속해서 부정적 행동을 한다. 유진이는 어린이집에서는 꼬집지 않을지 모르지만 집이나 다른 장소에서는 아이들을 꼬집을 수 있다. 또는 다른 사람들과 건설적인 방법으로 상호작용하는 방법을 찾기보다 행동을 겉으로 드러내지 않아서 들키지 않는 것에 더 신경을 쓸 것이다(McCord, 2005; Rigby & Bauman, 2010). 그러므로 유진이는 근처에 권위 있는 성인이 있을 때에만 순응을 할 것이고, 성인이 보고 있지 않으면 여전히 꼬집는 행동을 할 것이다. 이러한 생각은 공격적 행동을 숨기는 것이지 공격적 행동을 없애지는 못한다.

교사가 위의 사례와 같이 행동한다면 유진이의 공격적 행동은 증가할 것이다. 또한 부모, 교사와 유진이의 관계가 악화될 것이다. 더 중요한 것은 유진이가 사회적으로 유능하게 되기 위해 필요한 내적 통제를 발달시키지 못하고 대안적인 행동을 배우지 못한다는 것이다(Gershoff, 2008; McCord, 2005). 이러한 부정적인 결과는 신체적 체벌이 아동기의 공격성을 다루는 데 좋지 않은 선택임을 알려준다.

이상에서 살펴본 바와 같이 공격적 행동 무시하기, 대치, 비일관성, 신체적 체벌 모두 아동의 공격적 행동을 줄이기보다는 증가시킨다. 이러한 방법들은 공격성을 유지시키고, 바람직한 대안을 배울 기회를 제공하지 못하기 때문에 아동의 공격성을 줄이지 못한다.

5. 공격적 행동을 줄이는 효과적인 방법

> 4세 아동 몇몇이 함께 놀고 있는데 민정이가 이 집단에 들어와 함께 놀고 싶어 한다. 민정이가 다가오자 같이 놀고 있던 이 집단의 아이 중 한 명이 "여기 문제아가 온다!" 이렇게 이야기 하면서 민정이를 의도적으로 배제시켰다.

만약 당신이 교사라면 이 상황에서 어떻게 해야 할까? 그들 스스로 문제를 해결하도록 둘 것인가? 집단의 아동을 불러 놓고 이러한 행동이 얼마나 안 좋은 영향을 주는지 이야기를 할 것인가? 모두에게 '친절하게' 행동하라고 요구하지 않으면 다른 해결책이 있는가? 교사가 어떻게 반응했는지 살펴보자.

> 아이들의 행동을 보면서 교사는 집단으로 가까이 가서 말하였다. "내 이름이 문제아야(My name is trouble). 누가 나랑 같이 대장따라하기 게임 할래?" 모든 아이들이 선생님을 따라 줄을 섰고 배제되었던 민정이 역시 게임이 참여하였다(Wheeler, 2004, p.230).

몇 분 안에 교사는 아동의 관계적 공격성을 보다 건설적인 상호작용으로 재설정시켰다. 배제시키는 행동과 낙인찍기 행동이 사라졌다. 이것은 단지 운이 좋았던 상황도 아니고 우연히 발생한 의사소통도 아니다. 교사가 의도적으로 개입한 것이다. 교사는 의도적으로 아동의 공격적 놀이를 줄이고 비인기아동을 게임에 포함시키는 방법을 모델로 보여준 것이다. 교사는 공격적 행동을 하는 아동에게 친구를 배제시키지 않는 상호작용을 할 수 있는 기회를 주었고, 비인기아동에게는 놀이 기술을 증진시키는 방법을 알려준 것이다(Epstein, 2009; Jimerson, Swearer, & Espelage, 2010).

다양한 사회적 상호작용을 통해 아동은 공격적 행동의 대안적인 행동들을 배우게 된다. 이와 같이 하나의 상황에 한 가지 이상의 접근 방법이 있을 수 있지만 교사는 어떤 상황에서든지 의식적으로 언제, 어떻게 그리고 개입할지 개입하지 않을지를 결정해야 한다(Epstein, 2007). 이러한 결정은 교사의 목표, 해당 아동에 대한 교사의 지식, 그리고 공격적 행동을 감소시키는 유용한 전략의 인식에 달려있다.

이 장에서 공격적 행동에 대한 세 가지 유형의 전략들을 살펴볼 것이다. 첫째, 공격성의 유형에 상관없이 효과적인 중재방안을 살펴볼 것이다. 이 만능 전략(all-purpose strategies)은 아동이 왜 공격적 행동을 하는지 그리고 아동이 사회적 영역에서 어떻게 발달하고 배우는지에 대한 지식을 바탕으로 한다. 둘째, 도구적 공격성을 줄이는 가장 좋은 방법인 갈등 중재에 대해 알아볼 것이다.

이 기술을 습득하면 교사인 당신은 아이들끼리 싸우는 상황을 아주 의미 있는 배움의 기회로 바꿀 수 있을 것이다. 셋째, 적대적 공격성이 또래 괴롭힘으로 나타날 때 어떻게 해야 하는지를 살펴볼 것이다. 또래 괴롭힘은 교사가 직면하게 되는 가장 도전적인 일이며, 또래 괴롭힘의 가해자, 피해자 그리고 목격자들의 요구를 다루는 특별한 기술이 필요하다.

5.1 공격성에 대응하는 만능 전략

아동의 공격적 행동을 감소시키는 열쇠는 아동이 폭력과 양립할 수 없는 상호작용하는 방법과 가치를 내면화하도록 돕는 것이다(Levin, 2003). 가장 성공적인 전략은 다음과 같다.

- 공격적 행동이 받아들여지지 않는다는 것을 분명히 한다.
- 아동이 자신의 요구를 건설적으로 충족시키는 방법을 가르친다.
- 다른 아동의 공격적 행동에 어떻게 반응하는지 가르친다.

이 규준을 충족시키는 전략을 표 11-1에 제시하였다. 여기의 전략들은 공격성의 원인에 따라 제시하였다. 표 11-1의 전략들 중에는 이미 익숙한 것들도 있다. 공격적 행동을 감소시키는 전략들은 앞장에서 배웠던 개념과 기술에 기초를 둔 것들이 많이 있다. 사실 교사는 이미 공격적 아동의 행동을 다루는 데 사용할 수 있는 다양한 접근 방법을 알고 있을 것이다. 이러한 기본적인 기술은 1장에서 소개된 사회적 지원 피라미드의 4단계와 일치한다(그림 11-1 참고).

공격성을 다루는 것은 교실에서 긍정적인 관계를 형성하는 것부터 시작된다. 여기에는 성인과 아동 간의 관계 및 또래 간의 관계를 포함한다. 긍정적인 관계를 형성하는 것이 모든 아동에게 중요하다는 것을 알지만 특히 공격적 경향을 보이는 아동, 폭력적으로 반응하는 아동 또는 공격적 행동에 직면했을 때 무기력하게 반응하는 아동에게 더욱 중요하다(Miller, 2013). 이러한 아동은 고립되어 있거나 부적절한 행동에 관심을 받은 경우가 많다. 아동이 교실에서 이방인처럼 취급받으면 아동은 집단에 어떠한 책임도 없다고 느끼고 비공격적 메시지에 주의를 기울이지 않는다. 교사는 이러한 행동을 변화시키고 아동에게 관심을 보여야 한다.

해를 끼치는 아동과 친구가 되어 주기 위해서는 의도적인 노력이 요구된다. 아동을 비공격적 상황에 두고 그 상황에서 즐거운 상호작용의 기쁨을 경험하게 하도록 지원하는 데에는 많은 노력과 기술이 필요하다(Crothers & Kolbert, 2010). 아동이 긍정적인 관계를 맺도록 도와주는 기술들은 이 책의 2, 3, 4장에서 설명하였다.

잘 계획되고, 질서정연하고, 발달적으로 적절한 프로그램은 비공격적이고 친절한 행동을 할 수 있는 장을 마련해준다(Kaiser & Rasminsky, 2012). 이러한 교실은 4장에서 언급한 긍정적인 언어 환경과 8장에서 언급한 안정되고 잘 조직화된 물리적 환경과 일과를 포함한다.

기술 발달에 초점을 둔 전략을 가르치고 코칭하는 것은 아동이 비공격적 행동 패턴을 보이도록

표 11-1 아동의 공격적 행동을 다루는 효과적인 전략들

발달과 학습 원칙	실제 가르치기
생물학적 요인이 공격성에 영향을 준다.	• 교사는 활동적이고 충동적이고 정서적으로 강렬한 아동의 요구를 충족시키기 위해서 일과와 활동을 조정한다.
좌절 때문에 공격성이 발생한다.	• 교사는 아동의 좌절을 최소화하는 환경을 만든다. • 교사는 아동이 좌절을 다루는 건설적인 방법을 알도록 도와준다. • 교사는 아동이 더 유능해지도록 기회를 제공한다.
왜곡된 지각 때문에 공격성이 발생한다.	• 교사는 아동이 사회적 상황을 보다 정확하게 해석하도록 돕는다.
강화와 직접적인 경험이 공격성에 영향을 준다.	• 교사는 공격적 행동에 제한을 가하고, 적절한 교정적 결과를 시행하여야 한다. • 교사는 아동이 공격적 놀이를 단계적으로 줄이도록 도와준다. • 교사는 아동의 비공격적 행동과 문제를 해결하려는 노력을 강화한다.
모델링과 관찰하는 경험이 공격성에 영향을 준다.	• 교사는 돌보고 존경하는 행동에 대한 모범을 보이고 공격적 행동에는 조용하고 이성적으로 반응한다.
기술과 지식의 부족으로 공격성이 발생한다.	• 교사는 아동에게 정서적인 기술을 가르친다(예: 그들 자신과 다른 사람의 정서를 어떻게 이해하는지). • 교사는 아동에게 적절한 놀이기술과 우정관계의 기술을 가르친다(예: 어떻게 놀이 집단에 들어가는지, 순서를 기다리는지). • 교사는 아동에게 자기주장적인 의사소통 기술을 가르친다. • 교사는 아동에게 공격성의 대안적인 행동을 가르친다. • 교사는 아동에게 공격적 행동에 대해 효과적으로 반응하는 방법을 가르친다.
공격적 행동을 무시하는 것이 공격적 행동을 증가시킨다.	• 교사는 아동이 다른 아동에게 상처를 주거나 다른 사람의 재산에 피해를 주는 행동을 하지 못하게 한다. • 교사는 공격적 행동을 멈추게 하는 아동의 도움을 끌어낸다.
대치 전략이 공격적 행동을 증가시킨다.	• 교사는 아동이 문제에 직접적으로 직면하도록 돕는다. • 교사는 아동에게 갈등을 평화적으로 해결하는 방법을 가르친다.
비일관성이 공격적 행동을 증가시킨다.	• 교사는 공격적 행동을 허용하지 않는 규칙을 일관되게 적용하여 지키도록 한다. • 아동의 공격적 행동을 다루기 위해서 교사와 가족이 함께 협력한다.
신체적 체벌이 공격적 행동을 증가시킨다.	• 교사는 공격적 행동을 고치기 위해서 적절하고 논리적인 관련 없는 결과를 사용한다. • 교사는 신체적 체벌의 대안적인 방법을 찾는다.

출처: Brown, Odom, & McConnell(2008); Crothers & Kolbert(2010); Frey, Edstrom, & Hirschstein(2010); Kaiser & Rasminsky(2012); Orpinas & Horne(2010).

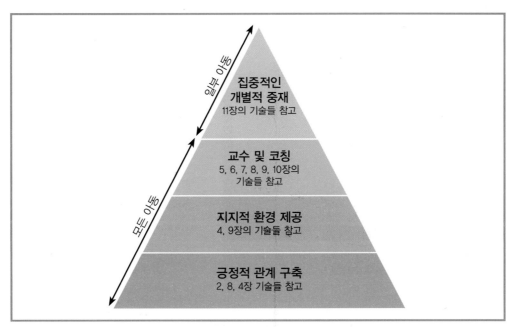

그림 11-1　사회적 지원 피라미드: 아동의 공격적 행동 다루기

돕는 데 핵심이 된다. 공격성에 의존하는 아동은 의사소통 기술, 정서적인 기술, 놀이 기술, 그리고 친구를 사귀는 데 필수적인 기술들이 부족한 경향이 있다(Frey et al., 2010). 공격적 아동의 공격 대상이 되는 아동 역시 마찬가지이다. 공격적 아동은 충동적인 행동을 억제하거나 만족을 지연하는 데 필요한 내적 통제가 부족하다. 이들은 생각 없이 몹시 서두르며 행동한다. 어떻게 평화적으로 문제를 해결해야 하는지 또는 안전을 유지하고 재산을 지키며, 다른 사람의 권리를 지키기 위해서 어떻게 규칙을 따라야 하는지에 대한 이해가 없다. 비록 어떤 아동도 이와 같은 것에 대해서 자동적으로 알게 되는 것은 아니지만, 공격적 행동을 하는 아동은 이러한 행동을 배우는 데 중요한 도움이 필요하다(Orpinas & Horne, 2010). 5, 6, 7, 9, 10장에서 배운 전략들이 이러한 과업에 대한 기초를 제공한다.

5.2 도구적 공격성에 대한 특별한 경우

유아를 담당하는 교사가 직면하는 가장 일반적인 공격성의 형태는 도구적 공격성이다. 심지어 양보하기 혹은 순서 기다리기를 말로 언급할 수 있는 아동도 때때로 이러한 행동을 잊어버리고 도구적 공격성을 나타낸다. 이와 같은 상황에서 교사는 아동을 단순히 분리시키거나 분쟁을 일으키는 물건을 치워버린다. 비록 이 같은 행동이 공격성을 중단시킬지도 모르지만 교사는 아동에게 갈등을 다루는 더 나은 방법을 가르쳐주지 못한다. 이러한 상황에서 교사는 아동이 비공격적 접근방

그림 11-2 갈등 상황을 정확히 인식하고 적절한 대안을 가르치는 것은 아동의 공격적 행동을 감소시킨다

법으로 갈등을 해결하도록 돕는 것이 보다 효과적인 전략이다(Epstein, 2009). 이 과정에서 교사의 역할은 아동이 각자 의견이 다르고 서로 다른 의견을 해결하는 것을 시도하도록 지원하는 것이다.

상기 과정을 효과적으로 하기 위해서 갈등 상황이 반드시 부정적인 것만은 아니며 갈등 상황이 반드시 폭력적이지 않다는 것을 기억할 필요가 있다. 의견과 행동하는 방법이 서로 다른 것은 여러 사람들이 어울려 살아가는 일상생활에서 자연스러운 측면이다. 갈등은 아동이 사회적 유능성을 증진시킬 수 있는 자연스러운 수단이 되며(Laursen & Pursell, 2009), 아동은 때로 교사의 직접적인 개입 없이 문제를 해결할 수 있다.

교사는 아동의 행동이 폭력으로 변하기 전까지는 서로 간 갈등을 두고 보고, 해결책이 정해지면 긍정적인 개인적 메시지로 아동의 적절한 행동을 분명히 알려준다. 그러나 공격성이 일어나거나 아동이 다음에 무엇을 할지 몰라 한다면, 갈등 중재자로서 직접 개입할 수 있다.

갈등 중재

갈등 중재는 문제 인식의 시작 단계부터 서로가 만족할 수 있는 해결책의 마지막 단계까지 아동과 함께 하는 것이다. 교사는 결론에 도달할 때까지 필요에 따라 지시를 한다. 이 과정의 목적은 교사가 아동에게 문제 해결 방법을 가르치는 것이 아니라, 아동 자신이 해결책을 찾도록 돕는 것이다. 이러한 갈등 중재 과정은 아동에게 다음과 같은 장점이 있다(Epstein, 2009; Wheeler, 2004).

- 유아교육기관의 환경을 더욱 평화롭게 한다.
- 아동-아동, 아동-교사 간에 신뢰를 형성한다.
- 정서적으로 고조된 상황을 다루는 건설적인 방법을 가르쳐준다.
- 아동에게 문제 해결 전략을 가르친다.
- 다툼 대신 긍정적 행동을 조장한다.
- 아동-아동 간의 우정을 증진시킨다.

갈등 중재를 하는 동안 아동은 평화적 해결에 도달하기 위해 필요한 기술을 배우게 된다. 이러한 기술에는 의사소통, 절충, 분쟁과 관계된 다른 측면을 보는 능력, 타인과 자신의 관점을 고려하는 능력이 포함된다(Levin, 2003). 협상이 이루어지기까지 아동은 많은 지지를 필요로 하므로, 중재자는 모델로, 그리고 교사로서의 역할을 하면서 아동을 지원해준다. 문제 해결 과정 및 이 과정에서 적절한 언어 표현을 배우면서 아동은 점점 스스로 문제를 해결하는 능력을 기르게 된다. 아동기에 이런 방식으로 학습한 것이 성인기까지 유지된다는 연구 결과도 있다(Rimm-Kaufman & Wanless, 2011).

아동은 경험이 많은 사람의 지도 아래 갈등을 해결하는 연습을 해야 한다(Beane, 2005). 중재자가 교사든지 나이가 많은 아동이든지, 대부분의 갈등 해결 모델은 비슷한 단계를 거친다. 아동에게 적절한 문제 해결 기술을 가르치면서 아동의 분쟁을 중재하기 위해 사용할 수 있는 실제적이고 체계적 모델을 살펴보면 다음과 같다.

6. 갈등 중재 모델

> 운동장 한쪽 끝에서 교사는 수진이가 "홀라후프 내놔. 나도 필요하단 말이야!" 라고 소리 지르는 것을 들었다. 유미도 "다른 것 써! 나 아직 하고 있단 말이야" 라고 소리 지른다. 교사는 두 아동이 말다툼을 계속하는 것을 먼발치에서 지켜본다. 말다툼이 가열되면서 두 아동은 홀라후프를 서로 잡고 끌어당겼다. 교사가 갈등을 중재할 때가 된 것이다.

6.1 갈등 중재의 단계

1단계: 중재 과정 시작하기

갈등 상황에 접근하는 첫 단계는 교사가 중재자 역할을 맡는 것이다. 공격적 행동을 그만두게 하고, 싸우는 두 아동을 떼어놓고, 문제를 정의해준다. "너희 둘 다 홀라후프를 가지고 놀고 싶구나. 어떻게 할지 너희 생각이 서로 다른 것 같은데" 교사는 두 아동이 주장하는 사물이나 영역보다는 상호 문제에 중점을 두도록 하면서, 두 아동 사이에 위치한다. 갈등이 해결될 때까지는 교사가 그 물건을 일시적으로 갖고 있을 것이라고 알린다. "어떻게 할지 결정할 때까지, 선생님이 이 홀라후프를 가지고 있을게" 이렇게 하면 아동은 서로 때리거나 잡는 것을 멈추고, 교사나 다른 아동의 말에 귀 기울이며, 정서적으로 흥분된 상황에 좀 더 객관적으로 접근할 수 있게 된다.

2단계: 각 아동의 관점을 분명히 하기

각 아동의 관점에서 갈등을 명백히 하는 것이 두 번째 단계의 초점이다. 교사는 각 아동에게 이 상황에서 무엇을 원하는지 차례로 물어보는데, 이때 각 아동이 방해받지 않고 원하는 것을 주장할 수 있는 충분한 기회를 준다. 교사는 다음과 같이 말해준다. "너희 둘 모두 화가 났구나. 수진아, 네가 원하는 것을 말해 봐. 수진이가 말하고 나면, 유미가 원하는 것을 말해 봐" 이 단계는 아주 중요하다. 효율적인 중재자가 되기 위해서는, 아동이 교사가 한 아이를 편들어 결정하지 않을 것이라고 신뢰해야 한다. 교사는 각 아동의 생각에 대해 평가하기를 자제하고 중립을 유지한다. 이 단계에서 아동에게 다른 아동의 생각을 다시 말해주는 것도 중요하다. 이것은 교사가 각 아이의 생각을 올바르게 이해했는지 확인할 수 있게 하고, 아동이 서로의 입장을 명확하게 알게 한다. 아주 화가 났거나 너무 조용한 아동에게는 자신의 입장을 표명하도록 여러 번 기회를 주어야 한다. 아동이 흥분한 정도에 따라 이 단계는 몇 분간 지속될 수도 있다. 아동은 자신의 요구를 정확히 표현하기 위해 도움을 필요로 한다. 아동의 말을 다시 말해줄 때 교사는 가능한 각 아동에게 확인하고, 정확하게 말한다.

3단계: 요약하기

갈등에 대해 각 아동이 어떻게 생각하는지를 알고 나면 세 번째 단계를 시작한다. 교사는 각 아동이 모두 그 문제와 문제 해결에 책임이 있다는 것을 지적하면서, 각 아동의 입장에서 문제를 정의해야 한다. "수진아, 유미야, 너희 둘 다 혼자 훌라후프를 갖고 놀고 싶어 해. 그래서 문제가 생겼지. 너희 둘 다 만족시킬 수 있는 해결책을 찾아야 해" 즉, 문제가 있으며 해결책을 찾아야 한다고 말해준다.

4단계: 대안 찾기

중재의 네 번째 단계는 몇 가지 가능한 해결책을 찾는 것이다. 해결책은 갈등을 일으킨 아동이 스스로 제시할 수도 있고, 주변에서 구경하던 아동이 제안할 수도 있다. 해결책이 제시될 때마다 중재자는 그 해결책을 관련 아동에게 다시 말해준다. "재우는 너희들이 나누어 쓰면 될 것 같대" 제시된 안에 대해 각 아동의 생각을 물어본다. "수진아, 어떻게 생각하니? 유미는 어떻게 생각하니?" 중재자는 가능한 다양한 대안을 찾도록 해주고, 해결책이 선택될 때 이해관계가 얽히지 않도록 유념해야 한다. 교사는 각 아동이 그 과정에 기꺼이 참여하도록 하고, 아동에게 대안을 강요하지 않는다. 이 과정에서 아동은 나중에는 어떤 대안을 받아들이게 되더라도 처음에는 거절할 수도 있다.

아동이 대안을 제시할 수 없으면, 교사가 대안을 제시해줄 수도 있다. "사람들은 이런 문제가 있을 때, 같이 하거나, 차례대로 하거나, 장난감을 서로 교환하는 방법을 사용하더라. 너희들은 어떻게 생각하니?" 때로 이 단계에서 아동이 이 과정에 지루해 하고, "이제 이것 안 할래요" 또는 "알았어요, 쟤 보고 가지고 놀라고 하세요"라고 하거나, 한 명이 가버릴 수도 있다. 이럴 때 중재자는 이 상태를 반영해준다. "힘들지" 또는 "이 문제를 해결하느라고 힘이 들었구나. 문제를 해결하는 데는 시간이 걸리지" 아동이 그냥 포기하는 것으로 문제를 해결하려 하면, 원하는 바를 존중해준다. 연습을 통해 아동은 그러한 기술을 발달시키고, 협상하기까지 걸리는 시간을 참을 수 있게 된다. 아동이 중재가 진행되는 과정을 지켜보고, 다음에는 어떻게 해야 하는지에 대해 더 잘 알 수 있게 되었다는 점이 중요하다.

5단계: 해결책에 동의하기

다섯 번째 단계의 궁극적 목적은 각 아동이 서로 만족하는 행동 계획에 동의하는 것이다. 중재자로서 교사의 역할은 각 아동이 가장 잘 받아들일 수 있는 가능성을 탐색하도록 돕는 것이다. 이때 한 아동이라도 강하게 반대하는 방안은 포함시키지 않는다. 마지막 동의는 두 아동이 서로 얼마간 양보할 때, 그리고 아동이 다른 아동의 생각을 고려하였을 때 택하게 된다. 결국 아동은 수용할 수 있는 한 가지나 여러 의견을 조합한 행동들을 하게 될 것이다. 여러 대안 중에서 실행 가능한 하나의 해결책으로 좁혀지면, 교사는 아동에게 해결책을 찾았다는 것을 확인해준다. 예를 들면, "너희는 훌라후프를 함께 쓸 수 있다고 생각했어. 문제를 해결한 것 같은데! 너희들의 생각대로 해보자."

6단계: 문제 해결 과정 강화하기

이 단계의 목적은 아동이 서로에게 유익한 해결책을 찾아낸 것을 칭찬해주는 것이다. 해결책에 도달하는 과정이 해결책 그 자체만큼 중요하다는 것을 알려준다. 중재자는 처음 갈등 상황에서 각 아동의 정서를 인정해주고, 서로 동의할 수 있는 방법을 찾기 위해 노력한 점을 칭찬해준다. "너희 둘 다 훌라후프를 가지고 싶어 했지. 서로 다치지 않고 문제를 해결하는 방법을 찾느라고 수고했어."

7단계: 실행하기

중재 과정의 마지막 단계는 두 아동이 동의한 대로 실행하도록 도와주는 것이다. 두 아동이 어떻게 하기로 했는지 다시 이야기해주고, 필요하다면 직접적으로 도와주거나 어떻게 할 수 있는지 보여준다. 이때 교사는 아동이 동의한 대로 수행하는지 주변에서 보고 있어야 한다. 만약 계획대로 잘 되지 않으면, 아동을 다시 모이게 하여 어떻게 수정할지 이야기한다.

6.2 갈등 해결에 대한 아동의 생각

> 3세 유아: 나에게 줘. 내가 가질 거야.
> 6세 아동: 우리는 순서를 지킬 수 있어. 내가 먼저고 다음이 너야.
> 12세 아동: 우리는 의견을 모을 수 있어. 우리 투표해서 가장 좋은 방법을 선택하자.

갈등 해결에 대한 아동의 생각은 관계에 대한 이해가 보다 복잡해지고, 언어와 인지 능력이 발달함에 따라 점진적으로 진화한다. 시간이 지나면서 아동은 사물, 권리, 영역에 대한 다툼에 대해 다양한 해결책을 생각해낼 수 있는데, 아동이 선택한 해결책은 대개 아동이 갈등을 어떻게 지각하느냐에 따라 결정된다. 그러므로 관계에 대해 더 잘 이해할수록 갈등 해결에 대한 아동의 개념도 달라진다.

영유아기: 이건 내거야!

매우 어린 유아는 자신의 요구가 제일 중요하다고 생각한다. 영유아는 갈등에 대해 힘이나 철회, 즉 싸우거나 도망가는 것이 가장 좋은 해결책이라고 생각한다. 유아 두 명이 장난감 하나를 놓고 싸울 때 장난감을 움켜잡거나 서로 내 것이라고 한다. 그러나 유아는 종종 상대가 장난감을 양보하지 않으면 관심을 다른 곳으로 돌리면서 그냥 포기해 버린다(Wheeler, 2004). 힘을 사용하거나 철회하는 경우 모두 갈등이 의견 조율을 통해 해결된 것은 아니다.

취학 전 유아-초등학교 저학년: 공정해야 한다!

이 연령대의 아동은 갈등을 해결하기 위해 신체적, 언어적 전략을 사용하거나 공격적 혹은 비공격적 전략을 사용할 수도 있다. 결과는 해결이 나지 않을 수도 있고 교사가 요구하는 해결책, 한 아동이 다른 아동에게 지는 것, 혹은 갈등 당사자나 다른 또래의 도움으로 상호 합의하는 타협안에 도달할 수도 있다(Charlesworth, 2011). 이들은 갈등을 해결하는 데 또래 간의 상호작용이 균형을 이루어야 한다고 생각한다. 또래가 문제를 해결하기 위해 공격성을 사용하면, 공격성이 불균형을 가져오므로 반드시 해결해야 한다. 5세 아동도 무차별적 공격성은 용납하지 않지만, 다툼이 일어나면, '눈에는 눈, 이에는 이'로 대처한다(Wheeler, 2004). 그러므로 이 시기의 아동은 공격적 해결책에 대해 "쟤가 먼저 때렸어요" 또는 "내 거예요"와 같은 말로 정당화한다. 이 시기 아동은 공평함을 요구하여 갈등이 만족스럽게 끝나기 위해서는 피해 아동이 공격 아동에게 보상을 받아야 한다고 생각한다. 성공적인 해결책은 공격 아동이 상대방을 해친 행동이나 말에 대한 보상으로 사과나 어떤 행동을 하는 등 조화를 되찾기 위해 책임감을 갖느냐에 달려 있다. 예를 들면, "미안하다고 말해" 또는 "너, 그거 다시 갖다 놔!"와 같은 말은 이러한 생각을 반영한다. 아동은 인지적 성숙과 경험에 의해 갈등에 둘 다 책임이 있으며, 서로가 만족하는 해결책이 좋다는 것을 알게 된다.

초등학교 고학년: 추론과 설득이 열쇠다!

이 시기에 거의 모든 아동이 물건, 영역 그리고 권리에서의 갈등을 해결하는 방법으로 신체적 공격성을 사용하지 않는다. 이들은 더 건설적인 방법으로 또래와 갈등을 해결하는 것을 기대하고 자신이 원하는 것을 얻기 위해 외현적 공격성을 사용하는 아동을 싫어하는 경향이 있다(Ladd, 2005). 이 시기 동안 아동은 갈등에 관련이 있는 사람들 모두가 분쟁을 해결하는 데 책임이 있고, 서로 만족스러운 해결책으로부터 이익을 얻을 수 있다고 생각한다(Orpinas & Horne, 2010). 또한 이들은

표 11-2 갈등을 해결하는 12세 아동의 생각

해결책	사례
토론한다.	• 우리는 각자 문제가 무엇인지 살펴보고 토론한다. • 서로 의견, 생각, 아이디어를 나눈다. 그러고 나서 하나의 방법에 의견 일치를 볼 수 있다. • 우리는 투표를 통해 의견을 모을 수 있다.
다른 사람이 결정하게 한다.	• 우리는 다른 사람이 결정하게 할 수 있다. • 다른 친구의 생각대로 한다. • 해결이 되지 않으면 선생님께 알린다.
의견을 조율한다.	• 우리 각자 생각을 서로 조율한다.
설득한다.	• 나는 내 생각이 좋은 방법이라는 것을 설득하려고 애쓴다. • 나의 생각을 지지하는 사람을 찾아본다.
대안을 찾는다.	• 우리 둘 다 만족할 수 있는 생각을 찾는다. • 더 나은 해결책이 생각나도록 계속 고민한다.
비교하고 평가한다.	• 상대의 생각을 먼저 시행해보고 그 다음에 내 생각을 시행한다. • 두 생각을 모두 시행해보고 나은 것을 선택한다.

출처: Kuhn(2005)을 재구성함.

하나 이상의 해결책도 가능하다는 것을 이해하게 된다. 표 11-2는 12세 아동이 갈등을 해결하는 서로 다른 방법들을 설명한 것이다.

6.3 갈등 중재의 가능성

중재 모델을 사용하는 것이 실제로 아동의 공격성을 줄이고, 아동 스스로 갈등을 해결하는 능력을 증가시킬 수 있는지에 대한 연구 결과에 따르면, 갈등 중재 과정에 정기적으로 참여한 아동은 제시하는 해결 방법의 수와 다양성이 증가하고, 협상에 소요된 시간도 줄어들었다(Evans, 2002; Kuhn, 2005). 또한 협상 과정에 익숙해지면, 구경하는 아이들의 수도 증가한다. 분쟁이 일어나면 당사자뿐 아니라 구경하는 아이들도 더욱 적극적으로 자신의 생각을 제시하고 어떤 행동에 대한 이유도 제시한다. 점차로 아동은 중재자의 도움 없이도 스스로 갈등을 해결할 수 있게 된다(Epstein, 2009). 중재를 사용한 집단은 공격성이 감소하였을 뿐 아니라, 긍정적이고 친사회적 행동이 증가하였다(Lopes & Salovey, 2004; Orpinas & Horne, 2010). 그러므로 이 장에서 제시된 다른 전략들과 함께 사용이 되면 갈등 중재는 아동의 공격적 상호작용을 감소시킬 것이다.

여기서 제시된 중재 모형은 3~12세의 아동에게 사용될 수 있다. 이 모델은 현재 상업적으로 사용되고 있는 많은 중재 프로그램이나 문헌에서 제시하고 있는 다른 방법과 유사하다. 이 모델은 교사가 교실에서, 혹은 기관의 전체 교직원이 사용할 수 있고, 아동이 집단 상황에서 또래 중재자로서 사용할 수도 있다. 갈등 중재는 도구적 공격성을 다루는 데 가장 효과적인 방법이며, 적대적 공격성은 다른 기술이 부가적으로 필요하다.

7. 적대적 공격성: 또래 괴롭힘

모든 아동이 때로는 공격적 행동을 보이기도 하지만, 어떤 아동은 다른 사람들에게 힘을 행사하기 위해 거부하기, 별명 부르기, 신체적 위협과 같은 행동들을 일상적으로 그리고 고의적으로 한다. 이것은 단순한 일상적 다툼을 넘어서, 계속해서 한 아동이나 집단의 사람들에게 잘못된 힘을 행사하고자 하는 시도이다. 이러한 형태의 적대적 공격성을 **또래 괴롭힘**이라고 한다. 또래 괴롭힘은 초등학교 고학년 시기에 가장 빈번히 발생하지만, 유아기에도 적대적 행동의 초기 신호가 나타날 수 있다(Gartrell, 2014).

7.1 또래 괴롭힘의 피해자

미국에서는 아동기 초·중반까지 80%의 아동이 또래 괴롭힘을 경험하는 것으로 추정된다(Hanish, Kochenderfer-Ladd, Fabes, Martin, & Denning, 2004). 이 중 10~15%는 만성적인 피해자가 되는데(Craig et al., 2009), 또래가 놀리거나 신체적 공격을 할 때 효과적으로 반응할 수 없는 아동이 또래 괴롭힘의 피해자가 된다. 언어 능력이 제한되어 있고 사회적 기술이 별로 없는 아동이며, 사회적으로 고립되고, 신체적으로 허약한 아동이다(Olweus, 1993; Stassen Berger, 2007). 자아존중감이 낮은 것도 만성적인 피해 아동의 두드러진 특징이다. 이 아동은 자신이 실패자이며 어리석고 매력적이지 않다고 생각한다. 이들 중 대부분은 소극적인 피해자로서 적대적 공격을 시도하지 않으며, 자신의 권리를 주장하지 못한다. 피해자 중 일부는 **유발적 피해자**(provocative victims)로서, 쉽게 울거나, 고의가 아닌 농담이나 놀림을 언어적 공격성으로 잘못 해석하여 공격적 반응을 한다(Toblin, Schwartz, Hopmeyer Gorman, & Abou-ezzeddine, 2005). 원인과 상관없이 피해 아동이 공격적 사건에 연루될 때, 피해 아동의 비효율적인 반응이 가해 아동의 행동을 강화하여 공격성이 지속된다.

또한 이러한 곤경을 관찰한 다른 또래들은 괴롭힘의 만성적 피해 아동을 싫어하고, 동정심을 갖지도 않는다(Veenstra et al., 2007). 예를 들면, 비효율적이고 화를 유발하는 행동을 통해 공격성을 도발시킨 피해 아동은 '그런 공격을 받을만하다'라고 여겨진다(Society for Adolescent Medicine, 2003). 공격적 아동과 비공격적 아동 모두 만성적 피해 아동과의 상호작용 시 자신이 원하는 것을 얻을 수 있다는 잠재적 보상을 기대한다. 즉, 또래들은 피해 아동을 쉽게 이용할 수 있고, 원하는 물건을 얻을 수도 있는 사람으로 생각한다. 그래서 또래 괴롭힘의 피해 아동은 아주 낮은 유능감과 자아 가치감을 지닌다. 피해 아동은 잘 먹지 않거나, 잠을 못 이루거나, 실제 또는 상상의 병에 걸리거나, 집중력이 떨어지며, 타인과 마주하기를 두려워하고, 이유 없이 울음을 터트리거나 극도로 불안한 행동을 보이고, 학교에 가려 하지 않고, 타인(흔히 더 어린 또래나 형제자매, 애완동물)에게 갑작스러운 공격적 행동을 함으로써 불안을 표현하기도 한다(Troop-Gordan & Ladd, 2005). 또래 괴롭힘의 피해와 관련된 행동은 3세 정도부터 시작이 된다. 만약 지속된다면 8, 9세 경 만성적인 피해자가 되기도 한다(Pepler, Smith, & Rigby, 2004). 그러므로 유아기는 공격성에 대한 보다 생산적인 전략을 발전시켜야 하는 시기이다.

7.2 또래 괴롭힘의 가해자

가장 일반적인 형태의 또래 괴롭힘 가해 아동은 두려움이 없고, 강압적이고 충동적인데, 이 아동은 힘이 세다는 것 때문에 자아존중감이 높다. 또 다른 가해 아동은 열등감과 불안정감을 갖고 있는데, 이들은 이러한 감정을 숨기고 다른 아동을 지배하기 위해서 공격성을 사용한다. 가해 아동은 공격성과 공격성이 주는 힘이 가치 있다고 생각한다. 이들은 공격성을 통해 자신이 원하는 것을 얻고, 자신의 뜻을 관철시키기 위해 적대적인 행동을 하는 것이 정당하다고 생각한다(Horne et al., 2004). 이들은 이전에 괴롭힘의 피해자였던 경우가 많아 피해자·가해자가 된다. 어떤 가해 아동은 자라면서 행동에 제한을 받았던 경험이 별로 없어서 하고 싶은 것은 무엇이든 할 수 있다는 생각을 갖게 된 경우도 있다. 어떤 아동은 또래의 의도를 적대적인 것으로 기인하여 자신의 권리를 유지하기 위한 수단으로 공격적 대응을 정당화한다. 또한 인생에서 자신이 감당할 수 없는 사건들을 경험한 아동이 분노와 혼란스러움을 느끼고 그 상황을 통제할 수 없으므로, 강압을 통해 타인의 행동을 통제하려 한다. 이들은 가까운 사람에게 화를 표현하는 위험을 감수하기보다는 또래 중에서 '안전한' 목표물을 찾는다. 강압적인 가정에서 성장한 아동도 또래를 괴롭히는 행동을 종종 한다(Dodge et al., 2006).

　무슨 이유로 또래를 괴롭히는지와 관계 없이 유아기와 초등학교 저학년 시기에 또래 괴롭힘이 교정되지 않으면 중학교 때 비행과 학업의 실패로 나타난다(Troop-Gordan & Ladd, 2005). 또한 남을 괴롭히는 것이 행동 양식으로 굳어진 아동은 성인이 되면 폭력 범죄에 연루되고, 자녀를 학대하고, 고정된 일자리를 갖지 못하는 경우가 그렇지 않은 아동보다 4배나 더 많다(Society for Adolescent Medicine, 2003).

7.3 또래 괴롭힘의 목격자

또래를 괴롭히는 가해자와 피해자 외에도 다른 아동은 또래를 괴롭히는 광경을 목격하는데, 이 아이들은 직접 관련되지 않았더라도 적대적 공격성에 영향을 받는다. 목격자는 또래를 괴롭히는 것을 보고 강화를 받기도 하고, 자신이 목격한 것에 대한 공포, 좌절, 무기력감, 분노의 감정을 갖게 된다. 이들은 피해 아동을 도와주지 못한 것에 죄의식을 느끼거나 가해자의 행동을 옆에서 지지하면서 힘을 느낀다. 자신의 안전을 두려워하거나 자신도 괴롭힘을 당하지 않을까 걱정하기도 한다 (Beaudoin & Taylor, 2004). 목격자는 또래 괴롭힘이 일어날 때 영향을 줄 수 있는데, 이들은 괴롭히는 아동의 지지자가 될 수도 있고 피해 아동의 지원자가 될 수도 있다. 벌어지는 상황을 보고도 이를 무시한다면, 이들은 가해자와 피해자에게 또래를 괴롭히는 것이 괜찮고 그 상황을 바꿀 수 있는 방법이 없다는 메시지를 보내는 것이다. 결과적으로 목격자는 기관에서 또래 괴롭힘이 용납되거나 용납되지 않는 것을 결정하는 중요한 역할을 한다.

7.4 또래 괴롭힘 예방에 있어 교사의 역할

가해 아동과 피해 아동 모두 취약하며, 장기적으로 학업 및 사회적으로 성공하지 못할 가능성이 높다. 목격자 역시 부정적으로 영향을 받는다. 교사는 아동의 파괴적 행동을 심각하게 받아들여, 아동이 스스로 해결하도록 방치해서는 안 된다. 피해자와 가해자뿐 아니라 교육기관의 모든 아동에게 예방적인 전략을 실행하여야 하는데, 개입은 반드시 중재와 함께 이루어져야 효과가 크다. 이러한 노력은 교사와 가족 구성원이 함께해야 한다.

피해 아동 도와주기

자신이 원하는 것과 권리를 보호하기 위해 아동이 언어적 의사소통을 통해 자기주장을 할 수 있으면 또래로부터 괴롭힘을 덜 받게 된다(Crothers & Kolbert, 2010; Horne et al., 2004). 이런 기술을 발달시키기 위해 모든 아동이 도움을 필요로 하지만, 특히 일반적 언어의 유창성과 사회적 기술이 결여된 아동은 더 많은 도움을 필요로 한다. 연구자들은 자기주장 훈련이 괴롭힘 행동을 줄이는 데 가장 효과적인 중재 방안이라고 밝히고 있다(Roffey et al., 1994). 아동에게 자신감 있게 보이려면 어떻게 해야 하는지를 가르치는 것도 이들의 취약함을 감소시킨다. 피해 아동은 단서-왜곡 가설과 일치되는 면을 보인다. 무관한 행동을 공격성으로 잘못 해석하는 것은 공격성의 악순환을 야기하여 아동이 스스로 벗어나기는 어렵다. 이때는 사회적 단서를 정확하게 해석하도록 성인이 코칭해주는 것이 효과적이다(Frey et al., 2010). 친구가 있는 아동은 친구가 없는 아동에 비해 괴롭히는 아동의 공격에 더 잘 대처하고 적응 문제를 덜 보인다. 따라서 아동이 친구를 만들고, 친구 관계 기술을 발달시키도록 돕는 것이 피해자로서의 이미지를 깨는 방법이 될 수 있다(Crothers & Kolbert, 2010; Zins et al., 2004).

가해 아동 다루기

교사가 집단에서 가해 아동을 무시하는 것은 적절하지 않다. 이렇게 되면 이 아동은 정상적인 사회적 범주에서 벗어나게 되고 반항적인 스타일이 강화된다. 적대적 공격성을 보이는 아동에게는 경계선을 명확하게 하고 일관적인 기대를 하는 것이 중요하다. 적대적 행동이 허용되지 않는다는 것을 알려주고, 분노 충동을 통제할 수 있도록 도와주어야 한다(Essa, 2008). 스스로에게 말하기, 감정 알기, 상대방이 어떻게 느끼는지를 알 수 있는 행동적 단서 찾기, 앞 장에서 제시한 논리적 결과와 같은 방법들이 충동을 통제하는 데 효과적이다.

피해 아동을 도와주는 방법인 자기주장 훈련, 사회적 기술 훈련, 협력하는 활동, 그리고 사회적 사건에서 더 정확한 해석을 할 수 있도록 도와주는 코칭과 같은 방법들이 가해 아동에게도 효과적이다(Frey et al., 2010).

기관에 있는 다른 아동 도와주기

아동은 언제든 또래 괴롭힘을 목격할 수 있기 때문에, 모든 아동은 피해자가 되지 않도록 또는 적대적 공격성에 직면했을 때 무기력함을 느끼지 않도록 보호받는 장소가 있다는 것을 알아야 한다. 가장 중요한 것은 누군가가 또래를 괴롭히는 것을 보았을 때 어떻게 해야 하는지를 아는 것이다. 첫 번째, 그리고 가장 중요한 단계는 또래 괴롭힘을 둘러싸고 있는 '침묵을 깨는 것'이다(Beane, 2005). 즉, 교사는 또래 괴롭힘에 대해서 공개적으로 이야기하고 또래 괴롭힘이 없는 교실을 만들기 위해서 모든 아동이 참여하는 방법을 찾아야 한다. 목격자들은 다양한 방법으로 피해자를 도와주고 가해자와 상호작용하는 다양한 접근 방법을 알고 아무도 위협받거나 혼자 남겨지지 않는 교실을 만드는 데 기여할 수 있다.

가해자와 피해자만이 아니라 주변 아이들까지 또래 괴롭힘 예방 방법에 포함시키면 적대적 공격성이 효과적으로 감소될 수 있다. 개별적인 전략도 효과적이지만, 기관의 아동과 교사, 아동의 가족 모두 포함하는 통합적인 또래 괴롭힘 예방 접근이 더욱 효과적이다. 그러므로 적대적 공격성을 감소시키기 위한 최선의 방법은 기관 차원에서 노력하는 것이다.

또래 괴롭힘에 대한 기관 차원의 해결책

또래 괴롭힘은 다음과 같은 상황에서 가장 잘 일어난다.

- 종종 교사의 감독 없이 아이들만 남겨져 있다.
- 행동적인 기대가 불분명하고 비일관적이다.
- 부모나 교사가 권위주의적이거나 허용적인 훈육 방법을 사용한다.
- 부모나 교사가 또래를 괴롭히는 행동을 무시한다.
- 또래 괴롭힘을 방지하기 위한 아무런 예방책이 없다.
- 아동과 교사 모두 또래 괴롭힘을 없앨 수 있는 기술과 지식이 부족하다.
- 가정과 학교 간에 의사소통이 제대로 이루어지지 않는다.

이런 특징을 가진 기관은 '또래 괴롭힘 양성소'가 될 수 있다(Beane, 2005). 또래 괴롭힘이 없는 기관은 신체적 체벌을 없애려고 노력하는 기관과 비슷한 요소를 가지고 있어서, 학생을 존중하고 자신의 행동에 책임을 지도록 요구하는 민주적인(authoritative) 훈육 방법을 사용한다. 교사는 학생이 본받았으면 하는 행동의 모델을 하고, 훈육은 일관성 있으며, 언제나 적절한 관리 감독을 한다. 가정과 기관의 연계도 중요하다. 가장 중요한 것은 또래 괴롭힘을 심각하게 여기는 것이다. 교사와 아동은 또래 괴롭힘에 건설적인 방법으로 직면하고 또래 괴롭힘 없는 환경을 만들기 위해 힘을 합쳐야 한다.

아동의 공격적 행동을 다루기 위한 기술

교실에서 공격성 다루기

1. 아동에게 분노를 통제하는 방법을 알려준다

아동의 강한 정서적 반응에 대해서 이야기를 나눈다. 어떤 정서이고 왜 이러한 정서가 발생했는지에 대해서 이야기를 나눈다. 아동이 자신의 통제를 넘어서는 정서가 발생하는 징후가 무엇인지 인식하도록 도와준다. 아동에게 마음의 평정을 유지하도록 돕는 혼잣말을 가르쳐라. 화가 난 아동이 상처받고, 불행하거나 화가 난 다른 사람들에 대해 감정이입을 할 수 있도록 피해자의 정서를 알려주어야 한다. 아동에게 침착하게 행동하도록 가르쳐라. "침착하게 행동해라" "심호흡을 해 봐라" "다시 게임을 시작하기 전에 조금만 기다려라"와 같이 언어적 신호를 제공해라. 손으로 아동을 잡거나, 아동을 교사가 있는 쪽으로 오게 하거나, 또는 아동을 다른 곳으로 데리고 가는 것처럼 필요하다면 신체적 개입을 사용해라. 아동에게 진행하는 활동의 속도를 줄이기 위한 방법을 알려줘라. 아동이 충동을 조절하려는 시도를 했다면, 효과적인 칭찬과 반영을 통해 이를 인정해줘라(예: "참을성 있게 잘 기다렸구나" "책을 하나씩 고르고 있구나. 그렇게 하면 책이 찢어지지 않지"). 화가 나는 환경에서 비공격적 반응을 보였을 때 아동에게 눈에 보이는 보상을 사용할 수도 있다.

2. 아동이 좌절감을 경험하지 않도록 교실 환경을 정비한다

교실의 장비가 잘 작동하는지 점검하고, 자료가 아동 발달 단계에 적절한지 확인하여 적절하지 않으면 바꾼다. 만약 고장이 났으면 고치거나 다른 것으로 바꾼다. 아동이 자료 사용을 위해 오래 기다리지 않도록 충분하게 준비하고, 또한 만족할 때까지 충분히 자료를 가질 수 있도록 한다.

아동이 활동에 쉽게 참여할 수 있도록 교실의 가구를 배치한다. 한 명 이상의 아동이 편안하게 활동에 참여할 수 있도록 영역마다 충분한 공간을 마련해준다. 한 영역에서 다른 영역으로 이동 시 지나갈 수 있는 통로나 출구를 만들어주어 아동이 다른 아동이나 사물에 부딪히거나 서로의 활동을 방해하지 않도록 한다. 일과에 변화가 있으면 아동에게 미리 알려주고, 하나의 활동에서 다른 활동으로 전이할 때에도 미리 알려주어 아동이 하고 있던 것을 마치고 다음 활동을 할 수 있게 해준다.

3. 좌절감이 쌓여가고 있는 아동을 주시한다

아동이 좌절을 경험하고 있다는 신호를 주시하고, 화가 난 것 같으면 중재한다. 상황에 맞게 위로하고, 지지하며, 정보를 주고 지도한다. 아동이 목표를 재조정하도록 하거나 과제를 보다 쉽게 성취하도록 단계를 나누어준다. 해당 아동이 휴식을 취하거나, 도움을 구하거나, 정보를 얻기 위해 다른 사람에게 가거나, 잠시 다른 아동을 관찰하는 등 무엇을 할 수 있는지 물어본다. 아동이 해결책을 시도하면 지지해준다. 아동이 난처해하면, 다른 아동에게 어려움을 해결할 수 있는 방법을 말해보도록 제안한다. 즉, 아동이 좌절 상황을 긍정적인 국면으로 바꿀 수 있는 기회를 제공한다.

4. 아동이 유능감을 느낄 수 있는 기회를 제공해준다

아동에게 화분에 물 주기, 물고기 먹이주기, 하원하기 전에 컴퓨터 전원 끄기 등 연령에 적합한 책임감을 부여한다. 아동에게 선택할 수 있는 기회를 주고 다양한 과제와 경험을 스스로 해보게 한다. 아동이 도전감을 느낄 수 있으나 성공할 수 없을 것 같아 압도되지는 않도록 한다. 도구를 다루는 방법, 게임을 하는 방법, 다른 사람과 함께 하는 방법 등 목표에 도달하기 위해 필요한 기술을 아동에게 가르친다.

5. 아동이 더 정확하게 사회적 단서를 해석하도록 돕는다

공격적 행동과 비공격적 행동을 구분하게 해주는 목소리, 얼굴 표정 그리고 말과 같은 사회적 단서를 인식하도록 한다. 이러한 다양한 상황을 표현하는 역할극을 사용하거나 인형극을 사용해서 가상적인 상황을 제시한다. 그러고 나서 아동에게 그들이 본 것을 해석하도록 한다. 하나의 사건마다 한 개 이상의 서로 다른 해석이 나올 수 있음을 알려준다. "너는 남자아이가 여자아이를 싫어해서 여자아이와 부딪쳤다고 생각하는구나. 또 다른 이유는 사람이 너무 많았기 때문에 남자아이가 여자아이와 부딪친 거야." 아동이 피해자의 관점을 이해하도록 도와준다. "진희가 민호를 밀치고 소리 질렀을 때 민호가 어떻게 느꼈을까?" 아동이 정확한 결론에 도달하기 시작하면 제시한 다양한 상황에서 비공격적 반응을 생각해보도록 한다. "민호가 진희의 가방을 밟았을 때, 진희가 민호를 밀치는 것 대신 어떻게 하면 좋을까?" 또는 "다음에 어떤 일이 일어날까?" 아동이 각자의 반응에 대해 비판적으로 평가하도록 한다. "왜 이것이 좋은 생각이라고 생각하니?" 혹은 "어떤 생각이 더 좋은 것 같니?" 이와 같은 과정을 통해 아동이 실제 생활에서 공격성을 성공적으로 통제하기 위해서 알아야 하는 기술들의 장점과 단점을 생각해보도록 돕는다.

전형적으로 공격적 아동을 돕기 위해 실제 사회적 상황에서 코칭을 사용한다(단서를 인식하고, 단서를 정확히 해석하고, 비공격적 반응을 생각해보고, 반응을 선택하고 실행하게 한다). 이러한 코칭에 대한 자세한 내용은 7장에 제시되어 있다. 아동이 이전에는 공격적으로 반응했지만 비공격적 반응을 보이거나 공격적 충동을 억누르는 것을 발견하면 이러한 과정에 대해 효과적인 칭찬을 해주도록 한다.

6. 아동의 공격적 행동에 대해 일관성 있는 한계를 설정한다

필요하다면 신체적 중재를 사용해서라도 공격적 행동을 멈추게 한다. 공격자의 감정을 인정해주고, 교사가 우려하는 바를 표현하고, 왜 공격적 행동을 수용할 수 없는지 설명한다. 어린 아동에게는 공격적 행동을 대신할 수 있는 다른 행동들을 구체적으로 제시하고, 조금 큰 아동은 문제를 해결할 수 있는 방안을 모색해보도록 한다. 공격적 행동을 계속하면 어떻게 되는지 그 결과에 대해 분명하게 알려주고, 아동이 계속 한다면 즉시 말한 대로 실행한다. 아동이 나이가 어려 협상할 수 없거나, 협상할 시간이 없는 도구적 공격성에도 비슷한 방법을 사용한다. 체면을 세우기 위해서 적대적 공격성을 사용한 아동에게도 비슷한 전략을 사용한다. 예를 들면, 자신을 미는 아동을 똑같이 밀거나 서로를 놀리는 아동에게는 그런 행동이 금지된 것이라고 말해주고 이들의 생각을 알아주도록 한다.

7. 잠재적으로 공격적 놀이를 단계적으로 줄이도록 한다

아동이 놀고 있을 때 잘 주시해서 어려움의 징후를 초기에 발견하도록 한다. 아동이 웃는 것을 멈췄을 때, 목소리가 화가 났거나 불평을 할 때, 얼굴 표정이 분노, 화, 또는 괴로운 얼굴 표정을 보일 때, 그리고 마음을 상하게 하는 말이 시작될 때, 개입해야 한다. 놀이를 전환하거나 교사가 개입하여 공격적 행동이 발생하지 않도록 한다.

블록이나 조립식 장난감, 손가락 등을 무기로 사용하여 노는 아동을 관찰하면, 즉시 다가가 놀이를 다른 방향으로 전환시켜준다. "막대기를 총이라고 하면서 놀고 있구나. 네가 다른 사람을 쏘는 척하면서 놀면 선생님은 걱정이 돼. 총은 위험한 것이고 장난감이 아니야. 막대기는 어디에 꽂을 때 필요한 거고, 무기로는 사용할 수 없어" 아동이 '~하는 척'하는 거라고 변명해도 물러서지 않는다. "너희가 실제로 쏘지는 않았지. 선생님은 너희들이 누군가를 다치게 하는 놀이를 하면 슬퍼. 그것보다는 더 좋은 다른 게임을 하면서 놀자."

8. 공격성과 양립할 수 없는 행동을 강화해준다

아동이 도와주고, 협동하고, 공감적 반응을 할 때 이를 인정해준다. 특히 공격적 아동이 이러한 행동을 하면 이를 알아준다. 긍정적인 강화를 해주는 것이 모든 아동에게 도움이 되지만, 특히 공격적 아동은 적절한 행동을 할 수 있다는 말을 들어야 한다. 평소에 하던 대로 공격적 행동을 할 거라고 예상하여 이들의 긍정적 행동을 알아보지 못하게 되기 쉬우므로, 이를 피하기 위해 의도적으로 해당 아동의 비공격적 행동을 찾아보고, 관찰된 긍정적인 행동을 아동에게 말한다.

9. 비공격적 행동의 모델을 보인다

아동이 모방할 수 있는 조용하고 이성적인 모델이 된다. 화나게 하고 좌절시키는 아동 또는 성인 앞에서 목소리 톤을 유지하고, 자신의 움직임을 통제하며, 그들을 똑바로 쳐다본다. 소리를 지르거나 위협하는 몸짓을 하지 않는다. 아동이 당신이 말한 것을 믿을 수 있도록 당신이 정한 약속을 잘 지키도록 한다.

10. 아동이 자신의 공격적 행동의 결과를 예측하도록 한다

"만약 네가 친구가 쌓은 블록을 부수면 어떻게 될까?" "만약 네가 친구의 별명을 부른다면 친구가 어떻게 느낄까?" "다른 친구가 너의 별명을 부른다면 너는 어떻겠니?"와 같은 질문을 한다.

11. 아동이 우연히 다른 사람에게 상처를 줄 때 개입하도록 한다

감정이입을 알려주고 잠재적인 보복을 미연에 방지하는 기회로 이러한 상황을 이용한다. 피해자를 진정시키고 공격성이 우연히 발생한 것임을 설명한다. 공격적 행동을 보인 아동이 자신의 행동 결과가 어떠한지 알지 못한다면, 구체적이며 비판단적인 방법으로 설명해준다. "수지를 봐. 수지가 울고 있지. 네가 의자를 쳤을 때 의자가 수지의 등을 쳤어. 그래서 수지가 아파하는 거야" 공격적 행동을 보인 아동이 다음과 같은 문장을 사용하게 가르쳐준다. "사고였어.""그럴 의도가 아니었어.""고의가 아니야." 공격적 행동을 보인 아동이 적절한 배상을 할 수 있는 방법을 알도록 도와준다. 만약 공격적 행동을 보인 아동이 진정으로 자신의 행동에 대해 후회를 한다면 "미안해"라는 말을 가르칠 가장 좋은 상황이다. 때때로 피해자 역시 배상에 대한 생각을 이야기 할 수 있다. "수지야, 태은이가 어떻게 너를 도와주면 기분이 좋아질까?"

12. 공격받은 피해자에게도 관심을 가진다

공격한 아동 앞에서 피해 아동을 위로해주고, 피해자가 앞으로 있을 비슷한 공격적 행동에 어떻게 반응해야 하는지 생각해 보도록 한다. "지은이가 널 때려서 화나지. 다음에 지은이가 또 때리려고 하면, 손을 들고 '하지 마'라고 말해" 또한 가능하면 피해 아동을 돕는 데 공격 아동도 참여시킨다. 피해 아동의 화를 달래기 위해서 공격 아동에게 창피주거나, 강제로 사과하게 해서는 안 된다.

13. 어려운 상황에서 비공격적 해결을 시도하면 칭찬해준다

싸움이 일어날 수 있는 상황을 잘 마무리하거나, 갈등을 해결하기 위해서 때리려고 하지 않거나, 적대적 공격성의 피해자를 도우려 하는 것을 관찰하면, 긍정적 메시지나 효과적인 칭찬을 해준다. 비폭력적인 방법으로 문제를 해결하려고 한 아동의 노력이 다른 아동에게 통하지 않았을 때에도 이를 인정하고 칭찬해준다. 그리고 아동을 달래주고 다음에는 어떻게 하면 더 잘할 수 있을지 제시해준다.

14. 아동이 자기주장적인 말을 하도록 돕는다

아동이 자신의 의사를 표현하고자 하거나 권리를 지키고 싶을 때 사용할 수 있는 말을 연습해보도록 이야기 나누기 시간이나 활동을 계획한다. 이러한 내용을 가르치기 위해 학습 기회를 포착하여, 다음과 같은 말을 하도록 한다. "내가 아직 쓰고 있어""나도 하고 싶어""네 차례가 끝나면 말해줄래?" "별명 부르지 마""잡지 말아줘""난 아직 준비가 안 되었어."

15. 신체적 체벌 대신 사용할 수 있는 대안적인 방법들을 찾는다

대부분의 학교나 기관은 교사가 신체적 체벌을 사용하도록 하지 않는다. 교육기관에서 사용할 수 있는 훈육적인 방법들에 대해 선배 교사들과 논의한다.

도구적 공격성 다루기

1. 아동에게 원하는 것을 얻기 위해서 나누고, 순서를 기다리고, 교환하고, 협상하는 방법을 가르친다

게임이나 역할놀이를 통해서 이러한 방법을 가르친다. 다양한 방법을 이용하고 자주 사용한다. 인기 있는 활동이나 모든 아동이 한 번에 할 수 없는 활동은 번호표를 준비해서 반 아동이 차례로 할 수 있게 해준다.

2. 아동-아동 간의 갈등을 중재한다

도구적 공격성이 일어나면, 이 장에서 기술된 갈등 중재 모델을 이용한다. 순서대로 각 단계를 실행한다.

- 1단계: 중재 과정을 시작하기 - 중재자의 역할을 맡고 사물, 영역, 권리에 대해 중립적 입장을 취한다.
- 2단계: 아동의 관점을 분명히 하기 - 각 아동의 관점에서 갈등을 분명히 한다.
- 3단계: 요약하기 - 분쟁을 중립적으로 정의한다. 각 아동이 문제와 해결 방법에 책임이 있다는 것을 분명히 한다.
- 4단계: 대안 찾기 - 해당 아동과 주변 아동에게 대안을 제시해보게 한다.
- 5단계: 해결책에 동의하기 - 서로 만족할 수 있는 행동 계획을 만들도록 한다.
- 6단계: 문제 해결 과정을 강화하기 - 노력해서 서로 만족할 수 있는 해결 방안을 만들어 낸 것에 대해 칭찬한다.
- 7단계: 실행하기 - 아동이 동의한 것을 실행하도록 돕는다.

전체 과정을 끝마칠 수 있도록 충분한 시간을 할애한다. 시간이 5분도 안 남았다면 협상을 시작하지 말고, 9장과 10장에 제시된 개인적 메시지와 부적 결과를 사용한다.

적대적 공격성 다루기

1. 또래 괴롭힘에 대해 이야기한다

아동과 함께 또래 괴롭힘에 대한 정의를 내리고, 또래 괴롭힘에 대한 이야기를 공유한다. 이야기 나누기를 위한 준비로 또래 괴롭힘에 대한 이야기를 읽어주거나 그림을 그려보거나 글로 써보도록 한다. 또래 괴롭힘이 어떤 건지 말해보게 하고 희생자, 가해자, 목격자가 되면 어떨지 생각해보게 한다. 대화를 이끌기 위해 또래 괴롭힘에 대한 다양한 자료를 이용한다.

2. 또래 괴롭힘에 대한 구체적인 규칙을 만들고 이를 지킨다

또래 괴롭힘은 용납되지 않고 또래 괴롭힘이 없는 환경을 만드는 것은 모두의 책임이라는 규칙을 만든다. 아동이 이해할 수 있는 언어로 몇 가지 간단한 규칙을 만들고, 규칙을 어기면 어떻게 될지 이야기한다. 또래 괴롭힘을 보게 되면 정한 규칙대로 시행하고, 기관에서 또래 괴롭힘에 대해 들으면 중재

한다. 가해자, 희생자, 목격자가 기술을 증진시키고 규칙을 따를 수 있도록 도와준다. 또래 괴롭힘이 없는 환경을 유지하기 위해 일대일, 소집단 그리고 대집단으로 다양한 대화를 나눈다.

3. 고자질하는 것과 또래 괴롭힘에 대해 말하는 것을 구분하도록 도와준다

또래 괴롭힘이 없는 환경을 만들기 위한 핵심적인 요소는 모든 사람이 또래 괴롭힘을 멈추는 일에 참여하는 것이다. 대부분의 또래 괴롭힘은 성인이 또래 괴롭힘을 보지 못하고, 개입할 수 없을 때 발생하기 때문에 또래 괴롭힘을 보게 된 아동은 믿을 수 있는 성인에게 이를 말해야 한다. Allan과 Beane(2005)은 아동이 성인에게 또래 괴롭힘에 대해서 말하는 것과 관련하여 다음과 같은 규칙을 만들었다(p.43).

- 누군가가 괴롭힘을 당하는 것을 보면 교사에게 이야기한다.
- 누군가가 괴롭힘을 당하는 것을 알면 교사에게 이야기한다.
- 누군가가 괴롭힘을 당하고 있다고 생각하면 교사에게 이야기한다.
- 또래 괴롭힘에 대해 아무것도 안 하면 또래 괴롭힘이 괜찮다고 하는 것이다.
- 우리는 함께 노력하여 학급에서 또래 괴롭힘을 멈출 수 있다.

영유아는 문제가 생겼을 때 교사에게 말하는 것이 아무렇지 않지만, 나이 든 아동에게는 고자질하는 것과 교사에게 말하는 것의 차이를 알려주어야 한다. 고자질은 위험하지 않은 행동을 지적하는 것이지만, 교사에게 말하는 것은 또래 괴롭힘과 같이 위험한 상황을 교사에게 알려서 그 문제를 다룰 수 있게 하는 것이다.

4. 또래를 괴롭히는 아동과 이야기하도록 한다

개인적 메시지(personal message)와 완수하기(follow-through)를 사용해서 공격적 행동이 발생할 때 공격적 행동을 멈추게 한다. 나중에 공격적 행동을 보인 아동을 조용한 곳으로 데리고 와서 사건 혹은 행동에 대해서 이야기를 나눈다. 아동에게 또래 괴롭힘은 안 되는 것이라는 규칙을 상기시킨다. 아동의 공격적 행동이 다른 사람에게 어떤 영향을 주는지 이야기 해주고 나중에 공격적 행동을 한 본인에게도 어떤 일이 생길지를 알려준다(예: 좋아하는 친구가 없을 것이다). 아동이 자신의 바람이나 목표를 설명할 수 있는 기회를 준다. 또래 괴롭힘을 고칠 수 있는 방법을 아동과 함께 찾는다. 이러한 과정은 아동에게 공격적 행동의 대안을 제공할 것이고 또래와 친하게 지내기 위해서 보다 사회적으로 용인된 방법을 알려줄 것이다.

또래 괴롭힘은 절대 안 되는 행동이고 해서는 안 되는 행동이라는 메시지를 전달하는 데 초점을 둔다. 소리를 지르거나 빈정대거나 위협하거나 가해자를 모욕하는 적대적인 반응을 피한다(Kaiser & Rasminsky, 2012). 당신이 아동과 좋은 관계를 맺고 있으면 이러한 과정이 효과적일 것이고 아동이 보다 건설적인 방법으로 자신의 목표를 성취하는 것을 잘 돕게 될 것이다.

5. 또래 괴롭힘의 피해자가 된 아동과 이야기를 나눈다

이 대화를 개인적으로 하도록 한다. 모든 아동은 안전하다고 느낄 권리가 있고 또래 괴롭힘을 당해서는 안 된다는 것을 재차 확인한다(Olweus & Limber, 2010). 무슨 일이 일어났는지 아동의 반응을 알기 위해서 개방적인 질문을 사용한다. 상황을 개선시킬 생각을 발전시키고 아동이 할 수 있는 것을 두 개 정도 선택하게 한다(Kaiser & Rasminsky, 2012). 코칭을 제공하고(예: 자기주장하기, 놀이 전략 등), 앞으로 교사인 당신과 다른 사람들이 이 계획을 어떻게 도울지에 대해서 설명한다.

6. 또래 괴롭힘의 피해자가 되지 않는 방법과 희생자가 되면 어떻게 해야 할지를 알려준다

집단 토의도 하고 적절할 때 개별적으로 코칭을 해준다. 가해아동으로부터 떨어져 있기, 자신감 있게 보이기, 언어적 공격성에 반응하기 전에 심호흡하기, 피하기, "하지 마"라고 말하기, 성인에게 말하기, 도움 요청하기, 친구들과 함께 다니기와 같은 방법들을 알아본다.

7. 또래 괴롭힘을 목격했을 때 어떻게 해야 하는지를 알려준다

방관자가 갈등을 중재하는 아동을 지지하는 것처럼 목격자도 괴롭힘을 당하는 아동을 지지할 수 있다. 또래 괴롭힘 예방 전문가들이 추천하는 방법은 다음과 같다(Beane, 2005; Jackson, 2003).

- 괴롭힘에 동참하는 것을 거절한다.
- 또래 괴롭힘은 안 된다고 말한다.
- 알고 있거나 목격한 또래 괴롭힘을 말한다.
- 괴롭힘을 당하는 아동이 목격자와 친구들과 함께할 수 있도록 부른다.
- 또래를 괴롭히는 가해자 앞에서 피해자를 지지해준다.
- 개인적으로 피해자를 지원한다.
- 피해자를 보호하기 위해서 목격자들을 모은다.

가족과 의사소통하기

1. 기관에서 공격성을 어떻게 다루는지 가족에게 알린다

교사가 할 행동과 하지 않을 행동을 설명하고, 왜 그렇게 하는지 이유를 제시해준다. 부모도 교사와 같은 방법을 사용하도록 강요하지는 않지만, 성인의 어떤 행동이 수용되고, 부적절한지에 대해서 분명히 말해준다. 자녀가 잘못된 행동을 하면 때려주라고 하는 부모에게 다음과 같이 말한다. "자녀가 학교에서 잘 행동하는지 정말 걱정이 많으시군요. 그건 제게도 중요합니다. 아이들에게 어떤 규칙이 있는지 분명히 말해주고, 규칙을 지키도록 하지만 때리지는 않을 것입니다" 훈육 상황에 대한 예를 들고 어떤 방법을 사용할지를 설명해준다.

2. 가족이 다른 아이들이 자녀를 괴롭힌다고 말하면 잘 들어준다

적절한 행동으로 반응한다. 부모들이 자녀가 괴롭힘을 당한다고 말할 때, 교사가 문제를 별로 심각하지 않다고 생각하고, 그런 상황은 자신의 권한 밖의 일이라는 태도를 보이며, 아동의 다른 문제로 대화를 전환시키는 경우가 많다(Roffey et al., 1994). 또래 괴롭힘을 부정하는 것, 즉 또래 괴롭힘이 일어나지 않은 척하거나, 단순히 아동의 놀이라 생각하는 교사는 괴롭히는 아동이나 피해 아동이 적절한 상호작용 방법을 발달시키도록 도와주지 않는 것이다. 아동이 또래로부터 괴롭힘을 당한다고 생각되면, 가정과 기관에서 이 문제를 해결할 수 있는 방안을 부모와 상의해야 한다. 만약 부모나 아동이 교사가 모르는 또래 괴롭힘에 대해 불평하면, 상황을 더욱 자세히 관찰할 것을 약속한다. 이 장에서 소개된 전략을 사용하여 어떻게 반응할지 계획을 세우고, 피해자와 괴롭히는 아동을 걱정한다고 말하고, 가정에서 사용할 수 있는 방법을 부모에게 물어본다. 부모와 주기적으로 피드백을 주고받으며, 계획을 실행한다. 그 과정에서 부모가 걱정이 많고 좌절하면 부모를 지지해준다. 가족이 아동이 나아지는 것을 칭찬해주도록 한다.

3. 또래를 괴롭히는 아동의 가족과 이야기한다

아동이 괴롭히는 행동을 보이기 시작하면 부모에게 알려주고, 가정에서도 비슷한 행동을 보이는지 물어본다(Crothers & Kolbert, 2010). 이와 같은 대화는 비난하는 억양을 사용하지 않고 사실을 보고하는 방법으로 한다. 교사가 걱정하는 내용을 설명하는 관찰기록을 제공한다. 이러한 공격적 행동이 해당 아동을 위해서 그리고 기관의 다른 아동을 위해서 절대 받아들여지지 않는다는 것을 분명히 한다. 교사가 생각하는 아동의 장점을 이야기하고 가족이 생각하는 아동의 장점도 이야기하도록 한다. 앞으로 아동이 배워야 할 것이 무엇인지를 가족에게 물어보고 이러한 내용을 참고하여 아동의 공격성을 어떻게 다룰지 계획을 세우고 아동이 나아지는지 점검하기 위해 부모와 정기적으로 의견을 나눈다.

피해야 할 함정

아동의 공격성을 다룰 때 조심해야 할 사항들은 비효과적인 방법 부분에서 제시하였다(예: 신체적 체벌, 공격성 무시하기, 대치 및 비일관성). 그러나 갈등 중재는 많은 사람들에게 새로운 방법이므로, 처음 중재를 배울 때 저지르기 쉬운 함정이 있다.

◆ 갈등 중재의 기초 요소를 세우지 못하는 것

갈등을 중재하기 전에 아동에게 교사는 자신에게 애정을 갖고 있고, 안전하게 보호해주고, 반응을 예측할 수 있는 사람으로 보여야 한다. 갈등 중재 모델은 아동이 교사, 주변 환경, 매일의 일과에 편안해지고 익숙할 때 가장 효과적으로 실행될 수 있다.

◆ 발달적인 고려사항을 무시하는 것

갈등 중재 과정에서 아동은 제시된 대안을 수용하거나 거부할 수 있어야 한다. 아동의 연령이나 발달 수준이 아직 원하는 바를 주장할 정도가 아니라면, 이 모델에 참여할 준비가 되지 않은 것이다. 갈등을 중재하고자 하는 교사는 아동의 좌절에 대한 참을성을 민감하게 주시해야 한다. 모든 아동이 한번에 모든 단계를 따라갈 수는 없다. 대부분의 아동은 중재 과정에서 흥분을 가라앉히지만, 점점 더 동요되는 아동은 아직 준비가 되지 않은 것이다. 이때 교사는 처음의 갈등을 해결하는 것으로 한계를 정하고, 중재 과정은 중지한다. "너희 둘 다 청진기를 갖고 싶지. 너희가 서로 청진기를 가지려고 하다가 다치게 될까봐, 선생님이 결정할 거야. 영희가 2분 동안 청진기를 갖고 놀고, 그 다음에 유진이가 2분 동안 청진기를 갖고 놀도록 해" 동시에 각 아동이 이제까지 잘한 것에 대해 칭찬해준다. "영희야, 유진아, 너희들이 원하는 것을 나에게 말해주어 너희가 원하는 것을 알게 되었어" 점차 아동은 그 다음 과정에 참여할 수 있게 된다.

◆ 중재하지 않는 것

교사는 한두 아동에게 관심을 기울이기 위해 전체 아동에게 관심을 기울이지 못할까 봐 갈등 중재를 안 할 때도 있다. 이들은 중재 과정에 너무 많은 시간이 필요하므로 그 대신 아동을 떼어놓고, 문제가 된 장난감을 치우고, 편의적인 해결책을 지시한다. 이러한 방법은 단기적으로는 갈등을 멈추게 하지만, 아동이 문제 해결 전략을 연습할 수 있는 기회는 주지 못한다. 따라서 시간이 지나도 갈등 해결의 책임을 아동에게 넘기지 못하고, 계속해서 교사가 책임을 지게 된다. 중재는 갈등이 일어나는 상황에서 해야 하므로, 싸우는 아동을 집단에서 떼어 놓지 않아야 한다. 그래야 직접적으로 갈등에 관련되지 않은 아동도 관찰자나 조언자로서 참여하여 여러 아동에게 영향을 미칠 수 있다. 또한 반 아동은 이 과정에 몰두하게 되어 그 시간 동안은 교실에서 다른 갈등이 일어나지 않는다.

◆ 아동의 합법적 주장을 부인하는 것

절충을 이끌어 내는 과정에 너무 몰두한 교사는 자신이 원하는 사물의 소유를 주장하는 아동의 합법적 권리를 거부하게 될 수 있다. 아동이 "내가 먼저 가졌어요", "쟤가 내 것을 가져갔어요"라고 말하면, 교사는 가해 아동이 목표를 달성하기 위해 요구하기, 교환하기, 바꾸기 등의 적절한 방법을 사용할 수 있도록 도와주어야 한다. 아동이 그 물건을 얻기 위해 적절한 방법을 사용했지만 그것을 갖고 있던 아동이 거절하는 경우도 생긴다. 이럴 때, 교사는 교환하기 위한 적절한 시간을 정하도록 도와줄 수 있다. 누가 합법적 요구를 하는지 모르는 경우, 교사는 의견 차이를 해결하기 위해 부적절하게 폭력을 사용하면 안 된다는 것을 강조하며 개인적 메시지를 사용할 수 있다.

◆ 비난하는 것

소동이 일어나면, 흔히 교사는 "그래, 누가 먼저 시작했니?" 또는 "내가 싸우지 말라고 했지"와 같이 말하고, 이에 대해 아동은 부정이나 비난을 하게 되는데, 이는 문제를 분명하게 하거나 건설적인 문제 해결을 이끌지 못한다. 이때에는 "너희 둘 다 화가 났구나" 또는 "너희 둘 다 청진기를 갖고 싶어 하는구나"와 같이 말하여 어떤 한 아동에게 책임을 전가시키지 않고 아동 간에 존재하는 문제에 초점을 두는 것이 좋다.

◆ 편드는 것

중재자로서 받아들여지고 신뢰감을 구축하기 위해서 교사는 공평한 사람으로 지각되어야 한다. 그러므로 교사는 어떤 말에 대해 동의하거나 동의하지 않는다는 것을 드러내지 않도록 해야 한다. 즉, 지지, 동정, 비난, 혐오를 나타내는 언어적 지시뿐 아니라, 고개를 끄덕이기, 얼굴 찡그리기, 손가락으로 치기 등의 비언어적 단서를 주는 것도 피해야 한다.

◆ 아동의 관점을 인정하지 않는 것

중재를 하다 보면, 아동이 터무니없는 이야기를 할 때도 있다. 그런 상황에서 교사는 "너는 정말로 종민이를 미워하는 게 아냐", "차례를 기다려야 한다고 화낼 이유가 없어" 등으로 아동의 생각을 고쳐 주고 싶어진다. 이는 교사에게는 맞는 말이지만, 그 상황에 대한 아동의 지각은 그렇지 않다. 그 결과, 상호 문제 해결로 시작된 것이 쓸모없는 말다툼으로 끝나게 된다. 어렵겠지만 교사는 인내심을 갖고 아동이 그 문제에 대해 느끼는 대로 해결책을 찾도록 하는 책임이 있다.

◆ 주도하는 것

교사가 갈등을 빨리 해결하려는 것은 자연스럽지만 때로는 빨리 중재하기 위해 아동이 스스로 문제 해결을 하도록 하기보다 교사가 해결책을 제시해줄 때가 있다. 또는 "그렇게 생각하지 않니?", "네가 ~해야 하는 것 같지 않니?", "우리가 ~한다면 좋지 않을까?"와 같이 물으면서 미리 정한 결론으로 아이들을 강요하기도 한다. 중재 과정을 시작하기로 했다면, 아이들끼리 해결할 수 있도록 해주어야 한다. 그렇지 않으면, 실제로는 교사의 결정에 따라야 하면서도, 자신들이 결정할 책임이 있다고 하는 것에 대해 아동이 좌절할 수 있다. 이렇게 되면 아동은 교사가 정해준 해결책은 안 따라도 된다고 생각하기 때문에 갈등이 계속되고 고조된다. 강요된 해결책은 아동이 앞으로 있을 갈등 상황을 해결하기 위해 필요한 문제 해결 기술을 연습하게 하지 않는다. 그리고 이러한 독재적인 방법은 교사가 다음에 아동의 갈등을 중재하고자 할 때 교사의 신뢰도를 떨어뜨린다.

SUMMARY

공격성은 상처를 주거나 해를 입히거나 파괴하는 언어적, 신체적 행동이다. 두 가지 형태의 공격성이 있는데, 이는 도구적 공격성과 적대적 공격성이다. 도구적 공격성은 상호작용 시 비의도적인 결과로 나타나는 반면, 적대적 공격성은 의도적 행동이다. 자기주장과 공격성은 다른 것이다. 자기주장과 공격성 모두 타인에게 영향력을 행사하지만, 자기주장은 타인을 다치게 하거나 모욕하려는 의도가 없다. 아동의 공격적 행동을 일으키는 요인은 다양하다.

공격성은 생물학적 영향을 받으며, 모델링, 직접 교수, 강화를 통해 학습된다. 아동이 공격성을 표현하는 방법은 시간이 지나면서 인지적 성숙과 경험에 의해 변화한다. 도구적 공격성은 어린 연령에 주로 나타나고 적대적 공격성은 아동이 성장하면서 더 많아진다. 남아와 여아가 공격적 행동을 하는 방법에서 차이가 있기는 하지만, 남아와 여아 모두 공격적 행동을 한다. 남아들은 외현적이고 신체적으로 공격하고, 여아들은 관계적이고 언어적인 전략을 사용하는 경향이 있다.

아동의 공격성을 감소시키기 위한 방법들 중에서 신체적 체벌, 공격성 무시하기, 대치, 비일관성은 아동의 반사회적 행동을 더욱 증가시켜 효과가 없다. 효과적인 중재 기술은 왜 공격성이 발생하는지를 고려하고 공격적 행동이 덜 발생할 수 있는 환경을 고려하는 것이다. 공격성이 발생하면 교사는 공격성이 받아들여지지 않는 행동임을 표시하고, 아동이 공격적 충동을 다루는 대안적인 방법을 생각하도록 돕고, 다른 사람의 공격적 행동에 반응하는 방법을 알려주기 위해서 만능 전략을 사용한다. 이러한 과정이 효과적이 되기 위해서 교사는 아동과 긍정적인 관계를 맺고, 지지적 환경을 만들고, 아동이 원하는 것을 얻기 위한 우호적인 방법을 배울 수 있도록 가르치고 코칭 전략을 사용해야 한다. 때때로 집중적인 개별적 계획이 필요하면, 아동의 가족과 함께 진행해야 한다.

또래 괴롭힘은 다른 아동에게 힘을 행사해서 해가 되는 행동을 고의적으로 하는 적대적 공격성의 한 형태이다. 또래 괴롭힘의 가해자, 피해자 그리고 목격자 모두에게 주의를 기울여야 한다. 기관 차원에서 적대적 공격성을 다루는 전략을 개발하는 것도 중요하다. 아동기 공격성을 감소시키기 위해 가족과 협력하는 것이 필수적이다.

CHAPTER 12

아동의
친사회적 행동
증진

아동의 친사회적 행동 증진

- 친사회적 행동의 예를 알아본다.
- 친사회적 행동에 영향을 미치는 요인을 파악한다.
- 친사회적 행동을 증진시키는 방법을 살펴본다.
- 아동의 친사회적 증진 시 피해야 할 함정을 안다.

1. 친사회적 행동의 정의

도와주기, 나누기, 희생하기, 협동하기, 격려해주기, 달래주기 등은 모두 친사회적 행동의 예로 그 사회의 긍정적인 가치를 반영한다. 친사회적 행동은 이기심, 공격성과 같은 반사회적 행동의 반대 개념이다. 친사회적 행동은 다른 사람을 도와주거나 이로움을 주는 자발적 행위로(Hearron & Hildebrand, 2013), 외적 보상에 대한 기대 없이 행해진다(Penner & Orom, 2010). 때로는 신체적, 사회적으로 위험한 상황에 처한 친구를 도와주는 것처럼 친사회적 행동을 하면서 위험에 빠질 수도 있다. 친사회적 행동을 하는 성향은 아동기에 학습되고 연습되어서 성인기까지 이어진다(Eisenberg, 2010). 모든 아동은 기본적으로 배려하기, 나누기, 돕기, 협동하기를 할 수 있는 기초 능력을 가지고 있다. 좀 더 큰 아동이 더 광범위한 친사회적 행동을 보이긴 하지만, 어린 유아도 다양한 환경에서 여러 가지 친사회적 반응을 보일 수 있는 능력이 있다(Eisenberg, Fabes, & Spinrad, 2006).

친사회적 행동은 사회적 유능성의 중요한 요소이다. 연령과 상관없이 대체로 아동 간의 상호작용은 부정적이기보다는 더 긍정적이다. 예를 들면, 아동의 친사회적 행동과 반사회적 행동의 비율은 적어도 3:1이며, 8:1과 같이 높을 때도 있다(Moore, 1982). 아동이 부정적 행동을 한 번 할 때 평균 세 번에서 여덟 번의 긍정적 행동을 한다는 것으로, 이는 최근 연구결과를 통해 지지되고 있다(Dovidio, Pillavin, Schroeder, & Penner, 2010). 학령 전 아동은 공격적이기보다 남을 돕고자 하고 동정심을 느끼는 등 친사회적 행동을 많이 한다. 이는 유아기와 학령기에 걸쳐 비교적 안정적이므로(Rose-Krasnor & Denham, 2009), 아동기는 친사회적 태도와 행동이 발달하는 최적의 시기라고 할 수 있다.

1.1 친사회적 행동의 가치

친사회적으로 행동하는 아동은 사회적, 정서적, 학업적 장점을 지닌다. 친사회적 행동을 하는 아동은 타인을 도와주면서 만족감과 유능감을 발달시킨다. 간식 준비를 도와주면서, 친구와 정보를 공유하면서, 슬퍼하는 친구를 위로하면서, 타인의 작업을 도와주면서, '나는 필요한 사람이다. 나는 무슨 일이든지 할 수 있다. 나는 중요한 사람이다'라는 생각을 하게 된다. 그 결과 자신을 능력 있고 가치 있는 사람으로 지각하게 되는 건강한 자아상을 갖게 된다(Trawick-Smith, 2014). 친절함은 또한 애정과 우정의 신호이기도 하다. 이로 인해 사회적 상황에 다가가는 것이 쉬워지고 관계가 강화됨으로써 친사회적 행동을 하는 아동이나 받는 아동 모두 긍정적 감정을 갖게 된다(Hartup & Moore, 1990).

친절한 아동의 상호작용은 이들이 성공적인 사회적 경험을 할 수 있는 기회를 최대로 증가시키고, 이는 다시 앞으로 아동이 계속해서 친절한 행동을 하게 한다. 예를 들어 4세 유아의 나누는 행동은 성인기의 친사회적 행동을 예측한다(Eisenberg et al., 1999). 또한 친사회적 행동은 필요할 때 도움을 받거나 협동을 할 가능성을 증가시켜 준다. 친사회적인 아동은 주위 사람으로부터 친사회적 행동을 더 많이 받게 된다(Persson, 2005).

친사회적 행동의 수혜자가 되었을 때, 아동은 친사회적 행동이 어떻게 행해졌는지 자세히 관찰하게 되고, 각각의 에피소드는 아동이 미래에 적용할 수 있는 유용한 정보를 제공해준다. 친사회적 행동을 받는 아동은 이러한 기회를 통해서 타인의 친절에 긍정적으로 반응하는 방법을 배울 수 있다. 이에 반해 이러한 기술을 전혀 배우지 못한 아이는 다른 아동으로부터 위로와 지지를 거의 받지 못하게 된다.

친사회적으로 행동하는 아동은 보다 지지적인 또래 관계를 맺는다(Hughes & Ensor, 2010). 이들은 최소한 한 명 혹은 두 명의 친구를 가지며, 공격적 행동과 갈등을 덜 보이고 또래 사이에 인기가 있다(Eisenberg et al., 2006). 교사는 친사회적인 아동을 사회적인 기술이 있다고 평가한다.

또한 초기 친사회적 행동은 현재와 미래의 학업 성취를 강력하게 예측한다(Wentzel, 2009). 이것은 친사회적인 아동이 또래와 성인에게 도움을 요청하는 데 익숙하고, 이러한 행동이 인지적 능력을 발달시키고 더 긍정적인 학교 분위기를 만들기 때문이다. Note 12-1에 친사회적 행동의 이점을 제시하였다.

친사회적 행동은 개인뿐 아니라 집단에게도 혜택을 준다. 아동 간에 협동하고 도와주는 것이 격려되는 집단은 그렇지 않은 집단에 비해 상호작용이 더 친근하며 생산적이다(Dovidio et al., 2010). 또한 치우기와 같은 일상적이고 귀찮은 일도 더 쉽게 관리되는데, 모든 사람이 열심히 하면, 일은 빨리 끝나게 되고 누구도 그 일에 부담을 느끼지 않기 때문이다. 아동은 자신과 다른 집단 구성원이 모두 다정하고 유능하다고 생각하면서 긍정적인 집단 이미지를 발달시킨다(Marion, 2011).

친사회적 행동을 하는 것의 이점

- 만족감을 얻는다.
- 유능하다는 것이 무엇인지 알게 한다.
- 다른 사람과의 사회적 관계를 맺게 해준다.
- 관계를 증진시킨다.
- 또래들 사이에 인기가 높아진다.
- 도움을 받거나 협동을 할 기회가 늘어난다.
- 학업 성취를 높인다.
- 긍정적인 집단 분위기를 만든다.

1.2 친사회적 행동의 동기

아동이 친사회적으로 행동하는 이유는 다양하다. 자신이 상처받지 않기 위해서 친사회적인 행동을 하는 아동도 있고(예: 자신의 감정을 다치지 않으려고 친구를 놀이에 초대한다), 사건이 일어나는 동시에 반응하는 아동도 있다(예: 영희가 그네에서 떨어지자 철수는 달려가서 "괜찮니?"라고 물어본다). 자신의 행동으로 인한 문제를 해결하기 위해서 친사회적으로 행동하는 아동도 있다(예: 준호는 원하는 로봇을 갖기 위해서 민호를 쳤다. 준호는 민호가 울려고 하는 것을 보고 다른 로봇을 집어서 "이거 가지고 놀아"하며 민호에게 주었다). 친사회적 행동은 다른 사람이 아동에게 지시할 때 일어나기도 하고(예: "네가 가지고 있는 블록을 친구에게 줘라") 도움을 요청할 때 일어나기도 한다(예: "성윤이 좀 불러올래?"). 마지막으로 아동은 단순히 누군가를 위해서 친사회적으로 행동하기도 한다(Hastings, Utendale, & Sullivan, 2008).

친사회적으로 행동하려는 동기는 연령, 다른 사람을 생각하는 능력, 희생자에 대한 공감 수준, 도덕적 동기 등과 같은 발달 요인들에 의해 영향을 받는다(Malti et al., 2009; Vaish, Carpenter, & Tomasello, 2009). 또한 친사회적 행동을 관찰한 것, 친절한 행동을 경험한 것, 친사회적으로 행동하려는 자신의 노력에 대한 반응을 경험한 것과 같이 아동의 경험에 의해서도 영향을 받는다. 아주 어린 유아는 엄마 아빠와 함께 친절한 행동을 연습하고 그 이후에 또래와 연습한다. 학령 전 유아와 초등학교 저학년생은 자기중심적인, 즉 자신의 욕구에 초점을 둔 추론방식에 기초하여 자신의 기분이 좋아지는 행동을 선택한다(예: 어른에게 칭찬받기 위해서 친사회적인 행동을 한다). 이러한 추론은 초등학교 고학년 시기에는 감소하여, 아동은 원칙과 도덕적 기준에 기초하여 친사회적 행동을 하게 되고 점차 더 추상적이 된다(Eisenberg et al., 2006).

1.3 친사회적 행동의 단계

아동이 친사회적으로 생각하는 것을 배우기만 하면 자동적으로 적절한 행동이 뒤따를 것이라고 생각하는 사람들도 있다. 그러나 친절한 생각이 친사회적 행동으로 항상 연결되는 것은 아니다. 취학 전 유아도 나누기, 차례 지키기, 협력하기가 좋은 일이라고 말할 수는 있지만, 꼭 그렇게 행동하지는 않는다. 아동은 옳은 일에 대해 단순히 생각하는 것 이상, 즉 생각에서 행동으로 옮길 수 있는 일련의 단계를 거쳐야 한다. 그 단계는 나누기, 돕기, 협동이 필요함을 인식하기, 행동 결정하기, 친사회적 행동 실행하기이다(표 12−1).

1단계 인식하기: 공유하기, 돕기, 협동하기가 필요하다는 것을 인식하기
2단계 결정하기: 행위를 결정하기
3단계 실행하기: 친사회적이 되도록 적절하게 행동하기

친사회적 행동의 1단계: 인식하기

먼저 아동은 누군가가 친사회적 행동으로 이로움을 얻을 것이라는 것을 알아야 한다(Schwartz, 2010). 이렇게 하기 위해서는 보고 들은 것을 정확하게 해석해야 한다. 즉, "나 혼자하기에 너무 일이 많아", "함께한다면 더 빨리 끝낼 수 있을 거야"와 같은 언어적 단서를 정확히 파악하는 것뿐만 아니라, 울거나 한숨 쉬기, 얼굴 찡그리기, 발버둥치기 등과 같은 전형적인 어려움의 신호를 인식해야 한다. 아동이 이러한 단서를 얼마나 쉽게 인식하는지는 단서가 얼마나 명백한지에 달려 있다. 애매하거나 미묘한 신호는 직접적인 신호에 비해 해석하기가 어렵다. 예를 들면, 영희가 넘어져 우는 것을 철수가 보았을 때, 영희가 도움을 필요로 하는지는 확실하지 않다. 그러나 영희가 울면서 도움을 요청하면, 철수는 영희의 고통을 더 쉽게 알아차릴 수 있다. 마찬가지로 영희가 보이는 고통의 신호를 교사가 지적해준다면, 철수는 친사회적 행동의 필요성을 인식할 수 있을 것이다. 대부분의 경우 사람들은 문제 상황에 직면하면, 실제로 문제가 있는지를 결정하기 위해 피해자와 주변 타인의 반응을 모두 보게 된다.

특히 상황이 모호한 경우는 더욱 그래서, 만약 주변 사람이 가만히 있으면 자신이 개입할 필요성을 느끼지 못한다. 예를 들어, 레고로 만든 탑이 무너졌을 때 민수가 슬퍼 보이기는 하지만 아무 소리도 내지 않는다면, 민수가 울지도 않고 겉으로 드러나는 고통의 신호도 보이지 않기 때문에 주변 친구들은 그냥 놀이를 계속 할 것이다. 영호도 이 장면을 보면서 아무도 도와주러 가지 않기 때문에 민수는 도움이 필요하지 않다고 생각하게 될 것이다. 만약 교사나 다른 친구들이 민수에게 "괜찮아?" 또는 "네가 만든 탑이 무너져서 속상했겠다"라고 말했다면, 영호는 다르게 생각했을 수도 있었을 것이다. 이러한 말들은 민수에게 있어 그 상황이 힘든 상황이 될 수 있다는 인식을 영호가 하도록 도와준다.

아동은 누군가가 어려움에 처한 상태에 있다는 단서를 인식하면, 그 사람에 대한 동정과 공감을

느낄 수도 있고, 혹은 그 상황을 자신의 어려움으로 느낄 수도 있다. 타인의 고통을 느끼게 되면 친사회적 행동을 하게 되지만, 자신이 고통스럽다고 느끼면 친사회적 행동을 하지 않게 된다. 아주 어린 영아는 울거나 한숨 지으면서 타인이 보이는 고통의 신호를 따라한다. 아동은 성장해가면서 더 많이 공감할 수 있게 되고, 정서적 반응과 함께 도움을 줄 수 있게 된다. 아동이 공감과 동정심을 느낄수록 친사회적 행동을 더 많이 하게 된다(Eisenberg et al., 2006).

친사회적 행동의 2단계: 결정하기

일단 아동이 도움이 필요한 사람을 인식하게 되면 행동을 해야 할지 하지 말아야 할지를 결정해야 한다. 도움을 필요로 하는 사람과의 관계, 자신의 기분, 자신이 친사회적인 사람인지에 대한 아동의 생각, 이 세 가지 요소가 이러한 결정에 영향을 미친다(Dovidio et al., 2010).

- **관계** 모든 연령의 아동은 대부분 자신이 좋아하거나 관계를 맺고 있는 사람에게 친사회적으로 반응한다(Eisenberg et al., 2006). 모르는 사람에게 우호적으로 반응할 수도 있지만, 낯선 이보다는 친구들끼리 더 친절하다. 나누기와 같은 친사회적 행동은 상대방이 이전에 자신에게 나누어준 경험이 있는 친구일 경우, 또는 같은 사람이 앞으로 자신에게 나누어줄 것 같은 경우 더 자주 일어난다(Dovidio et al., 2010). 아동은 공정함과 상호성의 개념에 기초해서 서로에게 의무감을 갖게 된다. 상대가 집단의 구성원일 경우 남을 도와줄 가능성이 높아지는데, 예를 들어 다른 반 아이보다 자기 반 아이일 때 그 또래를 더 잘 도와준다(Dovidio et al., 2010).
- **감정** 감정은 아동이 친사회적 행동을 결정하는 데 영향을 미친다. 위급 상황을 보거나 부당한 것을 볼 때 불편함을 느낄 수 있다. 다른 사람을 도우면 타인의 불편함을 보는 것으로 인한 부정적 감정을 줄일 수 있다. 더 많이 공감하는 사람이 앞으로 더 친사회적으로 반응할 가능성이 높다(Dovidio et al., 2010). 기분은 친사회적 행동을 할 것인가 말 것인가에 영향을 미친다. 긍정적인 기분의 아동이 부정적이거나 중립적인 마음 상태의 아동보다 더 친사회적으로 행동한다(Ladd, 2005). 행복할 때 아동은 노력의 결과에 대해 낙관적이 되고, 결국 성공할 것이라는 기대로 어렵거나 힘든 친사회적 행동도 할 수 있다. 반면에, 화나거나 슬픈 아동은 자신의 불행한 상황을 넘어서서 타인을 도울 수 없고, 자신의 행동은 어쨌거나 실패할 것이라고 생각한다. 다만, 기분이 좋지 않은 좀 더 큰 아동이 친사회적으로 행동하고 나면 기분이 좋아질 것이라고 지각하는 경우는 예외이다. 이들은 자신의 기분을 더 좋게 만들기 위해서 친절한 행동을 계속 할 수 있다. 그러나 친사회적 행동을 해서 자신이 이익을 얻지 못한다면, 더 이상 친사회적 행동을 하지 않게 된다.
- **자아 지각** 아동이 친사회적 행동을 할지는 스스로를 어떻게 생각하느냐에 달려 있다. 평소에 자신이 협동적이고 잘 도와주는 사람이라고 들은 아동은 그러한 자아상을 지지하기 위해 친사회적 행동을 하게 된다(Paley, 1992). 이러한 자아상을 갖지 못한 아동은 친사회적 행동이 타인이 생각하는 자신의 모습에 적합하지 않다고 생각하기 때문에 친사회적 행동을 하지 않

을 수 있다.

- **사회적 규범과 개인적 규준** 아동은 다른 사람의 친사회적 행동을 볼 때 돕는 행동이 가치 있다는 것을 배운다. 경험과 학습을 통해 아동은 옳고 그름에 대해 판단한다. 시간이 지나면서 상황에 따라 어떤 행동이 적절하고 기대되는지에 대한 사회적 규범을 얻는다. 아동이 성숙해지고 도덕적 추론 기술을 발달시키면서 다른 사람을 도울 것인가에 대한 개인적 코드를 적용하게 된다. 이 같은 사회적 및 개인적 규범에 따라 아동은 친사회적 행동을 할 것인지를 정하게 된다(Dovidio et al., 2010).

친사회적 행동의 3단계: 실행하기

나누기, 돕기, 또는 협동하기를 해야 한다고 생각하면, 아동은 그 상황에 적합하다고 생각되는 행동을 선택하고 수행한다. 그 상황에서 실제로 그런 행동을 할지는 두 가지 능력, 즉 조망수용과 수단이 되는 기술의 영향을 받는다(Berk, 2013).

조망수용이란 도움이 필요한 사람에게 유용한 행동이 그때 자신이 생각한 것과 같지 않을 수 있다는 것을 아는 것이다. 걸음마기 영아는 강아지가 방을 어질러서 화난 엄마를 위로하려는 좋은 의도로 자신이 먹던 과자를 엄마에게 주는 행동을 하지만, 그 상황에서 정말로 엄마가 필요로 하는 것은 알지 못한다. 이는 걸음마기 영아의 제한된 조망수용 능력 때문이다. 조망수용 능력이 발달하면서 학령 전 유아와 초등학교 저학년 아동은 더 잘 돕고 협동할 수 있게 된다. 환경이 친숙하거나 자신이 경험하였던 것과 유사할 때 더 잘 할 수 있다. 6세경 이후 아동의 조망수용 기술은 사회인지 능력이 발달하면서 친숙하지 않은 환경에서도 적절하게 반응할 수 있다(Carlo et al., 2010).

수단이 되는 기술은 유능하게 행동하기 위해 필요한 지식과 기술을 갖는 것을 말한다(Brown, Odom, & McConnell, 2008). 사용할 수 있는 기술을 많이 가진 아동일수록 자신의 생각을 더 효과적으로 실행에 옮길 수 있다. 가진 기술이 별로 없는 아동은 의도는 좋지만, 노력에 비해 비생산적이고 부적절하게 행동할 수 있다. 어린 유아의 경우, 가장 친사회적인 유아가 반사회적 행동에 참여할 가능성이 가장 많다. 경험 미숙으로 인해 부적절한 행동과 적절한 행동을 잘 구별하지 못하기 때문이다. 아동은 두 유형의 행동을 점점 더 잘 구별하게 되고, 유용하고 적절한 행동을 더 잘 할 수 있게 된다.

위의 세 가지 단계를 모두 수행하는 것은 아동에게 어려울 수도 있다. 예를 들면, 유아는 친사회적 반응을 요구하는 사람을 간과하거나, 그 단서를 잘못 해석할 수 있다. 또는 무엇이 상황에 맞는 행동인지에 대해 잘못 판단할 수도 있다. 친구를 위로하려다가 자기가 좋아하는 책으로 다른 아이의 얼굴을 칠 수도 있고, 너무 세게 안아서 아프게 할 수 있고, 말하는 기술이 부족하여 "넌 그렇게 나쁜 냄새가 나는 건 아니니까 괜찮아"라는 식으로 말할 수도 있다. 다른 사람 편을 들어주기 위해 공격적이 되거나 심술궂어질 수도 있다. 때로 협동은 자신의 생각을 모두 포기하거나 모든 사람을 만족시키기 위해서 중도를 택하는 것이라고 생각할 수도 있다. 이러한 것들은 아동이 다른

표 12-1 **친사회적 행동의 단계**

친사회적 행동의 단계	인식하기	결정하기	실행하기
필요한 발달 능력	• 아동은 다른 사람의 생각이나 감정을 알아야 한다. • 아동은 자신이 보거나 들은 몸짓, 행위, 언어를 정확하게 해석해야 한다.	• 아동은 다른 사람이 무엇을 요구하는지 알아야 한다.	• 아동은 필요한 행동을 할 능력을 가지고 있어야 한다.
잠재된 어려움	• 아동이 자신의 욕구에 너무 몰입하여 다른 사람의 욕구를 모를 수 있다. • 아동이 단서를 알아채지 못하거나 정확하게 해석하지 못할 수 있다.	• 아동은 무엇이 요구되는지 모를 수 있다. • 아동은 요구되는 것을 잘못 알고 있을 수 있다.	• 아동이 필요한 기술을 가지고 있지 않을 수 있다.
상황	• 현수가 모래놀이터에 물을 가득 담은 바구니를 옮기려고 애쓰고 있다. 현수는 잘 잡으려고 바구니를 다시 잡다가 바구니가 쓰러져서 물이 다 쏟아지자 아주 속상하였다. 우진이는 근처에서 그냥 보고만 있다.	• 미란이는 오른쪽 다리보다 왼쪽 다리가 약간 짧은 활발한 3세 유아이다. 미란이는 혼자서 교실을 돌아다닐 수는 있지만, 수진이는 종종 미란이를 번쩍 안아서 이쪽에서 저쪽으로 옮기곤 한다. 교사가 수진이에게 무엇을 하는 것인지 물어보면 수진이는 자랑스럽게 "도와주고 있어요"라고 말한다.	• 아이들이 화장지 심을 이용하여 다같이 구슬미로를 만들고 있다. 지원이는 두 개의 휴지심을 이어붙이려고 하는데 계속 떨어져서 속상하다. 영우가 와서 테이프로 휴지심을 붙이려고 하는데 테이프가 너무 얇아서 잘 붙지 않는다.
해석	• 우진이는 도움이 필요하다는 신호인 현수의 비언어적 행동을 알아채지 못한다. 현수가 도움이 필요하다는 것을 인식하지 못하였다.	• 수진이는 도와주기로 결정하였지만 미란이가 무엇을 필요로 하는지 알지 못한다.	
가능한 전략	• 교사는 현수가 도움이 필요하다는 것을 알려준다. "우진아, 현수를 좀 봐. 바구니를 옮긴다고 너무 고생하고 있어. 도움이 필요해" 또는 교사는 현수에게 "도움이 필요해 보이는구나. 필요하면 도와달라고 말하렴. 바로 도와줄게"라고 말한다.	• 교사는 "도와주고 싶구나. 우리 미란이에게 안아서 옮겨주는 게 필요한지 물어보자" 또는 교사는 "미란이를 도와주고 싶구나. 미란이는 스스로 걸어다니는 것을 좋아해요. 혼자 다니도록 두자. 대신 같이 게임할 지를 물어보는 것이 미란이를 도와주는 것일 수 있어"라고 말한다.	• 교사는 영우가 좋은 생각을 했다고 말해준다. 그리고 테이프가 너무 얇아서 잘 안붙는 것이라고 말해준다. 교사는 지원이와 영우에게 강력 접착 테이프로 휴지심을 붙이는 방법을 보여준다.

출처: Kostelnik, Rupiper, Soderman, & Whiren(2014)의 내용 수정

사람에게 친절해지는 방법을 배울 때 범할 수 있는 자연스러운 오류이다. 아동이 성장하고 많은 경험을 할수록 이러한 오류는 줄어든다.

2. 친사회적 행동에 영향을 주는 요인들

어떤 사람은 친절하고 다른 사람은 그렇지 않은 이유는 무엇일까? 과학자들은 또래와의 일상적인 상호작용을 넘어 친사회적 행동에 기여하는 요인들을 발견하고자 노력하였다. 생물학적 요인, 사회-인지적 이해, 언어, 사회적 경험, 문화적인 기대 그리고 성인의 행동 등이 친사회적 행동과 관련된다.

2.1 생물학적 요인

친사회적 행동은 유전적 요인에 일부 기인한다(Simpson & Beckes, 2010). 동정심과 공감의 발달과 친사회적 행동 간에 유전적인 연관이 있다는 연구 결과들이 보고되고 있다(Eisenberg, 2013; Hastings, Zahn-Waxler, & McShane, 2005).

기 질

기질, 자신과 타인의 정서에 대한 민감성, 그리고 정서 조절은 개인이 친사회적인 방법으로 상황에 반응하는 능력과 연관이 있다(Eisenberg et al., 2006). 예를 들어 유쾌한 기질을 가진 아동은 다른 사람이 괴로워하는 것을 알았을 때 덜 당황하고 친사회적인 방법으로 행동한다. 이에 반해 세상이 재미없다고 생각하고 타인의 불행에 자신이 더 괴로워하는 아동은 자신에 대한 걱정이 더 커서 남에게 적절한 도움을 주지 못한다. 친사회적인 아동은 자신의 정서를 잘 조절하고 행동하는 아동이다(Eisenberg et al., 2006).

성

많은 연구들이 아동의 친사회적 행동의 성향에는 성차가 없음을 보여주었다. 남아와 여아 모두 친사회적으로 행동하려는 동등한 능력을 가지고 있다. 그러나 비일관된 결과를 제시하는 연구도 있어서, 친사회적 행동이 일어나는 빈도가 성에 따라 차이가 있다고 하는 연구도 있고(Keane & Calkins, 2004; Russell et al., 2003), 어떤 차이도 발견하지 못한 연구도 있다(Hastings, Rubin, & DeRose, 2005).

연 령

아동이 친사회적 행동을 할 수 있는 능력은 연령에 따라 증대된다. 영유아도 울거나 고통을 호소하는 친구를 알아보고 이에 반응하기도 하고 힘든 아이를 위로하기도 한다(Thompson, 2006; Wittmer, 2008). 초등학교 저학년 시기 동안 아동은 친사회적 행동에 대해 더 잘 알고 더 의도적이 된다(Eisenberg et al., 2006). 아동이 성숙해짐에 따라 나누기, 협동하기, 돕기와 같은 행동은 더 일반적이 된다(Pratt, Skoe, & Arnold, 2004).

2.2 사회인지

아동이 성장하면서 타인의 생각과 감정을 이해하고 자신의 행동을 조절하는 능력이 친사회적 행동의 증진을 가져온다. 사회인지는 다른 사람이 어떻게 생각하고 느끼는지를 이해하는 것이다. 이를 위해 아동은 어느 정도의 감정이입 능력, 조망수용 능력 그리고 마음이론을 가지고 있어야 한다. 이러한 능력들은 친사회적 행동과 연관이 있다(Carlo et al., 2010; Hastings et al., 2008). 그러므로 다른 사람의 감정을 이해할 수 있는 아동은 더 친사회적으로 행동하는 경향이 있고 사회적으로 유능하게 행동한다(Hughes & Ensor, 2010).

2.3 언어

언어를 이해하고 사용하는 아동의 능력은 자신의 요구에 대해 의사소통하고 자신의 요구를 충족시키는 데 있어 중요하다. 아동이 정서를 표현하는 단어를 확장해서 사용할수록 아동은 자신의 정서에 대해 더 잘 알게 되고 다른 사람의 행동을 이해하게 되어 다른 사람에게 감정이입해서 동정적으로 반응하게 된다(Epstein, 2009; Saarni et al., 2006). 아동이 자신과 타인의 행동에 대해 의논하고, 생각하고, 반영하는 초기 언어 능력을 획득하면서 친사회적 행동을 더 많이 하고 문제행동을 덜 보였다(Hughes & Ensor, 2010).

2.4 나누기

나누기는 자원을 자발적으로 분배하는 것이다. 타인에 의해 공유하도록 강요된다면 진정한 나누기가 아니다. 나누기는 아동의 친사회적 행동의 발달에서 유전, 사회인지 그리고 언어 요인들이 복합적으로 작용하는 좋은 예이다. 유아가 나누기를 하는 것은 자주 볼 수 있어서, 2세 유아도 서로에게 놀잇감을 제공한다(Rose-Krasnor & Denham, 2009). 그러나 이들은 성인과 나누기를 더 잘하고, 좀 더 큰 아동과 비교해서는 나누기의 빈도가 낮다. 이는 어린 아동이 특성상 영역을 중시하며 자기중심적이기 때문이다(Reynolds, 2008). 이 시기 아동은 소유물에 집착하며, 이제는 사용하지 않는 물건이라도 포기하기가 힘들다. 세발자전거를 타다가 모래 놀이터로 달려간 4세 민수가 다른 친구가 세발자전거를 타려 하자 소리를 지르는 것은 이 때문이다. 민수에게는 자전거는 자신의 것이며, 자전거에 흥미가 없어도 포기하기는 싫은 것이다.

또한 어린 아동은 소유물에 대한 분쟁을 해결하고 양측이 만족하도록 교섭하는 데 필요한 언어적 협상기술이 부족하다. 어린 유아가 나누기를 하는 첫 번째 이유는 자기 이익을 추구하는 것일 수 있는데, 예를 들어 지금 나누어 쓰면 나중에 도움을 받은 아동이 나누기 행동을 할 것이라고 생각하거나, "너 그거 주지 않으면, 너랑 안 놀 거야"라고 회유하는 행동과 같은 것이다.

유아기 후기와 초등학교 저학년 시기에 아동은 나누기가 친구들과 공유된 활동으로 이어지고, 다른 친구들과 노는 것이 혼자 노는 것보다 더 재미있다는 것을 깨닫게 된다(Reynolds, 2008). 이 시기 동안에 또래와의 상호작용이 증가하고, 나누기 능력은 커진다. 가장 극적인 변화는 6~12세에 일어나는데, 조망수용 기술이 발달하기 때문이다(Carlo et al., 2010).

더 큰 아동이 나누기를 쉽게 하는 데에는 몇 가지 이유가 있다. 먼저 지적인 능력이 발달하면서 두 사람이 동시에 같은 것을 원할 수 있고, 나눈 물건은 돌려받을 수 있고, 나누기는 상호적이라는 것을 알게 되기 때문이다(Berk, 2013). 이들은 나누기(임시로 소유권을 잃는 것)와 기부(영원히 소유권을 잃는 것)는 다르며, 둘 중 어느 것을 의도한 것인지 이해하고 다른 사람에게 말할 수도 있게 된다. 또한 다양한 방법으로 나누기를 할 수 있게 된다. 차례대로 하기와 같은 방법이 만족스럽지 않으면, 협상하기, 거래하기, 함께 사용하기와 같은 방법을 사용할 수도 있다. 좀 더 큰 아동은 자신의 소유물에 대한 가치를 구분할 수 있으므로 물건 나누기가 더욱 쉬워진다.

초등학교 저학년 아동은 타인에게 수용 받고 싶어서 나누기를 하기도 한다. 나누기와 같은 친사회적 행동은 좋은 것으로 여겨지기 때문에 친사회적 행동을 하는 아동은 또래에게 더 쉽게 인정받는다. 나누기를 할 때 수반되는 자기희생은 그러한 인정으로 보상될 수 있다.

아동이 성장하면서, 이들의 사고는 공정성의 원리에 영향을 받게 된다. 나누기는 이러한 원리를 충족시키는 방법이다. 처음에 아동은 공정하다는 것을 상황과 관계없이 모든 사람이 똑같이 받아야 하는 것, 즉 엄격하게 평등한 것으로 정의한다. 나누기를 해야 할 때, 모든 사람들에게 똑같이 차례가 돌아가야 하며, 각 차례에서는 같은 시간이 할당되어야 하고, 모든 사람은 같은 수의 조각을 받아야 한다고 생각한다. 그러다가 점차 아동은 평등함은 노력을 더한 사람이나 뛰어난 업적을 쌓은 사람, 혹은 불리한 조건 때문에 그러한 대우를 받을 만한 사람에게 특별한 대우를 포함하는 것임을 이해하게 된다. 이러한 상황에서 아동은 공정하다는 것이 정확히 같은 것을 가지는 것이 아님을 알게 된다. 놀 기회가 적은 사람은 한 번에 더 오랫동안 해야 하고, 어떤 일을 특히 열심히 한 사람들은 먼저 해도 된다고 생각하게 된다. 이러한 생각은 8세 정도에도 나타나지만, 보통 더 나중에 하게 된다. 이러한 생각도 친사회적 행동에 대한 이해를 깊게 해주어 어렸을 때보다 더 빈번하게 친절한 행동을 하게 해준다.

나누기 능력에 있어 어린 아동과 더 큰 아동 간의 차이는 일반적인 발달과 추론 능력의 변화를

표 12-2 **연령에 따른 나누기 행동**

유아기(2~6세)	아동기(6~12세)
• 자기 지향적 동기	• 타인 지향적 동기
• 자신의 요구를 인식하기	• 타인의 요구가 정당함을 인식하기
• 그 순간의 소유물을 소중히 여기기	• 사물 간의 가치를 변별하기
• 현시점적 사고	• 미래의 이로움을 생각하며 행동함. 과거 경험이 나누기 행동을 야기함
• 협상할 수 있는 언어적 기술이 부족	• 언어적 기술이 잘 발달함
• 한 가지 이상의 대안을 보기가 어려움	• 여러 가지 대안적 해결책을 지님

반영한다. 아동은 자기 지향적 추론(예: "내가 나누기를 하면 그 애가 날 좋아할 거야")에서 타인 지향적 추론(예: "자기 차례를 갖지 못하면, 그 애가 행복하지 않을 거야")으로 전환되고, 구체적 추론(예: "내가 먼저 맡았어")에서 좀 더 추상적인 사고(예: "그 애가 이걸 필요로 해")로 전환된다. 점차 아동은 '다른 사람의 입장 되어 보기'를 더 잘 하게 되고, 그럼으로써 자존감이 높아진다. 이런 능력은 청소년기 후기에 발달하며, 12세 이하 연령의 아동에게서는 잘 나타나지 않는다. 여기에서 언급된 추론의 단계는 아동이 보이는 실제 행동과 관계가 있다(Eisenberg et al., 2006). 더 성숙하고 도덕적 추론을 하는 아동은 덜 성숙한 단계의 추론을 하는 아동보다 더 많은 친사회적 기술의 목록을 가지며, 친사회적 행동을 더 많이 하게 된다. 표 12-2에 연령이 친사회적 행동에 미치는 영향을 요약하였다. 성숙은 아동 자신의 생물학적 시계와 문화적 경험에 의해 결정된다.

2.5 사회적 경험

가족, 또래, 학교와 같은 사회적 환경에서 아동이 경험하는 것은 친사회적 행동 발달에 중요한 역할을 한다. 태어나면서부터 가족 환경은 친사회적 행동에 영향을 준다. 부모와 영아 사이의 정서적인 애착은 친사회적 행동 발달의 기초가 된다(Diener et al., 2007). 또한 부모와 영아와의 대화는 감정이입 발달과 연관이 있다(Garner, Dunsmore, & Southam-Gerrow, 2008; Thompson, 2006). 아동이 좀 더 자라서 집안일을 하고 가족 구성원과 서로 도우면서 일을 할 때 아동의 친사회적 행동은 더 증가한다(Hastings et al., 2006).

아동은 서로에게 배운다. 그러므로 또래는 친사회적 행동을 주고받는 좋은 기회가 되는데, 또래와의 상호작용은 모든 종류의 긍정적인 행동을 연습하는 기회를 제공한다(Bukowski, Velasquez, & Brendgen, 2008). 친사회적인 또래와 함께 지내는 것만으로도 나중에 친사회적 행동을 하는 아동도 있다(Fabes et al., 2005). 상호적인 우정관계를 가지는 것은 높은 수준의 친사회적 행동과 관계된다(Wentzel, Barry, & Caldwell, 2004).

마지막으로 일반적인 학교 환경에서 교사와 아동, 아동과 아동 간의 인간적인 상호작용은 친사회적 행동과 관련이 있다. 예를 들어 좋은 어린이집에서 보육을 받을수록 아동이 보이는 친사회적 행동은 증가하며(NICHD, 2002), 학교의 질적 수준은 아동의 자기 규제, 감정이입, 사회적 유능성과 관련된다(Eisenberg et al., 2006; Wilson, Pianata, & Stuhlman, 2007). 교사의 태도와 행동은 교실에서 아동의 친사회적 행동에 영향을 미친다. 교사가 아동을 선호할 때 아동 행동의 의도를 친사회적으로 보고 긍정적인 방식으로 반응하는 반면, 교사가

그림 12-1　아동은 공동작품을 완성하는 과정에서 협동의 즐거움을 경험한다

아동을 적대적이라고 느낄 때 아동에게 부정적으로 반응하고, 아동의 행동은 대부분 공격적이다(McAuliffe, Hubbard, & Romano, 2009). 교사는 아동의 친사회적 행동을 증진하기 위해 상호작용의 질을 향상시키는 사려 깊고, 교육적 의도를 지닌 행동을 해야 한다.

2.6 문화적인 기대와 경험

문화에 따라 나누기, 돕기, 협동하기와 같은 친사회적 행동을 강조하는 것에 차이가 있다. 경쟁과 개인의 성취를 강조하는 문화가 있는 반면, 협동과 집단의 조화를 강조하는 문화도 있다. 어떤 문화는 폭력에 관대하지만, 어떤 문화는 그렇지 않다. 어떤 경우건 문화는 사람들의 상호작용에서 친절한 정도에 영향을 미친다.

　친절이나 도움주기, 협동에 가치를 부여하는 사회에서 자란 아동은 일상생활에서 이러한 가치를 내면화하고 가치에 부합되는 행동을 한다. 또한 성인과 아동 간에 따뜻한 사랑의 관계를 강조하는 문화와 전체 가족에게 이익이 되는 일을 하라고 격려하는 것과 같이 공통의 선에 기여하는 과제 및 책임감을 부여하는 사회는 친사회적인 아동을 길러낸다(Hastings et al., 2008).

2.7 성인의 행동

성인은 아동이 도움을 주고 협동하는 것을 학습하는 정도에 큰 영향을 미친다. 성인이 아동의 친사회적 행동에 영향을 주는 한 가지 방법은 사회적 지원 피라미드의 첫 3단계에 있다(그림 12-2 참조).

　부모나 교사가 아동의 친사회적 행동을 촉진하는 가장 기본적인 방법은 아동과의 관계를 통해서이다. 성인이 따뜻하고 지지적이면 아동은 성인과 안정된 애착을 형성하고 친사회적으로 행동한

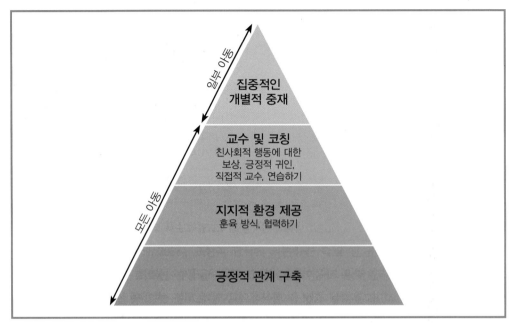

그림 12-2　사회적 지원 피라미드: 친사회적 행동 향상시키기

다(Hastings et al., 2008).

또 다른 방법은 아동의 친사회적 행동의 발달을 촉진하거나 방해하는 즉각적인 환경을 제공하는 것이다(Laible & Thompson, 2008). 돌봐주기, 나누기, 협동하기, 구해주기 행동을 조장하는 분위기의 특성은 다음과 같다(Bronson, 2006).

- 참여자들은 모두가 최선을 다해 서로를 지지해줄 것이라고 기대한다.
- 성인과 아동이 함께 의사결정, 실행 과정에 참여한다.
- 의사소통이 직접적이고 명백하며 상호적이다.
- 개인차가 존중된다.
- 합리적인 기대를 한다.
- 집단 구성원은 서로를 좋아하며 집단에 소속감을 느낀다.
- 개인의 성취뿐만 아니라 집단의 성취도 강조한다.

또한 성인은 민주적인 훈육 방식을 사용하고, 친사회적 행동의 모델이 되고, 아동의 친사회적 행동을 보상해주며, 아동에게 친사회적 가치와 기술을 가르치고, 친사회적 행동을 실행해볼 기회를 줌으로써 이런 환경을 조성할 수 있다.

훈육 방식

성인이 민주적인 훈육 방식을 사용하는 것이 아동이 친사회적인 방법으로 행동하는 것을 배우는 데 긍정적이고 강력한 요소가 될 수 있다(Hastings et al., 2008; Laible & Thompson, 2008). 상황에 대해 이야기를 나누고 논리적인 추론을 하는 것은 아동이 가치를 내면화하도록 돕는다 (Eisenberg et al., 2006; Hastings, McShane, Parker, & Ladha, 2007). 부모나 교사가 아동의 친사회적 행동에 대해 높은 기대를 가지고 있고, 이러한 철학을 지지하는 규칙을 가지고 있으면 또래에 대한 친사회적 행동은 당장 그리고 그 이후에도 나타나게 된다(Pratt et al., 2003). 그러나 성인이 애정을 철회하거나 독단적인 방식을 사용하면 결과는 다르게 나타난다(Knafo & Plomin, 2006). 자세한 내용은 8, 9장을 참고하도록 한다.

모델링

사람들이 협동하고, 돕고, 나누는 것을 자주 관찰한 아동은 친사회적으로 행동한다(Hastings et al., 2007). 즉, 성인이 친사회적 행동을 하는 모범을 보여 주면, 아동의 친사회적 행동은 발달한다 (Ladd, 2005). 어떻게 행동하는 것이 다른 사람에게 도움이 되는지에 대해서 이야기 나눌 때 모델 링은 좀 더 효과적이다(Hastings et al., 2007). "카드를 쓰다니 착하구나"라고 말하는 대신에 "진수가 빨리 낫기를 바라는 카드를 만드는 데 우리가 시간을 많이 들였다는 것을 알게 되면 진수가 기뻐하겠다"라고 말하는 것처럼, 자신의 행동에 초점을 두기보다는 다른 사람에게 초점을 두어서 이야기하여야 한다.

아동은 높은 지위의 권력과 능력이 있고, 잘 도와주고, 친절한 모델을 잘 모방한다(Thompson & Twibell, 2009). 냉담하거나, 비판적·지시적·처벌적이고, 권력이 없는 모델은 주로 무시된다. 또한 친사회적 모델의 말과 행동이 일치할 때 더 잘 모방한다(Shaffer & Kipp, 2013). 이에 반해 말과 행동이 불일치할 때, 모델에 대한 신뢰는 떨어지고 아동은 친사회적 행동을 덜 하게 된다. 그래서 실제로 남을 잘 도와주지 않는 성인이 아동에게 물건은 서로 빌려 주는 것이라고 설득한다면 아동은 돕기가 아주 가치 있는 행동이 아니라는 메시지를 받게 된다. 반면에 성인이 즐겁게 친사회적인 행동을 하는 것을 관찰하면, 아동은 이를 모방하게 된다(Fox & Lentini, 2006).

친사회적 행동의 강화

친사회적 환경은 친사회적 행동이 강화되는 곳이다. 아동의 친사회적 행동을 강조할 때 친사회적 행동은 증가한다(Eisenberg et al., 2004). 성인은 아동이 친절한 행동을 하는 것을 주시하고, 긍정적인 결과를 제시해주어야 한다. 그러나 대부분의 성인이 이렇게 하지 못하는데, 그 이유는 다음과 같다. 첫째, 아동의 친사회적 행동을 당연한 것으로 여기고 보상을 해주지 않거나 충분히 해주지 않는다. 둘째, 의도하지는 않았지만 도와주거나 협동하는 행동과 반대되는 행동을 보상할 수도 있다. 마지막으로, 사탕이나 스티커를 주는 막연한 방법으로 보상하여서 사실상 친사회적 행동을 방해할 수 있다(Ramaswamy & Bergin, 2009).

　이러한 문제를 피하기 위해 성인은 친사회적 행동은 아동이 배우고자 동기화되어야 하며, 성공감을 느낄 수 있어야 학습된다는 것을 기억해야 한다. 성인의 기대가 무엇인지 알고자 노력하는 아동을 무시하거나 아동을 변화시키는 데에만 관심을 가지면 이러한 기준은 충족될 수 없다. 대신에 아동을 변화시키려고 노력하는 만큼 아동이 친사회적 행동을 했을 때 긍정적인 결과를 경험할 수 있게 해주어야 한다.

친사회적 귀인

앞에서 언급하였듯이 자신이 도움을 주는 사람인지에 대한 자기 정의가 얼마나 친사회적으로 행동하는지에 영향을 미치는 또 다른 요인이다. 자신이 친절하고, 자비롭고, 사려 깊다고 믿는 아동은 타인에게 더 친절하고, 자비롭고, 사려 깊게 행동할 것이다(Bronson, 2006). 그래서 친사회적 행동을 증진시키는 한 가지 방법은 친사회적 귀인(속성 귀인 혹은 성향 귀인)을 사용해서 아동 스스로 친사회적이라고 생각하게 만드는 것이다. 아동에게 친사회적 행동을 귀인하게 하기 위해서 예를 들어 "네가 다른 사람을 돕는 것을 좋아하니까 친구랑 장난감을 같이 나누어 쓰는구나"라고 말할 수 있다(Wittmer & Honig, 1994). 친사회적 귀인은 아동이 이러한 행동과 동기를 그들이 되고 싶고 될 수 있는 자신의 이미지를 구체화하게 하고 이후에 친사회적 행동을 더 하게 한다. 귀인은 구체적이고, 아동이 한 행동과 말에 밀접하게 관련된 것이어야 한다. 또한 귀인은 단순히 긍정적 행동을 명명하기보다는 친절한 기질이나 내적 동기에 관한 것이어야 한다. 예를 들면, "너는 친구를 잘 도와주는구나", "너는 장난감 치우는 것을 잘 돕는구나"라고 말하기보다는, "너는 남을 잘 도와주는 사람이라서, 장난감을 잘 치우는구나"라고 말해야 효과적이다. 내적인 귀인이 없는 단순한 칭찬은 새로운 상황에서 친사회적 행동이 일어나게 하지 못한다(Eisenberg et al., 2006). 칭찬과 내적 귀인을 함께 할 때 다른 상황에서도 친사회적 행동이 발생할 가능성이 높다.

협동

아동을 동기화시키기 위해서 주로 경쟁을 사용하게 되면, 아동 간의 협동은 발달하지 못한다. "누가 블록을 가장 잘 치우는지 보자", "가장 단어를 잘 쓰는 사람에게 별을 줄게", "가장 잘 그린 그림을 걸 거야" 등 흔히 교사는 아동에게 협동보다는 경쟁을 격려한다. 이런 경우에 아동은 승자는 한 사람뿐이며 누군가를 돕거나 협동하면 자신은 일등을 할 수 없을 것이라고 생각하게 된다. 이에 반해, 개인의 성취보다 집단의 성취를 강조하면 아동은 쉽게 협동한다. "우리가 함께 이 블록들을 얼마나 잘 치우는지 보자", "우리 학급이 어제보다 오늘 단어를 얼마나 더 잘 쓰는지 한번 볼까", "너희들이 그림을 그리고 나면, 같이 나가서 벽에 걸자" 이러한 조건에서 아동은 서로 돕고 협동하는 방법을 알게 된다.

　또한 집단에게 주어지는 보상은 아동이 공동의 목적을 달성하기 위해 팀으로 일하도록 격려한다. 집단으로 읽은 책이나 친절한 행동 각각에 대해 별 스티커를 붙이는 것은 전체 아동의 발달 정도를 알 수 있게 해주고, 아동 전체가 집단으로 성취할 수 있는 것에 집중하게 한다. 그래서 집단의 발달 정도를 점검하고 나서 보상을 해주는 것이 아동에게 개별적으로 보상하는 것보다 효과적이다. 이러한 방법을 사용하면 아동들은 더 친근해지고 더 협동적이 된다(Crothers & Kolbert, 2010). 성인이 아동의 친사회적 행동을 격려하기 위해 눈에 보이는 보상을 제공하면, 결과는 항상 반대로 된다. 이러한 방법으로 보상을 받은 아동은 자신의 행동을 타인에게 친절하게 대하려는 성향이나 타인의 욕구에 귀인하기보다는 눈에 보이는 보상에 귀인하게 된다.

직접적 교수

친사회적으로 생각하고 행동하도록 훈련하면, 친사회적 행동은 증가한다(Brown, Odom, & McConnel, 2009; Dovidio et al., 2010). 이러한 훈련은 도와주고 협동하는 기술을 강조한다. 친사회적 행동을 인식하고, 타인이 누군가의 도움을 필요로 함을 알아차리고, 행동의 결과를 예상하고, 대인 간 문제에 대한 다양한 해결책을 생각하는 것 모두가 친사회적 기술이다. 아동의 연령에 따라 다양한 방법을 사용하여 친사회적 행동을 가르칠 수 있다.

- 친사회적 행동의 가치를 토론하고, 친사회적으로 행동하는 방법의 예를 제시한다.
- 친사회적 원리를 보여주는 이야기를 들려준다.
- 인형, 손인형, 일화가 담긴 비디오, 혹은 실제 모델을 사용하여 친사회적 행동을 보여준다.
- 아동에게 이전에 관찰한 친사회적 행동을 재연하게 한다.
- 도와주는 사람과 도움 받는 사람이 되어 역할놀이를 하게 한다.
- 협동을 격려하고 타인을 고려하는 게임을 가르친다.
- 실제 생활에서 도와주거나 협동할 수 있는 기회를 제공한다.

친사회적 행동을 연습해볼 수 있는 과제나 활동에 적극적으로 참여한 아동은 비슷한 환경에서 친사회적 행동을 더 많이 한다(Ladd, 2005). 이는 학령 전 아동부터 초기 청소년기까지, 특히 6세 이하 아동에게 잘 적용된다. 친사회적 행동과 관련된 상황에서 적절한 행동을 재연해보면, 아동은 친사회적 행동과 주어진 환경에서 어떤 조건이 적용되는지를 알려주는 단서 모두를 더 잘 기억한다(Alsaker & Gutzwiller-Helfenfinger, 2010). 그러므로 직접적 교수를 하는 가장 바람직한 방법은 언어적 설명과 이에 상응하는 행동의 실제를 결합하여 제시하는 것이다.

친사회적 행동을 증진시키기 위한 기술

친사회적 환경 구성하기

1. 아동의 친사회적 행동을 명명할 수 있는 자연스러운 기회를 이용한다

어떤 아동이 새장을 깨끗하게 청소했을 때 이것이 동물에 대한 배려를 보여주는 것임을 아이들에게 말한다. 지민이가 아파서 학교에 결석했을 때 빨리 낫길 바라는 카드를 받았다고 말할 때, 카드를 보내는 것은 누군가가 지민이를 위로해주기 위해 선택한 방법이라고 말해준다. 한 아이가 발표하는 동안 나머지 아이들이 조용히 있는 것은 그 아이가 집중하도록 도와주는 것임을 설명해준다. 아이들이 차례를 지켜 교대로 하면, 서로 협동하는 방식임을 언급해준다. 이러한 방법이 친사회적 행동에 대해 가르치거나 교훈을 주려고 하는 것보다 친사회적 행동을 더 강조한다.

2. 의도하지 않았으나 친절하지 않은 예를 지적하고, 대안적인 친사회적 방법을 제시한다

경험이 없거나 경솔해서 이기적이거나 비협동적이 될 때가 있다. 이때, 아동에게 그러한 행동이 다른 사람에게 미치는 영향을 지적하고, 더 적절한 행동을 말해준다. 그 아동을 이기적이라고 명명하기보다는 "네가 친구에게 아무것도 주지 않으면, 그 친구 마음이 아플 거야"라고 말해준다. 만약 어떤 아동이 발이 걸려 넘어져서 식판을 떨어뜨렸을 때 다른 아이들이 웃었다면, "너희들이 웃어서 수민이가 창피했대. 수민이 기분이 정말 좋지 않았겠지. 수민이가 쟁반을 집는 것을 도와주자"라고 한다.

3. 아이들이 협동할 기회를 제공해준다

매일 적어도 두 명 이상의 아동이 함께해야 하는 프로젝트나 과제를 준비한다. 일상적으로 할 수 있는 과제를 생각하고 아동들이 협동해서 할 수 있는 것을 계획한다. 예를 들어 교실 애완동물에게 먹이주거나 간식상 준비하기 등이다. 아동이 서로를 돕도록 격려한다. 기회가 있을 때마다 도움이 많이 필요한 아동을 도와주게 하며, 아동이 교사에게 도움을 요청하면 도와줄 수 있는 다른 아동을 찾아준다.

4. 아동과 이야기 나눌 때 친사회적 추론을 사용한다

교실에서는 친사회적으로 행동하기를 바란다는 기대를 설명해준다. 예를 들어, 차례를 지키면 모든 사람이 새로운 물건을 시도해보거나 경험을 할 수 있음을 설명해준다. 침울해져 있는 친구를 편안하게 해주는 것은 그 친구의 기분을 좋게 해주고, 위로해준 친구도 역시 기분이 좋아진다는 것을 알려준다. 각 아동이 필요한 것이 무엇인지에 대해 논의하고, 공정함을 위해 무엇을 고려해야 하는지 논의해본다. 왜 사람들이 다른 사람들의 이야기가 끝날 때까지 기다린 후에 자신의 생각을 이야기해야 하는지와 같이 교실의 특정 활동 후에 친사회적 행동을 해야 하는 이유에 대해 이야기한다. 그리고 아동이 또래와 서로에게 친절했던 특정 사건에 대해 이야기할 시간을 마련한다. 이러한 상황을 반영해주고, 친사회적 행동이 사람들의 기분을 어떻게 만드는지 이야기해보도록 격려한다.

5. 친사회적 행동을 보상한다

아동이 도움을 주고 협동적이고 친절해지려는 시도에 민감하게 반응해야 한다. 이를 당연히 여겨서는 안 되며, 보상을 늦게 해서도 안 된다. 아동이 길을 비켜주거나, 물건 옮기는 것을 도와주거나, 말다툼 없이 놀거나, 생각을 공유하거나, 누군가를 격려하는 행동과 같은 작은 친절도 인정해주어야 한다. 미소를 짓거나 긍정적인 개인적 메시지와 친사회적 귀인을 사용하여 승인과 인정을 보여준다.

6. 집단으로 보상한다

아동들이 함께 일할 수 있는 상황을 생각한다. 예를 들면, 이전에는 각 아동이 자신의 영역이나 물건을 깨끗이 하는 것을 강조하였다면, 더 큰 영역을 아동들이 함께 청소하는 것으로 계획을 변화시킨다. 계획대로 수행하고, 그 후에 협동을 하고 도움을 준 것에 대해 아이들을 칭찬한다.

7. 다양한 친사회적 행동을 보여준다

교사 자신이 아동과 하는 행동, 다른 성인과 하는 행동을 주의 깊게 확인해서 아동이 본받을 수 있는 모델이 되도록 한다. 아동을 위로해주거나 도와주는 것이 쉽긴 하지만, 나누기와 협동하기도 잊어서는 안 된다.

8. 다른 사람들의 친사회적 행동에 반응하는 바람직한 방법을 보여준다

상대가 성인이든 아동이든 상관없이, 그리고 도움을 원하든 아니든 상관없이 긍정적으로 반응하는 것은 친사회적 분위기를 조성한다. 만약 다른 사람의 도움을 원하면, 즐거운 표정으로 "감사합니다"라고 말하고, 스스로 하고 싶거나 다른 사람의 행동이 별 도움이 되지 않더라도, 도움을 준 사람을 그냥 무시해서는 안 된다. 대신에 친절에 감사하면서 스스로 하고 싶은 일이라고 설명하거나, 더 도움이 될 만한 행동을 말한다.

9. 친사회적 행동을 할 때 긍정적인 태도를 보인다

아동은 도움을 주거나 협동하는 것을 즐기는 성인을 모방하는 경향이 있으므로, 친사회적 상황에서 즐거움을 확실히 보여주어야 한다. 웃으면서 "너를 도울 수 있어서 기뻐"와 같이 말한다.

10. 교사나 다른 아동이 모델이 된 친사회적 행동을 지적해준다

아동은 자신이 보았던 친사회적 모델의 친사회적 행동을 설명할 때 이해하기가 더 쉽다. "유진이는 엑스레이 찍는 것이 두렵대. 그래서 선생님이 유진이랑 함께 있으려고 해" 또는 "철수와 영호는 함께 작업대를 사용하기로 했어. 영호가 톱을 사용하는 동안 철수는 망치를 사용할 거야. 그리고 서로 바꾸어 쓸 거래"와 같이 아동 주변 사람들이 하는 친사회적 행동을 말해준다.

11. 아동의 친사회적 자아상을 발달시키기 위해 긍정적 귀인을 사용한다

친사회적 행동과 관련된 구체적인 일을 말해준다. 예를 들면, "민수야, 유진이가 필요한 사전을 높은 곳에서 꺼내주어서 유진이에게 큰 도움이 되었을 거야", "철수야 영호야, 너희가 협동을 잘했어. 그래서 너희 둘 모두 더 쉽게 일을 할 수 있었지", "재민아, 동생의 눈물을 닦아 준 것은 참 친절했어. 네가 동생을 걱정하는 마음이 동생의 기분을 좋아지게 했단다."

친사회적 행동을 증진하기 위해 가르치기와 코칭하기

돕기와 협동하기를 직접적으로 훈련하면, 아동의 친사회적 행동은 증가한다. 이러한 교수는 자연스러운 상황에서 즉석으로 할 수도 있고, 미리 계획된 활동에서 제공할 수도 있다. 이때 교사의 역할은 아동에게 친절함에 대한 기본 사실을 가르치고, 실제 생활에서 어떻게 적용될 수 있는지 보여주고, 기술을 연습할 수 있는 기회를 제공하는 것이다. 각 방법은 공통되는 요소도 있으나, 성공적으로 실시하기 위해서는 알아야 하는 특성도 있다.

NOTE 12-2

협동과 나누기를 발달시키는 활동의 예

- 낙하산, 3인용 시소 등과 같이 협동을 촉진하는 놀잇감을 사용한다.
- 아동이 함께 활동할 수 있는 대형 퍼즐이나 구슬 옮기기(마블메이즈) 놀잇감을 제공한다.
- 개별 아동이 만드는 작품보다 여러 아동이 함께 하는 협동 미술 활동을 제공한다.
- 순서가 돌아가면서 하도록 하는 게임을 한다.
- 아동이 나누어쓰도록 책상 가운데 밀가루 반죽을 놓아둔다.
- 어떻게 하면 블록이나 공간을 함께 사용할 수 있을지 아동과 이야기를 나눈다.
- 아동이 다른 아동이 잘 사용할 수 있도록 퍼즐 조각을 다시 나누거나 색연필을 제자리에 잘 나둘 때 이러한 행동을 칭찬해준다.
- 급식도우미 활동과 같이 일과 중 아동이 협력할 수 있는 활동을 지속적으로 마련한다.
- 나누기, 협력하기 등의 주제를 다루는 이야기책을 읽어준다.

현장에서 즉각적으로 교수하기

친사회적으로 행동하는 데는 인식하기, 의사결정하기, 행동하기의 세 가지 단계가 있다. 즉각적 교수에서 가장 강조하는 것은 어떤 단계에서든 아동이 더 이상 나아갈 수 없을 것 같은 시점을 넘도록 도와주는 것이다.

1. 아동이 친사회적 행동을 하는지 잘 관찰한다

아동을 주의 깊게 관찰한다. 그리고 아동이 다른 사람을 배려하거나, 도와주려고 시도하거나, 잠시라도 도와주는 것을 놓쳐서는 안 된다.

2. 아동에게 도와달라고 직접적으로 요청한다

도움이 필요할 때를 정확히 인식하지 못하는 취학 전 유아에게는 이것이 특히 중요하다. 도움이 필요함을 지적하고, 그들에게 상황적 단서를 인식하고 친절한 행동을 연습해볼 수 있는 기회를 제공해주어야 한다.

3. 누군가가 도움이나 협동을 필요로 할 때 이를 아동에게 인식시킨다

아동이 도움이나 협동이 요구되는 신호를 잘 인식하지 못할 때가 있다. 아동이 쉽게 상황에 맞게 행동할 수 있도록 관련된 정보를 제공해준다. 예를 들어, 철수가 무거운 판을 들고 가는 것을 수정이가 보지 못한 것 같으면, "철수 좀 봐. 너무 힘들어 보인다. 도움이 필요한 것 같아"라고 말한다. 마찬가지로, 축구팀을 짜려고 이름을 부르는데 몇몇 어린이들이 개인적 농담을 하면서 웃고 있으면, 누구의 이름이 불리는지 듣기 어렵다. 그래서 자기 이름을 듣기 위해 긴장하고 있는 아동은 농담을 하고 있는 아이들에게 "입 다물어", "조용히 해"라고 말하면서 주위를 환기하려 할 수 있다. 이러한 언어는 지시당한다거나 도전하는 것으로 잘못 해석되기 쉽다. 이때에는 "재미있는 이야기를 하고 있구나. 다른 친구들이 집중하기가 어렵대. 그 친구들은 너희가 조금만 조용해지면 도움이 될 거라고 하는구나"와 같이 말할 수 있다.

4. 타인에게 도움이나 협동을 요청하는 신호를 가르친다

앞의 예에서, 소란스러운 친구들에게 도움을 청하려고 한 아동은 실패 가능성이 높은 적대적 전략을 사용하였다. 이들에게도 "네가 그 친구들에게 소리를 지르면, 더 소란스러워질 수 있어. 차라리 그 친구들에게 다가가서, 네가 왜 그 친구들이 조용해지기를 원하는지 설명하는 것이 더 좋을 것 같아"와 같이 기본적인 정보를 제공한다. 아동뿐만 아니라 걸음마기 유아나 취학 전 유아도 직접적으로 제안해주는 것에 가장 잘 반응한다. 사용할 수 있는 각본이나 단어를 유아에게 제시해주면 도움이 된다. "이 의자는 혼자 들기에 너무 무겁다고 수정이에게 말해보렴."

5. 사람들이 돕기나 협동을 하도록 결정할 수 있는 상황을 지적해준다

누군가가 도움이나 협동을 필요로 하는 것을 인식하지만, 다음에 무엇을 해야 할지 모르는 아동도 있다. 다음과 같이 말하면서 친사회적인 결정을 하도록 도와줄 수 있다. "미진이는 너의 도움을 필요로 하는 것 같아. 미진이를 도울지 말지는 네가 결정할 수 있어" 또는 "배 선생님은 우리가 이 프로젝트를 모두 함께하길 원해서. 그것을 할지 안 할지 결정해야 해."

6. 협동하지 않기로 결정할 수 있는 가장 적합한 상황에 대해 논의한다

협동을 하지 말아야 할 때도 있다. 이럴 때에는 아동에게 협동을 하지 않기로 결정하는 이유를 구분할 수 있도록 도와주어야 한다. 예를 들면, 훔치거나 커닝하거나 벽에 낙서를 하는 것 같은 행동들은 부적절한 협동이다. 사람들이나 자신이 위험에 처하거나 도덕적 기준에 위반되는 환경에 처할 때는 협동을 해서는 안 된다. 학령기 아동과는 또래의 압력에 대해 토론할 수 있으며, 또래와 관련되어 불편한 상황에서 사용할 수 있는 전략과 각본을 만들어 볼 수 있다.

7. 특정한 상황에서 어떠한 유형의 도움과 협동이 가장 적합한지 결정하도록 도와준다

일단 아동이 도움이나 협동을 원하는 신호를 보이면, 무슨 행동을 해야 할지 결정하는 것을 도와준다. "사람들이 불행해보이면, 그 사람들을 안아 주거나, 기분 좋아지는 말을 해주면 도움이 된다" 또는 "어려운 일을 해내어서 만족감을 느낄 때, 다른 사람이 대신하게 되면 즐거움을 망치게 된다"와 같은 정보를 제공한다.

8. 도와주는 행동의 시범을 보인다.

교사는 도움이 필요한 급우의 휠체어를 어떻게 푸는지를 보여준다. 한 사람이 인형 옷을 입힐 때 다른 사람은 인형을 잡아 줄 수 있다는 것을 아동에게 설명할 수 있고, 두 사람이 함께 컴퓨터 게임을 하는 것을 보여주는 것들은 이러한 논의를 더 구체적으로 보여준다. 직접적이고, 신체적 도움 없이 다른 사람의 노력을 지지할 수 있는 방법을 논의해본다.

확신하는 미소, 엄지손가락을 드는 신호, 곁에서 응원하는 것이 중요함을 지적해준다. 이러한 방법들은 편안함과 격려를 제공해준다. "도움을 원하니?", "어떻게 도와줄까?", "필요한 것이 있니?", "무엇을 하고 싶니?"와 같은 질문을 가르친다. 이것은 주어진 상황에서 다른 사람이 어떤 행동이 도움이 되고 협동적이라고 생각하는지에 대한 정보를 제공해준다.

9. 공유하는 방법을 가르친다

아동에게 공유하는 방법을 가르치는 것은 그것을 하도록 말하는 것과는 다르다. 차례 지키기, 사물·장소를 같이 사용하기, 자료·구역 나누기, 사물·장소의 대체물 찾기, 화해하기 등과 같이 자료와 권리를 나누는 여러 다양한 방법을 아동에게 알리기 위해 계획된 활동과 즉각적 교수를 해야 한다.

또 다른 방법은 차례를 기다리는 아동에게 "네 차례가 끝났는지 내가 어떻게 알 수 있을까?"라고 물어보도록 가르치는 것이다. 이것은 물건을 소유하고 있는 아동은 다 끝마쳤다는 신호를 하고 기다리는 아동에게 그 물건을 주어야 한다는 것을 의미한다. 더 큰 아동에게는 "그래. 그런데 다음은 내 차례야"라고 말하는 것을 가르쳐준다. 물건을 소유하는 순서를 정하는 것은 그 상황에서 통제하려는 욕구를 만족시킨다.

마지막으로, 아동들이 나누기를 기대할 수 있는 합법적인 예(예: 학급의 물건 사용하기)를 인식하고, 나누기가 기대될 수 없는 때(예: 다른 사람의 개인 소유물을 사용하기)를 인식하도록 도와준다.

아동에게 나누기를 가르칠 수 있는 전략

- 나누기가 어떤 것인지 보여준다.
- 아동이 선택할 수 있는 다양한 대안을 제공한다.
- 교실에서 있을 수 있는 나누기의 예를 지적한다.
- 나누는 방법을 다루고 있는 이야기를 읽어준다.
- 자기가 하던 것을 끝까지 하고 싶다고 표현하는 것과 무언가를 요구할 때 사용할 수 있는 각본의 예를 아동에게 제공해준다.
- "다음에는 내 차례야. 그러고 나서 민지 차례야"와 같이 물건을 사용하는 순서를 협상하도록 도와준다.

10. 아동의 조망수용 기술을 증가시키도록 노력한다

도움이나 협동이 요구되거나 친절한 행동이 요구되는 때를 알기 위해서 아동은 다른 사람의 위치에서 볼 수 있어야 한다. 4~5세의 어린 유아도 이러한 기술을 배울 수 있고, 이러한 기술은 모든 연령의 사람들에게 도움을 준다. "그런 일이 일어났는지 어떻게 알았니?", "어떻게 그렇게 할 생각을 했니?", "진우가 도움이 필요한지 어떻게 알았니?"와 같은 개방형 질문을 사용하여 아동이 친사회적 행동을 의식적으로 이해하도록 도와준다. "만약 ~라면 어떤 일이 일어날까?", "다음에 무슨 일이 일어날까?", "네가 ~을 한다면, 은서의 기분이 어떻게 될까?"와 같은 질문을 통해서 아동의 연속적인 사고를 증진시킨다. "민수는 스스로 그 일을 마치려고 해. 네가 민수를 돕기 위해 무엇을 할 수 있을까?", "도울 수 있는 다른 방법으로 무엇이 있을까?"와 같은 말로 아동의 대안적인 사고를 증진시킨다.

11. 도구적 수단을 증진시킬 수 있는 기회를 제공한다

교사는 아동에게 다음의 방법을 가르쳐야 한다.

- 아동이 감정을 말로 표현하여 자신의 정서와 다른 사람들의 정서 표현을 이해할 수 있도록 도와준다.
- 아동이 교실에서 결정할 수 있는 형식적, 비형식적 기회를 많이 제공한다. 이것은 아동에게 문제에 대한 대안을 생각해내고, 긍정적 해결을 할 수 있는 능력에 대한 자신감을 발달시키는 연습을 해보게 한다.
- 아동이 유용한 기술을 배울 수 있는 기회를 제공해준다. 예를 들어 교실에서 자료를 분류, 조직하고, 다른 사람이 물건을 옮길 때 문을 잡아주고, 실제 도구를 이용하여 고장 난 장난감을 고치는 것 등이 유용한 기술을 학습할 수 있는 기회가 될 수 있다.

12. 아동이 한 행동의 결과를 함께 평가한다

아이들은 어떤 사건에서 자신이 한 행동을 회고하면서 많은 것을 배울 수 있다. "상자에서 뛰어 내리는 것이 문제를 해결했니?", "네가 시은이에게 얘기한 후에 시은이 기분이 좋아졌니?", "네가 민수 혼자 끝마치도록 놔두었다면 어떤 일이 일어났을까?", "네가 한 일에 대해 정수가 고마워할 때 뭐라고 말해줄 수 있을까?", "너 혼자로 충분했니? 아니면 그 일을 할 사람이 더 필요했니?", "철수가 필요로 하는 모든 정보들을 네가 줄 수 있겠니?", "현미경을 5분씩 차례대로 이용하는 것에 대해 어떻게 생각하니?"

아동이 스스로 할 수 없다면, 정보를 제공하거나, 다른 사람으로부터 정보를 수집할 수 있도록 도와주어야 한다. 이러한 평가는 아동과의 개별 대화를 통해서 할 수도 있고, 집단에 대한 평가로도 할 수 있다. 아동의 친사회적인 시도가 얼마나 성공했는지와 상관없이 시도한 것 자체를 칭찬하여야 한다.

13. 아동이 다른 사람의 친절을 수용할 수 있도록 격려한다

때로 아동은 다른 아동의 친사회적인 시도를 잘못 해석하거나, 알아채지 못할 때가 있다. 예를 들어, 지연이는 원희가 자기를 도와주기 위해서 일을 인계받아서 한다는 것을 이해하지 못할 수도 있다. 이러한 상황에서는 어떤 일이 실제로 일어나고 있는지를 지적해주어야 한다.

독립적이거나, 도움, 위로, 동정을 적극적으로 거부하는 아동도 있다. 이러한 아동은 잘 협동하지 않고, 타인에게도 협동을 기대하지 않는다. 즉, 아무것도 기대하지 않고, 줄 것도 없다는 생각이다. 실제로 이들은 거부를 두려워하거나 누군가에게 기회를 주는 것을 두려워하는 아동이다. 이들은 주변 사람들에게 친절한 행동을 하기 전에 친절을 경험할 필요가 있다. 교사가 먼저 다른 아동에게 하는 것과 똑같이 이들에게 도움을 제공하고, 친절을 베풀고, 격려한다. 다른 사람이 하는 친사회적 행동을 잘 수용하도록 하는 것이 아동을 돕는 첫 단계이다.

14. 친절한 행동이 좌절되었을 때 아동을 지지해준다

도움을 제공하려고 했는데 거절되고, 도움이 될 것이라 여겼던 행동이 도움이 되지 않는 것으로 판명될 때, 아동은 자신의 노력이 허사가 되었다고 생각한다. 이럴 때 아동의 실망감과 좌절감을 인정해주고, 그 상황을 논의한다. 할 수 있다면, 결과를 이해하는 데 도움이 될 정보를 제공해준다. 왜 아동이 실패했는지 모르는 경우에는, 아동을 지지하고 공감해주어야 한다.

> 진수와 호영이는 조립 장난감을 가지고 놀고 있다. 호영이는 진수가 만들고 싶어 하는 복잡한 것을 만들고 있다.
> 진수: 나도 네 것 같은 것 만들어 줘.
> 호영: 글쎄, 내가 만들면, 내 거지.
> 진수: 그런데 나도 갖고 싶어. 나도 만들어 줘.
> 호영: 내 거라니까!
> 진수: 난 조각을 맞출 수 없단 말이야.

이렇게 진수가 호영이의 도움을 받는 것에 실패할 때, 교사의 중재가 필요하다.

> 교사: 호영아, 진수가 너한테 도움을 청하는 거야. 때로 사람들은 서로를 도와서, 누군가를 위
>   해서 일을 하지. 너는 진수에게 차를 만들어주면, 그 차는 너의 것이 되어야 한다고 생각
>   하는 것 같은데? 사람들을 도와주는 또 다른 방법은 어떻게 하는지 방법을 보여주는 거
>   야. 그러면, 진수는 네 도움으로 차를 만들 수 있을 거야. 어떻게 생각해?
>
> 호영: 알았어요.
>
> 진수: 좋아.

이렇게 호영이는 차를 어떻게 만드는 지를 진수에게 보여주었다. 일단 이러한 식으로 진행되면, 교사는 아동의 협동 행동과 친구를 도와주는 호영이의 자발성을 짧게 언급해준다. 이 상황에서 교사는 아동이 다른 아동의 신호를 인식하게 하고, 가능한 행동의 정보를 제공하였다. 그리고 교사는 친사회적 행동을 보여준 아동에게 보상을 하였다. 그리고 이 날 이후에 교사는 이에 대해서 호영이와 진수와 비형식적으로 이야기를 할 수 있으며, 계획된 활동을 통해 친사회적 행동을 가르칠 수도 있다.

친사회적 활동 계획하기

교사는 미리 준비한 수업으로, 아동에게 개별적 형식으로 혹은 집단으로 계획된 활동을 할 수 있다. 이는 정교한 활동일 필요는 없지만 잘 준비되어야 하고, 아동의 흥미와 요구에 민감해야 한다. 이러한 계획을 잘 수행하기 위한 방법은 다음과 같다.

1. 가르치고자 하는 친사회적 기술을 결정한다

이 장에서 기술된 기술 중 하나를 선택한다. 예를 들면, 타인이 도움이 필요하다는 것을 인식하기, 도움을 결정하기, 실제로 돕기 행동을 하는 것이다.

2. 선택한 친사회적 기술을 제시할 수 있는 다양한 방법을 생각한다

토의와 활동 참여가 포함된 학습이 가장 효과적이다. 활동 참여는 단순히 듣기보다는 아동이 소품을 사용하거나, 움직이거나 이야기를 하도록 하여 아동이 신체적으로 참여하게 한다. 다음은 성공적인 활동의 예이다.

- 친사회성 주제에 대한 읽기와 이야기 나누기를 한다.
- 인형을 사용한 연극을 통해 친사회적 상황을 꾸며본다.
- 교실에서 발생한 친사회적 사건에 대해 토론한다.
- 친사회적 에피소드로 역할놀이를 한다. 예를 들면 도움이나 협동을 요청하는 방법, 도움이나 협동이 필요한지 결정하는 방법, 어떤 행동이 가장 도움을 주거나 협동적인지 결정하기, 필요하지 않은 도움을 거절하는 방법 등이 있다.
- 잡지, 책, 포스터의 장면을 토론한다. 누가 도움을 받았는지, 누가 도움을 주었는지, 어떻게 도움을

주었는지, 협동적인 행동과 비협동적인 행동을 지적하는 것이 토론에 포함될 수 있다.

- 걸음마기 영아와는 원을 그리며 노래하다 멈추는 놀이 같은 협동적 게임을 할 수 있고, 좀 더 큰 아동과는 개인끼리 경쟁하기보다는 팀으로 물건을 찾는 놀이 같은 협동적 게임을 할 수 있다.
- 빙고와 같은 전통적인 경쟁 게임을 협동적 집단 게임으로 전환시킨다. 이 게임의 목적은 카드를 제일 먼저 완성하기 위해 경쟁하는 것보다는 수와 그림을 맞추기 위해 서로 돕는 것이다. 한 집단의 카드가 완성되면, 다른 집단의 아동을 도울 수 있다. 시중에 있는 게임 책들을 참고하여 협동적 노력을 강조한 활동을 찾아본다.
- 졸업 기념 앨범, 벽그림과 같이 모든 사람이 기여할 수 있는 집단 프로젝트를 구성한다.

3. 계획이 잘 진행될 수 있도록 활동 아이디어 중 하나를 선택한다

어떤 소품을 사용할 수 있는지, 시간은 얼마나 걸릴지, 물리적 환경, 한 번의 활동에 참여할 아동의 수 등에 대해 현실적 평가를 해야 한다. 예를 들면, 시간이 10분밖에 없다면, 읽기에 20분이 걸리는 이야기를 선택해서는 안 된다. 활동은 집중력을 필요로 하므로, 소란스러운 대기실 밖에 장소가 없거나 아동이 배고프거나 다른 일로 정신이 없을 때는 활동을 계획하는 것이 적절하지 않다.

4. 도입부터 마무리에 이르는 친사회적 행동 증진 교육 활동 계획만을 세운다

이러한 계획을 나중에 참고하기 위해 기록하고, 더 생각해본다. 활동 소개 방법, 교수 방법, 자료 사용법, 아동에게 자료를 제시하는 방법, 활동 전개 순서, 마무리 방법 등을 포함한다. 아이들이 지시를 따를 수 없거나 흥미를 보이지 않을 때 무엇을 말하고 어떻게 할지 생각해 본다. 활동 계획의 예는 다음의 표에 제시하였다.

표 12-3 **친사회적 행동을 증진시키기 위한 활동의 예**

구 분	내 용
활동명	점토 나누기
목 표	아동이 나누기를 하도록 도와주기
자 료	900g의 점토, 5개의 의자(1개: 교사, 4개: 아동)와 테이블, 1개의 플라스틱 칼, 1개의 가위, 30cm 철사
절 차	1. 점토를 탁자 가운데에 놓는다. 2. 점토를 한 손에 쥐고, 다음과 같이 말한다. "선생님이 점토를 하나 가지고 있어. 그런데 이것을 사용하고 싶은 사람은 4명이야. 어떻게 하면 우리 모두가 사용할 수 있는지 이야기해 보자" 3. 아동의 생각을 듣는다(모든 아동의 제안을 듣는다). 4. 각 아동의 생각을 집단에게 설명하면서, 각 아동의 생각을 분명히 한다. 그러고는 다음과 같이 말한다. "너희들은 이 생각에 어떻게 생각하니?" 5. 이 과정에서 교사는 중립적이어야 한다. 내용과 관계없이, 어떤 아동의 생각을 인정하지 않는다는 것을 보여서는 안 된다. 6. 필요하다면, 점토를 갖고 노는 첫 번째 단계는 어떻게 해야 할지 결정하는 것임을 상기시킨다. 7. 만약 아동이 갈피를 잡지 못하면, 적절한 돕기 행동과 원리를 반복한다. 8. 해결책이 나오면, 요약한다.

| 절차 | 9. 아동을 칭찬한다. |
| | 10. 아동이 동의한 해결 방법으로 수행한다. |

5. 필요한 자료를 준비한다

필요한 경우 부가적으로 재료들을 만들어야 한다.

6. 계획을 실행한다

언어적, 비언어적 의사소통, 반영하기, 질문하기, 놀이하기, 시연을 도와주는 동극하기 등 이전 장에서 배운 기술들을 활용한다.

7. 친사회적 행동의 장·단기적 결과 측면에서 활동을 평가한다

전형적인 평가 질문은 다음과 같다. 참여한 아동은 누구였나? 활동 중에 아동은 무슨 말을 하고 어떤 행동을 하였는가? 아동이 어떻게 흥미를 보였고, 흥미가 없어 했나? 활동을 한 그날에 아동이 대화나 놀이 중에 활동에 관한 것이나 활동에 포함된 친사회적 기술에 대해 언급하였는가? 시간이 흐른 후에, 아동이 활동 중 강조된 친사회적 행동을 자발적으로 보이는가?

8. 다른 기회에 같은 친사회적 활동을 반복하거나 변형하여 해본다

아동들은 반복을 통해 친사회적 개념을 배운다. 그래서 특정한 기술을 한두 번 제시한 후에 아동이 즉시 행동의 변화를 보이거나 일상적 상호작용에서 친사회적 기술을 적용할 것을 기대하면 안 된다.

가족과 의사소통하기

아동의 친사회적 행동은 가정에서 가족 구성원에 의해 격려되어야 한다. 다음은 아동의 생활 속에서 친사회적 행동을 증진시키기 위해 부모를 도울 수 있는 방법들이다.

1. 부모에게 협동하기에 대한 기관의 철학을 전한다

경쟁 활동보다는 협동 활동이, 개별 작업보다는 집단 프로젝트에서 모든 아이들이 중요한 역할을 한다는 메시지를 아동들에게 전달해주어서 교실의 분위기를 부드럽게 한다. 이러한 것들이 공동체에서의 협동과 도움의 정신을 증진하는 방법이다. 이렇게 긍정적이고 성장을 조장하는 행동을 증가시키기 위해서 긍정적인 개인적 메시지를 사용해야 한다. 가정통신문에 친사회적 행동이 무엇인지와 학급에서 어떻게 친사회적 행동을 격려하는지를 기술하여 가정에 보내고, 이를 통해 교실과 교사의 철학을 부모에게 전달한다.

2. 교실에서 도움을 줄 부모를 초대한다

학기 초에 '가족 흥미 조사'를 해서, 부모가 관심을 갖는 일에 대한 정보를 수집한다. 예를 들면, 장난감 수리하기, 바느질하기, 현장 학습에 동반하기, 안내문 디자인하기, 이야기해주기 등이 있다. 여러 가지 가족의 기여 활동 중 아동에게 친숙하지 않을 수 있는 문화적 유산을 대표하는 활동을 제공해줄 수도 있다. 부모는 글이나 문서로 활동에 대해 정보를 주는 것이 익숙하지 않을 수 있으므로, 비형식적인 시간에 부모와 대화를 하면서 이에 관한 정보를 얻고, 참여를 격려할 수 있다.

폭넓은 참여를 격려하여 다양한 전문가가 참여할 기회를 제공한다. 뒤에서 도와주는 것에 편안해하는 부모도 있고, 아동을 직접적으로 대하는 것을 선호하는 부모도 있다. 아동에게 가족 구성원이 제공한 도움을 알려주고, 편지나 말로 감사를 표현하도록 한다. 아동은 가족에게 감사의 편지를 보낸다.

3. 아동의 생활에서 경쟁과 협동의 역할에 대한 부모의 질문에 대답한다

어떤 부모들은 아동이 성공하기 위해서는 경쟁심을 가져야 하는 게 아니냐는 우려를 표명할 수 있다. 이러한 주제를 학부모와 계속 논의하고, 가정통신문의 일부로 소개한다. 부모들이 견해를 표명하고, 생각하는 바를 이야기하도록 격려해야 한다. '최선을 다하다'와 '대항하여 이기다'와의 차이점과 아동의 성취는 여러 방법으로 측정될 수 있음을 지적해준다. 지난번보다 이번에 얼마만큼 좋아졌는지에 대해 다양한 방법으로 측정한 결과를 보여준다. 특정 목표를 달성하는 아동 개인의 정서를 나타내는 목록을 작성한다. 아동이 경쟁이나 비교 과정에서 겪게 되는 실망이나 고통을 지원해주는 방법을 부모가 알도록 돕는다. 교사는 부모가 실패에 대한 아동의 지각을 부정하지 않고 정서적 반응을 사용하는 방법을 알고, 아동이 지속해서 정서를 드러내도록 격려하는 방법을 알도록 하여 자녀의 정서를 더 잘 이해하도록 도와주어야 한다. 그리고 아동의 연령에 따라 성공이나 실패를 측정할 수 있도록 발달적 규준을 제공해준다. 어떤 아동은 경쟁적 진술이나 도전이 제시될 때 부모가 원하는 대로 동기화되지만, 한편으로 아동 간 충돌이 많아진다는 사실을 부모에게 말해준다.

4. 아동이 가정에서 도움을 줄 수 있는 방법을 부모와 같이 생각해본다

자신의 이불 정리하기, 식탁의 그릇 치우기, 식사 계획하기, 간단한 식사 준비와 같은 일들은 가정에서 아동이 할 수 있는 일들이다. 이러한 일에 대한 책임감은 아동 자신이 가족에 기여한다는 생각을 갖게 하며, 유능감과 가치에 대한 자아 지각을 증가시킨다.

아동이 가정에서 부모를 도와줄 수 있는 방법에 대해 부모가 자녀와 함께 토의하는 기회를 갖도록 격려한다. 아동이 할 수 있는 일의 목록을 가족이 함께 만들고, 아동이 목록 중에서 자신이 할 일을 고르는 것과 같은 방법을 가르쳐준다. 때때로 아동은 같은 일을 반복하기를 좋아하지만, 일을 번갈아 바꾸어서 하고자 할 때도 있다. 가족이 이러한 것을 결정하도록 하고, 같은 전략이 모든 아동에게 적용되어야만 하는 것은 아님을 알려준다. 즉, 어떤 아동은 가정에서 같은 일을 계속 책임지고 있지만, 다른 아동은 맡은 일을 바꿀 수도 있다. 눈에 확연히 보이는 것을 이용하여 아동이 책임을 다한 것을 모든 사람들이 알 수 있도록 하라고 조언해준다.

자녀 간에 경쟁심을 유발시키지 않도록 부모를 조심시킨다. 부정적 비교는 참여를 격려하기보다는 떨어뜨린다. 대신에 협동하였을 때 더 효과적으로 처리할 수 있는 일이 있음을 이야기해준다. 또한 오해를 피하기 위해서 어떤 것이 다 완수한 것인지에 대한 기준을 만들어야 한다. 예를 들면, 8세인 민수는 저녁식사 후에 부엌을 청소하였다. 민수의 아버지는 민수가 빗자루와 쓰레받기를 벽장에 넣지 않왔다고 화를 내었다. 서로 이야기를 하고 나서야 민수와 민수 아버지는 서로의 생각이 일치하지 않았다는 것을 알았다. 민수 아버지는 청소 도구를 치우는 것도 민수의 책임이라 생각하였고, 민수는 그것을 책임으로 여기지 않았다. 결국 이 가족은 민수의 책임을 바닥을 청소하고 청소 도구를 치우는 것으로 바꾸었다.

또한 부모에게 아동의 일을 당연한 것으로 여기지 않는 것이 중요하다는 사실을 설명해준다. 아동은 자신이 도와주는 것을 타인이 인식하고, 자신이 가족에게 긍정적 영향을 준다고 여겨질 때 계속하여서 노력을 기울이게 된다.

피해야 할 함정

◆ 친사회적 행동을 하려는 아동의 노력을 인정하지 않는 것

도와주기와 협동하기를 방금 배운 아동은 이를 실천하는 것에 서투르거나, 친절하지 않은 방식으로 행동을 할 수도 있다. 이럴 때, 부모나 교사는 아동이 일부러 비협조적이거나 도움을 주지 않는다고 잘못 생각할 수 있다. 잠재적으로 해로운 행동에 대해서는 제한을 하는 것이 적절하지만, 아동의 좋은 의도를 지지해주고, 수행을 향상시키는 방법을 알려주어야 한다. 이것은 아동의 행동을 교정하기 전에 아동이 하려고 노력한 행동에 대해서 명확히 해줄 필요가 있음을 의미한다. 아동이 아크릴 물감에 물을 붓거나 치약으로 창문을 문지르고 있다고 해서, 자동적으로 아동의 동기가 자료를 망치거나 반항하는 것이라고 간주해서는 안 된다. 대신, "무엇을 하려고 했니?", "어떻게 하려고 한 거야?", "왜 그렇게 했니?"와 같이 물어본다. 만약 아동의 동기가 도움을 주려는 것이었다면 노력을 인정해주고, 그들이 한 행동이 도움이 되지 않는 이유와 대신에 할 수 있는 행동을 설명해준다. 이때 적절한 목소리 톤으로 물어보아야 하며, 비난하는 말투여서는 안 된다.

아동이 부적절한 방법으로 돕기, 협동하기, 위로하기, 구조하기를 시도할 때에도 이러한 방법을 사용할 수 있다. 아동이 도우려고 했다는 사실을 뒤늦게 알게 되었을 경우에는 아동에게 가서 노력한 것을 이제 알게 되었다고 설명하고, 왜 행동을 고쳐야 하는지, 대신 어떻게 할 수 있는지에 대해 알려준다.

◆ 경쟁이나 부정적인 비교로 아동이 친사회적 모델의 행동에 대해 관심을 갖도록 하는 것

아동은 모델이 자신에게 한 행동을 더 모방한다. 그러나 교사는 모델의 행동과 아동의 행동을 비교하기 위해 이러한 상황을 이용해서는 안 된다. 예를 들면, "수민이를 봐, 얼마나 예의 바르니. 너도 수민이처럼 되는 것이 어때?"와 같은 말은 아동을 방어적으로 만들고, 모델을 모방하지 않게 만든다. 더 좋은 방법은 다음과 같이 말하는 것이다. "수민이가 실수로 유진이를 밀어서 '미안해'라고 말했어. 수민이가 그렇게 말한 것은 예의 바른 거야." 첫 번째 예는 아동에게 창피함을 주는 평가적인 말이고, 두 번째 예는 비판단적인 방법으로 사실적 정보를 제공하는 것이다.

■ 진심이 아닌 친사회적 행동을 하도록 강요하는 것

아동이 진정으로 느끼지 않았는데도 친절을 표현하라고 가르치는 경우가 종종 있다. 예를 들어, 아동에게 미안하지 않아도 '미안하다'라는 말을 하라고 강요하는 경우이다. 아동은 사과하는 것이 진정한 미안함의 표현이기보다는 상황에서 가장 빨리 벗어날 수 있는 방법이라는 것을 배우게 된다. 마찬가지로, 다른 사람에게 잘 보이려고 거짓 칭찬을 늘어놓는 아동은 위선이 받아들여진다고 배우게 된다.

이러한 바람직하지 않은 결과를 피하기 위해서 부모나 교사는 아동이 진정한 친절에 필요한 공감을 발달시키도록 도와주면서, 밖으로만 드러나는 허식적인 친절을 하지 않도록 조심하여야 한다. 예를 들면, "네가 라켓으로 연습할 때, 재민이의 발을 쳤어. 재민이가 많이 아플 거야", "네가 나에게 수진이의 거북이가 예쁘다고 했지. 네가 수진이에게 그 이야기를 해주면 좋아할 거야"처럼 공감적 감정을 유발시킬 수 있는 정보를 아동에게 제공해주는 것이 좋다.

■ 아동이 모든 것을 항상 나누도록 하는 것

나누기는 아동이 배워야 하는 중요한 대인 간 기술이다. 그러나 나누기의 미덕을 너무 강조하여, 무조건 나누라고 하거나 다른 아이가 원하니까 쓰고 있는 물건을 포기하라고 하기도 한다. 예를 들면, 유진이는 '가게'에서 가방에 음식을 분류하며 담는 놀이를 하고 있어, 상자, 캔, 과일을 담기 위한 세 개의 가방이 필요하였다. 수정이가 다가와서 자신도 가방이 필요하니까 하나 달라고 하였다. 유진이가 줄 수 없다고 하자, 교사가 와서 과일이 든 가방에서 과일을 쏟고, 그 가방을 수정이에게 주었다.

유진이는 놀이를 마칠 때까지 가방을 사용할 권리가 있었고 놀이가 끝났으면 더 쉽게 자발적으로 나누기를 했을 것이다. 이보다는 다음과 같은 방법이 더 바람직하다. "유진아, 네가 가방놀이를 그만두면 수정이가 가방을 사용하고 싶대. 네가 가방을 줄 준비가 되면 수정이에게 얘기해 줘." 아동이 나누기를 하도록 교사가 임의로 차례 지키기를 규제할 때, 이러한 문제가 발생한다. 예를 들면, 아동이 세발자전거에 타자마자, 교사는 "마당을 한 번 돌고 나면, 다른 친구가 탈 수 있게 내려야 해"라고 한다. 이러한 방법은 아동 간의 갈등을 피할 수 있고 공평하다는 점에서는 유용하지만 대부분의 아동은 만족감을 느끼지 못하여, 계속 교사가 조정해주어야 한다.

그보다는 아동이 자료를 마음껏 사용할 수 있게 해주고 가능하다면 충분한 자료를 제공하여서 아직 놀이를 끝내지 않은 상태에서 자료를 포기해야 하는 경우가 없도록 해야 한다. 이것이 가능하지 않다면, 다른 친구가 차례를 기다리고 있다는 것을 알려주어 공감을 느끼게 한다. 아동이 사용하고 있던 것을 다른 친구를 위해 포기하면, 칭찬해주고 이러한 행동이 차례를 기다리고 있던 친구를 얼마나 기쁘게 하였는지 말해준다.

SUMMARY

친사회적으로 행동하는 아동은 만족감과 유능감이 발달하고 성공적인 만남을 하게 되며, 타인으로부터 도움과 협동을 받게 된다. 또한 타인의 도움과 협동을 요청받을 때도 긍정적으로 반응하게 된다. 친사회적 행동을 강조하는 집단은 친사회적 행동이 무시되는 집단보다 더 친하고 생산적이다.

친사회적으로 행동하기 위해서는 아동은 먼저 친사회적 행동이 이로울 수 있는 상황을 인식하고, 어떻게 행동해야 할지 결정하고 결정한 대로 행동에 옮겨야 한다. 친사회적으로 행동하려는 의도와 어떤 행동이 최선인지 아는 것은 동시에 학습되지 않는다.

아동이 커 가면서 경험이 쌓이면 타인의 요구에 맞게 친사회적 행동을 하는 것에 더 능숙해진다. 타인 조망수용을 할 수 있는 능력 또한 친사회적 행동에 영향을 미친다. 조망수용을 잘하는 아동은 일반적으로 친사회적으로 행동하며, 이러한 경향은 연령이 높아질수록 더 강해진다. 성, 연령, 가족, 또래, 학교와 문화는 아동의 친사회적 행동에 영향을 미친다. 특정한 사회적 속성이 아동의 친사회적 행동을 조장하거나 방해한다. 문화마다 친사회적 행동 및 반사회적 행동에 대해 강조하는 것이 다르다.

아동의 도움주기와 협동에 가장 영향을 미치는 것은 성인과 아동 간의 온정적인 관계, 성인이 사용하는 훈육 방법, 성인의 행동, 보상받는 아동의 행동, 아동이 배우는 친사회적 가치와 기술이다. 친사회적 행동에 도움이 되는 분위기, 즉각적 교수, 계획된 활동을 통해서 아동에게 친절을 가르칠 수 있다. 교사와 가족 간의 동반자적 관계는 친사회적 행동에 대한 아동의 의도와 기술을 향상시킨다.

교사도 아동의 친사회적 행동에 대해 실수할 수도 있다. 도와주고자 하는 아동의 친사회적 의도를 인식하지 못하거나 아동이 모든 것을 항상 나누어야 한다고 생각하는 것이 흔히 빠지기 쉬운 함정이다. 이러한 어려움은 연습과 자기-반영을 통해 피할 수 있다.

CHAPTER 13

교사의
윤리적 판단과
결정

교사의 윤리적 판단과 결정

- 윤리적 판단을 설명하고 윤리적 판단에 영향을 주는 요인을 살펴본다.
- 윤리적 판단과 관련된 원칙을 살펴본다.
- 아동이 보이는 극단적 행동에 대한 윤리적 판단을 이해한다.
- 아동 학대 및 방임과 관련된 윤리적 행동 강령을 안다.
- 가족과 관련된 윤리적 판단을 살펴본다.
- 윤리적 판단을 위한 기술을 살펴본다.
- 윤리적 판단을 하는 데 피해야 할 함정들을 인식한다.

병원 놀이실에서 교사는 놀이가 끝난 뒤 자신이 사용했던 놀잇감들을 모두 처음 있던 자리에 정리하라고 아이들에게 말했다. 모든 아이들이 정리를 하였고, 몇 분 뒤 아이들은 다 정리했다고 말하였다. 교사가 놀이실을 둘러보니, 책상은 깨끗하게 모두 치워져 있었지만, 선반은 아직 지저분했고 사인펜 뚜껑이 닫혀 있지 않았다. 교사는 아이들의 밝게 웃는 얼굴을 쳐다보면서 '더 치우게 해야 하는지, 아니면 이렇게 정리된 상태를 받아들여야 할지' 고민하고 있다.

운동장에 있던 민호는 게임기를 떨어뜨려 망가진 것을 보고는, "제기랄!" 하고 말한다. 안 좋은 말을 사용한 것을 민호는 알지 못하는 것 같다. 민호가 한 말을 듣고 있던 박 선생님은 민호에게 그런 말을 사용하면 안 된다고 가르쳐 줄지, 운동장에서 놀이를 하지 못하게 할지, 아니면 이러한 상황을 모른 척 할지 고민하고 있다.

상호가 심하게 멍이 들어 유치원에 온 것이 벌써 이번 달에 두 번째다. 무슨 일이 있었는지 물어보면 상호는 계단에서 떨어졌다고 말한다. 원장선생님은 이것이 진짜 사고 때문인지, 아니면 학대를 받고 있는 것은 아닌지 고민하고 있다.

1. 교사의 윤리적 판단과 윤리적 판단에 영향을 주는 요인

교사는 매일 이러한 일들에 대해 민감하고 올바른 의사결정과 윤리적 판단을 해야 한다. 일상생활의 행동에 대한 지침을 주고 딜레마를 해결하는 데 도움을 주는 기초적인 원칙인 윤리는 전문가, 지역사회, 동료교사, 가족, 그리고 또래로부터 공유된 생각들과 우리 자신이 발전시켜온 가치, 도덕 그리고 선행의 결과이다(Miller, 2013).

일반적으로 일상에서 결정을 내려야 하는 것들은 여러 가지 대안 중에서 단순하게 선택하면 되는 반면, 윤리적인 판단은 갈등이 되는 가치들을 분류하고 우선순위를 매기는 과정이 필요하다. 교사가 직면하는 상황 중 어떤 것은 즉각적인 의사결정을 내려야 하지만, 숙고해 볼 시간적인 여유가 있는 것도 있다. 어떤 것은 최대한 개입해야 하지만, 어떤 것은 조금만 개입하거나 개입할 필요가 없다. 이러한 선택이 다른 사람들에게 영향을 줄 때, 옳고 그른 것, 정직, 정의, 친절에 대한 우리의 믿음에 따라 결정을 내리게 된다. 이것이 윤리적 판단의 핵심이다.

가장 최선의 윤리적 판단은 의식적으로 결정을 내리는 것이며, 결정을 내리는 절차가 동일해야 한다는 것이다. 표 13-1에는 깔끔하게 정리하지 못하는 아동에게 칭찬을 하기 위해 교사가 의사결정을 하는 과정을 제시하였다.

표 13-1 **윤리적 판단을 하는 단계**

절차	의사결정의 과정
상황에 대해 평가하기	병원 놀이실에서 교사는 결정을 내리기 전에 먼저 상황을 파악해야 한다. 즉, 아동에게 놀이실이 익숙하지 않다는 것, 병원이라는 환경이 아동에게 주는 불안감, 놀이실을 깨끗이 정리하라는 병원장의 요구, 치워지지 않은 것들이 어느 정도 중요한지, 아동이 보이는 자랑스러움, 내일까지는 아무도 놀이실을 사용하지 않는다는 정보, 그리고 함께 치웠다는 것에 대한 아동의 기쁨 등을 고려하여야 한다.
상황에 반응하는 여러 방법을 분석하기	그 다음 교사는 여러 가지 반응을 생각했을 것이다. 아무런 언급 없이 아동이 한 일을 받아들이는 것, 다시 치우라고 하는 것, 더 열심히 치운 아동을 칭찬하거나 그렇지 못한 아동을 야단치는 것, 충분하게 치우지 못했다고 모든 아동을 꾸중하는 것, 협동하여 함께 치우는 것을 칭찬하는 것 등이 여기에 포함된다. 장난감을 다시 정리하도록 하는 것을 이 아동이 타당하다고 느낄지, 아니면 야단맞았다고 생각할지 고려해 보았다. 또한 교사는 자신이 아동을 잘 모르고, 이들이 야단맞는 것에 대해 어떻게 반응할지도 알 수 없다는 사실도 고려하였다. 한편으로는 아동의 노력을 칭찬한다면 어떤 아동은 자신이 열심히 치우지 않았다는 것을 알기 때문에 그 칭찬을 거짓으로 받아들일 수도 있다는 점도 생각해 보았다.
한 가지 방법 또는 여러 방법의 조합을 선택하고 실행하기	교사는 아동이 협동해서 치운 것에 대해서 칭찬하기로 결정했다.
결과 평가하기	병원 놀이실의 교사는 아동이 병원 환경에서 편안함을 느껴야 한다는 전반적인 목적을 가장 잘 지원하는 반응을 하기로 결정하였기 때문에 본인의 결정에 만족했다.

윤리적 판단을 한다는 것은 매 순간 위험이 있을 수 있고 어떤 것도 보장할 수 없다. 과정이 불확실하기는 하지만, 임의적이라기보다 의식적으로 판단을 하면 더 나은 선택을 할 수 있다. 각 판단 단계를 거치면서 교사의 행동은 점차 자신의 목적에 맞게 된다. 또한 선택을 해서 나타난 실제 결과의 평가는 다른 상황에서 판단을 내릴 때 자료로 사용할 수 있는 정보를 제공한다.

윤리적 판단은 상황과 그것을 결정하는 사람에 의해 영향을 받기 때문에, 두 사람이 동일한 상황에서 서로 전혀 다른 판단을 할 수도 있다. 윤리적 판단은 매우 개인적이고 상황에 따라 특수한 것이므로 이 장에서 다양한 시나리오에 대해 미리 결정된 정답들을 제시하지는 못할 것이다. 대신에 이 장에서는 올바른 판단을 할 때 고려해야 할 요인들을 밝히고, 윤리적 판단을 하는 과정에서 어떻게 생각해야 하는지를 알려주고자 한다.

1.1 프로그램의 목표, 방법, 기준과 윤리적 판단과의 관계

민감한 판단을 요구하는 상황은 일반적으로 목표, 방법, 기준과 관련되어 있다.

목표

대부분의 아동교육 프로그램에서의 목표 중 하나는 아동의 사회적 유능성을 증진시키는 것이다. 아동의 자기 조절, 대인관계 기술, 긍정적인 자아 정체감, 사회적 가치관, 문화적 유능성, 계획 및 의사결정 기술 등이 전형적인 목표이다. 각각의 목표는 사회적 유능성이 발달했을 때의 바람직한 결과이다. 이 목표들은 교사가 아동과 함께 상호작용하는 시간이나 상황 동안 한꺼번에 달성되지는 않는다. 그러나 교사가 목표를 설정하고 이러한 목표를 달성하기 위해 아동과 상호작용한다면 아동의 사회적 유능성은 발달할 것이다. 아무런 목적 없이 그냥 행동하기보다는 최종 목표를 향해 나아가야 한다. 목표는 일반적일 수도 있고 특수할 수도 있으며, 장기적인 것일 수도 있고 단기적인 것일 수도 있다. 더 중요한 것일 수도 있고 덜 중요한 것일 수도 있으며, 다른 목표와 관계가 없을 수도 있고 관계가 있을 수도 있다(Goldsmith, 2013). 전체 집단을 위한 목표뿐 아니라, 개별 아동을 위한 목표도 설정해야 한다. 이러한 여러 가지 목표는 서로 양립 가능하기도 하지만, 때로는 서로 반대되는 방향일 수도 있다. 다음은 목표 설정과 관련된 몇 가지 질문이다.

- 각 아동에게 적합한 목표가 무엇인가?
- 한 아동에게 적합한 목표가 다른 아동에게도 적절한가?
- 한 아동을 위한 목표 달성이 전체 집단을 위한 목표와 상치될 때 어떻게 해야 할까?
- 특정한 목표가 여전히 타당한가?
- 어떤 아동을 위한 한 가지 목표가 다른 목표와 일치하지 않을 때 어떻게 해야 할까?
- 어떤 요인이 있을 때 목표를 수정해야 하는가?
- 한 목표가 다른 목표보다 중요한 이유는 무엇인가?

　　이야기 나누기 시간에 한 아동이 손을 들지 않고 답을 말해 버릴 때, 교사는 위와 같은 질문을 생각해 보아야 한다. 교사가 집단을 위해 세운 목표는 아동이 충동을 통제하는 것이고, 이를 위해서 교사가 아동의 이름을 부를 때까지 기다리는 것이었다. 그러나 이 아동은 수줍음이 많아서 교사가 더 적극적이 되도록 격려해주었던 아동이다. 교사는 집단의 목표를 지지해야 하는가, 아니면 이 아동을 위해 세운 목표를 따라야 하는가? 두 목표를 모두 충족시켜 주는 방법이 있는가? 이때 교사의 행동은 그 상황에 대한 판단에 달려 있다.

방법

교사는 아동을 위한 목표를 달성하기 위해 특정 방법들을 사용한다. 이러한 방법에 대해 교사는 다양한 판단을 내리게 되는데, 이때 다음의 사항들을 결정하여야 한다.

- 특정 목표를 달성하기 위해 어느 방법이 가장 적절한가?
- 가장 효과가 있다고 생각되는 방법이 실제로 실현 가능한가?
- 하나의 목표를 위해 사용되는 방법이 다른 목표를 위한 방법들과 얼마나 양립될 수 있는가?
- 효과를 판단하기 위해서 그 방법을 얼마나 오랫동안 실시해야 하는가?
- 계획한 방법이 원래의 의도대로 실행될 수 있는가?
- 계획한 방법이 단독으로 사용될 수 있는가, 아니면 다른 방법들과 함께 사용해야 하는가?

　　예를 들어, 집단에서 승우가 반사회적인 행동을 계속 할 때 교사는 어떠한 방법을 사용할 것인지 윤리적 판단을 내려야 한다. 지난 몇 달 동안 교사는 승우가 욕구 불만을 좀 더 건설적인 방식으로 해결하도록 하기 위해 노력해 왔다. 교사가 여러 가지 방법들을 시도해 보았지만 아무런 효과도 나타나지 않았다. 최근에 교사는 자신이 짧은 시간에 여러 가지 방법들을 사용한 것은 아닌지 뒤돌아보게 되었다. 또한 이 아동을 만족시키기 위해서 다른 아동한테는 소홀했고, 이것이 그들의 거친 행동을 유발한 것은 아닌지에 대해서도 생각이 미치게 되었다. 교사가 도달하는 결론과 그에 대해서 취하는 행동은 교사가 내리는 판단에 따라 달라진다.

기준

목표 달성의 성공 여부는 기준을 통해 평가된다. 사람들은 어느 정도 행동을 할지, 혹은 어떠한 행동 특성을 사용할지를 결정할 때 기준을 세우게 된다. 기준의 측정은 형식적일 수도 비형식적일 수도 있고, 아동이 알고 있는 것일 수도 모르고 있는 것일 수도 있으며, 교사 입장에서 보면 목적에 따른 것일 수도 혹은 직관적인 것일 수도 있다. 기준에 대한 윤리적 판단을 내릴 때 다음과 같은 질문을 해보아야 한다.

- 어떤 기준들이 마련되어야 하는가?
- 모든 아동에게 동일한 기준을 적용해야 하는가?

- 언제, 그리고 왜 기준을 변경해야 하는가?
- 기준들이 상충될 때, 어떤 기준을 우선시하여야 하는가?
- 아동의 행동이 해당 기준에 얼마나 잘 부합하는가?

첫 번째 사례인 병원 놀이실에서 교사가 깨끗한 놀이실에 대한 아동의 정의를 받아들일지를 결정할 때 이 교사는 기준에 대하여 윤리적 판단을 내리고 있는 것이다. 또 다른 예에서, 1학년 담임교사는 이야기를 두 번째 고쳐서 쓰고 있는 수연이의 글을 인정해 줄 것인지를 결정할 때 기준에 대해 생각한다. 이 교사의 고민은 학교에서 보통 이맘때쯤 1학년 아동에게 요구하는 기준을 수연이에게도 적용할 것인지, 아니면 그동안 수연이의 개선된 점과 노력을 고려해야 하는가이다. 각각의 경우에 적절한 수행 수준에 대한 최종 결정은 교사의 판단에 달려있다.

1.2 교사의 윤리적 판단에 영향을 미치는 요인

목표, 방법, 기준은 지속적으로 평가되어야 하는데, 이미 성취된 목표는 다른 목표들로 바뀌고, 분명하게 성취할 수 없는 목표는 수정한다. 진부하거나 효과적이지 못한 방법은 새로운 방법으로 바뀐다. 모든 것이 변하기 때문에, 교사도 이러한 것들에 대해 계속 윤리적 판단을 해야 한다. 교사의 판단은 자신의 가치관, 아동 발달과 학습 과정에 관한 지식, 현재 상황에 대한 평가라는 세 가지 요인에 의해 영향을 받는다. 세 가지 요인을 좀 더 자세히 살펴보자.

가치관

교사가 내리는 모든 윤리적 판단에는 그 사람의 가치가 내재되어 있다. 가치관은 그 사람이 바람직하다고 여기거나 가치 있는 것으로 여기는 특성과 신념이다(Berns, 2012). 그래서 가치관은 사람들의 행동을 이끄는 내재화된 감정이다.

이러한 목표를 달성하기 위해 교사는 진실을 말하는 아동에게 보상을 하고, 시험을 볼 때 학생들을 서로 떨어뜨려 앉히고, 베끼는 것 대신에 어디에서 도움이 되는 자료를 구할 수 있는지 알려주는 등의 방법들을 사용한다. 또한 교사는 이런 목표들이 얼마나 달성되었는지를 알아보기 위해 관련 기준들을 적용한다. 교사의 가치관은 아동을 위해 세우는 목표 외에도 아동의 행동을 해석하고 평가하는 데에도 영향을 미친다. 그 결과 교사는 과장된 이야기를 꾸미는 아동보다 그런 행동을 하지 않는 아동에게 더 우호적일 수 있다.

가치관은 눈에 보이지 않기 때문에 사람들의 행동을 통해서만 짐작할 수 있다(Goldsmith, 2013). 예를 들면, 아동에게 진실을 말하는 것과 스스로 자기 일을 하는 것의 가치를 강조하는 교사는 사실과 공상을 구분하는 활동을 자주 계획하고, 교사 자신의 감정을 숨기기보다는 드러낸다. 교사와 생각이 다르더라도 아동이 진실한 반응을 하도록 격려하고, 다른 친구의 것을 베끼는 아동에게는 다시 하도록 시킨다. 교사의 이런 행동을 통해 그가 정직함의 가치를 중시한다는 사실을 알 수 있다. 반면에 남의 것을 베끼는 것을 대수롭지 않게 생각하고, 교사 자신이 사소한 거짓말을 하고, 아동의 감정을 부정하는 교사는 정직함을 중요하게 생각하지 않는다는 것을 보여주는 것이다. 말로는 정직함이 중요하다고 할지라도, 행동이 모든 것을 말해준다.

가치관이 발달하는 과정

가치관은 사회화의 산물이다. 가족, 사회, 문화, 교사, 종교, 친구, 동료와 조직, 대중 매체 모두가 한 사람의 신념 체계에 영향을 미친다. 이렇게 한 사람이 속한 환경의 모든 측면이 그 사람의 사고에 직접 또는 간접적인 영향을 미친다. 가치의 습득은 요람에서부터 시작되기 때문에, 가족은 이 과정에서 최초로, 그리고 가장 심오한 영향을 미친다. 매일의 상호작용을 통해 가족 구성원들은 어린 자녀의 근본적인 성향에 영향을 준다. 아동은 커가면서, 자신이 살고 생활하는 모든 맥락의 정보를 받아들이고 이런 것이 합해지고 내재화되어, 평생 동안 자신을 이끄는 특정의 가치관을 형성하게 된다.

모든 사람의 생태학적 환경이 다르기 때문에, 어떤 사람도 동일한 가치 체계를 가지지 않는다. 문화권마다, 동일한 문화권에 속한 가족마다, 한 가족 내에서도 구성원마다 서로 다른 가치관을 가진다. 이것은 모든 사람이 옳다고 여기는 유일한 가치 체계가 없다는 것을 의미한다.

가치관의 우선순위 매기기

사람들은 흔히 가장 중요한 것에서 가장 덜 중요한 순서로 위계적인 가치 체계를 발달시킨다. 중요성의 순서는 어떤 가치를 기본적인 것, 즉 맥락에 상관없이 절대적인 가치로 여기는지 또는 상대적인 것, 즉 맥락에 따라 해석이 달라지는 가치로 여기는지에 따라 달라진다. 기본적인 가치는 보통 상대적인 가치에 우선하며, 상대적인 가치는 상황에 따라 더 중요하거나 덜 중요해진다(Deacon, 2002). 앞선 교사의 예에서 정직함의 기본적인 가치는 그 교사가 하는 모든 행동에서 나타난다. 따라서 솔직한 것, 조심성 있는 것, 속이는 것 중에서 택해야 할 경우, 이 교사는 항상 솔직한 것을 선택한다.

그러나 가치의 위계적인 순서라는 것이 항상 하나의 가치가 다른 가치의 위에 있거나 아래에 있는 직선적인 구조라는 의미는 아니다. 몇 개의 가치가 동시에 동등하게 중요할 수도 있다. 이런 가치들은 서로 보완될 수도 혹은 상충될 수도 있다. 이렇게 서로 같은 수준에서 경쟁하는 가치들은 비중이 동일해서 사람들은 때로 가치의 충돌을 경험하기도 한다. 예를 들어, 어떤 사람은 정직함과 친절함이 동일하게 가치 있다고 여길 수 있다. 그래서 다른 사람의 감정을 해칠지도 모르는 사실을 말해야 하거나, 아니면 친절하기 위해 사실을 말하지 말아야 하는 딜레마에 빠질 수 있다.

자신의 가치관 인식하기

자신의 가치관을 의식적으로 인식할수록 가치를 더 잘 검토할 수 있다. 그래서 자기 안에서 또는 자신과 다른 사람 간에 상충하는 가치관이 있을 때, 교사는 그 갈등을 해결하기 위해 체계적인 단계들을 밟게 된다. 또한 자신의 행동이 자신의 가치와 일관되는지를 결정할 수 있다. 이는 아동이나 이들의 가족과 상호작용할 때 일관적인 태도를 갖게 해준다. 따라서 교사가 자신의 가치관을 분명히 아는 것은 전문가로서 중요한 요소이다.

자신의 직업에서 중요한 가치관 알기

개인적 가치관과 더불어 직업에서 중시하는 가치관을 아는 것 또한 판단을 내릴 때 유용한 지침이 된다. 이런 가치들은 보통 전문가 협회에서 채택하고 있는 윤리 강령에 잘 나타나 있다. 윤리 강령에는 그 분야의 일반적인 가치들, 이 가치를 뒷받침하기 위해 필요한 실제, 해서는 안 되는 행동 등이 제시되어 있다. 즉, 윤리 강령은 전문가로서의 가치에 대해 생각해보고, 형식적인 집단 상황에서 그와 같은 가치들이 어떻게 자신의 행동에 영향을 줄 수 있는가에 대해 생각해볼 수 있는 구체적인 참조 체계를 제공해준다. 교사가 판단을 내릴 때 자기 분야에서 전문적인 윤리 강령이 요구하는 바를 알고, 이를 항시 염두에 두면 도움이 될 것이다(Miller, 2013).

다른 사람들의 가치관 존중하기

교사가 아동과 그 가족이 가지고 있는 다양한 가치관에 대해 민감해야 하는 것은 중요하다. 가족의 가치관이 교사의 가치관과 같거나 비슷할 것이라고 기대해서는 안 된다. 자신의 가치와 상대방의 가치가 서로 다를 경우, 궁극적으로 어떤 조치를 취할지에 상관없이 그들의 신념체계를 존중한다는 것을 보여 줄 수 있는 방법을 찾아야 한다.

목표, 방법, 기준과 가치를 구분하기

종종 목표, 방법, 기준에서의 차이를 가치관의 차이로 잘못 생각할 수 있다. 우리는 실제로 동일한 가치에 대해 서로 다른 목표와 방법, 기준을 적용한다. 예를 들면, 성일이의 어머니는 유능성에 가치를 두고 성일이가 사회적 상황을 능숙하게 다루는 것을 목표로 한다. 그래서 물리적 힘을 사용하여 자신의 권리를 지키도록 가르치고, 싸움에서 이기는 것이 유능성의 증거라고 여겼다. 교사는 성일이 어머니와 동일한 가치와 목표를 가졌지만, 방법과 기준은 달랐다. 교사는 성일이에게 자신의 권리를 지키기 위해 언어를 사용하라고 가르쳤고, 신체적인 갈등을 피하는 것을 성취의 지표로 보았다.

　이 경우에 부모와 교사는 서로의 가치관이 다른 것이 아니라 방법이 서로 다른 것이다. 가치관에 대해 논쟁하는 것은 거의 불가능하지만, 접근 방법에 대해서는 서로 절충할 수 있다. 교사가 이 사실을 안다면 부모에게 긍정적으로 다가갈 수 있다. 교사가 이러한 공유된 관점을 알지 못하면,

부모에게 영향을 주려는 노력은 실패로 끝날 수 있다. 가치를 이해하는 것과 함께, 교사의 윤리적인 판단에 영향을 주는 다른 두 가지 요인이 있다. 첫 번째는 아동의 현재 수준을 어떻게 고려할지이고 두 번째는 각 상황적 맥락을 어떻게 고려할지이다.

아동 발달과 학습에 대한 지식

아동의 행동과 관련해서 목표, 방법, 기준에 대한 윤리적 판단을 내릴 때, 아동의 연령, 현재 이해 수준 및 경험을 고려해야 한다. 연령이 아동의 능력과 이해에 대한 절대적인 지표는 아니지만, 적절한 기대를 하는 데 유용한 지침이 된다. 예를 들어, 취학 전 유아가 규칙이 있는 게임에 능숙하지 않다는 것을 아는 교사는 말을 두 번 던지거나 기억 게임에서 카드를 들추어 보는 4세 유아에게 속임수를 썼다고 하지는 않을 것이다. 마찬가지로 아주 어린 유아에게 초등학생에게 기대하는 것과 같은 방식으로 게임의 규칙을 지키라고 요구하지도 않을 것이다. 보통 7, 8세 아동이 누가 자기 친구이고 아닌가에 대해 많은 이야기를 나눈다는 사실을 안다면, 이러한 이야기를 듣고 잘잘못에 대한 도덕적인 설교를 하지는 않을 것이다. 그보다는 또래 관계를 증진시키기 위해 같은 집단에 속한 다른 아동과의 유사점을 찾아보게 하는 집단 토의를 할 것이다.

아동의 선행 지식과 기술도 고려해야 한다. 어떤 특정 상황이나 기술을 전혀 경험해보지 않았거나 아주 조금만 경험한 아동에게 그런 경험이 많은 아동과 동일한 목표를 수행하도록 또는 동일한 수준의 능력을 갖도록 요구해서는 안 된다. 예를 들어, 도시에서 자란 아동이 농장으로 견학할 때의 목표는 농촌 지역에서 자란 아동을 위한 목표와는 달라야 할 것이다. 2세 유아에게 혼자서 옷 입는 것에 대해 기대하는 수준은 6세와는 달라야 하는데, 이는 단지 연령 차이뿐 아니라, 6세 아동이 스스로 옷 입는 기회를 더 많이 가졌기 때문이기도 하다.

상황적 맥락

결정은 절대로 진공상태에서 이루어지지 않는다. 교사의 판단은 시간, 인적 자원, 물질적 자원, 물리적 환경, 행동적 사건의 구체적인 세부 사항과 같은 여러 요인들의 영향을 받는다. 교사가 채택하는 목표, 방법, 기준은 모두 이런 요인들의 영향을 받는다. 예를 들어, 교사의 일상적인 목표가 학급 아이들의 독립심을 길러주는 것일 때는 아동이 스스로 결정을 내리고 잘할 수 있도록 완수한 과제를 반복하고, 가능한 한 스스로 할 수 있도록 시간적인 여유를 제공한다. 그러나 이런 목표와 방법은 소방대피 훈련 시간에는 달라져야 하는데, 이때는 안전이 독립심보다 우선하기 때문이다. 이런 상황에서 아동은 어느 곳으로 대피할 것인가를 선택할 수도 없고, 스스로 옷 입을 시간을 가질 수도 없다. 그러므로 옷을 천천히 입는 아동에게는 평소보다 더 직접적인 도움을 주어야 한다.

물리적인 자원과 시간적인 여유도 판단에 영향을 준다. 놀이터에 쌓여 있는 진흙 더미가 어떤 때는 피해야 할 장소이지만, 어떤 때는 탐색할 수 있는 장소이기도 하다. 아동이 어떤 종류의 옷을 입고 있는지, 씻을 수 있는 비누와 물이 준비되어 있는지, 맨발로 놀 수 있을 정도로 날씨가 따뜻한지, 다음 활동으로 넘어가기 전에 씻을 시간이 충분히 있는지 등에 따라 다른 판단을 내리게 된다.

이처럼 가치관, 아동 발달과 학습에 대한 지식, 상황적 맥락은 모두 교사의 윤리적 판단에 영향을 미친다. 또한 이러한 요소들은 윤리적 행동에 대한 민감한 판단, 개인적인 우선순위에 따른 판단, 극단적인 행동에 대한 판단, 그리고 아동 학대와 유기와 관련된 판단에 영향을 준다.

2. 윤리적 판단에 대한 원칙

일상에서 교사는 다음과 같은 윤리적 딜레마에 지속적으로 직면하게 된다.

- 장애통합 유치원 교사가 길에서 한 학부모를 만났다. 이 학부모는 자폐아가 있는 학급이 잘 운영되는지를 묻는다.
- 초등학교 1학년 교사는 집단으로 표준화 검사를 실시해 달라는 요청을 받았는데, 이것이 아동에게 큰 스트레스를 준다는 사실을 알고 있다.
- 아동에게 학습지를 나누어주는 담임교사를 보고 있는 보조교사는 학습지를 푸는 데 많은 시간이 소요되지만 그에 비해 실제로 학습 효과는 별로 없다는 사실을 알고 있다.
- 새로 부임한 어린이집 원감은 그 건물이 시의 소방법에 위배된다는 것을 알았지만, 원장으로부터 건물 변경에 많은 비용이 들기 때문에 협조해주면 고맙겠다는 말을 들었다.
- 3세 동혁이의 엄마는 부부가 현재 별거 중에 있고, 아버지가 아이를 학대하기 때문에 아버지가 아이를 데려가지 못하게 해달라고 요청하였다. 교사가 이에 대한 법원 명령이 있었는지 물었더니, 동혁이 엄마는 "아니요, 그렇지만 동혁이를 위해 저를 도와주실 거라고 믿어요"라고 대답하였다.

교사는 직·간접적으로 이러한 경험을 하게 된다. 이 같은 곤란한 상황들은 아동, 가족, 동료, 상사 또는 다른 지역사회 주민들에게도 영향을 줄 수 있다. 상황과 관계없이 판단은 기본적으로 옳고 그름에 기초해야 한다.

이는 전문가 윤리 강령을 필요로 하는 도덕적 판단이다. 강령을 숙지하는 것도 중요하지만, 이러한 가치를 실제로 행동에 옮기는 것 역시 중요하다. 가치를 행동으로 실행하기 위해서 교사는 윤리적 원리와 강령을 숙지해야 한다(Newman, 2002). 직접적인 가르침, 모델링, 긍정적인 강화를 통해 다른 기술들을 배울 수 있는 것과 마찬가지로 윤리 강령을 효과적으로 활용하는 기술도 배울 수 있다.

가상적이거나 실제의 윤리적 딜레마에 대한 개인적 숙고와 이러한 딜레마에 대해 동료들과 토론하는 것은 앞으로 전문적인 판단을 하기 위한 기초가 된다. 교사 교육, 교직원 회의, 기타 교사 교

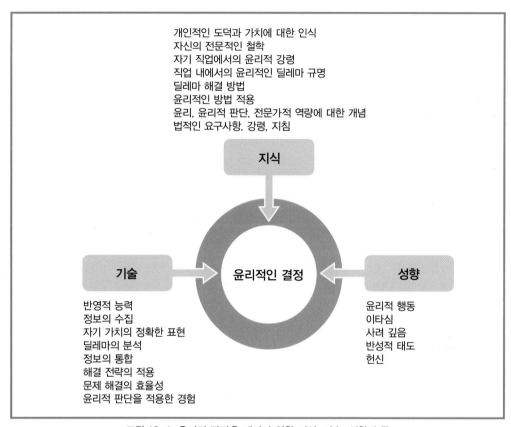

개인적인 도덕과 가치에 대한 인식
자신의 전문적인 철학
자기 직업에서의 윤리적 강령
직업 내에서의 윤리적인 딜레마 규명
딜레마 해결 방법
윤리적인 방법 적용
윤리, 윤리적 판단, 전문가적 역량에 대한 개념
법적인 요구사항. 강령, 지침

지식

기술   윤리적인 결정   **성향**

반영적 능력   윤리적 행동
정보의 수집   이타심
자기 가치의 정확한 표현   사려 깊음
딜레마의 분석   반성적 태도
정보의 통합   헌신
해결 전략의 적용
문제 해결의 효율성
윤리적 판단을 적용한 경험

그림 13-1 윤리적 판단을 내리기 위한 지식, 기술, 성향의 틀

출처: Newman(2002)를 재구성함.

육 시간에 윤리 문제에 대해 토론할 때에는 윤리적 판단을 하는 데 있어 필수적인 지식, 기술, 성향에 대한 개념적 틀을 형성하도록 초점을 맞추어야 한다(그림 13-1 참조).

여러 관심 중에서 우선순위를 매기는 것도 전문가적인 판단을 내리는 능력이다. 교사의 흥미 대 아동의 흥미, 개별적 흥미 대 집단의 흥미, 한 아동의 흥미 대 다른 아동의 흥미 간에 선택을 해야 한다. 사람들은 자기 자신의 가치체계 내에서도 갈등을 경험하는데, 이것이 판단 능력을 방해한다. 절대적인 규칙이 있는 것은 아니지만, 어려운 결정을 내려야 할 때 교사가 참고할 수 있는 몇 가지 일반적인 원리가 있다.

2.1 우선순위의 원리

다음에 판단을 내릴 때 고려해야 할 우선순위에 관한 여섯 가지 원리를 가장 중요한 것부터 덜 중요한 순서로 표 13-2에 제시하였다. 모든 여섯 가지 원리는 주어진 상황 내에서 중요한 우선순위를 결정하는 것을 돕는 지침이다. 이러한 원리들은 현장 내에서 즉각적으로 의사결정을 해야 하거나 장기간의 숙고를 통해 의사결정을 하는 모든 경우에 적용될 수 있다.

표 13-2 **우선순위의 원리**

우선순위의 원리	적용의 예
원리 1: 아동의 안전을 지키는 것은 다른 모든 것보다 우선한다. 교사에게 가장 우선시되는 문제는 아동의 신체적, 정신적 복지이다. 더 능률적이고 쉬운 방법이 있더라도 아동의 건강과 안녕, 안전이 문제된다면 이는 선택의 문제가 되지 못한다. 교사는 가장 안전한 대안을 추구해야 하는 윤리적, 도덕적 의무가 있다.	5학년 과학시간에 버너가 필요한 열 실험을 하고 있다. 과제가 예정보다 늦게까지 진행되고 있었다. 다른 학급이 곧 과학실에 도착할 것이다. 교실을 둘러보던 교사는 활동을 끝내지 않은 몇몇 아동이 보호용 안경을 벗고 있는 것을 보았다. 교사는 정해진 시간에 실험을 끝내야 한다는 사실과 안전 기준을 지키게 해야 한다는 규칙 사이에서 갈등을 느꼈다. 다른 학급이 올 시간이 몇 분 안 남았고 아동에게 보호용 안경을 쓰도록 하면 실험은 지연되겠지만, 분명 적절한 절차이다. 즉, 안전이 우선이라는 것이다.
원리 2: 최대한의 긍정적 결과와 최소한의 부정적 결과를 보장하는 방법이 우선한다. 모든 목표와 방법, 기준에는 장점과 단점이 있지만, 가장 부정적 대안을 제거하고 가장 긍정적 방법들 중에서 선택하는 것이 좋다. 즉, 장점이 가장 많은 방법이 최선의 선택이 된다. 때로는 다른 대안들에 비해 부정적인 측면이 가장 적은 것이 최선의 선택이 되기도 한다.	어린이집 원장과의 면담 중에 어떤 어머니가 아동의 할아버지가 아주 많이 아파서 앞으로 얼마 못 살 것이라고 말했다. 아직 아동에게 알리지 않았는데, 어떻게 하는 것이 좋을지를 의논했다. 이 상황을 아동에게 빨리 알릴 경우, 아동이 슬픔에 대처할 수 있는 시간을 갖게 하고, 할아버지에게 작별을 고할 수 있는 기회를 주고, 가족끼리 경험을 공유하고, 어머니가 가족의 지원을 받을 수 있으며, 비밀로 하지 않아도 되기 때문에 안도감을 주는 등의 장점이 있다. 단점은 가족 모두가 슬퍼지는 것과 어머니가 다루기 어려운 주제에 대해 아동에게 말해야 하는 어려움이 있다. 이들은 말하지 않을 때의 장점과 단점에 대해서 생각해 보았다. 천천히 밝히는 것의 긍정적인 측면은 아동이 휴일을 방해받지 않고 보낼 수 있다는 것과 어머니가 그 문제에 대해 당장 대처하지 않아도 된다는 것이다. 부정적인 측면은 어머니의 늘어나는 걱정, 어머니가 삶에서 아주 힘든 시기를 사랑하는 사람들과 공유할 수 없다는 것, 아동이 충격을 받을 수 있다는 것, 그리고 아동이 무언가 잘못된 것이 있는 것 같지만 그것이 무엇인지 모르는 데서 느끼게 되는 불안감 등이었다. 이런 모든 요소들을 검토해 본 후, 어머니는 조용히 있는 것보다는 말하는 편이 더 낫겠다고 판단하였다. 어머니는 지금 바로 얘기하는 것의 장점이 말하지 않는 것의 장점과 말했을 때의 단점보다 더 많다고 생각하였다.
원리 3: 아동의 욕구와 교사의 욕구가 서로 다를 때, 교사의 기본적인 가치에 위배되지 않는 한 아동의 욕구를 충족시키는 것이 우선한다. 교사와 아동의 욕구가 상충할 때, 욕구를 충족시키는 것 자체가 불가능할 경우를 제외하고는 아동의 욕구가 우선한다.	학교 봄 연주회를 위해 학생들이 연습을 하고 있다. 다른 지역의 음악 교사들이 연주회를 보러 올 예정이기 때문에 음악 선생님은 학생들이 연주를 특별히 잘해주기를 바라고 있다. 연주회 날, 시작 프로그램이 연주되는 것을 들으면서 교사는 성희가 큰 목소리로 열심히 부르고 있지만 음이 맞지 않다는 것을 알았다. 교사는 성희를 계속 노래하게 해야 하는지 망설였다. 다른 선생님들의 경우 그런 아동에게 실제로 노래는 하지 말고 입만 벙긋거리게 한다는 사실을 알고 있다. 또한 교사는 성희가 연주회에서 노래하는 것을 얼마나 기다려 왔는지도 알고 있다. 교사는 아동의 욕구가 자신의 욕구보다 중요하다는 원리에 기초하여 성희에게 계속 노래를 하도록 하였다.

원리 4: 똑같이 중요한 여러 가지 목표가 서로 상충될 때 그 목표들 중 하나를 선택해야 한다면, 매일의 활동에서 가장 잘 나타나지 않는 목표를 우선한다. 여러 가지 목표들 중에서 하나만을 강조해야 하는 상황이 흔히 발생한다. 그럴 때는 가장 잘 다루어지지 않는 목표를 선택하는 것이 좋다.	진석이는 생일날 할머니로부터 만원을 받았다. 진석이는 그 돈으로 어머니에게 반라의 여성이 유혹하는 자세를 취하는 그림이 그려진 동전 지갑을 사드렸다. 진석이는 자기 돈으로 산 선물을 어머니에게 드리게 되어서 기뻤다. 어머니는 진석이가 다른 사람을 위해 자신의 돈을 사용하였다는 것에 감동하였지만, 선물을 잘못 선택한 것과 경제적인 관념이 부족한 점을 염려하였다. 어머니는 어느 것이든지 한 측면에만 중점을 두어야 한다는 것을 알고 있다. 어머니가 진석이에게 고마워하면서도 선물을 다른 것으로 바꿔 오라고 하면, 칭찬의 진실함이 퇴색할 것이다. 어머니는 친사회적 행동과 돈의 관리와 관련된 가치 중에 하나를 선택해야 했다. 한참 동안 생각한 후에 어머니는 진석이에게 동전 지갑에 대해 고마움을 표시하고 부적절한 그림에 대해서는 아무런 말도 하지 않았다. 어머니는 금전적 책임감은 앞으로도 가르칠 기회가 많지만, 선물을 주는 것에 대해 보상할 기회는 적다고 판단하였기 때문이다.
원리 5: 단기적인 목적에는 맞지만 장기적인 목표를 방해하는 것이거나, 그 반대의 결과를 갖는 것 중에 택해야 한다면 장기적인 목표를 추구하는 방법이 우선한다.	어린이집의 아이들이 산책을 나갔다. 아이들이 피곤해하고 예정 시간도 많이 지체되어 교사는 어린이집으로 빨리 돌아가고 싶었다. 어린이집은 길 건너편에 있고 주위에는 오가는 차가 없다. 교사는 무단 횡단하는 것을 고려해 보았지만, 그런 행동은 아동에게 올바른 방법으로 찻길을 건너도록 교육하는 장기적인 목표에 위배된다고 생각했다. 교사는 아이들이 횡단보도까지 걸어가서 건너도록 하였다.
원리 6: 집단의 욕구와 개인의 욕구가 서로 다를 때, 이 두 가지 욕구를 가장 잘 충족시켜 주는 방법이 우선한다. 이러한 해결책은 두 욕구를 똑같이 강조하여 합의점을 찾는 것이다. 이것이 가능하지 않다면 최종적인 결과가 모두에게 완전하게 만족스럽지는 않을 것이라는 것을 알게 되면서 서로 다른 욕구를 차례대로 고려해야 할 것이다. 어느 경우든지 교사는 개인이나 집단이 '승자'와 '패자'로 지각되는 결과가 아니라, 모두 승자가 되는 해결책을 선택해야 한다.	재원이는 자신감이 별로 없다. 재원이가 잘하는 것은 블록 쌓기이다. 재원이는 매일 블록으로 만들기를 해놓고는 부수지 말고 그대로 두어 달라고 부탁하였다. 다른 아이들이 쌓기놀이 영역에서 놀 때 블록의 수가 적었지만 처음에 교사는 재원이의 요구를 들어주었다. 교사는 집단에서 블록을 사용하는 것보다 재원이가 자신이 한 일에 대해 자랑스러워하는 것이 더 중요하다고 생각했기 때문이다. 그러나 시간이 지나면서 아이들이 점차 블록이 부족해서 큰 구성물을 만들 수 없다고 불평하였다. 아무도 재원이를 원망하지는 않았지만, 아이들은 자신들이 관심을 받지 못한다고 생각하였다. 원리 6에 따라 교사는 재원이 혼자 블록을 사용하는 것과 만든 것을 그대로 보존하는 시간을 제한하기로 하였다. 교사는 재원이에게 재원이가 잠깐 동안 블록을 혼자서 사용하는 것과 다른 아동과 함께 더 오랜 시간 동안 사용하는 것 중에서 선택하도록 하였다.

3. 아동의 극단적인 행동에 대한 윤리적 판단

많은 교사들이 아동의 행동에 대해 의학이나 행동 분야의 전문가에게 의뢰해야 하는지를 결정해야 할 때 어려워한다. 아동의 행동을 너무 이해할 수 없거나 행동 자체가 기능적이지 않아 이를 방치하면 심각한 결과가 초래될 수 있다는 사실이 두렵지만, 한편으로는 가족에게 알리고, 상처를 주고, 경제적으로나 시간적으로 상당한 투자가 필요할지도 몰라 걱정이 되기도 한다. 이 두 측면에서 갈등하다가 교사는 신중한 결정을 내리는 것이 불가능하다고 여길 수도 있다. 교사들이 이러한 상황에서 좀 더 확신을 가질 수 있는 지침은 다음과 같다.

3.1 극단적인 행동 구분하기

극단적인 행동을 정의내리기 위한 기준이 있다(Guerney, 2004). 그 자체로 극단적인 행동도 있고, 아동의 연령에서 기대할 수 있는 정상적인 범주를 벗어나기 때문에 극단적인 행동도 있다. 어떤 행동이 극단적인지를 결정할 때 그 행동의 강도가 얼마나 강한지 그리고 얼마나 일반적인지를 고려할 수 있다. 또한 그 행동이 아동의 현재나 미래에 미치는 영향과 그 행동을 수정하는 데 드는 어려움의 정도가 의사결정을 하는 데 영향을 주는 요인이 된다.

자기 파괴적 행동과 타인이나 동물에 대한 잔인한 행동
자기 파괴적 행동은 위험 신호로서, 이런 행동이 나타나기만 해도 즉각적인 중재가 필요하다. 자기 파괴적인 행동은 아동이 스스로에게 신체적인 상해나 정신적인 상처를 주는 행동이다. 자기 몸을 손톱으로 긁어서 상처 내기, 머리를 심하게 부딪쳐서 멍들게 하기, 긴장감을 즐기기 위해 의도적으로 위험한 행동을 하는 것 등이 이에 속한다. 이러한 행동은 너무 심각하기 때문에 계속하도록 두어서는 안 된다.

　마찬가지로 사람이나 동물에게 타당한 이유 없이 잔인한 행동을 하는 것은 반사회적 행동으로, 앞으로의 심각한 문제와 관련된다. 연구 결과에 따르면, 절반 정도의 성범죄자가 과거에 동물에 대한 잔혹성을 보인 경험이 있으며, 총기 사건을 일으킨 청소년들은 모두 동물학대의 경험이 있다. 따라서 초기에 동물학대 행동을 보이면 전문가와 빨리 상의해야 한다. 특히 우연히 혹은 다른 아동 때문에 그런 행동이 일어났다고 하면서 결과적으로 폭력을 즐기는 것처럼 보일 때는 더욱 그러하다. 집에서나 유아교육기관에서 이런 행동이 습관적으로 나타나는 것은 극단적인 행동의 징후이다.

행동 유형의 급작스런 변화
아동의 정상적인 행동 유형이 급격하게 변화하는 경우에 주의를 기울여야 한다. 일반적으로 행복하고 반응적인 아동이 위축되고 두려워하거나, 기질적으로 온순한 아동이 하루아침에 변덕스러운 아동으로 변하거나, 아이가 계속해서 배가 아프다고 하는 것은 모두 극단적인 행동의 징후이다. 이런 행동들은 평상시 행동과는 너무 다르기 때문에 유념해서 살펴보아야 한다.

연령에 적합하지 않은 행동
아동이 자기보다 어린 연령의 행동을 계속하거나 다시 보일 경우, 이는 극단적인 행동으로 간주된다. 두 살짜리 영아가 자주 폭발적으로 화를 내는 것은 있을 수 있는 일이지만, 9세 아동에게는 적절하지 않다. 만일 9세 아동이 계속해서 폭발적으로 화를 낸다면 이는 극단적인 행동이다. 마찬가지로 8세 아동이 이전에는 안 그랬는데 밤에 자다가 소변 실수를 한다면 이도 심각하게 고려하여야 한다.

강렬한 행동

문제 행동이 가끔 일어나거나 그 강도가 약하면 일반적으로 괜찮다고 여겨진다. 그러나 이것이 자주 발생하거나 오랜 시간 지속될 경우에는 극단적이다. 예를 들어, 취학 전 유아가 놀라거나 피곤할 때 안정을 찾기 위해 가끔 담요나 엄지손가락을 빠는 것은 있을 수 있다. 반면, 3세 유아가 깨어 있는 대부분의 시간 동안 이런 행동을 계속해서 보인다면 극단적인 행동으로 볼 수 있다. 또 아동이라면 누구나 과자나 간식을 몰래 꺼내 먹고 싶은 때가 있다. 그러나 정기적으로 음식을 훔치거나 몰래 숨겨두는 아동은 극단적인 행동의 징후를 보이는 것이다. 이런 경우 외부에 도움을 청할지의 여부는 문제 행동의 지속시간에 달려 있다. 일시적인 극단적 행동은 며칠간 나타났다가 점차 원래 행동 유형으로 되돌아간다. 이러한 경우 외부 중재가 필요하지는 않지만, 부모나 교사의 지지가 필요한 일시적인 위기이다. 그러나 행동이 지속될 경우에는 아동의 상태를 심각하게 살펴볼 전문가의 도움이 필요하다.

무차별적이고 만연된 행동

어떤 행동이 가끔 나타날 때는 정상이지만, 이 행동이 아동 생활의 모든 면에서 일반화되어 나타난다면 비정상적이다. 예를 들어, 4~9세 아동이 잘못을 저지른 상황에서 자신을 보호하거나 재미있는 사람으로 보이기 위해 거짓말을 할 수 있다. 어려운 상황이나 자신을 표현하고 싶은 순간에 거짓말에 의존하는 것을 전형적인 행동이라고 볼 수는 없지만, 극단적인 것으로 분류되어서도 안 된다. 반면, 어떤 아동은 잘못이 명백하거나 사실을 말하는 것이 중요한 상황에서도 거의 모든 경우에 거짓말을 한다. 이들은 진실이 더 유리할 때에도 많은 경우에 거짓말을 한다. 이런 경우에 행동을 어떻게 수정할지는 행동 전문가와 함께 살펴보고 결정해야 한다.

아동 발달을 방해하는 행동

아동의 성장이나 발달을 방해할 수 있는 행동들은 극단적이다. 예를 들어, 먹고 난 후 억지로 토하는 행동을 반복하는 아동, 적대적이거나 감정이 메말라 다른 사람과 가까워지지 않는 아동, 좋은 성적을 받기 위해 부정행위나 거짓말을 하는 아동, 자신을 돋보이게 하기 위해 다른 사람의 작품을 부수는 아동이다. 마찬가지로 고의로 약을 먹지 않거나 습관적으로 금지된 음식을 먹는 당뇨 아동도 여기에 해당한다. 수줍거나 거만해서 말 그대로 친구가 없는 아동도 극단적이고 비생산적인 행동 유형으로 분류된다. 이러한 경우에 부모와 행동 전문가와의 상담이 권장된다.

행동 변화에 대한 저항

문제 행동을 수정하기 위해서 짧은 기간(보통 몇 주간) 동안 합리적인 노력을 했을 때 아동이 저항하는 것은 이미 행동이 극단적이 되었다는 증거이다. 여기서 '합리적인 노력'이란 부정적인 행위를 제거하고 동시에 바람직한 대안 행동을 증진시키기 위해 교사가 적절하고 건설적인 전략을 사용하는 것을 의미하며, 또한 일관성을 포함하는 개념이다. 즉, 문제 행동은 예측할 수 있는 관심을 받아야 하며, 행동의 변화가 일어날 수 있도록 충분하고 지속적인 방법이 사용되어야 한다. 이러한 개념에 기초할 때, 아동이 자리에서 일어나는 행동에 대해 교사가 비일관적이고 예측가능하지 않은 반응을 했다면 자리에서 일어나는 아동의 행동은 저항이 아니다. 하지만 같은 행동에 대해 두 달에 걸쳐 아동에게 적절한 결과를 제공하였지만 여전히 습관적으로 교실을 돌아다닌다면 이미 행동이 극단적이 되었다는 증거이다.

모든 아동은 배변 훈련을 경험한다. 개인에 따라 최적의 시기가 다르지만, 3세가 되면 대부분의 유아가 이 훈련을 시작했을 것으로 짐작할 수 있다. 처음에는 저항이 있지만 걱정할 일은 아니다. 그러나 지속적인 저항으로 인해 초등학생이 될 때까지 대소변 가리기를 못하는 아동도 있는데, 이것은 극단적인 것이다.

3.2 극단적인 행동의 원인

아동이 극단적인 행동을 할 때 교사는 그 행동의 원인을 생각해 보아야 한다. 원인은 아동에 따라 다양하지만, 공통적으로 생리적 요소, 공포, 우울증의 세 가지 원인이 가장 자주 보고된다(Goleman, 2011).

생리적 요소

체내 단백질, 비타민, 또는 미네랄이 부족할 때 극단적인 행동을 보이는 아이들이 있다(Santrock, 2008). 예를 들어, 필수 비타민 B가 결핍된 아동은 집중력이 떨어져서, 주의집중 시간이 짧고 과제에 집중하지 못한다. 지난 몇 년 동안 과학자들은 극단적이고 순응적이지 않은 행동이 신경학적 역기능과 관련된다고 가정하여 왔다. 주의력 결핍 장애(ADD)나 주의력 결핍 과잉행동장애(ADHD)로 진단되는 과활동 행동이 가장 대표적인 예이다. 난산이나 머리 부상에 의한 뇌 손상은 가만히 앉아 있는 것을 어렵게 만들기도 한다. 또한 뇌의 화학적 불균형은 세포 간에 오가는 신호 전달을 방해할 수 있다. 어느 쪽이든 뇌의 역기능은 아동을 계속 움직이게 하고 안정하지 못하게 한다(Berger, 2008).

신경학적 역기능에 기인한 또 다른 극단적인 문제 행동은 뚜렛증후군이다. 이러한 증상을 보이는 아동은 욕하는 소리나 큰 소리 또는 이상한 소리를 함께하는 다양한 틱 현상(눈 깜빡거림과 같은 비자발적인 반복적인 움직임)을 나타낸다. 이러한 행동은 아동의 의지와는 상관없다. 신경학적 역기능과 관련되었을 때, 전문가로부터 도움을 받아야 한다.

아동기 공포

아동기에 나타나는 극단적인 행동의 또 다른 원인은 공포이다. 어떤 아동이건 특정 장소, 사람, 사물 또는 사건을 한두 번 정도 무서워할 수 있다. 심한 경우 며칠 또는 몇 주 동안 계속되기도 하지만, 대부분 무서운 에피소드는 지속시간이 비교적 짧다. 대부분의 공포는 성인이 감정이입을 해주고 지지를 해주면 시간이 지나면서 사라진다. 그러나 공포가 오랜 시간 지속되고 아동의 삶에 침투하여 아동의 행동과 발달을 방해하기도 하는데, 이러한 극단적인 공포를 불안 장애라고 부른다. 이것은 지속적이고, 이유가 없으며, 실제 위험이나 위협과 상관없이 발생하며, 부적응적 행동을 이끈다(Berns, 2013).

이러한 부적응 행동은 극단적인 철회 행동으로 나타난다. 예를 들어, 7세인 유나는 털이 있는 것은 어떤 것이든 접촉하면 극도의 공포를 느낀다. 처음에 유나는 쥐가 무섭다고 하였다. 점차 유나의 공포는 인형, 담요, 코트에 달린 털 장식과 같이 털로 된 물건으로 확장되었다. 시간이 지날수록 면봉에 스치거나 털실을 만지게 되어도 히스테리를 나타내었다. 결국에는 이러한 불안으로 인해 그러한 물건들이 제거되지 않은 집 밖에는 나가지 못하게 되었다.

학교 공포

초등학교 시기에 나타나는 가장 흔한 불안 장애는 학교 거부 또는 학교 공포이다(Papalia, Olds, & Feldman, 2008). 많은 아동이 학교에 대해 약간의 불안을 경험하지만, 천 명 중 16명 정도는 매일 등교하는 것이 신체적으로 병이 나는 심각한 불안으로 발달한다(Gelfand & Drew, 2003). 학교에 대한 거부가 심해져서, 소리 지르기, 울기, 짜증내기뿐 아니라, 복통, 두통, 인후염이 나타난다. 아동의 두려움은 학교에서 일어나는 사건과 직접적으로 관련될 수도 있다(과제를 수행하지 못하거나 다른 아이들로부터 놀림을 받는 것). 그 외에 대화를 이해하지 못했거나 친구가 우연히 놀린 것으로 인한 공포처럼 쉽게 알 수 없는 요인들 때문일 수도 있다. 어느 쪽이든 아동의 반응은 학교와의 모든 접촉을 피하려 하는 것이다.

어떤 아동은 철회를 통해 공포를 해결하기보다 직접 극복하려고 시도한다. 그 과정에서 아동은 종종 과장하여 위험한 행동을 하기도 한다. 예를 들어, 어떤 아동은 불에 대한 극단적인 공포의 시기를 거친 후 방화를 하기도 한다. 자신의 의지에 의해 불을 지르거나 끄는 능력이 불에 대한 힘을 나타낸다고 생각하는 것이다.

공포를 극복하는 또 다른 부적절한 방법은 집착이나 강박이다. 바람직하지 않은 반복적인 생각을 집착이라 부른다. 이것은 아동의 머리에서 떠나지 않는 불변의 편견이나 생각이다. 그리고 특정 행동을 반복적으로 수행하려는 충동을 강박이라 부른다(Berns, 2012). 모든 사람은 때때로 집착하거나 강박적인 행동을 보이는데 이것을 문제라고 볼 수는 없다. 그러나 강박이나 집착이 사람의 행동을 방해하여 즐거움이나 사회적 이익을 추구하지 못하게 하는 경우 극단으로 분류한다. 예를 들어, 10살 된 아정이는 소변누기에 집착하는데, 이것의 신체적인 원인은 없다. 아정이는 하루에 50차례 정도 화장실에 간다. 화장실에 가서 소변을 한 방울도 못 누는 경우도 종종 있다. 원하는 만큼 화장실에 못 갈 경우에는 실수할까 봐 불안해서 울고, 이것 때문에 다른 것은 생각할 여력이 없다. 이는 정상 범주를 넘어선 것으로 이러한 사건이 일어날 경우 행동 전문가의 도움이 필요하다.

아동기 우울증

2~12세까지 점점 보편화되는 극단적인 행동 중 하나가 아동기 우울증이다(Papalia et al., 2008). 이 현상과 관련된 행동에는 슬픔, 지속적인 울음, 회피, 집중 장애, 삶에 대한 흥미 상실, 무력감과 같은 정서적인 것에서부터 생리학적 근거는 없지만 심하고 빈번한 복통 또는 두통이 있다. 극단적인 문제 행동 역시 우울증의 징후일 수 있다. 이는 훔치기, 싸우기, 또는 반항과 같은 행동에서 나타난다.

이런 파괴적인 행위는 과도한 반항과 변화를 거부하는 저항으로 특징지어진다. 하지만 모든 아동이 여러 가지 이유로 복종하지 않을 수 있으며, 순응하지 않는 것 자체가 반드시 우울증으로 시달리는 것을 의미하지는 않는다. 다만, 오랜 시간에 걸쳐 끊임없이 강하고 적대적인 불순종 행동을 보이는 것은 집중적인 개별적 중재(그림 13-2)가 필요하다는 신호이다. 중재를 위해서는 프로그램에 있는 교사의 참여, 외부 전문가의 참여, 해당 아동 가족 구성원의 참여가 요구된다. 극단적인 행

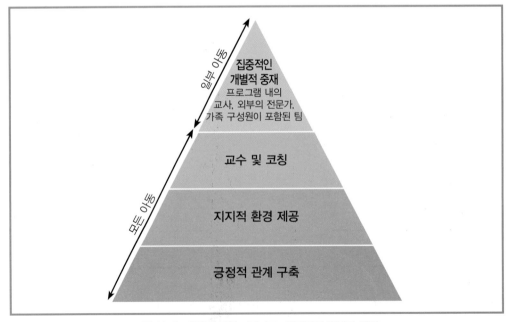

그림 13-2 사회적 지원 피라미드: 윤리적인 판단과 결정

동을 경험하는 아동은 아동에게 중재를 제공하는 사람들의 지속적이고 서로 협력하는 접근으로부터 가장 큰 이익을 얻을 수 있다.

4. 아동 학대와 방임에 대한 윤리적 판단

교사는 자신이 돌보는 아동이 학대 또는 방임되었다고 생각될 때, 정서적으로 힘들어진다. 처음에는 불신, 두려움, 분노 그리고 극도의 공포를 경험하게 되며, 상황을 적절하게 다루는 자신의 능력에 대해 비관하기도 한다. 이 경우에 교사는 자신의 감정을 조절하고 학대의 가능성에 대해 차분하게 이성적인 판단을 내릴 수 있어야 한다. 교사가 이러한 판단을 내리기 위해, 먼저 아동 학대의 특성과 그 징후를 이해해야 한다.

4.1 학대와 방임의 정의

아동 학대는 아동의 복지에 의도적으로 해를 가하는 행동인 학대와 아동의 기본 욕구를 적절하게 만족시키지 못하는 방임을 포함한다(Berger & Thompson, 2008). 학대와 방임은 다음과 같은 일반적인 형태를 보인다.

신체적 학대
아동을 폭행하여 고통, 상처, 부풀어 오름, 멍, 골절, 기타 상해를 야기하는 것이다. 아동을 때리거나, 묶어 놓거나, 옷장에 가두거나, 벽으로 밀쳐 던지거나, 화상을 입히거나, 난폭하게 몸을 잡고 흔드는 것이 그 예이다.

성적 학대
아동을 지배하거나 통제하기 위해 성인이 성적으로 희롱, 착취, 위협을 하는 것이다(보고된 사례의 95%는 남성에 의함). 성적 학대는 힘, 강압, 환심, 유혹, 위협을 통해 이루어지는데, 아동은 보통 성인을 신뢰하고 존경하고 사랑하기 때문에 조종당하기 쉽다(Crosson-Tower, 2009). 음란한 전화나 성적인 언어를 경험하거나, 강제로 자신을 노출시키거나 성인의 노출을 지켜보는 것이 그 예이다.

신체적 방임
성인이 아동에게 적합한 음식, 옷, 주거, 의료적 보호, 감독을 하지 않는 것이다. 방임된 아동은 음식을 먹지 못해 굶주리며, 추운 날씨에 제대로 옷을 입지 않아서 몸이 얼거나, 감독을 받지 못해 화재로 죽을 수도 있다(Papalia, et al., 2008).

정서적 학대

아동의 자존감을 의도적으로 파괴하는 행동이다. 이러한 학대는 주로 언어적이며, 책임 전가하기, 비웃기, 창피주기 또는 위협하기의 형태를 띤다.

정서적 방임

부모나 교사가 아동에게 애정적, 정서적 지지를 주지 못하는 것이다. 정서적으로 방임된 아동은 무시되거나, 성인과의 관계가 냉담하거나 소원하다.

의학적 방임

부모나 교사가 아동의 급성 혹은 만성 질병에 대한 아동의 의학적 요구를 무시하는 경우이다.

그 외의 학대

유기, 위협, 약물 중독 등이 포함된다. 이러한 경우 아동의 기능화 수준이 손상되고 미래의 행복감에 잠재적인 위협이 될 수 있다. 이러한 부정적인 상황은 아주 드물게 발생하며 소수의 '아픈' 사람들이 이러한 악행을 저지른다고 생각하지만 그렇지 않다.

4.2 문제의 정도

아동 학대는 그 어느 때보다 오늘날 가장 널리 인식되는 심각한 문제이다. 그림 13-3에 미국 보건국(U.S. Department of Health and Human Services)이 제공하는 아동 학대와 방임의 사례를 제시하였다(Karageorge & Kendall, 2009). 최근 자료에 따르면, 매년 미국의 경우 아동 1,000명당 10.6명이 학대를 당하며(남아 48.2%, 여아 51.5%), 1,000명 이상의 아동이 학대와 방임 때문에 사망하였다. 어린 연령일수록 학대에 취약한데, 4세 미만 아동의 31.9%가 학대를 당하고 있으며, 1세 미만은 1,000명당 22.2%가 학대를 당하고 있고 여아 중 21.5%가 학대 혹은 방임을 당하고 있다. 이 수치는 보고된 사례에 기초하고 있으며 25.4%는 교사가 보고한 경우이다. 대부분의 학대가 관계 당국의 관심을 받지 못하므로 실제 숫자는 이보다 훨씬 높을 것이다(NCANDS, 2007).

이 자료에 의하면 10명 중 적어도 1명은 아동기 동안 폭력을 경험하게 된다. 이것은 관련 전문가들이 평균적으로 1년에 2명 또는 3명의 학대받는 아동을 만난다는 사실을 의미한다. 모든 교실에서 학대 아동을 볼 수 있다는 의미는 아니지만, 교사가 임기 중에 언젠가는 아동이 학대의 피해자인지를 판단하게 될 것이라는 사실을 강조하는 것이다. 사실 지금은 미국 내 50개 주 모두에서 의사, 교사 그리고 다른 아동 전문가들이 아동학대로 의심되는 사례를 보고하는 법을 규정할 정도로 문제가 일반화되어 있다. 더 나아가서 대부분의 주에서는 보고하지 않은 아동의 외상에 대해 교사가 법적인 책임을 지게 되어 있다(NCANDS, 2007).

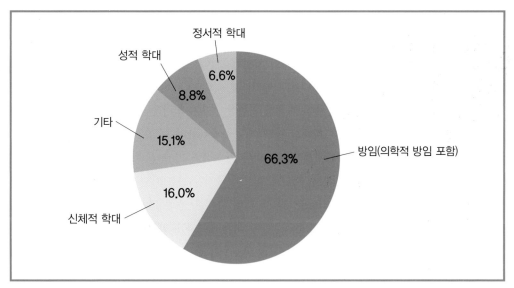

그림 13-3 아동 학대와 방임 사례

출처: Karageorge & Kendall(2009).

4.3 학대자

누가 아동을 때리고, 밀치고, 목을 조르고, 방임하고, 굶기고, 성폭행하는가? 이러한 끔찍한 행위를 자행하는 가해자는 정신병을 가진 괴물일까? 그렇지 않다는 증거가 대부분이며 오히려 어떤 이유로든 아동에게 굴욕감을 주거나 신체적으로 상해를 입히는 이들은 보통 사람들이다. 아동 학대는 모든 연령, 성, 인종, 사회 계층, 가족 구조, 사회경제 집단에 존재한다.

학대자와 비학대자, 그리고 피해자와 가해자를 확실하게 구별하는 특성은 없다. 특정 조건이 학대와 더 관련될 수 있지만, 그 조건 자체만으로는 학대가 일어나는 정확한 지표가 되지 못한다. 오히려 여러 요인들이 합쳐져서 학대를 결정한다.

신체적 학대자

신체적 학대는 친부모에 의해 이루어지는 경향이 높다. 자기 자녀를 신체적으로 학대하는 부모는 미친 사람들이 아니다. 실제로 심각한 정신 장애를 가진 사람은 이 중 10%에 불과하다(Berger, 2008). 나머지는 폭력이나 유기로 상처를 주면서도 자신의 자녀를 사랑한다고 주장하는 부모들이다.

학대 부모는 아동이 특정 연령에 할 수 있는 것에 대해 종종 비현실적인 기대를 가진다. 예를 들어, 아기를 달래도 계속해서 울거나 두 살짜리가 바지에 오줌을 눈다고 화를 내는 부모가 있다. 이들은 아이가 자신을 힘들게 하기 위해 의도적으로 비협조적이거나 못되게 군다고 잘못 해석한다. 따라서 아동이 넘어져서 무릎을 다치면 부모를 화나게 하기 위해 의도적으로 그랬다고 생각한다.

신체적으로 학대하는 부모는 신체적 체벌에 대해 '매를 아끼면 아이를 망친다'라고 믿는 경향이 있다. 이들은 아동이 조금만 잘못해도 매를 들지 않으면 자녀를 통제하지 못할까 봐 두려워한다. 또한 이들은 스트레스를 잘 견디지 못하고, 삶의 지혜가 부족하고, 부모가 된 것을 불행하게 여기기 때문에, 효율적인 부모가 되기 위해 자녀를 신체적으로 학대한다. 이러한 부모는 대부분 어렸을 때 자주 학대받아 자신의 부모와 좋지 못한 관계를 경험한 경우가 많다(Goleman, 2007).

가족 안팎의 상황적인 요소들은 학대의 발생 가능성에 중요한 영향을 미치는데, 예를 들어, 학대는 사회경제적 지위와 상관없이 재정적으로 힘든 가족에게 가장 흔하게 나타난다. 이혼, 실직, 가족 갈등, 좁은 집, 지원 체계의 부족, 지위나 역할의 극적인 변화와 같은 다양한 스트레스는 결국 학대가 일어나는 상황을 만든다(Berk, 2013). 학대 가족은 종종 고립된 가족이라는 사실도 발견되었다(Children's Defense Fund, 2013). 양육에 대한 정보나 도와줄 다른 사람이 거의 없고, 자녀나 스스로를 견주어 볼 사회적 비교 대상이 없는 경우가 많다. 이들의 고립은 점점 심해지고, 이것이 문제의 대부분을 야기한다.

학대는 위에서 설명한 모든 요소들 간의 상호작용에서 비롯된다. 즉, 성인의 성격, 부적절한 양육 태도, 비현실적인 기대, 상황적인 특성, 지역사회 내 지원 체계의 부족이 상호작용한 결과로 나타난다(Papalia et al., 2008). 이는 기질이나 신체적인 외모와 같은 아동 자신의 특성에 의해서 강화될 수 있다.

방임하는 부모

아동의 기본적인 신체적, 정서적 또는 교육적 욕구를 만족시키지 못하는 부모는 관계를 형성하거나 일상적인 생활 과제를 수행하기 어려워하는 고립된 사람들이다(Crosson-Tower, 2009). 이들은 안전하고 따뜻한 가정환경을 이루는 데 필요한 기본적인 기술이 부족하여 자녀의 욕구를 무시한다. 이러한 부모는 자신이 제대로 양육 받지 못했을 가능성이 높고, 인생에서 중요한 성인과 나쁜 관계를 형성했을 수 있다. 많은 경우 이들은 아동과 적절한 관계를 맺는 본보기가 될 만한 모델을 가진 적이 없다.

성적 학대자

부모와 전문가들은 아동에게 낯선 사람을 멀리하라고 경고해왔고 대부분의 경우 아동을 괴롭히는 사람은 전형적으로 '무서운 사람'으로 묘사되었다. 예를 들어, 혼자 있는 아동을 사탕으로 유혹하는 사람은 비옷을 입고 공원이나 학교 주변을 서성이는 낯선 중년 남성이다. 그러나 실제로 아동 성폭행 사례의 80% 정도는 아동이 범인을 알거나 더 흔하게는 가족 구성원 중 한 사람이 범인이다. 낯선 사람에 의한 성폭행은 더운 계절에 실외, 자동차 안, 또는 공공건물 안에서 단일 사건으로 일어날 가능성이 높다. 반면, 가족 구성원이나 아는 사람에 의한 학대는 아무 때나, 반복적으로 일어난다(Shaffer & Kipp, 2013). 이 경우 강압이나 뇌물은 거의 사용하지 않지만, 아동은 가족 내에서 성인의 지위 때문에 요구에 응하거나 기쁨을 주기 위해 복종한다.

　가족 내에서 아버지나 아버지 같은 인물이 딸을 학대하는 것이 가장 흔한 경우이다. 이러한 가족은 특히 역기능적인 부부 관계에서 영향을 받는다. 학대하는 성인 남성은 남성적이거나 성욕이 과하기보다 자존감이 낮고, 나약하며, 화를 잘 낸다. 대부분의 어머니들은 상황을 파악하고 있지만 문제를 해결할 능력이 없기 때문에 모른 척한다. 실제로 성적 학대 사실이 알려지면 가족은 오히려 피해아동을 적대시하고 책임을 묻는다. 만약 중재가 이루어지지 않으면 이와 같은 상황은 수년 동안 지속될 수 있다.

4.4 피해자

신체적 학대 사례의 대부분은 유아기에 시작된다. 이는 이후 세대 간 학대와 관계되지만, 학대받거나 유기되었던 개인이 이후에 반드시 자신의 자녀를 학대하고 유기하는 것은 아니다. 즉, 자녀를 학대하는 이들의 대부분이 어린 시절 학대받은 것은 사실이지만, 아동이 학대받았다고 해서 자동적으로 미래에 학대자가 된다고 할 수는 없다. 학대받거나 유기된 아동에 대한 또 다른 편견은 이들이 범죄, 약물, 또는 매춘을 하는 일탈된 성인이 된다거나, 학대와 유기의 영향으로 돌이킬 수 없고 성공하거나 행복한 삶을 살지 못할 것이라는 것이다(Crosson-Tower, 2009).

　아동은 학대의 순환에서 벗어날 수 있으며, 조기에 발견되거나 아동기에 학대하지 않는 성인의 지원을 받는 경우 더욱 그러하다. 그리고 이후에 이들이 배우자와 만족스러운 관계를 맺게 되면 이러한 악순환을 깰 수 있다(Shaffer & Kipp, 2013).

　성적 학대 피해자의 10%가 5세 미만이긴 하지만, 대부분은 9~12세 사이의 초등학생들이다(Santrock, 2008). 기본적으로 여아들이 일차적 대상이 되지만, 남아 역시 학대의 피해자일 수 있는데, 이들은 성인 여자로부터 학대받을 수 있다. 신체적 학대와는 달리 성적 학대는 종종 가족 내에 한 명 이상의 같은 피해자가 있다.

　이러한 성적인 관계는 단순한 만지기에서 시작하여 애무로 발전하며, 그 후 분명한 성적인 자극으로 진행된다. 강제적인 강간은 거의 일어나지 않으며, 대신 유쾌한 상호작용인 것처럼 전해져 아동이 어떤 일이 일어난 것인지 혼동하게 한다. 가장 피해자가 되기 쉬운 대상은 성적 학대에 대한 정보가 부족하고 그것이 발생했을 때 어떻게 해야 하는지에 대해서 모르는 경우이다. 자존감이 낮고 신체적으로 약하고, 사회적으로 고립된 아동이 흔히 피해자가 된다.

피해의 결과

피해자들에게 신체적 또는 성적 학대의 분명한 결과는 상처이다. 한 예로 미국의 경우 5세 이하 아동이 사망하는 네 번째 원인이 학대이다(Children's Defense Fund, 2013). 골절, 상처, 내부 손상, 임신, 성병도 나타난다. 또한 피해자들을 돌보는 데 들어가는 비용이나, 가해자들을 감옥에 감금하는 데 사용하는 비용, 건강한 가족 기능의 상실 등의 문제를 생각해 볼 수 있다. 교사는 아동과 친밀한 관계를 맺고 있기 때문에, 학대의 피해를 확인하는 데 중요한 역할을 담당한다.

학대의 징후

몇 가지 징후를 통해 아동 학대를 짐작할 수 있는데, 아동의 겉모습, 행동, 하는 말을 통해 이를 알수 있으며, 가족 특성도 고려되어야 한다. 예를 들면, 아동이 집에서 매를 많이 맞거나, 부모가 항상 화가 나 있다고 불평하는가? 아이가 학교에 일찍 등교하고 수업이 끝난 후에도 여러 이유를 들어 가능한 한 늦게까지 남으려 하는가? 학대 아동은 역할놀이를 통해 학대하는 부모가 보이는 행동을 나타내거나 그림으로 표현하기도 한다. 또한 자기보다 나이 어린 아동을 학대하거나, 공격적행동을 보이거나, 자해하거나, 자살과 관련된 생각을 나타낼 수도 있다. 아무런 설명 없이 학교에 자주 결석하기도 한다(Driscoll & Nagel, 2007).

한 가지 징후가 있다고 무조건 학대가 있었다는 것은 아니다. 그러나 하나 이상의 징후가 보이면, 추가적인 관심이 필요하다는 경고로 해석해야 한다(Berk, 2013). 더 구체적인 징후는 Note 13-1, 13-2, 13-3과 그림 13-4에 요약되어 있다.

NOTE 13-1

신체적 학대 및 방임의 징후

신체지표

타박상(멍)
- 얼굴, 입술, 입, 등, 몸통, 엉덩이, 허벅지의 멍, 몸의 한쪽 이상에서의 타박상
- 서로 다른 시기에 맞았다는 것을 보여 주는 다른 색깔의 타박상
- 한곳에 모여 있는 타박상
- 허리띠 버클, 옷걸이, 끈 또는 나무 숟가락 자국을 남긴 타박상

채찍 자국

상처, 베인 자국, 찔린 자국

화상
- 팔, 다리, 목, 얼굴, 몸에 줄 모양의 화상 자국
- 형태가 있는 화상 자국(담뱃불, 다리미, 난방기기 등)
- 엉덩이나 성기의 화상
- 약품에 의한 화상
- 뜨거운 물에 덴 화상

골절
- 치료 단계가 각각 다른 여러 번의 골절
- 2세 미만의 아동이 보이는 모든 종류의 골절

탈구

사람이 문 잇자국

유기

- 항상 지저분하고, 굶주려 있고, 날씨에 맞지 않는 옷차림의 아동
- 버려진 아동
- 치료받지 않은 의료 문제를 지속적으로 가진 아동

행동지표

아동

- 성인과의 신체적 접촉을 경계한다.
- 성인이 접근하거나 움직일 때 움찔한다.
- 행동의 극적인 변화를 보인다.
- 극단적인 회피나 공격성을 나타낸다.
- 부모나 양육자를 두려워한다.
- 일찍 등교해서 늦게까지 남는다.
- 항상 피곤해 있거나 일과 중에 잠을 잔다.
- 자주 지각하거나 결석한다.
- 술이나 약물을 한다.
- 음식을 구걸하거나 훔친다.
- 삶을 즐기거나 즐거운 경험을 하는 능력이 부족하다.

언어지표

아동

- 아이가 부모나 양육자 때문에 상처가 생겼다고 말한다.
- 부상이나 상황에 대해 비일관적으로 설명한다.
- 부상이나 상황에 대해 믿기 어려운 설명을 한다.
- "선생님하고 살아도 되나요?", "집에 꼭 가야 하나요?", "우리 엄마/아빠는 나를 좋아하지 않아요"와 같은 말을 한다.
- 잘 곳이나 먹을 것이 충분하지 않다고 말한다.

가족지표

가족

- 집이 지저분하다.
- 사회적으로 고립되어 있다.
- 학교나 반 친구들의 접촉에 심하게 폐쇄적이다.
- 정상적인 학교 활동에 참여하는 것을 허락하지 않는다(체육활동, 체험학습 등).
- 아동의 부상이나 건강 상태에 대해 비일관적, 비논리적으로 설명하거나 아무런 설명도 하지 않는다.
- 아동의 부상이나 건강상태에 대해 관심이 없다.
- 아동의 부상이나 건강상태를 숨기려 한다.

- 자녀를 사악하고, 끔찍하며, 다루기 힘들다고 말한다.
- 부적절한 체벌을 했다고 말하거나 교사 앞에서 한다(음식 주지 않기, 장기간 고립, 구타).
- 아동의 품행을 계속적으로 비난한다.
- 술이나 약물을 남용한다.
- 아동의 건강과 관련된 질문에 방어적으로 반응한다.

NOTE 13-2

성적 학대의 지표

신체지표
아동
- 임신했다.
- 성병에 걸렸다.
- 소변에 피가 섞여 나온다.
- 성기가 부어올라 있거나 멍들어 있다.
- 성기에 고름이나 피가 묻어 있다.
- 분명한 신체적 질병이 없는데 자기 몸에 대해 불평한다.
- 속옷이 찢어져 있거나 얼룩져 있다.
- 직장에 출혈이 있다.

행동지표
아동
- 계속해서 성기 주변을 긁는다.
- 의자나 놀이기구에 앉는 것을 불편해 한다(우물쭈물하고, 종종 자세를 바꾸고, 자주 자리에서 일어난다).
- 바지가 젖어서 살갗에 쓸리는 듯이 다리를 벌리고 걷는다.
- 갑자기 식욕을 잃는다.
- 갑자기 악몽에 시달린다.
- 극단적인 회피나 공격성을 나타낸다.
- 성인과의 접촉을 경계한다.
- 성인이나 다른 아이들에게 부적절하게 유혹하는 몸짓을 한다.
- 갑자기 삶에 대한 관심을 잃는다.
- 공상에 빠진다.
- 야뇨증, 손가락 빨기, 심한 울음과 같은 유아기적 퇴행 행동을 보인다.
- 삶을 즐기거나 즐거운 경험을 하는 능력이 부족하다.
- 무분별한 행동을 한다.
- 도망을 다닌다.

- 무단결석을 자주 하다.
- 다른 아동이나 또래집단이 모르는 성적인 기능에 대한 지식을 나타낸다.
- 갑자기 친구들과 놀지 않는다.

언어지표
아동

- 성기 주변의 고통을 호소한다.
- 성인이나 나이든 아동과 성적 접촉을 했었다고 말한다.
- 성인이나 나이든 아동과 지켜야 할 비밀이 있다고 말한다.
- 특정 성인이나 아동과 홀로 남겨지는 것을 두려워한다.
- "그 사람이 나를 가지고 장난쳐요", "그 사람이 나를 만져요", "우리 엄마의 남자친구/아빠/오빠/고모 는 아무도 없을 때 나에게 특별한 행동을 해요" 라고 말한다.

가족지표
가족

- 엄마와 딸 간의 역할 반전이 보인다.
- 지역 사회로부터 고립되어 있다.
- 학교나 자녀의 친구들과의 접촉에 심하게 폐쇄적이다.
- 심한 다툼을 보인다.
- 일상적인 사회적 상호작용에 자녀를 참여하지 못하게 한다.

NOTE 13-3

정서 학대 및 방임의 징후

신체지표
없음

행동지표
아동

- 놀이를 하지 않는다.
- 수동적이고, 순정적이거나 공격적이고, 반항적이다.
- 거의 미소를 짓지 않는다.
- 사회적 기술이 부족하다.
- 사회적 반응이 없다.
- 눈을 맞추지 않는다.
- 지속적으로 관심을 추구하며, 항상 더 많은 것을 원하고 요구하는 것 같다.
- 성인과 무분별하게 조숙한 방식으로 관계한다.

- 먹기를 거부하거나 음식에 집착한다.
- 머리를 흔들거나 손가락을 빠는 경향이 있다.

언어지표
아동
- 잠자는 데 문제가 있다고 말한다.
- 계속해서 자신을 부정적인 용어로 표현한다.
- 가족 참여 활동에 가족이 참여하는 것을 싫어한다.

가족지표
가족
- 자녀에 대해 비현실적인 기대를 가진다.
- 가족의 사회적, 정서적 욕구를 충족시키기 위해 아동에게 의존한다.
- 자녀의 흥미에 관심이 없다.
- 자녀 양육에 대한 기본적인 지식과 기술이 부족하다.
- 자녀를 부정적인 용어로 묘사한다.
- 자녀의 욕구보다 자신의 욕구를 만족시키는 데 더 관심이 있는 것처럼 보인다.
- 자녀를 탓한다.

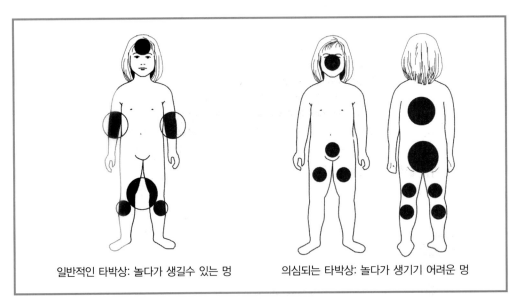

일반적인 타박상: 놀다가 생길수 있는 멍   의심되는 타박상: 놀다가 생기기 어려운 멍

그림 13-4 일반적인 타박상과 의심되는 타박상 위치

출처: Head Start Bureau(1997)

4.5 아동 학대의 보고

미국의 경우 아동 학대 보고 의무자는 다음과 같다.

- 유치원 및 어린이집 교직원
- 소아과 의사와 의료 관련 종사자
- 경찰관
- 정신건강 전문가
- 성직자
- 학교 교직원
- 사회복지사

이러한 보고는 학대 발생 가능성을 의미하는 것이다. 2006년 자료에 따르면 600만 건의 보고 중에서 905,000건이 유죄로 선거되었다(Karageorge & Kendall, 2008). 분명한 학대의 징후가 있을 때에는 이를 문서화하고 아동을 보호할 수 있는 적절한 관계 당국에 보고하는 것이 전문가가 해야 할 적절한 행동이다. 보고 절차는 간단한데, 미국의 경우 각 기관이나 정부 관할 기관마다 따라야 하는 절차가 있지만, 대부분은 다음과 같다.

1. 기관 내 권위 있는 사람(사회복지사, 교장, 원장)에게 의심되는 사례를 보고한다.
2. 해당 지역 사회에서 아동 보호 서비스를 책임지는 사회기관에 구두로 보고한다. 이러한 보고는 의심을 하게 된 개인이 직접 전달하거나 정해진 대변인을 통해 간접적으로 전달 가능하다. 처음 학대를 발견한 개인에 대한 비밀은 보장되며, 본인의 동의하에 알릴 수 있다.
3. 구두 보고를 한 사회기관에 서면 보고를 한다. 이는 보통 2~3일 내에 일어난다. 중요한 정보를 포함하는 서면 진술은 주로 간단하고, 법적인 용어보다 개인이 사용하는 단어로 서술된다.
4. 아동과 같이 면접을 한다. 이는 성적 학대가 의심될 때 가장 흔하게 이루어진다. 어린 아이의 경우 보통 자신이 믿을 수 있는 사람을 배석하고 면접을 하는데, 대부분 그들이 신뢰하는 교사이다.
5. 조사를 계속한다. 이 시점에서부터 사건은 보호기관의 관할권으로 넘어간다. 전문가와의 만남이 바람직하지만 책임은 보호기관의 직원에게로 이양된다.

4.6 교육기관에서 아동 학대의 예방

교육기관에서 일어나는 아동 학대의 발생 비율은 3%이하이다. 비록 작은 사례지만 교사의 보호 아래에서 학대가 일어나는 가능성을 줄이기 위해 최선을 다해야 한다. 따라서 일과 운영과 가족과의 의사소통을 담당하는 직원의 고용 절차와 정책은 아동 학대 예방을 염두에 두고 계획해야 한다. 학대가 일어날 가능성을 줄이는 방법은 표 13-3에 제시하였다.

표 13-3 **교육기관에서 아동 학대를 줄이기 위한 예방법**

채용 방법	• 지원자들을 신중하게 심사한다. 이는 교직원, 대체인력, 자원봉사자 등 아동과 직접적으로 일하는 사람뿐 아니라 조리사, 차량 운전자, 관리인, 경비원과 같이 지원 서비스를 제공하는 모든 사람을 포함한다. • 심사 기준은 서명된 지원서, 개인면접, 아동과 함께 현장에서 지내는 모습 관찰, 추천서, 학업 증명서, 범죄 기록, 모든 종류의 아동 관련 범죄나 다른 폭력 범죄와 무관하다는 서명된 진술서를 포함한다. 과거 유죄 판결에 대해 충분히 알리지 않는 것은 자동적으로 면직 사유가 된다. • 신입 직원은 사전 교육을 시키고, 지켜야 할 아동 학대 예방 절차에 대해 알게 한다. • 신입 직원을 의무적으로 실습시키고, 모델링과 자문을 줄 수 있는 경험 많은 직원과 짝으로 일하게 한다. 아동과의 상호작용을 평가하기 위해 신입 직원을 자주 관찰한다.
일과 운영	• 기관의 훈육 방법을 명확히 규정한다. • 기관은 성인 대 아동의 수 제한하기, 집단 크기 유지하기, 적절한 휴식 제공하기 및 교실 운영, 부모와의 관계, 직원 갈등 그리고 아동 학대 예방과 관련된 재교육 실시하기를 통해 교직원의 피로감을 완화하고 소진되지 않는 조건을 가지고 있어야 한다. • 기관은 아동학대가 일어날 수 있는 사적이고 숨겨진 장소가 없도록 물리적 환경을 구조화해야 한다. 모든 유아교육 공간은 공공장소로 간주한다. 일상적인 일과와 외적 환경(실내, 실외 모두)에서 교직원이 아동과 은밀하게 만날 수 있는 가능성을 없앤다.

출처: Click(2011); NAEYC(1998); Prevent Child Abuse America(1996).

5. 가족과 관련된 윤리적인 차원

가족 구성원은 항상 환영받아야 한다. 프로그램의 성공은 가족과 규칙적으로 의사소통하고, 친밀감을 형성하며 부모 및 다른 가족 구성원과의 관계를 잘 형성하는 것에 달려 있다. 가족은 프로그램의 철학, 목표, 훈육 원칙, 학대 예방 수단에 대한 정보가 필요하다. 가족과의 의사소통에 모든 노력을 다하더라도, 교사는 가족에 대한 윤리적인 상황에 직면하게 된다. 종종 발생하는 윤리적인 상황은 다음과 같다.

- 아동 학대와 방임을 어떻게 다루어야 하는가?
- 이혼한 부모의 양육권 분쟁을 어떻게 다루어야 하는가?
- 교사가 보기에 적절하지 않은 방식으로 아동을 다루도록 요구하는 부모에게 어떻게 대처해야 하는가?
- 심한 신체적 체벌을 사용하는 부모를 어떻게 다루어야 하는가?
- 자신의 자녀를 특별하게 대해 달라는 부모의 요구를 어떻게 다루어야 하는가?
- 교사를 기진맥진하게 하거나 심지어 징계를 요구할 때 어떻게 해야 하나?(Freeman & Swick, 2007, p.164).

위의 예 중에서 가장 곤란한 상황은 아동 학대를 보고해야 하는 것이다. 그러나 만약 아동 학대를 보고해야 한다고 생각된다면, 윤리적인 행동은 아동 학대를 보고한 후에 가족과 만나는 것이다. 가족과 만나는 목적은 가족을 모욕하기 위해서가 아니라 가족 몰래 어떤 것을 하지 않았고 당신 가족을 존중한다는 것을 보여주기 위해서이다.

가족에게 아동 학대를 의심한다는 것을 알려주고, 교사가 법적으로 학대를 보고해야 하는 학대 보고자임을 설명해주어야 한다. 가족을 도울 준비가 되어 있다는 것을 알려주어야 하며, 특히 부모가 학대에 관련되어 있을 때에는 학대 부모의 적대적인 반응을 예상해야 된다.

이때 가족을 비난하거나 자신의 행동을 정당화하려고 애쓰면 안 된다. 자신과 식구의 행동을 변호하든가, 정상 참작할 수 있는 행동을 설명하게 하든가, 교사를 고소하든지, 부모가 교사의 행동에 대한 반응을 선택하게 해야 한다. 이 과정에서 반영적 경청을 사용한다.

그리고 이와 관련된 모든 문제는 비밀을 유지해야 한다. 다른 부모나 교사에게 알려서는 안 되며, 궁금해 하는 사람에게 관련 정보를 이야기할 권한이 없다고 설명한다. 만약 학대 가족과 지속적으로 만나야 하는 상황이라면 학대 가족을 정중하게 대해야 한다. 그들의 존재를 인정하고, 이들과 대화하고, 진심으로 대해야 한다. 이것은 이전보다 이들에게 더 과장되거나 더 친절하게 대하라는 것은 아니며, 특별한 상황이 아닌 일상적인 대화를 해야 한다는 것이다.

가족에 대한 윤리적인 판단을 해야 하는 모든 경우에 교사는 자신의 도덕적, 개인 특유의 판단을 뒤로 하고 교사 윤리 강령을 따라야 한다. 부모와의 관계에서 각 가족의 힘, 희망, 꿈에 대해 존중(Respecting), 반응(Responding), 반영(Reflecting)의 3R을 사용해야 한다(Freeman & Swick, 2007, p.169).

윤리적 판단을 하는 기술

윤리적 판단을 내리는 방법

1. 윤리적 시사점이 있는 상황들을 찾아본다

가설 상황이나 실제 상황 모두를 포함한다. 윤리적 딜레마에 관한 사례를 알기 위해 관련 문헌을 참조하고, 이러한 문제에 접근하는 방법들에 대해 생각해본다. 각 주제마다 사례 해결책을 참조하여, 같은 분야에서 일하는 다른 사람들의 방법과 자신의 방법을 비교해본다. 덧붙여 아동과 가족과의 경험을 기록해 두어, 적절한 환경에서 동료들과 상의할 수 있도록 실제 생활의 예들을 분류해 놓는다.

2. 유관 기관의 윤리 강령을 숙지한다

윤리 강령을 검토하고, 어떤 내용이 포함되어 있는지 알아둔다. 개인적, 전문가적 가치관을 혼란스럽게 하는 상황에 직면할 때마다 이를 참조한다.

3. 윤리적 딜레마에 대해 윤리 강령을 적용하는 연습을 한다

사건의 복합성이나 미묘한 특성 때문에 그 상황이 윤리적인지 비윤리적인지 구분하기 힘든 경우가 있다. 연습을 통해 윤리 강령을 적용하는 기술과 자신감을 증진시킬 수 있다. 소집단으로 정기적으로 연습할 때 가장 큰 도움이 된다.

• 먼저 어떤 문제 상황이 윤리적 딜레마인지 정한다. 모든 부정적인 상황이 윤리적 문제를 가지는 것은 아니다. 윤리는 옳고 그름이 있는 것이다.

• 윤리적 문제를 유발하는 신호를 구별하고, 다른 사람들이 사용하는 신호가 무엇인지도 유념한다. 자신의 신호와 비교해보고, 이후에 도움이 될 만한 신호를 더하거나 필요 없는 것은 제외한다.

• 다른 사람들의 중재가 필요한 경우를 분류한다. 윤리적 딜레마에 대처하기 위해 한 사람 이상의 중재가 필요할 수 있다. 어떤 대처 방법들이 있는지 탐색해본다.

• 마지막으로 상황을 해결하기 위한 계획을 세울 때 우선순위와 책임에 관한 강령을 참조한다.

한 가지 해결 방법으로 합의한다는 것이 아니라, 그 문제에 대해 윤리적 접근을 하는 하나 이상의 방법을 가지라는 것이다. 자신의 생각에 가장 가까운 몇 가지의 전략을 검토하고, 계획을 수행하기 위해 어떤 말을 하고 어떻게 행동할지 생각한다. 가설 상황에서 나타난 반응을 기록한다. 실제 상황에서 계획대로 실행하고, 이후에 참조할 것을 대비하여 결과를 기록한다.

4. 특정 방법을 사용한 이유를 말할 때 윤리 강령을 참조한다

이러한 대화를 부모, 동료, 또는 전혀 모르는 사람과 할 수 있다. 다른 사람에게 윤리 강령에 있다고 말하는 것은 전문가적 자질을 나타내는 좋은 방법이다. 이는 직관적으로 이해되지 않는 판단이나 의사결정에 정당성을 제공한다. 예를 들어, 교사가 처벌로 음식을 빼앗지 않거나 화장실 사용을 통제하지 않는 이유는 윤리 강령에 따르면 이 같은 행동이 비윤리적이기 때문이다. 부모에게 자녀가 관련된 사건을 알리거나 가족의 비밀을 보장해야 한다는 것은 전문가의 윤리적 행동으로, 이러한 사항은 강령에 명시되어 있다. 강령을 주기적으로 참조하는 것은 기준을 항상 염두에 두는 좋은 방법이다.

일상적인 일에 대해 판단하는 방법

1. 자신에게 중요한 가치관을 항상 염두에 둔다

자신의 삶에서 내린 결정들이 어떤 가치를 대변하는지 생각해본다. 어떠한 기본 신념으로 아동이나 가족과 상호작용 하는지 판단한다. 자신이 내린 결정에서 구분되는 유형이 있는지 살펴보고, 친구나 동료와 자신의 생각을 의논해본다. 자신의 반응을 다른 사람의 것과 비교해보고, 특정 과정을 선택하게 된 이유를 밝혀본다. 가치를 명확히 할 수 있는 형식적인 기회를 이용한다.

2. 상황을 종합적으로 평가한 뒤 판단한다

초기에는 먼저 아동의 관점에 대한 이해, 자신의 정서적 상태에 대한 인식, 아동 연령과 과거 경험에 대한 고려, 상황적 맥락에 대한 분석을 한다. 교사가 관찰자의 위치에 있고 아동의 안전이 걱정되지 않는 상황이라면, 행동을 하기 전에 잠시 문제를 분석하는 시간을 가진다. 즉각적인 반응이 필요한 상황에 있다면, 아동과 교사 자신의 견해를 확실하게 알기 위해 정서적 반영과 중간 단계의 개인적 메시지인 감정과 감정이 유발되는 이유를 설명해준다. 좀 더 생각할 시간이 필요하다면, 아동에게 다음과 같이 말한다. "잠깐만 생각한 뒤 어떻게 할지 결정하마."

3. 있을 수 있는 결과에 대하여 대안적 방법을 고려한다

특별한 상황에서의 다양한 반응들을 상상해본다. 각 반응이 아동, 교사 그리고 다른 사람들에게 미칠 수 있는 가능한 영향을 예측해본다. 각각의 결과가 모든 이들의 최근 목표를 지지하는지 또는 방해하는지에 대해 생각해본다.

4. 아동을 위한 전반적인 목표를 지지하고 그 상황에서의 우선순위에 기초한 방법을 선택하고 실행한다

아동 개개인과 집단을 위한 목표가 무엇인지를 생각하고 주어진 상황에서 무엇이 가장 중요한지를 판단하도록 도와주는 원리들을 참고한다.

5. 중재하지 않는 것도 하나의 방법이다

특정 상황에서 행동을 취하지 않는 것도 판단의 결과일 수 있다. 다른 사람에게 영향을 주지 않는 사건의 경우, 반응하지 않을 필요도 있다.

6. 아동의 연령과 경험에 기초하여 기준을 적용한다

아동의 수행을 기대할 때 아동 발달과 학습에 대한 지식을 참고한다. 처음 몇 번의 시도로 완벽한 수행을 기대해서는 안 되며, 실수를 허용해야 한다. 아동이 할 수 있는 것과 없는 것을 자세히 관찰한 후, 기준을 마련한다. 그리고 숙련될수록 점차적으로 기대치를 높인다.

7. 새로운 정보의 관점에서 상황을 재평가한다

새로운 지식을 획득할 때마다 목표, 방법, 기준에 대한 다른 판단을 내릴 수 있다. 이전에 선택하지 않았던 방법을 사용하거나 전혀 새로운 방법을 개발할 수도 있다.

8. 교사 자신이 내린 윤리적 판단을 평가한다

교사 자신의 생각과 행동의 결과를 평가하는 시간을 가져야 한다. 일어날 것으로 예상한 결과가 현실로 나타났는지를 살펴본다. 그러했다면 그 방법이 바람직한 목표에 기여했는지 자문해본다. 만약 기대한 효과가 없었다면 그 이유와 적절한 대안이 무엇이었는지 생각해본다. 그리고 동료 교사나 상사와 이에 관해 논의해본다.

9. 잘못 내린 판단을 통해 배운다

금방 후회할 판단을 내리는 경우도 있다. 이 경우 마음속으로 그러한 판단을 내리게 된 조건을 검토하고, 무엇 때문에 그렇게 반응했으며, 당시에 가능했던 다른 대안들이 무엇이었는지 생각해본다. 무엇이 잘못되었는지 판단하고, 다시 그러한 결정을 내려야 한다면 어떻게 달리 할지를 생각해본다. 때때로 자신이 잘못 판단하였고, 다른 방법이 더 나았을 것이라는 결론을 내릴 수도 있다. 혹은 비록 결과가 부정적이거나 스트레스가 많더라도 자신의 판단이 적절했다고 생각할 수도 있다. 미래에 유사한 상황에서 결정을 내릴 때를 대비하여 관련 정보를 마음속으로 정리한다. 지나간 판단에 대해 계속해서 고민할 필요는 없다.

10. 잘못된 판단을 내린 동료를 도와준다

동료가 잘못 판단한 경우, 진정하도록 하고 격려해준다. 결정에서 무엇이 잘못되었는지 평가할 때 들어주고 옆에 있어준다. 무엇이 잘못되었는지 밝히고, 개선적인 방법이나 대안적인 방법을 제안해준다.

11. 목표, 방법, 기준이 동료나 학부모와 다르다면 이들 간의 공통된 가치관을 찾아본다

접근 방식에서의 차이에 대해 이야기를 나눈다. 상대방이 상황과 전반적인 목표를 어떻게 이해하는지 들어봄으로써 다른 사람이 지각하는 바를 탐색하여야 한다. 신중하고 차분하게 경청하고, 속단해서 끼어들거나 미숙하게 자신의 의견을 말해서는 안 된다. 관심과 수용을 전달하는 반영적 경청 기술을 사용한다. 상대방이 하는 말에 연연해하지 말고 그들이 전하는 메시지의 핵심을 파악해야 한다. 그리고 그 수준에서 공통의 목표를 찾아야 한다. 그런 다음 모두가 받아들일 수 있는 목표, 방법 그리고 기준을 협상한다. 대부분의 경우 이러한 방식으로 명료화하는 것은 상호 이해와 통합된 접근을 가져온다. 가치관에서 진정한 차이가 있다는 것을 깨닫는다면 사건의 현 상태를 인정하고, 이러한 상황을 해결할 수 있는 방법을 찾는다.

아동의 극단적인 행동을 다루는 방법

1. 아동이 극단적인 행동을 보인다고 판단하기 전에 아동에 대해 제대로 알고 있어야 한다

어떤 행동이 있다는 것만으로 문제 행동을 판단할 수도 있지만, 각 아동에게 있어서 무엇이 전형적인지를 판단하기 위해서는 충분한 시간을 갖는 것이 중요하다.

2. 극단적인 행동으로 판단하기 전에 적절한 지도 기술로 행동을 변화시키려는 노력을 한다

앞에서 배운 기술을 사용하여 문제 행동을 다룬다. 일관되게 접근하고, 방법이 효과를 거둘 수 있을 만큼의 충분한 시간(보통 몇 주)을 둔다. 동료 교사에게 부탁하여 자신의 계획이 적절한지 살펴보게 하거나 제대로 수행하는지를 관찰해 달라고 부탁한다. 만약 계획이 잘못되거나 방법이 비효과적이어서 아동의 문제 행동이 지속되는 것으로 나타나면 적절하게 수정해야 한다.

3. 아동의 행동이 극단적이라는 판단을 다시 점검해본다

일정 기간 동안 아동의 행동을 객관적으로 기록하고, 10장에서 언급한 기능적인 평가의 A-B-C를 사용한다. 그리고 연령 규준을 설명하는 자료를 참조한다. 그 행동이 아동의 연령에 적절하지 않다면, 비슷한 연령의 다른 아동이 활동적일 때와 조용할 때를 신중하게 관찰한다. 다른 아동이 문제되는 행동을 보이지 않는다면, 경험이 풍부하고 신뢰할 수 있는 동료와 의논해본다. 또한 상사나 동료에게 자문을 구해서 그 행동을 아동의 연령이나 상황에서 받아들일 수 없는 행동으로 보는 것에 동의하는지 검토해본다. 다른 사람들도 그 행동을 극단적인 것으로 본다면 아동의 부모와 상담을 해야 한다.

4. 아동의 극단적인 행동과 관련된 걱정에 대해 가족과 의논한다

직접 만나든, 전화상이든 또는 메모를 적어 보내든 간에 부모에게 아동에 대한 걱정을 전달하고 만나도록 한다. 자세하게 설명하는 것을 피하는 한편, 비밀스럽거나 이상하게 들리지 않도록 해야 한다. 이때 부모를 놀라게 하거나 방어적으로 만들 수 있으므로, 다음과 같이 말하는 것이 도움이 된다. "성주를 지난 며칠간 관찰하고 있는데, 갑작스럽게 다른 아이들과의 상호작용에 대한 흥미가 떨어져 걱정이 됩니다. 보통 때는 꽤 사교적이었는데, 요새는 그렇지 않아요. 만나서 좀 더 자세하게 의논을 드리고 싶습니다." 면담을 할 때 문제가 되는 행동의 구체적인 예들을 미리 준비한다. 같은 행동이 집에서도 일어나는지 알아보고, 그것을 부모가 이상하게 생각하는지도 알아본다. 면담을 하면서 그 행동이 극단적이라고 결론을 내리게 되면, 부모와 함께 걱정하고 이러한 판단의 근거를 제시한다. 부모가 할 수 있는 구체적인 방법에 대해 제안할 수 있도록 준비를 한다.

5. 해당 문제를 가장 잘 다룰 수 있는 전문가를 찾아주거나 추천해준다

가족과 함께 상담할 전문가를 정한다. 만약 행동이 식습관, 배설, 수면, 과잉 에너지 또는 에너지 부족, 우울증과 같이 신체적인 것이 원인이면, 가족은 먼저 의사를 만나야 한다. 신체적인 이유가 없는 극단적인 행동이라면, 걱정되는 문제 행동을 다루는 훈련된 상담 전문가를 먼저 만나야 한다. 이들 전문가는 대부분 의사보다 문제 행동에 더 익숙하다. 유능한 문제 행동 전문가는 신체적인 이유가 원인인 경우를 구분할 수 있으며, 이러한 경우에는 의사의 자문을 제안할 것이다.

6. 아동의 극단적인 행동으로 외부의 도움을 구하는 가족에 대해 정서적으로 지원한다

보통 의뢰 과정은 시간이 많이 걸리며, 가족은 불안해하고 좌절하기 쉽다. 격려나 위로의 말을 전하고, 가족의 불평이나 한탄을 기꺼이 들어주어야 한다. 이해한다는 것을 알릴 수 있도록 반영적 경청 기술을 사용해야 한다. 가능하다면 의뢰 과정을 빨리 진행시키기 위한 부가적인 행동을 취한다.

7. 아동이나 가족이 외부 기관의 도움을 받을 때 진척 사항을 추가적으로 점검한다

의사나 전문가를 만나기로 하였다면 신속하게 진행해야 하는데, 직접 연락하거나 기관에서 정해진 경로를 통해 연락한다. 의뢰의 진행 상황을 주기적으로 검토하고, 실제로 연결되었는지 확인한다. 가족이 도움 청하기에 일차적인 책임이 있다면, 어떤 일이 일어나고 있는지를 확실히 하기 위해 교사는 가족과 정기적으로 대화해야 한다.

8. 자문하는 전문가에게 관련된 정보를 정확하게 제공해준다

아동의 행동에 대한 교사의 관찰 내용을 구두 또는 서면으로 알려준다. 아동의 행동과 관련된 내용을 기록하거나 보고서로 요약한다. 전문가가 교실에서 아동을 관찰할 수 있도록 해준다. 그리고 전문가와 가족과 함께 만날 것을 제안한다.

9. 교실에서 아동의 극단적인 행동을 다루는 방식을 가족이나 상담자가 제시한 방법에 맞추어 조정한다

어떤 행동을 권했는지 알아보고 상담자 및 가족과 함께 도움이 되는 행동 방식뿐 아니라, 기관에서 상담자가 권고해준 방법을 실행할 가능성에 대해 의논해본다. 예를 들어, 집이나 치료 과정에서 특정 행동을 보일 때 보상을 주고 다른 행동은 무시하기로 했다면, 기관에서도 똑같은 지침을 따르는 것이 좋다. 아동이 기관에서 보이는 진전과 관련해서 가족과 상담자에게 피드백을 제공해준다. 계획의 변화나 수정 사항과 관련해서 제안을 해주고, 교사의 행동에 대한 피드백도 요청한다. 이 기간 동안 가족 및 상담자를 주기적으로 만난다.

아동 학대와 방임을 다루는 방법

1. 아동 학대와 방임을 보고하는 적절한 절차를 숙지한다

학대가 되는 내용, 그러한 사건을 담당하는 개인이나 기관, 법적으로 학대를 보고해야 하는 사람, 그러한 보고를 하는 사람에게 제공되는 보호 조항 등 아동 학대와 방임과 관련된 법을 읽어보고, 기관의 보고 형식을 알아야 한다.

2. 아동 학대와 방임의 징후를 주시한다

Note 13-1, Note 13-2와 Note 13-3에 요약된 신체, 행동, 언어, 가족 지표를 이용한다. 아동에게 주의를 기울이고, 자세히 살피고, 아동이 하는 말에 귀 기울인다. 학대의 징후는 아동이 우연히 하는 말이나 사건에 대한 이야기를 통해 밝혀지기도 한다(Austin, 2000). 아동의 몸 상태나 행동의 변화에 집중해야 한다. 아동이 계속해서 배고픔을 호소하거나 "거기 아래가 다쳤다"고 하거나, "사촌이 줄로 때렸다"고 할 때, 아동의 말을 믿어야 한다(Hendrick & Weissman, 2011). 대부분의 아동은 학대나 희롱에 대해 거짓말을 하지 않는다.

3. 의심되는 것을 문서화한다

아동 학대나 유기를 의심하게 하는 징후는 기록으로 남기고, 발생한 날짜도 적는다. 하나 이상의 징후가 있다면 각각을 기록한다.

4. 아동이 학대 받은 것에 대해 이야기할 때 다음과 같이 적절하게 반응한다

- 개방적이고 관대한 자세로 조용히 안심시킨다.
- 다른 아동이 듣지 못하도록 개인적인 장소로 아동을 데리고 간다.
- 아동 발달 수준에 적합한 언어를 사용하고 아동이 이미 사용하지 않은 단어는 사용하지 않는다. 일반적이고 개방적인 질문부터 시작한다. '왜'라고 묻지 않고 '무엇'과 '어떻게'라고 묻는다.
- 반영적 경청과 최소한의 반응을 한다.
- 아동을 진지하게 대한다.
- 아동이 죄의식, 부끄러움, 공포, 양가적 감정과 같은 감정을 드러내게 하고 이러한 감정이 정상적이라는 것을 알게 한다.
- 대상 아동이 혼자가 아니며 도와줄 수 있다는 것을 확신시킨다. 그러나 "괜찮을 거야" "나쁜 일은 생기지 않아"와 같은 잘못된 약속은 하지 않는다.
- 보고를 하기 위해서 필요한 정보만을 얻어야 한다.
- 아동에게 학대는 아동 자신의 잘못 때문이 아니라는 것을 확신시킨다. 문제에 대해서 솔직히 털어놓은 것에 대해서 아동에게 감사하다고 말한다.
- 학대자라고 의심되는 사람을 비난하지 않는다.

- 학대가 다시 발생한다면 믿을 수 있는 성인에게 이야기 하는 것과 같이 아동이 취할 수 있는 안전한 행동 방법을 알려준다(Austin, 2000, pp. 3-5).

5. 아동 학대나 유기로 의심되는 사례는 신속하게 보고한다

아동 학대의 지표에 명시된 징후들이 아동이나 가족에게 보인다면, 이를 보고해야 한다. 상황이 바뀌거나 잘못 판단했을지 모른다는 기대로 지체해서는 안 된다. 무엇을 해야 할지 망설여서는 안 된다. 일단 의심되면, 해야 할 행동은 분명하다.

6. 스스로 학대와 유기의 피해자라고 밝히는 아동을 안심시킨다

"이런 이야기를 나한테 하는 것이 힘들었지" 또는 "엄마가 네 이를 부러뜨려서 놀랐겠구나. 나에게 이야기해주어서 고맙다"와 같이 말한다. 아동이 한 말을 믿고 있다는 것과 그 사건을 보고한다고 해도 아동에게 해롭지 않다는 것을 알려준다. 혼란스러움, 걱정, 분노, 또는 죄책감과 같은 아동의 감정을 수용해준다. 아동이 자신의 감정에 대해 말하도록 하고, 각 사건에 대해 아동이 원하는 만큼만 설명하도록 한다. 아무리 불편하고 괴로워도 학대 아동을 수용하고 지지해주어야 한다. 한편, 아이의 능력과 의사를 넘어설 정도로 자세히 설명하도록 강요해서는 안 된다. 일어난 일에 대해 교사가 느끼는 안타까움을 전하지만, 동시에 아동의 가족을 비난해서는 안 된다. 학대받은 아동이라 할지라도 종종 가족 구성원에게 충성하는 마음을 갖는다. 가족을 방어해야 한다고 느끼면 아동은 교사의 도움을 거절할지 모른다.

많은 아동이 학대 상황에 대해 자신도 책임이 있다는 죄의식을 느낀다. 아동은 '가치가 없어서' 또는 '못생겨서' 또는 '나빠서' 어른이 자신을 학대할 수밖에 없었다고 생각할 수 있다. 일어난 일이 그들의 책임이 아니라고 강조함으로써 이러한 잘못된 인식을 교정해주어야 한다. 대신 어른의 행동이 잘못된 것이라고 말한다. 종종 어른들은 화가 나거나 혼란스럽거나 외롭지만, 그렇다고 아동을 때리거나 속이거나 이상한 행위에 순종하게 하는 것은 잘못이라고 설명한다.

7. 평상시에도 아동과 신체적 접촉에 대해 이야기를 나눈다

영아기부터 아동기 동안 계속해서 신체적 상호작용을 설명하는 감정 단어들을 사용한다. 만지는 것이 자신과 다른 사람에게 어떤 영향을 미치는지 알려준다. "안아주면 기분이 좋아." "꼬집는 것은 아파." "유나가 등을 긁어 줄 때 기분이 좋았지." "희준이가 너를 때렸을 때 기분이 좋지 않았지." 아동이 커 가면서 신체적 접촉과 관련된 단어들을 더 많이 알려준다. 아동이 이러한 특수한 단어에 익숙하도록 하는 것은 개인의 안전을 가르치는 첫 단계이다.

8. 아동에게 개인 안전을 가르친다

아동의 이해와 경험에 맞추어 해로운 접촉을 피하는 방법을 가르친다.

- 아동과 함께 기분 좋은 접촉과 기분 나쁘게 하는 접촉에 대해 이야기한다. 처음에는 기분이 좋지만 결국에는 불쾌하게 하는 것(간질이기, 힘찬 포옹, 애무)과 같이 당황스러운 접촉에 대해 이야기

를 나눈다. 누구든 다른 사람에게 나쁜 접촉이나 당황스러운 접촉을 할 권리가 없다는 것을 알려준다. 자신이 좋아하지 않는 방식으로 누군가가 만지려 할 때, "안 돼"라고 말하고 자리를 피한 후, 믿을 수 있는 사람에게 알리게 한다.

- 누군가가 다른 사람을 속여서 어떤 일을 하게 하는 상황을 가상극으로 꾸며본다. 사전 훈련 경험이 없는 어린 영유아의 경우 성적 학대와 관계없는 분명한 속임수에 대한 내용으로 시작한다. 속임수의 개념을 이해하기 시작하면, 부적절한 접촉(뇌물 주기, 비밀 지키기, 아첨하기)을 설명하는 상황극을 보여준다. 다른 사람이 아동을 강제로 만지려 하거나 자신을 만지도록 속이는 것은 괜찮지 않다는 점을 강조한다. 어떤 사람이 자신을 만지거나 이해하지 못하는 행동을 하라고 하면, "싫어요. 저리 가세요"라고 말한 후, 믿을 수 있는 사람에게 알려야 한다고 가르친다.

- 아동이 위험한 상황에 대한 반응 방법을 아는지 알아보기 위해 "만약 ~한다면?"이라는 게임을 실시한다. '길거리에 있는 남자가 강아지 보러 들어오라고 한다면', '보모가 엄마나 아빠로부터 비밀을 지키라고 말한다면', '공원에서 친구들과 싸웠는데 네가 모르는 예쁜 아줌마가 집까지 차로 태워준다고 한다면'과 같은 가상의 사건을 꾸며본다. 아동에게 답을 생각해보도록 하고, 정확한 정보를 제공해준다. 충분히 논의하기 위해 개방형으로 질문한다.

9. 아동 학대가 예견되거나 발생했을 때에도 가족에게 조심스럽게 대해야 한다

학대 부모를 도와줄 수 있는 기관을 알고 있어야 한다. 연구에 따르면, 많은 학대 부모는 도움을 통해 더 이상 신체적 폭력을 행사하지 않을 수 있다(Shaffer, 2009). 이는 그들을 도와줄 수 있는 기관이나 프로그램에 참여하도록 하는 것이 얼마나 중요한지를 보여준다. 가능한 많이 지역사회 내의 지원 프로그램을 알아보아야 한다. 응급전화, 일시적 위탁, 부모 집단, 부모 교육 기회, 워크숍과 같은 단기적인 대안을 살펴본다. 또한 지역사회 내 개인상담가나 가족치료사, 정신건강원, 종교 및 사회복지서비스뿐 아니라 전국아동학대 예방위원회와 같이 전국적으로 잘 알려진 집단을 포함하는 장기적 대안들을 알아둔다.

피해야 할 함정

◆ 시간에 쫓겨 신중하지 못한 판단을 내리는 것

때로 전문가들은 너무 바빠서 무엇을 할지 고민할 시간이 없다고 생각하여 본능적으로 반응한다. 가끔 이들의 직관은 정확하며 적합하기도 하지만 대체로 단기적인 목적은 달성하지만, 장기적인 목표는 포괄적으로 다루지 못한다. 항상 무엇을 해야 할지를 숙고하는 것은 불가능하지만, 대략 그 상황에서 판단하는 과정을 통합할 정도는 가능하다. 나중에라도 자신의 판단을 평가하는 것은 중요한 전문가적 기술이다. 더욱이 안전이 염려되지 않는 경우라면, 되는대로 반응하기보다 숙고하는 시간을 갖기 위해 반응을 늦추는 편이 낫다.

◆ 잘못된 판단을 오랫동안 고집하는 것

사람들은 판단을 내리는 데 들인 시간과 노력 때문에 이미 선택한 방법을 고집하기도 한다. 그래서 목표나 기준이 적합하지 않은 경우, 다른 상황에서는 유용했던 방법이 효과적이지 않은 경우나 계획대로 되지 않는 경우의 신호를 알아차리지 못한다. 이 단서들을 계속해서 무시할 경우 상황은 악화된다. 이러한 함정을 피하는 가장 좋은 방법은 상황적 맥락 내 변화에 민감하고, 새로운 정보에 수용적인 태도를 갖는 것이다.

◆ 자신의 한계를 알지 못하는 것

어떤 교사는 자기 능력 밖의 문제를 지닌 아동에 대해서도 자신이 도울 수 있다고 생각하는데, 이는 잘못이다. 이러한 태도는 다음과 같은 결과를 초래할 수 있다.

• 자신이 아동을 적절하게 보살필 수 있고 아동을 충분히 이해하여 무엇을 해야 할지 아는 유일한 사람이라고 생각할 수 있다.

• 아동의 삶에서 자신의 역할을 지나치게 강조하고, 다른 전문가의 도움을 참견이라고 생각할 수 있다.

• 아동의 상황이 얼마나 심각한지를 깨닫지 못할 수 있다.

• 외부 전문가에게 자문을 구하는 것을 자신의 능력 부족의 지표로 해석할 수 있다.

• 자신이 가지지 않은 기술을 가지고 있다고 생각할 수 있다.

어떠한 경우라도 이렇게 생각하는 것은 아동에게 적절한 환경을 제공하지 못한다. 아동을 다른 전문가에게 의뢰하는 것이 최선인 상황에서도 이를 거부하는 교사는 자신의 태도를 점검해보아야 한다.

◆ 외부 전문가가 개입할 때 자기 역할을 명확히 하지 않는 것

외부 전문가와 함께 일하는 것은 협업의 노력이 필요하다. 아이들은 자신이 속한 중간체계에서 일관된 방법을 사용할 때 가장 큰 도움을 받는다. 따라서 교사는 외부 전문가가 어떻게 행동하기를 기대하는지 명확히 알아야 한다. 필요한 사항을 막연히 이해하는 것이 아니라 구체적인 기대에 대한 목록을 작성해야 한다. 따라서 상호 간의 목표와 그것을 지원하는 전략과 기준을 명확히 하는 것이 중요하다.

◆ 외부 전문가의 권고가 실효를 거둘 수 있을 만큼의 충분한 시간을 주지 않는 것

외부 전문가와 협업할 때 저지르는 가장 흔한 실수는 상호 동의한 계획을 조급하게 포기하는 것이다. 외부 전문가의 도움을 받을 때 교사는 즉각적인 효과를 기대하게 되어, 효과가 나타나지 않을 때 실망감으로 포기하게 된다. 이러한 오류를 피하기 위해 외부 전문가와 함께 어느 정도의 진전이 어느 시기에 나타날지에 대해 미리 협의하는 것이 좋다. 사용하는 방법이 몇 주 혹은 몇 달에 걸쳐 계속되어야 기대하는 변화가 일어날 수 있다는 사실을 알면 잘 참을 수 있고 퇴보를 견딜 수 있다.

◆ 학대의 신호를 무시하는 것

어려운 상황을 회피하고 싶거나 사실이 아니라고 믿고 싶을 때, 교사는 학대를 짐작하게 하는 명백한 신호를 간과할 수 있다. 아이가 멍들어 있거나 엄마가 구타를 했다고 말해도 교사는 '모든 아이들은 때때로 맞지'라고 생각할 수 있다. 어린 여아의 질이 상하거나 출혈이 있을 때 자위행위의 결과라고 생각하기도 한다. 아이가 지저분하고 냄새가 날 때에도 특정 문화 집단이나 사회 계층에서 있을 수 있는 일이라고 무시한다. 사실이 아닌 자신의 심리 정서적인 방어에 기초해서 이 같은 결론에 도달하면 아이들은 제대로 도움을 받지 못한다. 학대를 나타내는 모든 신호는 심각하게 고려해야 한다. 아이들이 현실을 외면하는 어른 때문에 고통 받아서는 안 된다.

◆ 아동 학대가 의심되는 가족을 위협하는 것

교사는 종종 아동 학대 사례를 보고하지 않고 가족에게 직접적인 중재를 시도하여 "또다시 이런 일이 있으면 보고하겠습니다" 혹은 "그만한다고 약속하면 보고하지 않겠어요"라고 말한다. '법적인 혼란을 피하기 위해서'나 '가족이 창피하지 않도록'과 같은 의도에서 이처럼 행동한다. 하지만 어느 경우에라도 이러한 방법을 사용해서는 안 되고 아동 학대에 대해 이 장에서 명시된 절차를 따라야 한다.

◆ 개인 안전을 가르치기 위해 아동을 겁주는 것

낯선 사람과의 신체 접촉을 조심하도록 가르칠 때 교사는 의도적으로 경고를 지나치게 일반화해서 아동이 모든 사람과 모든 종류의 신체적 접촉을 무서워하도록 한다. 끔찍한 학대의 세세한 부분을 설명하거나 모든 상황을 안전하지 않은 것으로 다루거나 '좋은 접촉'과 '나쁜 접촉'의 구분을 불분명하게 하면 아동이 부정적인 지각을 하게 된다. 어린 아동에게 항상 위험을 느끼도록 하는 것은 건강하지 못하다. 아동은 조심해야 하지만 지나친 공포나 불신감을 갖지 않도록 균형 있는 시각을 접해야 한다.

◆ 개인적으로 안전 훈련을 받은 아동은 성적 학대에서 보호될 것이라고 가정하는 것

안전 훈련을 받았더라도 아이들이 친밀한 어른들에게 "싫어요"라고 말하는 것은 어려운 일이다. 어린 아이들이 스스로를 보호할 수 있다고 기대해서는 안 된다. 개인 안전 훈련은 아이들이 사용할 수 있는 잠재적인 도구이지, 있을 수 있는 모든 학대에 대항하게 하는 예방법은 아니다. 아동은 지속적으로 어른들의 보살핌을 필요로 하며 아동의 성적 학대 가능성에 대해 항상 민감해야 한다.

SUMMARY

교사는 아동과 관련하여 장·단기적 판단, 시간을 가지고 조심스럽게 내리는 판단과 즉시 내려야 하는 판단, 효과가 크거나 작은 판단을 지속적으로 하게 된다. 모든 윤리적 판단은 신중하게 해야 한다. 윤리적 판단은 프로그램의 목표, 방법, 기준과 관련되어 있고 윤리적 판단에 영향을 주는 요인은 전문가로서의 가치관, 아동 발달에 대한 지식 그리고 상황적인 맥락이다.

윤리적 판단을 하는 데 관련된 여섯 가지 원칙을 제시하였고 전문가로서 지켜야 할 윤리강령을 제시하였다. 이 장에서 일상적인 윤리적 판단 외에도, 특별한 판단이 필요한 아동의 극단적인 행동 및 아동 학대에 대해 다루었다. 극단적인 행동은 생리적 원인, 아동의 공포, 아동기 우울증에서 기인한다.

아동 학대와 방임에 대한 윤리적 판단은 아동의 건강과 안녕에 결정적이다. 아동 학대와 방임에 대한 윤리적 판단을 위해서는 문제의 범위, 학대자, 피해자, 학대의 징후, 그리고 학대 보고 방법을 알아야 한다.

프로그램의 성공은 기관의 철학, 목표, 훈육방법, 의사소통방법, 아동의 신체적 안정과 심리적 안정을 유지하기 위한 방법을 포함해서 기관에 대한 정보를 가족과 공유하는 것에 달려있다.

참고문헌

Aamodt, S., & Wang, S. (2008). *Welcome to your brain*. New York, NY: Bloomsbury.

Adelman, L. (2007). *Don't call me shy: Preparing shy children for a lifetime of social success*. Austin, TX: LangMarc Publishers.

Afifi, T. O., Mota, N. P., Dasiewicz, P., MacMillan, H. L., & Sareen, J. (2012, July 2). Physical punishment and mental disorders: Results from a nationally representative sample. *Pediatrics, 130*(184); DOI:10.1542/peds.2011-2947.

Ahn, H. J., & Stifter, C. (2006). Child care teacher's response to children's emotional expression. *Early Education & Development, 17*(2), 253-270.

Alaska Department of Education and Early Development Division of Teaching and Learning Support. (2007, December). State of Alaska Early Learning Guidelines. Retrieved from http://www.eed.state.ak.us/publications/EarlyLearningGuidelines.pdf.

Alberto, P., & Troutman, A. (2009). *Applied behavior analysis for teachers* (8th ed.). Upper Saddle River, NJ: Merrill.

Aldrich, J. E. (2002). Early childhood teacher candidates' perceptions about inclusion. *Journal of Early Childhood Teacher Education, 23*(2), 167-173.

Aldwin, C. M. (2007). *Stress, coping, and development: An integrative approach* (2nd ed.). New York, NY: The Guilford Press.

Alink, L. R. A., Mesman, J., van Zeijl, J., Stolk, N., Juffer, F., Koot, H. M., Bakermans-Kranenburg, M. J., & Ijzendoorn, M. H. (2006). The early childhood aggression curve: Development of physical aggression in 10- to 50-month-old children. *Child Development, 77*, 954-966.

Allen, K. E., & Cowdery, G. E. (2012). *The exceptional child: Inclusion in early childhood education* (6th ed.). New York, NY: Thomson Delmar Learning.

Alsaker, F. D., & Gutzwiller-Helfenfinger, E. (2010). Social behavior and peer relationships of victims, bully-victims, and bullies in kindergarten. In S. R. Jimerson, S. W. Swearer, & D. L. Espelage (Eds.), *Handbook of bullying in schools: An international perspective* (87-99). New York, NY: Routledge.

American Academy of Pediatrics. (2006). Policy statement on corporal punishment in schools. Pediatrics, 106(2), 343.

American Civil Liberties Union and Human Rights Watch. (2010). Statement before the House Education and Labor Subcommittee on Healthy Families and Communities. *Hearing on Corporal Punishment in the Schools and Its*

Effect on Academic Success. April, 2010. Available at http://www.hrw.org/sites/default/files/related_material/CorpPunishStatement_041510.pdf.

Andersen, P. A., Guerrero, L. K., & Jones, S. M. (2006). Nonverbal behavior in intimate interactions and intimate relationships. In V. Manusov & M. Patterson (Eds.), *The handbook of nonverbal communication* (pp. 259–278). Thousand Oaks, CA: Sage Publications.

Arnett, J. J. (2008). Socialization in emerging adulthood: From family to the wider world, from socialization to self-socialization. In J. Grusec & P. Hastings (Eds.), *Handbook of socialization: Theory and research* (pp. 208–255). New York, NY: The Guilford Press.

Asher, S. R., & Paquette, J. A. (2003). Loneliness and peer relations in childhood. *Current Directions in Psychological Science, 12*(3), 75–78.

Aunola, K., & Nurmi, J. E. (2005). The role of parenting styles in children's problem behavior. *Child Development, 76*(6), 1144–1159.

Bagwell, C. L., & Schmidt, C. L. (2011). *Friendships in childhood and adolescence*. New York, NY: The Guilford Press.

Bailey, B. A., & Brookes, C. (2003). Thinking out loud: Development of private speech and the implications for school success and self-control. *Young Children, 58*(5), 46–52.

Baillargeon, R. H., Zoccolillo, M., Keenan, K., Cote, S., Perusse, D., Wu, H., Boivin, M., & Tremblay, R. E. (2007). Gender differences in physical aggression: A prospective population-based survey of children before and after 2 years of age. *Developmental Psychology, 43*, 13–26.

Bajgar, J., Ciarrochi, J., Lane, R., & Deane, F. P. (2005). Development of the levels of emotional awareness scale for children (LEAS–C). *British Journal of Developmental Psychology, 23*(4), 569–586.

Ball, J. (1989, February). The National PTA's stand on corporal punishment. *PTA Today, XIV*, 15–17.

Bancroft., L., & Silverman, J. G. (2004). Assessing abusers risks to children. In P. Jaffee, L. Boher, & A. Cunningham (Eds.), *Protecting children from domestic violence: Strategies for community intervention*. New York, NY: The Guilford Press.

Barbu, S. (2005). Similarity of behavioral profiles among friends in early childhood. *Child Health and Education, 1*(1), 27–40.

Barr, R. G., & Gunnar, M. (2000). Colic: The transient responsivity hypothesis. In R. Barr, B. Hopkins, & J. Green (Eds.), *Crying as a sign, a symptom, and a signal* (pp. 41–66). London, England: Mac Keith Press.

Bates, J. E., & Pettit, G. S. (2008). Temperament, parenting, and socialization. In J. E. Grusec, & P. D. Hastings (Eds.), *Handbook of socialization: Theory and research* (pp. 153–177). New York, NY: The Guilford Press.

Bath, H. I. (2008, Winter). Calming together: The pathway to self-control. *Reclaiming Children and Youth, 16*, 4, 44–46.

Bauer, P. J. (2009). Neurodevelopmental changes in infancy and beyond: Implications for learning and memory. In O. A. Barbarin & B. H. Wasik (Eds.), *Handbook of child development & early education: Research to practice* (pp. 57–77). New York, NY: The Guilford Press.

Baumeister, R. F., Campbell, J. D., Krueger, J. I., & Vohs, K. D. (2003). Does high self-esteem cause better performance, interpersonal success, happiness or healthier lifestyles? *Psychological Science in the Public Interest, 4*(1), 1–44.

Baumrind, D. (1967). Child care practices anteceding three patterns of preschool behavior. *Genetic Psychology Monographs, 75*, 43–88.

Baumrind, D. (1991). The influence of parenting style on adolescent competence and substance use. *Journal of Early Adolescence*, II, 56–95.

Bavelas, J. B., & Chovil, N. (2006). Nonverbal and verbal communication: Hand gestures and facial displays as part of language use in face to face dialogues. In V. Manusov & M. Patterson (Eds.), *The Sage handbook of nonverbal communication* (pp. 97–118). Thousand Oaks, CA: Sage Publications.

Bavelas, J. B., Chovil, N., Coates, L., & Roe, L. (1995). Gestures specialized for dialogue. *Personality and Social Psychology Bulletin*, 21(4), 394–405.

Beane, A. L. (2005). *The bully free classroom*. Minneapolis, MN: Free Spirit Publishing.

Bear, G. G. (2010). *School discipline and self-discipline: A practical guide for promoting prosocial student behavior*. New York, NY: The Guilford Press.

Beaudoin, M., & Taylor, M. (2004). *Breaking the culture of bullying and disrespect, grades K–8*. Thousand Oaks, CA: Corwin Press.

Bee, H., & Boyd, D. (2009). *The developing child*. Boston, MA: Allyn & Bacon.

Beebe, B., & Stern, D. (1977). Engagement–disengagement and early object experiences. In N. Friedman & S. Grand (Eds.), *Communicative structures and psychic structures*. New York, NY: Plenum.

Bekoff, M., & Pierce, J. (2009). Wild justice: Honor and fairness among beasts at play. *American Journal of Play*, 2(2), 451–475.

Bell, S. H., & Quinn, S. (2004). Clarifying the elements of challenging behavior. In S. H. Bell, V. Carr, D. Denno, L. J. Johnson, & L. R. Phillips (Eds.), *Challenging behaviors in early childhood settings* (pp. 1–19). Baltimore, MD: Paul H. Brookes Publishing.

Bell, S. M., & Ainsworth, M. D. (1972). Infant crying and maternal responsiveness. *Child Development, 43*, 1171–1190.

Bem, S. L. (1985). Androgyny and gender scheme theory: A conceptual and empirical integration. In T. B. Sondergregger (Ed.), *Nebraska Symposium on Motivation* (Vol. 32, pp. 1–71). Lincoln: University of Nebraska Press.

Berk, L. E. (2006). Looking at kindergarten children. In D. F. Gullo (Ed.), K today: *Teaching and learning in the kindergarten year* (pp. 11–25). Washington, DC: NAEYC.

Berk, L. (2013). *Child development*. Boston, MA: Pearson.

Berkowitz, L. (1993). *Aggression: Its causes, consequences and control*. New York, NY: McGraw–Hill.

Bernard, B. (2004). *Resilience: What we have learned*. San Francisco, CA: WestEd.

Berns, R. M. (2013). *Child, family, school, community: Socialization and support* (7th ed.). Belmont, CA: Wadsworth.

Biddle, K. A., Garcia–Nevarez, A., Henderson, W. J., & Valero–Kerrick, A. (2014). *Early childhood education: Becoming a professional*. Los Angeles, CA: Sage Publications.

Bierman, K. L., Domitovich, C. E., Nix, R. L., Gest, S. D., Welsh, J. A., Greenberg, M. T., . . . Gill, S. (2008). Promoting academic and social–emotional school readiness: The Head Start REDI program. *Child Development, 79*(6), 1802–1817.

Bierman, K. L., & Powers, C. J. (2009). Social skills training to improve peer relations. In K. H. Rubin, W. M. Bukowski, & B. Laursen (Eds.), *Handbook of peer interactions, relationships, and groups* (pp. 603–621). New York, NY: The Guilford Press.

Bilton, H. (2010). *Outdoor learning in the early years: Management and innovation*. New York, NY: Routledge.

Bjorklund, D. F. (2012). *Children's thinking: Cognitive development and individual differences*. Belmont, CA: Wadsworth Publishing Co.

Blanck, P., & Rosenthal, R. (1982). Developing strategies for decoding "leaky" messages: On learning how and when to decode discrepant and consistent social communications. In B. S. Feldman (Ed.), *Development of nonverbal behavior in children*. New York, NY: Springer–Verlag.

Bodrova, E., & Leong, D. (2007). *Tools of the mind: The Vgotskian approach to early childhood education*. Englewood Cliffs, NJ: Prentice Hall.

Bodrova, E., & Leong, D. J. (2012). Scaffolding selfregulated learning in young children: Lessons from tools of the mind. In R. C. Pianta, W. S. Barnett, I. M. Justice, & S. M. Sheridan (Eds.), *Handbook of early childhood education* (pp. 352–369). New York, NY: The Guilford Press.

Bogle, R. E., & Wick, C. P. (2005). *Report from the National Summit on School Design*. Washington, DC: The American Architectural Foundation and the Knowledge Works Foundation.

Bohanek, J. G., Marin, K. A., Fivush, R., & Duke, M. P. (2006). Family narrative interaction and children's sense of self. *Family Process, 45*(1), Research Library Core, 39–52.

Bornstein, M. C. (2007). On the significance of social relationships in the development of children's earliest symbolic play: An ecological perspective. In A. Göncü & S. Gaskins (Eds.), *Play and development: Evolutionary, sociocultural, and functional perspectives* (pp. 101–129).

Bowe, F. G. (2007). *Children with special education needs* (4th ed.). Belmont, CA: Wadsworth.

Bramer, J. S. (2006). *Attention deficit disorder: The unfocused mind in children and adults*. New Haven, CT, and London, England: Yale University Press.

Bredekamp, S. (2014). *Effective practices in early childhood education: Building a foundation*. Boston, MA: Pearson.

Bredikyte, M., & Hakkarainen, P. (2011). Play intervention and play development. *Play and Performance: Play 7 culture studies, Vol. 11*, 59–83.

Brendgen, M., Dionne, G., Girard, A., Boivin, M., Vitaro, F., & Perusse, D. (2005). Examining genetic and environmental effects on social aggression in 6–year–old twins. *Child Development, 76*, 930–946.

Broderick, C. (2008). *The uses of adversity*. Salt Lake City, UT: Deseret Book.

Bronson, M. B. (2006). Developing social and emotional competence. In D. F. Gullo (Ed.), *K today: Teaching and learning in the kindergarten year* (pp. 47–55). Washington, DC: NAEYC.

Brooks, J. B. (2011). *The process of parenting*. New York, NY: McGraw–Hill.

Brophy–Herb, H., Schiffman, R., & Fitzgerald, H. (2007). The Early Head Start Research and Evaluation (EHSRE) Project: Pathways to family health, childhood social skills linked to learning abilities. *Science Daily*. Paper presented at the annual meeting of the Society for Research in Child Development, June 21.

Brown, B. (2001). *Combating discrimination: Persona dolls in action*. London, England: Trentham.

Brown, K. (2010). Young authors: Writing workshop in the kindergarten. *Young Children, 65*(1), 24–28.

Brown, R.T., Wiener, L., Kupst, M., Brennan, T., Behrman, R., Compas, B. E., . . . Zeltzer, L. (2008, May). Single parenting and children with chronic illness: An understudied phenomenon. *Journal of Pediatric Psychology, 33*(4), 408–421.

Brown, W. H., Odom, S. L., & McConnell, S. R. (Eds.). (2008). *Social competence of young children: Risk, disability & intervention* (pp. 3–30). Baltimore, MD: Paul H. Brookes Publishing.

Bukowski, W. M., Motzoi, C., & Meyer, F. (2009). Friendship as process, function, and outcome. In K. H. Rubin, W. M. Bukowski, & B. Laursen (Eds.), *Handbook of peer interactions, relationships, and groups* (pp. 217–231). New York, NY: The Guilford Press.

Bukowski, W. M., Velasquez, A. M., & Brendgen, M. (2008). Variation in patterns of peer influence: Considerations of self and other. In M. J. Prinstein & K. A. Dodge (Eds.), *Understanding peer influence in children and adolescents* (pp. 125–140). New York, NY: The Guilford Press.

Bullard, J. (2010). *Creating environments for learning.* Upper Saddle River, NJ: Merrill.

Bureau of Labor Statistics. (2012, April). Employment characteristics of family summary. Retrieved from http://www.bls.gov/news.release/famee.nr0.htm.

Burgoon, J. K., & Dunbar N. E. (2006). Nonverbal expressions of dominance and power in human relationships. In V. Manusov & M. Patterson (Eds.), *The Sage handbook of nonverbal communication* (pp. 279–298). Thousand Oaks, CA: Sage Publications.

Burgoon, J. K., Guerrero, L. K., & Floyd, K. (2010). *Nonverbal communication.* Boston, MA: Allyn & Bacon.

Business Roundtable (2004). *Early Childhood Education: A call to action from the business community* (pp. 1–9). Washington, DC: Corporate Voices for Working Families.

Butterfield, P. M., Martin, C., & Prairie, A. P. (2004). *Emotional connections: How relationships guide early learning.* Washington, DC: Zero to Three Press.

Byrnes, J. P., & Wasik, B. A. (2009). *Language and literacy development: What educators need to know.* New York, NY: Guildford Press.

Calkins, S. D., & Williford, A. P. (2009). Taming the terrible twos: Self–regulation and school readiness. In O. A. Barbarin & B. H. Wasik (Eds), *Handbook of child development and early education: Research to practice* (pp. 172–198). New York, NY: The Guilford Press.

Card, P. A., Stucky, B. D., Sawalani, G. H., & Little, T. D. (2008, September/October). Direct and indirect aggression during childhood and adolescence: A meta–analytic review of gender differences, intercorrelations, and relations to maladjustment. *Child Development, 79*(5), 1185–1229.

Carkhuff, R. R. (2012). *The art of helping* (9th ed.). Amherst, MA: Human Resources Development Press.

Carlo, G., Knight, G. P., McGinley, M., Goodvin, R., & Roesch, S. (2010). The developmental relations between perspective taking and prosocial behaviors: A metaanalytic examination of the task–specificity hypothesis. In B. W. Sokol, U. Muller, J. I. M. Carpendale, A. R. Young, & G. Iarocci (Eds.), *Self and social regulation: Social interaction and the development of social understanding and executive functions* (pp. 234–269). New York, NY: Oxford University Press.

Carlson, F. M. (2011). *Big body play.* Washington, DC: National Association for the Education of Young Children.

Carpenter, M., Nagell, K., & Tomasello, M. (1998). Social cognition, joint attention, and communicative competence from 9 to 15 months of age. *Monographs of the Society for Research in Child Development, 63*(255), 4.

Caspi, A., & Shiner, R. L. (2006). Personality development. In N. Eisenberg, W. Damon, & R. M. Lerner (Eds.), *Handbook of child psychology* (pp. 300–365). New York, NY: Wiley.

Cassidy, D. J. (2003). Questioning the young child: Process and function. *Childhood Education, 65,* 146–149.

Center for Disease Control and Prevention. (2006). Child development. *Attention–Deficit/Hyperactivity Disorder (ADHD).*

Atlanta, GA. http://www.cdc. gov/ncbddd/adhd/what.htm.

Center for Disease Control and Prevention. (2011). Obesity among low–income children. Retrieved June 2, 2013, from http://www.cdc.gov/obesity/ downloads/PedNSSFactSheet.pdf.

Center for Effective Discipline. (2013). *U.S. corporal punishment and paddling statistics by states and race: States banning corporal punishment.* Columbus, OH: Author. Retrieved March 30, 2013, from http://www.stophitting.com/index .php?page=statelegislation.

Chaplin, T. M., Cole, P. M., & Zahn–Waxler, C. (2005). Parental socialization of emotion expression: Gender differences and relations to child adjustment. *Emotion, 5*(1), 80–88.

Charen, M. (2000, April 24). Our boys could use some help. *Lansing State Journal*, 6A.

Charles, C. M., Seuter, G. W., & Barr, K. B. (2014). *Building classroom discipline* (10th ed.) White Plains, NY: Pearson.

Charlesworth, R. (2011). *Understanding child development* (7th ed.). Clifton Park, NY: Thomson Delmar Learning.

Chiang, C., Soong, W., Lin, T., & Rogers, S. (2008). Nonverbal communication skills in young children with autism. *Journal of Autism and Developmental Disorders, 38*, 1898–1906.

Chukovsky, K. (1976). The sense of nonsense verse. In J. S. Bruner, A. Jolly, & K. Sylva (Eds.), *Play: Its role in development and evolution* (pp. 596–602). New York, NY: Basic Books.

Clark, C., & Gross, K. H. (2004). Adolescent healthrisk behaviors: The effect of perceived parenting style and race. *Undergraduate Research Journal for the Human Sciences, 3*, 1–11.

Click, P. M. & Karkos, K. (2011) Administration of Programs for Young Children, 8e, Belmont, CA: Wadsworth.

Cloud, J. (2010, January). Why genes aren't destiny. *Time, 175*(2), 31–35.

Coie, J. D., & Dodge, K. A. (1998). Aggression and antisocial behavior. In N. Eisenberg (Ed.), *Handbook of child psychology Vol. 3: Social, Emotional, and Personality Development*, (6th ed., pp. 779–862). New York, NY: Wiley.

Cole, P. M., & Tan, P. Z. (2008). Emotion socialization from a cultural perspective. In J. Grusec & P. Hastings (Eds.), *Handbook of socialization: Theory and research* (pp. 516–542). New York, NY: The Guilford Press.

Collins, W. A., & Steinberg, I. (2006). Adolescent development in interpersonal context. In W. Damon & R. M. Lerner (Ser. Eds.) & N. Eisenberg (Vol. Ed). *Handbook of child psychology. Vol. 3: Social, emotional, and personality development* (6th ed.) (pp. 1003–1067). New York, NY: Wiley.

Conklin, S., & Frei, S. (2007). *Differentiating the curriculum for gifted learners.* Hunting Beach, CA: Shell Education.

Connecticut State Department of Education, Bureau of Teaching and Learning. (2013). English language arts crosswalk: Common core state standards to Connecticut state standards to district curriculum. Retrieved Feb. 9, 2013, from http://www.sde.ct.gov/sde/cwp/view .asp?a=2678&Q=320780.

Conroy, M. A., Brown, W. H., & Olive, M. L. (2008). Social competence interventions for young children with challenging behaviors. In W. H. Brown, S. L. Odom, & S. R. McConnel (Eds.), *Social competence of young children: Risk, disability & intervention* (pp. 205–231). Baltimore, MD: Paul H. Brookes Publishing.

Cook, R. E., Klein, M. D., & Chen, D. (2012). Adapting early childhood curricula for children with special needs (7th ed.). Upper Saddle River, NJ: Merrill.

Coplan, R. J., & Arbeau, K. A. (2009). Peer interactions and play in early childhood. In K. H. Rubin, W. M. Bukowski, & B. Laursen (Eds.), *Handbook of peer interactions, relationships, and groups* (pp. 143–161). New York, NY: The Guilford Press.

Coplan, R. J., Bowker, A., & Cooper, S. M. (2003). Parenting daily hassles, child temperament and social adjustment in preschool. *Early Childhood Research Quarterly, 18*, 376–393.

Coplan, R. J., Schneider, B. H., Matheson, A., & Graham, A. (2012). Play skills for children: Development of a social skills facilitated play early intervention program for extremely inhibited preschoolers. *Infant and Child Development, 19*(3).

Copple, C., & Bredekamp, S. (2009). *Developmentally appropriate practice in early childhood programs: Serving children from birth through age 8.* Washington, DC: NAEYC.

Couchenour, D., & Chrisman, K. (2013). *Families, schools and communities: Together for young children.* Belmont, CA: Wadsworth Publishing.

Craig, W., Harel–Fisch, Y., Fogel–Grinvald, H., Dostaler, S., Hetland, J., Simons–Morton, B., . . . Pickett, W. (2009). A cross–national profile of bullying and victimization among adolescents in 40 countries. *International Journal of Public Health, 54*, 216–224.

Crothers, L. M., & Kolbert, J. B. (2010). Teacher's management of student bullying in the classroom. In S. R. Jimerson, S. W. Swearer, & D. L. Espelage (Eds.), *Handbook of bullying in schools: An international perspective* (pp. 535–546). New York, NY: Routledge.

Curran, J. (1999). Constraints of pretend play: Explicit and implicit rules. *Journal of Research in Childhood Education, 14*(1), 47–55.

Curry, N., & Bergen, D. (1987). The relationship of play to emotional, social, and gender/sex role development. In D. Bergen (Ed.), *Play as a medium for learning and development: A handbook for theory and practice.* Portsmouth, NH: Heinemann.

Curtis, D., & Carter, M. (2003). *Designs for living and learning: Transforming early childhood environments.* St. Paul, MN: Redleaf.

Curwin, R. L., Mendler, A. N., & Mendler, B. D. (2008). *Discipline with dignity: New challenges, new solutions.* Alexandria, VA: ASCD.

Damon, W., Lerner, R. M., & Eisenberg, N. (2006). *Handbook of child psychology, social, emotional and personality development, Volume 3.* Hoboken, NJ: John Wiley and Sons.

Davidson, T., Welsh, J., & Bierman, J. (2006). Social competence. *Gale encyclopedia of children's health: Infancy through adolescence.* Thomson Gale. Retrieved September 23, 2009, from Encyclopedia. com: http:// www.encyclopedia. com/doc/1G2-3447200525.html.

Davies, D. (2010). *Child development.* New York, NY: The Guilford Press.

Day, M., & Parlakian, R. (2004). *How culture shapes social–emotional development.* Washington, DC: Zero to Three.

DeCapua, A., & Wintergerst, A. (2007). *Crossing cultures in the language classroom.* Ann Arbor: University of Michigan Press.

Deiner, P. L. (2009). *Infants & toddlers: Development & curriculum planning.* Clifton Park, NY: Cengage/ Delmar.

Deiner, P. L. (2012). *Inclusive early childhood education* (5th ed.). Belmont, CA: Wadsworth.

Denham, S.A., Bassett, H. H., & Wyatt, T. (2008). The socialization of emotional competence. In J. Grusec & P. Hastings (Eds.), *Handbook of socialization: Theory and research* (pp. 614–637). New York, NY: The Guilford Press.

Denno, D., Carr, V., & Bell, S. H. (2011). *A teacher's guide for addressing challenging behavior in early childhood settings.* Baltimore, MD: Paul H. Brookes Publishing.

Denton, P. (2007). *The power of our words: Teacher language that helps children learn*. Turners Falls, MA: Northeast Foundation for Children.

Derman–Sparks, L., & Edwards, J. O. (2010). *Antibias education for young children and ourselves*. Washington, DC: National Association for the Education of Young Children.

Deveny, K., & Kelley, R. (2007, February 12). Girls gone bad. *Newsweek*, 41–47.

DeVries, R., & Zan, B. (2003). When children make rules. *Educational Leadership*, 61(1), 64–67.

Diener, M. L., Isabella, R. A., Behunin, M. G., & Wong, M. S. (2007). Attachment to mothers and fathers during middle childhood: Associations with child gender, grade, and competence. *Social Development*, 17(1), 84–101.

Divinyi, J. (2011). *Good kids, difficult behavior*. Pahargani, New Delhi, India: B. Jain.

Dobbs, M. (2004, February 21). U.S. students still getting the paddle: Corporal punishment laws often reflect regional chasms. *Washington Post*, retrieved January 20, 2010, http://www.nospank.net/n-l5lr.htm.

Dockett, S. (1998). Constructing understanding through play in the early years. *International Journal of Early Years Education, 6*(1), 105–116.

Dodge, D. T., Colker, L. J., & Heroman, C. (2008). *The creative curriculum for preschool* (3rd ed.). Washington, DC: Teaching Strategies.

Dodge, K. A., Coie, J. D., & Lynam, D. (2006). Aggression and antisocial conduct in youth. In W. Damon & R. M. Lerner (Series Eds.), & N. Eisenberg (Vol. Ed.), *Handbook of child psychology: Vol. 3. Social, emotional, and personality development* (6th ed., pp. 719–788).

Dogan, S. J., Conger, R. D., Kim, K. J., & Masyn, K. E. (2007). Cognitive and parenting pathways in the transmission of antisocial behavior from parents to adolescents. *Child Development, 78*, 335–349.

Doherty–Sneddon, G. (2004). *Children's unspoken language*. New York, NY: Jessica Kingsley Publishers.

Dolgin, K. (1981). The importance of playing alone: Differences in manipulative play under social and solitary conditions. In A. Cheska (Ed.), *Play as context* (pp. 238–247). West Point, NY: Leisure Press.

Doll, B., & Brehm, K. (2010). *Resilient playgrounds*. New York, NY: Routledge.

Doll, B., Zucker, S., & Brehm, K. (2004). *Resilient Classrooms: Creating Healthy Environments for Learning*. New York, NY: The Guilford Press.

Dollard, J., Doob, L. W., Miller, N. E. Mowrer, O. H., & Sears, R. R. (1939). *Frustration and aggression*. New Haven, CT: Yale University Press.

Dombro, A. L., Jablon, J., & Stetson, C. (2011). *Powerful interactions: How to connect with children to extend their learning*. Washington, DC: NAEYC.

Domitrovich, C. E., Moore, J. E., Thompson, R. A., & the CASEL Preschool to Elementary School Social and Emotional Learning Assessment Workgroup. (2012). Interventions that promote social–emotional learning in young children. In R. C. Pianta, W. S. Barnett, L. M. Justice, & S. M. Sheridan (Eds.), *Handbook of early childhood education* (pp. 393–415). New York, NY: The Guilford Press.

Dovidio, J. F., Piliavin, J. A., Schroeder, D. A., & Penner, L. A. (2010). *The social psychology of prosocial behavior*. New York, NY: Psychology Press.

Dowling, M. (2005). *Young children's personal, social and emotional development*. London, England: Paul Chapman Educational Publishing.

Duffy, R. (2008). Are feelings fixable? *Exchange, 30*(6), 87–90.

Duffy, R. (2010). Challenging behavior: Step-by-step sifting, part 2. *Exchange, 32*(1), 88–91.

Dunlap, G., & Fox, L. (2009). Positive behavior support and early intervention. In W. Sailor, G. Dunlap, G. Sugai, & R. Harner (Eds.), *Handbook of positive behavior support* (pp. 49–72). New York, NY: Springer.

Dunn, J. (2009). Keeping it real: An examination of the metacommunication processes used within the play of one group of preadolescent girls. In C. D. Clark (Ed.), *Transactions at play: Play & culture studies* (Vol. 9, pp. 67–85). Lanham, MD: University Press of America.

Eccles, J. S. (2007). Families, schools, and developing achievement-related motivations and engagement. In J. E. Grusec & P. D. Hastings (Eds.), *Handbook of socialization: Theory and research* (pp. 665–691). New York, NY: The Guilford Press.

Edmiston, B. (2008). *Forming ethical identities in early childhood play*. New York, NY: Rouledge.

Edwards, C. H. (2007). *Classroom discipline and management*. New York, NY: John Wiley and Sons.

Egan, G. (2010). *The skilled helper* (8th ed.). Pacific Grove, CA: Brooks/Cole Publishing Company.

Eisenberg, N. (2013). Prosocial behavior, empathy, and sympathy. In M. H. Bornstein, L. Davidson, C. L. M. Keyes, & K. A. Moore (Eds.), *Well-being: Positive development across the life course* (pp. 253–267). Mahwah, NJ: Lawrence Erlbaum Associates.

Eisenberg, N., Chang, L., Ma, Y., & Haung, X. (2009). Relations of parenting style to Chinese children's effortful control, ego resilience, and maladjustment. *Development and Psychopathology, 21*, 455–477.

Eisenberg, N., Fabes, R. A., Shepard, S. A., Cumberland, A., & Carlo, F. (1999). Consistency and development of prosocial dispositions: A longitudinal study. *Child Development, 70*, 1360–1372.

Eisenberg, N., Fabes, R. A., & Spinrad, T. L. (2006). Prosocial development. In W. Damon & R. Lerner (Eds.), *Handbook of child psychology* (Vol. 3, pp. 646–718). New York, NY: Wiley.

Eisenberg, N., Smith, C. L., & Spinrad, T. L. (2011). Effortful control: Relations with emotion regulation, adjustment, and socialization in childhood. In K. V. Vohs & R. F. Baumeister, *Handbook of self-regulation: Research, theory and applications* (pp. 263–283). New York, NY: The Guilford Press.

Ekman, P. (2007). *Emotions revealed* (2nd ed.). New York, NY: Times Books.

Elliot, E., & Gonzalez-Mena, J. (2011). Babies' selfregulation: Taking a broad perspective. *Young Children, 66*(1), 28–32.

Epstein, A. S. (2007). *The intentional teacher: Choosing the best strategies for young children's learning*. Washington, DC: NAEYC.

Epstein, A. S. (2009). *Me, you, us: Social-emotional learning in preschool*. Ypsilanti, MI: HighScope Press.

Erikson, E. H. (1950, 1963). *Childhood and society* (Rev. ed.). New York, NY: W. W. Norton & Company.

Espelage, D. L., & Swearer, S. M. (2004). *Bullying in American schools: A social-ecological perspective on prevention and intervention*. Mahwah, NJ: Lawrence Erlbaum Associates.

Espinosa, L. (2010). *Getting it right for young children in diverse backgrounds*. Upper Saddle River, NJ: Pearson Education.

Essa, E. (2008). *What to do when: Practical guidance strategies for challenging behaviors in the preschool* (6th edition). Belmont, CA: Wadsworth, Cengage Learning.

Essa, E. (2014). *Introduction to early childhood education* (6th ed.). Clifton Park, NY: Wadsworth.

Evans, B. (2002). *You can't come to my birthday party: Conflict resolution with young children*. Ypsilanti, MI: High/Scope Press.

Evans, G. W. (2006). Child development and the physical environment. *Annual Reviews in Psychology, 57*, 423–451.

Fabes, R. A., Martin, C. L., & Havish, L. D. (2003a). Young children's play qualities in same-, other-, and mixed age peer groups. *Child Development, 74*, 921–932.

Fabes, R. A., Martin, C. L., & Havish, L. D. (2003b). Children at play: The role of peers in understanding the effects of child care. *Child Development, 74*(4), 1039–1043.

Fabes, R. A., Moss, A., Reesing, A., Martin C. L., & Hanish, L. D. (2005). *The effects of peer prosocial exposure on the quality of young children's social interactions*. Data presented at the annual conference of the National Council on Family Relations, Phoenix, AZ.

Fagot, B., & Leve, L. (1998). Gender identity and play. In D. Fromberg & D. Bergen (Eds.), *Play from birth to twelve and beyond: Contexts, perspectives and meanings* (pp. 187–192). New York, NY: Garland Publishing.

Falco, M. (2009). Study: 1 in 110 U.S. children had autism in 2006. CNN Medical News Report, available at http:// www.cnn.com/2009/HEALTH/12/17/autism.

Farver, J. (1992). Communicating shared meanings in social pretend play. *Early Childhood Research Quarterly*, 501–516.

Fass, S., & Cauthen, N. K. (2008). *Who are America's poor children: National Center for Children in Poverty (NCCP)*. New York, NY: Columbia University.

Fathman, R. E. (2006). *2006 School corporal punishment report card*. Columbus, OH: National Coalition to Abolish Corporal Punishment in Schools, 1–3.

Feeney, S. (2010). Ethics today in early care and education: Review, reflection and the future. *Young Children, 65*(2), 72–77.

Feeney, S., & Freeman, N. K. (2012). *Ethics and the early childhood educator*. Washington, DC: NAEYC.

Fehr, B. J., & Exline, R.V. (1987). Social visual interaction: A conceptual and literature review. In A. W. Siegman & S. Feldstein (Eds.), *Nonverbal behavior and communication* (2nd ed.). Hillsdale, NJ: Lawrence Erlbaum Associates.

Feldman, R. S., Coats, E. J., & Philippot, P. (1999). Television exposure and children's decoding of nonverbal behavior in children. In P. Philippot, R. S. Feldman, & E. J. Coats. (Eds.), *The social context of nonverbal behavior*. Cambridge, England: Cambridge University Press.

Felstiner, S. (2004). Emergent environments: Involving children in classroom design. *Childcare Information Exchange, 157*, 41–43.

Feyereisen, P., & deLannoy, J. (1991). *Gestures and speech: Psychological investigations*. Cambridge, England: Cambridge University Press.

Field, T. (2007). *The amazing infant*. Malden, MA: Blackwell Publishing.

Fields, M. V., Merritt, P. P., & Fields, D. (2014). *Constructive guidance and discipline: Birth to age 8* (6th ed.). Upper Saddle River, NJ: Pearson.

Fivush, R., Brotman, M. A., Buckner, J. P., & Goodman, S. H. (2000). Gender differences in parent–child emotion narratives. *Sex Roles, 42*, 233–253.

Forgan, J. (2003). *Teaching problem solving through literature*. Westport, CT: Teachers Ideas Press.

Fox, J., & Tipps, R. (1995). Young children's development of swinging behaviors. *Early Childhood Research Quarterly*, 10,

491–504.

Fox, L., Carta, J., Strain, P., Dunlap, G., & Hemmeter, M. L. (2009). *Response to intervention and the Pyramid Model*. Tampa, FL: University of South Florida, Technical Assistance Center on Social Emotional Intervention for Young Children, http://www.challenegingbehavior.org.

Fox, L., Dunlap, G., Hemmeter, M. L., Joseph, G. E., & Strain, P. S. (2003). The teaching pyramid: A model for supporting social competence and preventing challenging behavior in young children. *Young Children, 58*(4), 48–52.

Fox, L., & Lentini, H. (2006). You got it!: Teaching social and emotional skills. *Young Children, 61*(6), 36–42.

Frandsen, M. (2011). Puppets, play therapy can improve social skills, speech for children with autism. *Examiner.com*, February 16, 2011, pp. 1–4. Retrieved February 10, 2013, from http://www.examiner.com/article/puppets–play–therapy–can–improve–socialskills–speech–for–children–with–autism.

Frank, M. G., Maroulis, A., & Griffin, D. J. (2013). The voice. In D. Matsumoto, M. G. Frank, & H. S. Hwang (Eds.), *Nonverbal communication: Science and applications* (pp. 53–74). Los Angeles, CA: Sage.

Frankel, K. A., & Myatt, R. (2003). *Children's friendship training*. New York, NY: Brunner–Routledge.

Freeman, N. (2007). Preschoolers' perceptions of gender appropriate toys and their parents' beliefs about genderized behaviors: Miscommunication, mixed messages, or hidden truths? *Early Childhood Education Journal, 34*(5), 357–366.

Freeman, N. K., & Swick, K. J. (2007, Spring). The ethical dimensions of working with parents. *Childhood Education, 83*(3), 163–169.

French, D. C., Jansen, E. A. Riansari, M., & Setiono, K. (2000). Friendships of Indonesian children: Adjustment of children who differ in friendship presence and similarity between mutual friends. *Social Development, 12*(4), 605–618.

Frey, K. S., Edstrom, L. V., & Hirschstein, M. K. (2010). School bullying: A crisis or opportunity. In S. R. Jimerson, S. W. Swearer, & D. L. Espelage (Eds.), *Handbook of bullying in schools: An international perspective* (pp. 403–415). New York, NY: Routledge.

Frick, P. J., Cornell, A. H., Bodin, S. D., Dane, H. E., Barry, C. T., & Loney, B. R. (2003). Callousunemotional traits and developmental pathways to severe conduct disorders. *Developmental Psychology, 39*, 246–260.

Fridlund, A. L., & Russell, J. A. (2006). The functions of facial expressions: What's in a face. In V. Manusov & M. Patterson (Eds.), *The Sage handbook of nonverbal communication* (pp. 299–319). Thousand Oaks, CA: Sage Publications.

Friedman, T. (April 4, 2013). Our little school against the world. *Tampa Bay Times*, 13A.

Frost, J. L., Wortham, S. C., & Reifel, S. (2012). *Play and child development* (4th ed.). Boston, MA: Pearson.

Fuhler, C. J., Farris, P. J., Walther, M. P. (1999). Promoting reading and writing through humor and hope. *Childhood Education, 26*(1), 13–18.

Furnham, A., & Cheng, H. (2000). Lay theories of happiness. *Journal of Happiness Studies, 1*, 227–246.

Gable, R. A., Hester, P. P., Rock, M., & Hughes, K. (2009). Back to basics: Rules, praising, ignoring and reprisals revisited. *Intervention in School and Clinic, 44*(4), 195–205.

Gallagher, K. C., & Sylvester, P. R. (2009). Supporting peer relationships in early education. In O. A. Barbarin & B. H. Wasik, *Handbook of child development and early education: Research to practice* (pp. 223–246). New York, NY: The Guilford Press.

Garbarino, J. (2006). See *Jane hit: Why girls are growing more violent and what we can do about it*. New York, NY:

Penguin Group.

Garner, P. W., Dunsmore, J. C., & Southam-Gerrow, M. (2008). Mother-child conversations about emotions: Linkages to child aggression and prosocial behavior. *Social Development*, 17(2), 259–277.

Gartrell, D. J. (2012). *Education for a civil society: How guidance teaches young children democratic life skills*. Washington DC: National Association for the Education of Young Children.

Gartrell, D. J. (2014). *A guidance approach to the encouraging classroom* (4th ed.). Clifton Park, New York, NY: Thomson Delmar Learning.

Gaskins, S., Haight, W., & Lancy, L. F. (2007). The cultural construction of play. In A. Göncü & S. Gaskins (Eds.), *Play and development: Evolutionary, sociocultural, and functional perspectives* (pp. 179–202). Mahwah, NJ: Lawrence Erlbaum Associates.

Gazda, G. M., Balzer, F., Childers, W., Nealy, A., Phelps, R., & Walters, W. (2006). *Human relations development—a manual for educators* (7th ed.). Boston, MA: Allyn and Bacon.

Geary, D. (2004). Evolution and developmental sex differences. In E. N. Junn & C. J. Booyatzis (Eds.), *Annual editions: Child growth and development* (pp. 32–36). McGraw-Hill Contemporary Learning Series. Dubuque, IA: McGraw-Hill.

Genishi, C., & Dyson, A. H. (2009). *Children, language, and literacy: Diverse learners in diverse times*. New York, NY: Teacher's College Press.

Gergen, K. (2001). *Social construction in context*. London, England: Sage.

Gershoff, E. (2008). *Report on physical punishment in the United States: What research tells us about its effects on children*. Columbus, OH: Center for Effective Discipline.

Gest, S. D., Graham-Bermann, & Hartup, W. W. (2001). Peer experience: Common and unique features of number of friendships, social network centrality, and sociometric status. *Social Development*, 10, 23–40.

Gestwicki, C. (2011). *Developmentally appropriate practice: Curriculum and development in early education* (4th ed.). Belmont, CA: Wadsworth/Cengage Learning.

Ginsburg, K. R. (2006). *A parent's guide to building resilience in children and teens*. New York, NY: American Academy of Pediatrics.

Glanzman, M. M., & Blum, N. J. (2007). In M. L. Batshaw, L. Pellegrino, & N. J. Roizen (Eds.), *Children with disabilities* (6th ed.). Paul H. Brookes Publishing.

Gleason, J. B., & Ratner, N. B. (2012). *The development of language* (7th ed.). Needham Heights, MA: Allyn & Bacon.

Golbeck, S. (2006). Developing key cognitive skills. In D. F. Gullo (Ed.), *K today: Teaching and learning in the kindergarten year* (pp. 37–46). Washington, DC: NAEYC.

Goldstein, S., & Brooks, R. B. (Eds.) (2013). *Handbook of resilience in children*. New York, NY: Springer.

Goleman, D. (1995). *Emotional intelligence: Why it can matter more than IQ*. New York, NY: Bantam Books.

Goleman, D. (2011). *Social intelligence: The new science of human relationships*. New York, NY: Bantam Books.

Göncü, A., Jain, J., & Tuerner, U. (2007). Children's play as cultural interpretation. In A. Göncü & S. Gaskins (Eds.), *Play and development: Evolutionary, sociocultural, and functional perspectives* (pp. 155–178). Mahwah, NJ: Lawrence Erlbaum Associates.

Göncü, A., Patt, M., & Kouba, E. (2004). Understanding young children's pretend play in context. In P. K. Smith & C. Hart

(Eds.), *Blackwell handbook of childhood social development* (pp. 418?437). Malden, MA: Blackwell Publishers.

Gonzalez-Mena, J. (2012). *Child, family, and community: Family-centered early care and education* (6th ed.). Boston, MA: Pearson.

Gonzalez-Mena, J., & Eyer, D. W. (2012). *Infants, toddlers and caregivers* (8th ed.). Boston, MA: McGraw-Hill.

Goodwin, M. H. (2006). *The hidden life of girls: Games of stance, status, and exclusion.* Malden, MA: Blackwell Publishing.

Griffin, H. (1984). The coordination of meaning in the creation of a shared make believe. In I. Bretherton (Ed.), *Symbolic play.* Orlando, FL: Harcourt Brace Jovanovich.

Guerrero, L. K., & Floyd, K. (2006). *Nonverbal communication in close relationships.* Mahwah, NJ: Lawrence Erlbaum Associates.

Gurian, M. (2009). *Nurture the nature.* San Francisco, CA: Jossey-Bass.

Gustafson, G. E., Wood, R. M., & Green, J. A. (2000). Can we hear the causes of infants' crying? In R. Barr, B. Hopkins, & J. Green (Eds.), *Crying as a sign, a symptom, and a signal* (pp. 8–22). London, England: Mac Keith Press.

Halberstadt, A. G. (1991). Toward an ecology of expressiveness: Family socialization and a model in general. In R. S. Feldman & B. Rime (Eds.), *Fundamentals of nonverbal behavior* (pp. 106–160). New York, NY: Cambridge University Press.

Hall, E. T. (2002). *The hidden dimension.* Garden City, NY: Doubleday & Company.

Hall, J. (1996, Spring). Touch, status, and gender at professional meetings. *Journal of Nonverbal Behavior, 20*(1), 23–44.

Halliday, M. A. K. (2006). *The language of early childhood, volume 4,* J. J. Webster (Ed.). London, England: Continuum International Publishing Group.

Hamel, J., & Nicholls, T. (2006). *Family intervention in domestic violence.* New York, NY: Springer Publishing.

Hammer, C. S., Scarpino, S., & Dawson, M. D. (2011). Beginning with language: Spanish-English bilingual preschooler's early literacy development. In S. B. Neuman & D. K. Dickinson (Eds.), *Handbook of early literacy research, volume 3.* New York, NY: The Guilford Press.

Hamre, B. (2008). Learning opportunities in preschool and elementary classrooms. In R. C. Pianta, M. J. Cox, & K. Snow (Eds.), *School readiness, early learning, and the transition to kindergarten* (pp. 219–239). Baltimore, MD: Paul H. Brookes Publishing.

Hanish, L. D., Kochenderfer-Ladd., B., Fabes, R. A., Martin, C. L., & Denning, D. (2004). Bullying among young children: The influence of peers and teachers. In D. L. Espelage & S. M. Swearer (Eds.), *Bullying in American schools: A socialecological perspective on prevention and intervention* (pp. 141–159). Mahwah, NJ: Lawrence Erlbaum Associates.

Hanline, M. F., Wetherby, A., Woods, J., Fox, L., & Lentini, R. (2009). *Positive beginnings: Supporting young children with challenging behavior.* Florida State University and University of South Florida, retrieved March 1, 2010, http://pbs.fsu.edu/PBS.html.

Hansen, J. (2007). The truth about teaching and touching, *Childhood Education, 83*(3) 158–162.

Harrington, R. G. (2004). Temper tantrums: Guidelines for parents. *Helping children at home and school II: Handouts for families and educators.* Bethesda, MD: National Association of School Psychologists.

Hart, B., & Risley, T. R. (2003). The early catastrophe: The 30 million word gap by age 3. *American Educator,* available at http://www.aft.org/newspubs/periodicals/ae/spring2003/hart.cfm.

Hart, C. H., Newell, L. D., & Olsen, S. F. (2003). Parenting skills and social/communicative competence in childhood. In J. O. Greene & B. R. Burleson (Eds.), *Handbook of communication and social interaction skills* (pp. 753–798). Mahwah, NJ: Lawrence Erlbaum Associates.

Harter, S. (1998). The development of selfpreservations. In W. Damon & N. Eisenberg (Eds.), *Handbook of child psychology, Vol. 3: Social, emotional, and personality development* (5th ed., pp. 553–618). New York, NY: John Wiley and Sons.

Harter, S. (2006). The self. In N. Eisenberg, W. Damon, & R.M. Lerner (Eds.), *Handbook of child psychology* (pp. 505–570). Hoboken, NJ: John Wiley & Sons.

Harter, S. (2012). *The construction of the self: Developmental and sociocultural foundations.* New York, NY: The Guilford Press.

Hartup, W. W., & Abeccassis, M. (2004). Friends and enemies. In P. K. Smith & C. H. Hort (Eds.), *Blackwell handbook of childhood social development* (pp. 285–305). Malden, MA: Blackwell.

Hartup, W. W., & Moore, S. G. (1990). Early peer relations: Developmental significance and prognostic implications. *Early Childhood Research Quarterly 5*(1), 1–17.

Haslett, B. B., & Samter, W. (1997). *Children communicating: The first five years.* Mahwah, NJ: Lawrence Erlbaum Associates.

Hastie, P. A., & André, M. H. (2012). Game appreciation through student designed games and game equipment. *International Journal of Play*, 1(2), 165–183.

Hastings, P. D., Rubin, K. H., & DeRose, L. (2005). Links among gender, inhibition, and parental socialization in the development of prosocial behavior. *Merrill–Palmer Quarterly*, 51, 501–527.

Hastings, P. D., Utendale, W. T., & Sullivan, C. (2008). The socialization of prosocial development. In J. E. Grusec & P. D Hastings (Eds.), *Handbook of socialization: Theory and research* (pp. 638–664). New York, NY: The Guilford Press.

Hastings, P. D., Vyncke, J., Sullivan, C., McShane, K. E., Benibui, M., & Utendale, W. (2006). *Children's development of social competence across family types.* Ottawa, Ontario: Department of Justice Canada.

Hastings, P. D., Zahn–Waxler, C., & McShane, K. (2005). We are, by nature, moral creatures: Biological bases for concern for others. In M. Killen & J. Smetana (Eds.), *Handbook of moral development* (pp. 483–516). Hillsdale, NJ: Lawrence Erlbaum Associates.

Hawkins, D. L., Pepler, D. J., & Craig, W. M. (2001). Naturalistic observations of peer interventions in bullying. *Social Development*, 10(4), 512–527.

Hay, D., Ross, H., & Goldman, B. D. (2004). Social games in infancy. In B. Sutton–Smith (Ed.), *Play and learning* (pp. 83–108). New York, NY: Gardner Press.

Hazen, N. L., & Black, B. (1989). Preschool peer communication skills: The role of social status and interaction content. *Child Development, 60*(4), 867–876.

Head Start Bureau. (1977). Child abuse and neglect: *A self–instructional text for Head Start personnel.* Washington, DC: U.S. Government Printing Office.

Hearron, P., & Hildebrand, V. (2013). *Guiding young children* (8th ed.). Upper Saddle River, NJ: Merrill.

Hebert–Meyers, H., Guttentag, C. L., Swank, P. R., Smith, K. E., & Landry, S. H. (2009). The importance of language, social, and behavioral skills across early and later childhood as predictors of social competence with peers. *Applied Developmental Science, 10*(4), 174–187.

Helwig, C. C., & Turiel, E. (2002). Children's social and moral reasoning. In C. Hart & P. Smith (Eds.), *Handbook of childhood social development* (pp. 475–490). Oxford: Blackwell Publishers.

Hemmeter, M. L., & Conroy, M. A. (2012). Supporting the social competence of young children with challenging behavior in the context of the teaching pyramid model: Research-based practices and implementation in early childhood settings. In R. C. Pianta, W. S. Barnett, L. M. Justice, & S. M. Sheridan (Eds.), *Handbook of early childhood education* (pp. 416–434). New York, NY: The Guilford Press.

Hemmeter, M. L., Ostrosky, M., & Fox, L. (2006). Social and emotional foundations for early learning: A conceptual model for intervention. *School Psychology Review, 35*, 583–601.

Hendrick, J., & Weissman, P. (2011). *Total learning: Developmental curriculum for the young child.* Upper Saddle River, NJ: Prentice Hall.

Hermans, E. J., Ramsey, N. F., & van Honk, J. (2008). Exogenous testosterone enhances responsiveness to social threat in the neural circuitry of social aggression in humans. *Biological Psychiatry, 63*, 263–270.

Herner, T. (1998). Understanding and intervening in young children's challenging behavior. *Counterpoint* (Vol. 1, p. 2) Alexandria, VA: National Association of Directors of Special Education.

Hester, P. P., Hendrickson, J. M., & Gable, R. A. (2009). Forty years later: The value of praise, ignoring, and rules for preschoolers at risk for behavioral disorders. *Education and Treatment of Children, 32*(4), 513–535.

Hewitt, J. (2002). The social construction of selfesteem. In C. R. Snyder & S. J. Lopez (Eds.), *The handbook of positive psychology.* New York, NY: Oxford University Press, pp. 135–147

Hinde, R. A. (2006). Ethological and attachment theory. In K. Grossman, E. Grossman, & E. Waters (Eds.), *Attachment from infancy to adulthood* (pp. 1–12). Florence, KY: Taylor & Francis Group.

Hohmann, M., Weikart, D. P., & Epstein, A. S. (2008). *Educating young children* Ypsilanti, MI: High Scope Press.

Holmes, R. M., Valentino-McCarthy, J. M., & Schmidt, S. L. (2007). "Hey, no fair": Young children's perceptions of cheating during play. *Investigating play in the 21st century: Play & culture studies, Volume 7* (pp. 259–276). Lanham, MD: University Press of America.

Honig, A. (1992, November). *Mental health for babies: What do theory and research teach us?* Paper presented at the Annual Meeting of National Association for the Education of Young Children, New Orleans, LA.

Honig, A. (1993, December). *Toddler strategies for social engagement with peers.* Paper presented at the Biennial National Training Institute of the National Center for Clinical Infant Programs, Washington, DC.

Honig, A. (1998). Sociological influences on gender role behaviors in children's play. In D. Fromberg & D. Bergen (Eds.), *Play from birth to twelve and beyond: Contexts, perspectives and meanings* (pp. 338–348). New York, NY: Garland.

Honig, A. S. (2000, September). Psychosexual development in infants and young children. *Young Children, 55*(5), 70–77.

Honig, A. S. (2004, March/April). How to create an environment that counteracts stereotyping. *Child Care Information Exchange,* 37–41.

Honig, A. S. (2009). *Little kids, big worries: Stress-busting tips for early childhood classrooms.* New York, NY: Paul H. Brookes Publishing.

Horne, A. M., Orpinas, P., Newman-Carlson, D., & Bartolomucci, C. L. (2004). Elementary school bully busters program: Understanding why children bully and what to do about it. In D. L. Espelage & S. M. Swearer (Eds.), *Bullying in American schools: A social-ecological perspective on prevention and intervention* (pp. 297–325). Mahwah, NJ: Lawrence Erlbaum Associates.

Horne, P E., & Timmons, L. (May 2009). Making it work: Teacher's perspectives on inclusion. *International Journal of Inclusive Education, 13*(3), 273–286.

Horowtiz, F. D., Darling-Hammond, L., & Bransford, J. (2005). Educating teachers for developmentally appropriate practice. In L. Darling-Hammond & J. Bransford (Eds.), *Preparing teachers for a changing world* (pp. 88–125). San Francisco, CA: Jossey-Bass.

Howe, N. Moller, L., Chambers, B., & Petrakos, H. (1993). The ecology of dramatic play centers and children's social and cognitive play. *Early Childhood Research Quarterly, 8*, 235–251.

Howes, C. (2000). Social development, family, and attachment relationships. In D. Cryer & T. Harms (Eds.), *Infants and toddlers in out-of-home care* (pp. 87–113). Baltimore, MD: Paul H. Brookes Publishing.

Howes, C. (2009). Friendship in early childhood. In K. H. Rubin, W. M. Bukowski, & B. Laursen (Eds.), *Handbook of peer interactions, relationships, and groups* (pp. 180–194). New York, NY: The Guilford Press.

Howes, C., & Lee, L. (2007). If you are not like me, can we play? Peer groups in preschool. In O. Saracho & B. Spodek (Eds.), *Contemporary perspectives on research in social learning in early childhood education* (pp. 259–278). Durham, NC: Information Age.

Hubbard, J. A., Smithmyer, C. M., Ramsden, S. R., Parker, E. H., Flanagan, K. D., Dearing, K. F., Relyea, N., & Simons, R. F. (2002). Observational, psychological, and self-report measures of children's anger: Relations to reactive versus proactive aggression. *Child Development, 73*, 1101–1118.

Hughes, F. P. (2010). *Children, play, and development* (4th ed.) Los Angeles, CA: Sage.

Hughes, C., & Ensor, R. (2010). Do early social cognition and executive function predict individual differences in preschoolers' prosocial and antisocial behavior? In B. W. Sokol, U. Muller, J. I. M. Carpendale, A. R. Young, & G. Iarocci (Eds.), *Self and social regulation: Social interaction and the development of social understanding and executive functions* (pp. 418–441). New York, NY: Oxford University Press.

Hughett, K., Kohler, F. W., & Raschke, D. (2011). The effects of a buddy skills package on preschool children's social interactions and play. *Topics in early childhood special education, 32*, 246–254.

Hutt, C. (1971). Exploration and play in children. In R. Herron & B. Sutton-Smith (Eds.), *Child's play*. New York, NY: John Wiley & Sons.

Hymowitz, K. S. (Spring 2012). American cast. *City Journal, 22*(2).

Hyson, M. (2004). *The emotional development of young children*. New York, NY: Teachers College Press.

Hyson, M. (2008). Enthusiastic and engaged learners: Approaches to learning in the early childhood classroom. New York, NY: Teachers College Press; Washington, DC: NAEYC.

Hyun, E., & Choi, D. H. (2004). Examination of young children's gender-doing and genderbending in their play dynamics. *International Journal of Early Childhood, 36*(1), 49–64.

Illinois State Board of Education. (2010, June). Illinois Learning Standards, Stage G: Social Emotional Learning (SEL) goals, standards and descriptors. Retrieved from http://www.isbe.net/ils/social _emotional/stage_G/descriptor.htm.

Indiana Department of Education. (2013). Three to five years: Early childhood foundations. Retrieved February 8, 2013, from http://www.doe.in.gov/achievement/curriculum/archived—earlychildhood—standards.

Isenberg, J. P., & Jalongo, M. R. (2012). *Creative expression and play in early childhood*. Upper Saddle River, NJ: Merrill/ Prentice Hall.

Izard, C. E., Ackerman, B. P., Schoff, K. M., & Fines, S. E. (2000). Self—organization of discrete emotions, emotion patterns, and emotion—cognition relations. In M. Lewis & I. Granie (Eds.), *Emotion, development and self— organization: Dynamic system approaches to emotional development* (pp. 15–36). New York, NY: Cambridge University Press.

Izard, C. E., Fantauzzo, C. A., Castle, J. M., Haynes, O. M., Rayias, M. F., & Putnam, P. H. (1995). The ontogeny and significance of infants' facial expressions in the first 9 months of life. *Developmental Psychology, 31*, 997–1013.

Jackson, J. S. (2003). *Bye—bye, bully!: A kid's guide for dealing with bullies*. St. Meinrad, IN: Abbey Press.

Jalongo, M. R. (2008). *Learning to listen, listening to learn: Building essential skills in young children*. Washington, DC: National Association for the Education of Young Children.

Janssen, D., Schöllhörn, W. I., Lubienetzki, J., Folling, K., Kokenge, H., & Davids, K. (2008). Recognition of emotions in gait patterns by means of artificial neural nets. *Journal of Nonverbal Behavior, 32*, 72–92.

Jaswal, V. K., & Fernald, A. (2007). Learning to communicate. In A. Slater & M. Lewis (Eds.), *Introduction to infant development* (pp. 270–287). New York, NY: Oxford University Press.

Javernik, E. (1988). Johnny's not jumping: Can we help obese children? *Young Children*, 18–23.

Jaworski, A. (2008). The poser of silence in communication. In L. K. Guerrero & M. L. Hecht (Eds.), *The nonverbal communication reader* (3rd ed., pp. 175–181). Long Grove, IL: Waveland Press.

Jenkins, J. M., Turrell, S. L., Kogushi, Y., Lollis, S., & Ross. H. S. (2003). A longitudinal investigation of the dynamics of mental state talk in families. *Child Development, 74*(3), 905–920.

Jimerson, S. R., Swearer, S. M., & Espelage, D. L. (Eds.). (2010). *Handbook of bullying in schools: An international perspective*. New York, NY: Routledge.

Johansson, E. (2006). Children's morality: Perspectives and research. In B. Spodek & N. Saracho (Eds.), *Handbook of research on the education of young children* (pp. 55–84). Mahwah, NJ: Lawrence Erlbaum Associates.

Johnson, J. E., Christie, J. F., & Wardle, F. (2005). *Play, development, and early education*. Boston, MA: Allyn & Bacon.

Johnson, K. R. (1998). Black kinesics: Some nonverbal communication patterns in black culture. *Florida FL Reporter, 57*, 17–20.

Jones, E., & Reynolds, G. (2011). *The play's the thing: Teachers' roles in children's play*. New York, NY: Teachers College Press.

Jordan, E., Cowan, A., & Roberts, J. (1995). Knowing the rules: Discursive strategies in young children's power struggles. *Early Childhood Research Quarterly, 10*, 339–358.

Joseph, G. J., & Strain, P. S. (2003). Comprehensive evidence—based social—emotional curricula for young children: An analysis of efficacious adoption potential. *Topics in Early Childhood Special Education, 23*, 65–76.

Justice, L. M., & Vukelich, C. (2008). *Achieving excellence in preschool literacy instruction*. New York, NY: The Guilford Press.

Kaiser, B., & Rasminsky, J. S. (2011). *Challenging behavior in young children: Understanding, preventing and responding effectively.* Boston, MA: Pearson.

Kalish, C. W., & Cornelius, R. (2006). What is to be done? Children's ascriptions of conventional obligations. *Child Development, 78*, 859–878.

Kaplan, J. S. (2000). *Beyond functional assessment: A social–cognitive approach to the evaluation of behavior problems in children and youth.* Austin, TX: Pro–Ed.

Karageorge, K., & Kendall, R. (2009). The role of professional child care providers in preventing and responding to child abuse and neglect. *Child Welfare Information Gateway.* U.S. Department of Health and Human Services. Available at http://www.hhs.gov.

Karp, H. (2003). *The happiest baby on the block: The new way to calm crying and help your newborn baby sleep longer.* New York, NY: Bantam Books.

Karp, H. (2012). *The happiest baby guide to great sleep.* New York, NY: Harper Collins.

Kastenbaum, R. (2004). *Death, society, and human experience.* Boston, MA: Allyn and Bacon.

Katz, L. G. (1991). Ethical issues in working with young children. *In Ethical behavior in early childhood education: Expanded edition.* Washington, DC: NAEYC.

Katz, L. G. (1993). Distinctions between self–esteem and narcissism: Implications for practice. *Perspectives from ERIC/ EECE. Monograph Series, 5,* Urbana, IL: Eric Clearinghouse on Elementary and Early Childhood Education. (ERIC Document Reproduction Service No. 363–452).

Katz, L. G., Chard, S. C., & Kogan, Y. (2013). *Engaging children's minds: The project approach* (3rd ed.). Norwood, NJ: Ablex.

Katz, L. G., & Katz, S. J. (2009). *Intellectual emergencies.* Lewisville, NC: Kaplan Press.

Keane, S. P., & Calkins, S. D. (2004). Predicting kindergarten peer social status from toddler and preschool problem behavior. *Journal of Abnormal Child Psychology, 32,* 409–423.

Kennedy–Moore, E. (2012). Children's growing friendships. *Psychology Today,* pp. 1–6. Retrieved February 5, 2012, from http://www.psychologytoday.com.

Kerns, L., & Clemens, N. H. (2007). Antecedent strategies to promote appropriate classroom behavior. *Psychology in the Schools, 44*(1), 65–75.

Key, M. R. (1975). *Paralanguage and kinesics.* Metuchen, NJ: Scarecrow Press.

Klein, A. M. (2003). Introduction: A global perspective on humor. In A. J. Klein (Ed.), *Humor in children's lives: A guidebook for practitioners* (pp. 1–13). Westport, CT: Praeger.

Klein, M. D., Cook, R. E., & Richardson–Gibbs, A. M. (2001). *Strategies for including children with special needs in early childhood settings.* Albany, NY: Delmar/Thomson Learning.

Knafo, A., & Plomin, R. (2006). Parental discipline and affection and children's prosocial behavior: Genetic and environmental links. *Journal of Personality and Social Psychology, 90*(1), 147–164.

Kochanska, G., & Aksan, N. (2006). Children's conscience and self–regulation. *Journal of Personality, 74,* 1587–1617.

Kochanska, G., Aksan, N., Prisco, T. R., & Adams, E. E. (2008). Mother–child and father–child mutually responsive orientation in the first two years and children's outcomes at preschool age: Mechanisms of influence. *Child Development, 79,* 30–44.

Kochanska, G., Gross, J. N., Lin, M., & Nichols, K. E. (2002). Guilt in young children: Development, determinants and relations with a broader system of standards. *Child Development, 73,* 461–482.

Kochanska, G., Padavic, D. L., & Koenig, A. L. (1996). Children's narratives about hypothetical moral dilemmas and objective measures of their conscience: Mutual relations and social antecedents. *Child Development, 67,* 1420–1436.

Kohn, A. (2006). *Beyond discipline: From compliance to community.* Alexandria, VA: Association for Supervision and Curriculum Development.

Kontos, S., & Wilcox-Herzog, A. (1997). Teacher's interactions with children: Why are they so important? *Young Children, 52*(2), 4–12.

Kostelnik, M. J. (2005, November/December). Modeling ethical behavior in the classroom. *Child Care Information Exchange,* 17–21.

Kostelnik, M. J., & Grady, M. L. (2009). *Getting it right from the start.* Thousand Oaks, CA: Corwin.

Kostelnik, M. J., Onaga, E., Rohde, B., & Whiren, A. K. (2002). Brian: Just bursting to communicate. In *Children with special needs: Lessons for early childhood professionals* (pp. 120–135). New York, NY: Teachers College Press.

Kostelnik, M. J., Rupiper, M., Soderman, A. K., & Whiren, A. P. (2014). *Developmentally appropriate curriculum in action.* Upper Saddle River, NJ: Pearson.

Kostelnik, M. J., Soderman, A. K., & Whiren, A. P. (2011). *Developmentally Appropriate Curriculum: Best practices in early childhood education* (5th ed.). Upper Saddle River, NJ: Prentice Hall.

Kovach, B., & Da Ros-Voseles, D. (2008). *Being with babies: Understanding and responding to the infants in your care.* Beltsville, MD: Gryphon House.

Kozol, J. (2006). *Rachel and her children—Homeless families in America.* New York, NY: Three Rivers Press.

Krannich, C., & Krannich, R. (2001). *Savvy interviewing: The nonverbal advantage.* Manassas Park, VA: Impact Publications.

Kraut, R. E., & Johnston, R. E. (2008). Social and emotional messages of smiling. In L. K. Guerrero & M. L. Hecht (Eds.), *The nonverbal communication reader* (3rd ed., pp. 139–143). Long Grove, IL: Waveland Press.

Kuhn, D. (2005). *Education for thinking.* Cambridge, MA: Harvard University Press.

Labile, D., & Thompson, R. A. (2008). Early socialization: A relationship perspective. In J. E. Grusec & P. D. Hastings (Eds.), *Handbook of socialization: Theory and research* (pp. 181–207). New York, NY: The Guilford Press.

LaBounty, J., Wellman, H. M., Olson, S., Lagattuta, K., & Liu, D. (2008). Mother's and father's use of internal state talk with their young children. *Social Development 17*(4), 754–774.

Ladd, G. W. (2000). The fourth R: Relationships as risks and resources following children's transition to school. *American Educational Research Division Newsletter, 19*(1), 7, 9–11.

Ladd, G. W. (2005). *Children's peer relations and social competence: A century of progress.* New Haven, CT: Yale University Press.

Ladd, G. W. (2008). Social competence and peer relations: Significance for young children and their service providers. *Early Childhood Services, 2*(3), 129–148.

Ladd, G. W., & Troop-Gordon, W. (2003). The role of chronic peer difficulties in the development of children's psychological adjustment problems. *Child Development, 74*(2), 1344–1367.

Lafrance, M., & Hecht, M. A. (1999). Option or obligation to smile: The effects of power and gender on facial expression.

In P. Philippot, R. Feldman, & E. Coats (Eds.), *Social context of nonverbal behavior*. Cambridge, U.K: Cambridge University Press.

Laible, D. J., & Thompson, R. A. (2008). Early socialization: A relationship perspective. In J. E. Grusec & P. D. Hastings References (Eds.), *Handbook of socialization: Theory and research* (pp. 181–206). New York, NY: The Guilford Press.

Lamm, S., Grouix, J. G., Hansen, C. Patton, M. M., & Slaton, A. J. (2006). Creating environments for peaceful problem solving. *Young Children, 61*(1), 22–28.

Langford, S. (2013). Interpersonal skills and nonverbal communication. In D. Matsumoto, M. G. Frank, & H. S. Hwang (Eds.), *Nonverbal communication: Science and applications* (pp. 213–224). Los Angeles, CA: Sage.

Lansford, J. E., Chang, L., Dodge, K. A., Malone, P. S., Oburu, P., Palmerus, K., . . . Quinn, D. (2005). Physical discipline and children's adjustment: Cultural normativeness as a moderator. *Child Development, 76*, 1234–1246.

Larsen, J. T., To, Y. M., & Fireman, G. (2007). Children's understanding and experience of mixed emotions. *Psychology Science, 18*(2), 186–191.

Laursen, B., & Pursell, G. (2009). Conflict in peer relationships. In K. H. Rubin, W. M. Bukowski, & B. Laursen (Eds.), *Handbook of peer interactions, relationships and groups* (pp. 267–286). New York, NY: The Guilford Press.

Laushey, K. M., & Heflin, L. J. (2000). Enhancing social skills of kindergarten children with autism through training of multiple peers as tutors. *Journal of Autism and Developmental Disorders, 30*(3), 183–193.

Leary, M. R., & McDonald, G. (2003). Individual differences in self-esteem: A review and theoretical integration. In M. Leary & J. P. Tangney (Eds.), *Handbook of self and identity* (pp. 401–418). New York, NY: The Guilford Press.

Lengua, L. J. (2009, January). Effortful control in the context of socioeconomic and psychosocial risk. *American Psychological Association*, Science Briefs 1–3. Retrieved from http://www.apa.org/science/about/psa/2009/01/lengua.aspx.

Lepper, M. R., & Henderlong, J. (2000). Turning "play" into "work" and "work" into "play": 25 years of research on intrinsic versus extrinsic motivation. In C. Sanson & J. M. Harackiewicz (Eds.), *Intrinsic and extrinsic motivation: The search for optimal motivation and performance* (pp. 257–307). New York, NY: Academic Press.

Lessin, R. (2002). *Spanking, a loving discipline: Helpful and practical answers for today's parents*. Grand Rapids, MI: Bethany House Publishers.

Levin, D. (2003). *Teaching young children in violen times* (2nd ed.). Washington, DC: Nationa Association for the Education of Young Children.

Levin, D. E., & Kilbourne, J. (2009). *So sexy so soon: The new sexualized childhood and what parents can do to protect their kids*. New York, NY: Ballantine.

Lewis, D., & Carpendale, J. (2004). Social cognition. In P. K. Smith & C. H. Hart (Eds.), *Childhood social development* (pp. 375–393). Malden, MA: Blackwell.

Lewis, M. (2007). Early emotional development. In A. Slater & M. Lewis (Eds.), *Introduction to infant development* (pp. 233–252). New York, NY: Oxford University Press.

Linares, L. O. (2004). *Community violence: The effects on children*. New York, NY: NYU Child Study Center.

Lock, A., & Zukow-Goldring, P. (2012). Preverbal communication. In J. G. Bremner & T. D. Wachs (Eds). *The Wiley–Blackwell handbook of infant development* (pp. 394–425). Malden, MA: Blackwell Publishing.

Lopes, P. N., & Salovey, P. (2004). Toward a broader education: Social, emotional and practical skills. In J. E. Zins, R. P., Weissberg, M. C. Wang, & H. J. Walberg (Eds.), *Building academic success on social and emotional learning* (pp. 76–93). New York, NY: Teachers College Press.

Luckenbill, J. (2011). Circle time puppets teaching social skills. *Teaching Young Children, 4*(4), 9–11.

Luckenbill, J., & Nuccitelli, S. (2013). Puppets and problem solving: Circle time techniques (pp. 1–39). Retrieved February 14, 2013, from http://caeyc.org/main/caeyc/proposals/pdfs/Luckenbillpuppet.pdf.

Luke, C. (1999). What next? Toddler netizens, playstation thumb, techno–literacies? *Contemporary Issues in Early Childhood, 1*(1), 95–100.

Luthar, S. S. (2003). *Resilience and vulnerability: Adaptation in the context of childhood adversities.* New York, NY: Cambridge University Press.

Luthar, S. S. (2008, June). Conceptualizing and reevaluating resilience across levels of risk, time, and domains of competence. *Clinical Child Family Psychological Review, 11*(1–2), 30–58.

Lynch, E. W., & Hanson, M. J. (2011). Developing *cross–cultural competence: A guide for working with children and their families.* Baltimore, MD: Paul H. Brookes Publishing.

Maccoby, E. E. (2007). Historical overview of research and theory. In J. E. Grusec & P. D. Hastings (Eds.), *Handbook of socialization theory and practice* (pp. 13–41). New York, NY: The Guilford Press.

Maccoby, E., & Martin, J. A. (1983). Socialization in the context of the family: Parent–child interaction. In P. H. Mussen (Ed.), *Handbook of child psychology* (4th ed, Vol. 4). New York, NY: Wiley.

MacGeorge, E. L. (2003). Gender differences in attributions and emotions in helping contexts. *Sex Roles, 48*(3), 175.

Machotka, P., & Spiegel, J. (1982). *The articulate body.* New York, NY: Irvington Publishers.

Mackenzie, R. J., & Stanzione, L. (2010). *Setting limits in the classroom: A complete guide to classroom management* (3rd ed.). Rocklin, CA: Three Rivers Press.

Malott, R., & Trojan, E. A. (2008). *Principles of behavior* (6th ed.). Upper Saddle River, NJ: Pearson.

Malti, T., Keller, M., Gummerum, M., & Buchmann, M. (2009). Children's moral motivation, sympathy, and prosocial behavior. *Child Development, 80*(2), 442–460.

Mandleco, B. L., & Peery, J. C. (2000). An organizational framework for conceptualizing resilience in children. *Journal of Child and Adolescent Psychiatric Nursing, 13*(1), 99–111.

Mapp, S., & Steinberg, C. (2007, January/February). Birth families as permanency resources for children in long–term foster care. *Child Welfare, 86*(1), 29.

March of Dimes. (2003). Understanding the behavior of term infants, retrieved March 15, 2010, from http:// www. marchofdimes.com/nursing/modnemedia/othermedia/background.pdf.

March of Dimes Birth Defects Foundation. (2007). Down syndrome. *Quick reference & fact sheets for professionals and researchers, 681,* 1–4.

Marion, M. (2011). *Guidance of young children.* New York, NY: Macmillan.

Marks, D. R. (2002). *Raising stable kids in an unstable world: A physician's guide to dealing with childhood stress.* Deerfield, FL: Health Communications.

Marsh, H. W., Ellis, L. A., & Craven, R. G. (2002). How do preschool children feel about themselves? Unraveling measurement and multidimensional self–concept structure. *Developmental Psychology, 38*(3), 376–393.

Martin, S., & Berke, J. (2007). *See how they grow: Infants and toddlers*. Clifton Park, NY: Thomson Delmar Learning.

Marzano, R. J. (2003). *Classroom management that works: Research–based strategies for every teacher*. Alexandria, VA: Association for Supervision and Curriculum Development.

Masten, A. S. (2009). Ordinary magic: Lessons from research on resilience in human development. *Education Canada, 49*(3), 28–32.

Masten, A. S., & Marayan, A. J. (2013). Resilience processes in development: Four waves of research on positive adaptation in the context of adversity. In S. Goldstein & R. B. Brooks (Eds.), *Handbook of resilience in children*. New York, NY: Springer.

Masten, A. S., & Powell, J. L. (2003). A resilience framework. In S. S. Luthar, *Resilience and vulnerability: Adaptation in the context of childhood adversities* (pp. 1–25). New York, NY: Cambridge University Press.

Matsumoto, D. (2006). Culture and nonverbal behavior. In V. Manusov & M. Patterson (Eds.), *The Sage handbook of nonverbal communication* (pp. 219–336). Thousand Oaks, CA: Sage Publications.

Matsumoto, D., & Hwang, H. S. (2013a). Body and gestures. In D. Matsumoto, M. G. Frank, & H. S. Hwang (Eds.), *Nonverbal communication: Science and applications* (pp. 75–96). Los Angeles, CA: Sage.

Matsumoto, D., & Hwang, H. S. (2013b). Facial expression. In D. Matsumoto, M. G. Frank, & H. S. Hwang (Eds.), *Nonverbal communication: Science and applications* (pp. 15–52). Los Angeles, CA: Sage.

Maxwell, L. E. (2003). Home and school density effects on elementary school children: The role of spatial density. *Environment and Behavior, 35*, 566–578.

Maxwell, L. E. (2007). Competency in child care settings: The role of the physical environment. *Environment and Behavior, 39*, 229–245.

McAfee, O., & Leong, D. (2010). *Assessing and guiding young children's development and learning* (3rd ed.). Boston, MA: Allyn and Bacon.

McAuliffe, M. D., Hubbard, J. A., & Romano, L. J. (2009). The role of teacher cognition and behavior in children's peer relations. *Journal of Abnormal Child Psychology, 37*, 665–677.

McCay, L. O., & Keyes, D. W. (2002). Developing social competence in the inclusive primary classroom. *Childhood Education, 78*(2), 70–78.

McClellan, D., & Katz, L. (2001). *Assessing young children's social competence*. Champaign, IL: ERIC Clearinghouse on Elementary and Early Childhood Education. (ERIC Document Reproduction Service No. ED450953).

McClure, E. B., & Nowicki, S. (2001). Associations between social anxiety and nonverbal processing skill in preadolescent boys and girls. *Journal of Nonverbal Behavior, 25*(1) 3–19.

McCord, J. M. (2005). Unintended consequences of punishment. In M. Donnelly & M. A. Straus (Eds.), *Corporal punishment of children in theoretical perspective* (pp. 156–170). New Haven, CT: Yale University Press.

McCornak, S. (2012). *Reflect & Relate: An introduction to interpersonal communication*. Boston, MA: Bedford/St.Martin's.

McGhee, P. (1979). *Humor: Its origin and development*. San Francisco, CA: W. H. Freeman.

Meece, D. M. (2009). Good guidance: Show your interest in children through reflections. *Next: The Teaching Young Children Staff Development Guide, 2*(3), 3–5.

Meece, D. M., Colwell, M. J., & Mize, J. (2007). Maternal emotion framing and children's social behavior: The role of children's feelings and beliefs about peers. *Early Child Development and Care, 117*, 295–299.

Meece, D. M., & Soderman, A. K. (2010). Positive verbal environments: Setting the stage for young children's social development. *Young Children, 65*(5), 81–86.

Michigan State Board of Education. (2006). *Early childhood standards of quality for infant and toddler programs.* Lansing, MI: Michigan State Board of Education. Available at http://www.michigan.gov/documents/mde/ECSQ–IT_Final_New_format_09_417914_7.pdf.

Miles, S. B., & Stipek, D. (Jan–Feb, 2006). Contemporaneous and longitudinal associations between social behavior and literacy achievement in a sample of low–income elementary school children. *Child Development, 77*(1), 103–117.

Milevsky, A., Schlechter, M., Netter, S., & Keehn, D. (2007). Maternal and paternal parenting styles in adolescence: Associations with self–esteem, depression, and life satisfaction. *Journal of Child and Family Studies, 16*, 39–47.

Miller, D. F. (2013). *Positive child guidance* (6th ed.). Belmont, CA: Wadsworth/Cengage.

Miller, P., & Garvey, C. (1984). Mother–baby role play: Its origins in social support. In I. Bretherton (Ed.), *Symbolic play: The development of social understanding* (pp. 101–130). New York, NY: Academic Press.

Mills, R. S. L. (2005). Taking stock of the developmental literature on shame. *Developmental Review, 25*, 26–63.

Minnesota Department of Education. (2005). Early childhood indicators of progress: Minnesota's Early Learning Standards. Retrieved from http://sped.dpi.wi.gov/sped_assmt–ccee.

Moffitt, T. E., & Caspi, A. (2008). Evidence from behavioral genetics for environmental contributions to antisocial conduct. In J. E. Grusec & P. D. Hastings (Eds.), *Handbook of socialization theory and research* (pp. 96–123). New York, NY: The Guilford Press.

Montes, G., Lotyczewski, B. S., Halterman, S., & Hightower, A. D. (March 2012). School readiness among children with behavior problems at entrance into kindergarten: Results from a US national study. *European Journal of Pediatrics, 171*(3), 541–548.

Moore, S. G. (1982). Prosocial behavior in the early years: Parent and peer influences. In B. Spodek (Ed.), *Handbook of research in early childhood education* (pp. 65–81). New York, NY: Free Press.

Morrison, G. (2012). *Early childhood education today* (11th ed.). Upper Saddle River, NJ: Prentice Hall. Nabobo–Baba, U., & Tiko, L. (2009). Indigenous Fijian cultural conceptions of mentoring and related capacity building implications for teacher education. In A. Gibbons & C. Gibbons (Eds.), *Conversations on early childhood teacher education: Voices from the working forum for teacher education.* Auckland, New Zealand: New Zealand Tertiary College.

Nabuzoka, D., & Smith, P. (1995). Identification of expressions of emotions by children with and without learning disabilities. *Learning Disabilities Research & Practice, 10*(2) 91–101.

National Association for the Education of Young Children, (2009). *Where we stand on standards for programs to prepare early childhood professionals.* Washington, DC: Author. Retrieved October, 2009, from http://www.naeyc.org/positionstatements/ppp

National Dissemination Center for Children with Disabilities. (2004). *Deafness and hearing loss, fact sheet 3 (FS #3),* January, 1–5.

National Institute of Neurological Disorders and Stroke. (2005). *Tourette syndrome fact sheet,* NIH Publication No. 05–2163, April 1–6.

National Research Council and the Institute of Medicine. (2000). In J. P. Shonkoff & D. A. Philips (Eds.), *From neurons to neighborhoods: The science of early childhood development.* Washington DC: National Academy Press.

National Scientific Council on the Developing Child. (2006). Children's emotional development is built into the architecture of their brains. Working Paper No. 2. Waltham, MA: Brandeis University Press.

National Scientific Council on the Developing Child. (2007). The timing and quality of early experiences combine to shape brain architecture. Working Paper No .5. Available from http://www.developingchild.net.

National Scientific Council on the Developing Child. (2009). Young children develop in an environment of relationships. Working Paper No. 1. Retrieved from http://www.developingchild.net.

Nebraska Department of Education. (2005). Nebraska early learning guidelines. Retrieved from http://www.education. ne.gov/oec/pubs/ELG/B_3_English.pdf.

Neff, K. D., & Helwig, C. C. (2002). A constructivist approach to understanding the development of reasoning about rights and authority within cultural contexts. *Cognitive Development, 17*, 1429–1450.

Nelsen, J. (2006). Positive time–out. New York, NY:

Crown Publishing Co.

Nelson, D. A., Hart, C. H., Yang, C., Olsen, J. A., & Jin, S. (2006). Aversive parenting in China: Associations with child physical and relational aggression. *Child Development, 77*, 554–572.

Nelson, D. A., Mitchell, C., & Yang, C. (2008). Intent attributions and aggression: *A study of children and their parents. Journal of Abnormal Child Psychology, 36*, 793–806.

Nelson, D. A., Robinson, C. C., & Hart, C. H. (2005). Relational and physical aggression of preschool–age children: Peer status linkages across informants. *Early Education and Development, 16*, 115–139.

Nemeth, K. N. (2012). *Basics of supporting dual language learners*. Washington, DC: NAEYC.

New Hampshire Department of Education. (2006). K–12 written and oral communication: New Hampshire curriculum framework. Retrieved February 9, 2013, from http://www.education.nh.gov/career/guidance/documents/ framework_k12.doc.

NICHCY. (March 2012). *Categories of disability under IDEA*. Available at http://nichcy.org/disability/categories.

NICHD Early Child Care Research Network. (2002). Child–care structure–process–outcome: Direct and indirect effects of child–care quality on young children's development. *Psychological Science, 13*, 199–206.

NICHD Early Child Care Research Network. (2008). Social competence with peers in third grade: Associations with earlier peer experiences in childcare. *Social Development, 17*(3), 419–453.

Nielsen, M., Suddendorf, T., & Slaughter, V. (2006). Mirror self–recognition beyond the face. *Child Development, 77*(1), 176–185.

Obradovic, J., Portilla, X. A., & Boyce, W. T. (2012). Executive functioning and developmental neuroscience. Current progress and implications for early childhood education. In R. C. Pianta, W. S. Barnett, I. M. Justice, & S. M. Sheridan (Eds.), *Handbook of early childhood education* (pp. 324–351). New York, NY: The Guilford Press.

Odom, S. L., McConnell, S. R., & Brown, W. H. (2008). Social competence of young children: Conceptualization, assessment and influences. In W. H. Brown, S. L. Odom, & S. R. McConnell (Eds.), *Social competence of young children: Risk, disability & intervention* (pp. 3–30). Baltimore, MD: Paul H. Brookes Publishing.

O'Hair, D., & Friedrich, G. (2001). *Strategic communication*. Boston, MA: Houghton–Mifflin.

O'Hair, M. J., & Ropo, E. (1994, Summer). Unspoken messages: Understanding diversity in education requires emphasis on nonverbal communication. *Teacher Education Quarterly, 21*(3), 91–112.

Oliver, S., & Klugman E. (2005). Play and the outdoors: What's new under the sun? *Exchange, 164,* 6–12.

Olsen, S. L, & Sameroff, A. J. (2009). *Biopsychosocial regulatory processes in the development of childhood behavioral problems.* New York, NY: Cambridge University Press.

Olweus, D. (1993). *Bullying and school: What we know and what we can do.* Oxford: Blackwell Scientific Publications.

Olweus, D. (2010). Understanding and researching bullying: Some critical issues. In S. R. Jimerson, S. W. Swearer, & D. L. Espelage (Eds.), *Handbook of bullying in schools: An international perspective* (pp. 9–31). New York, NY: Routledge.

Olweus, D., & Limber, S. P. (2010). The Olweus bullying prevention program: Implementation and evaluation over two decades. In S. R. Jimerson, S. W. Swearer, & D. L. Espelage (Eds.), *Handbook of bullying in schools: An international perspective* (pp. 377–401). New York, NY: Routledge.

O'Neil, R. E., Horner, R. H., Albin, R. W., Sprague, J. R., Storey, K., & Newton, J. S. (1997). *Functional assessment and program development for problem behavior: A practical handbook* (2nd ed.). Pacific Grove, CA: Brooks/Cole.

Ormrod, J. E. (2011). *Educational psychology: Developing learners.* Boston, MA: Pearson.

Orpinas, P., & Horne, A. M. (2010). Creating a positive school climate and developing social competence. In S. R. Jimerson, S. W. Swearer, & D. L. Espelage (Eds.), *Handbook of bullying in schools: An international perspective* (pp. 49–59). New York, NY: Routledge.

Oshikanlu, S. (2006). Teaching healthy habits to young children, *Exchange, 169,* 28–30.

Ostrov., J. M., Pilat, M. M., & Crick, N. R. (2006). Assertion strategies and aggression during childhood: A short–term longitudinal study. *Early Childhood Research Quarterly, 21*(4), 403–416.

Otto, B. (2009). *Language development in early childhood.* Upper Saddle River, NJ: Pearson.

Oyserman, D., Bybee, D., Mobray, C., & Hart–Johnson, T. (2005). When mothers have serious mental health problems: Parenting as a proximal mediator. *Journal of Adolescence, 28,* 443–463.

Paasche, C. L., Gorrill, L., & Strom, B. (2003). *Children with special needs in early childhood settings.* Belmont, CA: Wadsworth.

Paganini, D. A., Tremblay, R. E., Nagin, D., Zoccolillo, M., Vitaro, F., & McDuff, P. (2004). Risk factor models for adolescent verbal and physical aggression toward mothers. *International Journal of Behavioral Development, 28,* 528–537.

Paley, V. G. (1992). *You can't say, . . . you can't play.* Cambridge, MA: Harvard University Press.

Panksepp, J. (2008). Play, ADHD, and the construction of the social brain: Should the first class each day be recess? *American Journal of Play, 1*(1) 55–79.

Papilia, D., Olds, S., & Feldman, R. (2008). *Human development* (11th ed.). New York, NY: McGraw–Hill.

Parten, M. B. (1932). Social participation among preschool children. *Journal of Abnormal and Social Psychology, 27,* 243–269.

Pellegrini, A. D. (2004). Rough–and tumble play from childhood through adolescence: Development and possible functions. In P. K. Smith & C. Hart (Eds.), *Blackwell handbook of childhood social development* (pp. 438–454). Malden, MA: Blackwell.

Pellegrini, A. D. (2007). The development and function of rough and tumble play in childhood and adolescence: A sexual selection theory perspective. In A. Göncö and S. Gaskins (Eds.), *Play and development.* Mahwah, NJ: Lawrence Erlbaum Associates.

Pellegrini, A. D. (2009). *The role of play in human development*. New York, NY: Oxford University Press.

Pellicano, E. (2012). The development of executive function in autism. *Autism Research and Treatment*, Vol. 2012. Retrieved from http://www.hindawi.com/journals/aurt/2012/146132.

Penner, L. A., & Orom, H. (2010). Enduring goodness: A person–by–situation perspective on prosocial behavior. In M. Mikulincer & P. R. Shaver (Eds.), *Prosocial motives, emotions and behaviors: The better angels of our nature* (pp. 55–72). Washington, DC: American Psychological Association.

Pennington, B. F., & Ozonoff, S. (January 7, 1996). Executive functions and developmental psychopathology. *Journal of Child Psychological Psychiatry, 37*, 51–87.

Pennsylvania Department of Education and Department of Public Welfare. (2009). *Infantstoddlers: Pennsylvania learning standards for early childhood*. Available at http://static.pdesas.org/content/documents/pennsylvania_early_childhood_education_standards_for_infanttoddler. pdf.

Pepler, D., Smith, P. K., & Rigby, K. (2004). Looking back and looking forward: Implications for making interventions work effectively. In P. K. Smith, D. Pepler, & K. Rigby (Eds.), *Bullying in schools: How successful can interventions be?* (pp. 307–324) Cambridge, England: Cambridge University Press.

Persson, G. E. B. (2005). Young children's prosocial and aggressive behaviors and their experiences of being targeted for similar behaviors by peers. *Social Development, 14*, 206–228.

Petersen, S. (2012). School readiness for infants and toddlers? Really? Yes, really! *Young Children, 67*(4), 10–13.

Pettit, G., & Harrist, A. (1993). Children's aggressive and socially unskilled behavior with peers: Origins in early family relations. In C. Hart (Ed.), *Children on playgrounds: Research perspectives and applications* (pp. 14–42). Albany, NY: State University of New York.

Piaget, J. (1962). *The origins of intelligence in children*. New York, NY: W. W. Norton.

Piaget, J. (1976). The rules of the game of marbles. In J. Bruner, A. Jolly, & K. Sylva (Eds.), Play: *Its role in development and evolution* (pp. 411–441). New York, NY: Academic Press.

Pinker, S. (2008, January 13). The moral instinct. *The New York Times Magazine, 32–59*.

Polakow, V. (1994). *Lives on the edge: Single mothers and their children in the other America*. Chicago, IL: University of Chicago Press.

Pollack, W. S. (2006). Sustaining and reframing vulnerability and connection. In S. Goldstein & R. B. Brooks, *Handbook of resilience in children* (pp. 65–77). New York, NY: Springer.

Pons, F., Lawson, J., Harris, P. I., & de Rosnay, M. (2003). Individual differences in children's emotion understanding: Effects of age and language. *Scandinavian Journal of Psychology: Applied, 7*, 27–50.

Power, T. (2000). *Play and exploration in children and animals*. Mahwah, NJ: Lawrence Erlbaum Associates.

Pratt, M. W., Skoe, E. E., & Arnold, M. I. (2004). Care reasoning development and family socialization patterns in later adolescence. A longitudinal analysis. *International Journal of Behavioral Development, 28*, 139–147.

Prescott, E. (2008, March/April). The physical environment: A powerful regulator of experience. *Exchange, 2*, 34–37.

Puckett, M., & Black, J. (2013). *The young child: Development prebirth through age eight* (6th ed.). Upper Saddle River, NJ: Pearson.

Raikes, H. H., & Edwards C. P. (2009). *Extending the dance in infant and toddler caregiving*. Washington, DC: Paul H. Brookes Publishing.

Ramaswamy, V., & Bergin, C. (2009). Do reinforcement and induction increase prosocial behavior? Results of a teacher-based intervention in preschools. *Journal of Research in Childhood Education, 23*(4), 527–538.

Ramsey, P. (1998). Diversity and play: Influences of race, culture, class and gender. In D. Fromberg & D. Bergen (Eds.), *Play from birth to twelve and beyond: Contexts, perspectives and meanings* (pp. 23–33). New York, NY: Garland Publishing.

Raver, C. C., Garner, P. W., & Smith-Donald, R. (2007). The roles of emotion regulation and emotion knowledge for children's academic readiness. In R. C. Pianta, M. J. Cox, & K. L. Snow (Eds.), *School readiness and the transition to kindergarten in the area of accountability* (pp. 121–147). Baltimore, MD: Paul H. Brookes Publishing.

Ray, G. B., & Floyd, K. (2006). Nonverbal expressions of liking and disliking in initial interactions: Encoding and decoding perspectives. *Southern Communication Journal, 71,* 45–65.

Reifel S., & Yeatman, J. (1993). From category to context: Reconsidering classroom play. *Early Childhood Research Quarterly, 8,* 347–367.

Remland, M. S. (2009). *Nonverbal communication in everyday life.* Boston, MA: Pearson.

Reynolds, E. (2008). *Guiding young children: A problemsolving approach* (4th ed.). Mountain View, CA: Mayfield.

Rhee, S. H., & Waldman, I. D. (2002). Genetic and environmental influences on antisocial behavior: A meta-analysis of twin and adoption studies. *Psychological Bulletin, 128,* 490–529.

Richmond, V., McCroskey, J., & Hickson M. L. (2011). *Nonverbal behavior in interpersonal relations* (7th ed.). New York, NY: Prentice-Hall.

Rigby, K., & Bauman, S. (2010). How school personnel tackle cases of bullying: A critical examination. In S. R. Jimerson, S. W. Swearer, & D. L. Espelage (Eds.), *Handbook of bullying in schools: An international perspective* (pp. 455–467). New York, NY: Routledge.

Riggio, R. (2006). Nonverbal skills and abilities. In V. Manusov & M. Patterson (Eds.), *The Sage handbook of nonverbal communication* (pp. 79–96). Thousand Oaks, CA: Sage Publications.

Riley, D., San Juan, R. R., Klinkner, J., & Ramminger, A. (2008). *Social & emotional development: Connecting science and practice in early childhood settings.* St. Paul, MN: Redleaf Press.

Rimm-Kauffman, S. E., & Wanless, S. B. (2011). An ecological perspective for understanding the early development of self-regulatory skills, social skills and achievement. In R. C. Pianta, W. S. Barnett, L. M. Justice, & S. M. Sheridan (Eds.), *Handbook of early childhood education* (pp. 299–323). New York, NY: The Guilford Press.

Rochat, P. (2012). Emerging self-concept. In J. G. Bremner & T. D. Wachs (Eds). *The Wiley-Blackwell handbook of infant development* (pp. 321–344). Malden, MA: Blackwell Publishing.

Roffey, S., Tarrant, T., & Majors, K. (1994). *Young friends: Schools and friendships.* New York, NY: Cassell Publishing.

Rogoff, B., Moore, L., Najafi, B., Dexter, A., Correa-Chavez, M., & Solis, J. (2008). Children's development of cultural repertoires through participation in everyday routines and practices. In J. Grusec & P. Hastings (Eds.), *Handbook of socialization: Theory and research* (pp. 490–515). New York, NY: The Guilford Press.

Rose, A. J., & Smith, R. L. (2009). Sex differences in peer relationships. In K. H. Rubin, W. M. Bukowski, & B. Laursen (Eds.), *Handbook of peer interactions, relationships, and groups* (pp. 379–393). New York, NY: The Guilford Press.

Rose-Krasnor, L., & Denham, S. (2009). Socialemotional competence in early childhood. In K. H. Rubin, W. M. Bukowski, & B. Laursen (Eds.), *Handbook of peer interactions, relationships and groups* (pp. 162–179). New York, NY: The

Guilford Press.

Rosenberg, H. (2001). Imagination styles of four and five year olds. In S. Golbeck (Ed.), *Psychological perspectives on early childhood education* (pp. 280–296). Mahwah, NJ: Lawrence Erlbaum Associates.

Roskos, K. (1990). A taxonomic view of pretend play activity among 4- and 5-year-old children. *Early Childhood Research Quarterly, 5*(4), 495–512.

Ross, H., Vickar, M., & Perlman, M. (2012). Early social cognitive skills at play in toddler's peer interactions. In J. G. Bremner & T. D. Wachs, (Eds). *The Wiley–Blackwell handbook of infant development* (pp. 511–531). Malden, MA: Blackwell Publishing.

Rothbart, M. K., & Bates, J. E. (2006). Temperament. In Eisenberg (Ed.), *Handbook of child psychology, Volume 3* (99–166). Hoboken, NJ: John Wiley & Sons.

Rothbart, M. K., Ellis, L. K., & Posner, M. I. (2011). Temperament and self-regulation. In K. V. Vohs & R. F. Baumeister, *Handbook of self-regulation: Research, theory, and applications* (pp. 441–460). New York, NY: The Guilford Press.

Rothbaum, F., & Trommsdorff, G. (2008). Do roots and wings complement or oppose one another? In J. Grusec & P. Hastings (Eds.), *Handbook of socialization: Theory and research* (461–489). New York, NY: The Guilford Press.

Rubin, K. H. (2003). *The friendship factor: Helping our children navigate their social world and why it matters for their success and happiness*. New York, NY: Penguin Group.

Rubin, K. H., Bukowski, W. M., & Laursen, B. (Eds.). (2009). *Handbook of peer interactions, relationships, and groups*. New York, NY: The Guilford Press.

Rubin, K. H., Bukowski, W. M., & Parker, J. G. (2006). Peer interactions, relationships and groups. In N. Eisenberg, W. Damon, & R. M. Lerner (Eds.), *Handbook of child psychology, vol. 3: Social, emotional and personality development* (6th ed., pp. 571–645). Hoboken, NJ: John Wiley and Sons.

Rubin, K. H., Coplan, R., Chen, X., Bowker, J. C., McDonald, K., & Menzer, M. (2011). Peer relationships in childhood. In M. H. Bornstein & M. E. Lamb (Eds.), *Social and emotional development: An advanced textbook*. New York, NY: Psychology Press.

Russell, A., Hart, C. H., Robinson, C. C., & Olsen, F. F. (2003). Children's sociable and aggressive behaviour with peers: A comparison of the United States and Australia, and contributions of temperament and parenting style. *International Journal of Behavioral Development, 27*, 74–86.

Russell, A., Mize, J., & Bissaker, K. (2004). Parent–child relationships. In P. K. Smith & C. H. Hart (Eds.), *Blackwell handbook of childhood social development* (pp. 204–222). Malden, MA: Blackwell.

Ryan, K., & Cooper, J. M. (2013). *Those who can, teach*. Belmont, CA: Wadsworth Publishing

Saarni, C., Campos, J. J., Camras, L. A., & Witherington, D. (2006). Emotional development: Action, communication and understanding. In N. Eisenberg, W. Damon, & R. M. Lerner (Eds.), *Handbook of child psychology* (pp. 226–299). New York, NY: Wiley.

Saarni, C., & Weber, H. (1999). Emotional displays and dissemblance in childhood: Implications for self-presentation. In P. Philippot, R. Feldman, & E. Coats (Eds.), *Social context of nonverbal behavior*. Cambridge, England: Cambridge University Press.

Sandall, S. R. (2004). Play modifications for children with disabilities. In Koralek, D., (Ed.), *Young children and play* (pp. 44–45). Washington, DC: National Association for the Education of Young Children.

Sansing, C. (2012, December). Fulfilling the needs of students and teachers in the classroom. Retrieved from http://smartblogs.com /education/2012/12/31/needs-fulfillingchad-sansing/.

Sansone, A. (2004). *Mothers, babies and their body language*. London, England: Karnac.

Santrock, J. W. (2006). *Child development* (10th ed.). Dubuque, IA: Brown and Benchmark.

Santrock, J. W. (2012). *Children* (11th ed.). Boston, MA: McGraw-Hill.

Scarlett, W. G., Naudeau, S., Salonius-Pasternak, D., & Ponte, I. (2005). *Children's play*. Thousand Oaks, CA: Sage.

Schmalz, D. L., & Kerstetter, D. L. (2006). Girlie girls and manly men: Children's stigma consciousness of gender in sports and physical activities. *Journal of Leisure Research, 38*(4), 536–557.

Schwartz, S. H. (2010). Basic values: How they motivate and inhibit prosocial behavior. In M. Mikulincer & P. R. Shaver (Eds.), *Prosocial motives, emotions and behaviors: The better angels of our nature* (pp. 221–241). Washington, DC: American Psychological Association.

Science Daily. (2009). "Free play" for children, teens is vital to social development, reports psychologist. *Science Daily,* April 15, 2009, available at www.sciencedaily.com.

Sebanc, A. M. (2003). The friendship features of preschool children: Links with prosocial behavior and aggression. *Social Development, 12*(2), 249–265.

Segrin, C. (2008). The influence of nonverbal behaviors in compliance-gaining processes. In L. K. Guerrero & M. L. Hecht (Eds.), *The nonverbal communication reader* (3rd ed., pp. 468–477). Long Grove, IL: Waveland Press.

Seligman, M. E. P. (2007). *The optimistic child*. Boston, MA: Houghton Mifflin.

Selman, R. L., Levitt, M. Z., & Schultz, L. H. (1997). The friendship framework: Tools for the assessment of psychosocial development. In R. Selman, C. L. Watts, & L. H. Schultz (Eds.), *Fostering friendship* (pp. 31–52). New York, NY: Aldine De Gruyter.

Semic, B. (2008). Vocal attractiveness: What sounds beautiful is good. In L. K. Guerrero & M. L. Hecht (Eds.), *The nonverbal communication reader* (3rd ed., pp. 153–168). Long Grove, IL: Waveland Press.

Shaffer, D. R. (2008). (6th ed.). *Social and personality development*. Belmont, CA: Wadsworth.

Shaffer, D. R., & Kipp, K. (2013). *Developmental psychology: Childhood and adolescence* (7th ed.). Pacific Grove, CA: Brooks/Cole.

Shapiro, L. (1997). *How to raise a child with a high EQ*. New York, NY: HarperCollins.

Shaw, D. S., Gilliom, M., Ingoldsby, E. M., & Nagin, D. S. (2003). Trajectories leading to school-age conduct problems. *Developmental Psychology, 39*, 189–200.

Shiel, G., Cregan, A., McGough, A., & Archer, P. (2012). *Oral language in early childhood and primary Education (3–8 years)*. Research Report No. 14. Dublin: National Council for Curriculum and Assessment.

Shipler, D. K. (2005). *The working poor*. New York, NY: Vintage Books.

Shotwell, J., Wolf, D., & Gardner, H. (1979). Exploring early symbolization: Styles of achievement. In B. Sutton-Smith (Ed.), *Play and learning* (pp. 127–156). New York, NY: Gardner Press.

Siegler, R., DeLoache, J., & Eisenberg, N. (2011). *How children develop*. New York, NY: Worth Publishers.

Sifianou, M. (1995). Do we need to be silent to be extremely polite? Silence and FTAs. *International Journal of Applied Linguistics, 5*(1), 95–110.

Sigsgaard, E. (2005). *Scolding: Why it hurts more than it helps*. New York, NY: Teachers College Press.

Simpson, J. A., & Beckes, L. (2010). Attachment theory. In J. M. Levine & M. A. Hogg (Eds.), *Encyclopedia of group processes and intergroup relations*. New York, NY: Sage.

Slaby, R. G., Roedell, W., Arezzo, D., & Hendrix, K. (1995). *Early violence prevention*. Washington, DC: NAEYC.

Sluss, D. (2005). *Supporting play birth through age eight*. Clifton Park, NY: Thompson.

Smetana, J. G. (2006). Social domain theory: Consistencies and variations in children's moral and social judgments. In M. Killen & J. G. Smetana (Eds.), *Handbook of moral development* (pp. 119–153). Mahwah, NJ: Lawrence Erlbaum Associates.

Smith, P. (2005). Play: Types and functions in human development. In B. J. Ellis & D. F. Bjorklund (Eds.), *Origins of the social mind: Evolutionary psychology and child development* (pp. 271–291). New York, NY: The Guilford Press.

Snyder, J., Reid, J., & Patterson, G. (2003). A social learning model of child and adolescent antisocial behavior. In B. B. Lahey, T. E. Moffitt, & A. Caspi (Eds.), *Causes of conduct disorder and juvenile delinquency* (pp. 27–48). New York, NY: The Guilford Press.

Society for Adolescent Medicine. (2003). Corporal punishment in schools: Position paper of the Society for Adolescent Medicine. *Journal of Adolescent Health, 32*, 385–393.

Soderman, A. K. (2003, August). *Divorce*. Paper delivered at the 13th annual meeting of the European Early Childhood Education Research Association (EECERA). University of Glasgow, Scotland.

Soderman, A. K., Eveland, T. S., & Ellard, M. J. (Eds.). (2006). *In your child's best interest: A guide for divorcing parents*. East Lansing, MI: Michigan State University Extension.

Soderman, A. K., Gregory, K. S., & McCarty, L. (2005). *Scaffolding emergent literacy: A child-centered approach, preschool through grade 5* (2nd ed.). Boston, MA: Allyn & Bacon.

Stassen Berger, K. (2007). Update on bullying at school: Science or forgotten? *Developmental Review, 27*, 90–126.

Steinberg, L., Blatt-Eisenberg, I., & Cauffman, E. (2006). Patterns of competence and adjustment among adolescents from authoritative, authoritarian, indulgent, and neglectful homes: A replication in a sample of serious juvenile offenders. *Journal of Research on Adolescence, 16*, 47–58.

Steiner, J., & Whelan, M. S. (1995). *For the love of children: Daily affirmations for people who care for children*. St. Paul, MN: Redleaf Press.

Stephens, T. J. (2006). *Discipline strategies for children with disabilities*. Sioux Falls, SD: Center for Disabilities, School of Medicine & Health Sciences, University of South Dakota.

Stocking, S. H., Arezzo, D., & Leavitt, S. (1980). *Helping kids make friends*. Allen, TX: Argus Communications.

Stormont, M., Lewis, T. J., Beckner, R. S., & Johnson, N. W. (Eds.). (2008). *Implementing positive behavior support systems in early childhood and elementary settings*. Thousand Oaks, CA: Corwin.

Stright, A. D., Gallagher, K. C., & Kelley, K. (2008). Infant temperament moderates relations between maternal parenting in early childhood and child's adjustment in first grade. *Child Development, 79*, 186–200.

Stuber, G. M. (2007). Centering your classroom: Setting the stage for engaged learners. *Young Children, 62*(4), 58–60.

Sullivan, M. W., & Lewis, M. (2003). Contextual determinants of anger and other negative expressions in young infants. *Developmental Psychology, 39*, 693–705.

Sutterby, J., & Frost, J. (2006). Creating play environments for early childhood: Indoors and out. In B. Spodek & O. N. Saracho (Eds.), *Handbook of research on the education of young children* (pp. 305–322). Mahwah, NJ: Lawrence

Erlbaum Associates.

Sutton–Smith, B., & Sutton–Smith, S. (1974). *How to play with your child and when not to*. New York, NY: Hawthorn Books.

Talwar V., & Lee, K. (2002). Emergence of white–lie telling in children between 3 and 7 years of age. *Merrill Palmer Quarterly, 48*(2), 160–181.

Tanner, C. K. (March 2009). Effects of school design on student outcomes. *Journal of Educational Administration, 47*(3), 381–399.

Theimer, C., Killen, M., & Strangor, C. (2001). Young children's evaluations of exclusion in gender stereotypic peer contexts. *Developmental Psychology, 37*(1), 18–27.

Thiemann, K., & Warren, S. F. (2010). Programs supporting young children's language development. Updated paper. In Tremblay, R. E., Barr, R. G., & Peters, R. (Eds), Encyclopedia on early childhood development [online]. Montreal, Quebec: Centre of Excellence for Early Childhood Development, 1–11. Available at http://child–encyclopedia.com/pages/PDF/Thiemann–WarrenANGxp_rev.pdf.

Thomas, A., & Chess, S. (1986). The New York longitudinal study: From infancy to early adult life. In R. Plomin & J. Dunn (Eds.), *Changes, continuities and challenges*. Hillsdale, NJ: Lawrence Erlbaum Associates.

Thompson, J. E., & Twibell, K. K. (2009). Teaching hearts and minds in early childhood classrooms: Currriculum for social and emotional development. In O. A. Barbarin & B. H. Wasik (Eds.), *Handbook of child development and early education: Research to practice* (pp. 199–222). New York, NY: The Guilford Press.

Thompson, R. A. (2006). The development of the person: Social understanding, relationships, conscience, self. In N. Eisenberg, W. Damon, & R. M. Lerner (Eds.), *Handbook of child psychology* (pp. 24–98). Hoboken, NJ: Wiley.

Thompson, R. A., & Goodman, M. (2009). Development of self, relationships and socioemotional competence. In O. A. Barbarin & B. H. Wasik (Eds.), *Handbook of child development and early education: Research to practice* (pp. 147–171). New York, NY: The Guilford Press.

Thompson, R. A., & Lagattuta, K. H. (2008). Feeling and understanding: Early emotional development. In K. McCartney & D. Phillips (Eds.), *Blackwell handbook of early childhood development* (pp. 317–337). Malden, MA: Blackwell Publishing.

Thompson, R. A., & Virmani, E. A. (2010). Self and personality. In M. H. Bornstein (Ed.), *Handbook of cultural developmental science* (pp. 195–207). New York, NY: Psychology Press.

Tice, D. M., & Wallace, H. M. (2003). The reflected self: Creating yourself as (you think) others see you. In M. R. Leary & J. P. Tangney (Eds.), *Handbook of self and identity* (pp. 91–105). New York, NY: The Guilford Press.

Ting–Toomey, S. (1999). *Communicating across cultures*. New York, NY: The Guilford Press.

Toblin, R. L., Schwartz, D., Hopmeyer Gorman, A., & Abou–ezzeddine, T. (2005). Social–cognitive behavioral attributes of aggressive victims of bullying. *Journal of Applied Developmental Psychology, 26*, 329–346.

Trawick–Smith, J. (1990). The effects of realistic versus nonrealistic play materials on young children's symbolic transformation of objects. Journal of Research in *Childhood Education, 5*(1), 27–36.

Trawick–Smith, J. (2013). Teacher–child play interactions to achieve learning outcomes. In R. C. Pianta, W. S. Barnett, L. M. Justice, & S. M. Sheridan (Eds), *Handbook of early childhood education* (pp. 259–277). New York, NY: The Guilford Press.

Troop–Gordon, W., & Ladd, G. W. (2005). Trajectories of peer victimization and perceptions of self and school mates:

Precursors to internalizing and externalizing problems. *Child Development, 76,* 1072–1091.

Tsybina, I., Girolametto, L., Weitzman, E., & Greenberg, J. (2006). Recasts used with preschoolers learning English as their second language. *Early Childhood Education Journal, 34*(2), 177–185.

Tu, T. H., & Hsiao, W. Y. (2008). Preschool teacher–child verbal interactions in science teaching. *Electronic Journal of Science Education, 12*(2), 199–223.

Turecki, S. (2000). *The difficult child.* New York, NY: Bantam Books.

Turiel, E. (2006). The development of morality. In W. Damon & R. M. Lerner (Series Eds.) & N. Eisenberg (Vol Ed.), *Handbook of child psychology. Vol. 3: Social, emotional, and personality development* (6th ed., pp. 789–857). New York, NY: Wiley.

Turnbull, A. P., Turnbull, H. R., Erwin, E. J., & Soodak, L. C. (2006). *Families, professionals and exceptionality: A special partnership* (5th ed.). Columbus, OH: Merrill/ Prentice–Hall.

U.S. Bureau of Labor Statistics. (2012). Employment characteristics of families summary. Available at http://www.bls.gov.

U.S. Bureau of the Census. (2010). *Income, poverty, and health insurance coverage in the United States: 2010.* Report P60, n. 238, Table B–2, pp. 68–73.

U.S. Department of Health and Human Services, Administration on Children, Youth and Families. (2010). *Child maltreatment.* Washington DC: U.S. Government Printing Office.

Vaish, A., Carpenter, M., & Tomasello, M. (2009). Sympathy through affective perspective and its relation to prosocial behaviors in toddlers. *Developmental Psychology, 45*(2), 534–543.

van Hamond, B., & Haccou (Eds.). (2006). *Gaining and proving yourself in social competence: The Atlas Way.* Antwerpen–Apeldoorn: Fontys OSO & Garant–Uitgevers n.v.

Vasquez, V. M., & Felderman, C. B. (2013). *Technology and critical literacy in early childhood.* New York, NY: Routledge.

Veenstra, R., Lindenberg, S., Zijlstra, B. J. H., De Winter, A. F., Verhulst, F. C., & Ormel, J. (2007). The dyadic nature of bullying and victimization: Testing a dual–perspective theory. *Child Development, 78,* 1843–1854.

Vermande, M. ,Aleva, L., Olthof, T., Goosens, F., van der Meulen–van Dijk, M., & Orobio de Castro, B. (2008, July). *Victims of bullying in school: Theoretical and empirical indications for the existence of three types.* Paper presented at the 20th Biennial Meeting of the International Study for the Study of Behavioral Development (ISSBD), Wurzburg, Germany.

Vygotsky, L. (1978). *Mind in society: The development of higher psychological processes.* Cambridge, MA: Harvard University Press.

Wagner, D. D., & Heatherton, T. F. (2011). Giving in to temptation: The emerging cognitive neuroscience of self–regulatory failure. In K. V. Vohs & R. F. Baumeister, *Handbook of selfregulation: Research, theory and applications* (pp. 41–63). New York, NY: The Guilford Press.

Wallace, B., Maker, J., Cave, D., & Chandler, S. (2005). *Thinking skills & problem solving: An inclusive approach.* London, England: David Fulton Publishers.

Wang, Z., & Deater–Deckard, L. (2013). Resilience in gene–environment transactions. In S. Goldstein & R. B. Brooks (Eds.), *Handbook of resilience in children.* New York, NY: Springer.

Warner, L., & Lynch, S. A. (2004). *Preschool classroom management: 150 teacher–tested techniques.* Beltsville, MD: Griphon House.

Watson, M. W., & Fisher, K. W. (1980). Development of social roles in elicited and spontaneous behavior during the preschool years. *Child Development, 18*, 483–494.

Weinstein, C. S., Romano, M., & Mignano, A. J. (2010). *Elementary classroom management: Lessons from research and practice.* New York, NY: McGraw–Hill.

Weissman, R., & Hendrick, J. (2010). *The whole child* (10th ed.). New York, NY: Macmillan.

Wentzel, K. R. (2009). Peers and academic functioning at school. In K. H. Rubin, W. M. Bukowski, & B. Laursen (Eds.), *Handbook of peer interactions, relationships and groups* (pp. 531–547). New York, NY: The Guilford Press.

Wentzel, K. R., Barry, C. M., & Caldwell, K. A. (2004). Friendship in middle school: Influences on motivation and school adjustment. *Journal of Educational Psychology, 96*, 195–203.

Wentzel, K. R., & Looney, L. (2008). Socialization in school settings. In J. Grusec & P. Hastings (Eds.), *Handbook of socialization: Theory and research* (pp. 382–403). New York, NY: The Guilford Press.

Werner, E. E. (2005). Resilience research: Past, present and future. In R. D. Peters, B. Leadbeater, & R. J. McMahon (Eds.), *Resilience in children, families, and communities: linking context to practice and policy* (pp. 3–12). New York, NY: Kluwer Academic/Plenum Publishers.

Werner, E. E. (2013). What can we learn about resilience from large–scale longitudinal studies? In S. Goldstein & R. B. Brooks (Eds.), *Handbook of resilience in children.* New York, NY: Springer.

Whaley, K., & Rubenstein, T. (1994). How toddlers "do" friendship: A descriptive analysis of naturally occurring friendships in a group childcare setting. *Journal of Social and Personal Relationships, 11*, 383–400.

What Works Clearinghouse. (2007). English Language Learners. Retrieved February 7, 2010, from http://www.whatworks.ed.gov.

Wheeler, E. J. (2004). *Conflict resolution in early childhood.* Upper Saddle River, NJ: Pearson.

Whitebread, D., & O'Sullivan, L. (2012). Preschool children's social pretend play: Supporting the development of metacommunication, metacognition, and self–regulation. *International Journal of Play, 1*(2), 197–213.

Whitesell, N. R., & Harter, S. (1989). Children's reports of conflict between simultaneous opposite–valence emotions. *Child Development, 60*, 673–682.

Widen, S. C., & Russell, J. A. (2003). A closer look at preschoolers' freely pronounced labels for facial expressions. *Developmental Psychology, 35*, 232–245.

Willis, S. (1999). Imagining dinosaurs. In B. L. Clarke & M. Higonnet (Eds.), *Girls, boys, books, toys* (pp. 183–195). Baltimore, MD: Johns Hopkins University Press.

Wilson, H. K., Pianta, R. C., & Stuhlman, M. (2007). Typical classroom experiences in first grade: The role of classroom climate and functional risk in the development of social competencies. *The Elementary School Journal, 108*(2), 81–96.

Wing, L. (1995). Play is not the work of the child: Young children's perceptions of work and play. *Early Childhood Research Quarterly, 10*, 223–247.

Winsler, A., & Naglieri, J. (2003). Overt and covert verbal problem–solving strategies: Developmental trends in use, awareness, and relations with taskperformance in children aged 5 to 17. *Child Development, 74*(3), 659–678.

Winsler, A., Naglieri, J., & Manfra, I. (2006). Children's search strategies and accompanying verbal and motor strategic behavior: Developmental trends and relations with task performance among children age 5 to 17. *Cognitive*

Development, 21, 232–248.

Winther–Lindqvist, D. (2009), Game playing: Negotiating rules and identities. *American Journal of Play, 2*(1), 60–84.

Wisconsin Child Care Information Center. (2011). Wisconsin Model Early Learning Standards. Retrieved from http://ec.dpi. wi.gov/.

Wittmer, D. (2012). The wonder and complexity of infant and toddler peer relationships. *Young Children, 67*(4), 16–20.

Wittmer, D. S. (2008). Focusing on peers: *The importance of relationships in the early years.* Washington, DC: Zero to Three.

Woll, P. (2009). Children of chemical dependency: Respecting complexities and building on strengths. *Prevention Forum, 11*(1), 1.

Wolpert, E. (2005). *Start seeing diversity.* St. Paul, MN: Redleaf Press.

Wright, M. O., & Masten, A. S. (2013). Resilience processes in development. In S. Goldstein & R. B. Brooks, *Handbook of resilience in children* (pp. 17–37). New York, NY: Springer.

Xu, F., Farver, J. A. M., & Zang, Z. (2009). Temperament, harsh and indulgent parenting, and Chinese children's proactive and reactive aggression. *Child Development, 90,* 244–258.

Yau, J., & Smetana, J. G. (2003). Conceptualizations of moral, social–conventional, and personal events among Chinese preschoolers in Hong Kong. *Child Development, 74,* 647–658.

York, S. (2003). *Roots and wings.* St. Paul, MN: Redleaf Press.

Zavitkovsky, D. (2010). Docia shares a story about perceptions of similarities and differences, *Exchange* archive. Retrieved January 4, 2010, from https://secure.ccie.com/catalog/search.php?search=zavitkovsky&category=50.

Zero to Three. (2008). *Caring for infants & toddlers in groups: Developmentally appropriate practice* (2nd ed.). Washington, DC.

Zimbardo, P. (1999). *The shy child.* Los Altos, CA: Malor Books.

Zins, J. E., Weissberg, R. P., Wang, M. C., & Walberg, H. J. (Eds.). (2004). *Building academic success on social and emotional learning.* New York, NY: Teachers College Press.

Ziv, Y., Oppenheim, D., & Sagi–Schwartz, A. (2004). Children's social information processing in middle childhood related to the quality of attachment with mother at 12 months. *Attachment & Human Development, 6*(3), 327–349.

찾아보기

저자 소개

Marjorie J. Kostelnik, Ph.D. University of Nebraska-Lincoln
Anne K. Soderman, Ph.D. Michigan State University
Alice Phipps Whiren, Ph.D. Michigan State University
Michelle L. Rupiper, Ph.D. University of Nebraska-Lincoln
Kara Murphy Gregory, Ph.D. Michigan State University

역자 소개

박경자 연세대학교 아동학과 석사
미국 Syracuse University 박사(아동발달 전공)
현재 연세대학교 아동가족학과 교수

김송이 연세대학교 아동·가족학과 석사
연세대학교 아동·가족학과 박사(아동발달 전공)
현재 한양여자대학교 아동보육복지과 교수

신나리 연세대학교 아동·가족학과 석사
미국 Michigan State University 박사(인간발달 및 유아교육 전공)
현재 충북대학교 아동복지학과 교수

권연희 연세대학교 아동·가족학과 석사
연세대학교 아동·가족학과 박사(아동발달 전공)
현재 부경대학교 유아교육과 교수

김지현 미국 University of Wisconsin-Madison 석사
연세대학교 아동·가족학과 박사(아동발달 전공)
현재 한양사이버대학교 아동학과 교수

2판 영유아의
사회정서발달과 교육

2009년 11월 16일 초판 발행 | 2017년 8월 30일 2판 발행 | 2022년 3월 31일 2판 3쇄 발행

지은이 Kostelnik, Soderman, Whiren, Rupiper, Gregory | **옮긴이** 박경자 · 김송이 · 신나리 · 권연희 · 김지현 | **펴낸이** 류원식 | **펴낸곳 교문사**

편집팀장 김경수 | **책임진행** 신가영 | **디자인** 김경아 | **본문편집** 벽호미디어

주소 (10881) 경기도 파주시 문발로 116 | **전화** 031-955-6111 | **팩스** 031-955-0955

홈페이지 www.gyomoon.com | **E-mail** genie@gyomoon.com

등록 1968. 10. 28. 제406-2006-000035호

ISBN 978-89-363-1691-4(93370) | 값 31,500원